中国古代经济史

（第三版）

齐　涛　主编

山 东 大 学 出 版 社

图书在版编目(CIP)数据

中国古代经济史/齐涛主编．—3版．—济南:山东大学出版社,2016.2
ISBN 978-7-5607-2086-9

Ⅰ．中…
Ⅱ．齐…
Ⅲ．经济史—中国—古代
Ⅳ．F129.2
中国版本图书馆 CIP 数据核字(1999)第 75522 号

山东大学出版社出版发行
(山东省济南市山大南路 20 号　邮政编码:250100)
山东省新华书店经销
山东新华印务有限责任公司印刷
720×1000 毫米　1/16　24.5 印张　451 千字
2016 年 2 月第 3 版　2016 年 2 月第 10 次印刷
定价:39.00 元

目 录

绪　论

中国古代经济史是研究中国古代经济发展进程的一门学科，对它的学习与把握应当立足于整个中国古代社会，立足于它所存在的自然与社会环境，用综合的、动态的视角去构筑整体的经济史观，把握中国古代经济发展的脉络与特性，探寻从历史中走来的中国经济的今天与明天。为达到这一目的，首先要对中国古代经济发展中的若干重大问题有一个基本了解，提纲挈领，以便更好地认识整个中国古代经济史。

一、经济发展的社会环境问题

无论哪一历史时期、哪一国家与地区，经济发展与社会环境都密不可分，一个社会的政治结构及其特性、社会结构及其特性以及其他方面的种种存续状态，都直接影响和制约着经济发展。

就中国古代社会的政治结构而言，无论是朝代更迭还是社会变革，也无论是分裂还是统一，高度的中央集权与君主专制都是主流形态。其核心是地方权力归于中央，中央权力归于君主。这一政治结构的设计师是战国时代的韩非。韩非认为，国家权力运行与管理的实现，应当做到："事在四方，要在中央；圣人执要，四方来效。"[①]这里所说的"圣人"就是君主。中央对于地方，如"身之使臂，臂之使指"[②]，指挥自如；君主对于全国，则是"天下之事无大小，皆决于上"。以对地方与人口的管理为例，"溥天之下，莫非王土，率土之滨，莫非王臣"[③]的观念根深蒂固，中央王朝通过全国划一的户籍管理、土地赋税管理以及严格的上计制度，将所有的土地与人口都纳入其直接控制之下，地方政府无任何自主权与支配权，实际上只是中央王朝的派出代理机构。宋朝之后，州县长官都改作"知州"与"知县"。"知"就是代理、兼任。这些人的正式职务都是中央官员，是以中央官员

① 《韩非子·物权》。

② 《汉书·贾谊传》。

③ 《诗经·小雅·北山》。

的身份兼任地方,如清官包公的第一个职务就是以中央王朝的“大理评事”兼“知建昌县”。这一点与欧洲中世纪大相径庭。欧洲中世纪各国国君与中央政府是地道的小政府与有限君权,地方的控制者是分封采邑而形成的领主,领主对封地内的所有事务拥有全权,国君对于领主封地内的土地与人口则无权过问。当时欧洲流行着一则格言,即“我的附庸的附庸不是我的附庸”,这与中国自古以来固有的“率土之滨,莫非王臣”观念的实质正好相反。

与之相联系,在中国古代的社会管理上,王朝政府几乎是唯一的主体。中国古代的各级政府是实施社会管理的全能的一元化政府。从中央到地方,有着构造齐全、涵盖几乎所有事务的机构与管理者。无论是国计民生的大小事务,还是司法、治安、民政以及宗教、教化等,都在各级政府的一元化管理体系之中。如经济事务的管理,从农业到工商业,无一遗漏。中央王朝既有大农令、大农丞、劝农使,又有均输官、平准官,还有工部、户部、少府等。县一级则有工曹、户曹、市曹等,县城中的市场也有市令与均平令进行市场秩序与物价管理。社会精神文化生活也是在一元化的管理下,倡导什么礼俗,尊崇什么宗教,以至于表彰孝子烈妇,调和邻里之争,都在政府的统辖之下。与之相应,中国古代历史上没有独立于政府管理之外的宗教体系与宗教组织,也没有自成体系、相对独立的工商业行会或居民自治组织。中国历史上存在着工商业行会,也有过村社组织,但都是在政府的管理之中,实际上都是政府体系的末梢或变体,一旦成为异己的力量,政府会毫不犹豫地加以革除。而在欧洲中世纪,则是另一番景象。从经济体系看,欧洲是典型的二元体系:一方面是领主领地内自给自足的庄园经济体系,另一方面则是游离于其外自发形成的城市工商业经济体系。无论是君主还是领主,对城市工商业与市民都没有形成有效的管理,工商业行会的自主管理与市民自治是主要的管理模式。宗教体系也是如此。欧洲中世纪的教权和君权虽然经历过激烈的斗争,但从总体上看,是君权屈服于教权。宗教体系自立于国家体系之外,制约着人们包括君主与领主的精神世界与社会生活,实际上也制约着君主权力的行使。

就中国古代社会的社会结构而言,一直是两大社会集团共生并存,即贵族官僚集团和平民集团。其中,贵族官僚集团属于社会的统治集团,其内部可以依据政治地位划分为皇族贵族、官僚、胥吏三个阶层。皇族贵族是以皇帝为首的贵族集团,包括皇亲国戚、得到封爵的官僚贵族等,其标志是政治身份的世袭。官僚是皇帝和中央王朝所任命的各级官员,包括中央王朝官员和地方官员等,凡具有正式品级的王朝与地方机构人员均属官僚,其标志是政治身份的王朝赋予。胥吏是中央王朝和各级地方政府所使用的办事人员,包括主管文书收发、草拟、保管的文秘办事人员和三班衙役、里甲首领等职役人员,其标志是无品无级的流外官员。他们虽然无品无级，但又是各级政府政令的具体执行者和操作者，因而，与官僚阶层互为表里，密不可分。

除了贵族官僚集团之外，传统社会中大多数人属于平民集团。他们享有基本的政治权利与经济权利。因为这一集团中的成员具有大致相同的政治地位，所以我们先以职业原则将其区分为农业人口与工商业人口两大部分，再以经济原则分别细分为若干阶层。

根据土地占有情况，农业人口分为地主阶层、自耕农阶层和佃农阶层。地主阶层是农业人口中的富有者，他们拥有较多的土地，要占用他人的劳动为自己进行耕作；自耕农阶层是农业人口中的中产者，他们拥有自己的小块土地，自我耕种，自给自足，是农业人口中的多数；佃农阶层是农业人口中的贫困者，他们或租种地主、国家、寺庙的土地，或充当雇工为他人耕作，没有属于自己的土地。

根据对生产资料的占有情况，工商业人口可以分为工商业主、个体工商业者和工商业雇佣劳动者三个阶层。工商业主拥有大量的生产资料，有自己的手工业作坊或邸店、货栈、酒肆，雇佣他人进行生产、经营；个体工商业者拥有少量生产资料，依靠个人的技艺或体力进行小规模的生产与经营；工商业雇佣劳动者即雇工，他们没有任何生产资料，受雇于工商业主，以出卖自己的技艺和体力为生。

另外，在中国传统社会中，还存在着没有政治权利与经济权利的贱民阶层，包括奴婢、部曲、皂隶、乐户、世仆、丐户、伴当等。

在中国古代，各阶层间的地位与权利有明显的区别，但是各阶层之间又是开放的、可流动转换的。这一点归结于中国古代社会社会结构的开放性。具体而言，是指政治舞台面向所有官员开放，也面向所有平民开放。自战国以来，各类官员的选拔任用制一直占据主导地位，从察举、征辟到科举考试，官员选用的范围是比较广阔的。在这样一种制度下，出身平民的达官贵人时而可见，朝为布衣、暮至卿相也成为许多平民士子终生的追求。这样，不同社会集团和社会阶层间的政治地位便处在可变之中，这也是中国传统社会的活力所在。

与社会结构的开放性相联系，中国古代社会又呈现出较为明显的平民性特色。

所谓平民性，是指在多数情况下，农民的法律地位与社会身份的公民性。在政治上，他们是自由人，享有一定的政治权利；在经济上，他们多拥有属于自己的小农经济，独立地对王朝政府承担着赋役义务。这一点与欧洲有明显的不同，这种不同来源于各自不同的政治体制与经济体制。自战国以来，中国各王朝均实行面向全体国民的中央集权政体，自中央政府而下，都实行以地缘为依据的层级的行政管理，中央王朝的权力可以直接控制到州、县、乡、里的全体民众。在任何一个王朝，乡村中的所有农民，无论是广占田土的地主，还是自足自给的农民和以租地为生的佃农，都是国家的编户齐民，具有独立的身份，承担国家的赋税和兵役、徭役，其他种种的统治也都以此为基点。

西欧封建社会实行贵族制、分封制、领主制三大制度。就国家统治集团而言，世代相袭的贵族是其法定的也是唯一的成员，政权与国家由国王和这些贵族共同拥有。就社会管理而言，领主制是基本的管理方式。从国王那儿领取了封地的贵族本身便是国王的封臣，但他们又可以把土地与人民再分割给他们的亲属与亲兵，使之成为自己的封臣。各种封臣就是大大小小的封建领主。在领主的领地内，采用庄园制的经营方式，具体来说是将领主的土地分为自用地和农奴份地两部分，所有耕地都是条状，两种土地交错分布。农奴们一方面要无偿为领主耕种其自用地，另一方面可以耕种自己的份地，收获物归自己使用。每一个领主拥有经济与政治的双重权力，可以全权处理领地内的经济与司法事务。领地内还设有庄园法庭，审理有关农奴的案件。可见，西欧封建社会的农奴与中国传统社会的农民处于完全不同的地位。

秦王朝末年，普通农民陈胜、吴广振臂一呼"王侯将相宁有种乎"，随之全国响应。同为农民的刘邦、陈平等也随之揭竿而起，最后成为西汉王朝的一代王侯将相。这在西欧社会是绝对不可能的。而陈平之辈之所以能有此大志，其根源在于在他们的时代，王侯将相已不再是世袭，而是已经向普通百姓打开门户了。其实在中国古代社会的多数王朝内，农民也都具有一定的参政权，有的人也可以"暮至卿相"。在汉代察举征辟制度下，有许多农民出身而位列朝堂者，如：西汉的公孙弘是放猪出身，最终位居丞相，封平津侯；西汉的朱买臣以挑柴市卖为业，后来成为会稽太守。在后世科举制下，农民出身的读书人通过"寒窑"苦读，改变命运者也代有人出。更为重要的是，在基层组织中，从官府胥吏到里正、村长之类的人选多是从农民中直接产生的。

需要指出的是，中国古代社会的平民性主要是针对农民而言的，对于工商业者而言，只能体现出其准平民性。

所谓准平民性，指中国传统社会的工商业者在社会分层中属于平民阶层，但他们的平民身份又是不完整的，是受到种种限制的平民。秦汉以来，历代王朝都推行重农抑商政策，而抑商的一个重要内容就是对工商业者的管制。秦汉时代，工商业者单独注册户籍，其户籍称市籍，凡入市籍者，其身份和地位均低于农民。隋唐以后，市籍虽然取消，但面向商人的歧视性规定仍然不断出现。明朝初年规定，农民之家可以穿细纱绢布，商贾之家只能穿绢布；农民之家的交通工具不受限制，商贾之家则不许乘马。另外，市籍取消后，政府又设立了面向手工业者的匠籍，即将手工业者单独编入户籍，称为匠户，对他们进行严格的人身管理。匠籍内的手工业者社会地位低下，如明代将民户分三等："曰民，曰军，曰匠。"匠户最为卑贱。经济上,匠户每年要无偿地为官府手工工场劳动一段时间。至清朝初年,匠籍制度才被取消。

不仅如此,在中国古代特定的社会环境下,工商业者一直有经营空间的限制和制约,缺少生产经营的自主权,无论是生产经营的范围还是方式都不是由工商业者自主决定的。如在经营方式上,历代王朝对商业活动的地点、时间与交易方法都有严格的规定。如商业活动集中在城中的固定交易场所——市内,入市交易的商品要分门别类摆放在规定地点——肆(商肆);商肆中商品的价格要由官方确定,商人无定价权;对于商品交易的时间,宋代以前,一直规定"日中为市",亦即白天是交易时间,不允许夜市的出现,宋代以后,这一规定才逐步被打破。

明清时期,中央王朝对工商业者的身份和经营活动的限制逐渐放松,但中国传统工商业者在城市中一直未取得主体地位。中国古代最初的城市只是出于政治统治和军事防护的需要而建立的,与经济发展特别是工商业发展没有多大的关系,因此,在中国传统社会中,工商业者所聚集的城市一直是政治的城市、军事的城市,是封建王朝统治的基地,而非工商业城市。虽然出现了因工商业繁荣而形成的城镇,但也都被纳入政府的统一管理之中,很快成为当地的政治中心与军事中心。在这种情况下,中国传统社会一直没有形成商业城市,传统工商业者也没有发展成为较为完整的市民阶层。

除上述内容外,中国古代社会环境中还有许多内容值得我们关注。比如:统治思想中的"独尊儒术",民间文化与宗教信仰中的世俗性与人文性,对外文化交流中的兼收并蓄,等等,这些都会在经济发展中打上深深的烙印。

二、经济发展的自然环境问题

经济发展的自然环境问题以往一直没有引起足够的重视,以地理环境为例,斯大林在《论辩证唯物主义和历史唯物主义》一文中提出:

> 地理环境无疑是社会发展的经常的和必要的条件之一,它当然影响到社会的发展——加速或者延缓社会发展进程。但是它的影响并不是决定的影响,因为社会的变化和发展比地理环境的变化和发展快得不可比拟。欧洲在三千年内已经更换过三种不同的社会制度:原始公社制度、奴隶占有制度、封建制度;而在欧洲东部,即在苏联,甚至更换了四种社会制度。可是,在同一时期内,欧洲的地理条件不是完全没有变化,便是变化极小,连地理学也不会提到它。这是很明显的。地理环境的稍微重大一些的变化都需要几百万年,而人们的社会制度的变化,甚至是极其重大的变化,只需要几百年或一两千年也就够了。由此应该得出结论:地理环境不可能成为社会发

展的主要的原因—决定的原因,因为在几万年间几乎保持不变的现象,决不能成为几百年间就发生根本变化的现象发展的主要原因。①

长期以来,斯大林的这段论述一直是我国史学界奉为圭臬的经典论述,而且,它又被举一反三,举凡有关地理环境对人类历史影响的所有作用都成为禁忌,否则,便被标上"地理环境决定论"的标签。

斯大林的这段论述在当时的社会形势下,有着重要的政治意义,但从学术规范的角度看,这一论证本身无法成立。他的结论是"地理环境"不可能成为社会发展的主要的原因、决定的原因,但他举证的前提却是社会制度的"变化"不是由地理环境的"变化"所引起的。"地理环境"与"地理环境的变化"并不是一个概念,这在逻辑分析中应当是属于偷换概念,因而,由此得出的结论不能成立。

数十年来,在地理环境问题上已经没有什么禁忌,但它对史学研究的影响犹在,人们对自身赖以存在与发展的地理环境仍没有给予足够的重视,对它本身以及它对人类社会发展影响的研究仍局限于一般性的论述,在中国经济史学界也是如此。因此,我们有必要对环境问题尤其是中国的环境问题进行探讨。

地理环境不是指一般的地理面貌,而是指人类社会生存于其中的自然环境,包括气候、土壤、地形地貌、植被、水文以及自然灾害等等,它对经济与社会发展的影响主要表现在三个方面:

第一个方面是地理环境的特性的影响。对此,列宁在《普列汉诺夫〈马克思主义的基本问题〉一书批注》中进行了准确的表述。他指出:"在马克思看来,地理环境是通过在一定地方、在一定生产力的基础上所产生的生产关系来影响人的,而生产力的发展的首要条件就是这种地理环境的特性。"他还指出:"地理环境的特性决定着生产力的发展,而生产力的发展又决定着经济关系的以及随在经济关系后面的所有其他社会关系的发展。"②

与欧洲大陆相比较,中国的地理环境有三个基本特性:

第一,中国可资利用的土地面积远小于欧洲。虽然中国与欧洲的面积大致相当,但欧洲平均海拔只有三四百米,宜于农业的平原面积有100亿亩,占其全部面积的57%。中国平原面积12亿亩,仅占国土面积的8.5%;即使加上海拔500米以下的丘陵地带,理论可垦面积也只是19亿亩,为欧洲平原面积的1/7。而历史上中国与欧洲的人口又约略相近。因此,耕地面积与所承受人口数量之间的矛盾十分突出。直至今日,我国人均占有耕地面积尚不足世界平均水平的1/4,耕地与人口的矛盾更加尖锐。

① 《斯大林选集》(下),人民出版社1979年版,第440页。

② 《列宁全集》第38卷,人民出版社1956年版,第459页。

第二，中国的土壤条件亦较欧洲恶劣。欧洲全洲无低纬度土壤，高纬度的灰化土是全欧面积最大的土壤，其次是褐色土、棕色森林土等，均有良好的蓄水性与可耕性。中国的农业地区除东北一隅外，绝大部分土壤属物理性状较差的盐碱、红壤等。《商君书·算地篇》即云当时全国土地中“恶田居什四，良田居什二”。

第三，中国的气候条件与欧洲迥异。欧洲山脉不高，多为东西走向，极地海洋气团可由大西洋沿岸直达乌拉尔山，全洲多属温带海洋性气候；雨量均匀，较少灾害。中国的山脉纵横交错，地形复杂，全国大部分地区又处于西北大陆干旱风与东南海洋风之间，雨量分布不匀。全国季降水变率每每超过 50%，易于形成灾害性天气。据统计，自公元前 206 年至公元 1936 年间，我国历史上有案可稽的自然灾害就达 5150 次，平均每半年即有一次。① 即使到 20 世纪 70 年代，我国 15 亿亩耕地中每年也还有 4 亿亩以上面临水旱威胁。②

中国自然环境的特性是造就中国古代经济发展道路的不可忽略的原因，以农业经济为例，中国传统农业经济是建立在精耕细作基础之上的以土地经营为核心的综合经济。在中国历史上，无论是耕、织还是畜，都以土地经营为基础。那种可游离于土地经营之外的畜牧业仅在夏商时代占有一定的位置。此后，由于可垦土地的狭小与人口的增长，需要广大牧场的畜牧业很快就被小块垦殖的精耕细作的种植业所排挤。商代的大型祭祀尚用牲百头，西周则骤降至一牛、二羊、一猪，战国时代的多数国家都已“庐田庑舍，曾无刍牧牛马之地”③。以后的中国农民只是以喂养猪、鸡等食粮畜禽为主，个别农民所蓄养的牛、马等大牲畜，也只被用于农耕，且为圈养，与欧洲农民的畜牧业有着本质的不同。粮食生产之外，中国农民的织主要以桑（蚕）麻为原料，而桑麻生产又多藉于有限的耕地，亦属土地经营的范畴。

欧洲有利的地形条件与湿润的海洋性气候，使其森林与草场覆盖率远高于同期中国大陆。而欧洲历史上又不曾存在地狭人多之虞，这儿农民的生产经营始终采取大面积的粗放耕作。罗马共和国时代出租给农民的土地即多以 300～800 英亩为单位④。中世纪英国一户农奴家庭所拥有的维尔特份地可折合 180 市亩，德国农奴的一份胡菲份地可折合 225 市亩。这些土地上作物稀疏，犁耕不深，很少田间管理与水利灌溉，二圃与三圃的轮耕制十分普遍。其农业产量的提高有赖于耕地面积的扩大⑤。在此基础上，欧洲历史上的农民发展起了农牧混

---

① 参见邓拓《中国救荒史》，三联书店 1958 年版。

② 参见农业部研究室编《中国农业基本情况》，农业出版社 1980 年版。

③ 《战国策·魏策三》。

④ 参见[美]海斯《世界史》，三联书店 1975 年版，第 229 页。

⑤ 参见[美]施莱贝克尔《美国农业史》，农业出版社 1982 年版。

合经济。中世纪的庄园中均辟有牧场、草场，畜牧业在农民的生产经营中占有重要地位。英国《末日审判书》所记11世纪凯迈尔庄园中，除11户贫苦茅舍农饲养着1～2头耕畜外，38户一般农奴均饲牛3～4头。同书所记诺福克地区的部分农庄中，饲牛高达7 534头，羊46 864只，马242匹。[①] 畜牧业的发达，使之为中世纪的居民提供着大量的肉、奶、油等食品以及众多的毛纺织品。这一特色一直保持到现代社会。

欧洲农牧混合经济与中国以土地经营为核心的综合经济对历史的影响在一定时期内看不出多大差异，但当社会发展到封建时代与资本主义时代的交替时期，差异则日渐显著。农牧经济与耕织经济中的粮食生产均是以耕地为本，生产可变率较低。但农牧经济中的畜牧业以及与之相联的毛纺业却具有较高的可变率。在社会发展到一定阶段时，它就会随社会需求的增加而不断发展，从而走上商品化经营的道路，对资本主义发生、发展起到了不可替代的作用。中国耕织经济中的纺织业虽然在明清时代也呈现出一定的商品化生产倾向，但始终未脱出封建自然经济的桎梏，根本原因就在于中国的纺织业以桑(蚕)、麻、棉为基本原料，而桑、棉、麻的生产同粮食生产一样也是以耕地为本，这就使中国历史上的纺织业因社会需求而增加生产的弹性较小，未形成商品生产的大潮流。

地理环境对经济与社会发展影响的第二个方面是地理环境的变化影响到经济与社会的发展与变化。以魏晋南北朝时代的气候变化为例，这一时代正处于五千年来的第二个低温期，其最低点为公元400年前后，也就是东晋十六国与南北朝的初期，在这一时期，年平均气温较之今天低了近2℃；较之温暖的秦汉时代，要下降2℃～3℃。

天文学与气象学研究表明，寒冷期与干旱密切相关，寒冷直接制约着降水量的大小。而寒冷与干旱相合，则成为影响与制约农业生产的重大危害。

张家诚先生曾经指出：在其他条件不变的情况下，年平均气温每下降1℃，粮食单位产量就会比常年下降10%；同样，年降水量每下降100毫米，单位面积粮食产量也会下降10%。[②] 而低纬度地区则影响不大[③]。吴慧先生曾认为，如以统一的含量今亩计算，秦汉时代的平均亩产量为132公斤，东晋南朝为125.35公斤，较前朝下降2.84%。这儿下降的2.84%，主要来自纬度较高的长江以北地区，以种植水稻为主的长江以南地区，水稻亩产反比秦汉上升了

---

① 转见[英]西柏姆《英国农场的发展》(M·E·Seebohm, *The Evolution of English Farm*, Cambridge, 1927)，第133～135页。

② 参见张家诚《气候变化对中国农业生产影响的初探》，载《地理学报》1982年第2期。

③ 参见王馥棠《世界气候与粮食产量的预测》，载《气象知识》1984年第1期。

5.2%。北朝时代的平均亩产为128.8公斤,较之秦汉,下降2.84%。

气候的寒冷与干旱对魏晋南北朝时代农业的最大影响还在于它推动着北方农牧分界线的南移。有研究表明,在其他因素不变的条件下,某一地区年平均气温降低1℃,就等于把这一地区向高纬度推移200～300公里;同样,如果天气干旱,年降水量减少100毫米,我国北方农业区就会向南推移100～500公里,也就是说,年平均气温每下降1℃,我国北方农业区就应当大幅度南移。①

魏晋南北朝历史的一个重要特点,就是北方(包括西北地区)游牧民族的不断南下,与此同时,则是农耕区的退缩与畜牧区的扩张。秦汉时代,农耕区直达阴山脚下。《史记·秦始皇本纪》云:"(始皇帝三十三年),西北斥逐匈奴。自榆中并河以东,属之阴山,以为四十四县。……(始皇帝三十六年),迁北河、榆中三万家,拜爵一级。"《汉书·武帝纪》云:"(元朔二年春),遣将军卫青、李息出云中,至高阙,遂西至符离,获首虏数千级。收河南地,置朔方、五原郡。……夏,募民徙朔方十万口。"

但到了魏晋南北朝时代,就大不相同了,阴山脚下已成为水草丰美的游牧区,北朝民歌所描绘的景象十分典型:"敕勒川,阴山下。天似穹庐,笼盖四野。天苍苍,野茫茫,风吹草低见牛羊。"②不仅如此,在长城以南的老农耕区,也逐渐被畜牧所侵蚀。西晋时,束皙即言:"又州司十郡,土狭人繁,三魏尤甚,而猪羊马牧,布其境内,宜悉破废,以供无业。业少之人,虽颇割徙,在者尤多,田诸菀牧,不乐旷野,贪在人间。故谓北土不宜畜牧,此诚不然。"③因此,他主张"可悉徙诸牧",以充冀州一带,"使马牛猪羊龁草于空虚之田"④。这里,"空虚之田"产生的一个重要原因就是气候因素。

地理环境对经济与社会发展影响的第三个方面是地理环境对人类向其施加的影响的反馈。

人类社会自产生以来,便开始向其赖以生存的自然环境施加着自己的影响,进入文明的门槛后,这种影响的力度更以加速度的方式递增。人们开垦荒地,采伐林木,兴修水利,开采矿藏,不断地提高着改造自然、利用自然的能力,促使自然环境发生着种种深刻的变化。这种变化在某些时期、某些地区当然是人们改造自然、利用自然的结晶,有利于人们进一步的生产与社会活动。但另一方面,这种变化又必然地对人类社会发生着巨大的负面反馈。对这一问题,恩格斯在

---

① 参见程洪《新史学——来自自然科学的挑战》,载《晋阳学刊》1982年第6期;张家诚等《国土利用的几个气候问题》,载《国土研究班讲稿选编》(内部印行)。

② 杜文澜:《古诗源》卷十四《敕勒歌》。

③ 《晋书·束皙传》。

④ 《晋书·束皙传》。

《劳动在从猿到人转变过程中的作用》一文中已明确指出：

> 我们不要过分陶醉于我们对自然界的胜利。对于每一次这样的胜利，自然界都报复了我们。每一次胜利，在第一步都确实取得了我们预期的结果，但是在第二步和第三步却有了完全不同的、出乎预料的影响，常常把第一个结果又取消了。美索不达米亚、希腊、小亚细亚以及其他各地的居民，为了想得到耕地，把森林都砍完了，但是他们梦想不到，这些地方今天竟因此成为荒芜不毛之地，因为他们使这些地方失去了森林，也失去了积聚和贮存水分的中心。阿尔卑斯山的意大利人，在山南坡砍光了在北坡被十分细心地保护的松林，他们没有预料到，这样一来，他们把他们区域里的高山牧畜业的基础给摧毁了；他们更没有预料到，他们这样做，竟使山泉在一年中的大部分时间内枯竭了，而在雨季又使更加凶猛的洪水倾泻到平原上。①

在这里，我们暂且不将这一问题展开论述，我们可以观察与分析魏晋南北朝隋唐时代，人们对自然界的胜利所产生的结果。对于第一步，也就是取得了预期结果的胜利，史学界已经给予了充分的注意，在有些时候甚至陶醉了。我们一直津津乐道于土地的垦殖、水利的兴修，称颂着我们的先人征服自然、改造自然的伟绩。所以，我在这儿就不再多着笔墨，我们还是冷静地分析与观察一下这一时期人们对自然界的胜利所发生的第二步和第三步的影响，也就是它们对人类社会所发生的负面反馈。

在魏晋南北朝隋唐时代，人们对自然界所施加的影响中，以森林植被的破坏最具深远影响，特别是北方地区与西北地区更为突出。这一地区，曾经草木繁茂，植被完好，远古时的兖州，"厥草惟繇，厥木为条"，徐州也是"草木渐包"，与之相应，则是土质肥沃，宜农宜桑。史念海先生曾分析道：兖州的坟土为什么为黑色？这是由于兖州森林草地最多，草木繁盛，土壤中腐殖质也相应地增多，所以显得色黑。腐殖质多必然增长肥力，所以在《尚书·禹贡》中兖州之土为上中。居于兖州之上的是雍州之土，为上上，其原因也在于森林草木等植被的完好。关中有"鄠、杜竹林，南山檀柘"②，汉武帝时，号称富"山林池泽之饶"③，直到董卓之乱时，尚言"关中肥饶，故秦得并吞六国。且陇右林木自出，致之甚易"④。

魏晋南北朝时代，这一地区的森林植被未受到明显的破坏。

隋唐时代，尤其是唐代中后期，森林植被的萎缩已十分引人注目。武则天日

---

① 《马克思恩格斯选集》第3卷，人民出版社1972年版，第517～518页。

② 《汉书·地理志》。

③ 《汉书·武帝纪》。

④ 《后汉书·杨彪传》。

役万人，所费万亿，修构天堂，要长途“采木江岭”；唐德宗修神龙寺，需五十尺大松，有人称在同州山谷发现八十尺大树数千株，德宗根本不信。他认为：开元天宝间，“求美材于近畿犹不可得，今安得有之？”[①]但历史上却并非如此，天水、陇西曾“山多林木，民以板为室屋”[②]；公刘率周民“自漆、沮度渭”，至南山取材木为用；秦文公也曾在南山伐大梓[③]。所以，西汉时修筑宫殿，多就近取材，“秦陇大木亦不难致”。到了唐朝，若仍如此，自然不会舍近求远，远求江南之木。不仅栋梁大木求之江南，就是常规用料，也多借助南来。唐敬宗时，造竞渡舟船，是到南方取材[④]；河南造桥，亦到江南选料[⑤]。至于民间所用，只好就地取材，那些“桑柳槐松之类，南人无用者，北人皆不择而取之”[⑥]。史念海先生曾全面论述了唐代黄河中游地区森林植被的破坏情况[⑦]，我们就不再赘述了。

森林植被的破坏主要有两大原因：一是垦荒毁林，一是建筑、生活及其他生产采用。其中，以垦荒毁林影响最大。

森林与植被的破坏，对农业生产产生了三个方面的直接影响。

首先，促成了土壤的沙化。这主要表现在西北与北部边地，其典型代表是统万城的湮没与毛乌素沙漠的形成。统万城位于今陕西靖边县以北红柳河的北岸，公元5世纪初，赫连勃勃攻下长安后，执意不肯建都长安，而是在鄂尔多斯草原上建起了统万城，此地当时水草丰美，林木茂盛，赫连勃勃曾发出了“临广泽而带清流”的赞叹。唐朝时，这儿成为夏州州治，垦荒为田，也曾繁荣一时。但到了唐后期，这儿却受到流沙威胁，到宋太宗下令毁废夏州城时，这里已是“深在沙漠”的地方了。对统万城的兴衰，史念海先生曾分析道：

> 秦汉时期改变了相当广大地区的草原为农田，但对森林的破坏还不是过分地严重。唐代在这方面却远超过秦汉时期。秦和西汉先后都曾经在鄂尔多斯高原培植林带，唐代在这个地区却不是培植，而是较大规模地砍伐。当时砍伐的地区还南及于横山山脉。横山山脉森林的破坏和鄂尔多斯高原南部草原的开垦，引起了当地的沙碛。这里现在是毛乌素沙漠。如果追溯毛乌素沙漠形成的过程，这一时期就不应轻易放过。今陕西靖边县北白城

---

① 《资治通鉴》卷二〇五、二三五。

② 《汉书·地理志》。

③ 《史记·秦本纪》。

④ 《旧唐书·敬宗纪》。

⑤ 《太平广记》卷一一一《成圭》。

⑥ 谢肇淛：《五杂俎》卷十。

⑦ 详见史念海《历史时期黄河中游的森林》，载《河山集·二集》；董咸明《唐代的自然生产力与经济重心南移》，载《云南社会科学》1985年第6期。

> 子于唐代为夏州。这座十六国时期赫连勃勃夏国的故都，历北魏、北周及隋代，到唐时依然为北陲的雄镇。但到唐代后期，夏州附近已成了茫茫的沙漠，而夏州城也被称为"碛中"了。森林的破坏，草原的开垦，沙漠的扩大，还促成了无定河的变迁。无定河的名称也是唐代才开始有的。这条本是清流的河水，竟然由于含泥沙过多，并且由于泥沙的堆积，而使河床频繁摆动，甚至于连原来的名称都保留不住。①

自唐代以来，流沙湮没的不仅仅是统万城，而是西北与北部大片的耕地与众多的城市。

其次，促成了水土流失，使土壤肥力减弱。以关中为例，《禹贡》时，号称"上上之土"；西汉时，因自然条件优越，号称"陆海"②。司马迁认为："关中之地，于天下三分之一，而人众不过什三，然量其富，什居其六。"③直到唐初，关中仍"号称沃野"④。但森林与草地的消失，植被的破坏，使得处在黄土地带的这一地区的土壤质量不断退化。唐后期，同州、华州已是"地迫而贫，所献常觳陋"⑤；相邻的陕州，也已"土瘠民贫"⑥。到宋元时代，更是衰退不堪。

再次，森林与植被的破坏，使其原有的蓄水、涵水作用消失或减弱，使北方地区的水利资源日益紧张，再加上对水利资源的滥采、滥用，更使得北方地区的地表水量不断减少，泾水水量的变迁足以说明这一问题。杜佑《通典》卷一七四云：

> 秦开郑渠，溉田四万顷，汉开白渠，复溉田四千五百余顷。关中沃衍，实在于斯。圣唐永徽中，两渠所溉唯万许顷。洎大历初，又减至六千二百余顷。比于汉代，减三万八九千顷，每亩所减石余，即仅校四五百万石矣。地利损耗如此，人力分散又如彼，欲求强富，其可得乎？

泾水溉田水量的减少，当然与沿岸大兴碾硙有关，但泾水本身的水量也的确在不断减少。如汉武帝时，兒宽曾穿六辅渠引泾水，"以益溉郑渠旁高卬之田"，但到唐代，已干涸荒废，无法利用，只是"六道小渠，犹有存者"⑦。

地表水量的减少，又使这一地区旱灾不断加重。有人曾对唐武德七年(624年)至开元二十九年(741年)的较大的旱灾分布地区作过统计，结果表明，在这一区限内，京畿地区发生旱灾10次，都畿1次，河南7次，河北6次，淮南3次，

---

① 史念海：《由历史时期黄河的变迁探讨今后治理黄河的方略》，载《中国历史地理论丛》第1辑。

② 《汉书·东方朔传》。

③ 《史记·货殖列传》。

④ 《新唐书·食货志》。

⑤ 《新唐书·刘晏传》。

⑥ 《资治通鉴》卷二四四。

⑦ 李吉甫：《元和郡县志》卷一《关内道一·京兆府》。

江南1次。[1] 全国计发生较大旱灾28次，而淮河以北地区就有24次，占85.7%，江南只有1次，仅占全部旱灾量的3.57%。

在农业生产力相对落后的古代社会，这种因人为因素而带来的自然环境的恶化往往是难以抗拒的，而且，也是难以恢复与调整的，这是隋唐以后，我国北方农业生产越来越落后于南方的一个重要因素。[2]

由上所述，足以使我们认识到地理环境对经济发展的影响是巨大的，它不仅可以加快或延缓经济发展的速度，而且还可以制约甚至决定经济结构与经济发展的道路，改变着经济地理的布局。

三、经济结构问题

中国古代的经济结构主要包括农业经济结构、手工商业经济结构，对这一问题的把握首先要从农业经济结构和工商业经济结构入手；在此基础上，还应当着眼于立足于其上的城市经济与乡村经济的关系，并进而探求其成因与影响。这是把握中国古代经济运行脉搏的重要一环。

中国古代农业经济结构有两个突出特点：其一是小土地生产。战国秦汉时代，“五口之家，百亩之田”是当时农村社会的常见状况。此后直至明清，尽管土地兼并愈演愈烈，但农民的小土地所有依然是重要的土地所有制形式。对于大土地所有者而言，他们中的大多数也是将土地化整为零，出租给农民家庭进行耕种，收取实物地租或货币地租，只有很少一部分大土地所有者以田庄或庄园的方式进行大土地经营。这样，就多数农民而言，无论是自耕农还是租佃农，都是在自有或承租的小块土地上以一家一户为单位从事着生产经营活动。

欧洲封建社会则是以庄园为基本经济单位，一个庄园往往可包括一个到几个村庄，全部土地都属庄园主所有。庄园主又称“领主”，庄园中的农民即农奴。庄园中的土地分为两类：一类是领主自营地，一类是农奴的份地。大部分农奴在管家监督下无偿地在领主自营地上耕作，收获物全部归领主所有，剩余时间才可在自己的份地上耕作。还有一部分农奴则要按庄园的统一安排从事畜牧业与手工业生产。整个庄园构成一个统一的生产经营单位。

其二是以土地经营为核心的综合型经济。如战国时代的农民就要“种谷必杂五种，以备灾害。田中不得有树，用妨五谷。……还庐树桑，菜茹有畦，瓜瓠果蓏，殖于疆易，鸡、豚、狗、彘，毋失其时，女修蚕织，则五十可以衣帛，七十可以食

---

① 参见董咸明《唐代的自然生产力与经济重心南移》，载《云南社会科学》1985年第6期。

② 参见齐涛《魏晋隋唐乡村社会研究》，山东人民出版社1995年版，第81～95页。

肉”[①]。这是典型的以家庭为单位的综合经营。这一方面固然是由于自然条件与生产对象在一定程度上为中国农民提供了这种可能性，如蚕织、麻织均可通过家内劳动完成，但更重要的一方面则是由于在精耕细作制度下，农民劳动生产率较低，生产所获除缴租纳赋外，所余无几。因此，农村人口中的绝大多数都必须投入土地经营。这就使得历史上的中国农村社会分工薄弱，专业手工业者十分少见。直到1950年，山东省对49个自然村的调查表明：投入土地经营的人口依然占全部农村人口的99.2%。[②] 家庭综合经济之发达可见一斑。但是，中国传统农民的生产经营又不是完全的自给自足，小土地经营的局限性及脆弱性是造成这一问题的直接原因。在有限的土地上，以有限的劳动力，不可能生产出生产与生活所必需的全部产品，做到真正的自给自足。像农业生产工具，尤其是铁制工具，还有食盐、陶器等生活用品，都要依赖市场来解决。只有在那些广占土地的庄园中，才能实现基本的自给自足。在规模巨大的田庄中，一般以农业为主，兼营林、牧、渔各业，还从事某些手工业或进行一定的商业和高利贷活动。这样的庄园在欧洲封建社会是普遍存在的，但在中国古代社会却是凤毛麟角。因而，中国传统农业经济是一种以土地经营为核心的，与商品市场和高利贷有着密切联系的半自给自足经济。

中国古代工商业经济结构的突出特点就是它的混合性与依附性。所谓混合性，首先体现为官营工商业与私营工商业的并存。发达的官营工商业是中国传统经济的一大特点。早在西周时代，就实行严格的官营工商制度，即“工商食官”。春秋战国以来，虽然允许私营工商业发展，但官营工商业一直未退出历史舞台，而且还处在不断发展中，从而出现官营工商业和私营工商业并存的格局，这一格局贯穿中国古代社会两千年。以官营手工业为例，官营手工业不仅供给着整个王朝的基本需求，而且还控制着关系国计民生的几乎所有重要的手工行业。如唐王朝管理官营手工业的机构有少府监、军器监、将作监等，少府监制造宫廷官府的公用物品和奇器文巧等奢侈品，军器监制造武器和其他各种军用品，将作监除进行土木工程建设外，还制造各种陶器、石器和建筑材料。除京城与宫中设有多处大型手工业作坊外，各地也设有各种官营手工业机构。维持官营手工业运转的不是正常经营与交换，而是官府强制性地征调劳动力和原料。官营手工业的工匠包括奴隶、刑徒以及农民、工匠，他们毫无人身自由，在严格的监视甚至鞭笞下进行劳动，无偿为官府手工工场提供劳役。在这种情况下，私营手工业与个体手工业的发展便大受影响。

---

① 《汉书·食货志上》。

② 参见《两年来中国农村经济调查汇编》第5编，中华书局1952年版。

混合性的第二个体现就是乡村手工业与商业的难以分割,以及工商业与农业经营的难以分割。就前者而言,乡村手工业商业者多是亦工亦商。如《盐铁论·水旱》中所言,手工商业者“各务为善器,器不善者不集。农事急,挽运衍之阡陌之间。民相与市买,得以财货五谷新弊易货。或时贳民,不弃作业”。这一传统一直存在于整个中国古代社会。就后者而言,我们可以看到两个侧面:一个侧面是寓于农民的自给自足经营中的家庭手工业与商业交换的不可分割性;另一个侧面则是乡村工商业经济对农业经济的依赖与融通,他们完全依赖农业而生存,没有形成相对独立的手工业商业体系。因此,当中国古代农业在战国秦汉时代出现了第一次技术革命时,乡村手工商业也取得了空前的繁荣。但从此以后,中国古代农业经济再未发生重大变革,小农经济只是简单再生产的重复,依托于农业的乡村工商业也就不可能发生历史性的进展。当然,它本身的特性又决定着它不可能自我发展,成为带动农业经济乃至整个国民经济进步的先导性产业。

所谓依附性,主要指工商业对官方和上层社会的依附。就官营工商业而言,它的特色是对盐、铁等重大经济命脉的垄断性生产经营以及面向皇室与官方的服务性生产。自秦汉以来,中央王朝建立专门的机构和严格的管理制度直接经营工商业,构架起了庞大的官营工商业体系。官营手工业的生产门类从衣物缝制到兵器制造无所不包,以供应官府的军政需要和满足皇室贵族的奢侈生活。可以说,官营手工业是一种供给式的生产方式,不是真正的商品生产。官营手工业产品除了满足官方的消费性需求外,还将部分产品投放市场,进入流通领域,最典型的就是盐、铁的专营。盐的官营是在政府管理的盐场中,募民煮盐,所产食盐由官府收购付值。唐中期以前,实行的是官运官销体制,盐的零售是由官府设的“官市”销售,盐价由官府统一掌握;唐中期以后,实行官商结合,官府将所收之盐专卖给特许商人,商人购得食盐后,享有充分的销售权,盐价由盐商根据市场情况灵活掌握。铁的官营是由封建国家役使服役者开矿冶铸,然后打制成各种工具和器具出售。盐和铁制品是普通百姓之家无法自行生产的,只能依赖市场,“虽贵数倍,不得不买”,由此给官府带来丰厚的利润,增加了王朝的财政收入。官营工商业的这种垄断性生产经营不是以市场需求为导向,而是以满足王朝的财政需求为目的。它依附于王朝的政治和财政体系,根据国家政治、经济政策的不同而有所调整。

就私营工商业而言,它的特色是以商为主,以工为辅,其主体或依附于官营工商业,受官府特许,生产经营关系国计民生的垄断性生活消费如盐、茶之类;或依附于皇室、官方和上层社会的消费性需求。对私营工商业者来说,追逐利润是其生产目的,因此,他们将大量的人力、物力和资金投入到奢侈消费品的生产中,商业也以贩运、销售各地的奇珍异宝土特产为主，如“夜光之璧”、“江南金锡”、“西蜀丹青”、“宛珠之簪”等。虽然他们也生产一些生活用品，但真正面向市场和生产领域的生产经营所占比例偏低。可见，私营工商业是一种依附于上层社会，以满足上层社会的奢侈消费为目的的消费性工商业。

官营工商业和私营工商业在生产经营上的依附性，导致在中国传统社会中，立足于生产经营，以剩余价值最大化为目的的相对独立的工商业经济一直得不到充分发展。

对官营工商业而言，其生产与交换固然要追求产业利润与商业利润，而且，官营工商业所得在一些历史时期对于王朝财政也的确起到了重要的支持作用。但它首先追求的仍是自身的使用价值。从汉三服官到清代江宁织造都是典型代表，汉唐时代平准均输的一个重要内容便是变易各地土产轻货供给京师。就官方所直接控制的对外贸易而言，更是服务于王朝外交的政治消费。所谓“四海宾服”、“八方来仪”，是其对外贸易的主要目的。公元前121年，匈奴昆邪王率数万众降汉，武帝发车两万乘迎之，降者皆衣食县官，以致耗尽租赋，动用内帑。以后诸王朝大率皆如此。为使外族奉其正朔、北面称臣，不惜“辇中华以实四夷”。在对外交往中，历代王朝执行了同一方针。隋炀帝就曾令西域至洛阳商路中的各郡县迎送外商，免费供酒肉百戏，得费远不相偿。赴外使臣更是大量无端地赠礼，赔尽钱物。[①] 明王朝时代的郑和下西洋也主要是为耀威异域，勒石纪功，每以巨资使诸国来朝。这与欧洲社会的商业战争与商业殖民政策大相径庭。因此，尽管郑和的远航远在哥伦布、达·伽马开辟新航路之前，但前者的结果只是虚耗资财，激化了国内政治、经济矛盾，而新航路的开辟却为欧洲资本主义原始积累打下了丰厚的基础，加速了资本主义的到来。

对私营工商业而言，它对政权和上层社会的依附，使其没有形成自己的生产体系，没有形成规模化的手工工场，其商品的来源主要是分散于各地的个体农民与个体手工业者，商品构成是生活消费品与奢侈品。其本质是向上层消费者提供社会产品的中间转运贸易，缺少生产领域之间、生产要素之间以及地区之间的生产性贸易。这样，私营工商业者的资金流向也主要地用于产业经营以外的领域，比如高利贷、贩运商业等。

与上述情况相应，在中国古代经济结构中，城市经济一直未能占据主导地位，中国古代经济是城乡一体以农村经济为主导的经济，加上城乡工商业中的混合性与依附性，构筑了独具特色的经济结构。西方著名史学家林恩·怀特在《欧洲经济史》第1卷第4章中曾认为，罗马帝国的衰亡是由于城市与农民的失衡。

① 《隋书·炀帝纪》。

他指出：

> 罗马文明脆弱的区域，要让一个人脱离土地而生活，就需要十个人在土地上干活。城市是文明的珊瑚礁，处于乡村原始主义的海洋中，它们依靠一点少得可怕的农业生产剩余的支付，这点剩余完全可能因为干旱、水涝、瘟疫、社会混乱或战争而很快遭到破坏。
>
> 城市生活连同古代城市所创造和保持的较高的文化领域都是脆弱的，因为古代农业每个农民的生活率很低，尽管罗马人有顽强冷酷和他们在法律方面的才能，但他们最后由于这种根本性的弱点，在政治上被打败了。
>
> ……这个缺点足以解释在3世纪到8世纪之间，西方与东方相比，它缺乏恢复的能力。①

东方所具有的乡村活力与恢复的能力体现在哪儿？我认为体现在三个方面：第一，中国乡村农民具有较强的综合经营能力。他们中的多数实际上是以农为本，亦工亦商，家庭纺织与副业生产是其经济结构中不可或缺的组成部分。第二，中国古代是城乡一体的社会与经济结构，尤其在汉唐时代，脱离农村的工商业与市民阶层并未出现，城市是乡村的城市，是乡村的集合与代表，这是适合中古农业经济基础的社会存在。第三，中国古代的农业以精耕细作为特色，辅之以先进的农业生产技术、较为普遍的水利灌溉，这使中国古代农业的单位面积产量很早就达到了相当的高度，能为社会提供较为丰富的剩余劳动产品，同时，也具有较强的抵御天灾人祸的能力。

但我们必须看到，这种不同于罗马帝国的活力还是十分有限的，而且具有较强的时效性。自汉唐时代，中国古代的乡村就面临着一系列压力，到宋元明清时期，这些压力越来越大。主要有三种压力：其一是城市膨胀的压力。城市的膨胀在中国古代首先表现为官僚集团与军事集团的膨胀，是消费与食利阶层的扩张，其次才是工商业发展而带来的膨胀。但是中国古代城市工商业既比较弱小，又先天不足，他们是从消费趋向新的消费，而忽略生产的扩大这一核心环节。因而，难以带动乡村经济的发展。与之相连，则是工商业的发展，一方面冲击着乡村农民的综合经营；另一方面，又无法带动乡村的规模经营，只是使乡村农民陷于窘迫的境地，这是第二个压力。第三个压力是日益增长的乡村人口。乡村人口不断增加，但又没有其他渠道吸纳，增加的人口大多是留在乡村，在诸子均分的家产继承制下，消耗着原有的土地规模，也消耗着精耕细作所带来的经济效益。

---

① [意]奇波拉主编，徐璇译：《欧洲经济史》，商务印书馆1988年版。

四、经济技术的发展道路问题

经济技术是经济发展的动力与先导，已是定论。在中国古代社会，它主要由农业生产技术与手工业生产技术两大部分组成。放到整个中国古代社会这一大环境中去考察，我们会发现，中国古代的农业生产技术与手工业生产技术无论从其先进性而言，还是从其技术体系而言，都曾遥遥领先，而且为中国古代经济的辉煌与中国古代社会的繁荣奠定了坚实的基础。它们在长期的发展中形成了独具特色的发展道路。

就农业生产技术而言，其基本组成包括农业耕作技术、水利灌溉技术与农产品加工技术，其基点应当是农业耕作技术。中国古代农业耕作技术的最突出特色便是精耕细作。西周春秋时代，我国农民的生活经营尚含有一定的粗放性质，但自战国秦汉以降，精耕细作日渐占据主导地位。农业生产由轮荒制过渡为连作制、二熟制甚至多熟制。生产程序包括播前整地、播种、中耕、收割以及水利灌溉、施肥等一系列工艺，劳动力投入十分密集。以中耕为例，南北朝时代即已要求"苗出垄则深锄，锄不厌数，周而复始，勿以无草而暂停"①。

精耕细作的实施是由我国特定的自然条件所决定的。我国土壤与气候的特性以及频频发生的水旱灾害使大面积的粗放经营难以实现。"广种未必多收"已久为古人熟诵。西晋傅玄即明确指出："耕夫务多种而耕暵不熟，徒丧功力而无收。"②只有小面积的精耕细作才能比较有效地减轻不利自然条件的影响。如北方农民的中耕工序，只要做到"劳欲再"，"不惮功力"，就可达到"旱亦保泽"③的效果。农谚所云"锄头底下三分泽"，也正是以精耕细作消弭旱灾的经验。精耕细作的其他方面，诸如施肥、水利灌溉等项对不利自然条件的缓解作用就更明显了。因此，历史上中国农业产量的多寡不取决于播种面积的多少，而是取决于精耕细作的水平。北魏著名农学家贾思勰就曾告诫道："凡人家营田，须量己力，宁可少好，不可多恶。"④历史上中国农业劳动力的耕种面积，也一直在 20～30 亩左右徘徊，近代以来更是急落直下，这正适应了我国地少人多的自然制约。我国历史上人口与土地的尖锐矛盾要求农民的生产经营必须以增加单位面积的劳动投入等手段而不是以扩大耕地面积的方式来提高农业收获量，但这也必然造成我国农民劳动生产率的低下。

---

① 贾思勰：《齐民要术》卷首《杂说》。

② 《晋书·傅玄传》。

③ 贾思勰：《齐民要术》卷首《杂说》。

④ 贾思勰：《齐民要术》卷首《杂说》。

这种精耕细作在一定历史时期内会使农业生产技术与农业产量达到一个相当的水平，带来整个农业经济的繁荣，但是，这种精细化农业的发展道路，又使得生产工具与生产技术的进步没有充分的空间，难以出现新的突破与变革。以牛耕为例，这是精耕细作条件下最先进的耕作技术，在精细化的数十亩土地的经营中，这一技术已足以满足其需求，不可能有萌生机械化农业的动力。因此，整个中国古代社会乃至近现代社会，农业耕作技术一直是牛耕技术的天下，甚至两汉时代的"二牛抬杠"在今天的西南地区仍有存续，其方式是二牛三人，一人牵牛，一人扶犁，一人撒播。这与《汉书·食货志》所记"用耦犁，二牛三人"是一致的。不过，从近几十年来出土的汉画像石砖中的牛耕图分析看，"二牛"挽犁是当时普遍采用的耕作方式，而且多采取"二牛抬杠"牵引方法。至于"三人"则是推广初期耕牛不够驯服或不易耕作地区的情况，随着操作技术的提高，所用人数便可减少。如1984年江苏省洪泗县重岗乡出土的耕种画像石中的犁地图是二牛二人，一人牵牛，一人扶犁；江苏睢宁双沟、陕西米脂官庄村等地出土的牛耕画像石都为一人二牛。

汉代的犁结构已基本定型，具有犁辕、犁箭、犁床和犁梢等部分。当时的犁只有一根长辕，辕末端与犁梢连接，犁箭通过辕插入犁床，辕前端是三叉戟（或其他形式）联络，联搭搭在长长的犁衡（又称"犁轭"）上，即长长的直木杠上，衡驾在两牛肩上，形成所谓的"二牛抬杠"。

随着驾套牲畜技术的娴熟，在汉代"二牛抬杠"耕作方式盛行的同时，东汉时又出现了一牛挽犁的耕作方式，到南北朝时逐渐推广流行，并在以后的传统耕作方式中占据了主导地位。因为一人一犁更节约人力、牛力，更能适应一家一户为生产单位的小农经济的需要。

但是，"二牛抬杠"式的耕作形式并没有因此而退出历史舞台，相反，它在某些地区还较广泛地使用着。从古文献记载来看，在唐代樊绰《蛮书》、《新唐书·南诏传》、《南村辍耕录》、景泰《云南图经志书》、《札朴》等书中都有关于二牛耕作方法的记载；另外还有一些直接资料，如两晋时期的新疆拜城二牛耕田法图、安西榆林窟唐代壁画和敦煌五代或宋初壁画也有二牛耕田图。可以看出，魏晋以后，尤其是唐宋以后，二牛耕作方式大多在少数民族地区流行，说明汉族地区的二牛耕田法从汉朝以后开始向四周少数民族地区渗透。据资料记载，在新中国成立前后一段时期里，我国的主要耕作方式仍是牛耕，当然主要是一牛耕田法，但在云南、西藏、四川、贵州、青海、甘肃等地仍广泛地采用着二牛耕田法。

当然，二牛耕田法也不是一成不变的。进步的、节约人力牛力的一牛耕田法是由最早的、原始的二牛耕田法经过漫长时期，通过人们掌握牛耕技术的提高以及牛力日益适应耕作条件和改善辕轭（衡）以后发展成功的。据谢忠樑先生的考察总结，认为二牛耕田法牛轭形式的变化为以下三类，它们各代表二牛耕田法发展的一个阶段。一是原始的角轭阶段：牛轭是一根直木杠，绑在两牛的角上，引以长辕，进行耕作。二是较进步的肩轭阶段：牛轭还是一根直木杠，压在二牛的脖子上，仍是长辕。汉代平陆枣园村、陕西米脂官庄村、睢宁双沟等地出土的汉画像石中的农耕图即属此类。三是最进步的曲轭阶段：每一牛的轭弯曲作∧形，辕也演变为两组绳索或双木辕了。二牛耕田法发展到此类形式，就会很快地进步到一牛耕田法了。[①] 上述三个发展阶段代表着三种发展水平不同的农业生产力，但后一阶段比前一阶段是有限的、改良性的进步。

总之，从汉至明清甚至近代，中国传统的农业耕作虽处在进步中，但一直变化幅度不大。具体而言，犁和铧无论在形制、种类还是质地上改进都比较大，但就主要耕作形式而论，自汉迄近代没有什么根本不同，无非是一牛耕田法或二牛耕田法两类，当然以前者为主导方式。

与技术发展相应，精耕细作还直接制约着中国封建农业的转化。精耕细作所带来的农民劳动生产率的低下，加之封建统治阶级的残酷剥削，使历史上的中国农民除完赋纳租外，已拿不出多少剩余的产品进行交换。不仅租种地主土地的佃农们“终岁勤勉，所得粮食除完交田主租息外，余存无几，仅堪糊口”，就是那些自耕农民能做到收支相抵也就很难得了。遇有水旱灾害或“赋敛不时”，仍要“卖田宅、鬻子孙以偿债”。因此，历史上中国农民的自给自足经营，始终未能完成向商品经济的转化。这直接延缓了中国封建农业的转化，也决定着历史上的中国农业本身无力进行大规模的技术改造，更不可能出现欧洲历史上曾经出现过的以农业积累促进工业化进程的现象。中国农业的进步与改造有待于工业化的发展。

就手工业技术而言，其最大的特点是实用技术的发达与成熟，不论是我们率先发明的技术还是后天引进的技术，都能在很短的周期内臻于成熟。这种技术的实用性实际上可以作为对中国古代所有技术门类的抽象。

有些自然科学史著作将中国古代标志性的科学技术简称为四门（领先）科学、三大（技术）门类、四大发明。四门科学为天文、数学、农学、医学；三大技术门类为纺织、陶瓷、建筑；四大发明为造纸、火药、活字印刷与指南针。就中国古代对人类文明进步的贡献而言，这一归纳是比较准确的。若将它们与西方科学技术的发展相比，不难发现，无论是科学还是技术，都具有很强的实用性色彩。以四门领先科学而言，中国古代有丰富的农学著作与一个又一个知名的农学家，但无论是《氾胜之书》还是王祯《农书》，都是农业技术方法的汇集。同样，天文、数

① 参见谢忠樑《中国古代的二牛耕田法》，载《江海学刊》1963年第5期。

学与医学也是如此,数学是面向历法编制与现实生活所需的计算数学,没有形成完整的数理逻辑系统。三大技术门类与四大发明也都没有相应的理论依托与技术体系支撑,实际上多是单项技术与发明的集合。因此,在中国的明清时代,当西方世界近代科学技术如雨后春笋般蔚然兴起时,中国的科学巨匠们也在进行着不懈的努力,出现了四大科学名著,即《本草纲目》、《农政全书》、《天工开物》与《徐霞客游记》。但遗憾的是,《本草纲目》、《农政全书》与《天工开物》都是集以往技术之大成,在这里面并没有能导致传统技术与科学发生突变的因素;《徐霞客游记》首先是纪游作品,其次才是一部地理学著作,自然也不会有近代地理科学体系的萌生。

原因何在?就在于科学与技术的实用性。而实用性的最大特点是究其然,不究其所以然。希腊哲学的基点是原子论,是一种一分为二、二分为四、穷其究竟的方法论。中国传统哲学的基点是"道","道生一,一生二,二生三,三生万物";道是一种理念,一个可以涵盖一切的抽象。清代已有人注意到了物理学上十分重要的磁屏蔽现象,"磁石吸铁,惟铁可以隔之"。当他将这一现象向当时一位大学问家报告时,对方的答复是:"此何必试,自然之理也。"一个"自然之理"囊括了一切,但这个自然之理到底是什么,却无人深究。类似的情况俯拾即是。再如,古人一谈雷电,就认为是"阴阳相激为电",而地震则是"阳伏而不能出,阴迫而不能蒸"。磁石吸铁是"阴阳相感",火药爆炸是"阴阳两种物相遇于无隙可容之中"。这实际上都是"道"的传承,正如一位近代物理学家所说:能够回答一切的方程什么也回答不了。因为如果在千变万化的世界中看到的形形色色的事物都能从一个方程里涌现出来,那么,从方程到事物之间所经过的路程必然是长得可怕,因此,很难处理。

五、土地赋役制度问题

土地赋役制度与工商政策是中国传统经济政策的两大主线,而其中又以土地政策为根本。在几千年的政策沿革中,经济政策的内容与形式繁复多变,但万变不离其宗,无论是财政税收、金融货币,还是重农抑商以及各种田制、徭役制度的设计,都直接或间接地受制于土地政策。因此,我们要想真正把握中国传统经济政策,就必须从土地问题与土地政策入手。

中国古代的土地赋役政策可以划分为三个阶段:第一阶段是自夏商西周至井田制瓦解,其特点是税人与税地的合一,井田制及建立在其上的赋役征收方式是典型代表;第二阶段是自战国授田制到中唐均田制的瓦解,其特点是以人户为税基的赋税占主导地位;第三阶段是自两税法到清朝的摊丁入亩,其特点是以土地为税基的赋税逐步占据主导地位。这三个阶段的历史进程与宗族土地所有制、土地国有制、土地私有制三种土地形态的矛盾运动联系在一起。我们必须由此入手，才能把握中国古代土地与赋役制度变迁的内在脉搏。

西周时代，宗族土地所有制是基本的土地所有制形态，其政治基点是大大小小的宗族与宗族集团，其实现形式是自天子以下向诸侯、卿、大夫、士的层层分封，其赋役方式则是以井田为单位的"彻"与"藉"。"彻"与"藉"都是以井田为单位进行的，彻法行之于统治宗族，即国人，九夫为井，每夫拥有百亩之田，所产归己，另外共耕百亩之田，所产上交宗主，是一种"九一而助"的劳役赋税，这是什一之税；藉法行之于被统治宗族，亦即野人，野人十夫共井，以十家为共耕单位，共同耕种千亩公田，另外，每夫还有自己的百亩份地，其剥削量为50%。[①]

这一经济制度有三点特性：第一，它是一种层次利益归属。虽然对于周天子来说，"溥天之下，莫非王土；率土之滨，莫非王臣"，但周天子所拥有的与其说是土地的所有权，不如说是领土的主权。土地所有权被大小宗主分层拥有，"藉"与"彻"的收益当然也归入他们名下，周天子只能从各诸侯国君那儿得到一定的"贡献"。第二，无论是国人还是野人，对所耕种的土地都不拥有完整的所有权。国人有有限的所有权和使用权，"彻"的性质是税；野人只有有限的使用权，"藉"的性质是租税合一。不论国人还是野人，其轮作、休耕与定期换土易居都在宗族主的统一调配下进行。第三，基于以上两点，赋税税基既不是单纯的人丁，也不是土地本身，而是税人与税地的合一。

春秋战国是中国古代社会的剧变时代，表现在土地关系上则是宗族土地所有制向土地国有制的转换。春秋时代，出于列国相争、富国强兵的需要，各国纷纷进行经济变革，其方向无一例外都是强化国家机器，加强国家政权对经济权益的支配力量。无论是"初税亩"，还是"作爰田"、"作丘甲"，实际上都是划一税制，逐步消弭国野区限，将宗族主对土地的所有权与收益权转换到国家手中。至战国时代，伴随着郡县乡里制度的建立，国家也取得了境内土地的所有权，在此基础上，实行了面向全体国家编户齐民的授田制。对于战国授田制，应当从以下几方面来认识：第一，战国授田制是一种特定形态下的土地国有制，它充当着宗族土地所有制向土地私有制的转换器的作用，国家政权将从宗族主那儿收回的土地所有权实际上又转向了它的齐民。授田制下，以什一之税为主，这种税率的降低与划一，告诉我们农民受田的私有化趋势，至秦王朝时代的"使黔首自实田"，则标志着这一过程的完成。第二，正由于授田制只是地权关系的转换，所以，它并不是整齐划一地按统一的标准向编户齐民授予土地，对于自春秋以来业已形成的土地私有并未触动。第三，授田制的真正意义是通过授田与赋役征发这种

① 参见田昌五《中国古代社会发展史论·中国古代社会的土地问题》，齐鲁书社1992年版。

直接的经济利益关系，实现对编户齐民的直接管理与控制，这一点与同时建立的乡里制度是相辅相成的。第四，授田制下的赋税征收是“顷亩而税”。如《云梦秦简·田律》云：“入顷刍稿，以其授田之数，无垦不垦，顷入刍三石、稿二石。”也就是说，不管一位农夫垦种的土地是否达到授田数一顷，都要以顷为单位缴纳田赋，这种田赋实际上是以人丁为税基，是税人而非税地。

战国授田制实际上奠定了中国古代赋役制度第二阶段的基础，自两汉到中唐以前的赋役制度，两汉的田税也好，曹魏的屯田户调也好，两晋南朝的占田户调式也好，北朝隋唐的均田制也好，都是这一基础之上的损益变化。对这一阶段的赋役制度，我们应当把握这样几点问题：

第一，这一阶段仍处于中国古代社会的私有化时期，其特性是私有地权的不断被肯定，是国有色彩的不断减弱。两汉时代，私人土地所有制得以巩固与发展，但这一时期，土地国有化的色彩还比较浓厚，国家不仅拥有山林川泽、未开垦土地、无主荒地以及它直接管理和经营的土地的所有权与使用权，而且还拥有全国所有土地的终极所有权。换言之，也就是说，这一时期的私有地权还只是一个不完整的法权，因此，才会有汉武帝时对商人土地的直接剥夺，才会有西汉后期层出不穷的“限田”动议，也才会有王莽新政中的土地“王有”政策。

曹魏屯田制是特定历史条件下的短暂存在，此后，无论是两晋南朝的占田制、户调制，还是北朝隋唐的均田制，实际上是从两种不同的途径加速土地私有化的进程。均田制的实质不是剥夺原有的私有土地，而是不断地将国有土地转化为私人占有的土地。从这个意义上看，与其说均田制是受北方游牧民族原始公有制遗存的影响，不如说它是战国授田制的余绪或翻版更恰当。

第二，自两汉以来，无论是汉代的三十税一，还是均田制与占田制，其实质都是“顷亩而税”，也就是以丁口为税基的税人，所以，直至开元天宝之前，李峤仍言“国计军防，并仰丁口”。这实际上是土地私有者不具有完整地权的体现。至两税法颁行，经一条鞭法迄摊丁入亩，中国古代的税赋体系由税人转为税地，这实际上也标志着土地私有化的最终完成，标志着国家对土地私有的完全的法权认可。

第三，在税人的赋税体系下，土地私有权是不完整的，但也正是这样的历史条件，为土地私有提供了充分的发展空间，因为土地的占有量与赋税征收没有必然联系；两税法以后的“税地”的赋税体系虽然给予土地私有权完全的法权认可，但以土地的实际占有征纳税赋，却又为土地私有制的发展特别是大土地所有制的发展带来了一些制约。历史的逻辑往往如此。

自中唐两税法起，中国古代社会的赋税制度进入了第三个阶段。这一阶段有两个突出的特点：一是自两税法到摊丁入亩，完成了以土地为税基的赋税体系的构建;二是在这一阶段,间接税如工商税收在国家财赋收入中的地位迅速提升,“国计军防,并仰丁口”的局面被打破后,取而代之的不是“并仰地亩”,而是直接税与间接税的并重。

在宏观把握中国古代土地与赋税制度的变迁时,除上述问题外,我们还应对大土地所有制有一个客观的认识。

首先,我们应该看到,中国古代的国家政权对私有地权一直处在抑制中。尽管中国古代土地所有制发展的方向是不断的私有化,至两税法之后,土地所有者已享有了较为完整的私有权利。但封建王朝对土地的最终所有权并未放弃,而且这种所有权并非近代意义上的国家领土权,它只是“溥天之下,莫非王土”的延续,是介于领土权与土地私有权之间的一种模糊权益。这种权益的具体体现,就是自秦汉至明清各王朝从未正面认可过土地所有者私有权益的不容侵犯,也从未放弃过国家对所有土地的最终处置权。这种国家对土地最终所有的主张被朝野广泛认同,这种认同自秦至唐自不待言,从授田、占田、均田,包括王莽新政中的“王田”制,都是具体体现,即使到了清朝中后期,这种认同仍有广泛的社会基础。嘉庆、道光年间的进士汤鹏曾提出“限民田”、“均贫富”、“抑兼并”,主张借政治权力改变土地占有权。① 生员吴铤也提出“定田制”的主张,认为若定田制,以唐之均田法最为妥善。② 开一代风气的著名思想家龚自珍在《农宗》一文中则开出了均平地权的实施方案。他提出,可以以西周宗法式的模式重新分配土地,其中,长子为大宗,可以占有百亩之田;次子和三四子为小宗和群宗,可占有二十五亩土地;第五子以下为闲民,无权占有土地。此后的土地传承一律实施长子继承,次子以下只能另请授田,或得不到田地。无地闲民可从大、小宗和群宗处佃种土地。③

即使农民起义领袖洪秀全在轰轰烈烈的太平天国革命中,对土地问题开出的药方也是以政权的力量改变土地所有权的配置。在《天朝田亩制度》中,详细规定了土地分配的原则和方法。它先把田亩按其产量多少,分为三级九等;同时规定土地分配的原则是:

> 凡天下田,天下人同耕。此处不足,则迁彼处,彼处不足,则迁此处。凡天下田,丰荒相通。此处荒,则移彼丰处,以赈此荒处。彼处荒,则移此丰处,以赈彼荒处。务使天下共享天父上主皇上帝大福,有田同耕,有饭同食,

---

① 参见汤鹏《浮邱子》卷十《医贫》。

② 吴铤:《因时论》十一《均田限田》,载《中国近代经济思想资料选辑》,中华书局 1982 年版,第 58～59 页。

③ 转见程歗、温乐群《近代中国的政治和社会》,中国人民大学出版社 1999 年版,第 113 页。

有衣同穿，有钱同使，无处不均匀，无人不饱暖也。

其次，中国古代地权关系的不稳定性和分散性。长期以来，史学界对于中国古代的土地问题似乎有一个思维定势，即在注意土地私有化趋势的同时，特别注重地权的集中，过高地估计了土地兼并与农民失去土地的程度，在研究中缺少定量的统计与分析，多是使用史家或当时的政论家们所感叹的“富者田连阡陌，贫者无立锥之地”之类的议论来立论。这种立论容易掩盖中国古代土地关系的实际情况。诚然，在土地私有化的状态下，土地兼并一刻也不会停止，但在兼并的同时，地权的不断转移与分散也一刻也没有停止，这是中国古代土地关系的特色所在。正因如此，经过两千年“土地兼并的狂潮”，到近代中国，依然是多元化的地权占有。

目前已知的最早的关于地权分配的统计资料是 1918 年北京政府农商部的统计，其中，全国农户占有土地关系如下表。

全国农户占有土地比例表①

类　别	户　数	百分比(%)
10 亩未满	20 352 285	42.7
10 亩以上	12 611 998	26.4
30 亩以上	7 651 575	16.0
50 亩以上	4 625 096	9.7
100 亩以上	2 467 648	5.2
合计	47 708 662	100.0

1934 年，吴文晖对当时中国地权状况的研究结论是：占总农户数 3%的地主所占有的耕地为 26%；占总农户数 7%的富农占有的耕地为 27%；占总农户数 22%的中农占有的耕地为 25%；贫农雇农及其他占总农户数的 68%，占有的耕地为 22%。他还对各类农户平均所占耕地面积作了概算，认为地主平均每户占地 1733 余亩，富农 77 亩，中农 23 亩，贫农 7 亩。② 从这个分析看，作为大土地所有者的地主以 3%的户数拥有 26%的耕地，应当是已成为封建土地所有制的主导内容；由于富农平均每户占有耕地 77 亩，可以将他们与其他小土地占有者都视为中小土地占有者，这一部分农户以 97%的户数拥有着 74%的耕地，与地主相比，差别悬殊。不过，若从整体上考察，特别是与欧洲封建社会的地权状况相比，中国的地权结构还是相对分散。

为什么自汉代以来，经历了两千年的土地兼并，中国社会的地权关系仍然如

① 转见朱玉湘《中国近代农民问题与农村社会》，山东大学出版社 1997 年版，第 33 页。

② 参见吴文晖《中国土地问题及其对策》，商务印书馆 1944 年版，第 128 页。

此？其原因当然在于中国古代特有的地权转移与分散化趋势。那么，中国古代地权转移与分散化的根源又在哪儿呢？我们认为有三点原因：

第一，大土地所有者的多元化与非身份化。中国古代的大土地所有者主要由官僚、商人、乡村地主三部分人构成，其中也不乏三位一体或二位一体者。相对于西欧中世纪的大土地所有者而言，他们的共同特点就是非身份性，即没有贵族制下那种稳定的经济与政治保障。商人与乡村地主自不待言，官僚阶层也大不同于西方的世袭贵族，是处于随时可能出现的升降沉浮之中，其地权占有也随其身份的变化而不能稳定。

第二，中国古代的土地私有化起步早，进展快。自汉代以来，土地买卖便较为发达，以后的历史时期虽有起伏，但总的趋势还是土地私有的日益发展与土地买卖的频繁。宋人所言"贫富无定势，田宅无定主"①、"古田千年八百主，如今一年一换家"②等语道出了土地买卖对地权转移的影响。

第三，中国古代的家产继承制度是诸子的平均继承。西汉时有兄弟三人分家，不但"田业生赀，平均如一"，就连堂前的紫荆树也要"破为三，三人各一分"③。唐律则明文规定："诸应分田宅及财物，兄弟均分……兄弟亡者，子承其分，兄弟俱亡，则诸子均分，其未娶妻者，别与聘财。"④可谓均而又均。在西欧长子继承制下，土地全部传给长子，余子无继承的权利，这样可以使大土地所有制一直持续下去。而在诸子平均继承制下，土地一再在继承中被分割，虽然有土地兼并的一次次聚合，但还是无法抗拒诸子均分的化整为零，正如北宋袁采所言："多兄弟都分后浸微。"⑤对于大土地所有者来说，有多少家庭不是多兄弟者呢？⑥

六、工商业政策问题

中国古代的工商政策往往被一言以蔽之，即"重农抑商"。

抑商可以说是秦汉以来历代王朝一以贯之的工商政策，其前提是由于中国古代社会的统治基础是乡村农民以及他们的农业生产，所谓"国计军防，并仰丁口"，仰仗的完全是乡村农民。而中国古代社会商业的发达与繁荣，则形成了对

---

① 袁采：《袁氏世范》卷三。

② 罗椅：《涧谷遗集》卷一《田蛙歌》。

③ 《太平御览》卷四二一引《续齐谐记》。

④ 见《宋刑统》卷十二。

⑤ 袁采：《家范・处己》。

⑥ 关于中国古代家产继承制度及其对中国社会的影响，可详见齐涛、马新《略论中国古代的家产继承制度》(载《人文杂志》1985年第5期)、《试论汉唐时代家庭继承制度的反向制约》(载《齐鲁学刊》2006年第6期)。

乡村农民的有力冲击。他们一方面通过商品交换与高利贷盘剥农民;另一方面则将大量的商业资本投入土地,兼并农人,更重要的是商业活动丰厚的利益回报又吸引着相当一部分农民“舍本趋末”,削弱了王朝的统治基础。在这种情况下,各个王朝无一例外地都实行了“重农抑商”政策。重农无非是轻徭薄赋或给予一定的法律上的地位,但难以真正兑现,因此,它往往只作为抑商的目的出现。抑商则是通过贬抑商人的法律地位以及税收政策、强力剥夺等方式,削弱商人的力量。比如,西汉王朝建立后即规定商人不许乘车骑马,不许为官,不许着丝绢服装;秦汉时代的“七科谪”,有四类与商人有关,即贾人、尝有市籍者、大父母、父母尝有市籍者。这四类人要与罪犯、赘婿、闾左等被征调戍边。至明洪武十四年(1381年)仍下令:“农民之家许穿细纱绢布,商贾之家,止穿绢布。如农民家但有一人为商贾,亦不许穿细纱。”①

当然,中唐以来,随着间接税在国家财赋体系中地位的提高,王朝的抑商措施也有所变动,至清朝更有“恤商”与“利商”之说。但从总体上讲,抑商一直是整个中国古代社会工商政策的一条主线。

那么,为什么这一国策能传袭两千年之久,又能在一次又一次的王朝更迭中不被放弃呢?论者多认为,“重农抑商”的核心是农本思想。中国传统社会是典型的农业社会,农业是各王朝经济与财政的基点所在,因此,备受历代王朝重视。此言不差,直至清朝,仍牢固地认为:“市肆中多一工作之人,即田亩中少一耕稼之人。”②仍坚定地宣称:“农为天下之本务,而工商皆其末也。”③论者还认为,“重农抑商”的主要手段是抑商,通过抑商,降低商人与商品经济对农本的冲击。例如,傅筑夫先生认为:

> 抑商政策原是为了维护封建统治阶级的根本利益而提出来的,是为了巩固封建关系免受或少受商品经济的扰乱而推行的,不管具体的措施是什么,都是为了在商品经济的发展道路上设置障碍,以窒息它的发展动力,缩小它的活动范围,最终的结果是使它不能发展。④

马伯煌先生也认为:

> 战国时期正是中国封建经济确立时期,土地的私有化和自由买卖已经出现,这就给商业资本向土地投入开辟了途径,而商业资本向土地投资最初必然是对自耕农进行兼并,这就势必导致军事官僚实体赖以进行军事兼并

---

① 胡侍:《真珠船》卷二。

② 《清世宗实录》卷五七。

③ 《清世宗实录》卷五七。

④ 傅筑夫:《中国经济史论丛》,三联书店1980年版,第647页。

的物质基础发生动摇。因此，为了保证兼并战争的顺利进行，地主阶级政治家便在传统的重农思想的基础上发展形成了重本抑末的理论。[①]

对于商业资本对农本的冲击，两位先生所论都颇有见地。但商业资本之进入土地，史家论之者多以具体个案而论，缺少系统、理性的分析。我们认为，就资本的利润与增值而言，商业资本不可能大量流入土地经营。古人所谓“以末致富，以农守之”，只是特定历史时期的少数个例，自汉至清，看不到多少确切的有关商人兼并土地的记载。在这一问题上，马克垚先生的分析很有启发意义。他认为：

以往中国学者研究中强调商人投资于土地而有商人封建地主这一类型。以商业收入所得来购买土地在东西方都普遍存在，但商业资本在多大程度上流入土地置买仍很难估计，毕竟农业社会中种植业部门的利润率远低于商业利润率，所谓农不如商，即明白道出这一事实。西方学者对中世纪后期各种不同的资本收益有一估计，经商或贷款可获百分之三十以上利润，若是海运则有百分之百的赢利，土地和不动产的利润仅为百分之五至百分之十，这与中国大致相同。相距悬殊的投资回报，必定制约了商人购置土地的规模，章有义、叶显恩等人对徽州地区土地关系的研究，都没有发现商人大规模购买土地的现象。[②]

从另一个角度讲，土地兼并对于农本的冲击也应当区别分析。就农村劳动力而言，有地者为自耕农，无地者可佣耕或佃耕，多数的大土地所有者在多数情况下亦未实行庄园式的集约经营，仍是将土地化整为零，进行着小农式的耕作，仍需求与以往大致相当的劳动力，因此，不论哪一种方式的土地兼并，一般不会直接造成农村劳动力的过剩。就政府的土地收益而言，秦汉至唐前期，以人口为税基，土地关系的变动不直接影响赋入；两税法以后，以土地为基本税源，土地关系的变动更不会影响王朝收益。

对于工商业的地位与作用，历代王朝也都十分清楚。《史记·货殖列传》引《周书》即曰：“农不出则乏其食，工不出则乏其事，商不出则三宝绝，虞不出则财匮少。”管仲一方面强调“禁末产”；另一方面，则大力运用商业手段富国强兵，大力推行官山海政策，将盐、铁产销掌握于国家之手，灵活地对货币供应与商品供应进行调节，设轻重九府，通轻重之权，轻重敛散以时。对于境外贸易更是大力促进，既为诸侯之商贾立客舍、设驿站，提供交通方便；又免除关税，“关市讥而不征”。对于国家的战略物资，高价收储，“天下下我高，天下轻我重”。对于宜于外销的商品，则是“天下高而我下”。秦汉以后的历代统治者对于工商业及其利入也是高度重视。事

① 马伯煌主编：《中国经济政策思想史》，云南人民出版社1993年版，第542～543页。

② 马克垚主编：《中西封建社会比较研究》，学林出版社1997年版，第95～96页。

实上,工商之入在各王朝财赋收入中一直占有较高比例。唐代刘晏实施榷盐法后,盐利之入一度占到国家赋入的半数以上;此后至清末,来源于工商的收入一直占国家赋入的三分之一至半数左右。以清末同治年间为例,全国赋入曾为白银6000万两左右,其中,田赋3000万两左右,盐税、盐厘1300万两左右,关税1100万两左右,其余部分为盐厘外的其他厘金以及其他工商收入。[①]

除经济意义外,工商业对农村多余人口的吸纳作用也十分明显。就中国传统社会而言,人口与土地资源的矛盾一直贯穿始终。王朝初始,土地荒芜,人丁稀少,统治者立足于繁殖人丁,与民休息,经济得以复苏与繁荣。繁盛之后,随着人口的迅速膨胀,地少人多的现象难以避免,许多人丁离开本业,进入工商末业,直接沦为流民,"浮食者众"、"游食者众"等等,在一定情况下反映了工商业对农村人口的吸纳。

清嘉庆之后,又出现了"生齿日广而地不加广"的循环现象,至鸦片战争前夕,全国人口已到4.1亿以上,而人均耕地仅有2.25亩。[②] 而当时维持生计的基本需求是"一岁一人之食,约得四亩"[③]。在这种情况下,最好的解决办法是发展工商业,移民边地,以工商吸纳多余劳力,以地广人稀之边地容留多余人口。但清王朝的做法恰恰是反其道而行之。对此,《近代中国的政治和社会》一书的作者不无遗憾地评论道:

> 我们自然不能要求生活在十七世纪至十八世纪的中国君主们,设想出诸如开发工矿、兴建新式交通和举办新型教育体系等方案,来消化国库的财源和安排剩余人口,但问题在于,他们总是力图将已经发生的内部变动纳回到传统的治理框架中去。人口的增长,农业的商业化,社区内部和社区之间的贸易和交通的发展,农村集镇化的趋向等等,不可避免地引起新的社会分层和人口流动。在城镇集市,出现了一大批区别于"士农工商"这种传统职业构成的人口:包税人、地产投机者、长途行贩、牲口经纪人、斗秤牙行、脚夫佣工、民间艺人等等。对于这种变动中的秩序,清王朝的对策是:"农为天下之本务,而工贾皆其末也","市肆之中多一工作之人,即田亩之中少一耕稼之人",饬令各级官绅"留心劝导,使民知本业之为贵,崇尚朴实,不为华巧",力图恢复耕织结合、耕读互补的古俗。从十八世纪到十九世纪初期,朝野上下的基本思路都是主张运用行政职能,来督促农耕、干预粮食市场、限制经济作物的种植。[④]

---

① 参见中国财政史编写组《中国财政史》,财政经济出版社1987年版,第441～446页。

② 参见乔志强主编《中国近代社会史》,人民出版社1992年版,第42页。

③ 洪亮吉:《卷施阁文甲集》卷一《言意·生计》。

④ 程歗、温乐群主编:《近代中国的政治和社会》,第18～19页。

其实，对此我们不必过于遗憾。“重农抑商”政策历代不改，但其效果却往往是事与愿违，诚如晁错所言：“今法律贱商人，商人已富贵矣；尊农夫，农夫已贫贱矣。”[①]是各王朝统治者未找到重农抑商的有效办法吗？当然不是。关键是他们重农的第一本意不是发展农业、繁荣乡村，抑商的第一本意也不是抑制工商业的发展。

我们可以先看一下商鞅对“重农抑商”的解读。《商君书·农战》云：

> 夫民之亲上死制也，以其旦暮从事于农。夫民之不可用也，见言谈游士事君之可以尊身也，商贾之可以富家也，技艺之足以糊口也。民见此三者之便且利也，则必避农。避农则民轻其居，轻其居，则必不为上守战也。

既然明知“商贾之可以富家也，技艺之足以糊口也”，为什么要“禁”呢？就是要让农民“亲上死制”，“为上守战”。《吕氏春秋·上农》讲得更清楚：

> 古先圣王之所以导其民者，先务于农。民农非徒为地利也，贵其志也。民农则朴，朴则易用，易用则边境安，主位尊。民农则重，重则少私义，少私义则公法立，力专一。民农则其产复，其产复则重徙，重徙则死处而无二虑。舍本而事末则不令，不令则不可以守，不可以战。民舍本而事末则其产约，其产约则轻迁徙，轻迁徙则国家有患皆有远志，无有居心。民舍本而事末则好智，好智则多诈，多诈则巧法令，以是为非，以非为是。

如是，则重农之要义明矣。历代王朝的重农政策固然有保护、扶持农业生产的意义，但其第一本义是固农民于土地家园，以保证其统治秩序的稳定。

关于抑商，也不可泛泛而论。前已述及，历代王朝对于工商业的地位与作用十分洞彻，因此，历代王朝无不高度重视工商业的发展。既如此，“抑”从何来？“抑商”抑的是王朝所控制的工商体系之外的私营工商业。与之相应，则是历代王朝对官手工业与官营商业的高度重视。自上而下自成体系的官手工业管理机构以及官手工业作坊、名目繁多的“官山海”与“榷卖”制度是两大基本支柱，对于这一体系中的富商大贾，历代王朝往往是不抑反扬，给予充分的扶持。

七、经济区划问题

中国古代的经济区域首先是在农业生产与农业经济的基础上形成的。就已知的考古发现看，中国古代最早的经济区域是黄河中下游经济区与长江下游经济区，前者以磁山文化、裴李岗文化、后李文化、北辛文化为代表，后者以河姆渡文化为代表；前者是以粟为主的旱作农业，后者是以稻为主的水田农业，时代均在新石器中期，也就是距今七八千年以前。在新石器时代晚期，形成了几个较为稳定的经济区域，有黄河上游的马家窑文化区、中游的仰韶文化区、下游的大汶

---

① 《汉书·食货志上》。

口文化区，辽河中上游的红山文化区，长江中游的大溪文化区与屈家岭文化区、下游的马家浜文化区与崧泽文化区，还有珠江流域的石峡文化区等等。限于资料，新石器时代各经济区的变迁情况我们还无法有一个比较清晰的轮廓，比较突出的变迁是河姆渡文化的衰落。新石器中期的河姆渡文化是我国稻作农业的主要起源地，此时长江下游的经济文化与北方黄河流域的文化相互辉映，各具特色。但自新石器末期到国家形成的过程中，这一地域渐渐落伍，秦汉时代，与黄河流域的发展相比已无法同日而语。

进入文明时代后，经济区划一直处在发展变化中。中国经济的重心经历了由东到西，又由西返回，再进而南下的过程。

夏商时代，中国古代经济的重心在黄河中下游地区；西周时代，则移至关中地区；春秋战国时代，东方诸国经济迅速崛起，但没有形成一个稳定的经济重心，属于多重心时代。也正是在这种多中心的经济发展中，关中以及蜀中这块被班固统称为“秦地”的区域占据了龙头地位，秦始皇依托着这种经济上的优势实现了统一大业。西汉时代关中与山东并为两大经济中心，但山东地区的经济发展状况明显强于关中。据孙达人先生的考证，这一时期的山东拥有占全国总数61.1%的户数、62.1%的口数。[①] 因此，马端临所言：“汉初致山东之粟，不过岁数十万石耳。至孝武而岁至六百万石，则几十倍其数矣。”[②]实际上反映了山东与关中的经济现实。东汉时代，关中凋敝，经济重心完全东移，自洛阳到青齐一带是当时无可争辩的经济中心。魏晋南北朝时代，又是中国古代史上经济中心的多元化时代，这一时代，先是山东、巴蜀、江东三大经济中心的并立，其后的变化都是在此基础上进行的。隋唐时代，各地经济都得到长足的发展，其格局仍是三大经济中心的并立，但其内容已大不同于前代，这一时期所形成的是以长安、洛阳为基点的商业贸易与手工业中心，以扬州为基点的江淮综合经济中心以及以益州为基点的农业、手工业中心。宋元明清时代，是中国古代经济区划发展的成熟时代。这一时代，就经济比重与经济发展水平而言的经济重心已移至南方，但与此同时，则是各类经济不断拓展，不同类型的专业化经济中心越来越多，分布也越来越广，实际上，又进入了一个经济多元化与多中心的时代。

在中国古代经济区划的变迁中，我们可以看到三个基本趋势：首先，中国古代经济区域的变迁过程同时也是中国古代经济区域的不断拓展过程。唐宋时代及其以前，这种经济的拓展方向与经济重心的移动是一致的，秦与西汉时代，关中为经济重心所在，其经济区域的拓展首先是在与之毗邻的巴蜀、新秦与河西开

---

① 参见孙达人《中国农民变迁论》，中央编译出版社 1996 年版，第 112 页。

② 马端临：《文献通考·国用考三》。

展的;唐宋时代,随着经济重心的南移,经济区域拓展的方向也转向与其相邻的珠江流域与长江中游地区。明清时代,这种经济区域的拓展表现出无主题的放射性特点,核心内容是以黄河与长江流域为中心,向周边地区如东北、西北、西南以及台湾等地区全面拓展。其次,中国古代经济区域的变迁过程同时也是经济中心多元化的过程。在经济区域的变迁过程中,经济重心的移动趋势清晰可寻,但在人们所熟知的经济重心的移动的同时,我们可以看到新的经济重心越来越失去其"唯一"性,区域性、复合性、专业性的经济中心开始增多,尤其在中国古代经济重心完成了其南移后,多中心的经济区划新格局也告形成。在这一新格局中,以贸易(包括海外贸易)、手工业为主要内容的城市经济中心占据着重要位置。再次,中国古代经济区域的变迁过程同时又是政治中心与经济重心的分离过程。秦汉及其以前,中国的政治中心与经济重心是一致的,东汉之都洛阳、西汉之都长安以及夏商周秦建都,都是如此;魏晋南北朝时代,各国的都城也都是定在各自的经济中心地带。自隋唐起至北宋王朝,随着经济重心的东移与南下,政治中心与经济重心开始分离。不过,这一历史时期可以看作一个过渡时期,其实质是政治中心向经济重心的迁就:唐王朝对东都洛阳的重视,武则天、唐玄宗以及其他帝王们经常性地移驻东都,都包含了"就食"的内涵;北宋之定都开封这个四战之地,靠近经济重心的经济目的恐怕是主要原因。元明清时代,随着政治中心的北上,政治中心与经济重心完全分离,这是经济发展日益具有独立性以及交通运输发达的结果。

现在我们再来分析一下在中国经济的发展史上,是哪些因素影响着经济区划与经济重心的变动。要而言之,这些因素主要有五项,即自然环境的变动、人口的流徙、经济贸易交流与交通的发展、技术发展与经济结构的变化、政治与战争的影响。分述如下:

前面我们已经讲到自然环境对经济发展的影响,就其对经济区划变迁的影响而言,体现在两个方面:一方面是自然环境本身的变化所带来的影响;另一方面是人类对自然界所施加的影响的反馈。如西周末年,随着整个中国北方气候的由暖转寒,关中地区旱灾频发,其中,第一场大旱自共和十四年(前 828 年)到宣王六年(前 822 年),持续了七年之久。读一下当时的祷年诗《云汉》[①],可以十分强烈地感受到席卷关中的旱魃:"倬彼云汉,昭回于天。王曰於乎!何辜今之人?天降丧乱,饥馑荐臻。靡神不举,靡爱斯牲。""旱既大甚,蕴隆虫虫。不殄禋祀,自郊徂宫。""旱既大甚,则不可推。兢兢业业,如霆如雷。周余黎民,靡有孑遗。""旱既大甚,则不可沮。赫赫炎炎,云我无所。""旱既大甚,涤涤山川。旱魃

① 《诗经·大雅》。

为虐,如惔如焚。""旱既大甚,散无友纪。鞫哉庶正,疚哉冢宰。"整个诗篇以旱起兴,对旱情的描述占了大半篇幅。时隔四十年左右,关中地区又发生了第二次大旱,而且是震灾、旱灾并起。据《史记·周本纪》的记载,周幽王二年(前 780 年)"三川竭,岐山崩"。西周时代,关中经济所依托的是以轮作休耕制为基础的原始旱作农业,是典型的靠天吃饭,因此,持续的旱灾对关中经济的影响是惨烈的,它不仅造成了关中经济中心地位的中衰,而且还促成了周王室的东迁。

关于人类对自然界所施加的影响的反馈,我们仍可以援关中之例。春秋战国时代,随着精耕细作与保墒技术的推广,加之水利灌溉工程的兴修,关中地区的农业经济逐渐恢复与发展,秦至西汉前期又重现了往昔的繁盛。这一时期,关中作为全国的经济、政治与军事中心,人口密集,开发的速率大大加快,使这块丰饶的黄土地承担起越来越沉重的负载,直接导致了环境与生态的恶化。如黄河决口,春秋前只发生过一次;战国至汉武帝之前,因水灾而引起的河患只有一次漫堤,一次决堤。但自汉武帝元光年间黄河"决于瓠子"之后,终西汉一朝,不断发生决溢之灾,其中五次酿成黄河改道,其主要原因是秦与西汉时代黄河中游地区的过度开发。过度的开发、地力的衰减使这一地区所能负载的人口直线下降,将东汉顺帝永和五年(140 年)这一地区的户口数与西汉末年相比,可以看到:京兆、冯翊、扶风的户数减少率为 83.4%,口数减少率为 78.5%;朔方、五原的户数减少率为 91%,口数减少率为 91.6%;云中、定襄的户数减少率为 89%,口数减少率为 88.1%;西河、上郡的户数减少率为 95.5%,口数减少率为 96.2%;北地、安定的户数减少率为 91.4%,口数减少率为 86%。[①] 由这些数据我们不难看出,关中又一次失去了其经济重心的地位。

人口流徙的原因是多方面的,有自然环境变迁的原因,有社会政治的原因,也有人口压力的原因。在古代社会,人力是生产力的基本构成因素,人口的数量直接决定着经济的兴衰,因此,不同类型的人群的流徙直接影响着经济区划的变迁。三国两晋时代,由于气候的干旱与寒冷,加之阶级矛盾与民族矛盾的激化,出现了大规模的人口流徙,一方面是北方游牧民族大量内徙,另一方面则是中原、关中的农业人口大量涌入南方。前者促成了北方与西北地区农牧分界线的南移,后者则推进了南方的开发与经济的发展,两者都导致了这一历史时期经济区域的变动。需要指出的是,中国古代社会前期的人口流徙主要是由于自然的与社会的原因,迁徙者是被动的,而中国古代社会后期的人口流徙有相当一部分是由于人口密度的压力,迁徙者带有较强的主动性与选择性。这种流徙同样也可以促成经济区划的变动。如清朝初年,随着江南人口的饱和,出现了大规模的

---

① 参见孙达人《中国农民变迁论》,中央编译出版社 1996 年版,第 123 页。

长江中游地区向上游地区的移民，也就是所谓的“湖广填四川”，经过这次移民，四川农业得到长足发展，成为当时农民人口最多的大省，同时，也取代湖广成为最重要的粮食输出省之一。此后，北方地区又兴起了向东北迁徙的移民潮，这同样使东北地区又成为中国重要的农业生产中心，而且一直保持至今。

经济贸易交流与交通的发展一直是影响经济区划变迁的重要因素。就对外经济贸易交流而言，两宋以前，以对外部世界的西北陆路交流为主，两宋以后，则以东南海上交流为主，这种交流格局的变化对经济区划的影响是显而易见的。比如，春秋战国时代，秦国逐渐并有关中及蜀，成为西方强国，秦地也成为新的经济中心。这一过程固然得益于其改革的成功，但其作为对外交流中枢地区的位置也不容忽视。无论是文献记载还是考古发掘都表明秦国早在春秋初期已先于东方各国掌握了铁器技术，凤翔秦公一号大墓出土的铁铲、铁镰与铁斧更表明其铁器技术的成熟。秦国的这一技术来自何方？陈戈先生在《新疆出土的早期铁器》[①]一文中曾列举了近年来新疆出土的三十余件铁器，证明西起塔什库尔干，东到哈密，自公元前1000年起就使用铁器。河西走廊东部的沙井文化遗址中所发现的铁器，多数制造于公元前800年左右[②]，这实际上标明了铁器由西向东的传播过程，其起始点应当是公元前1400年左右已出现铁器技术的西亚。同样，先秦时代远离中原的巴蜀地区，也曾孕育出发达的古蜀文明，作为其主要标志的三星堆遗址则向我们表明了与西部世界交流的许多内容。

秦汉以来，以丝绸之路为主干的西北陆上交流，对西北地区经济区划的影响也十分显著。南北朝时代，山东地区的青州悄然崛起，成为北方地区重要的经济与贸易中心，也是得益于丝绸之路起点的一度东移[③]。宋元以后，东南海上交流的发达，对于扬州、泉州、广州诸城市经济贸易中心地位的形成所起的作用也是不言而喻的。

当然，经济贸易交流的基础是交通的发展，因此，交通线的拓延与交通运输技术的进步都对经济区划的变迁施加着或多或少的影响。在中国历史上，比较典型的一个例子就是运河交通对经济发展与经济区划的影响，对此，前人论述颇多，这里就不再赘言了。

技术进步对经济的影响主要表现在三个方面：一是对传统经济的改造，为其注入了新的活力；二是促成新兴产业的生长；三是推动经济规模的拓展。这三个方面都会对经济区划的变迁产生直接影响。前面我们刚刚讲到的战国以来关中经济的恢复以及经济重心的回归，便与精耕细作特别是保墒技术的推广有着密切的

---

① 载《庆祝苏秉琦考古五十五年论文集》，文物出版社1989年版。

② 参见孙达人《中国农民变迁论》，中央编译出版社1996年版，第66页。

③ 详见齐涛《丝绸之路探源》，齐鲁书社1992年版，第248页。

关系，这是十分典型的新兴技术对传统经济的改造。技术进步促成新兴产业的生长，可以带动经济结构的变化，培育新的经济中心。如中国古代的纺织技术有两次发展高峰，一次是两汉时代，一次是元明时代。前者起自北方，造就了自汉至唐千年间山东丝织业的辉煌，奠定了其“冠带衣履天下”的丝织中心的地位；后者肇自南方，促成了苏湖杭嘉地区纺织业的发达，改变了纺织业的地理格局。技术进步是人类挑战自然的锐器，随着技术的进步，人类的经济扩张与经济拓展能力不断增强，比如中国古代对新秦的开发、对江南的开发都有着深刻的技术进步背景。

政治对经济区划变迁的影响是广泛而持久的，无论是王朝兴衰、政治中心的变动，还是赋税制度、工商政策，无论是军事格局的调整，还是各种各样的战争，都对经济区划的变迁施加着直接的影响，中国古代每一次经济区划的变动无不打上政治的烙印，我们不再具论。

八、中国传统经济的命运问题

长期以来，人们对中国传统经济的命运问题总是按照一种固有模式进行思考，一直在讨论为什么中国传统经济未能走向资本主义，对中国封建社会后期的资本主义萌芽也一直处于感慨与遗憾之中。人们感慨封建社会的漫长、封建势力的强大，感慨资本主义萌芽的弱小及其先天不足；遗憾帝国主义的入侵打断了中国资本主义萌芽的正常发展，遗憾中国资本主义萌芽未能像欧洲历史上那样成长壮大，奠定近代资本主义的基础。但是，若深入、客观地考察中国古代经济发展的环境与道路，我们似乎又可以发问：如果没有帝国主义的入侵，如果中国没有沦为半封建、半殖民地社会，中国的资本主义萌芽会不会顺利地破土而出，铺就传统经济通向近代资本主义的通途？

资本主义萌芽是指在封建社会内部产生的资本主义生产方式的萌生状况。在欧洲社会，资本主义萌芽成长壮大的过程就是封建的社会结构、经济结构解体的过程，同时还是文艺复兴与新文化的发展过程，对于欧洲传统文化的改良与再造有着十分重要的意义。在中国古代社会，资本主义萌芽发生的时间并不晚于欧洲社会，唐宋时代出现了商业资本与家庭手工业相结合的最初的资本主义萌芽形式，晚清时代出现了作坊资本家对手工业工人的剥削关系，出现了城市市民阶层。但是，中国的资本主义萌芽一直未得到长足发展，没有像欧洲历史上那样成长壮大，奠定近代资本主义的基础。其根源在于中国传统社会自身的制约。

根据资本主义发展史的研究，资本主义萌芽的成长与发展包含三个基本要素，即资本的原始积累、社会化生产、商品经济的发展。从前面所述传统经济结构的特性看，中国传统经济结构没能为这三项基本要素的形成提供适宜的土壤。就传统农业经济结构而言，以农民家庭为基本经营单位的小农经济难以进行再生产的扩大，因而也就无法在农业经济领域实现资本的原始积累。中国传统的农业经济模式是自给自足式的综合经营，多数劳动产品都在家庭经营的范围内完成，无法促成社会分工的发展。以纺织业为例，至明清社会，家庭纺织业仍是传统纺织业的主要组成部分，作坊式与工场式纺织业只是整个纺织业的补充。就传统工商业结构而言，官营工商业的强大直接挤压了私营工商业的发展空间，使其难以实现有效的资本积累，也难以发展社会化生产。传统工商业自身的依附性，使私营工商业者形成不了自己的生产体系，难以在基本生产部门中发展壮大。私营工商业的利润主要用于产业经营以外的领域，如土地和高利贷。汉代以来，"以末致财，用本守之"成为一种普遍现象，土地买卖和兼并是工商业利润的第一大流向。值得注意的是，对于兼并而来的土地，他们也不是进行社会化的农场式生产经营，而是沿用传统方式，出租土地，进行小农式经营。上述这些情况直接影响着中国传统商品经济的发展，使其受到诸多制约，没能形成较为完整的市场经济导向的商品经济体系。这是资本主义萌芽在中国传统社会无法发展壮大的根源所在，也是中国古代社会特定环境所造就的一种历史必然。

这实际上就意味着近代资本主义无法改变中国传统经济的固有道路。正因为如此，从洋务运动、百日维新到辛亥革命，无论是资产阶级的改良还是革命，都无法将中国传统经济带入资本主义，也无法改变中国传统经济的命运，它最终还是步入了半封建、半殖民地的泥潭。既如此，我们就足以明了只有中国特色的社会主义之路，才是中国传统经济涅槃重生的必由之路。

第一章
中国古代的自然与人口

第一节　中国古代自然环境的变迁

人类生活在自然界中，它的所有活动都与自然环境的变化息息相关。自然环境的变迁一方面会在某种程度上影响人类历史的进程，另一方面又会深刻地印上人类活动的烙印。本节中，我们将重点探讨历史时期气候的变迁和受到人类影响的生态环境变迁。

一、历史气候及其变迁

自竺可桢先生奠立我国历史气候学以来，历史气候学家们已经可以为我们比较清晰地描述出历史时期的气候状况。

从公元前 2000 年以来，我国历史上气温变化经历了四起四落，可划分为四个温暖期和四个寒冷期[①]。

1. 第一个温暖期

中国历史时期的第一个温暖期出现在大约公元前 3000～前 1100 年，时间相当于新石器晚期与夏商时期。这个温暖期持续了两千年以上。这是大理冰期之后的冰后期中最强的一个温暖期，又被称为“气候最宜时期”。对这一时期气候的推断主要根据考古发掘的遗迹。因此，竺可桢先生将其称为“考古时期”。

从孢粉分析的资料来看，当时的华北平原东部分布着不落叶阔叶林和草原植被，北京地区则生长着暖温带阔叶林。据陈梦家研究，殷代黄河流域有面积极大的森林和草原[②]。殷墟遗址中出土了大量动物化石，其中有许多属于热带和亚热带动物，如象、水麋、竹鼠、貘、野猪、犀牛等。甲骨文中还记载着武丁曾猎获

---

① 参见杨怀仁《第四纪地质》，高等教育出版社 1987 年版，第 171 页。

② 参见陈梦家《殷虚卜辞综述》，科学出版社 1956 年版。

一头野象。现代我国的水牛分布在淮河以南，象只栖息在西双版纳密林中，亚洲貘更是局限在马来半岛和苏门答腊的沼泽森林中了。[①] 因此这些考古发现证明黄河流域当时的气候比现在温暖湿润得多。竺可桢先生认为这一时期大部分时间年平均温度高于现在2℃左右，一月份的平均温度大约比现在高3℃～5℃。

2. 第一个寒冷期

大约自公元前1100年开始，我国气候开始转向寒冷，进入第一个寒冷期。这一阶段到公元前8世纪中叶结束，共经历了二百五十年。相当于历史上的西周时期。

据《竹书纪年》记载，周孝王七年"冬，大雨雹，牛马死，江、汉俱冻"[②]。江汉流域在现在一般是不封冻的，说明当时的寒冷气候影响到了长江流域。

这一时期，热带和亚热带动物已经在中原地区消失。西周时期的文化遗址中没有喜暖动物化石的出现。先秦文献中记载周王"驱虎豹犀象而远之"，而按当时生产力水平和人口数量、人口密度，无法用人力将这些野兽驱除出中原地区，只能是自然条件变迁造成喜暖动物的南迁，这也表明当时气候以寒冷为主。

3. 第二个温暖期

西周时期的寒冷气候结束后，气候迅速回暖。公元前8世纪中叶直至公元初的七百多年中，春秋、战国、秦、西汉都处在温暖气候中。

春秋时期，公元前698年、前590年、前545年，位于山东曲阜的鲁国在冬季无冰可藏[③]。《诗经》中有五处提到梅树，证明在今山东西部、河南东部及秦岭等地都有梅树生长。梅树是亚热带植物，现在在这些地方早已不能生长了。

战国时期，北方一年可生产两季作物。孟子说一岁可两熟，荀子也说："今是土之生五谷也……一岁而再获之。"[④]

秦汉时代的气温继续温暖。司马迁曾叙述西汉武帝时期经济作物的地理分布，"蜀汉江陵千树橘……陈夏千亩漆，齐鲁千亩桑麻，渭川千亩竹"[⑤]。这些经济作物的分布与现代相比位置更偏北。以竹为例，现代竹类大面积生长基本不超过长江流域，而当时在黄河流域的竹林茂密繁多，汉武帝曾砍淇园（今河南淇县西北）的竹子编筐盛石子来堵塞黄河决口[⑥]，可见那时河南地区竹子的繁茂。

---

① 参见计宏详《从动物化石看古气候》，载《化石》1974年第2期。

② 范祥雍：《古本竹书纪年辑校订补》，上海人民出版社1957年版，第29页。

③ 参见《春秋》桓公十四年、成公元年、襄公二十八年。

④ 《荀子·富国》。

⑤ 《史记·货殖列传》。

⑥ 《史记·河渠书》。

4. 第二个寒冷期

从公元初到公元6世纪中叶的东汉魏晋南北朝时期，我国气候经历了持续六百年的第二个寒冷期。

公元225年（魏黄初六年），淮河首次结冰，在淮河广陵（今江苏淮阴），有十万士兵参加的军事演练被迫中止，魏文帝曹丕无法前去视察。[①] 渤海海面从公元334年开始，连续三年结冰。前燕慕容皝曾于公元336年（晋咸康二年）率兵马、辎众从昌黎出发，践冰而进三百余里，长途奔袭辽东叛军。[②] 根据北朝贾思勰所著《齐民要术》的记载，当时的石榴树需要包裹才能过冬，否则会冻死，而现在河南、山东等地的石榴树无需任何保护措施就可安全过冬。当时黄河流域"三月上旬及清明节、桃始花为中时，四月上旬及枣生叶、桑花落为下时"[③]。竺可桢先生推测当时物候比现代要推迟2～4周。南朝的建康（今江苏南京）附近也能筑建冰房，在冬季储藏冰块。这都表明当时气候比现代冷。河南北部淇园之竹在当地已经不见了，可能是寒冷气候的影响所致。

5. 第三个温暖期

我国历史上气候的第三个温暖期出现在公元6世纪中叶到9世纪末，持续了四百多年。这一温暖期正处在隋唐时期，最高年平均气温比魏晋南北朝高3℃，较之今天也要高1℃左右。

唐高宗时期，公元650年（永徽元年）、669年（总章二年）、678年（仪凤三年），长安冬季都无冰无雪，气候温暖可见一斑。柑橘在－8℃时即可遭到冻害，梅只能抵御－14℃左右的低温，但隋唐时期，梅树和柑橘等亚热带植物都能在华北地区生长。唐玄宗就曾在宫中种植柑橘，所结果实味道"与江南所进无异"；唐武宗也曾将宫中橘树所结柑橘赏赐大臣[④]。唐代咏梅诗较多，元稹诗中就提到长安曲江池一带的梅。

长江下游双季稻种植的可靠记载始于唐代。《太平御览》引《新唐书》说："开元十九年，扬州奏穞生稻二百五十顷，再熟稻亦八百顷，其粒与常稻无异。"说明当时气候温暖，扬州地区已能种植双季稻。

6. 第三个寒冷期

从公元1000～1200年的两宋时期，我国气温又趋寒冷。

公元985年，九江一带"雪降三尺，大江冰合，可胜重载"[⑤]。1018年，湖南南

---

① 《三国志·魏书·文帝纪》。

② 《资治通鉴》卷九五。

③ 贾思勰：《齐民要术》卷一《种谷第三》。

④ 《全唐文》卷六九七李德裕《瑞橘赋·序》。

⑤ 《宋史·太宗纪》。

部地区“大雪，六昼夜方止，江、溪鱼皆冻死”[①]。气温明显转向寒冷。公元11世纪初，华北地区已没有梅树。王安石曾作诗“北人初不识，浑作杏花看”[②]，嘲笑北方人到南方误认梅为杏；苏轼也哀叹“关中幸无梅”[③]。公元12世纪，气候更加寒冷。寒冷的气候对江南和岭南地区亦产生重大影响。1111年（政和元年），太湖结冰，洞庭山上著名的橘树全部冻死。[④] 1153年（绍兴二十三年），金国使臣来杭州，苏州一带船工要预备铁锤破冰开路。[⑤] 素有“荔枝故乡”之称的福州，先后在1110年（北宋大观四年）和1178年（南宋淳熙五年）两次遭受严重霜冻，荔枝全部冻死。[⑥] 原来无雪的岭南一带冬季也出现降雪。

7. 第四个温暖期

从公元1200～1300年的宋末元初阶段，我国气候又经历了大约一百年的短暂温暖期，温度回暖程度已不及前三个温暖期。

公元1200年（南宋庆元六年）、1213年、1216年、1220年（嘉定六年、九年、十三年），南宋的杭州都没有冰和雪的记载，反映出气温的回暖。颁布于1273年的农书《农桑辑要》中记载，在西川、唐、邓、怀等地区种有柑橘。西川指今四川，唐、邓、怀三州分别治今河南唐河、邓县和泌阳。与现代柑橘可能种植的北界相比，当时至少要北移一个纬度。

隋唐时代河内（今河南博爱）、西安和凤翔设有专管竹园的司竹监。南宋初期，因无竹子生产而取消了河内、西安的司竹监。到元朝初期，这两处的司竹监又恢复了，表明华北的竹子在温暖气候下得以生长。

8. 第四个寒冷期

从14世纪开始，我国气候又趋寒冷。1329年，太湖结冰，“冰厚数尺，人履冰上如平地，洞庭柑橘冻死几尽”[⑦]。1351年（至正十一年），河南境内的黄河在十一月就出现流冰现象，要比现在早一个月。[⑧]

公元1400～1900年是中国历史上持续时间最长的寒冷期。由于各地方志的编写，提供了丰富的气候资料，因此竺可桢称之为“方志时期”。这一时期正值全球小冰期，我国称之为“明清小冰期”。在这一时期的历史文献中，有许多寒冷

---

① 《宋史·五行志》。

② 王安石：《王荆公文集》卷四十《红梅》。

③ 《苏轼诗集》第1册，中华书局1982年版，第137页。

④ 参见陆友仁《砚北杂志》卷上。

⑤ 参见元好问《中州集》卷一，中华书局1962年版。

⑥ 参见李来荣《关于荔枝龙眼的研究》，科学出版社1956年版。

⑦ 陆友仁：《研北杂志》卷上。

⑧ 参见竺可桢《中国近五千年来气候变迁的初步研究》，载《考古学报》1972年第1期。

事件的记载。

我国历史上第四个寒冷期持续了五百多年，这个寒冷期由三个冷峰组成。

第一个冷峰出现在公元1470～1520年间。1493年（弘治六年），淮河流域各地普降大雪，降雪期从当年九月持续到次年二月，长达半年之久。1513年（正德八年），洞庭湖、鄱阳湖、太湖同时结冰。

第二个冷峰出现在公元1620～1720年间，这个冷峰是整个寒冷期最冷的时期。其间，汉水7次结冰，太湖与洞庭湖4次结冰，淮河8次结冰。最南的鄱阳湖也曾结冰。[①] 北京在17世纪中叶冬季要比现代冷2℃左右。

第三个冷峰位于公元1840～1890年间。1859年（咸丰九年）“六月，青浦夜雪大寒，黄岩奇寒如冬，有衣裘者”[②]。1873年（同治十二年），西安府三原县曾连续“大雪六十余日”[③]。寒冷程度相当严重。

从我国历史气候变迁的分期来看，历史时期气候变化的总趋势是逐步变冷，温暖期一个比一个短，寒冷期却逐步变长，寒冷程度越来越强。在同一个寒冷期内，温度也有一系列变动，摆动范围在1℃～2℃。同时，在每一个400～800年期间，还可以分出50～100年的周期小循环，温度变化在0.5℃～1℃。

历史气候的变迁既可以直接影响社会经济的发展，还可以通过对自然环境其他因素的改变影响人类的生产与生活，因此，对中国古代经济史的研究也就离不开历史气候这一重要背景。

二、中国古代生态环境的变迁

人类社会自产生以来，就开始对其赖以生存的自然环境施加自己的影响。人们开垦草原，采伐林木，在发展农牧业的同时，也破坏了自然界固有的平衡。中国古代生态环境的变迁虽也受到历史时期气候变化的影响，但最主要的威胁还是来自人类的活动。黄河流域和长江流域是中国古代人民活动的主要地区，人类的生产、生活深刻地影响了这些地区的生态环境，遭到破坏的自然界又反过来影响着人类的生产与生活。

1. 黄河流域生态环境变迁

黄河流域尤其是黄河中下游地区，是中华民族的摇篮。早在六七千年以前，这里的居民就发明了原始农业。在西安半坡遗址中，曾发掘到大量的炭化粟粒

---

① 关于长江流域河湖结冰的次数，参见中国科学院《中国自然地理》编辑委员会编《中国自然地理·历史自然地理》，科学出版社1982年版。

② 《清史稿·灾异志》。

③ 《清史稿·灾异志》。

和各式农具，说明当时的居民已经利用石制和木制农具进行较大规模的农业生产。由于生产工具落后，人口较少，人类对自然界的破坏还仅是局部和缓慢的，直到战国时期，黄河流域的生态环境还保持着良性循环。除西周有过一段寒冷气候外，从夏商到春秋战国的气候都是比较温暖的，湿润的气候带来大量降水，黄河流域的地表水和地下水资源都十分丰富。黄河下游平原上有众多的湖泽，其中著名的有大陆泽、大野泽等。大陆泽是太行山东最大的湖泊，当时黄河曾流入这个泽，再由泽中流出。

温暖湿润的气候和丰富的水资源，使黄河流域植被发育良好。黄河流域主要是森林地区，这个地区大致由渭河上游或更西地区开始，一直到下游各地。地势较高的山地以森林为主，平原地区兼有草原植被。森林植被以落叶栎属和松属为主，还有榆属、桦属、胡桃属等多种乔灌木混交植物。在黄河中游西北部还有面积广大的草原地区。大面积森林草地的存在，为众多野生动物的生存提供了栖息地，大象、犀牛、鹿、野猪等动物都生长其中，孟子曾说当尧之时，“草木畅茂，禽兽繁殖”[①]，影响了人类农业生产。而这些野兽多数是古人猎取的对象，是重要的生活来源。甲骨文中记载殷王曾猎获过一头大象。殷墟遗址中出土的野生动物骨骸种类繁多。

这一时期黄河流域的土壤也各具特点。《禹贡》把全国分为九个州：冀、兖、青、徐、扬、荆、豫、梁、雍。当时的黄河流域包括冀、兖、雍、豫四个州。雍州的土壤类型是黄壤，黄土土质疏松，易于耕作，土壤中富含有机质，其肥力被列为第一等。冀州的土壤是白壤，土质柔软，既不过于疏软，也不过于黏韧。但由于表层泛有一层盐霜，土壤肥力被列为第五等。豫州有壤土和坟垆土，土壤肥力被列为第四等。兖州的土壤为黑坟，此地“厥草惟繇，厥木惟条”[②]，草木畅茂显而易见，落叶败枝增加了土壤中的腐殖质，呈现出黑色，其肥力为第六等。

从战国时期开始，黄河流域的生态环境逐渐遭到破坏。战国时期，铁制工具开始应用到农业生产中。生产工具的改进提高了人类改造自然的能力，也加速了人类对自然的破坏。当时各国发展农业的政策也在客观上带来了黄河流域森林、草原等天然植被的破坏。东周初年，郑国迁都新郑（今河南新郑），是“斩之蓬蒿藜藋而共处之”[③]，宋（今河南商丘北）、郑两国之间还有不少“隙地”[④]，可见垦殖范围还不是很大，天然植被仍然保存完好。但战国初期就出现了“宋无长

① 《孟子·滕文公上》。
② 《尚书·禹贡》。
③ 《左传·昭公十六年》。
④ 《左传·哀公十二年》。

木”[1]的情况。司马迁记叙邹鲁地区时也曾说此地“颇有桑麻之业，无林泽之饶”[2]。黄河中游的平原地区在春秋时期还具有相当多的林木，有人称关中平原“山林川谷美，天材之利多”[3]，丘陵山区的森林则更多。由于森林繁多，林木易得，因而当地盛行“板屋”。但战国时期河谷平原地区的森林则开始遭到破坏。

秦汉以来，黄河流域生态环境经历了三次破坏，主要都是由黄河中游森林遭到大规模破坏引起的。第一次是在秦汉时期。秦汉两代都实行“实关中”的政策，将大量人口迁居关中，加重了关中地区的粮食负担。为此，大规模毁林造田势在难免，平原地带已无森林可言。秦汉定都关中，宫殿、官署、民室的建筑需要材木，人们的取暖需要木柴，官营手工业，尤其是炼铁业，更需要相当数量的木柴作燃料。这些需求使丘陵山地的森林也随之受到迅速的破坏。秦汉时代还实行戍边政策，将大量人口迁居边塞，对西北草原地区进行开垦，农业区一度直抵阴山脚下。农业区的扩张，意味着草地森林的破坏。森林在保护水土流失上有独到的作用，在降雨时，密集的森林树木的枝叶可以拦蓄部分雨水，使其不立即落地，地面的腐殖质以及地下的根茎可以拦水蓄水。这样，森林减少了雨水对地面的冲击和雨后地表径流的流量，有力地保护了地表土壤。黄河中游流经黄土高原，黄土土质疏松，易受雨水冲刷。森林草地等天然植被破坏后，黄土失去植被保护，加速了水土流失的发展。如泾河含沙量在战国后期就已经很高，到西汉中期更为混浊，有“泾水一石，其泥数斗”的特点。泾水的支流马连河在这时被称为“泥水”[4]。黄河本是一条清流河，名为“河”或“大河”，后来，因泥沙含量越来越大，战国末期已有“浊河”[5]之称。西汉初年，这条河水被正式称作“黄河”[6]。黄河称谓的变化，反映出黄土高原森林破坏带来的水土流失的加剧。在汉时，一石黄河水中含泥沙可达六斗[7]。严重的水土流失不仅破坏了黄土高原的生态环境，而且黄河流到下游平原地带时，流速减缓，水中挟带的大量泥沙陆续沉淀，使河床不断增高。西汉时黄河已经“河水高于平地”，“水行地上”[8]，成为悬河，极易引起泛滥决口。这一时期黄河下游水患频繁，每次决口后都要留下大片沙碛，引发土壤的沙化和盐碱化，深刻影响了黄河下游地区的生态环境。

---

① 《战国策·宋策》。
② 《史记·货殖列传》。
③ 《荀子·强国》。
④ 《汉书·地理志》。
⑤ 《战国策·燕策》。
⑥ 《汉书·高惠高后文功臣表》。
⑦ 《汉书·沟洫志》。
⑧ 《汉书·沟洫志》。

从东汉以后，由于移民屯垦的停止和北方游牧民族的内迁，农牧界线向南推移；魏晋南北朝时期，进入中原的少数民族将大量耕地改作牧场，黄河流域的植被得以恢复，土壤侵蚀和水土流失减少。黄河在这一时期出现了长期安流的局面[①]。

黄河流域生态环境第二次大破坏是在唐宋时期。唐代农业区的再次北移，严重破坏了黄土高原西北部的草地森林，引起了土地的沙化，毛乌素沙漠就是在这时开始形成的。这一时期各地平原上已无森林可言，山地森林地区继续缩小。太行山区的林县一地，在北宋时就曾设立两个伐木机构，每个有六百人之多。[②]沈括曾指出太行山区"松山太半皆童矣"[③]。宋代对黄土高原植被的破坏比隋唐更为剧烈，北宋政府为巩固边防，抵御契丹和西夏的侵犯，在泾河、渭河、无定河中上游屯垦，把许多原有的草原和东汉至隋唐时恢复的草原都破坏了。同时，北宋王朝建立后，关中地区成了重要的木材产地，到这里采购木材的人络绎不绝。大量砍伐林木造成了严重的水土流失，从延安北上横山，"随川取路，夹以峻山，暑雨之期，湍流大石"[④]，山林全无。黄河中游水土流失的加剧，加速了黄河下游河床的淤积和抬高，河患一发不可收拾，公元 1048 年(庆历八年)，黄河发生了第三次改道。

明清时期，黄河中游的森林植被第三次遭到大规模破坏，黄河流域生态环境进一步恶化。

从明代中叶开始，黄河中游地区的森林遭到毁灭性打击。山西北部雁门关、偏关一带林区"被延烧者一望成灰，砍伐者数里如扫"[⑤]。其南的芦芽山原本"林木参差，干霄蔽日"，晋西岚县还有猛虎出没伤人，到后来也被砍伐殆尽。[⑥]黄土高原上的群山除极少数外，都成为秃山。明清时代黄河中游森林的破坏与农业发展密切相连，明代在黄河中游大兴屯田。为了保证边粮的充足，还实行"开中法"，驱使盐商输粮于边地。盐商则采取就地开垦的办法，明代黄河中游沿边一带几乎无地不垦。清代中叶解除了长城外不准耕垦的禁令，也刺激了各地贫民到此开垦。

森林的破坏更加剧了水土流失，明代黄河的含泥沙量是 6/10，秋汛之时高

---

① 参见谭其骧《何以黄河在东汉以后会出现一个长期安流的局面》，载《学术期刊》1962 年第 2 期。

② 《万历彰德府志》卷二。

③ 沈括：《梦溪笔谈》卷二四。

④ 范仲淹：《范文正公集》卷九《上枢密尚书书》。

⑤ 《明经世文编》卷四一六吕绅《摘陈边计民艰疏》。

⑥ 参见顾炎武《天下郡国利病书》第十七册《山西》。

达 8/10。[①] 清代则是“黄河斗水，沙居其七”[②]。悬河高度不断增加，增高速度越来越快，明清两代黄河决溢的频繁程度，超过了以前各个时期，原来分布在黄河下游的众多湖泊都已先后淤平。[③]

总之，历史时期黄河流域由于森林植被的破坏，水土流失越来越严重，生态环境越来越恶化。

2. 长江流域生态环境变迁

古代长江流域的气候炎热潮湿，天然植被以亚热带森林为主。四川盆地中生长着豫章树和犀、象、孔雀、灵长类等亚热带、热带的动物。长江中下游平原及周围山地、丘陵、森林、竹林和沼泽植被广泛分布。根据新石器时代浙江良渚、河姆渡等文化遗址出土的竹、木、芦苇和稻、菱的研究，也证实了这一地区天然植被的密布。正如《尚书·禹贡》所记载的扬州“厥草惟夭，厥木维乔”那样。浙闽山地丘陵、大巴山、大别山、南岭山地都同样拥有广大的亚热带森林，生长着无数的亚热带动物。

长江流域生态的破坏远在黄河流域之后。只有长江上游四川盆地的成都平原在战国秦汉时得到开发，其他广大的区域还是“地广人稀”的局面，农业生产还停留在刀耕水耨的阶段，对森林植被的破坏微小，生态环境保持着良性的循环。长江流域被诸多的山地、丘陵分割成不同的地理单元，各地区开发的时间和程度不一，生态环境的破坏程度也不尽相同。首先遭到破坏的是长江流域的平原地区，如成都平原、太湖平原、宁绍平原等地。早在春秋时期，吴、越两国在太湖平原和宁绍地区进行垦殖，金属冶炼和陶器制造等需要大量木材作燃料的手工业也有了较大发展，人为破坏森林的规模逐渐扩大。东晋政治中心的南迁，促进了江南经济的发展，户口不断增加，出现了“今之会稽，昔之关中”[④]的局面，沼泽草地和会稽山地北部森林开发殆尽[⑤]。南北朝时，会稽已是“亩直一金”。人们纷纷进入山区，掀起了砍伐天然林木、开辟耕地的高潮。

长江流域森林植被和生态环境较大规模的变迁，始于唐宋时期。安史之乱后，大批北方人口进入江南，促进了江南的开发。到了宋代，北方人口再次大量南迁，江南地区成为全国经济中心和人口分布重心，人们加快了开发山区的步

---

① 参见潘季驯《河防一览》卷二。

② 参见黎世序等《续行水金鉴》卷十三引《皇清奏议》。

③ 本部分内容多参见《中国自然地理·历史自然地理》第 2 章；史念海《历史时期黄河中游的森林》、《由历史时期黄河的变迁探讨今后治河方略》，载《河山集》第 2 集，三联书店 1981 年版。

④ 《晋书·诸葛恢传》。

⑤ 参见陈桥驿《古代绍兴地区天然森林的破坏及其对农业的影响》，载《地理学报》1965 年第 2 期。

伐，也加速了对森林植被的破坏。在宁绍地区，会稽山地已开始出现“有山无木”[①]的现象；湘江中下游地区的山地丘陵上普遍出现了茶园；唐代谭州和衡州的贡赋有葛布、丝巾、大麻、纻、丝等[②]，反映出湘江干流的平原地区桑麻种植的普遍。不过，尽管长江流域平原山地的天然植被发生了变迁，大多数地区的植被面貌尚未改变。

明清时期，迫于沉重的人口压力，大批破产贫民涌入长江流域的山区，进行垦殖。甘薯、玉米等对自然条件要求较低的作物的推广，加速了长江流域山区的开垦。如四川地区：“蜀中南北诸山皆种之(包谷)。”[③]江西地区：“武宁山谷荒僻……近自湖广、闽、粤异民遍乡开垦，万山童秃。”[④]两湖地区：桂东县“生齿日繁，谋生者众，深山高陵种植杂粮，几无隙地”[⑤]。流民对山区的开垦方式十分原始，开辟农田采用撂荒式农业，砍伐林木也是不间株，只伐不植。破坏性开垦引发了生态环境的恶化。

首先，导致森林资源猛烈下降。会稽山地和四明山地的森林被彻底破坏，至清末，这个地区已无森林可言；湘赣边界山区“木皆砍伐”，“山已童秃”[⑥]；湘中的祁阳县在嘉庆年间已是“柴木日稀”，“柴价视昔而贵”[⑦]。森林的减少使动物资源也随之衰减。乾隆年间“林木之盛，禽兽之多，农隙时居民多弋猎”的竹山县，到同治时已是“山尽开垦，物无所藏，猎者亦罕见”[⑧]的景象。

其次，致使水土流失加剧。长江流域的山区土地绝大部分是斜度很高的坡面，失去森林保护后，在雨水直接冲击下，泥沙大量流失，土地肥力随之衰减。三四年后，表土损失殆尽，岩石裸露，农田就被抛荒。于是人们又移居他处，开辟新地。这样又会造成大片的童山秃岭，扩大了水土流失的面积。

水土流失的直接后果之一，是山区旱地、水田生产能力的下降。同治《房山志》就说：“山地之凝结者，以草树蒙密，宿根蟠绕则土石坚固。比年来开垦过多，山渐为童，一经霖雨，浮石冲动，划然下流，沙石交淤，涧溪填溢，水无所归，旁啮平田。人竭力堤坊，工未竣而水又至，熟田半没于河洲，而膏腴之壤竟为石田。”这样的情况在广大山区普遍存在。

---

① 庄季裕：《鸡肋编》上。

② 李吉甫：《元和郡县志》卷二九。

③ 张元澧：道光《内江志要》卷一《物产》。

④ 乾隆《武宁县志》卷三十。

⑤ 嘉庆《桂东县志》卷九《风土志》。

⑥ 参见张建民《明清农业垦殖论略》，载《中国农史》1990年第4期。

⑦ 嘉庆《祁阳县志》卷四《山川》、卷十三《风俗》。

⑧ 乾隆《竹山县志》卷十《风俗》；同治《竹山县志》卷七《风俗》。

流失的直接后果之二，是江河含沙量增加，导致河川下流河道淤塞并最终影响长江。有人认为，长江中“江洲之生，亦实因上游川陕滇黔等省开垦太多，无业游民到处伐林砍木，种植杂粮，一遇暴雨，土石随流而下，以致停淤接涨”①。长江进入湖北后，由于河道弯曲，流速减慢，加之各支流含沙量上升，导致泥沙淤积，河床抬高。荆江也成为悬河，使得水灾发生的频率增加。灾后泥沙覆盖良田，又影响了平原地区的农业生产。②

无论黄河流域还是长江流域，生态平衡的破坏都是从对森林植被的砍伐开始的。失去涵养水源、调蓄洪水的森林的保护，水土无法保持，流失加重，生态环境恶化，人类的生存便会受到危害，这是历史的教训。

第二节　中国古代的人口与人口问题

人口既是古代社会发展的条件，又是古代社会发达的标志。我国古代人口经历了四个发展台阶，在人口数量和人口分布上都有独特的发展特点。我国古代还存在着由人口总量与经济承载力比例失调造成的人口过剩。人口过剩是造成历史时期我国社会、经济波动的重要原因。

一、中国古代人口发展概况

中国有着世界上资料最完整、最具连续性的人口统计。早在公元前789年(周宣王三十九年)，周王朝就在太原地区“料民”③。“料”是数的意思，“料民”就是清查统计人口。秦自商鞅变法以后，对人口统计向来重视，地方官员每年都要将载有人口数字的“计籍”送中央汇总。楚汉战争中，萧何进入咸阳后的第一件大事就是将秦政府的律令、图书和各种统计资料收集保管，使刘邦得以知“天下扼塞，户口多少，强弱之处”，最终战胜项羽。公元2年(西汉平帝元始二年)，我国第一次有了关于全国人口统计的具体数字。此后，我国历代官方人口统计连续而翔实，使我们可以比较准确地了解历代人口概况，掌握我国古代人口演变的基本趋势。

由于官方统计范围、统计口径的差异和户口的隐匿与逃避，上述人口统计数字与历代人口的实际状况虽不完全一致，但还是能反映历代人口的基本概况。

---

① 陶澍：《陶文毅公全集》卷一。

② 本部分参见张国雄《明清时期两湖开发与环境变迁初议》，载《中国历史地理论丛》1994年第2期；《中国自然地理·历史自然地理》第2章。

③ 《国语·周语》。

就人口发展的总体而言，我国古代人口的发展经历了四个台阶[①]。

从夏代到秦末的1900多年是中国历史上人口发展的第一级台阶。

我国是人类起源地之一，几百万年以前，我们的祖先就在祖国辽阔的土地上繁衍生息。随着人类的不断进化和生产力的提高，人口不断增长。在距今大约1万年前，全国人口总数已达将近100万人[②]。进入奴隶社会后，社会政治结构与生产技术的进步促进了经济的发展，显然有利于人口的增殖。晋代皇甫谧在《帝王世纪》中提供了夏朝初年（约前2140年）、西周初期（约前1060年）和春秋初期（前684年）的人口统计数字，分别是13 553 923人、13 714 923人和11 847 000人。这些数字当然不一定可靠，仅是古代学者对远古中国人口数量的估计，但从中仍可以看出中国人口已有较大发展。有的学者估计西周全盛时期和春秋中后期人口的最高峰值可达2000万人[③]。从战国时期开始，随着社会制度的变革和生产力的发展，人口不断增长，到公元前4世纪前期，全国人口达到3200万以上[④]。这是中国人口发展第一级台阶的最高峰。此后，在秦统一全国的战争和秦末农民起义及楚汉战争中，人口损失较大，到汉朝初年全国人口已降到1500万左右。

两汉、魏晋南北朝、隋唐是中国古代人口发展的第二级台阶。

由于西汉初年的封建统治者采取了恢复生产的“休养生息”政策，使经济发展和人口繁殖有了相对安定的社会环境，因此人口增长十分迅速。到西汉末年哀、平年间（2年），人口已达到59 594 978人。这基本上是当时封建生产方式发展所能容许的界限。东汉全国人口最高的纪录是56 486 856人，略低于西汉盛年，若加上豪强地主隐匿的人口，实际人口数可能超过西汉，大约6000万人。

魏晋南北朝时期，我国人口屡次遭受严重损失，一直保持较低的水平。隋代统一后，人口增长迅猛，到公元609年（大业五年），在短短的二十年间，就由3000多万人增至将近5000万人。经过隋炀帝的暴政及隋末大动乱，人口再次大幅下降，初唐人口只有200万户左右。到唐玄宗天宝年间，经过一百多年的发展，人口再次增长到900万户、5200万口。如果考虑到隐匿、逃亡的户口，盛唐人口可达到8000万左右。[⑤] 这是中国人口发展第二级台阶的高峰。

---

① 关于“四台阶”的理论，参见宁可《试论中国封建社会的人口问题》，载《中国史研究》1980年第1期。

② 参见胡焕庸、张善余《中国人口地理》上册，华东师范大学出版社1984年版，第2页。

③ 参见胡焕庸、张善余《中国人口地理》上册，第5页。

④ 参见赵文林、谢淑君《中国人口史》，人民出版社1988年版，第21页。

⑤ 参见胡焕庸、张善余《中国人口地理》，第33页。

表 1-1　　中国历代官方人口统计举要①

朝代	纪年	公元年份	户数	人口数
西汉	平帝元始二年	2	12 233 062	59 594 978
东汉	光武帝中元二年	57	4 279 634	21 007 820
	桓帝永寿三年	157	10 677 960	56 486 856
三国	蜀后主炎兴元年	263	280 000	940 000
	魏元帝景元四年	263	663 423	4 432 881
	吴末帝天纪四年	280	530 000	2 300 000
	（总计约）		1 473 423	7 672 881
西晋	武帝太康元年	280	2 459 840	16 163 863
南北朝	宋武帝大明八年	464	906 870	4 685 501
	北齐幼主承光元年	577	3 032 528	20 006 880
	陈后主祯明三年	589	500 000	2 000 000
隋	文帝开皇九年	589	4 099 604	——
	炀帝大业五年	609	8 907 546	46 019 956
唐	玄宗天宝十四载	755	8 914 709	52 919 309
	肃宗乾元三年	760	1 933 174	16 990 386
	武宗会昌五年	845	4 955 151	——
北宋	徽宗大观四年	1110	20 882 258	46 734 784
南宋	光宗绍熙四年	1193	12 302 873	27 845 085
金	章宗明昌六年	1195	7 223 400	48 490 400
	（南宋、金合计）	1193～1195	19 526 273	76 335 485
元	世祖至元二十八年	1291	13 430 322	59 848 964
明	太祖洪武十四年	1381	10 654 362	59 873 305
	成祖永乐元年	1403	11 415 829	66 598 337
清	世祖顺治八年	1651	——	10 633 326
	高宗乾隆十八年	1753	——	102 750 000
	高宗乾隆三十一年	1766	——	208 095 796
	宣宗道光十三年	1833	——	398 942 036

两宋时期，我国人口发展登上第三级台阶。

自安史之乱起，我国人口经历了两个世纪的停滞，直到宋朝建立才走上发展道路。两宋人口统计不甚可靠，如公元 1110 年（徽宗大观四年）有20 882 258万户、46 734 784 万口，每户平均人人口数只有 2.2 人，户数与人口数极不相称。北宋每户平均人口数最低时甚至只有 1.45 口，这是很不合理的。如果以每户 5

① 本表数据参见梁方仲《中国历代户口、田地、田赋统计》。

口计，北宋末年人口应超过1亿[①]，南宋加上金、夏，大约也有1亿，比汉代的人口多出近一倍，形成中国人口发展史上的第三个高峰。

清代人口数量不断攀升，在一百多年中就从清初的1亿猛增到4亿以上，使中国人口迅速跃上第四级台阶，这也是中国人口发展史上的第四个高峰。

从中国古代人口的发展阶段不难看出，人口数量是与每种生产方式及其不同发展阶段相适应的，不同历史阶段所能容纳的人口也各有其界限。我国人口发展史上呈现出的台阶式跃进，就是一个界限到另一界限的突破发展。促成这种发展的因素主要有以下三点：

(1)各时代社会生产力的水平决定了当代人口的最高界限，农业生产力的发展为容纳越来越多的人口提供了可能。

春秋战国时期，人们已经发明了铁器，制成了铁制工具，有了牛耕，但大多数地区的生产工具还是木制的耒耜，耕作方式还比较落后。这种生产水平能够为人类提供生存资料的最大限度估计在3000万人左右。

两汉时期，铁制农具和牛耕已在主要农业区域推广使用，全国耕地面积不断扩大，农业劳动生产率大大提高。这一时期农业生产所能容纳的人口最高界限估计已达到6000万人左右。

魏晋南北朝隋唐时期，长江流域江南、荆襄、巴蜀地区的不断开发，使全国耕地面积大为增加。农业生产水平不断提高，农业劳动生产率也有所增加。在此基础上，全国土地能供养的人口数量不断增长，到盛唐时期估计已达到8000万人左右。

两宋时期，农业生产更趋精细，南方形成以水稻种植为中心的精耕细作的集约化生产。与粟、麦相比，水稻是一种高产作物，北宋时期又引进了优良的稻种——占城稻，因此粮食亩产量大为提高。两浙地区稻谷亩产达三四石，合现在一市亩产320市斤以上，太湖流域的某些地区亩产高达六七石，合一亩六七百斤。此外，复种指数也提高了，太湖流域等地形成了稻麦两熟和双季稻的种植。因此，民谚云："苏湖熟，天下足。"这些都使两宋时期全国人口得以突破1亿大关。

明清时期，农业生产又有发展。清代的农业地区扩展到云南、内蒙古、西北，东北地区和台湾成为重要的粮食生产基地。玉米、土豆、番薯等高产作物的引进和在全国范围内的推广，促进了粮食亩产量和总产量的增长，清代粮食平均亩产已达到250斤左右。这是清代人口数量不断攀升，达到4亿以上的基本保障。

(2)生产关系的变革和赋役制度的变化，对人口的增长起了促进作用。

春秋战国时期封建生产关系代替奴隶制生产关系后，与奴隶相比，农民具有

---

① 参见漆侠《求实集》，天津人民出版社1982年版，第70页。

一定的人身自由，拥有了一定的私有土地，他们发展个体经济的愿望促进了人口的增殖。封建社会中每一次人口台阶的突破也都与封建生产关系的局部变革有关。如唐代中期两税法的征收开始以户等资产（主要是土地）为主，体现了“舍人税地”的精神，这是有利于人口增长的因素；明代“一条鞭法”把赋税、徭役合而为一，统一征收，除米麦以外，其余所有实物都用银折纳，使农民对封建国家人身依附关系更为削弱；清代1712年（康熙五十一年）宣布“滋生人丁，永不加赋”①，雍正年间又实行摊丁入亩，中国历史上几千年来的人头税基本被废除。赋税的征收与人口数量的脱钩，使人口增长摆脱了赋税的束缚，不但大量隐匿人口登上户籍，还大大刺激了人口的繁殖。

(3)民族交往与民族融合的扩大，有利于全国总人口的发展。

我国是一个多民族国家，复杂的民族关系和民族斗争对人口问题有相当大的影响。一方面，民族仇视和民族战争造成大量人口的死亡流徙。北方以游牧经济为主体的少数民族入主中原后，许多耕地被改造成牧场，在一定程度上阻碍了农业的发展，从而也阻碍了人口的增长。十六国时期、北朝初期、辽金元时期和清初都存在这样的情况。

但另一方面，从历史的总进程看，民族交往、民族融合是人口发展的重要途径。首先，进入中原的少数民族在农业文明的影响下，改变了自己的生产方式，开始从事农业生产，促进了本族人口的增长，有利于中原地区总人口的增长。其次，少数民族建立的政权往往将大量汉族人民迁移到自己的原居住地，汉族人口的迁入不仅增加了这些地区的劳动力，更带去先进的农业生产技术，在各族人民共同努力下，少数民族地区的经济特别是农业有所提高，从而促进了这些地区人口的增长。再次，民族融合促进了中华民族身体素质的提高，增强了人类自身的繁殖力。小农生产中，土地是最重要的生产资料，土地的不可移动性束缚了人口的流动，人们思想中的“安土重迁”意识加重了人口的凝固，极小的通婚区域，极易造成人口身体素质的下降。历史上的民族斗争和民族融合不断打破人口分布的凝固，为中华民族注入新鲜血液，有力地提高了人类自身的繁殖能力。

二、中国古代人口发展的特点

中国古代人口发展具有以下几个特点：

1. 人口自然增长缓慢

从夏初到春秋战国之交的1600多年中，中国人口大约增长了1.7倍，年平均递增率仅为0.6‰。从战国初年到清末的封建社会中，中国人口在2300多年

---

① 《清朝文献通考》卷十九《户口一》。

中增长了16.6倍,年平均递增率仅为1.2‰。[①] 这充分说明我国人口增长是十分缓慢的。

我国是传统的农业国,农业是国民经济的主要生产部门。尽管在封建社会后期手工业和商业有较大发展,但农业始终占绝对优势。中国古代农业生产发展相当缓慢。农业生产工具停滞不前,几千年来没有突破性进展,粮食单位亩产量虽有所增加,但劳动力年平均产量却在下降:战国中晚期为3318市斤;唐代达到最高水平,为4524斤;清代降为2262斤。[②] 因此,从战国到明清,人们主要是靠扩大耕地面积来获得粮食总产量的提高。在以小农生产为主的自给自足的自然经济生产方式下,自然所能提供给人类的生存资料发展是相当缓慢的,这就决定了中国历史上人口自然增长的缓慢。

中国古代人口增长总体上的缓慢,并不排斥在某一具体阶段,人口年平均增长保持较高的水平。当一个王朝的统治者采取比较进步、有利于促进生产力发展的政策时,社会相对安定,经济比较繁荣,人口的年平均增长率可达7‰以上,甚至达到10‰。东汉一个时期(75～157年)的年平均增长率约为6‰,唐代一个时期(705～755年)的年平均增长率约为7‰,宋朝一个时期(1006～1100年)的年平均增长率约为10‰,清代一个时期(1700～1794年)的年平均增长率约为10‰,其中1734～1743年的年平均增长率高达27.85‰。

2. 人口数量周期性波动

中国古代人口的发展不是直线上升的,而是呈现出迅速增长——增长缓慢与停滞——迅速下降,然后进入另一循环的周期性巨大波动,形成人口发展的波浪式曲线。

据有关学者研究,从夏代开始的4000年来,中国人口发展经历了14个发展波段[③]:

(1)夏末商初,人口从大约1500万下跌,跌幅不详。

(2)商末周初,人口比商代后期减少近4成。

(3)战国后期至秦汉之交,人口约损耗1/2。

(4)西汉末年,人口减少近5成。

(5)东汉末年至三国之初,减幅高达65%,实为空前的浩劫。

(6)十六国时期,人口一直在低谷中波动,并几度显著减少。

(7)隋末唐初,人口约减少1/3。

---

① 参见张善余《中国人口地理》,商务印书馆1997年版,第58页。

② 参见林璧属《试论汉至清初的人口过剩》,载《中国社会经济史研究》1995年第3期。

③ 参见张善余《中国人口地理》,第60页。

(8)安史之乱，人口在短期内损失2～3成(1/3以上)。

(9)唐末和五代十国，减幅达3成。

(10)“靖康之难”，人口损耗达3成。

(11)元灭金、宋，人口约减少4成。

(12)元末明初，人口减少1/4。

(13)明末清初，减幅近5成。

(14)太平天国革命失败，人口约减少1/5。

人口数量周期性波动是社会、经济、自然等各种因素综合影响的结果。

首先，社会经济发展状况影响了人口数量的变化。封建社会基本矛盾导致的周期性经济危机是封建社会人口周期性波动的根本原因。封建地主土地所有制与个体的小农生产之间存在尖锐的矛盾。小农生产的特性要求不断增加耕地，增加人口，发展生产，而一定时期耕地的扩大和生产力的提高是有限的。同时封建地主阶级剥削农民、兼并土地的欲望却是无限的。随着封建地主阶级对农民剥削的加重，小农经济的物质再生产过程受到破坏，脆弱的小农经济不断破产，从而导致周期性的土地危机和粮食危机。而危机只能通过周期性的农民起义和内乱造成的周期性人口下降获得暂时的缓解。

其次，周期性的改朝换代斗争影响着人口数量变化。我国历史上改朝换代的斗争延绵不绝，一些短命的王朝甚至只存在十几年就被推翻。几乎所有政权的更迭都是以战争的形式出现，每一个王朝的兴盛都是以付出大量人口的损失为代价的。

再次，自然条件的变化也是影响人口数量周期性波动的重要因素。我国历史时期的气候呈现出温暖期与寒冷期交替出现的现象。每当气候变冷，农牧业收成就会受到严重影响，人口规模和增殖速度也会受到限制。从历史上看，气温的升降与人口的增减大体是一致的。汉唐人口高峰期都处在气候温暖期中，清代的“乾嘉盛世”也处在一段明显的气温回升期中。魏晋南北朝等人口波谷则处在气候寒冷期中。宋代以后，人口受气候影响相对减少，这是人类生产力提高的结果，但其中的某些人口下降期如明末清初与历史气候下降期依然保持着一致。①

3. 人口分布的凝固与突变

中国古代虽然经常出现流民的移徙，发生着人口流动，但从总体上看，人口的分布在一定时期内长期处于凝固不动的状态，而这种状态的改变是在巨大社会动乱中以突变的形式发生的。

---

① 参见张善余《中国历史人口周期性巨大波动的自然原因初探》，载《人口研究》1991年第5期。

从氏族公社时期开始，黄河中下游地区一直是我国人口分布的重心，这种格局一直持续到秦汉时期。秦汉两代都曾向边疆地区移民，但人口分布总的格局没有变化，黄河中下游地区集中了全国80%的人口。这一时期可以说是人口分布相对凝固的时期。

西汉末年长达数十年的大动乱，一方面使黄河中下游地区人口剧减；另一方面，则促使这里的人口外迁，黄河中下游地区的人口在全国总人口中的比重猛然跌到不足60%，南方人口比重大为增加。这是人口分布的第一次大突变。

从东汉到盛唐的700年间，虽然先后发生了几次大的社会动乱，造成人口数量的波动，人口地域分布的格局却未受到大的影响，黄河流域的人口一直占全国人口的60%。这又是一段人口分布相对凝固的时期。

安史之乱造成了人口分布的第二次大突变。在安史之乱中，北方人口损失极大，南方由于社会相对安定，经济发展，人口数量超过了北方，长江流域的人口在全国人口比重已达到60%，成为新的中国人口分布重心。两宋时期，北方人口的再次大规模南迁和经济重心的南移，巩固了长江流域的人口重心地位。这一格局一直维持到现代。当然，在长达1200多年的相对凝固期中，人口分布还经历了宋末元初、元末明初和明末清初等几次较大的突变，导致黄河流域人口比重的进一步下降。

中国历史上人口分布的凝固与经济生产方式密切相关。我国经济以农业为主要生产部门，自给自足的小农生产是我国基本的生产方式。因此，土地是社会最基本的生产资料，人和土地的结合异常紧密，导致人口长期被束缚在土地上，加之传统意识形态中的“孝道”观念、乡土观念以及封建国家束缚农民人身自由的政策，都使人口的流动受到阻碍，人口分布长期呈现凝固状态。人口分布的突变则是导致人口周期性波动诸因素发生作用的结果，它往往与人口周期性波动的波谷同时发生。①

三、中国古代人口问题及其实质

所谓人口问题是指人口增长超越了经济承载力，出现了人口过剩的现象。人口过剩并不是以人口多寡为衡量标准，而是要考虑人口总量与社会经济总承载力的关系。人口过剩有两种形式，即相对人口过剩和绝对人口过剩。

相对人口过剩是指一定社会发展阶段中特定地区的实际人口数量超过一定生产方式在特定发展阶段下可以容纳的总人口数量。相对人口过剩的产生主要

---

① 本部分参见胡焕庸、张善余《中国人口地理》上册，第7～15页；张善余《中国人口地理》，第56～72页；《中国人口·总论》第2章，中国财政经济出版社1991年版。

取决于两个方面。

1. 人口增长与经济承载力增长的比例

从战国时期进入封建社会以后，男耕女织的小农经济成为中国基本的生产方式。个体小生产有其独特的人口发展规律，个体小生产者享有一定的人身自由，而这种人身自由随着社会的进步在逐渐扩大。他们还拥有一定的生产资料，如土地、农具或耕牛等。因此，个体小生产者对发展经济有较为迫切的要求。中国古代农业生产以手工劳动为主，技术含量很低，生产工具的革新相当缓慢。在生产力三要素中，劳动者的作用十分突出，农业生产的收益主要取决于劳动力的投入。对一个农户来说，经济的兴衰决定于其家庭劳动力的多少。增加人口特别是男性人口，就是增加劳动力，就意味着他的个体经济的发展。农村劳动力再生产的成本极其低廉，一个孩子作为纯消费者的时间也被压缩到最低限度，七八岁时就可以割草、放牛，十几岁就要参加田间劳动，所以人口增加给家庭带来的好处要大于负担。对劳动力的需求和劳动力成本的低廉刺激了中国农民的早婚和多产。此外，"多子多福"、"香火不断"的生育观念以及极度贫困和缺医少药导致的人口高死亡率，也促进了农民的多生多育。因此，一定阶段中在特定地域内，人口数量呈现出不断增加的趋势。

与人口增长趋势相比，某一历史时期生产力水平下人类创造的食物有一个最高界限，它大体由当时农业技术条件下可垦地面积与农作物单位面积产量所决定。而一定历史时期土地开垦利用、农作物品种的改良和粮食产量的提高在一定生产力水平上的发展是有限的。这就决定了一定时期社会经济承载力的发展也是有限的。这种矛盾必然导致粮食危机，出现人口过剩。

2. 生产与消费的比例

生产与消费的比例就是指生产性人口与非生产性人口的比例。一个社会的人口规模取决于该社会的全部劳动在一定生产力下形成的生产总量，而该社会从事科学文化事业和其他非生产性活动的人口的最高限界，则是由一定生产力下形成的剩余劳动量决定的。农业社会中，手工业、商业和其他社会活动的发展，也取决于农业生产的剩余劳动量。农业剩余劳动量的提供与生产水平以及生产性人口与非生产性人口的比例有关。生产力水平越高，社会劳动提供的剩余劳动量才可能越多；社会人口中生产性人口越多，非生产性人口越少，剩余劳动量才会越多。就一个时代而言，在再生产技术条件不变的情况下，一定耕地面积下农民的各种产品是一个限量，除去维持劳动力生存必要的生活资料和维持再生产所需的生产储备后，农民能提供的社会剩余劳动量也有一个最高限额，这个限额决定了一个社会非生产性人口的总量。中国封建社会中，社会非生产性人口存在着不断扩大的趋势。其一，每个封建王朝建立之初，其上层建筑比较单薄，随着新政权的巩固，官僚贵族集团越发膨胀，人数不断增加。如西汉初年封为王侯的只有150人，连同家属合计约1200人，占全国总人口的0.01%；到汉平帝时，单是同姓王侯宗室的总人数"汉元至今，十有余万人"[①]。加上功臣、外戚族属共有12多万人，占总人口的0.21%；整个官僚贵族阶层的人数达120万人左右，占总人口的2%。[②] 其二，伴随官僚贵族阶层人口的增长，为他们服务的皂隶奴仆等非生产劳动者人数增加。如汉代仅官、私奴婢即达230万之多[③]。其三，历代王朝都有一支数量庞大的军队。尤其是在王朝的中后期，由于阶级矛盾逐渐激化，导致内忧外患的加剧，用以镇压人民和抵御外敌的军队数量更是猛增。其四，徭役的征发使众多农民脱离了生产领域，而在一个王朝的中后期，封建国家徭役的征发会更频繁，越来越多的农民由为社会提供剩余劳动的生产者变成消耗其他生产者剩余劳动的消费者。

社会非生产性人口的增长使自然界提供给人类的食物总量在人与食物的生产与消费环节上出现严重的比例失调，结果是出现相对人口过剩。

中国历史上还存在着人口的绝对过剩。汉唐时期，我国的基本经济区在黄河中下游。在正常情况下，这里的人口已经达到饱和，从而出现相对人口过剩。但当时尚未开发的地区很多，尤其是长江流域面积辽阔，有着发展农业生产的优越自然条件。黄河流域的相对人口过剩还可以通过向未开发地区移动得到缓和。这一时期人口的增长速度与耕地面积的扩大和粮食总产量提高的速度大体相当。人口增长对封建社会生产力起到了促进的作用。

宋代以后，由于可供开发的地区在当时技术条件下越来越少，人口增长速度超过了耕地面积和粮食产量的增长，人多地少成为全国普遍的现象。从宋代起浙江、福建、广东沿海地区的人民开始移居海外，明清时代数量更大。许多有识之士开始认识到这一问题。南宋叶适曾惊呼闽浙地区人多地少，"穷苦憔悴，无地以自业"[④]。明代宋应星说："今天下何尝少白金哉！所少者，田之谷、山林之木、墙下之桑、池之鱼耳。"[⑤]清代人口爆炸，连统治者也意识到问题的严重性，雍正皇帝曾说："户口日繁，而地止有此数。"[⑥]人口的增长与土地的矛盾更为激烈，出现了人口的绝对过剩。人口的增长非但不能促进生产的发展，而且是生产的压力，成为一个包袱。

---

① 《汉书·平帝纪》。
② 参见赵文林、谢淑君《中国人口史》，第562页。
③ 参见胡寄窗《中国经济思想史》中册，上海人民出版社1963年版，第150页。
④ 《叶适集·民事中》，中华书局1961年版。
⑤ 宋应星：《野议·民财议》，载《宋应星佚著四种》，上海人民出版社1976年版。
⑥ 鄂尔泰等：《授时通考》卷四八。

从根本上讲，人口过剩是封建制度的必然产物。其一，封建社会基本矛盾即小农生产的个体性与封建土地所有制的矛盾不断造成人口相对过剩，日益腐败的封建统治阶级总是依靠超经济强制加重剥削，将农民赖以从事再生产的生产、生活资料据为己有，严重破坏农民的个体生产，直至迫使农民揭竿而起。大规模战争使人口大量减少，过剩的人口问题获得部分解决。其二，封建制度在其发展的最后阶段，已越来越成为生产力发展的障碍。明清时期就已出现了资本主义萌芽，但封建生产关系严重阻碍了它的发展。生产力水平的长期停滞，使人口总量与经济承载力的比例失调越来越严重，最终导致绝对人口过剩的出现，人口问题愈发严重。

第三节　中国古代的自然灾害

我国是自然灾害频发的国家，种类多、强度大、破坏性强的自然灾害给古代中国带来深重的灾难。自然灾害的普遍性、周期群发性、积累性等特点深刻影响着中国古代的社会经济。自然灾害是引发我国古代社会动荡、经济停滞的重要因素之一。

一、中国古代自然灾害的种类

影响中国古代的自然灾害主要有四大类，即气候灾害、地质灾害、生物灾害和病疫灾害。气候灾害包括水灾、旱灾、风灾、雹灾、雪灾、霜灾等；地质灾害以地震为主；生物灾害以蝗灾为主。[①]

在各种自然灾害中，发生次数最多、破坏性最强的是旱灾、水灾和蝗灾。徐光启在《农政全书》中说："凶饥之因有三，曰水，曰旱，曰蝗。"水、旱、蝗并称中国古代三大自然灾害。这三大自然灾害给劳动人民带来相当严重的苦难。历代史书、方志对这三大自然灾害都进行了较为详细的记载。今天，气象学家和生物学家已能为我们描绘出中国古代三大自然灾害的基本发展趋势。

1. 旱灾和水灾

水、旱灾害是我国古代发生频次最多的自然灾害。据竺可桢统计，公元1～19世纪间，我国共发生较大水灾658次，较强旱灾1013次。[②] 据邓云特《中国救荒史》统计，从西周到清末的2999年中，共发生较大水灾1029次，较大旱灾1056次。英国学者李约瑟认为，"在过去的二千一百多年中，中国共计有一千六

① 孟昭华的《中国灾荒史记》(中国社会科学出版社1999年版)将灾荒细分为十七类。

② 参见竺可桢《中国历史上气候之变迁》，载《东方杂志》第22卷，第3号。

百多次大水灾，一千三百多次大旱灾，很多时候旱灾及水灾会在不同地区同时出现”[①]。

表 1-2 西周至清自然灾害统计简表[②]

朝代	时间	发生次数	旱	水	蝗虫	地震	歉饥	霜雪	雨雹	疫	风	地沸
西周	867	89	30	16	13	9	8	7	5	1		
秦汉	440	375	81	76	50	68	14	9	35	13	29	
三国两晋	200	304	60	56	14	53	13	2	35	17	54	2
南北朝	169	315	77	77	17	40	16	20	18	17	33	
隋	29	22	9	5	1	3	1			1	2	
唐	289	493	129	115	34	52	24	27	37	16	63	
五代	54	51	26	11	6	3			3		2	
两宋	319	874	183	193	90	77	87	18	101	32	93	
元	97	513	86	92	61	56	59	28	69	20	42	
明	267	1011	174	196	94	165	93	16	112	64	97	
清	268	1121	201	192	93	169	90	74	131	74	97	
总计	2999	5168	1056	1029	473	695	405	201	546	256	512	2

历史上的水旱灾害给历代劳动人民造成巨大的损失。如明代崇祯年间，即公元 1637～1643 年连续 7 年发生特大旱灾，波及今陕西、山西、河南、江苏等 13 个省，黄河中下游和长江中下游完全为旱灾所笼罩，到处井河干涸，禾草尽枯，造成尸骸遍野的惨象。又如 1662 年黄河大水，最高洪峰估计可达 3 万～5 万秒立方米[③]。同时，暴雨持续 17 天，暴雨区跨黄河、淮河、长江三流域，造成跨流域的特大水灾，损失惨重。

我国古代水旱灾害的发生在时空分布上有着一定的规律。

第一，从历史上旱涝灾害的时间分布上看。水旱灾害属于气象灾害，阶段性是中国古代气候演化的一个重要特点。因此历史上水旱灾害的发生也有阶段性，也就是其出现的年份相对集中在某一时期，而在另一时期较少。

中国古代旱灾多发的时段有十个，即：(1)公元前 137～100 年；(2)公元 305～480 年；(3)公元 535～590 年；(4)公元 765～800 年；(5)公元 1035～1260 年；(6)公元 1490～1565 年；(7)公元 160～280 年；(8)公元 640～705 年；(9)公元

① 参见 1974 年 5 月 29 日香港《大公报》。

② 本表数据参见邓拓《中国救荒史》，三联书店 1958 年版。

③ 参见林之光、张家诚《中国的气候》，陕西人民出版社 1985 年版。

850～880 年；(10)公元 1615～1720 年。其中前六个时段为多旱时期，共 802 年，后四个时段为偏旱时期，共 320 年，合计 1122 年。

历史上水灾多发的时段有八个，即：(1)公元 100～160 年；(2)公元 485～535 年；(3)公元 880～995 年；(4)公元 1260～1490 年；(5)公元 1720～1920 年；(6)公元 280～305 年；(7)公元 590～640 年；(8)公元 800～850 年。其中前五个时段为多涝时期，共 660 年，后三个时段为偏涝时期，共 125 年，合计 785 年。此外，公元 705～765 年、995～1035 年、1565～1615 年，是旱涝发生频率持平的时期。

从上面的分期来看，历史上中国的旱涝状况以旱为主，长期降水偏少的时期的总长度几乎是长期降水偏多时期的 2 倍。在影响中国主要地区农业的旱涝灾害中，旱的成分要大于涝的成分。

在公元 1230 年以前，水灾多发期和旱灾多发期都较多，气候总体相对湿润。大约在公元 1230 年前后，即在南宋末年，气候系统发生了一次变化，以此为分界，旱涝的发生趋势有了显著的变化。长期持续性的水灾频发已经很少出现，而以长期持续性的旱灾频发和水灾次多发为主。

第二，从历史上旱涝灾害的空间分布上看。中国古代的水旱灾害频繁，分布的区域也极广泛。从总体来看，在大部分时期内，旱灾发生，北方多于南方，西部多于东部；水灾发生的情况则正相反，南方多于北方，东部多于西部。

在中国历史时期内，旱涝的南北差异变化不大。1230 年以后基本处于北旱南涝的状态。东西差异则在公元 880～1230 年间出现异常，显示出西涝东旱的特点；1230 年以后，中国东涝西旱的特点则基本上稳定。①

2. 蝗灾

蝗灾是我国古代仅次于水旱灾害的自然灾害。徐光启认为蝗灾的破坏性比水旱灾害更为强烈。他在《农政全书》中写道："地有高卑，雨泽有偏被；水旱为灾，尚多幸免之处，惟旱极而蝗，数千里间，草木皆尽，或牛马毛幡帜皆尽，其害尤惨，过于水旱也。"历代对蝗虫危害的记录，都是惨不忍睹。如晋永嘉四年五月，"幽、并、司、冀、秦、雍等六州大蝗，食草木牛马毛皆尽"②。唐贞元元年"夏，蝗尤甚，自东海西尽河陇，群飞蔽天，旬日不息，经行之处，草木牛畜毛靡有孑遗……饿殍枕道"③。至正十九年"五月，山东、河东、河南、关中等处蝗飞蔽天，人马不

① 关于我国古代水旱灾害时空分布的论述，参见施雅风、张丕选《中国历史气候变化》第 8 章，山东科学技术出版社 1996 年版。

② 《晋书·孝怀帝纪》。

③ 《旧唐书·五行志》。

能行，所落沟堑尽平。……八月己卯蝗自河北飞渡汴梁，食田禾一空”[①]。

正因为蝗灾给劳动人民的生产、生活带来了极大的威胁。早在殷商时代，我国就有了世界上最早的蝗灾记录[②]。孔子在《春秋》中记载，鲁桓公五年(前 707 年)“秋，螽”。《穀梁传》注释：“螽，虫灾也。”《公羊传》也说：“何以书，记灾也。”这是我国最早的关于蝗灾的正式记录。从古代开始就有人对蝗灾进行研究，近代学者也对蝗灾的发生进行了统计和研究。邹树文在《中国昆虫学史》中统计，从公元前 8 世纪到清末，我国共发生蝗灾 455 次。邓云特在《中国救荒史》中统计的蝗灾共 473 次。据吴福祯统计，公元 960～1935 年，共发生蝗灾 619 次，平均 5 年发生 2 次。在这 619 次蝗灾中，有 63 次为单独突发一年，有 102 次为连续发生两年以上，每次连续发生的时间为 5.5 年。[③]

中国古代蝗灾的发生呈现不断增多的趋势。从公元前 8 世纪到公元 2 世纪，蝗灾的发生相对较少。公元 2 世纪达到第一个高峰，共发生 21 次，平均 5 年发生一次。从公元 9 世纪开始，蝗灾发生的频率越来越频繁。到公元 14 世纪又达到一个高峰，共发生灾害 38 次，平均 3 年一次。经过 15 世纪短暂的平息，16、17 世纪蝗虫的活动又趋于活跃，到 17 世纪创下了中国古代蝗灾发生的最高纪录，共 50 次，平均 2 年一次。

河北省大名县，接近我国蝗患区的中心。《大名县志》卷二六《祥异》对历史上的蝗灾有较详细的记载，对此地蝗灾的分析有助于我们了解蝗灾的发生规律。从公元 53～1929 年之间，大名县共发生蝗灾 80 次，其中宋元明清时期的记载比较完整。北宋每隔 7.6 年发生一次，元代每隔 6.7 年发生一次，明代每隔 9.3 年发生一次，清代每隔 13.8 年发生一次，这四个统计期共 736 年，发生蝗灾 73 次，平均 10 年发生一次。[④]

蝗虫的生长需要一定的土壤、气候、水文条件，如日平均温度超过 25℃的天数必须在 35 天以上，冬季不能过于寒冷，日平均温度－10℃以下超过 20 天，虫卵就不能安全过冬；过多的降水会增加虫卵的死亡率。因此，蝗灾的发生有一定的范围。徐光启认为：“蝗之所生，必于大泽之涯。然而洞庭、彭蠡、具区之旁，终古无蝗也。必也骤盈骤涸之处。如幽、涿以南，长、淮以北，青兖以西，梁宋以东，都郡之地，胡漅广衍，暵溢无常，谓之涸泽，蝗则生之。”[⑤]

八蜡庙原是祭祀农作物害虫的综合神庙，后来演变成专门祭祀蝗虫的庙宇。

① 《元史·顺帝纪》。

② 参见范毓周《甲骨文》，人民出版社 1984 年版，第 96 页。

③ 参见吴福祯《中国的飞蝗》，上海家祥印书馆 1951 年版。

④ 参见陈正祥《中国文化地理》，三联书店 1981 年版，第 54 页。

⑤ 徐光启：《农政全书》卷四四。

有些地区蝗虫又被称为“虫王”，八蜡庙也就称为“虫王庙”。另外，刘猛将军庙的传说也颇多，一般认为他具有神力，可以驱除蝗虫，因此立庙祭祀。陈正祥先生利用3000多种方志中有关八蜡庙、虫王庙和刘猛将军庙的记录，制成“蝗神庙之分布图”，从图中可以看到中国蝗灾的分布，以黄河下游最多，尤其是河北、山东、河南三省。华中以南蝗灾渐少，到东南沿海几乎完全不见。福建、台湾、广东、广西四省，找不到一个八蜡庙和刘猛将军庙。[①] 图中反映出的我国古代蝗灾分布范围与徐光启的分析正相吻合。

二、中国古代自然灾害的特点

中国古代自然灾害的发生有以下特点：

1. 普遍性

所谓普遍性，就是说从时间和空间上来在看，每年有灾，无处不灾，每一年都有一些地区会发生这样或那样的灾害。近代学者如竺可桢、陈达、邓云特等都对我国历史上水、旱、蝗、风、疫、霜、雪、地震等自然灾害进行了初步统计。从公元前1766年到清末1911年，共发生各类自然灾害5179次，平均每6个月就遭灾一次。

竺可桢还对中国古代水灾和旱灾的地域分布进行了考察。如16世纪，河北共发生了水旱灾害6次，山东6次，山西2次，河南5次，江苏6次，安徽2次，江西10次，浙江26次，福建16次，湖北25次，湖南6次，陕西15次，甘肃1次，四川2次，广东9次，广西8次，云南22次，贵州2次，可见灾害分布之广泛。自然灾害是客观存在的一种自然现象，是自然界某些内部矛盾如气象矛盾、地质矛盾激化的结果。我国幅员辽阔，气候、地质等自然条件各不相同，因此，自然灾害在空间和时间上分布广泛。同一时间内，不同地区发生不同的自然灾害的现象很多。例如：清嘉庆十五年（1810年），山东春夏大旱，河北七州县大水大饥，浙江地震，湖北雨雹。嘉庆十六年（1811年），山东大旱，河北等地十三州县大水，十六州县大饥，甘肃大疫，四川地震。[②]

2. 群发性

各种自然灾害不是孤立存在的，它们之间存在着客观的联系。首先，在地球漫长的历史演变过程中，地球表面形成了各种地质构造。它们决定了山川形势、地貌轮廓，影响了土壤、植被的分布和水文系统，还影响了天气系统与天气形势，由此形成了统一的自然环境系统。自然环境的统一性决定了自然灾害在空间分

① 参见陈正祥《中国文化地理》，三联书店1981年版，第52页。

② 参见《清史稿·灾异志》。

布上的联系性。自然灾害总是在一定环境下发生,这种环境又可能孕育着其他的灾害。如在地质构造凹陷带上的盆地和平原是干旱、洪涝、地面沉降等自然灾害易发的地区。其次,大规模自然灾害在其发生和发展的过程中,常会引发一系列的次生灾害和衍生灾害。这种自然灾害继起发生的现象被称为"灾害链"。如干旱发生以后会引发生物灾害、土壤沙化、土地盐碱化、森林火灾等灾害。因此,自然灾害在时间和成因上也存在着联系。

相互联系的自然灾害形成了一个自然灾害系统。这一系统一般包括大气灾害、岩石圈灾害、生物圈灾害、水圈灾害等。自然灾害的发生与地球各圈层的运动和地球的整体运动有关,是大气、地壳、生物、海洋等地球各圈层发生突变的结果。自然灾害的发生还与太阳活动和其他天体运动有关。地球运动、太阳活动和其他天体的运动有着特有的活动周期,受其影响,自然灾害的发生亦有一定周期。反映在历史时期,自然灾害的发生呈现出周期群发性的特点,也就是不同类型的自然灾害在某一时间或某一地区相对集中出现,形成灾害群;轻灾期与重灾期、多灾期与少灾期交替出现。中国古代至少可以分出四大自然灾害的群发期,即夏禹群发期、两汉群发期、明清群发期、清末群发期。在此期间,自然灾害发生的频率和强度均高于其他时期。[①] 正因如此,在一定的时间和地域内,自然灾害集中发生后,如果防治不当,势必会连续遭灾。各种灾害接踵而至,灾情加重在所难免。我国历史上自然灾害的群起发生十分显著。如:《隋书·食货志》云:"是时频岁大水,州郡多遇沉溺,谷价腾踊。朝廷遣使开仓,从贵价以粜之,而百姓无益,饥馑尤甚,重以疾疫相乘,死者十四五焉。"《元史·文宗纪》云:至顺二年四月,"衡州路属县比岁旱蝗,仍大水,民食草木殆尽,又疫疠死者十九"。

3. 区域性

由于自然环境的不同,自然灾害的空间分布具有区域性。如受季风影响使降水条件变化而产生的灾害(干旱、洪涝、暴雨等),主要分布在东部季风区。地震灾害主要分布于新构造运动活跃的板块缝合线及地质构造带上,如东部环太平洋地震带,喜马拉雅地震带及华北、西北和川西地震带。

历史上由于社会经济的差异和人口分布的不均一,自然灾害多发区域中心发生明显的迁移。由于政治原因,历代建都之地所在省份自然灾害的记载较其他地区为多,西汉、唐代以陕西为多,东汉以河南最多。此外,宋代以前有记载的自然灾害主要分布在黄河中下游和淮河上中游,宋元以后,重灾区的记载集中在长江三角洲江浙一带。自然灾害对社会经济具有很大破坏力,经济越发达的地方,自然灾害造成的人员与财产损失越大,对自然灾害的记载也越多。多灾中心

---

① 参见方修琦、孟胜修《中国历史上的自然灾害》,载《地理知识》1991年第5期。

的迁移反映了社会经济的变动。

4. 渐进性

自然灾害的渐进性表现为灾害的发生周期逐渐变短，其次数越来越多，频度越来越密，受灾范围也越来越大。从史籍记载分析，周朝在其867年的统治中，较大的自然灾害只有89次，发生次数较少；秦汉时期自然灾害明显增多，在440年中共发生各类自然灾害375次，平均1.4年就发生一次；魏晋南北朝时期的369年中，各类灾害共发生619次，平均0.59年一次；隋唐五代时期共372年，发生自然灾害566次，平均0.65年一次；到两宋和元代时，在416年中发生自然灾害1387次，平均每年三次多；明代自然灾害更为频繁，267年中发生灾害1011次，平均每年有三四次；清代是中国古代自然灾害发生最多的朝代，历时267年，受灾面积1211次，三四个月即遭灾一次。

三、中国古代自然灾害的影响

自然灾害的发生会危及人类的社会与经济发展，严重的自然灾害直接造成人员伤亡和财产损失，会导致整个经济系统功能衰退；同时还会导致社会结构的破坏，造成社会动荡，甚至王朝的灭亡。从总体上看，自然灾害对中国古代经济与社会发展的影响是十分显著的。

1. 自然灾害的频发是中国古代经济发展的制约因素

自然灾害对人类是一种破坏力量，在科学技术水平较低的古代，人类控制自然、抵御自然灾害的能力较差。自然灾害往往直接造成大量的人口伤亡和财产损失。如古代的地震预报技术不发达，人们无法逃避突然发生的地震，往往丧生震中。宋景祐四年十二月，“忻、代、并三州地震，坏庐舍，覆压吏民。忻州死者万九千七百四十二人，伤者五千六百五十五人”①。其他自然灾害造成的损失也相当巨大。如开元十五年(727年)，“洛水溢，入鄜城，平地丈余，死者无算，坏同州城市及冯翊县，漂居民二千余家”②。开成元年(836年)“夏，凤翔麟游县暴雨……坏民舍数百家，死者百余人”③。贞元“八年秋，大雨，河南、河北、山南、江淮凡四十余州大水，漂溺死者二万余人。”④

中国古代自然灾害发生时，灾情的蔓延和随之而来的次生灾害使灾害的间接后果比直接损失更为严重。在卫生防疫和医疗技术落后的古代，大灾之后的

① 《宋史·五行志》。

② 《新唐书·五行志》。

③ 《新唐书·五行志》。

④ 《旧唐书·五行志》。

病疫会使许多人丧生。如北魏"皇兴二年十月,豫州疫,民死十四五万"[1]。

自然灾害会造成农作物的大幅度减产和饥荒的出现。在中国古代,灾与荒是紧密相连的。灾泛指各种自然灾害。荒的含义有多种,其中《韩诗外传》认为"四谷不升谓之荒"。《尔雅·释天》解释为"谷不熟为饥,蔬不熟为馑,果不熟为荒"。荒还有荒芜、荒废之意,可见荒是因自然灾害而致的土地的荒芜和食物的缺乏。由于生产技术水平不高,中国古代农业基本上是靠天吃饭,自然灾害对农业生产影响极大。史书中"大风,伤秋稼"、"雨雹伤秋麦千三百顷"、"蝗害禾稼,纵广三百里"、"大旱,无麦苗"之类的记载比比皆是。农作物随之大幅减产甚至绝产,出现严重的食物短缺,由此造成的人口死亡为数更是巨大。如:《魏书·高祖孝文帝纪》云:延兴三年(473年),"州镇十一水旱……相州民饿死者二千八百四十五人"。《汉书·高帝纪》云:"二年六月,关中大饥,米斛万钱,人相食。"《旧五代史·晋少帝本纪》云:"天福八年,州郡二十七蝗……饿死者数十万。"

自然灾害还会造成土地生产能力的下降。洪水往往会破坏农田土质,导致农田的盐碱化和沙化。农田被洪水淹没后,土壤中所含碱性化合物大部分被分解,地面上留有白色沉淀,变成盐碱地。这样的土质既影响农作物生长,又不易恢复。有时洪水含沙,还会造成土壤沙化。如黄河决口,每次都将大量泥沙沉积于农田上,水退以后,留下大片的沙地,经长期风化作用,形成绵延的沙丘,严重破坏农业生产。

具有一定生产经验和劳动技能的劳动力是古代农业生产力构成的一个基本要素。在生产工具相对落后的古代,劳动力就等于生产力,劳动力的盛衰,直接影响着农业生产。我国历史上各种自然灾害连绵不断,每逢灾害人口锐减,劳动力随之锐减,大量的农田抛荒不耕,农业生产势必元气大伤。

我国封建社会以小农经济为基础。男耕女织的自耕农经济并不能做到真正的自给自足。战国魏相李悝曾经算过一笔账。他说,农夫一家五口,耕田百亩(约相当于今31亩),一般年成收粟150石,按每石30钱计算,合4500钱。除去交税、吃饭、穿衣和其他必要的费用,已经短少450钱。[2] 一旦遭受水旱灾害,收入必然减少。《广治平略》记载了明成祖永乐年间的灾荒:"河南饥……遣人视之,民所收有十及五者,有十不及一者,亦有荡然无存,掇草为食者。"在这种情况下,贫困的农民不得不变卖农具,典当过日,无力从事农业再生产,小农经济的破产在所难免。中国古代劳动人民贫困化的根源是剥削制度,但自然灾害的不断发生,加深了贫困化程度。越是贫穷,抵抗和战胜自然灾害的能力愈弱,由此形

---

① 《魏书·灵徵志》。

② 参见《汉书·食货志》。

成恶性循环。自然灾害已成为制约中国古代经济发展的重要因素。

2. 自然灾害是影响社会稳定的重要因素

严重的自然灾害在全面破坏生产力的同时，还容易导致社会动荡，甚至封建王朝的灭亡。

在自然灾害的打击下，农民的小农经济日益破产。面对饥荒，破产的贫困百姓更多地选择了流移。中国历史上因灾而起的人口流移数目巨大，动辄数十万。如：《后汉书・孝桓帝纪》记，永兴元年（前 153 年）“秋七月，郡国三十二蝗，河水溢，百姓饥穷流冗道路，至有数十万户”。《晋书・李特载记》记：“关西扰乱，频岁大饥，百姓乃流移就谷，相与入汉川者数万家。”《宋史・五行志》记：孝宗隆兴元年，两浙、江东一带大饥，“淮民流徙江南者数十万”。

数目庞大的饥民队伍的存在本身就是一种社会不稳定因素，政府如果无法有效地救灾、救荒，安置流民，甚至乘机加重剥削，濒于绝境的饥民只有“铤而走险”，爆发起义。我国历史上的农民起义大都是以严重的自然灾害为背景的。

西汉末年连年不断地发生严重灾害，“北边及青徐地，人相食”。南方也发生大饥荒，饥民掘草为食，于是有绿林赤眉起义。

东汉末年，年年都有严重的灾荒，而且一次比一次严重，到处“旱蝗少谷，百姓相食”，终于爆发黄巾起义。

隋炀帝大业七年（611 年）秋发生特大水灾，漂没山东、河南三十余郡，人民相卖为婢。炀帝仍然加紧征调民夫，准备攻打高丽，山东人民在王薄领导下首倡起义，各地农民纷纷响应。

唐朝末年（873 年），关东地区遭受严重旱灾，西起虢州（今河南灵宝），东到海边的广大地区，秋庄稼几乎颗粒无收，人们只能以蓬子面和槐树叶充饥。唐政府依然催驱各种赋税，终于引发黄巢领导的农民起义。

明末崇祯年间自然灾害延绵不绝，崇祯六年（1633 年），陕西旱蝗，耀州、澄州一带，民死过半，赤城千里。于是明末农民起义在陕北揭开了序幕。①

自然灾害对北方游牧的少数民族也产生了巨大影响，如：魏晋南北朝时期气候变冷，严重的霜雪等自然灾害频发，受到自然灾害沉重打击的游牧少数民族纷纷南下，寻找宜于生存的地方，中原地区“赤地千里”、“饥馑荐臻”造成的国力空虚，也给他们可乘之机。从某种程度上讲，十六国北朝的建立，与自然灾害的发生不无关系。

---

① 参见隆国强《内忧外患与气候变迁》，载《地理知识》1989 年第 6 期。

第二章

社会大分工与中国古代经济结构的形成

第一节　中国古代的原始经济

恩格斯说："没有一只猿手曾经制造过一把哪怕是最粗笨的石刀。"①猿人与动物的本质区别就是能够制造和使用工具。在距今 300 多万年以前，古猿就转变为最早的人，这就是猿人。我国境内著名的猿人文化遗址有距今 170 万年的云南元谋人，距今 60～80 万年的陕西蓝田人，距今约 69 万年的北京猿人等。"有了人，我们就开始有了历史。"②人类最早的物质生产方式是采集和狩猎。

人类最早制造的工具极为粗糙简单，主要是打击而成的石器和木棒之类。考古学上称这一时期为旧石器时代。元谋猿人、蓝田猿人、北京猿人和其他猿人的遗址中都发现了粗制石器。北京猿人的洞穴中发现的石器多达 10 万件以上。这些石器有用于砍砸树木的砍砸器，用于刮削木棒和兽皮的刮削器，用于切割兽肉的尖状器等各种类型。石器的打制方法比较简单，大都没有定型，猿人们就是利用这些简陋的工具，在茂密的森林和广阔的草原上过着艰苦的采集和狩猎的生活。

在元谋猿人遗址的地层中，发现了许多炭屑。西侯度遗址发现了经火烧后呈黑、灰或黑绿色的哺乳动物的肋骨、鹿角、马牙。北京猿人的洞穴中也发现了厚达六米的灰烬堆积层。这都说明猿人已经会使用火。火的使用是人类经济生活中划时代的大事。火可以用来照明、御寒，可以占领野兽的洞穴，改变生活环境，最重要的是火可以烧熟食物，易于人的消化吸收，增强人的体质，同时过去无法食用的鱼虾蚌蛤之类和野生动物也可以作为经常性的食物，扩大了人类的食

---

① 《马克思恩格斯选集》第 3 卷，人民出版社 1972 年版，第 509 页。

② 《马克思恩格斯选集》第 3 卷，人民出版社 1972 年版，第 457 页。

物来源。北京猿人的洞穴中发现了90多种哺乳动物的化石，包括水牛、羚羊、剑齿虎和鹿类等，上面都有烧过的痕迹，其中肿骨鹿的总数不下5000只，反映出北京猿人狩猎业的发达。猿人们还采集植物的果实和根茎充当食物，北京猿人洞穴中被火烧过的朴树籽证实了采集业也是北京猿人的主要生产活动之一。

在艰苦的劳动斗争中，人类不断进化。随着工具的不断改进，人类的采集和狩猎经济有了较大的发展。

距今10万年前的丁村遗址(在今山西襄汾丁村发现)是一处较大的旧石器时代中期遗址，有各类石器2000多件。与北京猿人制造的石器相比，丁村人的石器绝大部分用交互打击法制成，有不少进行了第二步加工，加工技术趋于精细。为适应一定的用途，各种石器大都有了定型，还出现了新的类型，如用于挖掘植物块根的厚尖状器，用于修琢的小尖状器等。最为重要的当属新式的狩猎工具——石球。人类最初打猎使用的是木棒和天然石块，后来发明了各种投石器。到丁村人生活的时代，用绳索、皮兜和石球组成的流星索成为狩猎的主要工具。猎手将流星索抛掷出去，能打击野兽，或缠住野兽的四肢，从而捕获较大的兽类。[①] 丁村遗址中大量石球的发现，说明了丁村人狩猎技术的提高。汾河两岸草原上的犀牛、大象、鹿、马、羚羊都成为丁村人的狩猎对象。汾河河湾深处的青鱼、鲤鱼和岸边浅水河滩上的螺、蚌也是丁村人的美食。丁村人在这样的环境下过着渔猎兼采集的生活。其他旧石器时代中期的原始人类如大荔人、马坝人、许家窑人，适应各地的自然环境，都过着狩猎兼采集的生活。

到了距今5万～1万年前的旧石器时代晚期，人类制造石器的技术更为成熟。除了用直接打击法，还普遍使用间接打击法，比较熟练地掌握了挖孔的技术，制造出各种形式规正、类型分明的石器，适用于不同目的。如圆刀和凸刀的刮削器用于切割兽皮和兽肉，凹刀刮削器用于切割骨器和木器。这一时期最重要的发明是弓箭的使用。在峙峪遗址(今山西朔县峙峪村)发现了石镞，说明此时已用弓箭从事狩猎。弓箭比流星索更灵巧，射程更远，杀伤力更大，既可射杀野兽，又可射杀飞鸟，也保证了自己的安全。恩格斯说："由于有了弓箭，猎物便成了日常的食物，而打猎也成了普通的劳动部门之一。"[②]峙峪遗址出土的动物遗骨密集成层，多为大型动物，仅野马至少有120匹，野驴88匹。[③] 反映出弓箭发明后人类猎取大兽能力的空前提高。山顶洞人还会使用在尖端绑上石矛的木

① 参见宋兆麟《投石器和流星索——远古狩猎技术的重要革命》，载《史前研究》1984年第2期。

② 《马克思恩格斯选集》第4卷，人民出版社1972年版，第18页。

③ 参见中国社会科学院考古研究所编《新中国的考古发现和研究》第1章第3节，文物出版社1984年版。

棒，他们能捕捞到一米多长的大鱼。渔猎技术的明显提高，使生活资料比过去大为增加。由于捕获的大型野兽增多，因此当时的骨角器也流行起来。峙峪人有骨质的尖状器，山顶洞人有许多钻孔的兽牙、鱼骨的装饰品，还发现了一根刮削和磨制成的骨针，长 82 毫米，最粗的直径仅 3.3 毫米，制作精美。

旧石器时代晚期的采集经济也迈向新的发展阶段。由于采食的植物遗存难以保证，而采集植物只需徒手，或以简单工具辅助，采集工具用量小，所以旧石器时代早期和中期的遗址中采集工具较少，而旧石器时代晚期遗址中采集工具逐渐增多，并且出现谷物加工和收获工具。如下川遗址（今山西沁水下川）出土的 3 件用来加工谷物的研磨盘，峙峪遗址出土的可以割取谷物穗子的小石刀，以及河南安阳小南海遗址中用以收获谷穗的弧背长刮器，等等。黄河流域的农业以种植粟黍类的谷物为主，谷物采集的普遍，预示着原始农业的萌芽。原始经济即将进入一个新的时代——原始农业经济时代。

第二节　三次社会大分工

社会分工指不同社会劳动部门之间的分工，它是在农业发展到除供应农业人口外，还能供应一部分非农业人口或半农业人口之后产生并发展起来的。[①]中国古代经历了农业与畜牧业、手工业与农业、商业与农业的三次社会大分工。

一、第一次社会大分工

原始畜牧业和原始农业的分工，是第一次社会大分工。这次社会大分工是建立在原始畜牧业和原始农业发展的基础上的。

原始农业是从植物种植发展而来的。早在旧石器时代，妇女在采集生活的实践中，逐渐积累了丰富的植物知识，熟悉植物开花结果的季节性，掌握了植物生长规律。当她们偶然发现丢弃的种子可以生根发芽，开花结果，从而获得意外收获时，妇女们就开始尝试进行植物的栽培。到新石器时代早期，原始农业产生了。

随着农业生产工具的不断改进和耕作技术的提高，原始农业不断发展。原始农业的发展经历了刀耕阶段和锄耕阶段两个阶段。

在新石器时代早期，人们用石刀、石斧把森林、灌木砍倒，然后放火焚烧，捡出树根和石块后，用尖头的木棒挖坑播种。这种方法被称作“刀耕火种”。我国古代有关于烈山氏的传说。《孟子·滕文公上》说：“当尧之时……草木畅茂，禽

---

① 参见田昌五《中国古代社会发展史论》，齐鲁书社 1992 年版，第 95 页。

兽繁殖，五谷不登……益烈山泽而焚之。”《国语・鲁语上》说：“昔烈山氏之有天下也，其子曰柱，能殖百谷百蔬。”烈山氏的焚火可能就是放火烧荒，他的儿子“柱”(即后稷)体现的可能是挖坑点种的尖头木棒，这正是刀耕农业互相连接的两个主要作业。[①] 新中国成立前西南地区的许多少数民族还保留着原始的刀耕火种方法，如哈尼族的“火烧地”，纳西族的“开火山”。刀耕火种的生产技术重点是砍烧林木，增加土地养分，但由于没有翻土工具，土地容易板结，地力容易减退。经过一两年就要抛荒另垦。在刀耕阶段，因为要实行年年易地的生荒耕作制，人们过着定期迁移的生活，采集和狩猎在经济生活中还占据着相当重要的地位。

在距今七八千年的新石器时代文化遗址中，人们发现了最早的翻土工具——石铲、石锄、木耒和骨耜。翻土工具是发明较晚的农业生产工具，它的出现和广泛使用是原始农业由刀耕阶段进入锄耕阶段的重要标志，是原始农业的一大进步。

裴李岗文化(今河南新郑)和磁山文化(今河北武安)是黄河流域发现的迄今最早的农业遗址。在出土的农具中有砍伐用的石刀、石斧，松土或翻土用的石锄、石铲以及收割用的石镰等工具，还有粮食脱壳用的石磨盘和石磨棒。从砍烧、松土、种植、收割到加工的工具配套成龙。在所有的工具中，翻土工具的出现最为引人注目。裴李岗文化有一种两端有圆弧刃的长条形磨制石铲，可能是直接用手握着松土的。磁山文化有一种顶部呈尖锥形、两边有肩的石铲，可能是装柄的石铲。翻土工具的应用改变了耕作方式。在烧荒以后，人们可以用石铲翻地松土，然后播种。在作物生长期中，还可以中耕除草，进行田间管理。锄耕农业已经把土地加工作为生产技术的重点，经过加工的土地不易板结，保持了土壤肥力，可以连续多年耕种，形成了定期休耕的熟荒耕作制。这样，迁移农业逐步过渡到定居农业，裴李岗文化和磁山文化都出现了地穴式房子和窑穴。当时的农业产量已相当可观，在磁山遗址中发现了 88 个堆存粮食的窑穴，估计粮食重达 13 万斤。[②] 对粮食遗存的灰象分析还发现了粟的痕迹，这是迄今为止我国最早的种粟物证。

距今 6000 多年前的仰韶文化是黄河流域锄耕农业的代表。这一时期，人们已经过着长期定居的生活。西安半坡遗址的村落面积达 5 万平方米，不经过长期定居生活是无法形成如此巨大的村落规模的。遗址中出土了 735 件农业生产工具，“包括开垦耕地和砍劈用的石斧 313 件，石锛 71 件，石铲 13 件，石锄 19

① 参见李根蟠、黄崇岳、卢勋《中国原始社会经济研究》，中国社会科学出版社 1987 年版，第 158 页。

② 参见佟伟青《磁山遗址的原始农业遗存及其相关的问题》，载《农业考古》1984 年第 1 期。

件，石制砍伐器 59 件，收割谷物的石刀和陶刀 217 件，加工粮食的石制碾磨器 11 件，石杵 14 件”①。此外还有许多角铲和骨铲。据研究，仰韶文化时期人们已经在农业生产中使用木质或骨质的耒耜②。耒是一种较长的尖木棒，在下部安上一个脚踏横木。将耒齿变成板状刃，就是耜。仰韶文化的耒耜还比较简单，耒是单齿的，耜的刃部较窄。但耒耜的使用提高了翻土效率，有助于提高作物产量。西安半坡遗址中发现了 200 多个窖穴，有众多用于储藏粮食的大型瓮、罐，还有粮食堆积，说明收获量相当可观，播种面积也相当大。仰韶文化的主要作物是粟，在西安半坡村、青海乐都马家窑、河南洛阳王湾等地遗址中都发现了粟粒和粟壳的遗存。半坡遗址的一个陶罐中还发现了白菜或芥菜的种子，说明当时的人们已开始种植蔬菜。

锄耕农业在长江流域也得到发展。距今 7000 年左右的浙江余姚河姆渡遗址中出土了大批制作精良的骨耜，要比黄河流域早 1000 年。③ 江苏海安青墩、南京草鞋山等遗址也都发现了骨耜。骨耜的形制轻巧，刃口锋利，还装有竖向长柄，起土快速，当时翻土挖沟主要靠它。长江流域的作物主要为水稻，在河姆渡遗址中发现了稻谷、稻草、稻壳的堆积，其沉积厚达 20～50 厘米，折成稻谷当在 120 吨以上。④ 当时的人们还能种植葫芦和薏苡。这些都说明长江流域农业的发达。

在距今 5000 年左右的新石器时代晚期，中原地区和长江中下游地区的农业生产又有新的发展。作为原始社会农业主流工具的耒耜有了较大的改进。人们将石耜磨得扁薄，刃部平齐，耜身也加宽加长，并钻孔装上木柄，作为主要的翻土工具。耒也由单齿改造为双齿。用于砍伐荆棘的石斧向大型化发展，磨制更加精细。人们在已有的半月形石刀和蚌刀的基础上，不断将刀身加长打孔，安装木柄制成石镰、蚌镰。此外还有各式的石锄、蚌锄等中耕锄草的工具，用以加强田间管理。

这一时期最重要的发明是犁的使用。龙山文化遗址中多次出土三角形石犁，长江流域的良渚文化遗址中也发现了石犁残块。石犁是从耒耜发展而来的，但比耒耜工效更高，代表着耕作技术的方向。不过由锄耕农业向犁耕农业的转化过程非常漫长，直到春秋战国时期才得以完成。

农业生产工具的改进和耕作技术的提高必然带来耕地面积的扩大和粮食产

---

① 中国社会科学院考古所、陕西省半坡博物馆:《西安半坡》，文物出版社 1963 年版。

② 参见李根蟠、黄崇岳、卢勋《中国原始社会经济研究》，中国社会科学出版社 1987 年版，第 82、83 页。

③ 参见浙江省文物管理委员会《河姆渡遗址第一次发掘报告》，载《考古学报》1978 年第 1 期。

④ 参见浙江省文物管理委员会《河姆渡遗址第一次发掘报告》，载《考古学报》1978 年第 1 期。

量的提高。黄河流域用以储粮的窑穴多呈袋状或漏斗状，口小底大，容量大为增加，而且内部进行修整加工。除地下窑穴外，还出现了地上的仓廪，仓储设备的发展反映了农业产量的提高。此外，成套酒器的普遍出土，也从另一个侧面反映了粮食产量已提高到可以有剩余用来造酒的程度。

由于农业产量的提高，家畜饲养业也随之发展起来。饲养家畜是从狩猎发展而来的。在旧石器时代晚期，经过长期的狩猎活动，人们逐步熟悉了野兽的各种生活习性。由于弓箭的出现，人们能够利用这种高效、有力的武器，捕获较多动物，会经常有吃不完的剩余动物被当作活的储备品保留下来。经过喂养的幼兽能带来更多的肉食，或是繁殖更多的幼兽，于是人们开始尝试驯养动物，养畜业在此基础上发展起来。

最早被人类驯养的动物是狗。驯养狗的最初目的是帮助狩猎。在我国时代较早的新石器时代遗址中普遍发现了狗骨。磁山遗址的狗骨为数不少，而且大都破碎，并有烧过的痕迹，这说明养狗除了助猎外，还供食用。磁山遗址中还发现了猪和鸡的遗骨，猪骨体现的个体都比较幼小，鸡骨则是迄今为止人类最早喂养家鸡的例证。①

仰韶文化的养畜业相比裴李岗、磁山文化有了新的发展。当时主要的家畜仍是猪和狗。半坡的狗骨已经与华北狼有了很大区别，而猪骨则与野猪区别不大。但是半坡遗址中狗骨数量已远不及猪骨，表明猪作为最主要家畜的地位已经在仰韶文化时期确立了。此外，马、羊、牛和鸡骨都有出土。至于家畜的饲养方式，从半坡出土的牲畜栏圈可以看出圈养已经出现。然而从总体上看，仰韶文化的养畜业不很发达，猪狗的骨骼都体现未成年的幼体，足见它们尚未成年就被宰食。

这一时期长江流域的家畜饲养业也处在较低的水平上。河姆渡遗址出土的全部猪骨标本中，幼年个体占54%，与半坡遗址都属人工饲养的早期。② 长江流域家畜的种类仍然主要是狗和猪，还有带有南方水乡特色的水牛。

黄河流域的养畜业在新石器时代晚期有了显著的发展。首先，家畜的种类增多。除了猪、狗、鸡以外，还饲养了牛、羊、马，后来所谓的“六畜”，当时已经齐全。其次，饲养技术有了提高。山东曲阜西夏侯大汶口文化遗址中出土了三个猪头，都是公猪。一个在一岁半以下，但已属青年期，另两个在一岁半以上，属成年期。三头猪都饲养得相当肥大，可能是作种猪用的，说明人们已经开始进行猪

---

① 参见周本雄《河北武山磁山遗址的动物骨骼》，载《考古学报》1981年第3期。

② 参见钟遐《从河姆渡出土的猪骨和陶猪试论养猪的起源》，载《文物》1976年第8期。

的人工繁殖。[①] 山东泰安大汶口墓地中用以随葬的猪骨，多数是成年母猪，与半坡遗址的大量幼猪也有很大不同。最能体现养畜业发展的是家畜数量的增加。在陕县庙底沟遗址 26 个龙山文化窑穴中发现的家畜骨骼，远远超出同地仰韶文化窑穴出土家畜骨骸的总和。齐家文化墓葬中发现了以猪下颚骨随葬的现象，少的 2 个，多的达 68 个。[②] 大汶口文化遗址中有 1/3 以上的墓地用猪随葬，有的用下颚骨，有的用猪蹄，大多数是用猪头随葬，少则 1 个，多者达 14 个。随葬的猪骨既然达到如此数量，必有相当规模的猪群的存在。这一时期以猪为题材的陶塑和石雕艺术品大大增加，如大汶口墓地的猪形器、曲阜尼山的陶猪等，造型精美，也从侧面反映了养猪业的发展。

最早的家畜饲养业是原始农业的一部分。由于农业不甚发达，能够提供给牲畜的饲料有限，所以牲畜经常在还很幼小时就被杀掉食用，畜群规模极小。妇女在进行农业生产的同时，就可以照管和饲养。随着农业的发展，提供给牲畜的饲料越来越多，畜群规模逐渐扩大，必然要有专人从事各种牲畜的饲养和照管，促使它们成活和繁殖，来稳定和发展畜产品，保证经常性食用的需要。在大汶口文化遗址中出土了一种陶制背水壶，它的双耳偏向外边，贴身一面器腹扁平，可以系绳挂在身上以备远行饮水之用。这种壶随葬数目少的一两个，多的达到十几个。牲畜的饲养有舍饲（圈养）和放牧两种形式。在当时狩猎活动已经逐渐减少的情况下，水壶极有可能是在放牧畜群时应用。[③] 专人放牧说明在氏族、部落经济的内部，养畜业已成为重要组成部分。

就部落经济共同体内部而言，农业和养畜业是一种劳动分工，当它们各自独立发展起来之后，就可能成为社会劳动分工，即成为各自独立的社会生产部门。[④] 在我国黄河流域，养畜业始终未能从农业中分离出来成为独立的社会生产部门。在自然条件更适宜于牧养牲畜的草原地区，如河套地区、内蒙古东南部辽河上游西喇木伦河、老哈河流域，养畜业逐步与农业分离，并超过农业成为当地的主要社会生产部门。专门从事畜牧业的游牧部落，在夏代出现在黄河上游和北方地区。因此，我国古代第一次社会大分工直到夏代才大致完成。

① 参见高广仁、任式楠《山东曲阜西夏侯遗址第一次发掘报告》，载《考古学报》1964 年第 2 期。

② 参见《临夏大何庄、秦魏家两处齐家文化遗址发掘报告》，载《考古》1960 年第 3 期。

③ 参见刘敦愿《试论黄河流域新石器时代晚期畜牧业的作用》，载《山东大学学报》1962 年第 4 期。

④ 参见田昌五《中国古代社会发展史论》，齐鲁书社 1992 年版，第 98 页。

二、第二次社会大分工

第二次社会大分工是指手工业从农业中分离出来成为一种独立的社会生产部门。

能够制造和使用工具是人和动物的根本区别。工具的制造属于手工业范围。从这个意义上讲，手工业是与人类同时产生的，是原始经济的重要组成部分。

最早产生的手工业是石器制造和木器制造，经过简单加工的石器和木棒是人类最早的手工业制品。在采猎经济时代，人类最有代表性的手工业制品是弓箭。弓箭是一种复合工具，结构复杂，“发明这些工具需要有长期积累的经验和较发达的智力，因而也要同时熟悉其他许多发明”[①]。弓箭的发明是原始手工业发展的一大进步。

原始手工业获得较大发展是在农业产生以后。一方面，农业的不断发展，增加了粮食产量，为一部分人脱离或部分脱离农业生产从事其他生产活动，奠定了物质基础；另一方面，人类的定居生活使社会生活内容日益丰富。为了满足衣、食、住和其他生产生活需要，人们要求制造种类更多、数量更大、质量更高的生产和生活用品。在这种需求的刺激下，手工业开始兴起。纺织、制陶、建筑等都是随农业的产生而出现的手工业部门。在古史传说中，“神农耕而作陶”[②]。人们也是在神农氏时代才“耕而食，织而衣”[③]。传统的手工业如制石、制木、制骨、编织等也都有了较大的发展。到原始社会中后期，经过长期的生产实践，手工业者积累了丰富的经验，技术水平有了相当的提高，手工业品的质量大为提高，当时较为重要的手工业都出现了专业化倾向。

首先是制石业和制骨业。制石业是最古老的手工业之一。石器制造技术的进步是手工业发展的首要体现。人类最早是采用打制的方法制造石器，这种石器极为简单粗糙。后来采用磨制的方法，石器制作逐渐趋于精细。裴李岗、磁山遗址的磨制石器还比较粗糙，仰韶文化和龙山文化遗址中的石器则显示出高超的工艺水平。主要表现在：石器器身较薄，类型分明，形制规整，刃口锋利，孔眼钻磨匀称，有的还进行了抛光处理。同时，石器的种类也有所增加，出现钻、锤、凿等新式工具。

随着农业生产的发展，耕地面积不断扩大，对石制农具的需求量猛增，尤其

---

① 《马克思恩格斯选集》第4卷，人民出版社1972年版，第18页。

② 《太平御览》卷八三三引《周书》。

③ 《庄子·盗跖》。

是随着氏族部落战争的增多，石镞的消耗量大增。因此，无论从生产技术上，还是从生产规模上看，一部分石器生产已经开始成为专业化和专门化的生产。

玉石制器业是制石业的一个重要分支。由于玉石硬度大，比较脆弱，其制作需要有相当熟练的技术。从出土的玉琮、玉环等玉器看，制作十分细致，只能是出自专业的玉工之手。玉器一般不直接用于生产，而是当作高级装饰品和祭器，用于交换，因此玉器制造业是一种专门化的商品生产。

骨制生产中的牙雕、骨雕等与制玉业一样，也是与农业分离的专门化商品生产。

其次是制陶业。陶器制造是新石器时代最具特色的手工业。为了适应定居生活，人们需要应用炊具、食具、汲水器、盛器等器皿，经过各种尝试，人们终于发明了陶器。最初的陶器都用手制，厚薄不均。露天烧制，火候较低，陶器质量很差。仰韶文化时期，制陶业进入成熟阶段。人们已经能根据用途的不同处理陶土，陶坯一般为手制，采用泥条盘筑法，部分陶器出现了慢轮修整的痕迹，说明陶器开始进入轮制阶段。陶器上还要画上彩绘才入窑烧制。陶窑的温度可达950℃～1050℃[①]。这样，陶器不仅质量较高，还具有较高的艺术价值。彩陶已成为仰韶文化的特征之一。

龙山文化时期，制陶业高度发展。制陶技术相当成熟。其一，普遍采用快轮制陶法。这样制成的陶器形状规则，厚度均匀，整体连贯。其二，陶窑结构改进，加强了火力，又使室内受热均匀，可烧制成黑色、灰色的陶器。“蛋壳黑陶”是这一时期最高工艺的代表。其三，陶器种类增多，可满足各种生活需要，且纹饰和形制优美，制作精致。其四，陶土用料范围扩大，用坩子土和高岭土烧制的白陶和原始瓷器都出现了。快轮制陶能够大批量地生产，显然不是只为了自身消费；制作技术复杂，非专业化陶工是无法生产的。如此发达的制陶业，没有专门的社会分工是不行的，制陶业甚少有一部分已成为专门化的商品生产。

再次是冶铜业。古史传说中的铜器应用较早，夏禹就曾收“九牧”所贡之铜铸九鼎，再早的则有蚩尤“以金作兵”[②]。考古发掘证实了这些传说的可靠性。陕西临潼姜寨遗址发现的黄铜片是我国已知最早的铜器，距今6000多年[③]。甘肃东乡林家遗址出土了最早的青铜刀和铜器碎片，距今5000年左右[④]。从仰韶

① 参见周仁等《我国黄河流域新石器时代和殷周时代制陶工艺的科学总结》，载《考古学报》1964年第1期。

② 《世本》、《山海经·大荒北经》。

③ 参见巩启明《姜寨遗址考古发掘的主要收获及其意义》，载《人文杂志》1981年第4期。

④ 参见甘肃省博物馆《甘肃省文物考古工作三十年》，载《文物考古工作三十年》，文物出版社1979年版。

文化晚期到龙山文化时期，出土的铜器逐步增多，有小刀、锥、凿和环形装饰品等，说明铜器已进入人类生产生活的许多领域。冶铜最初可能是在开采矿石和烧制陶器的过程中偶然发现的。经过不断实践，人们最终掌握了从采矿、冶炼、铸造到修整的全套技术。冶铜业的技术要求高，生产者必须是脱离其他劳动，成为熟练掌握有关专业技术的专门生产者。从寻找矿床到加工成形的复杂工序也非一人所兼任，它要求生产者之间既要有一定的分工，又要有简单的协作。因此，冶铜业不可能以农业副业的形态出现，只能是成为一个独立的手工业部门。

总之，在原始社会末期，除了农业和畜牧业，还有制陶、制骨、制石、冶铜等各种手工业生产，"如此多样的活动，已经不能由同一个人来进行了，于是发生了第二次大分工：手工业和农业分离了"[①]。最早从农业中分离出的手工业有制陶、冶铜、制石、制玉、制骨等生产部门。

夏商西周时期，随着农业和畜牧业的发展，手工业与农业的分工进一步扩大，越来越多的手工业部门从农业中分离出来，成为独立的生产部门。在商代的郑州商城遗址和殷墟遗址中，发现了大量精致的铜器、石器、玉器、骨器、陶器以及这些器具的加工作坊，说明商代冶铜、制骨、制玉、制陶等手工业已从农业中分离出来，成为独立的生产部门。同时，商代各手工业部门内部也有了一定程度的分工。周灭商后，曾俘虏了许多商朝的手工业者，如施氏（旗工）、樊氏（篱笆工）、陶氏（陶工）、索氏（绳工）、长勺氏、尾勺氏（酒器工）、终葵氏（椎工）、繁氏（马缨工）、锜氏（锉工或釜工）等，可见手工业门类之多，分工之细。西周的手工业分工更加细致，独立性更加明显。据《周礼·考工记》记载，当时共有30个工种，"凡攻木之工七，攻金之工六，攻皮之工五，设色之工五，刮摩之工五，搏埴之工二"。仅金工就有6种分工："筑氏执下齐，冶氏执上齐，凫氏为声，㮚氏为量，段氏为镈器，桃氏为刃。"当然实际的工种绝不止这30种。

商周的手工业是由国家经营的奴隶制官营手工业，商代设有"多工"、"尹工"、"司工"等工官，管理各类手工业，各类手工业者总称"百工"。西周实行"工商食官"[②]制度，"处工就官府"[③]，专业手工业者绝大多数属官营经济。在国家统一安排下，官营经济中的手工业社会分工、手工业内部分工与协作达到了比较高的水平。但这种分工是社会各部门劳动力由奴隶制国家有计划地统一安排的。西周"凡民自七尺以上属诸三官，农攻粟，工攻器，贾攻货"[④]，形成"庶人、工、商

---

① 《马克思恩格斯选集》第4卷，人民出版社1972年版，第159页。

② 《国语·晋语》。

③ 《国语·齐语》。

④ 《吕氏春秋·上农》。

各守其业，以供其上”[①]的格局。不仅如此，工商劳动都是世袭职业，所谓“工之子恒为工”、“商之子恒为商”[②]。虽然也存在着制造“檿弧箕服”自行出卖的小的自由手工业者，但他们的手工业生产规模极小，在社会经济中无足轻重。因此，此时的第二次社会大分工在深度和广度上都深受限制，没有充分展开。

春秋战国时期，随着铁器的应用，社会生产力迅速提高，为手工业的更广阔发展奠定了基础。“工商食官”制解体以后，食官工匠纷纷独立，靠自己的技艺从事手工业生产与销售。《论语·子张》说：“百工居肆，以成其事。”“肆”可能就是指手工工场兼商店的制卖所，“百工”可能已是新兴的自由手工业者。[③] 他们的生产门类广泛，从舟车、用具，到鞋子、成衣，甚至还有假脚，都由他们生产和销售。战国时代手工业的生产门类更为广泛，从织席贩履，到引车卖浆者无所不包。《墨子·节用中》所云“凡天下群百工，轮、车、鞼、匏、陶、冶、梓匠，使各从事其所能”，指的就是各类自由手工业者。因此，无论从自由手工业者群体的规模还是手工业生产门类的繁多，都可以看出春秋战国时期手工业作为独立生产部门的发展。《孟子·滕文公上》说：“百工之事，固不可耕且为也。”可见当时的手工业与农业社会分工的扩大程度。第二次社会大分工也就是在这时才大为加深加广。

三、第三次社会大分工

第三次社会大分工是指商业与农业、手工业的分工。它的标志是出现一个不从事生产而只从事产品交换的群体——商人。

在人类发展的早期阶段，人们以采集和狩猎为生，没有剩余产品用以交换。随着农业的兴起和发展，产品偶有剩余，也会有偶然的、个别的物物交换。在原始社会末期随着农业生产力的提高和社会分工的发展，加上由于自然环境差异导致的产品地域性差异，交换越来越频繁。原始社会末期的遗址中经常会发现来自外地的产品。如大汶口10号墓是该墓地唯一用绿松石饰物随葬的墓葬，说明当地绿松石极少，当是通过交换得来的珍贵之物。第二次社会大分工后，出现了以交换为目的的生产，如玉器通常是贵族和富人的高级装饰品或祭器，很少用于生产，玉器的生产就是一种以交换为目的的商品生产。这样，随着生产、私有制和分工的发展，商品交换日益扩大，个人与个人之间、地区与地区之间的交换都有一定的发展。《易经·系辞下》中记载：“神农氏作……日中为市，致天下之

---

① 《国语·周语》。

② 《国语·齐语》。

③ 参见童书业《中国手工业商业发展史》，齐鲁书社1981年版，第24页。

民，聚天下之货，交易而退，各得其所。”反映的正是这种情况。随着交换的发展，物物交换已不能满足需要，原始货币也就应运而生。青海乐都柳湾遗址曾出土了4枚海贝。青海地区远离海滨，这种深入内地的海贝显然是与外地交换来的。齐家文化遗址中还出现了1枚仿海贝的石贝，这种石贝已带有等价符号的性质。[①] 在甘肃、青海稍晚的文化遗址中，海贝、骨贝、玉贝都有发现，它们显然就是商品交换的特殊等价物，即早期货币。

社会分工的发展和交换的扩大，必然导致专门从事商品交换活动的商人的出现和商业的发展。我国古代比较正式的商业出现在商代。商人、商旅、商品、商业等名词的来源都与商朝有关。

商代从事交换的人主要有两类。

一类是奴隶管家——小臣和他们率领下的商业奴隶。中国古代的交换活动从一开始就具有官营的色彩。最初的产品交换不是在个人之间，而是在氏族、部落之间进行。由氏族、部落的首领代表本氏族、部落组织交易。古史传说也证实了这种情况的可靠性，如舜“顿丘买贵，于是贩于顿丘，传虚卖贱，于是债于传虚”[②]。商族人的祖先王亥也曾亲自驾着牛车到黄河北岸经营贸易。由于这种贸易活动是贵族们发财致富的手段，他们不会轻易让其他人经营。至于氏族部落的成员，由于没有多少剩余产品用以交换，他们不可能脱离生产而专门从事交换活动。因而，私人经营交换的独立自由商人还未曾分化出来。这样，在向奴隶制过渡中，繁多的产品交换仍然由氏族、部落首领转化来的奴隶主贵族掌握。由于商品交流地区的日益扩大，经商的距离越发辽远，经常是往返“七日来复”[③]，有的更是“夫征不复，妇孕不育”[④]，时间长达数年之久。这样，贸易活动就不再由奴隶主亲自主持，而是由奴隶管家——小臣率领官府的商业奴隶来完成。《卜辞》中的“贞：契牛五十”，就是奴隶一次牵五十头牛驮着货物去做生意。他们已脱离生产，专门从事交换活动，从某种程度上可以算是专业商人了，但这绝不是真正意义上的独立自由商人。

另一类是自由平民。《尚书·酒诰》曾提到：“其艺黍稷，奔走事厥考厥长。肇牵车牛远服贾，用孝养厥父母。”可见农民在农闲时还兼做生意用以养家糊口。城市中的市肆中也有许多往来做买卖的人。传说“胶鬲举于鱼盐之中”[⑤]，胶鬲

---

① 参见青海省文物管理处考古队、北京大学历史系考古专业《青海乐都柳湾原始社会墓葬第一次发掘的初步收获》，载《文物》1976年第1期。

② 《尸子》。

③ 《易经·复》。

④ 《易经·渐》。

⑤ 《孟子·告子下》。

可能就是鱼盐贩卖者。又如姜太公吕望曾“负贩于朝歌”[1]，还曾“屠牛”、“卖食”，经营小店铺。这些自由平民多数并不脱离生产，而是把做买卖当成兼营副业，他们还不属于独立自由商人。当然也应当有少数自由平民以从事交换为业，他们是真正意义上的“自由商人”，他们的出现是第三次社会大分工的萌芽，但他们的经营规模很小，在整个商品交换中所占比重不大。

西周时期工商业全部官营。西周的商人与手工业者一样，都隶属于官府。“凡民自七尺以上属诸三官，农攻粟，工攻器，贾攻货。”[2]这就是“工商食官”制度。韦昭曾注：“工，百工；商，官贾也。《周礼》：‘府藏皆有贾人，以知物价。’食官，官禀之。”就是说商人是由政府控制的，商人的职能是“通其财”，但其地位却是在庶人与手工业者之后，甚为低贱。

西周除官营商业外，也还有私人经营商业。《易经·旅》说：“旅即次，怀其资，得童仆贞。”“旅于处，得其资斧。”这些卦辞提到携带资财的旅人可能是私人经商的小商人。据说周文王就曾鼓励外来的商人，要他们“所至如归”，“朝暮”都可贸易。[3] 周宣王时也有出售“檿弧箕服”[4]的夫妇，他们可能是小手工生产者兼小商人，此外还有许多从事各种小买卖的“贩夫贩妇”。尽管这些私商力量弱小，但他们代表着商业发展的方向。

由于殷周时期商品经济的发展，至少在殷商时代，作为一般等价物的货币已经登上历史舞台。商代的货币以海贝、骨贝或铜贝、玉贝为主。据考古资料，商代以贝殉葬相当普遍，少则一二枚，多者几十枚至数千枚。这些贝大都是作为货币而存在的，以朋为单位。西周时期，贝的应用更为广泛。金文中赐贝的记载屡见不鲜，数目从 10 朋至 50 朋不等。此外，还出现了以寽为单位的金属称量货币，西周铭文中赐金或罚金的数目在 5 寽～300 寽之间不等[5]。尽管如此，殷周时期的商品经济发展还是十分有限的。由于实行“工商食官”的政策，手工业的产品绝大部分是为了满足奴隶主贵族和国家军政需要，能用来同庶人、国人交换的普通商品少之又少。而以获利为目的，为市场而生产的独立手工业者和独立的自由商人阶层尚未兴起。所以这时的商品经济不太发达，“氓之蚩蚩，抱布贸丝”[6]，这种以物易物方式还是市场交易的主要特点。因此，殷周时期商品经济在整个社会经济中所占比重还不是很大。

---

① 桓宽：《盐铁论·颂贤》。

② 《吕氏春秋·上农》。

③ 《逸周书·大匡》。

④ 《国语·郑语》。

⑤ 参见郭沫若《两周金文辞大系图录考释》，科学出版社 1957 年版。

⑥ 《诗经·卫风·氓》。

春秋时期，在社会激烈变革中，身份自由、独立经营的商人阶层开始登上历史舞台。早在西周末年，商贾经营的巨额利润就令那些奴隶主贵族羡慕不已。《诗·大雅·瞻卬》说："如贾三倍，君子是识。"所谓"君子"的贵族投机做生意的大有人在。进入春秋时期，贵族经商之事更是层出不穷。各国中的官僚也有不少人亦仕亦商。如孔子的学生子贡，"好废举，与时转货赀"，"废著鬻财于曹鲁之间"[①]。范蠡，"以为陶天下之中，诸侯四通，货物所交易也。乃治产积居，与时逐而不责于人。……十九年之中三致千金"[②]。这些贵族商人是独立自由商人的重要组成部分。广大的中小商人或经营贩运土特产，或于市中经营小店铺，也有成为富商巨贾的例子。如晋大夫荀罃为楚囚，"郑贾人有将置诸褚中以出。既谋之，未行，而楚人归之。贾人如晋，荀罃善视之，如实出己。贾人曰：'吾无其功，敢有其实乎？吾小人，不可以厚诬君子。'遂适齐"[③]。这个郑国商人自称"小人"，其身份当不是贵族，而只是自由商人。从这个故事中也可看出他经商的足迹遍布全国。白圭更是此时期自由商人的典型。史载他"乐观时变"，擅长经营，采取"人弃我取，人取我与"的经营策略，加上"趋时若猛兽鸷鸟之发"的果断，遂成为一名成功商人，"天下言治生祖白圭"[④]。"工商食宫"制度解体后，官营商贾纷纷从官府中解脱出来成为独立手工业者和独立自由商人。由食官工匠转化成的独立小手工业者，也兼有商人的身份，也是独立自由商人的重要组成部分。

出于各种国内外政治斗争的需要，当时许多国家对私营工商业采取了较为宽容的政策。如卫文公"通商、惠工"[⑤]的政策，晋文公"轻关易道，通商宽农"的政策等[⑥]。这些政策为独立自由商人的活动提供了条件。

独立自由商人作为一支重要的社会力量，社会地位也不断提高。他们凭借巨大财富，交结王侯。如晋国"绛之富商……能金玉其车，交错其服，能行诸侯之贿"[⑦]；孔子的弟子子贡"结驷连骑，束帛之币，以聘享诸侯"[⑧]。因此，商人阶层已成为一股政治势力，各国政府都不得不予以重视。如郑国政府与商人"世有盟誓"，"尔无我叛，我无强贾，毋或匄夺。尔有利市宝贿，我勿与知"[⑨]。还有许多商人做了各国高官。如管仲在执政前就是一个小商贩，子贡"常相鲁卫"，总揽秦

① 《史记·仲尼弟子列传》、《史记·货殖列传》。

② 《史记·货殖列传》。

③ 《左传·成公三年》。

④ 《史记·货殖列传》。

⑤ 《左传·闵公二年》。

⑥ 《国语·晋语四》。

⑦ 《国语·晋语八》。

⑧ 《史记·货殖列传》。

⑨ 《左传·昭公十六年》。

国大权的吕不韦也曾是大商人。商官合一,足见商人地位之高。

独立自由商人阶层的出现,推动了春秋时期商业繁盛,也表明了早在商代就已开始的第三次社会大分工,此时已全面展开。

四、三次社会大分工的特点

中国古代传统经济结构的形成,与三次社会大分工的历程有着密切联系。只有了解三次社会大分工的特点,才能真正把握中国传统经济结构的特点。

中国历史上的社会大分工有两个特点:

1. 持续时间长

以第一次社会大分工而言,农业和养畜业在氏族、部落内部的分工较早,但作为一种社会经济部门的牧畜业与以农业为主的社会经济相分离,相对来说是比较晚的。[①] 专门从事畜牧业的游牧民族在我国直到夏代才在黄河上游和北方地区形成,这时中原广大地区已开始进入奴隶社会。手工业与农业的分工在原始社会末期就已开始,但直到春秋战国时期才大为加深加广。商业的萌芽至少在商代就已出现,但直到春秋时期才形成了真正的独立自由商人阶层。

总之,三次社会大分工尽管发生较早,却持续了很长时间,其下限在春秋战国时期。

2. 分工不彻底

以农业和畜牧业的分工而言,广大的中原地区既没有单纯从事畜牧业的游牧部落,也没有单纯从事农业而畜牧业极弱的农业部落。农业和畜牧业相结合是当时黄河流域经济的特点,家畜的饲养是农业的重要副业,这种情况在中原地区一直未有改变。

从手工业与农业的分工看,分工的不彻底表现在两个方面:其一,独立手工业发育不完善。早在龙山文化时期个体专业工匠就已出现。河北涧沟遗址两座分散的陶窑已属个体家庭私有[②]。湖北郧县青龙泉遗址中有属于个体家庭的小型制石场[③]。赤峰县香炉山丰下文化遗址发现的经过切锯的骨料和骨器半成品,反映出房主是从事制骨业的[④]。这些新兴的个体工匠的墓葬中随葬品不仅多,而且相对贵重,反映出他们的财富和地位。最早从农业中分离出的手工业部门中,多数是为贵族和氏族部落公共事务服务的。如精美的骨器、牙雕、玉石是

---

① 参见田昌五《中国古代社会发展史论》,齐鲁书社 1992 年版,第 98 页。

② 参见北京大学、河北文物局邯郸考古队《1957 年邯郸发掘简报》,载《考古》1959 年第 10 期。

③ 参见长办文物考古队直属工作队《一九五八年至一九六一年湖北郧县和均县发掘报告》,载《考古》1961 年第 10 期。

④ 参见辽宁省文物干部培训班《辽宁北票丰下遗址 1972 年春发掘简报》,载《考古》1976 年第 3 期。

专为贵族生产的，铜器、石箭头是为部落公共事务生产的。从事这些手工业的工匠通常是氏族部落中地位较高的家庭，有的甚至就是氏族部落首领。传说“舜耕于历山，陶于河滨”，“东夷之陶者器苦窳，舜往陶焉，期年而器牢”[①]。可见舜制陶工艺之高。因此最初的手工业一开始就带有氏族工业的特点，为某些贵族和氏族部落首领垄断。进入奴隶社会后，这种手工业转化成官营手工业，由手工业奴隶进行生产。官营手工业部门门类多样，各生产部门内部分工细致，但这种分工是国家有计划的分工，官营手工业产品也多是为国家和奴隶主贵族服务，很少有产品为农业服务，这样就人为地割裂了农业与手工业和商业的联系。这是一种畸形的分工，真正的独立手工业者则极少。

其二，家庭手工业发达。既然氏族手工业和官营手工业产品与农业生产没有太多的联系，独立手工业者又相对缺乏，许多手工业生产保留在了个体家庭之中，氏族成员和平民在农耕之余，兼作纺织和简单的石器、骨器和木器的制造，这些手工业都未能完全与农业分离，成为独立的手工业部门。

此外，在“工商食官”的官营工商业体制下，独立自由商人阶层的发育也是缓慢且不完善的。

总之，中国古代三次社会分工不但持续时间长，而且分工不彻底，这种特点深刻地影响了春秋战国时期封建社会经济结构的形成。

第三节　中国古代经济结构的形成

马克思说：“人们在自己生活的社会生产中发生一定的、必然的、不以他们的意志为转移的关系，即同他们的物质生产力的一定发展阶段相适合的生产关系。这些生产关系的总和构成社会的经济结构。”[②]因此，社会经济结构就是生产关系诸要素以及它们之间的相互联系和相互作用的内在形式和方式[③]。小农经济结构和城市工商业经济结构是我国封建社会经济结构的主要组成部分，它们的形成与发展深刻影响了中国古代经济的历史进程。

一、农业经济结构的形成

从春秋战国到近代，男耕女织的综合型的小农经济一直是我国封建社会经

---

① 《韩非子·难一》。

② 《马克思恩格斯选集》第2卷，人民出版社1972年版，第82页。

③ 参见刘永成、赫治清《略论中国封建经济结构》，载《中国封建社会经济结构研究》，中国社会科学出版社1985年版。

济结构的重要组成部分，对我国封建社会的政治、经济、文化产生了深远影响。

我国历史上的小农经济包含了三种农民，即自耕农、租佃农和依附农民，其中以自耕农和佃农为主。上述三种农民所从事的以小土地经营为基础的综合型的经济形态就是小农经济。

小农经济是在春秋战国之际形成的。春秋时期，铁制生产工具逐步应用于农业生产。管仲曾说："今铁官之数曰，一女必有一针一刀，若其事立；耕者必有一耒一耜一铫，若其事业；行服连轺辇者，必有一斤一锯一锥一凿，若其事立。"[①]反映出铁制工具的应用已相当普遍。铁制农具的使用，使一家一户为一个生产单位的个体经营方式成为可能。商周时代农业的集体经营逐渐被个体经营取代，这就为小土地私有制的出现提供了条件。伴随井田制的瓦解和土地私有制的产生，一部分奴隶和平民接受国家的授田并获得了对自耕份地的私有权，成为最早的自耕农。某些新兴地主也改变剥削方式，把自己的私有土地划分成小块，招徕逃亡奴隶和破产平民耕种，从中收取地租。这些逃亡奴隶和破产平民成为最早的租佃农。此外，"隐民"、"私属徒"之类的奴隶也随封建生产关系的滋长转化成为依附农民。自耕农拥有一小块土地和其他生产资料，可以独立地经营农业和家庭手工业。租佃农和依附农民也拥有属于自己的生产工具，可以单独地经营农业和家庭手工业。他们都是以一家一户为生产单位的个体小生产者。春秋中叶齐桓公推行的"相地而衰征"[②]、鲁宣公推行的"初税亩"[③]等，正反映了铁农具产生以后，以一家一户为一个生产单位的个体生产的大量出现，迫使统治阶级不得不作出剥削方式的相应改变。

商鞅变法，废井田，开阡陌，土地可以买卖，确立了封建土地私有制，封建国家土地国有制成分逐渐减少。封建土地私有制包括地主土地所有制和自耕农土地所有制。随着地主土地所有制的发展，出现了"田连阡陌"的现象，但这些大地产未能形成西欧式的封建庄园经营，而是分割成小块土地由农民佃耕，地主则收取"见税什五"的地租。地主经济的发展实质上就是租佃关系和租佃农的发展。同时，在奖励垦荒、培植自耕农的政策下，大量逃亡农民、庶人、家内奴隶等转化成为拥有土地所有权的自耕农，自耕农经济亦有较大发展。因此，小农经济在战国时期即开始确立并走向繁荣。

我国封建社会的小农经济有三个显著特点：

---

① 《管子·海王》。

② 《国语·齐语》。

③ 《左传·宣公十五年》。

1. 小农经济是一种小土地经营

无论是租佃农还是自耕农，都是以一家一户为单位的小规模土地经营。西欧中世纪的农户生产规模较大，如法国的农户每份地标准是 13 公顷，折合 195 市亩；英国中世纪早期大家庭的份地有 120 英亩，相当于 730 市亩，农奴的份地也有 30 英亩，折合 180 市亩。[①] 与此相比，中国小农经济的生产规模过小。以自耕农而言，“百亩之田”（相当于今 31 市亩），几乎是战国秦汉时期生产规模的标准。孟子所描述的理想的小农生活就是“五亩之宅，树之以桑，五十者可以衣帛矣，鸡豚狗彘之畜，无失其时，七十者可以食肉矣，百亩之田，勿夺其时，数口之家可以无饥矣”[②]。李悝描述的小农经济生活则是“一夫挟五口，治田百亩，岁收亩一石半，为粟百五十石”[③]。及至西汉，晁错也说：“今农夫五口之家，其服役者不下二人，其能耕者不过百亩。”[④]可见，一家一户经营一百亩土地是最普遍的经营规模。但是，随着土地兼并的发展，自耕农并不能保证拥有“百亩之田”，他们拥有的土地多在数十亩左右。至于租佃农从地主手中租来耕种的土地，因受生产能力的限制，也不会超过自耕农的土地规模。可见，小农经济是一种小土地经营。

2. 小农经济是一种不完全的自给自足经营

小农业经营与家庭手工业经营的结合，是小农经济经营的重要特征。也就是说，小农将粮食与衣服这两大需要的生产紧密地结合在个体家庭经营中，“男耕女织”是这种结合的外在表现。

农民的小农业经营中，粮食生产是最基本的内容。李悝曾为农民算过一笔账：“今一夫挟五口，治田百亩，岁收亩一石半，为粟百五十石，除十一之税十五石，余百三十五石。食，人月一石半，五人终岁为粟九十石，余有四十五石。石三十为钱千三百五十，除社闾尝新、春秋之祠，用钱三百，余千五十。衣，人率用钱三百，五人终岁用千五百，不足四百五十。不幸疾病死丧之费，及上赋敛，又未与此。”[⑤]据此可知，粮食收入无法满足农民的生活支出，经常造成亏空。在这种情况下，农民必然要将一部分劳动投入到农业生产以外的副业生产中去。农民的副业经营大致包括三项：

其一是桑麻纺织业。这是“男耕女织”的一个重要组成部分，是农户最主要的副业生产。政府对个体农户的耕织结合是大力倡导的。如《六韬·农器》中设

---

① 参见马克垚《西欧封建经济形态研究》，人民出版社 1985 年版，第 157 页。

② 《孟子·梁惠王上》。

③ 《汉书·食货志》。

④ 《汉书·食货志》。

⑤ 《汉书·食货志》。

想:“丈夫治田有亩数,妇人织纴有尺度。”商鞅变法时规定“戮力本业,耕织致粟帛多者复其身”,第一次将耕织作为农民的本业。尉缭则认为:“夫在耘耨,妻在机杼,民无二事,则有储蓄。……春夏夫出于南亩,秋冬女练布帛,则民不困。”① 各国政府对农民征收“布缕之征”也是促进桑麻纺织经营的重要因素。所以,几乎每一户农家都从事桑麻纺织业生产。

其二是家畜饲养。这是农家生活的重要经济补充。《管子·禁藏》说:“糠秕六畜当十石。”《盐铁论·散不足》也说:“夫一家之肉,得中年之收,十五斗粟,当丁男半月之食。”所以从战国时期开始,政府就鼓励农畜的饲养。如“上家畜一豕、一狗,鸡一雄一雌。诸以令畜者,皆藏其本,赍其息,得用之”②。这简直就是藏畜于民。因此,人们将家畜饲养作为家庭经营的重要手段,农业生产往往是“五谷”、“桑麻”、“六畜”并称。

其三是园艺种植。农民还在自家庭院中种植蔬菜、瓜果等等。如《汉书·食货志》说:“菜茹有畦,瓜瓠果蓏,殖于疆场。”这也是农民的一项重要副业。

以上这些多种经营的收入,可占农家生产总收入的40%以上。③ 此外,农民还可能兼做雇工,兼从事手工业或商业等等。总之,农民的生产经营是多种多样的。这种小农业与家庭手工业的结合并未形成完全的自给自足的经济,而是形成了一种与商品市场有千丝万缕联系的半自给自足的小农经济。小土地经营的局限性是造成这一现象的直接原因。在有限的土地上,以有限的劳动力,不可能生产出生活与生产所必需的全部产品,做到真正自给自足。像食盐和铁制品以及其他日用手工制品的获取,都必须依赖市场,李悝就曾将买衣算作农民的日常支出之一。因此,农民的农副业产品总会有一部分进入流通领域。

造成小农经济与商品市场联系的原因还有独立手工业者的需要和政府的赋税政策。独立手工业者需要以自己的产品从农民手中换取某些生活必需品和原料;政府以货币缴纳的赋税也迫使农民将自己的产品投入市场。这样,农民的农业生产有相当的一部分内容是直接为了市场。甚至还有些农民专门从事副业生产,如种植瓜果、养猪或种植某些经济作物,他们更是完全为了市场而生产。因此小农业和家庭手工业相结合的小农经济中仍然存在着商品交换,它的自给自足是一种不完全的自给自足。

3. 小农经济是一种脆弱的经济结构

一般而言,规模很小的小农经济从事的生产基本上是简单再生产。除去缴

---

① 《尉缭子·治本》。

② 银雀山汉墓竹简整理小组:《银雀山竹书〈守法〉〈守令〉等十三篇》,载《文物》1985年第4期。

③ 参见李根蟠《对战国秦汉小农耕织结合程度的估计》,载《中国社会经济史研究》1996年第4期。

纳赋税和维持生活必需以外，农民的收入已所剩无几，能应用于扩大生产的更是少之又少，生产规模几乎总是保持在原有的水平上。薄弱的生产基础，贫乏的生产条件，使任何一点内在的或外在的破坏力量，都可以将它摧毁。马克思曾说："对小农民来说，只要死一头母牛，他就不能按原有的规模来重新开始他的再生产。"[①]

在封建社会中，导致小农经济破产的因素有以下几点：

(1)封建地主阶级的剥削，包括地主的地租剥削和国家的赋税徭役剥削。这种剥削一旦突破剩余劳动和必要劳动的界线，就意味着农民用以维持简单再生产的生产和生活资料的丧失，生产规模逐渐缩小直至破产。

(2)土地兼并。只要有土地买卖的存在，就会有土地兼并的发生。自耕农的小块土地是地主土地兼并的首要目标。"富者田连阡陌，穷者无立锥之地"[②]就是土地兼并的真实写照。

(3)商品货币影响。小农经济既然与市场有着千丝万缕的联系，无法独立于市场而生存，自然也就无法躲避商人资本和高利贷资本的盘剥。

农民被迫进入高利贷资本罗网的首要原因是为了应付国家的横征暴敛。《管子·治国》说："凡农者，月不足而岁有余者也，而上征暴急无时，则民倍贷以给上之征矣；耕耨者有时而泽必不足，则民倍贷以取庸矣。"第二个原因是为了维持生活和简单再生产。即使面对恶劣的生存环境，小农也总是千方百计地维持自己的再生产。《管子·问》云："人之贷粟米，有别券者几何家？"包山楚简的17条借贷文书，有11条是因无钱买种而借贷。[③] 对个体农民而言，高利贷是无法逃脱的天罗地网。"卖田宅、鬻子孙以偿责"[④]的惨象是中国封建社会常见的现象。

(4)天灾人祸。我国是一个自然灾害频繁的国家，"水旱频仍"、"饥馑荐臻"之类的记载充斥历代史书。"六岁一饥，十二岁一荒"[⑤]，简直成为规律。严重的灾情往往造成"人相食啖，白骨委积"[⑥]的惨状。自然灾害是超出人类控制能力的破坏力量，抵御自然灾害，必须依靠社会的集体力量，孤立分散的小农是无法单独胜任的。当统治阶级能够有效地组织人力物力帮助小农抵御灾害和恢复生产时，小农经济尚可勉强维持。一旦统治阶级乘机加重剥削，小农的破产就是不

---

① 马克思：《资本论》第3卷，人民出版社1975年版，第678页。

② 《汉书·食货志》。

③ 参见湖北省荆沙铁路考古队《包山楚简》，文物出版社1991年版。

④ 《汉书·食货志》。

⑤ 桓宽：《盐铁论·水旱》。

⑥ 《后汉书·献帝纪》。

可避免的，历代农民起义几乎都是以严重的自然灾害作背景的。此外，战争对社会经济的破坏也不亚于严重的自然灾害。

(5)人口的压力。小农有自己独立的经济，生产积极性较高。在生产工具落后的古代，劳动力就等于生产力，多生多育增加劳动力成为小农扩大生产的第一个选择。一定生产力水平下可供开垦的土地是有限的，人口的无限增加无疑会使农村中少地和无地的贫农增加，出现粮食供应不足、农民贫困破产的现象。

以上各种因素对小农经济的任何冲击都会造成小农生产规模的缩小，最终走向破产。可见小农经济是一种相当脆弱的经济结构。

总之，小农经济适应中国古代自然、社会的特定条件，将小农业与家庭手工业结合起来，通过精耕细作的小土地经营和多种多样的副业生产，推动了社会经济的繁荣。我国封建社会繁荣昌盛的时期无不得益于小农经济的发达。但小农经济自身的特点，使其易于遭到破坏，从而造成中国历史的起伏波动。

二、工商业经济结构的形成

"生产关系的总和构成社会的经济结构。"[①]手工业和商业的生产关系也包含在生产关系的总和之中，因此，工商业经济结构是我国封建社会经济结构的重要组成部分之一，它经战国、秦朝到西汉中期形成。

我国封建社会工商业的生产结构主要包括家庭工商业、官营工商业、私营工商业和个体工商业四种形式。家庭工商业包含在小土地经营与家庭手工业相结合的小农经济中，虽然与市场有着千丝万缕的联系，但始终是自然经济的组成部分。官营工商业是封建国家继承奴隶制国家"工商食官"传统的产物。官府建立专门机构和严密的管理制度直接经营工商业。官营手工业的生产目的是供应国家的军政需要和满足皇室、贵族的奢侈生活需要，其生产门类从衣物缝制到车辆兵器制造无所不包。官营手工业的工匠包括奴隶、刑徒以及服徭役的农民和工匠，还有少数雇佣工人。它的生产规模很大，又集中了全国各地的工匠，便于技术交流，因此某些产品极其精美。但由于生产者毫无人身自由，没有生产积极性，对手工业商业的发展在总的趋势上起到消极作用。官营手工业的产品除用于满足统治阶级本身的需要外，也将部分产品投放市场，进入流通领域，最典型的就是盐铁的经营。按西汉人的说法："夫盐，食肴之将……铁，田农之本……非编户齐民所能家作，必卬于市，虽贵数倍，不得不买。"[②]以盐铁为代表的官营手工业产品虽具有商品生产的外形，但并不具有商品生产的性质，与其说官府从中

① 《马克思恩格斯选集》第2卷，人民出版社1972年版，第82页。

② 《汉书·食货志》。

获得的是利润，还不如说是赋税。[①] 因此官营手工业不是真正的商品生产。

个体工商业者是指独立小手工业者和小商人。春秋时期，工商食官制度解体后，食官工匠和商人纷纷独立，成为靠自己技艺从事手工业生产的自由小手工业者和自由经商的小商人。战国时期，个体工商业有了较大发展。个体手工业者从事的行业广泛，诸如纺织、陶器、车辆、木器、鞋帽、食品、锻打，无所不包。他们的生产基本上是以家庭为单位，生产规模不大。个体手工业者多数在城市中有固定的家庭作坊，从事自产自销的经营，还有一些凭着技术和简单生产工具，流徙四方，就地取材，就地卖出，或沿街求雇，出卖技术。墨家学派的手工业者多属此类。广大的中小商人则主要经营短途贩卖，或在城中经营小店铺。个体工商业在我国封建社会中长期存在，但在工商业生产结构中只占很小的比重。

私营工商业是指大商人、大手工业主以及两者合一的大工商业主，此外还有从事商品性林业生产和畜牧业生产的大林业主和大牧业主。他们在春秋中后期开始兴起，到战国时蓬勃发展。私营工商业经营范围广大，司马迁在《史记·货殖列传》中说："通邑大都，酤一岁千酿，醯酱千瓨，浆千甔，屠牛、羊、彘千皮，贩谷粜千钟，薪稿千车，船长千丈，木千章，竹竿万个，其轺车百乘，牛车千两，木器髤者千枚，铜器千钧，素木铁器，若卮茜千石，马蹄躈千，牛千足，羊、彘千双……筋角、丹沙千斤……旃席千具，佗果菜千钟……此亦比千乘之家。"可见在各种生产领域中皆有私营工商业的身影。当然，矿冶、鱼盐是私营工商业主最易发财致富的生产领域。像猗顿"用盬盐起"；邯郸郭纵"以铁冶成业，与王者埒富"[②]。私营工商业的发展带动了战国时期商品经济的发达，但私营工商业的发展受国家政策的制约，在经历了西汉前期的迅猛发展后，在政府垄断工商业政策的打击下逐渐衰落。

中国封建社会的工商业经济有两个特点：

第一，官营工商业在工商业结构中比例巨大。战国时期，由于经济政策不同，各种工商业在各国工商业经济结构中的比重也不同。东方六国对山川林泽等自然资源限制较少，因而，私营工商业发达，像卓氏、孔氏、郭纵、猗顿之流的大工商业主都是东方六国之人。官营工商业的比重相对较少。秦国实行对山泽、矿产的管制，压制私营工商业，官营工商业比重较大。秦统一全国后，依然执行"上农除末"[③]的政策，"颛川泽之利，管山泽之饶"，对与国计民生有关的工商业实行垄断经营，私营工商业大受打击，官营工商业比重更大。秦朝末年，尤其是

---

① 参见胡如雷《中国封建社会形态研究》，三联书店1979年版，第188页。

② 《史记·货殖列传》。

③ 《史记·秦始皇本纪》。

西汉初年，政府“弛商贾之律”，“弛山林之禁”，私营工商业发展迅猛。在工商业利润的驱使下，舍本逐末的农民越来越多，严重影响了农业生产。富商大贾与诸侯王公的交往，助长了分裂割据势力。在此情况下，汉武帝实行了盐铁专卖和酒类专卖等一系列垄断工商业的政策，私营工商业逐渐衰落。此后的中国历代封建政府都有发达的官营工商业。

第二，中国封建社会的工商业从一开始，就是一种依附于城市的消费性工商业。这主要表现在两个方面：

其一，无论官营工商业还是私营工商业、个体工商业，它们都主要分布在城市中。根据考古发现，战国时期，官营手工业仍然占主导地位，从中央到地方的各级城市都发现大量的手工业作坊。产品上标着“相邦”、“守相”、“郡”、“县”等字样。私营手工业和个体手工业的作坊或店铺也多集中在城市中的固定地点。“凡建国（即建城），佐后立市，设其次，置其叙，正其肆，陈其货贿。”[①]孔子说：“百工居肆，以成其事。”[②]“肆”就是手工业者所居之地。手工工匠往往一边生产，一边销售。商业活动主要集中在城中的固定交易场所——“市”内。每个较大的城市都设置一个或一个以上的“市”，并有专门的“市吏”管理和征收市税。市中经营的商人都要有市籍。战国以后城乡进一步分离，工商业者成为城市经济的主角。

其二，工商业产品主要是为城市服务的消费品。中国封建社会的城市有着与西欧封建社会城市不同的特点。统治阶级的政治、军事需要是城市形成过程中最关键的因素。据《左传》记载，春秋时期筑城的原因主要有三种：其一是建立国都这样的政治中心；其二在战略要地筑城；其三是为某种特殊的政治目的筑城。[③] 战国城市兴起与春秋时期有着许多相似之处。因此，封建城市多是政治统治中心，城中的官署、宫殿、官宅占据了城市建筑的大部分。贵族、官僚、地主是城市中最主要的居民，当然他们还是城市消费的主力。官营手工业设置的本来目的就是为了满足皇室、贵族的奢侈生活需要。至于私营工商业者和个体工商业者，追逐利润是他们的生产目的，因此，他们除生产一些一般的生活用品外，都将大量的人力、物力和资金投入到奢侈消费品的生产中，这就是战国时所谓的“雕文刻镂、锦绣纂组”。商业也以贩运、销售各地的珍奇异宝土特产品为主。像“洞庭之鲋，东海之鲕，醴水之鱼……昆仑之苹……阳华之芸，云梦之芹，具区之

① 《周礼·天官·内宰》。

② 《论语·子张》。

③ 参见胡如雷《中国封建社会形态研究》，三联书店 1979 年版，第 246、247 页。

菁……阳朴之姜，招摇之桂，越骆之菌……大夏之盐”[①]，还有“夜光之璧”、“犀象之器”、“江南金锡”、“西蜀丹青”、“宛珠之簪”、“传玑之珥”、“阿缟之衣”、“锦绣之饰”[②]，都是各地著名的土特产。面向农村、为农民生产的工商业几乎没有。可见，我国封建社会的工商业主要是服务于城市，产品流向城市以满足城市消费。依附于城市，是我国封建社会工商业经济结构又一特点。它造成了工商业与农村商品交换关系的疏远，这是造成城乡对立的原因之一。

中国封建社会工商业的收入中，官营工商业的收入带有间接税的意味，私营工商业和个体工商业的收入则完全是利润。私营工商业和个体工商业的利润主要有四个流向：

(1)经营土地买卖。范蠡曾说：“阳且尽之发，亟发籴，以收田宅、牛马，积敛货财，聚棺木，以应阴之至也。此皆十倍者也。”[③]土地买卖是工商业利润的第一大流向。由于土地私有制尚在形成之中，这种现象在春秋战国时期还比较少见。降至两汉，“以末致财，用本守之”成为一种普遍现象。晁错曾经论述道：“商贾大者积贮倍息，小者坐列贩卖，操其奇赢，日游都市，乘上之急，所卖必倍。故其男不耕耘，女不蚕织，衣必文采，食必粱肉。亡农夫之苦，有阡陌之得。因其富厚，交通王侯，力过吏势，以利相倾。千里游敖，冠盖相望，乘坚策肥，履丝曳缟。此商人所以兼并农人，农人所以流亡者也。”[④]这真实地反映了工商业资本流向土地对小农经济的打击。

(2)经营货币借贷。工商业者发展生产的目的是为了追求财富，最简捷省力的增值方式就是放贷生息。战国秦汉时期经营工商业的利润一般在20%，即“什二之利”[⑤]。而高利贷利润则高得多。《管子·治国》称：“民倍贷以给上之征。”“倍贷”的利息率为100%。因此，一些富商大贾将放贷作为自己工商业利润的一大去向。鲁曹邴氏“以铁冶起，富至巨万……贳贷行贾遍郡国”[⑥]；范蠡“后年衰老而听子孙，子孙修业而息，遂致巨万”[⑦]。他们都是典型的经营高利贷的私营工商业主。

(3)用于消费。既包括家庭衣、食、住、行、用各方面的消费支出，也包括富商大贾奢侈生活的消费，还有一笔用来交结权贵、维持家庭社会地位的巨大开支。

---

① 《吕氏春秋·本味》。

② 《史记·李斯列传》。

③ 袁康：《越绝书》卷四《计倪内经》，贵州人民出版社1996年版。

④ 《汉书·食货志》。

⑤ 《史记·货殖列传》。

⑥ 《史记·货殖列传》。

⑦ 《史记·货殖列传》。

这些也消耗了工商业者一部分利润。

(4)用于扩大再生产。私营工商业和个体工商业生产的目的就是为了获取更多的利润。为此,他们会将一部分利润作为追加资本投入到工商业经营中,使生产不断扩大。司马迁曾说:“贩脂,辱处也,而雍伯千金”,“胃脯(卖羊肚),简微耳,蜀氏连骑”。[①] 那些原本生产规模极小的个体工商业者能发展成为私营大工商业主,依靠的就是不断追加资本,扩大生产。

总的看来,我国封建社会工商业利润尤其是商业利润最大的流向是土地和高利贷,并由此形成了一个商人、地主、高利贷者三位一体的商人地主阶层。工商业利润的这种流向,是工商业经济的又一特点,也是阻碍工商业发展的原因之一。

① 《史记·货殖列传》。

第三章

中国古代农业经济与农业生产技术的发展

第一节　农业生产技术的变革与春秋战国时代的农业经济

中国古代的农业技术变革是伴随着铁农具和牛耕的广泛应用而产生的。从考古文献及材料来看，春秋年间出现了铁农具和牛耕，至战国时期，铁农具已广泛应用，牛耕技术也有所推广，这一时期，可以说是中国古代农业技术的重大变革时期。从生产工具、耕作方式、耕作水平、水利事业到农业政策都步入了一个全新的时代，带动了农业经济的迅速发展。

一、铁农具的出现与普及

中国铁器的出现和使用是从商代开始的，但那时的铁是天然陨铁，铁器十分罕见。到了春秋时期，随着人工炼铁的发明，铁器的使用开始普遍起来。这是社会生产力发展到一个新的阶段的突出标志。《国语·齐语》中说道，春秋初期，齐国管仲曾向齐桓公提出了用铁铸造农具的建议："美金以铸剑戟，试诸狗马；恶金以铸钽、夷、斤、斸，试诸壤土。"这里的"美金"一般认为指青铜，"恶金"即指铁，因此"钽"、"夷"、"斤"、"斸"都是铁农具。《战国策·齐策》亦记载齐桓公时，"使曹沫释其三尺之剑，而操铫鎒，与农人居垅亩之中，则不若农夫"。"铫鎒"大概也是一种铁农具。此外，《左传·昭公二十九年》云："晋赵鞅、荀寅帅师城汝滨，遂赋晋国一鼓铁，以铸刑鼎，著范宣子所为刑书焉。"鼓为量名或衡名，此即指晋于都城内曾征收"一鼓铁"为军赋，用以著刑鼎。《吴越春秋·阖闾传》载，吴国"使童男童女三百人鼓橐装炭，金铁刀濡，遂以成剑"，则又说明了春秋时期冶铁规模的发展。

考古材料也证明了春秋时期冶铁业的发展及铁器的使用。在湖南长沙、江西九江、河南洛阳和江苏六合、陕西凤翔等地下发掘中，都发现了许多春秋中后期的铁制农具，尤其是1976年在长沙杨家山墓葬中曾出土了一柄钢剑，一件铁鼎、铁削，其中这柄钢剑含碳量在0.5%～0.6%之间，此乃我国目前出土最早的钢剑，剑身断面经过反复锻打[①]，说明了当时冶铁技术的提高。此外，湖南长沙春秋晚期墓葬中出土的“凹”字形铁口锄、铁片、铁削，有10多件，也证明了铁器作为工具在农业、手工业生产中的应用。

战国时期有关铁器的文献材料已较为丰富。《山海经》中所记载有明确地点的铁山共3690处[②]。《孟子·滕文公上》即云：“许子以釜甑爨，以铁耕乎?”而《管子·海王》则阐明了当时的农业生产条件：“今铁官之数曰：一女必有一针、一刀，若其事立；耕者必有一耒、一耜、一铫，若其事立；行服连轺辇者，必有一斤一锯一锥一凿，若其事立；不尔而成事者，天下无有。”可见这时期的农民必有一耜、一铫、一镰、一鎒、一椎、一铚，才能为农。

从考古材料上看，战国时期铁器遍布各个地区。北自辽东半岛，东自海滨，南至广东，西到陕西、四川，包括当时七国的主要地区，都有战国时期的铁器出土。出土的铁器所占比重几乎都在半数以上，如河北石家庄庆村赵国遗址出土的铁农具、辽宁抚顺莲花堡燕国遗址出土的铁农具等。这一时期的铁器主要有犁、铧、镬、锸、镰、斧、锄等农业生产工具。如河南辉县固围村战国墓出土了179件铁器，其中有锄36件，斧12件，犁4件，镰1件等。[③] 此外从河北易县燕下都22号遗址出土的铁器及河北兴隆寿王坟战国冶铸遗址出土的铁工具铸范，都可看出铁农具在农具中逐渐占据了主导地位。战国时各国的农民基本上都已使用铁农具生产，甚至有的国家还以法律加以保护。如《睡虎地秦墓竹简·厩苑律》载：“叚(假)铁器，销敝不胜而毁者，为用书，受勿责。”也就是说，农民没有铁器进行耕作，可向政府借用；借用的铁农具若受到损坏，也不必经受怒责，只需书写材料说明即可。

二、牛耕技术的使用及发展

在铁器出现的同时，农业生产上也出现了用牛来耕作的技术。《论语·雍也》有“犁牛之子骍且角”，把“犁”与“牛”并称，可见春秋时确已有牛耕。而《国语·晋语》里也记载，春秋末年范氏、中行氏的子孙逃到齐国，把原来用来祭祀宗庙的牛改用于耕地，即所谓“宗庙之牺为畎亩之勤”。而且，由于牛与耕的结合，

---

① 参见文物编辑委员会《文物考古工作三十年》，文物出版社1979年版，第312～313页。

② 《山海经·五藏山经》。

③ 参见中国科学院考古研究所《辉县发掘报告》，科学出版社1956年版。

也出现了人名字上牛与耕的相连，如孔子弟子中的冉耕，其字为伯牛，司马耕的字为子牛，晋国有姓牛名子耕的大夫等等，直接说明了牛与耕作的关系。此外，牛鼻穿环的记载也有力证明了牛用于耕作的现象。《吕氏春秋·本生》中就说到要想牛顺从（于耕作），就要“引其棬”，“棬”即牛鼻环。战国时期牛耕技术得到一定的发展与推广。《管子·乘马》说：“距国门以外，穷四竟之内，丈夫二犁，童五尺一犁，以为三日之功。正月令农始作。服于公田农耕。”我们往往把牛与犁连在一起。牛耕，通常指的是犁耕，牛用于耕作，就是因为有了犁。早期，用作耕地的主要农具是耒耜，耜是直接刺土耕地的，耒是耜所附之柄。而这时耜发生了改变，即把原来用木片制的改成铁片制的。这是巨大的变革。因为正是这样的变革，耒耜这种比较原始的工具演变而成“犁”，进而使农业生产有了飞跃的发展。

战国时期的一些考古资料比较详细地说明了当时犁耕的使用。如前文提及的河南辉县战国墓及河北易县燕下都墓遗址中都出土有犁的实物。一般都是“V”字形的铁口犁，装在木犁面上由牛（或马）牵引耕地，虽运用仍较原始，只能划土穿沟，不能翻土成垄，没有完全摆脱耒耜的影响，但与原来的完全靠人力用耒耜耕作的技术相比，效率提高数倍。若五尺童男子一人驱牛耕地一天，相当于成年男子用耒耜三天的耕作量。[①] 秦国除重视铁农具的生产外，也极为推崇牛耕技术。据《睡虎地秦墓竹简·厩苑律》记载，秦有专官负责管理耕牛，进行耕牛肥瘦的评比；评比活动在每年四月、七月、十月、正月进行，对评为上等牛者，则田啬夫、饲养员、牛长受到奖励，反之，则受到惩罚。此外，对私牛也要进行评比。可见秦国对牛耕的管理确是比较规矩、严格的。当然，对铁农具、牛耕的推崇，必然能带来农业经济的发展。战国后期秦国能国力强盛，一统天下，与此不无关系。

铁农具及牛耕的使用，是划时代的进步。它一方面取代了用人力踩耒耜的劳动，减轻了人们的劳动量，大幅度地提高了劳动效率；另一方面，又为大规模地开垦荒地和进行深耕细作以及兴修水利工程等创造了物质条件，从而“在农业生产上引发了一场技术革命”[②]，使农业生产迅速发展起来。

三、耕作方式的进步

西周春秋时期盛行休耕制。所谓休耕制，主要是根据“菑”、“新”、“畲”三种土地，进行不同休耕时间的安排。按《礼记·坊记》郑注所云，“畲”是不易之地，第一年种，第二年还播种；“新”是一易之地，即种一年休一年；“菑”是再易之地，

① 参见田昌五、漆侠主编《中国封建社会经济史》第1卷，第70页。

② 白寿彝总主编：《中国通史》第3卷，第93页。

即种一年休两年。如按《尔雅·释地》的解释,则是新田与畬田相反。无论如何,采取休耕制主要是因为生产工具及手段还比较落后,强调通过保护土地的肥力来尽可能获得多产。这种休耕制到春秋后期仍然盛行,有所变化的只是耕作单位的改变。西周春秋时,我国还处于奴隶制时期,主要实行奴隶们集体耕作的方式。而春秋末期,奴隶制逐步瓦解,封建制生产关系开始产生,这时休耕主要由各个家庭单位进行自我轮种,按户授地进行休耕。《周礼·地官·大司徒》云:"凡造都鄙,制其地域而封沟之,以其室数制之:不易之地,家百亩;一易之地,家二百亩;再易之地,家三百亩。"

战国时期,由于农业生产技术,尤其是铁农具的普遍使用及牛耕的发展,休耕地在逐渐减少。除了在一些土质恶劣的地区还存在着休耕制外,在土地肥沃的地区,都放弃了休耕制,采用连作制,不再进行轮种。如《吕氏春秋·任地》云:"今兹美禾,来兹美麦。"即今年种禾,明年还在这块土地上种麦。甚至有的地区,可分春秋两季,一年有两次收获。《荀子·富国》云:"今是土之生五谷也,人善治之,则亩益数盆,一岁而再获之。"在农业生产技术逐渐进步、精耕细作程度越来越高的情况下,以连作制代替休耕制是必然的。

春秋战国时期,中国除政治重心在北方外,经济发展的重心地带也是北方。因为土质的不同,北方耕作方式与南方差别很大。中原地带,主要为旱地,采用的多是垅作法。垅作法就是把土地分成亩和甽两部分:挖土成垅,则为亩;而土地被挖掉之后的田沟则为甽。当然田沟要比田垅低润。在高旱地区,即在甽里播种,而在低湿地区,则在垅上耕种,即所谓"上田弃亩,下田弃甽",而且还要注意亩、甽的尺寸。"是以六尺之耜,所以成亩也;其博八寸,所以成甽也";"故亩欲广以平,甽欲小以深,下得阴,上得阳,然后咸生"[①]。这种垅作法的耕种方式因为比较适应北方的土地,长期以来为北方人民所沿用。

江南地区,水网密布,地广人稀,农业绝少,并且大多为极粗放的初期农业。《史记·平准书》云:"江南火耕水耨。"《货殖列传》也称:"楚越之地,地广人稀,饭稻羹鱼,或火耕而水耨。"直到汉末,火耕水耨还是江南一带大田耕作的唯一方法。这种方法很简单,即包含了两方面的内容:一为火耕,二为水耨。火耕就是放火烧草。因为江南地带属热湿地区,灌木、杂草丛生,毒蛇、野兽出没。要对这些地方进行开辟,成为适宜种植的耕地,在没有普遍的、锐利的铁制生产工具及大量综合人力的基础上,只有实行放火焚烧这唯一可行的办法。先砍伐,再焚烧,焚烧之后,草木化为灰烬,可作为肥料增肥土地。而何为水耨,说法不一,可以肯定耨即耘,除草之意。按《齐民要术》的解释,即是指烧草之后,由于这种土

① 《吕氏春秋·任地》。

地从未经过耕种，比较硬而结成块，只有先放水，用水浸泡土地10天，地熟之后，再放出水，进行播种。而种下的秧苗长至七八寸时，未烧尽的草根又重新生长，这时再放水，用镰刀把淹没在水面下的草割掉，即为“水耨”。这种火耕水耨的方法是一种比较适应江南地区土地的种植方式，也一直为后代所沿用。

四、水利工程的开发及兴修

自古以来，在农业生产区，灌溉对农业生产的发展至关重要。因此，农田水利的建设早在西周春秋时就已为人们所重视了，西周时就已有简单的沟洫系统。如《周礼·考工记·匠人》云：“匠人为沟洫，耜广五寸，二耜为耦，一耦之伐，广尺深尺谓之甽。田首倍之，广二尺深二尺谓之遂。九夫为井，井间广四尺深四尺谓之沟。方十里为城，成间广八尺深八尺谓之洫。方百里为同，同间广二寻深二仞谓之浍。”春秋时期，各国都较重视水利事业的发展，尤其是楚国与吴国。由楚国令尹孙叔敖主持修建的期思陂与芍陂极为有名。期思陂在今河南省固始县（期思为当时位于今固始县西北的一城邑名），其作用就是从期思放水灌溉位于固始东南的雩娄之野。芍陂在今安徽寿县南，为一大水库。会沘水（今淠河）、肥水（今东肥河），泄水“积而为湖，谓之芍陂，陂周一百二十里许，在寿县南八十里……陂有五门吐纳川流”①，可以灌溉“云娄之野”（在今安徽霍邱与河南商城之间）的万顷耕地②。这两大水库对楚国农业生产的发展起了重大作用。此外，吴王夫差命人开凿的邗沟也是当时的一项重大的水利工程，是我国最早的一条人工运河。春秋时，邗沟南起今扬州，北至今江苏淮安县北，全长150公里，沟通了江、淮两大水系，当然对于沿长江、淮河两岸的庄稼的灌溉生长，发挥了积极作用。

战国时期，水利事业更是空前发展，兴修了许多大型的水利工程。如公元前360年，魏国在黄河以南开凿运河“大沟”，从今河南省原阳县北引河水南行，横过济水，注入今郑州市与中牟县之间的圃田泽。公元前339年，又引圃田泽水东流，继而把大沟运河延伸到大梁城北，并绕城南流，经颍水，入淮河。贯通了济、汝、泗、淮诸水流，开通了著名的“鸿沟”运河。此工程不仅用于灌溉，而且可行舟交通。

战国时期还有众多其他的水利工程，其中最著名的当属都江堰、郑国渠、漳水渠。

都江堰乃我国水利史上最为著名的工程之一。由秦国蜀太守李冰主持修

---

① 郦道元：《水经注·淝水》。

② 《后汉书·循吏·王景传》李贤注。

建。此堰位于岷江中游的灌县，主要引岷江水，灌溉成都平原。岷江原流经高山深谷，水势湍急，南流到灌县就进入成都平原。此时流速骤减，夹带的大量泥沙、碎石也就在此沉积，淤塞河道。在雨季时，水量暴增，水患成灾，危害居民及农田。秦昭王时，蜀太守李冰组织当地人民总结经验，修建了集防洪、灌溉、航运于一体的都江堰。具体来说，用长 3 丈(1 丈≈3.3 米)、宽 2 尺(1 尺＝1/3 米)的大竹笼，内中装满鹅卵石，沉入岷江从峡谷入平原河道峡口的中间江底。并以此为起点，沿江修筑两道分堤堰，这两道堤分别叫"外金刚堤"、"内金刚堤"，将岷江水分成两股：左支为东流，称"内江"，主要供灌溉用；右支为南流，是岷江的主流，称"外江"，主分洪泄水，供交通运输。这样，既消除了岷江的长期水患，又灌田达 300 余万亩，通惠长达 2000 多年，成都平原从而成为丰产地区。

漳水渠也是我国水利史上著名的工程，由战国初年魏国邺令西门豹主持修建。此堰目的是引漳水灌邺(故城在今河北省临漳县西南邺镇)。漳水流经邺地北，常泛滥成灾。当地有巫师与官府勾结，称河伯要娶邺地美女，因而每年借此大肆搜刮民财，使无数可怜少女葬身河中。西门豹被魏文侯派为邺令后，破除了"河伯娶妇"的迷信，并针对河水的泛滥，动员当地人民开凿了 12 条水渠，引水灌溉田地，从而变害为利，改变了邺原来的盐碱地的情况，使亩产高达 1 钟(古容量单位，约合 6.4 斛)，人民生活也逐渐富裕起来。

另一著名水利工程是秦王政时候修建的郑国渠。郑国乃韩国一著名水工，当时韩国因害怕秦国东侵，而想转移秦国民力，派郑说服秦修建河渠。在西门豹引漳水灌邺以富魏之河内的影响下，秦王被说服。"令凿泾水自中山西邸瓠口为渠，并北山，东注洛，三百余里，欲以灌田。"让郑国主持，用了 19 年的时间，组织了几十万民工兴修了引泾水入洛河的水利灌溉工程。在这一过程中，注意到了引泾水中肥沃的细沙入渠，来灌溉 4 万余顷的盐碱地，使土壤得到改良，增加了肥力，"收皆亩一钟"，"于是关中为沃野，无凶年，秦以富强，卒并诸侯，因命曰郑国渠"①。北魏郦道元《水经注・沮水》中还比较详细地介绍了此工程的灌溉线路：从泾阳县西北的瓠口引水入焦获泽，使焦获泽成为蓄水区，又继续开渠东引，沿途越冶谷水、清水，最终抵洛水。此干渠长 150 余公里，灌溉面积 4 万余顷。因此郑国渠的修建不仅带来了关中农业的发展，而且便利了交通。

这一时期汲水灌溉工具也得到了发展，桔槔就是当时利用杠杆原理新发明的一种汲水工具。《庄子・天地》载："子贡南游于楚，反于晋，过汉阴，见一丈人方将为圃畦，凿隧而入井，抱瓮而出灌，搰搰然用力甚多而见功寡。子贡曰：'有械于此，一日浸百畦，用力甚寡而见功多，夫子不欲乎？'为圃者卬而视之曰：'奈

① 《史记・河渠书》。

何?'曰:'凿木为机,后重前轻,挈水若抽,数如泆汤,其名为槔。'"这说明了桔槔在中原地区已开始应用。桔槔的制作结构是:在井边的树或木架上用绳固定一横木作支点,木的一端系桶,另一端系石块等重物。下拉系桶的绳索入井盛水,松开后,桶则自动上升,而直接把水倒在田里。桔槔巧妙运用了杠杆原理,代替了过去抱汲瓶灌溉的原始笨拙方法,非常省力。这种发明不仅使每日灌溉的田亩数增多,而且打破了原来只能由高处向低处引水浇灌的局限,高地也较方便地得到了灌溉,从而进一步扩大了灌溉面积。

五、耕作水平的提高

春秋战国以来,不仅农业生产条件大为改善,而且为获得高产,在铁器与牛耕的基础上,农民主观上也逐步注重提高耕作水平。

1. 因地制宜,精耕细作

农作物的生长离不开土壤,并且土壤在很大程度上也决定农作物的生产状况,不同土质适合于不同的农作物。《荀子·王制》云:"相高下,视垸肥,序五种,省农功,谨蓄藏,以时顺修,使农夫朴力而寡能,治田之事也。"《管子·地员》把九州之地分为十八种,指出各种土地适宜的农作物品种。此外,《尚书·禹贡》中对九州土地的质量也作了划分,如雍州的土壤属于上上等,冀州属于中中等,而华山以西、长江以北的梁州和长江流域的荆州、扬州的土地都属于下等。目的也都是为了根据不同的环境、不同的土质而安排不同的农作物生长。正所谓"土地所宜,五谷所殖"[①]。

土质不同,耕作次序也不同。《吕氏春秋·辨土》云:"凡耕之道,必始于垆,为其寡泽而后枯;必厚其靹,为其唯厚而及;餰者茬之,坚者耕之,泽其靹而后之。"意即对土质坚硬的垆土,要在没有板结时进行耕作,而对土质松软的靹土,耕作可以放迟一些。再者,针对不同的土地,在耕作中也要作适当的调节。《吕氏春秋·任地》云:"凡耕之大方,力者欲柔,柔者欲力。息者欲劳,劳者欲息。棘者欲肥,肥者欲棘。急者欲缓,缓者欲急。湿者欲燥,燥者欲湿。"即耕地的总方针是:非常坚硬的土地,要通过耕作,使其变得较为柔软;而过于柔软的土地,又要想办法使其相对变硬一些;长期闲置的土地要再次加以耕种,而长期耕种的土地要相对以休作来恢复地力;贫瘠的土地要通过精耕细作加强肥力,而过于肥沃的土地也要一定程度上降低肥度;板结的土地要疏松之,而过于疏松的土地则又要使之相对板结起来;湿度大的土壤要使它一定程度地干燥,而过于干燥的土壤又要相对使其湿润。看来,战国时期的人们已注意到耕种也要达到"恰到好处"。

---

① 《吕氏春秋·孟春纪》。

即使土质一定，不同的耕作管理，产量也会有很大差异。春秋战国前，由于铁农具与牛耕还没有登上舞台，土地的垦作程度受到制约。直到战国时期，生产工具的发展，才使精耕细作成为可能，主要包括深耕、播种、耨草。战国时已注意到深耕。《孟子·梁惠王上》云“深耕易耨”，《吕氏春秋·辨土》也说“耕者且深”。对于耕地的时间，《吕氏春秋·任地》云：“人耜必以泽，使苗坚而地隙。”也就是说，要在下雨之后进行耕地，不仅能使禾苗成长旺盛，而且土地也能加强通风透气。

此外，均匀地播种，也能使土地得到通风透光，这一时期改变了过去无规则的散播漫种，而实行条播匀种，以防止由于疏密不当、纵横不宜而影响光照与通风程度。对此，《吕氏春秋·辨土》中多有叙及。例如：“慎其种，勿使数，亦无使疏。于其施土，无使不足，亦无使有余”，“茎生有行，故遬(速)长，弱不相害，故遬(速)大”，“正其行，通其风，夬心中心，帅为冷风”，等等。

除深耕、匀种外，锄草也是作物生长的关键。因为田间野草的生长，不仅影响到禾苗的通风度、透光度，而且影响到禾苗接受土壤的肥度，因此《吕氏春秋·辨土》篇有“耨者熟耘”，而《任地》篇中亦强调种植过程中“五耕六耨”。锄草也有一定的时间规定，“人耨必以旱，使地肥而土缓”。也就是说，锄草应在较旱的天气下进行，锄掉的草随时就能被晒死，从而使土地肥沃，土质松软；而若在多雨之时锄草，则易使草复活而再生。

2. 注重施肥，强调农时

农田施肥从商周到战国，越来越得到农民的重视。当时的肥料主要有粪肥，施粪肥田，又叫“粪田”。《孟子·万章下》说：“耕者之所获，一夫百亩，百亩之粪，上农夫食九人……”；“凶年粪其田而不足，则必取盈焉”。《荀子·富国》亦强调：“掩地表亩，刺草殖谷，多粪肥田，是农夫众庶之事也。”可见辨土施肥有利于农田产量的增加，越来越成为农业生产的必要。另一种肥料即草木灰和腐殖质，这在南方比较普遍。前已叙南方之主要耕作方式是火耕水耨，放火烧草存留下的草木灰则可肥沃农田，而且这种肥料可大面积地使用。北方地区也有所采用。《吕氏春秋·季夏纪》即载烧薙行水，不仅能杀草，而且“如以热汤，可以粪田畴，可以美土疆”。

无论是粪田，还是草木灰肥田，都是为了改良土壤，营养禾苗，从而获得高产。而要获得高产，除精耕细作、肥田外，还要注意防治病害，以保护禾苗茁壮成长。防治病虫害是战国时期农业科学发展的标志之一。当时人们已掌握了一定的防治病虫的知识。如通过农作物种植的深浅度加以预防、控制，“其深殖之度，阴土必得，大草不生，又无螟蜮”[①]。这儿的“阴土”，即指熟土层以下的土壤，种植作物于熟土层以下，可以使作物从深地吸水，又能防止熟土层中的害虫对作物根部的侵袭。再者，通过适时的耕种也可防病虫害。《吕氏春秋·审时》云：“得时之麻……不蝗”；“得时之菽……不虫”；“得时之麦……不蚼蛆”。因农作物得时，而能抓住时机，快速增长，增强抵抗病虫能力，从而亦能避免病虫害。

强调农时由此也为这时期的人们所认识和重视，“无失民时”、“不违农时”、“无夺农时”，不仅仅是农民的要求，也为政府统治者所注重。《吕氏春秋·审时》就是专以农时与农作物生产的关系作为研究对象的。它指出：“得时之稼兴，失时之稼约，茎相若称之，得时者重，粟之多。量粟相若而舂之，得时者多米。量米相若而食之，得时者忍饥。是故得时之稼，其臭香，其味甘，其气章，百日食之，耳目聪明，心意睿智，四卫变强，殉气不入，身无苛殃。”通过得时、失时庄稼的比较，说明不误农时的作物不仅有益于产量，亦有益于质量，更有益于饮食。另外，在出土的睡虎地秦简《司空律》中也有“居赀赎责（债）者归田农，种时、治苗时各二旬”的规定，就是给那些“居赀赎债”——欠国家债务的人，在播种时和除草时各放假 20 天，让他们归家务农，反映出秦国政府对农时的高度重视。

六、春秋战国时期农业的初步发展

春秋战国时期，在农业生产技术发生变革的同时，各国的政治家们更纷纷推行重农政策，以促进农业经济的发展。其中比较突出的有春秋时齐国的管仲，战国时魏国的李悝、秦国的商鞅。

管仲，在齐桓公时为相，相齐达 40 年，在国内进行了一系列的改革。他认识到了农业的重要性，认为：“务五谷，则食足，养桑麻，畜六畜，则民富”[②]；“欲为其国者，必重用其民；欲为其民者，必重尽其民力”[③]。使民结合土地尽力于耕种，发展多种生产，则不仅民衣食丰足，国家亦能繁荣富强。管仲的这些思想大都为后来的李悝所继承。

李悝，魏文侯时为相，主持变法，强调“尽地力之教”，要求人们多多开垦土地，实行多种经营，精耕细作，增加亩产。他认为农为“本”，农业生产遭到破坏，不可避免地会造成饥饿；而纺织业遭到破坏，也不可避免地会造成寒冷。为防止人们无衣无食，就要重视农业生产的发展。农业不仅是人们的衣食之源，而且是国家财政的关键。加强农业生产就要“禁末伎”，即“重农”与“抑商”并举。为了

---

① 《吕氏春秋·任地》。
② 《管子·牧民》。
③ 《管子·权修》。

保护农民生产积极性，李悝尤其继承发展了春秋末期钟然的“平籴法”，针对农民每年年景收成不一，有丰年，亦有灾年，李悝将年景分成上、中、下三种情况，即大熟、中熟、小熟，大饥、中饥、小饥。大熟之年，正常收购农民粮食；中熟、小熟之年，则适当收籴，以防谷贱伤农。

商鞅，秦孝公时代两次主持变法，主张重农，并把农与战相结合，力图通过发展农业，增强国家军事实力。他认为：“国之所以兴者，农战也”；“国待农战而安，主待农战而尊”[①]。进而采取一系列措施来发展农业，富国强兵。比如奖励垦荒，轻税免役，入粟拜爵等；坚持“农本商末”的立场，奖励耕织与农耕，促进封建小农经济的发展。因此，春秋战国时期的农业经济在一系列重农政策及农业生产技术变革的推动下，取得了较大的发展。主要表现为：

1. 荒地的开垦

劳动工具的改进、牛耕的推广以及政府的提倡，为开垦荒地提供了有利的条件。西周时荒地遍处的情况，经过春秋时期的垦辟，到春秋末年发生了很大变化。如西周末年，郑人迁到今河南新郑县，“斩之蓬蒿藜藋而其处之”[②]。说明当时宋、郑之间还有不少荒地，而到春秋后期，在这个地区已逐渐得到开辟，建立了六个邑。而在南方，由于山林覆盖，水网密布，开辟更为困难。在楚国初迁到江汉地区时，此地“辟在荆山，筚路蓝缕，以处草莽。跋涉山林，以事天子”[③]，但经过劳动人民的辛勤垦辟，不久江汉地区也发展成了楚国政治、经济、文化的中心。

战国时期，垦荒运动得到了更大的发展。其一，开垦规模大，面积广。由于铁农具的普遍使用及牛耕水利事业的发展，提高了垦作效率，大量荒地得到了开垦。魏国李悝变法推行“尽地力之教”时，即强调垦荒。秦商鞅变法的农战政策中，重要的一条就是奖励垦荒，商鞅建议秦孝公下的首道变法政令即是“垦草令”。此后，秦国一直比较重视垦荒，秦昭王晚年更用分给田宅、免除徭役等办法招徕韩、赵、魏之民到秦垦荒，为秦关中地区农业的发展打下了基础。此外韩、赵垦荒运动也较为突出，成绩斐然，因此，中原地区的荒地也得到了大量开辟。其二，这一时期开垦出来的荒地，有许多已不再像以前实行休耕、在生产中再度抛荒的土地，而是基本实行连作制，进行连续耕种，以“尽地力”。

2. 粮食作物的普遍种植及单位面积产量的提高

当时的粮食作物主要有粟、菽、粱、稻、黍、麻等。粟，即今北方的小米，乃战国时期北方人民的主要粮食，生长于华北平原和黄土高原地带。黍，即黄米，也

---

① 《商君书·农战》。

② 《左传·昭公十六年》。

③ 《左传·昭公十二年》。

属于北方的粮食品种。稻，是南方人民的主要粮食，由于生长条件的限制，主要在长江流域一带。菽，俗称"豆"，有大菽、小菽之分。麦、粱也都为北方地区的粮食作物。麻，主要用于纺织，但其时也可作粮食。

战国时期由于铁农具的普遍使用及牛耕的发展，水利事业的兴修，单位面积产量已有很大的提高。至于当时的亩产量，可根据《汉书·食货志》记载的李悝的估计。李悝在变法中，把年景分为大熟、中熟、小熟，大饥、中饥、小饥之年。在战国初年，一亩田一般可产粟达 1.5 石；而上熟时节则是四倍之，即 6 石；中熟则三倍之，即 4.5 石；下熟二倍之，即 3 石；小饥则收 1 石；中饥收 7 斗；大饥则仅收 3 斗。

而战国秦汉时亩有大、小之分，大亩即是 240 平方步，约为今 0.6916 市亩；小亩即指 100 平方步，约为今 0.2882 市亩。此外 1 石约合今 0.2 市石。[①] 则今 1 市亩的田地约为战国时大亩 1.45 亩。李悝所说的亩当为小亩。一般年景时，产量为 1.5 石，折成大亩则约为 3.6 石，则今 1 市亩田地产粟约为 5.22 石，合市石为 1.044 石。这在两千多年前的战国，确是比较高的产量了。

第二节　秦汉魏晋南北朝时代的农业发展

一般认为秦汉魏晋南北朝是封建社会的发展并渐趋成熟时期，这一时期，以农业为代表的封建经济也有了逐步的发展。其中，秦王朝虽只有短短十五年的统治，但由于一系列重农及奖励垦荒政策的推行，也在一定程度上促进了农业经济的发展。西汉王朝在秦末满目疮痍的基础上建立，为巩固政权，发展封建经济，在政策上沿袭秦的"重本抑末"，并以此为中心，采取了一系列恢复农业发展的措施。以后两汉王朝在政府、尤其是劳动人民的辛勤努力下，生产力取得了突出的进步与提高，在农业生产上有充分体现。整个魏晋南北朝虽然是一个大动乱的时期，社会发展极不稳定，但战争、动乱有时更能体现出粮食生产的重要性，因此这一时期的各个王朝、各族统治者对农业都是极为重视的。政府为了统治的稳固、农民为了自身的生存，稍有间隙，政府便劝农垦桑，农民也是勤勉于耕，封建经济渐趋成熟。

一、耕作水平的提高

1. 生产工具的进步

这一时期生产工具得到了不断的改进。秦至汉，随着冶铁技术的提高，铁农具得到了更广泛的使用，在西汉时期成为主要的生产工具。《盐铁论·水旱》说：

---

① 参见梁方仲《中国历代户口、田地、田赋统计》，第 547 页。

“铁器,民之大用也。器用便利,则用力少而得作多,农夫乐事劝功。用不具,则田畴荒,谷不殖。”在此基础上,汉至魏晋南北朝,铁农具无论在种类与性能上,都一步步得到了发展与创新。

秦时冶铁业已有所发展,在官营冶铁业中,秦还设有专门的铁官,如司马迁之先司马昌时,“为秦主铁官”。铁器的制造有用于军事武器的,但主要还是用于铁农具。西汉时期,铁农具种类很多,有犁、镬、锸、铲、锹、锄、镰、耙、镈、铫等。1972年9月,在山东省莱芜县西南约25公里处的牛泉公社开省庄大队发现一批汉代农具铁范,其中有犁范、犁阳范、双镰范、铲范、耙范、镬范等共24件。[①]且在南北统一的汉王朝下,铁农具不断得到推广。近年来,西汉统治的区域内,几乎都有铁农具的出土。比如铁锸,不仅在中原地区出土,在江南地区的长沙马王堆墓中也出土过一件铁口木锸;耙具也新出现了二齿耙、三齿耙等;出土铁犁的地点也有几处之多,分布在陕西、河北、河南、山东、辽宁、甘肃、山西等省份,可见北方广大地区铁犁应用的广泛。

铁农器在西汉时不仅种类增多,使用范围扩大,而且在性能上,尤其是铁犁铧,比战国时有了更大的改进。铁犁铧有大、中、小之分,主要是铁口犁铧、尖锋双翼犁铧、舌状梯形犁铧以及大型犁铧等,以适应耕垦不同的土地。如垦熟地一般用小型犁铧,垦荒地则用大型犁铧,而开沟做渠就要用到特大型铁犁铧了。犁的装置这时期已基本定型,一些主体构造均已具备。其一是耒下部有了横曲贴地的犁床,亦称“犁底”,从而能大面积连续翻土作业。其二是有了可上下移动、决定犁铧入土深浅的犁箭。其三是在犁的中下部加了犁辕,此乃为牲畜牵引犁的拉杠,西汉时主要用长辕的犁。其四是犁铧变化定型,并且出现犁镵。犁铧是犁的锋口,这一时期已有了突出的变化,“锋的前端呈锐角形或菱形、扁圆形銎,这就消灭了呈板平式的原始耒耜的遗迹,从而更便于入土和翻土”[②]。同时,这时期犁镵的出现是铁犁的重大更新。犁镵主要是与犁铧相结合,用于翻土、碎土、深耕等,形状有菱形的、板瓦形的、马鞍形的等。这与欧洲相比,早了1000年左右。

东汉时期,铁锸、铁锄、铁镰、铁铧、铁镬等农具的出土比西汉时又大大增多,并且有所发展与创新。如铁锄,在四川东山崖墓石刻画像中有一种曲柄锄,于中耕、锄草使用更为便利。此外还有大型铁制钩镰的出现,在四川绵阳和牧马山崖墓中,发现有全长35厘米的铁镰,便利了收割。西汉后期,铁犁已逐渐普及到了更为广阔的地区;东汉王朝,则已推广到了其境内主要地区,即使是当时较为偏

---

① 参见山东省博物馆《山东莱芜县西汉农具铁范》,载《文物》1977年第7期。

② 张振新:《汉代的牛耕》,载《文物》1977年第8期。

僻的庐江地区也开始使用铁犁耕作。并且东汉铁犁在西汉基础上又有所改进，过去，西汉使用的耕犁是长辕犁，不仅笨重，而且“平地尚可，于山涧之间则不任用。且回转至难费力”[①]。由陕西绥德王得元墓画像可知，东汉时已出现了短辕犁，由一牛拉挽，犁身短小，其铁制犁铧比战国以来一直沿用的“V”形犁铧刃端角度缩小，因而起土省力，操作灵活，便于耕作小块土地，非常适合小农个体家庭的使用，一定程度上弥补了长辕犁的缺陷。魏晋以后，单辕犁又发展到双辕犁，并且长短辕犁使用范围逐渐扩展，辕也慢慢开始有了曲度上的变化，为后来唐代曲辕犁的出现打下了基础。

2. 牛耕的普遍使用

前已叙及，牛耕虽在春秋时已出现，但由于耕作技术及小农家庭结构的影响，牛耕在北方的普遍使用是到了西汉中期以后，而进一步向各地推广，则又是到了东汉王朝时期。

汉初，适应于农业生产需要，在牲畜比较缺乏的情况下，政府曾下令禁止杀牛、盗牛，农民也十分重视饲养牛、马等牲畜，促进了牛耕的推广。武帝时，边远地区也有使用牛耕的。如《汉书·昭帝纪》注引应劭曰：“武帝始开三边，徙民屯田，皆与犁牛。”武帝末年，在搜粟都尉赵过的主持下，开始了比较广泛的推广牛耕与改进田器的活动，赵过推广牛耕，先在三辅之公田上，后又到边郡及居延城，结果是“边城、河东、弘农、三辅、太常民，皆便代田，用力少而得谷多”。牛耕在北方地区不断扩展。如在甘肃武威磨嘴子西汉晚期墓考古发掘中，出土了一个木牛犁模型，一牛挽犁；在山西平陆枣园村的壁画墓中，也有一人扶犁、二牛抬杠之牛耕图。在华北地区更是如此。如2003年发现的河南内黄三杨庄汉代农田遗址上，还留有清晰的牛蹄印记和车辙印记，说明西汉末年牛耕已很普遍。[②]

东汉时，牛耕渐向南方及边远地区推进。《后汉书·循吏列传》载：东汉初年，“九真俗以射猎为业，不知牛耕”，太守任延在当地推广牛犁，从而“田畴岁岁开广，百姓充给”。章帝时代，王景为庐江太守时，此地百姓“不知牛耕，致地力有余而食常不足”，王景便“驱率吏民，修起芜废，教用犁耕，由是垦辟倍多，境内丰给”。而且这一时期由于牛耕的推广，人们对耕牛愈加重视，牛耕对农业的意义也越来越大。对此，《后汉书·章帝纪》多有记载。如建初元年，诏曰：“比年牛多疾疫，垦田减少，谷价颇贵，人以流亡。”元和元年，又诏曰：“自牛疫以来，谷食连少……”至今，已发现的东汉牛耕图有60多处，分布于王朝内的许多地区，北到辽宁、内蒙古，西到新疆、甘肃，南到四川、贵州、广东、福建，东到山东、江苏等地。

---

① 贾思勰：《齐民要术》卷一《耕田》。

② 参见刘海旺、张履鹏《国内首次发现汉代村落遗址简介》，载《古今农业》2008年第3期。

汉末,由于战乱造成耕牛大量减少,因此保护耕牛的措施更为严格。如"曲周民父病,以牛祷,县结正弃市"①。并且官贷耕牛与课民买牛政策不断推行,如永元十六年,"遣三府掾分行四州,贫民无以耕者,为雇犁牛直"②。《三国志·魏书》中记载曹操为恢复农业生产,兴屯田,"科取官牛"、"计牛输谷",或置使者监盐官卖盐,"以其直益市犁牛,百姓归者以供给之"。此外也有许多像仓慈之类的地方官员,课民养牛或买牛,推广牛耕,提高生产等,此处不再赘述。

3. 铁犁牛耕技术的改进

有牛耕,即是有了铁犁,铁犁、牛耕相结合的耕作方式代替了自古以来的人力耕田,即二人并耕之"耦耕",是农业生产力发展的飞跃。人们驱牛使犁的方式也是在不断改进的。原是一牛挽犁,到汉武帝时期,搜粟都尉赵过在此基础上,发明了二牛三人一组的"耦犁"法,史称:"用耦犁,二牛三人,一岁之收,常过缦田亩一斛以上,善者倍之。"③具体地说,就是二牛抬杠式,即以二牛挽犁,一人在前牵牛,一人在后扶犁,一人在辕头一侧掌握犁辕,控制犁地之深度。此耕作方式,不仅省力,提高了工效,还能大大提高产量,因此使用范围不断扩展。到西汉末年,牛耕技术又有所改进,仍是二牛抬杠式,但由一人操作即可,扶犁者可同时用牛鼻穿环来控制牛的方向,用犁箭控制耕地的深度。

这种二牛抬杠式的耕作是秦汉时期主要的耕作方式。考古发现的山西平陆枣园村王莽时期壁画墓牛耕图、江苏睢宁双沟画像石牛耕图、陕西米脂东汉画像石牛耕图等均为二牛抬杠式。大约到东汉中晚期,才又出现了一牛两人的耕地方式。山东滕州宏道院东汉画像石牛耕图则为一牛挽一犁、一人扶犁、一人牵牛鼻之式。

魏晋以后,出现使用双辕犁的一人一牛耕作方式,因为这时期牛的数量减少,并且人力也由二为一。此方式不断推广,不仅中原地区已普及,即使在河西走廊、岭南等边远地区也有所运用,在嘉峪关晋壁画墓及广东地区西晋时期墓葬的陶制犁田、耙田模型中都可得到印证。

从以上论证可知,铁犁牛耕在西汉王朝后,使用范围大大推广。但由于全国各地冶铁业及耕作水平不一,铁犁牛耕在各个地区的使用也不平衡。大体说来,北方牛耕铁犁已占统治地位,而江南地区则基本上还处于火耕水耨之中,铁农具、牛耕远不及北方普遍,并且畜养一、两头牛非一般小农家庭所能承受,因而这一时期相当多的小农家庭仍是"蹠耒而耕"。然而铁犁牛耕在这一时期的发展,

① 《三国志·魏书·陈矫传》。

② 《后汉书·和帝纪》。

③ 《汉书·食货志》。

不仅有利于精耕细作，而且极大地提高了耕作能力，其生产能力达“蹠耒而耕”的2.7倍。

4. 耕田与整地保墒技术的提高

西汉成帝时氾胜之著有一部农书，书中详细介绍了农民的丰富生产经验和科学的生产技术，是对当时精耕细作的农业的一大总结。后世人称此书为《氾胜之书》。因为耕田是农业生产的第一步，在这部书中，氾胜之首先就谈到了耕田。其强调耕作要注重时节，“凡耕之本，在于趣时、和土、务粪泽，早锄早获”。不同土质，耕作时令、原则亦不同。如“春地气通，可耕坚硬强地黑垆土，辄平摩其块以生草，草生复耕之，天有小雨复耕和之，勿令有块以待时”。如此，就是“强土而弱之”，使坚硬的土地变得柔软。而对于弱土，他指出：“杏始花荣，辄耕轻土弱土。望杏花落，复耕。耕辄蔺之。草生，有雨泽，耕重蔺之。土甚轻者，以牛羊践之。如此则土强。”即通过适时的耕作、践踏，压实土地，达到“弱土而强之”，使柔软之地变得坚硬一些。

魏晋南北朝时期的耕田技术，在正史中没有记载，而《齐民要术》第一卷即言及耕田，强调了耕田与土地燥湿的关系及耕地深度与季节的关系等。书中指出，耕种的时候，无论在高地低地，不管春或秋，都要在土壤水分含量干湿得当时。若雨水太多或太少，则宁可选择干燥时耕作。因为在此情况下，虽然土地会结成大块，但下一场雨就会如粉末状散开。相反，湿时耕作，土壤结成硬块，几年也散不开，效果不佳。并且不同季节，耕作深度不一，“凡秋耕欲深，春夏欲浅”。因秋耕深，可将深土翻上，一冬风化，生土变熟。而春夏因要播种，不可太深，否则生土翻上，不利于作物的生长。此外，耕生地要翻深，但重新再耕时，则要浅。若土壤第一次翻得不深，则不均匀；再耕时，若翻得深，则又将生土带上，同样影响作物生长。

而在对土地进行耕翻之后，应立即耙细，迅速平整，以便保墒。《氾胜之书》中也总结出了这一经验。其中特别提到“摩平土地”，“摩”即为耙细工作。“摩地”，又作“耱地”，主要是用人力或畜力拖拉一为“耱”的整地工具进行平整土地。氾胜之说：“凡麦田，常以五月耕。六月，再耕。七月勿耕，谨摩平以待时种。”土块耱平，耙细，禾苗与杂草就不可同孔而出，便于锄治。从考古发掘看，两汉时期已较重视耱平土地。山东滕州黄家岭曾出土一块东汉耕耱画像石，其中即有一农夫驱一牛耱地之画面，带动的耱是一圆形粗木棍，中间安一长木辕，用牛拖动，可将已翻耕的土地摩碎。此外，山东省邹城出土的农耕画像石刻中有这样的画面：两耕牛拉犁，一农夫在后扶柄，耕牛前后有三人，各执长柄锸、曲柄拍板和木榔头，这几种工具其实也都是耱地农具，用于砸碎土块，平整保墒。

贾思勰《齐民要术》对整地保墒进一步强调说：“耕荒毕，以铁齿镉楱再遍耙之,漫掷黍穄,劳亦再遍。”“铁齿锔楱”即指畜力挽拉之耙,“劳”即前指的耱平工作。耕地后,用耙将大的土块打碎,再以畜力挽拉无齿耙进行“劳”作,将土地平整,可减少土壤水分蒸发,降低作物生长对降雨的依赖。耕后必劳,但劳的时机不尽相同,“春耕寻乎劳”,而秋耕则“待白背劳”,即春耕后马上劳作,而秋耕后,却待土壤稍发白时再劳。因为“春既多风,若不寻劳,地必虚燥,秋田塌实,湿劳令地硬”。这种耙细工作是耕田保墒的重要环节。汉代的耙劳,主要是人力操作,而魏晋南北朝时期,则主要用畜力来拖拉,从河西地区魏晋墓葬壁画中可看到二牛或一牛挽拉的耙或耱①。使用畜力较之人力,当然效率大大提高。

在北方较干旱地区,这种耙地保墒意义较大。但单靠耕田耙劳以保墒还不够,还要进行中耕锄地以补充耕、劳不足。两汉时代的农民对中耕就已比较重视。《汜胜之书》谈到冬天雪后,要碾压麦田,“冬雨雪,止,以物辄蔺麦上,掩其雪,勿令从风飞去”。到春季开冻后,就要多次耕锄,“至春冻解,棘柴曳之,突绝其干叶。须麦生,复锄之。到榆荚时,注雨止,候土白背,复锄。如此,则收必倍”。这种中耕本是为了除草,但在北方干旱地区,同时也达到了保墒的效果。魏晋南北朝时期,更注重中耕保墒作用。贾思勰《齐民要术》最早总结出春锄,以保墒为主,除草为次。春天幼苗生出后,就要进行早锄,多锄,以切断土壤的毛细管作用,减少水分蒸发,使土质松软,整地保墒。夏天才是为锄草。

随着农具的改进,耕种方法也渐渐得以改良。比较突出的是“代田法”的发明、“区田法”的产生及作物轮种法的实施。

汉武帝末年,赵过发明代田法,其中心环节则是轮耕法的改进。具体说来,就是把横一步、纵二百四十步的一亩地,纵分为三甽、三垄;甽即垄沟,垄即垄台,各宽一尺,甽深也一尺,垄甽相间。先在甽内播种,出苗后,除去垄边杂草,并且翻垄之土以培固根苗。到夏天,垄尽根深,作物已既能耐旱,亦能防风。第二年,甽、垄又互换位置,从而达到调节地力的效果。此轮耕方法,较之以前有许多优点。其一,把作物播种于甽中,既可充分吸收土壤水分,又有垄台挡风,垄土壅根,易使作物苗壮根粗。其二,虽每年播种于甽中,但今年之甽,乃去年之垄,而今年之垄,又将是明年之甽,因此耕地每年得以休耕,恢复肥力。其三,改变了原来土地大面积休耕一或二或三年的浪费现象,而使休耕地变为亩内轮种,达到地尽其利。这种代田法与赵过的耦犁相配套,使产量大大增加,据称一亩之收,较“缦田”增一斛以上,且“善者倍之”。因此,由京师向各地推广,达西北边疆。如居延汉简中就有“代田仓”的记载,表明代田法在西北边郡得到推广实施。2003 年,在河南内黄三杨庄发现了完整的汉代村落遗址,经近几年考古学者清理发掘,发现了大面积耕作农田,遗

① 参见张明川《嘉峪关魏晋墓室壁画的题材和艺术》,载《文物》1974 年第 9 期。

址田中的一畮(即垄)和一甽(沟)的合计宽度一般为60厘米;现存甽深约为6厘米,专家估计这不是耕作后最初的深度,应是庄稼收割后的深度。这个发现向我们提供了汉代代田法的真实实物样本[①],印证了代田法的广泛实施。

此外,《氾胜之书》中还记载了汉代另一套高产耕种方法,即"区田法"(亦称"区种法")。此耕种方法实际是精耕细作农业的极致。它是把大块土地划分为长方形或小方块形,实行小面积耕种,集中施肥,保证灌溉,精心管理,从而获得高产。据载,实行区田法的地区,上田种粟,可亩收百石,中田则亩收51石,下田则亩收28石。此产量向来有争议,被认为是夸大之辞,但此法在单位面积上投入的人力与物力是大量的,其产量较代田法为高则是可能的。而且,区田法是整地区作,深挖重肥,为一种点种技术,因而亦不受地域限制,如书中言:"诸山陵、近邑、高危倾坂及丘城上,皆可为区田。"此法影响颇大,后人亦常有推崇。

赵过的"代田法",提高了土地利用率,也利于休养地力,但垄沟之间仍是互相易代,并且代田法推行地区主要还是在干旱少雨的关中及边地一带。因此汉代主要还是用休耕方式恢复地力。到魏晋南北朝时期,从《齐民要术》可看出,此时在继承汉代的基础上,还应用轮种及绿肥方式,恢复提高地力。书中指出许多作物并不宜在同一块土地上连续种植,否则会影响到后种作物之产量,要从实践中探索出可实行轮种的作物,从而按顺序进行连续种植。作者贾思勰通过摸索,指出适宜与谷物轮作的是豆类作物,可提高谷物产量。除轮种外,还要注意到沤绿肥。在东汉时,也已出现栽培绿肥作物肥田的方法,如晋郭义恭《广志》载"苕草,色青黄,紫华,十二月稻下种之,蔓延殷盛,可以美田,亦可食"。但此法主要应用于水稻种植,且极为零星,因此一般认为魏晋南北朝之前还不知应用绿肥。绿肥的应用乃北朝时期农业生产技术之一大进步。《齐民要术》指出,在秋耕时把田里的杂草翻在地里,待草再长出后,第二年春天再翻下去,沤烂后就成了绿肥。或让牛羊践踏长着杂草的土地,由于根的浮起,七月份草死亡而成腐殖质,也有绿肥之功效。贾思勰对应用绿肥的作物还作了比较:"凡美田之法,绿豆为上,小豆、胡麻次之,悉皆五六月中穊种,七月、八月犁稚杀之,为春谷田,则亩收十石,其美与蚕矢熟粪同。"使用轮种与绿肥,保存了地力,从而能提高产量,而且增加了进行连续耕作的土地面积,进一步提高了土地利用率。

---

① 参见刘海旺、张履鹏《国内首次发现汉代村落遗址简介》,载《古今农业》2008年第3期。按,学界对此有不同看法。如韩同超认为,三杨庄农田遗址的"垄作"并未脱离春秋战国时期"甽亩法"的范畴,认为其垄沟是为适应雨季排水和通风的要求而作。[参见韩同超《汉代华北的耕作与环境:关于三杨庄遗址内农田垄作的探讨》,载《中国历史地理论丛》第25卷第1辑(2010年1月)]

二、栽培技术的改进

“欲长钱，取下谷，长石斗，取上种”[1]，已成为秦汉时的谚语，可见秦汉人对选种之重视。在汉代最重要的选种技术是穗选法的发明，此法强调要选择高大强壮之种，选后注意保管，播种之后，才有高产。如《氾胜之书》载选麦种之法：“取麦种，候熟可获，择穗大强者，斩束立场中之高燥处，曝使极燥。无令有白鱼，有辄扬治之。取干艾杂藏之，麦一石，艾一把；藏以瓦器竹器。顺时种之，则收常倍。”而选禾种，也是“择高大者，斩一节下，把悬高燥处，苗则不败”。

而选种、留种后，播种前，还要用肥料拌种，施种肥。《氾胜之书》载秦汉时农夫已知用肥料浸种，尤其发明了“溲种法”，其过程是将马、牛、羊等骨锉碎，加雪水，煮三沸，熬出胶质，再加附子，浸渍五天后，漉去附子，加粪和成稠粥状，在天干燥时，放入种子浸溲，几次反复，粪汁就能粘在种子上。因为附子是一种毒药，粪汁附着又形成一层粪壳，如此浸溲过的粟种若播种于地，就有耐旱、防蝗虫的作用，产量“则收常倍”。

魏晋南北朝时期也十分注意对良种的选育、培育。《齐民要术·种谷》记载了粟、黍、穄、粱、小麦、水稻等各个粮食品种的种类，种植时可根据土壤、气候等不同的条件，选取不同特点的种类。选育良种的具体步骤，除《氾胜之书》提到的穗选法外，还强调种子选好后，为避免种粒的混杂，要进行单种、单收、单打，在下种前，用水淘去浮秕，然后晒干，准备播种于地等。

下一步当然是播种，播种首先要注意的是时令。《氾胜之书》言：“种禾无期，因地为时”；“种麦得时无不善”；“早种则虫而有节，晚种则穗小而少实”。其次注重每亩播种量。云梦睡虎地出土的《秦律·仓律》规定：“种稻、麻亩用二斗大半斗(2+2/3 斗)，禾、麦一斗，黍、荅(即小豆)亩大半斗(2/3 斗)，叔(即大豆)亩半斗。利田畴，其有不尽之数者，可殴。其有本者，称议种之。”并且土质不同，播种量也不一。东汉崔寔《四民月令》云：“美田欲稀，薄田欲稠。”再次，则是播种方式。从出土的汉画像石看，当时播种主要有三种方式：一为撒播，此法极为简便，没有行距，比较浪费种子。四川德阳出土的东汉播种收割画像砖上，则有两农夫左手执装着种子的钵，右手撒种。二为点播，即挖穴点种。这种方式既保证了种子入土，亦可节约种子，但较费时、费力，不如撒种方便、省力。四川彭县出土的东汉播种画像砖，就有反映这种点播方式的，左边一人挥锄挖穴，右边二人俯身点种。三即为当时最为先进的播种方式——条播，播种时既能体现行距，亦简单易行。西汉时代，专门用于条播的工具，即赵过创制的“耧犁”，是用一头牛牵引

---

① 《史记·货殖列传》。

一架有三条铁制镂足的播种工具，一人驾车挽犁下种。在山西平陆枣园汉墓壁画中有一幅耧播图，而在辽宁省三道壕、北京市清河镇及陕西岐山等地也都有汉代耧车出土，因此这种耧犁播种在当时应用是较广的。使用这种耧播有几大优点：其一，三个耧脚固定安装在一个机架上，行距均匀，深浅一致，并且落种均匀，出苗整齐，利于作物生长，是古代农业机械的重大发明。其二，耧车用一人一牛，不仅装置简单，而且效率很高，开沟下种一次性完成，一次播种三行，因此有"日种一顷"[①]之说。

据《齐民要术》载，魏晋南北朝时期，除继续使用汉代三脚耧播种外，还使用两脚耧与一脚耧。固然，一脚或两脚耧播种效率要较三脚耧低，但用一角耧能自由掌握行距，不像两脚或三脚由耧足之距而固定，从而能适应不同土地不同播种量的需要，操作亦更为简便，因此较为普及。

对于不同作物，亦有不同栽培要领。《氾胜之书》对此有详细记载。如水稻种植，"种稻，春冻解，耕反其土。种稻区不欲大，大则水深浅不适"，并且，"始种，稻欲温。温者，缺其塍，令水道相直；夏至后大热，令水道错"。因稻喜温，"令水道相直"是指稻田出入水口相对，造成冷水对流快，因而田中水温不致骤然下降；而"水道错"，即因夏天温度高，则使水错道，不能直流，田中冷水可增多，而一定程度地降低水温。再如种麻，"种麻，预调和田。二月下旬，三月上旬，傍雨种之。麻生，布叶，锄之。率九尺一树，树高一尺，以蚕矢粪之，树三升。无蚕矢，以溷中熟粪粪之亦善，树一升"。

东汉时，水稻的栽培技术又有明显进步。其一是稻秧的移栽技术。《四民月令》载："三月可种粳稻。……五月可别稻及苕，尽夏至后二十日止。"这里"别稻"即指移栽水稻。水稻秧苗的移栽，不仅便于集中管理秧田，节约灌溉用水，并且便于除草。其二，即出现双季稻的栽培。东汉杨孚《异物志》即言："稻，交趾冬又熟；农者一岁再种。"[②]

《齐民要术》对许多作物的栽培技术及管理经验也作了详细说明。水稻的种植技术，基本还是借鉴古人成就，只是水稻品种增多，在江南地区，有"两熟"、"三熟"水稻的种植。而对谷物的种植，"地势有良薄，良田宜种晚，薄田宜种早。……山田，种强苗以避风霜；泽田，种弱苗以求华实也"，"凡种谷，雨后为佳。遇小雨，宜接湿种；遇大雨，待薉生"。对于种麻，《齐民要术》较之《氾胜之书》又有进步，它把古人经验与时人实践相结合，总结出一套完整的种植、管理技术，如

---

① 贾思勰：《齐民要术》卷一《耕田》引崔寔《政论》。

② 本部分的撰写参考、引用了马新《两汉乡村社会史》（齐鲁书社 1996 年版）第一章第三节中的内容与观点。

"凡种麻,用白麻子。白麻子为雄麻,颜色虽白,啮破枯燥无膏润者,秕子也,亦不中种","夏至前十日为上时,至日为中时,至后十日为下时。'麦黄种麻,麻黄种麦',亦良候也。"还有其他一些作物栽培要领,不再赘述。

三、农产品加工技术的进步

在农产品加工方面,过去谷物粉碎脱皮,主要靠人工舂臼。汉武帝时,出现了畜力拉的大石磨,河北满城中山王陵墓曾出土过一件用畜力拉的带有铜漏斗的大石磨。此外,两汉时期还出现了筛谷扬糠的风车,近年在河南洛阳和济源汉墓中出土了两件风车模型,从而确定了西汉时使用风车的历史。利用人力脚踏的践碓及利用水力推动的水碓和水碓磨等谷物加工工具也出现了,大大提高了舂米效率。东汉桓谭《新论》谈到粮食加工时说:"及后世加巧,因延力借身重以践碓,而利十倍杵舂;又复设机关,用驴、骡、牛、马及役水而舂,其利乃且百倍。"

到魏晋南北朝时,水碓已较为普及,尤其在一些士族庄园。如:西晋时石崇的庄园中,"水碓三十余区"[①];王戎也是"园田水碓,周遍天下"[②],"水碓之属,洛下无比"[③]。晋杜预在这种旧式水碓基础上又创制出连机水碓,较前又大大提高了粮食加工效率。连机水碓的动力装置是一个大的立式水轮,轮上装有若干板叶,转轴上装有一些彼此错开的拨板,拨板是用来拨动碓杆的。每个碓用柱子架起一根木杆,杆的一端装着一块圆锥形的石头,下面的石臼里放上准备加工的稻谷或其他被加工物。水流冲击水轮使其转动。轴上的拨板拨动碓杆的梢,使碓头一起一落地进行舂米。一个水轮可以同时带动多个碓同时作业,极大地提高了水碓的加工效率。中国农业博物馆馆藏明器绿釉陶碓房反映了最早的连机水碓样式。[④] 此外,杜预与同时期的刘景宣还先后发明以牛力带动的连磨,嵇含所作《八磨赋》序称:"外兄刘景宣作为磨,奇巧特异策一牛之任,转八磨之重。"[⑤]《魏书·崔亮传》写崔亮为雍州刺史时,"读《杜预传》,见为八磨,嘉其有济时用,遂教民为碾。及为仆射,奏于张方桥东堰穀水造水碾、磨数十区,其利十倍,国用便之"。可见,这种连磨的创制大幅度提高了加工效率。

---

① 《晋书·石苞传附石崇传》。

② 《晋书·王戎传》。

③ 刘义庆:《世说新语·俭啬》。

④ 参见付娟《汉代明器连机水碓考辨》,载《古今农业》2015年第4期。按:中国农业博物馆馆藏明器绿釉陶碓房,专家鉴定为东汉明器。但是学术界普遍认为,连机水碓出现在西晋。付娟从有关水碓、连机水碓的文献引证和考古发现两方面,梳理了水碓及连机水碓的发明史,确认中国农业博物馆馆藏明器绿釉陶碓房的出土年代为西晋。

⑤ 《太平御览》卷七六二《磨》引。

四、水利工程的建设与发展

水利是农业生产的命脉，这不仅为生产者所认识，也为统治者所重视。为保护、巩固、发展生产，秦汉时充分利用自然条件，致力于兴修水利。尤其两汉王朝，其经济繁荣离不开水利事业的发展。而魏晋南北朝虽战争频繁，但兴修水利、发展农业，为各政权所不敢懈怠，因此秦汉魏晋南北朝时期的水利事业在历史上也是比较值得关注的。这一时期水利事业的发展主要体现在以下三个方面：

1. 治理黄河

据《汉书·沟洫志》记载，汉初，黄河经常决堤泛滥，给农业生产及人民生活造成了极大的灾难。对此，西汉政府曾多次大规模地组织人力、物力，对黄河进行治理。文帝时，“河决酸枣，东溃金堤，于是东郡大兴卒塞之”①。汉武帝时，黄河又决于瓠子，久治无效，公元前109年，武帝痛下决心，派汲仁、郭昌两位大臣征调几万民工修治瓠子口。并且武帝亲临现场，巡视工地，沉白马玉璧于河中祭祀祷告，下令附属群臣，官自将军以下都亲自背负薪柴填河，因此终于堵塞住瓠子口。经过这次治理，在以后八十多年里，黄河下游没有发生过大的水灾。直到西汉后期，黄河又发生水患灾害，每次政府也都派人治理，但再未取得明显的功效。

东汉初期，黄河仍不断泛滥成灾。在汉明帝永平十二年(69年)，政府派著名水利专家王景、王吴主持治理。据《后汉书·循吏·王景传》载，此次治理从荥阳(今河南荥阳)向东至千乘(今山东利津、东营)海口，筑堤达千余里，并修渠道，使黄河、汴河分流，从而疏通汴渠漕运。并且这次王景对黄河的治理较之前更为科学，“景乃商度地势，凿山阜，破砥绩，直截沟涧，防遏冲要，疏决壅积，十里立一水门，令更相洄注，无复溃漏之患。景虽简省役费，然犹以百亿计”。经过这次大修，河流能顺利入海，加上上流土壤植被的保护，此后八百多年间，黄河没有改道，水患大大减少。

2. 新建水利工程

这一时期，在战国水利事业的基础上，又新建了许许多多新的水利工程，现分朝代选择重点阐述。

秦王朝兴建过一些大的水利工程，诸如凿灵渠，治鸿沟，通淮河，修泗水等，这在一定程度上，有利于保护人民生活，有利于发展农业生产。其中最著名的乃是灵渠的开凿。秦统一国内后，继续对南越用兵，在进军岭南的过程中，为解决粮食运输困难，秦始皇命御史监史禄主持开凿了灵渠。此渠兴建于广西兴安县

---

① 《史记·河渠书》。

北，利用湘江水道运粮，因湘江、漓江源头相距较近，水位差也仅数米，因此利用这一有利的自然条件，截断湘江，另开南、北两条分水渠，总长约 34 公里。北渠大约 4 公里，引湘水部分入湘水故道；南渠全长约 30 公里，与漓江相通，引湘水入漓江。大约有 7/10 的水经北渠入湘江，3/10 的水经南渠入漓江，故有“三分漓水七分湘”之说。南渠修于山上，利用若干水闸以保持水量，尤其是确保枯水季节的通航。两水闸之间又叫“水陡”，船只通过灵渠时，逐陡上下，当地歌谣云：“兴安高万丈，水把两头流。”湘江、漓江相通，即沟通了长江与珠江两大水系，对南北经济文化交流发挥了重要作用。水闸的使用为世界最早的通航措施。此外，灵渠也具有防洪灌溉功效，除南北渠外，还有铧嘴、大小天平等组成部分。铧嘴乃分湘江支流之建筑，分湘水三七开，可避洪水之患；大、小天平分别在北、南渠口，连接铧嘴与南北水渠，并且低于铧嘴，保证南渠的通航，北渠的灌溉。

因汉初诸帝“从民之欲，而不扰乱”①，着力于恢复正常的农业生产秩序，加之国力不强，所以除零星的水利工程兴修外，没有什么大的举措。到汉武帝时期则大为改观。水利于农业之重要，为武帝所充分认识。《史记·平准书》载武帝诏：“农，天下之本也。泉流灌浸，所以育五谷也……故为通沟渎，畜陂泽，所以备旱也。”因此当时“用事者争言水利”②。水利建设在此时达到高潮，尤其是在关中开凿了许多渠道，形成了一个系统庞大的水利灌溉网。规模较大者主要有以下几条：一条是漕渠，它是公元前 129 年，由著名水工徐伯主持开凿的一条与渭河平行、自长安引渭水注入黄河的沟渠，长达 150 多公里，不仅便利漕运，而且能灌田万余顷。一条是龙首渠，是在修漕渠的同时，征发民工修建的。它在洛水附近，从今陕西澄城县引洛水灌溉今陕西蒲城、大荔一带田地。因为龙首渠要经过土质松软的商颜山，易于崩塌，因此不能采用一般的施工方法，只能用凿井的办法代替开沟，筑成 5 公里长的井渠，井与井之间有水相通，因此又称“井渠”，是我国历史上第一条地下水渠。此法后推广到新疆，那儿的人即称“坎儿井”。还有六辅渠。公元前 111 年，在左内史兒宽的主持下，在郑国渠上又修了六条小渠，以灌溉郑国渠不能灌到的地势高的田地，与郑国渠及白渠构成了一个灌溉网。一条即白渠，公元前 95 年修建，起自今陕西泾阳西北，向东至今陕西临潼西北，引泾水入渭水，全渠长达 100 多公里，灌田 4500 余顷。一条是成国渠，它从今陕西眉县杜家村西引渭水，经扶风、武功、咸阳再入渭水，全长 110 多公里，灌田亦达万余顷。此外，在关中开凿的值得一提的还有灵轵渠、沣渠、白渠等。

除关中外，汉武帝还在今河南、山东、甘肃、内蒙古等地也开凿了不少灌溉渠

① 《汉书·刑法志》。

② 《史记·河渠书》。

道。如公元前 119 年，西汉政府自朔方西至令居（今甘肃永登西北）通渠并置田官；汉武帝后，终西汉一代，水利工程仍处在不断兴建中，形成一个个灌区。如《肩水金关汉简（贰）》73EJT21：142 简载："积百廿人治渠，往来百廿里，率人治一里。"[①]有"积百廿人"参与治渠，所修水渠里程是"往来百廿里"（约合今 50 公里），其工程规模可见一斑，反映出汉代肩水地区（今甘肃金塔北部一带）兴治水利的一些真实情况。西汉政府对边地水利也十分重视。汉宣帝时，破羌将军辛武贤率军进敦煌，穿天通渠引党河，西流入疏勒河归哈喇淖尔。这些水利工程为边地的农业发展创造了条件。

因此，西汉时期可以说是历史上水利兴建的高潮时期之一，除大型水利工程，还有众多小规模河渠灌溉工程，不可胜数。

东汉的水利灌溉工程，主要是对西汉原有水利的修复、治理，但也兴建了一些灌溉渠道。在北方较大型水渠有光和年间兴修的樊惠渠，属京兆灌区。对此渠，蔡邕《京兆樊惠渠颂》云："曩之卤田，化为甘壤，粳黍稼穑之所入，不可胜算。"此外，东汉在南方也有较大水利工程的兴建，如见于史载之鉴湖（又作"镜湖"）灌区，乃汉顺帝永和五年，会稽太守马臻创立。史载："镜湖在会稽、山阴两县界，筑塘蓄水，高丈余，田又高海丈余，若水少，则泄湖灌田；如水多，则闭湖泄田中水入海，所以无凶年。堤塘周回三百一十里，溉田九千余顷。"[②]郦道元《水经注·浙水》言这一灌区，"水门六十九所，下溉田万顷"。此外，一些地方性水利陂塘也很多，如：益州郡"造起陂池，开通灌溉，垦田二千余顷"[③]；南阳郡"修治陂池，广拓土田，郡内比室殷足"[④]；广陵郡"兴复陂湖，溉田二万余顷"[⑤]；汝南郡"修理鲷阳旧渠，百姓赖其利，垦田增三万余顷"[⑥]。

除了国家政府所主持兴建的一些大型水利设施外，就两汉乡村来说，大多数还是利用当地小型设施进行灌溉，主要是一些小型陂塘和水井。考古发掘对此有所展现，如 1978 年陕西勉县发掘出土了塘库农田模型及陶陂池，1977 年在四川峨眉县东汉砖墓中亦出土了一件浮雕石塘库农田模型，都是一些独立的蓄水设施，水中经营养殖业，分布有鱼类、青蛙、螺蛳等。同时，这类设施面积也较大，贮水灌溉方便。利用水井汲水灌溉在汉代比较流行，尤其是地表水资源比较贫乏的地区更是如此，从已发现的许多有关井的考古资料表明，当时打井汲水技术

---

① 甘肃简牍保护研究中心编：《肩水金关汉简（贰）》，中西书局 2012 年版。
② 《太平御览》卷六六引《会稽记》。
③ 《后汉书·西南夷传》。
④ 《后汉书·杜诗传》。
⑤ 《后汉书·马援传附马棱传》。
⑥ 《后汉书·何敞传》。

已有了较高水平，这种灌溉方式在农业生产中具有十分重要的地位。[1]

汉末三国西晋时期，为屯田发展农业之需要，北方兴建了一些水利工程。其中规模较大的、比较重要的有潞河车箱渠。此渠本是三国魏齐王芳时，由征北将军刘靖所主持开凿，到两晋时又经过扩充与整修，成为一项巨大的水利设施，主要流经蓟西、昌平、渔阳、潞县等地，按郦道元《水经注》载，“凡所润含四五百里，所溉田万有余顷”。

十六国时期没有什么大规模建设，只有前秦苻坚统治期间，“以关中水旱不时，议依郑白故事，发其王侯已下及豪望富室僮隶三万人，开泾水上源，凿山起堤，通渠引渎，以溉冈卤之田。及春而成，百姓赖其利”[2]。而在北魏时期，因为深刻认识到农业与水利的关系，兴起了北朝修水利之高潮。其中较大的工程，即是北魏孝文帝时期刁雍任薄律骨镇（治今宁夏灵武西南）将，到镇之后，发现农夫“虽复布野”，但“官渠乏水，不得广殖”，而旧有河渠“往往崩颓，渠溉高悬，水不得上”，因此兴建新渠，引黄河水，终于“水则充足，溉官私田四万余顷……谷得成实，官课常充，民亦丰赡”[3]。北魏分裂后，后继朝廷也不断兴修水利。《北齐书·李元忠传附李愍传》载，公元533年，“愍于（荆）州内开立陂渠，溉稻千余顷，公私赖之”。除大的水利工程外，西晋及北魏也有许多规模较小的地方性的小型水利灌溉工程，此不赘述。

随着南方政权的建立，江南地区一改以前水利设施的面貌（总体上说，江南地区，本就多雨，湖泊纵横，因而人工灌溉的需要没有北方迫切，水利开发则较少），在军事屯田、人口增加、经济发展的需要下，针对地区差异，在一些干旱或雨量不足地区，也兴修了许多新的水利工程。尤其江淮地区，处于南北政权的交界处，为屯田垦荒，就必须开凿沟渠，兴修水利。如曹魏初期，在合肥兴治芍陂、茹陂、七门、吴塘诸竭，其中七门堰可灌溉田地1500顷，芍陂则达数万顷。曹魏后期，在邓艾主持下，“兼修广淮阳百尺二渠，上引河流，下通淮颍，大治诸坡于颍南、颍北，穿渠三百余里，溉田二万顷”[4]。吴国也兴修了许多水利工程，并开凿了从今句容到云阳西城的破岗渎，扩大了灌溉面积。东晋王朝因局势动荡，水利建设也较少。南朝刘宋王朝水利建设最为兴盛，但主要还是着眼于修复。这一时期修筑了扬州吴兴塘，比较著名，灌溉田地达2000余顷。此外，《旧唐书·于頔传》载于頔为湖州刺史，“因行县，至长城方山，其下有水，曰西湖，南朝疏凿，溉

① 以上部分参考了马新《两汉乡村社会史》第一章第二节的内容。

② 《晋书·苻坚载记上》。

③ 《魏书·刁雍传》。

④ 《晋书·食货志》。

田三千顷，久堙废”。可见，西湖当时规模并不小，但不确知哪一朝代兴建，因南朝刘宋水利事业的发展，估计有可能是刘宋。南齐初，有刘怀慰“垦废田二百顷，决沈湖灌溉”[①]。梁代也兴修了许多水利工程，但规模较小；梁武帝时，夏侯夔在苍陵（今安徽寿县西）筑堰，灌田千余顷。在临海东安县（今浙江仙居）堵塞山谷，开六个水库等。这些水利工程的建设大大促进了南方经济的开发与发展。

3. 修复旧有水利工程

西汉文帝时，蜀郡太守文翁在原有基础上，对都江堰进一步修复、扩建，“穿湔江口，溉灌繁田千七百顷”[②]。东汉历届统治者虽重视兴修水利，但通常是在西汉水利事业的基础上，因循利用，修旧利废。如杜诗任南阳太守时，“修治陂池，广拓土田”，因此当地百姓尊称其为“杜母”[③]。邓晨为汝南太守，派都水掾许杨修复鸿隙陂，“百姓得便，累岁大稔”[④]。马棱为广陵太守时修复陂湖，灌溉田地达 2 万余顷。张禹为下邳太守时，修复堙废的蒲阳坡，引水灌溉，开垦土地。此外，《后汉书・安帝纪》载元初二年，“修理西门豹所分漳水为支渠，以溉民田”。后一年，又“修理太原旧沟渠，溉灌官私田”。因西汉原有水利事业的基础，东汉充分利用旧有水利工程，虽没有很多的大举措，却满足了农业生产和灌溉需求。

除为屯田而新修一些水利工程外，汉末三国主要是对前代沟渠进行了修复。如汉献帝时，曹操修复了邺城附近的天井堰十二渠，每渠皆设水门调节，左思《魏都赋》对此进行了描述：“墱流十二，同源异口，畜为屯云，泄为行雨，水澍粳稌，蓝萌稷黍。”魏文帝时期，司马孚任野王（今河南沁阳）典农中郎将，检行河内沁水入渠时发现“木门朽败，稻田泛滥，岁功不成”[⑤]，从而上表要求把木门改成石门，在天气晴朗干旱时，则开启石门引水，而霖雨洪涝时，则闭断石门，以保证灌溉与防洪。此外，蜀相诸葛亮注意到蜀中雨量充足、土地肥沃的自然条件，对都江堰十分重视，认为“以此堰农本，国之所资”[⑥]，因而设置堰官，并派 1200 人守护和维修。东晋时，由于争战不休，造成芍陂堤堰久坏，南宋曾进行了几次修复。雍州、襄阳的六门堰，也因堰久决坏，经刘宋朝修复后，灌田达万顷。此外，元嘉二十二年，南阳太守沈亮对郡界内荒废的古堨进行了修治，也是“民获其利”[⑦]。终刘宋朝，出现水利兴修高潮，但重点在修复上。齐、梁、陈虽于修治水利无大的举措，

① 《南齐书・刘怀慰传》。
② 常璩：《华阳国志・蜀志》。
③ 《后汉书・杜诗传》。
④ 《后汉书・邓晨传》。
⑤ 郦道元：《水经注・沁水》。
⑥ 郦道元：《水经注・江水》。
⑦ 《宋书・自序》。

但芍陂在此期间也得到进一步的修治。

北魏时期，又出现了兴修水利的高潮。太和十二年(34 年)，冯太后和孝文帝下诏，要求长城以北、阴山以南的北边六镇和云中、河西、关内各郡开水田，通渠灌溉。其中，除新建外，也修复了雍州、幽州、徐州、颍州、荆州、扬州等地的许许多多的沟渠、陂池。如裴延儁任幽州刺史时，修复了范阳郡旧督亢渠和渔阳燕郡戾陵诸堰，灌溉农田达百万余亩。公元 562 年，政府在蒲州开河渠、同州开龙首渠，来增加灌溉面积等。无论兴建与修复，北朝规模均较南朝为大。

新建与修复有许多是分不开的，有的水利工程是疏通旧有河渠而又兴建新陂池进行灌溉。但无论如何，在魏晋南北朝战争频繁的情况下，对水利设施断断续续的新建或修复对农业生产确是发挥了作用。

此外，灌溉工具在这一时期也有了新发明。汉灵帝时，宦官毕岚创造了翻车、渴乌两种提水灌溉工具。翻车是在河边汲水的水车，渴乌是洒水用的曲筒。后经三国时马钧的改良，汲水机车更为轻便，孩童都能转动，此构造一直影响到现代农村的一些灌溉工具。东汉时杜诗曾制作过水排，三国时改作人排，原都用于鼓风冶铁，但亦可用于排灌，并且用力少，功效大。《晋书·杜预传》载，东晋时杜预曾制作出人排机械，很可能是对人排灌溉工具的一种改进。

五、粮食品种及产量的增加

两汉时期，垦田及户口数不断增加。西汉末平帝元始二年(2 年)，全国耕地达 827 053 600 亩，而当时人数为 59 594 978 口[①]，人均耕地达 13.88 亩。而东汉时和帝末年(105 年)，垦田数亦达 732 017 080 亩，人数 53 256 229 多口[②]，人均耕地 13.74 亩，与西汉大致相近，但东汉时豪强地主隐瞒的土地及人口也很多，因此，东汉垦田及人口数应该有所增长。无论如何，两汉时期出现的这种垦田数及人口数在历史上是空前的。垦田面积的扩展、人口的增加，加上农业生产水平的提高，大大促进了粮食产量的提高。

汉末三国时期，战乱频仍，人口大量减少。《三国志·魏书》中载张绣、杜恕、陈群反复强调户口的减少，“十载一在”，“不如往昔一州之民”，“比汉文、景之时，不过一大郡”。与此相应，垦田数亦大大降低。西晋时期，由于社会秩序的稳定，占田制的实行，人口激增，仍无法与东汉相比。终魏晋南北朝，军阀纷争，割据分裂，土地抛荒，人口大量耗减，但各王朝在其短促统治时期内，为巩固政权，也采取一系列劝农垦荒、发展经济的措施。比如，三国时除曹魏发展屯田，开垦荒地

---

① 参见梁方仲《中国历代户口、田地、田赋统计》，第 4 页。

② 参见梁方仲《中国历代户口、田地、田赋统计》，第 4 页。

外，蜀、吴也奖励农耕，鼓励开荒垦殖，推广犁耕；南朝刘宋时沈攸之为荆州刺史，兴修湖田，获得丰收。此后推广开垦湖田，扩大了南方耕地面积。北魏均田制、三长制、租调制的推行，使土地也得到大量开垦，并且这一时期由于农业生产的恢复与发展，人口较西晋太康年间南北人口总和还多出一倍。

1. 粮食产量的提高

汉文帝时，晁错曾说："百亩之收，不过百石。"[①]则可知亩产量在1石左右。《淮南子·主术训》又说："一人跖耒而耕，不过十亩，十亩之收，不过四十石。"又可推知为每亩4石。而前已叙及战国秦汉大小亩的不同与今市亩的比例，秦统一六国至汉武帝时仍大、小亩并行，武帝后在全国范围内推行大亩制。因晁错是文帝时人，汉初行小亩，且1石低于李悝的1.5石，亦应为小亩，则约为今0.2882市亩，而1石为今0.2市石。按今制算，每亩产量约为0.69市石，低于李悝所说。但《淮南子·主术训》大约成书于武帝时期，按此为大亩计，1亩约为今0.6916市亩，按今制推算，1亩田产麦或粟1.15石，较李悝所言为高。

东汉时仲长统在其《昌言·损益篇》中说："今通肥硗之率，计稼穑之入，令亩收三斛。"东汉亩积、斗量与西汉同，则这是大亩，亩收3石，比晁错所言高，但低于李悝及《淮南子》中所言。此外山东临沂银雀山汉墓所出土的有关亩产量的竹简，推断为"中田亩廿斗"，"上田亩廿七斗"，"下田亩十三斗"，合大亩分别为4.8石、6.48石、3.12石，完全高于李悝、晁错、仲长统等所言产量。

其实，战国秦汉亩产量推算确有困难，因为除亩制有大小外，斗量也有大小。但汉代由于生产技术的提高，无论是单位面积还是总产量都应比前代有所增长。由于耕作方式、土地肥瘠不一，各地产量差别亦大。如赵过代田法，亩产一斛，但"善者倍之"[②]，《氾胜之书》言"得时之禾，适地之宜，田虽薄恶，收可亩十石"。史料记载不一，且都属个别事例，但总的来说，西汉亩产应高于战国，而东汉亩产亦不低于西汉。

三国两晋时期，由于战争的影响，总产量虽然没有什么提高，但单位亩产有所提高，也有些高产的例子。就旱地作物而言，如曹魏时诗人嵇康在《养生论》中说良田亩收10石，《晋书·食货志》载"水去之后，填淤之田，亩收数钟"，一钟为6石，数钟一般指3钟以上，则近20石。这一时期，南方稻米产量也有高产的。《三国志·吴书·钟离牧传》载钟离牧种荒田20余亩，得米60斛，折合成谷算，以1石谷碾米7斗计，则约为4.3石。因此，《晋书·傅玄传》称精耕细作下，肥沃的屯田土地上"白田收至十余斛，水田收数十斛"。但这都并非普遍情况。总

① 《汉书·食货志》。

② 《汉书·食货志》。

的来说，魏晋大部分地区是广种薄收，然亩产平均较汉代应有所提高。

南朝时期，也缺乏史料统计，只有个别资料记载。如《梁书·夏侯夔传》载夏侯夔于豫州筑堰，"溉田千余顷，岁收谷百余万石"，平均每亩则达10石，仅能作参考。关于北朝粮食单位面积产量，也只有零星记载。如《魏书·张实传》载"亩产不过三石而已"。此时粟或麦亩产量虽为3石，但与两汉魏晋相比，北魏时亩、石都有所增大。据梁方仲统计，1石约合今0.3963市石，1亩约合今1.05市亩。[①] 若都划为今制，则1市亩可产粟或麦1.13市石，就此与前相比，产量差别不大，但也并非平均水平。

2. 经济作物的发展

经济作物作为农业生产的一部分，在汉代得到了迅速发展。主要表现为：(1)种植规模扩大，分布广泛。据《史记·货殖列传》载，在一些豪强地主庄园中经营着数量十分可观的带有商品生产性质的园圃，栽种量往往以"千树"、"千亩"、"千畦"计；崔寔《四民月令》中的庄园仅蔬菜就列有20多种；梁孝王的"方三百里"的东苑中，更是"奇果异树毕备"[②]。在两汉史籍中，所谓"桔柚之乡"、"果布之奏"或"枣栗之饶"、"园圃之利"之类的词语不绝于书；在居延汉简中，也不乏边区人对韭、葱、葵、芜菁、姜、芥等果瓜蔬菜之类经济作物种植的记载。(2)随着种植技术的提高，经济作物的种类大大增加。仅检《尔雅》、《西京杂记》二书所载，栗有近10种，桃有近10种，枣有20余种，李有20余种，其他如杏、梅等也各有多种。另外，随着张骞通西域后中西交通的发展，及汉王朝对边疆的拓展，西部及边疆地区的经济作物纷纷传至中原，像葡萄、石榴、苜蓿、胡桃、胡豆、胡麻、胡葱、胡蒜、胡椒、胡萝卜、胡瓜、红蓝花、酒杯藤、西瓜等许多经济作物开始在中原得到种植推广。(3)汉王朝对人们不太熟悉的经济作物进行积极倡导，劝农种植。如在关中及有灾之郡县倡导宿麦种植，边郡劝种桑、麻、柘之属，而在一些秋季易受灾、不得丰收的郡县，提倡种芜菁，等等。棉花大致在西汉时传入中国，但最初传入的只是非洲棉，而且多局限于西域地区，种植极为零星；其后，亚洲棉也由东南亚传入华南地区，丰富了各地的社会经济内容。[③] (4)栽培技术的提高。《汉书·艺文志》、《四民月令》、《别录》中都有专门对瓜果等经济作物栽培方法的介绍，诸如植物嫁接技术、利用温室栽培技术都已出现并应用。

---

① 参见梁方仲《中国历代户口、田地、田赋统计》，第547页。

② 《汉书·梁孝王传》、《西京杂记》卷一。

③ 关于西域棉花的引入路径，学界主要有两种说法：一说是从印度传到中亚，再传到西域的；还有一说认为是从非洲经西亚、中亚传入西域的。因为学界已经明确草棉原产于非洲，而西域的棉花实为草棉。印度则是木棉的原产地而不是草棉的原产地。（参见陈跃《魏晋南北朝西域农业的新发展》，载《中国经济史研究》2012年第3期）

魏晋南北朝时期由于战争造成人口迁移，南北交流频繁，作物品种也出现了南北之间的交流。在经济作物方面，棉花已由零星种植开始转为在局部地区种植，已扩展到新疆、两广、福建等地。如《南史·高昌传》说到新疆棉花种植，载其地“多草木，有实如茧，茧中丝如细纩，曰白叠子，国人取织以为布”。

第三节　隋唐宋辽金元时代的农业进步

隋唐宋辽金元时代是封建社会进一步向前发展、封建农业进入成熟的时期。其间虽也有大的社会动荡，民不聊生，如隋末农民起义，唐中期的安史之乱及后来的藩镇割据、军阀混战、唐末农民起义，五代十国的长期丧乱，北宋的积贫积弱及后期女真的入侵，南宋与金的对峙，元末红巾军起义，等等，不可避免地影响了社会经济的发展，使封建经济经历了波动起伏，但这一时期的农业发展还是有所进步，进入了成熟期。

一、人口的繁殖与田地的垦辟

隋代人口增殖非常迅速，杨坚夺取北周政权时有户 3 599 604，而灭陈时又得户 50 万，总计则近 410 万，人口约 3000 万，超过了西晋统一时的人口数。而到隋炀帝大业五年（609 年），迅速增加到 8 907 546 户，46 019 956 口。[①] 当然在这短短二十多年的时间内，400 多万户、近 2000 万口的增加，并非完全真正的人口增殖，尤其在开皇九年（589 年）前，其中很大程度上是隋文帝整理户籍、清查出为豪强地主所荫庇的户口数的结果。但从开皇九年到大业五年的民户增长，则主要是人口的自然增殖。因为此期间大索貌阅，检括户口的强度已大不如前；并且隋统一全国后，社会秩序比较安定，统治政策清明，经济发展快，人口必然有所增加。

人口的增加带来了农业生产劳动力的增加，因而垦田面积亦大大提高。关于隋代垦田，据《通典·食货典》载，隋文帝开皇九年（589 年），耕地面积为 19 404 267 顷，至炀帝大业二年（606 年）增加到 55 854 040 顷。虽为历史统计之数，但根据人均垦田数计算，一般以为此二者可能都不精确，尤其后一个数字更是夸大，因此杜佑在书中又说：“按时有户八九〇七五三六，则每户合得垦田五顷余。恐本非史实。”尽管存在记载之误，但隋代垦田面积较前大为增加，则是事实。

隋唐之际，由于暴政及战争对社会经济的破坏，造成人口锐减，因而唐初全

① 参见梁方仲《中国历代户口、田地、田赋统计》，第 6 页。

国户数只有200多万，贞观初也不满300万。从贞观十三年(639年)到天宝十四载(755年)，是唐前期户口逐步恢复上升时期，开元十四年(726年)，已达700万户，天宝十四载(755年)更是增加到8 914 709户，52 919 309口[①]，这与国家检括民户有关，但也是“贞观之治”、“永徽之治”、“开元盛世”下政治清明、社会稳定、人口自然增殖的结果。

人口增加是田地垦辟的结果，进而也成为田地垦辟的动力。唐前期垦田数逐渐增加。按《通典·食货典·田制》记载，天宝年间，应受田数约为14 303 862顷，但这并不可说成是实际垦田数。经王仲荦先生的论述推断，此间垦田数约为750万顷[②]，比较符合事实，与西汉最初垦田数相近。因此，唐初“自伊、洛以东，暨乎海岱，灌莽巨泽，苍茫千里，人烟断绝，鸡犬不闻”[③]的景象，到开元、天宝年间，已代之为“耕者益力，四海之内，高山绝壑，耒耜亦满”[④]的状况了。

隋至唐前期的户口分布总体上与前代大致相同，但仍偏重于北方。河南、河北为户口最密集区，有所谓“大河南北，人户殷繁，衣食之源，租赋尤广”[⑤]之说。这主要是因为北方，尤其华北平原地区，虽经魏晋南北朝之动荡，但其原有基础雄厚，且仍为国家统治中心，在全国安定统一的局面下，发展势头仍然较猛，经济还是处于全国之重心。但南方从魏晋到唐前期，经济得到了长足的发展，南北户口差距在逐渐缩小，而且南方更有农业发展的潜力。

公元754年冬，安史之乱爆发，黄河中下游地区成为战场。战争历时七年多，北方经济受到很大破坏。乱后出现的藩镇割据，使北方再次惨遭劫难。战乱必然引起民户遽减，唐元和时期，户数较开元、天宝时期相比，已大大降低。宪宗元和二年(807年)编户为244万户，仅占天宝十三载(754年)民户的25.4%。以后虽户口有所回升，但到武宗会昌五年(845年)，也仅为天宝十三载的51.6%。当然，唐中后期民户的减少亦与战乱造成户籍隐漏、管理失控有关。但北方战祸连年，经济残破，必然也导致人口的死亡与逃亡，使编户大减。其中，河北、河南、关内由于战争集中，人口更是大为减少。如宋州(今河南商丘)、光州(今河南潢川)、鄜州(今陕西鄜县)元和时户数分别为开元时户数的1/20、1/30、1/40[⑥]。而此时南方由于北方人口的移入、原有经济的发展、环境的相对安定、人口的自然增殖等原因，有些地区民户实际有所增加，如《元和郡县志》所载的襄

① 参见梁方仲《中国历代户口、田地、田赋统计》，第6页。

② 参见王仲荦《隋唐五代史》，上海人民出版社1988年版，第373～376页。

③ 《旧唐书·魏徵传》。

④ 元结：《元次山集》卷七《问进士》。

⑤ 《册府元龟》卷四八七《赋税一》。

⑥ 参见梁方仲《中国历代户口、田地、田赋统计》，第96～104页。

州、鄂州、饶州、苏州、泉州、广州、安南等地即是如此。再加上没有著籍的、隐漏的人口存在，南方人口会更多。可见，这时期，人口重心开始南移。

唐王朝灭亡后，出现五代十国的大分裂，北方民户有减无增，而且田地大量荒芜。到后周世宗时，由于统治清明，奖励农田开垦，又检括民户，在显德六年(959 年)全国编户达到了 230 万，已属五代之最。

宋初以来，户口又得以增长。从 960 年的 487 万户至 1110 年的 2088 万户，增长了 329%，平均每年递增 9.76‰。[①] 并且宋初土地大片荒芜的现象，在人口不断增加、政府积极劝垦、发展屯田的情况下，得到较大的改观。开宝九年(976 年)垦田数为 204.3 百万亩，到元丰六年(1083 年)，即达到 833.3 百万亩，在 107 年的时间内，增加了 308%，超过了同期人口增长速度。[②]

北宋的人口稠密区主要集中在南方，北方只有一两个地方人口较密集。这是中唐以后人口重心南移、南方发展速度渐超北方的结果。并且在这一时期，南方人民因地制宜，开展“圩田”、“沙田”、“架田”、“山田”等多种形式的农田生产，使耕地面积大大增加，这一直影响到南宋及元。

辽、金时期是古代少数民族契丹、女真统治时期，主要统治区域在北方。辽原以畜牧业为主要生产部门，后来农业比重不断增长，特别是辽统治者占据燕云、渤海地区后，尤为重视农业，曾多次下令鼓励垦荒。如统和七年(989 年)，诏“燕乐、密云二县荒地许民耕种，免赋役十年”[③]，以后又多次下诏劝垦，辽海地区终于出现“编户数十万，耕垦千余里”[④]的繁荣景象。

女真族在与汉族的交往接触中，也逐渐改变了以游牧、狩猎为主的经济格局，开始注重农业的发展。在灭北宋而统治中原后，曾着力恢复经济，鼓励耕垦官田，并把垦荒与官员奖惩、农民纳租相联系，因此，在河北、河东、山东地区出现了“寸土悉垦”[⑤]的局面。从熙宗到章宗统治的半个世纪里，尤其是金世宗时推行的政策，使北方农业经济得以恢复与发展，人口逐渐增殖。金世宗大定初年(1161 年)，全国才 300 多万户，到大定二十七年(1187 年)，增到 678 万户、4470 万口。章宗泰和七年(1207 年)，又增加到 768 万户、4580 多万口[⑥]，已与北宋末年北方户口大体相似。

南宋统治区域虽只有北宋的 2/3，但由于北方人民的不断南迁及南方经济

---

① 参见田昌五、漆侠主编《中国封建社会经济史》第 3 卷，第 29 页。

② 参见田昌五、漆侠主编《中国封建社会经济史》第 3 卷，第 50 页。

③ 《辽史·圣宗纪》。

④ 李焘:《续资治通鉴长编》卷二七。

⑤ 赵秉文:《闲闲老人滏水文集》卷十一《保大军节度使梁公墓铭》。

⑥ 《金史·食货志》。

的继续发展，人口逐渐上涨，至元十三年（1276年）元灭南宋时，已达到9 370 472户。[1]

金元之际，由于中原连年战争，北方农业生产又惨遭破坏。元初采取了一系列重农政策来恢复，尤其是忽必烈统治时采取退牧还耕、招集流民、鼓励垦荒、发展屯田等措施，垦田面积逐渐增加，只是缺乏统计。至于元朝人口，元初时，北方人口锐减，中统三年（1280年），仅剩1 476 146户。以后在农业生产恢复的基础上缓慢发展。至元二十八年（1291年），北方人口已达到1 999 444户[2]，而此时全国总人数为14 002 760口，可见南方人口已大大超过北方。统一南北后，经济总体又有所前进，南北人口也渐有增长。直到元代中后期，农业生产出现衰败，从而影响到人口的增长。

二、生产技术的改进及水利事业的兴修

这一时期，生产技术及水利事业都发展到了一个新阶段，尤其是南方水利的兴修，更是体现和推动了南方经济的发展。

先看农用工具。在翻土整地方面，这一时期最突出的就是犁的结构的又一次重大改进，可从晚唐人陆龟蒙所著的《耒耜经》中的江东犁看出。此犁由11个部件构成，分别为铁制的犁镵、犁壁和木制的犁底、压镵、策额、犁箭、犁辕、犁梢、犁评、犁建、犁盘。与前代辽东长辕犁及齐人尉犁相比，江东犁有几大特点：其一，犁辕已缩短，并由直辕改为曲辕，犁重减轻，单牛牵引即可，因而操作灵活，易于转弯；其二，不仅犁镵比较锐利，而且微呈椭圆形的犁壁，能掀翻犁镵破起的土块，利于深耕；其三，添置了犁评，通过对其控制，可调节入土的深浅。随着农业发展的深入，犁的装置又多样化了，除了传统的耕垦生、熟地的犁镵、犁铧，还出现了分别耕垦沼汙、蒿莱、海濡之地的犁盗、犁刀、镂锄等。女真人就善用犁刀，牵挂于犁铧一侧，开垦荒地。而元代铁犁已改进为一种组合式的装置，“盘以直木，长可五尺，中置钩环，耕时旋换犁首，与轭相为本末，不与犁为一体”[3]。即可根据需要，安装不同的犁头。

耕犁一般应以畜力牵引，但在耕牛缺乏的情况下，只好用人力。北宋时创造了用人力推动的踏犁，使用踏犁翻土，四五个劳动力的功效可相当于牛耕的一半，从而满足了畜力不足地区耕田的需要。

除江东犁外，《耒耜经》中还提到江南使用的农具耙、砺碎、碌碡等，所谓“耕

---

① 《元史·世祖纪六》。

② 《元史·世祖纪十三》。

③ 王祯：《农书·农器图谱》。

后而有爬……爬而后有砺碎焉，有碌碡焉”。“爬”即“耙”，形似梳子，带有铁齿的木柄。犁耕后，要用耙碎土除草，再用木制的砺碎把耙后的碎土在水田中疏散平整，才能插秧栽禾。碌碡也是一种压土工具，耙、砺碎有齿，而碌碡仅有觚棱，隋代以前就已有，水陆皆可用。这几种农具一般都使用牲畜牵曳，也有人力手工直接使用的“人字耙”，用以除草、平整土地。元人王祯《农书》中还介绍到一种用牛挽拉的方形齿耙，为把一些硬结的土块碎松，可在此耙上加石块或其他重物，以增大压力。

我们知道，在中耕除草方面，除可使用耙外，还有锄、铲、耨等。唐代，锄、铲使用已普及边疆，宋元时期，这类工具又得以改进、创造。北宋时，已有专用于除草的弯锄、镫锄等。尤其是一种状似短镰的剷刀，不仅锋利，且背部加厚，既可用于除草，也可耕垦荒莱，“省力过半”。元代，南方江浙一带出现了一种先进的农具“耘荡”，此“既胜耙锄，又代手足，况所耘田数，日复数倍”①。

在播种收获方面，这一时期，尤其是宋元时代，改进、创造了许多农具。如插秧用的秧马，北宋时由湖北鄂州农民创制，形似小船。骑在秧马上插秧，既能减轻疲劳，又可提高效率，达到“日行千畦”②。还有播种用的耧车，元代劳动人民又有改进，创制了一种新型耧车，车上直接配加了肥料箱与砘车，“于耧斗后别置筛过细粪，或拌蚕沙，耩时随种而下，覆于种上，尤巧便也”，再用砘车随即碾压，“使种土相着，易为生发”③，从而使下种、施肥、压土一次性完成。收割工具方面，在唐代出现了两头窄、中间宽的镰刀，对收割极为便利；元时还创制了一种快速收麦器，由麦笼、麦钐、麦绰等组合配套而成，“一人日可收麦数亩”④，十分先进。

在灌溉提水方面，传统的桔槔、辘轳虽仍有使用，但已显得比较落后。这时期，人们主要使用一些先进的水车，除前代的翻车外，唐时还发明了连筒、筒车、桶车、水轮等效率更高的水车。所谓连筒，据王祯《农书》载，就是连接一根根粗竹，并打通竹内关节，放于平地或架越沟谷引水，可注池沼，也可浇田圃。所谓桶车，就是“以木桶相连汲于井中”⑤。而筒车，则是运用纺车原理，依靠水力运转的带有成串木筒或竹筒的轮子，从井中提水或汲低处水于高处，其效率如《农书》所言，“以灌田稻，日夜不息，绝胜人力”。水轮制作与翻车相同，只是把人踏改为水力运转，既节省人力，功效又高，远胜于人踏车。其形制有立轮、卧轮两种，可

① 王祯：《农书·农器图谱》。
② 王祯：《农书·农器图谱》。
③ 王祯：《农书·农器图谱》。
④ 王祯：《农书·农器图谱》。
⑤ 王安石：《临川集》卷八《山田久欲坼》。

随水势不同而使用。宋元时期是我国古代水车大发展时期，无论数量还是制造技术都大大超过前代。此时期，水车运用已是常见。北宋时，兼具排灌功能的龙骨翻车已被南方农民普遍使用，这在咏农诗中多见，如："龙骨已呕哑，田家真作苦"，"踏车激湖水，车众湖欲竭"[①]。在元代，除人踏、水转翻车外，又有了牛转翻车，与人力相比，功效提高几倍。尤其是王祯在前人基础上设计了高筒转车，利用水力，可提水高10丈，而两车相接，又高达20丈，非常适用于高田低水区的灌溉。

农业生产工具对农业发展至关重要，而农田技术管理也直接影响到土地的利用及粮食产量的增加。这一时期，精耕细作程度越来越高，人们在治虫、施肥、耕作上积累的经验更加丰富。唐开元四年(716年)，宰相姚崇根据蝗虫夜间赴火的常识，指出"夜中设火，火边掘坑，且焚且瘗，除之可尽"的除蝗办法，汴州刺史倪若水据此消灭了蝗虫14万石，"投汴渠流下者不可胜纪"[②]。宋陈旉的《农书》及元王祯的《农书》则突出反映了当时农民对积肥、施肥的重视。时民间流传着"用粪如用药"、"惜粪如惜金"等说法，强调根据土质的不同，使用不同的肥料，可使瘠田变沃土，达到保存地力、增加收获的效果。由此需要积制肥料，扩大肥源。宋元农民已经认识到草粪、苗粪、泥粪、火粪等都是很好的肥料，甚至"一切禽兽毛羽，肤肌之物，最为肥泽，积之为粪，胜于草木"[③]。此外，耕作技术也进入到一个新阶段，尤其是南方一些先进的农业生产区，如江浙一带，种植水平较高。为达到深耕，秋收后、秋冬、春二月等季节再三耕、耖、耙，以使土细如面；而为求熟耨，同时重视中耕除草，更是"三遍耘田，次第转折，不曾停歇"[④]。王祯《农书》载，宋、元民间已有"谷锄八遍饿杀狗"的谚语。宋时两浙地区的"靠田"、"还水"也很有名，即在苗长到一定程度后的大暑时节，决放田中水，让太阳曝晒，而坚固苗根，是为"靠田"；而在苗根得以坚固后，再车水入田，则为"还水"。由此，可使稻苗遇旱不枯，日渐旺盛，达到胜于田粪的效果。

当然，农业的发展更离不开水利事业的兴修。这一时期，农田水利又迈上了一个新台阶，尤其是南方水利事业迎来了一次高潮，并逐渐在历史上超过了北方，有力地推动了经济重心的南移，促进了南方农业经济的进一步开发。

隋唐前期，全国的经济重心还在北方，因此，水利工程建设也偏重于北方，南方相应地取得了一定程度的发展。隋朝修复改造了许多水利工程，如在蒲州(今

---

① 张耒：《张右史集》卷十三《旱稻》。

② 《旧唐书·姚崇传》。

③ 王祯：《农书·粪壤篇》。

④ 黄震：《黄氏日钞》卷七八《咸淳八年春劝农文》。

山西永济)"引溪水、立堤防,开稻田数千顷,民赖其利"[①]。在寿州(今安徽寿县)又修复旧有芍陂,溉灌农田达5000余顷。而唐政府更是重视农田水利的兴修。中央工部设有水部郎中和员外郎各一人,掌全国水利事宜。史载,唐前期130多年中,修建的水利工程多达160项,分布于全国广大地区,其中,北方所占多达2/3。如:关中地区,大历年间,在旧有郑国渠、白渠的基础上,又开郑、白支渠,恢复秦汉故道,以溉民田;武德年间,在同州(今陕西大荔)开渠从龙门引黄河水,灌田6000多顷。而黄河下游地区,开元年间,在新息(今河南息县)疏浚了玉渠,溉田3000余顷。此外在河东地区,714年,在山西文水县(今山西文水),开甘泉、荡沙、灵长、千亩四渠,引文谷水溉田达数千顷。北方多是开渠引水灌溉,而南方则注重于修筑堤堰、陂塘等蓄水工程。如贞观年间,在扬州引雷陂水,筑沟城塘,溉田达800多顷;在莆田(今福建莆田)筑诸泉塘,沥葬塘,永丰塘、横塘、颉洋塘、国清塘,总溉田1200顷。开元年间,在彭山(今四川彭山)修筑了一条通济大堰、十条小堰,自新津邛江口引渠南下,长60公里,溉田达1600顷。这些灌溉工程对唐前期农业生产的发展发挥了重要作用。

中唐后及五代,全国经济重心开始南移,南方掀起了水利建设的热潮,而北方受战争动乱的影响,则处于一个相对低落时期。从《新唐书·地理志》看,唐后期修筑的水利工程,南方已显著多于北方,占总数的4/5以上。如唐代宗时,在今江苏句容绛岩湖周围开置水塘,立斗门调节水旱,开田万顷。唐德宗时,湖北江陵人民修建堤堰,开良田5000顷。宪宗时,常州武进县人民开孟渎渠,长20多公里,引江水溉田4000余顷。此外,扬州节度使李吉甫在高邮筑堤为塘,溉田亦达数千顷。同时南昌人民修筑大小陂塘598个,建斗门以节江水,溉田达12 000多顷。大大小小的水利设施不仅能灌溉土地,开辟良田,而且有的还能防治水害,保护农田。如代宗大历年间,在今江苏淮安至南通一带修筑长71公里的长堤,就是为防止海潮,保护农田生产。五代南方各国都重视水利灌溉及抵御水害,防水治水。通过利用江南的河流、湖泊,修筑了大量的堤堰、石塘,"旱则运水种田,涝则引水出田"[②]。其中有吴和南唐在丹阳疏浚练湖,在句容疏浚绛岩湖,在楚州筑白水塘,在寿州筑安丰塘,以及楚在潭州筑龟塘,后蜀在褒中(今陕西汉中褒城)凿大洫等,溉灌田地少者达数千顷,多者则达万顷以上。尤其是吴越的水利事业最为发达,其在各州都设有都水营田使,境内几乎每条河浦都修有堰闸。而在沿海地区也修建了许多堤坝,最为著名的是杭州的捍海石塘。因钱塘江入海处的农田经常受海潮袭击,吴越君主钱镠就从六和塔至艮门山一带

---

① 《隋书·杨尚希传》。

② 吴任臣:《十国春秋》卷七八。

大规模修筑石堤，用竹笼装巨石，堆砌大堤，堤外再打下大木桩加以巩固，从而达到了保护农田的目的。同时，还通过在钱塘江边造堤堰、水闸，阻止江水倒灌入西湖，疏浚了西湖，使湖水能灌溉杭州周围的大片农田。这一系列水利设施的兴建，有力地推动了南方农业的发展。

宋辽金元时期，北方水利事业有了一定程度的恢复与发展，南方水利工程在有利的形势下，又有了显著进展。北宋一朝，修复旧有渠堰，扩建新的陂塘，特别在神宗朝王安石变法期间，“人人争言水利”[①]，在全国掀起了一个规模空前的农田水利建设高潮，仅在熙宁三年至九年间就修建了10 793处水利工程。[②] 水利事业大大超过前代。在北方关中地区，仁宗、神宗时多次重修郑国渠、白渠，灌田再次达到3万余顷。在河北地区，为推广水稻种植，又修建了许多陂塘、堤堰，引淀水灌溉。尤其在河北路一带，仁宗时曾引相、卫、邢、赵诸水，注入天平等渠，灌溉田地达数万顷。而在南方许多地区，又修复兴建了大大小小的堤堰、陂塘。尤以江苏、浙江、福建最为发达。其中比较著名的有江北捍海堰、浙江捍海石塘、钱塘江堤及福建莆田县的木兰陂等工程。江北捍海堰在淮南沿海，建设工程巨大，召集了通、泰、楚、海四州的民夫修成，全长250多公里。此堰修成后，不仅使近海民田免于海潮的倒灌，而且还使沿海碱卤之地被改造成了良田。吴越钱镠时修建的浙江捍海石塘，因年久失修，又使沿海农田受灾。北宋时重修，从今杭州经海宁、海盐、平湖至金山沿海，修筑了高约13米，宽约13米，全长150多公里的石塘，并派兵随时加以维护、修治，有效地保障了这些地区沿海农田的生产。钱塘江堤也是一个规模较大的捍海堤塘，经过了多次修筑。真宗时，李溥吸取了钱镠建捍海石塘的经验，以竹笼装石，砌成大堤，堤外打上木桩，以巩固抵御海潮侵袭的能力。此外莆田木兰陂工程是一项实施灌溉兼防潮的巨大工程，此乃北宋在1064～1075年间，于木兰溪边建起的一道大水坝。陂宽80米，高10余米，长160余米，另有沟渠、斗门、海堤、涵洞等工程，既能阻挡下游海潮的侵蚀，又能截蓄上游的溪水，达到了防洪、蓄水、排灌目的，收到了使周围万余顷田地得以灌溉的功效。

南宋建立后，宋金并立时期，南方各地兴建的水利工程大大超过北宋时期。史载：“南渡后，水田之利，富于中原，故水利大兴。”[③]其中较大的工程有绍兴年间潭州（今湖南长沙）知州吕颐浩募民修复的龟塘，可溉田万顷；其后不久，兴元府（今陕西汉中）知府吴拱率民修复的山河堰，“凡溉南郑、褒城田二十三万三千

① 《宋史·河渠志》。

② 《宋会要·食货》六一之六八。

③ 《宋史·食货志》。

亩有奇"[①]。而尤以苏、浙、闽三省居多,并形成了太湖流域排水灌溉网。这些新的陂、塘、堤、堰的兴建,有利于围湖造田,扩大土地的利用范围,加速南方农业的发展。

辽及金初,人为及自然的原因,使北方水利受到一定程度的损坏。金代熙宗以后,开始慢慢有所恢复。如1138年,临洮府尹兼熙秦路兵马都总管庞迪组织陕右民众,"开渠溉田,流民利其食,居民籍其力,各得其所"[②]。1141年,同知京兆尹权陕西诸路转运使傅慎微"修复三白、龙首等渠以溉田……民赖其利"[③]。1188年,定平县令卢庸也"引泾水溉田,民赖其利"[④]。除灌溉外,防治水害,也是金代水利建设的大项。如1163年,滹沱河又泛滥成灾,深泽县令刘仲洙"极力护塞,竟无害"[⑤]。1168年,滹沱河又泛滥真定,金世宗"命发河北西路及河间、太原、冀州民夫二万八千,缮定其堤岸"[⑥]。黄河在金代"数十年间,或决或塞,迁徙无定",多次发生险情,危害农田生产及人民生活,为此政府组织民众进行了多次筑堤、治理。此外,还制定了专门的赏罚制度,规定:"沿河京、府、州、县长贰官皆于名衔管勾河防事,如任内规措有方,能御大患,或守护不谨以致疏虞,临时奏闻,以议赏罚。"[⑦]取得了一定成效,在一定程度上减轻了黄河的危害。

元代兴修的水利工程,尤其是在南方地区的水利工程,虽比不上宋代,但也有所恢复、进展。元初曾设立都水监与河渠司,专掌水利,规定:"凡河渠之利,委本处正官一员,以时浚治。或民力不足,提举河渠官相其轻重,官为导之。地高水不能上者,命造水车。贫不能造者,官具材木给之。"[⑧]郭守敬做都水少监时,就曾亲自坐镇华北、西北指挥,增辟了万顷水田。因此,水利工程建设逐步得以恢复。在北方,元世祖时期,治理黄河,疏通旧有河渠,开辟了济州河、会通河、通惠河,从而沟通了南、北大运河。元初对陕西三白渠的修复,直到元后期,仍可灌田7万余顷。而在南方,继续了南宋时期对练湖、太湖、鉴湖的疏浚工程。成宗时,在平江路前后修建河渠闸堰78所。英宗时又对淀山湖、太湖、吴淞江等进行治理、疏浚,全面排涝、灌溉。而在沿海地区,除浙江捍海塘外,在海盐、华亭、盐官州等地都修复或兴建了捍海工程,保护了农业生产,从而"水息民安"[⑨]。

---

① 《宋史·食货志》。
② 《金史·庞迪传》。
③ 《金史·傅慎微传》。
④ 《金史·卢庸传》。
⑤ 《金史·刘仲洙传》。
⑥ 《金史·河渠志》。
⑦ 《金史·河渠志》。
⑧ 《元史·食货志》。
⑨ 《元史·河渠志》。

除大型水利工程外，这一时期，尤其是南方各地遍布了一系列小型水利设施，如陈旉《农书》所载："若高田，视其地势高，水所会归之处，量其所用而凿为陂塘，约十亩田即二三亩以潴蓄水。"由此保证了南方水稻等作物种植所需的灌溉。

由于水利工程的兴修，扩大了水稻种植面积，同时促进了南北作物品种的交流，尤其是出现了这时期极有特色的土地利用，增辟了农田开垦的范围。

三、作物品种的交流及土地利用的扩大

隋唐时代，北方水稻种植面积有了扩展，如长安、河南道、洛阳等地，都有一定的生产，但旱作地区仍以种植稷、麦、桑、麻为主。当时，华北平原农业发达，一年两熟的粟麦轮作发展很快。而南方麦作生产随着中唐后大量北人的南移，不断推广，尤其是稻麦轮作范围也有所扩大。樊绰《蛮书》中谈到云南曲靖以南、滇池以西地区在每年八月收割水稻后，即于十一月、十二月之交种植大麦，而来年四月，大麦即熟。但水稻栽培仍是南方最主要的。随着水利事业的发展，水平又有显著提高，如水稻移植已渐普遍，这不仅能弥补水分供应的不足，而且土壤环境的改善，非常利于稻秧的继续成长。张籍《江村行》中就描写到移秧的长势："江南热旱天气毒，雨中移秧颜色鲜。"

北宋时期，南北农作物品种得到进一步交流，原江北农民杂种五谷、江南农民专种粳稻的现象又有所改变。随着北方灌溉的发展及南方防旱的需要，北方稻田、南方麦田面积逐渐扩大。如太宗淳化年间(990～994 年)，因河北连年水灾，临津县令黄懋率 18 000 名兵士，在雄州、莫州、霸州、平戎军、顺安军等地修建了 300 公里长的渠堰，并引淀水灌溉种植水稻。获得成功后，这种栽培早稻的方法又向河南北部、河北南部等地推广。而在南方，宋太宗时，为防水旱，就"诏江南、两浙、荆湖、岭南、福建诸州长吏，劝民益种诸谷，民乏粟、麦、黍、豆种者，于淮北州郡给之"①。仁宗时，陈尧佐知惠州，亲自教导当地农民种麦，"是岁大获，于是惠民种麦者众矣"②。此外，一些优良的粮食品种也得到推广，其中最为著名的即是占城稻。占城当时是一国家名，位于今越南中南部，此地出产的水稻即占城稻具有抗旱、耐涝、生长力强、生长期短、"不择地而生"的特点，并且穗长、无芒，得米率高，因此适于普遍栽种。大约在北宋以前就已传入福建，而在大中祥符五年(1012 年)，因江、淮、两浙地区大旱，宋真宗遣使到福建，取占城稻种 3 万斛，分给江、淮、两浙三路农民种植。此后，这种优良品种不断向北推广。

南宋时，南方麦的种植渐趋普遍。这主要是由于北人的大批南迁，所谓"中

---

① 《宋史・食货志》。

② 郑侠:《西塘集》卷三《惠州太宁陈文惠公祠堂记》。

原士民，扶携南渡，不知其几千万人"[①]。他们对于面食的要求，造成麦价上涨，种麦获利较高，因此，南方大量种麦，江、浙、湖、湘、闽、广地区所种的春小麦，"极目不减淮北"[②]。另外，由于江南地区种植占城稻的时间大致是在每年的农历二月中旬至三月上旬，这样在秋季收获完占城稻后，还有较长的一段时间可以用来种植麦类作物。由于这种耕作方式有效地提高了对可耕农田的利用效率，所以，在江南许多地方都形成了稻、麦两熟耕作制，出现了"处处稻分秧，家家麦上场"[③]、"插秧收麦喜村村"[④]的景象。此外，占城稻与粳稻相比，其优点进一步得到了体现。南宋初年，江南西路所种稻田，十分之七八即是占城稻，而苏、湖一带大片稻田也改种了占城稻，其时，占城稻已逐渐成为南方劳动人民的主要食粮。

金代由于水利灌溉事业的发展及受汉族农业生产的影响，金代女真人在北方也开始推广水稻的种植，尤其是章宗时期，政府曾多次下诏开发水田。从文献记载看，金代在中原种植水稻的地区有南京路之单州、邓州，河东南路之平阳府、怀州，山东西路之曹州、邳州，山东东路之沂州，中都路之安肃州、涿州、高梁河、卢沟河沿岸以及京兆府路之泾阳县。而政府大力开发的则是河南南阳地区。[⑤]

元代实现了南北统一，使农作物交流更加广泛，但主要的仍是江北的粟、麦、黍、豆向南方的进一步推广，南方水稻向北方的新进展，水稻种植远远超过其他作物而成为元代的主要粮食作物。北方地区仅仅是河南一地，甚至在元中后期经济发展衰颓的情况下，还有以大都为中心的西至西山，东至迁民镇，南至保定、河间，北至檀州、顺州等地水稻的大量栽培，且"岁常大稔"[⑥]。

伴随着水稻种植的推广，土地的开垦，南方长江中下游地区田地的开发范围不断扩大，主要是圩田、梯田、淤田、涂田、湖田等的垦辟。

圩田，即围田。因江南水乡地区，江河湖泊周围多低洼地，河身高，田面低，使田地易受水涝之灾。由此劳动人民在洼地周围筑成堤坝，内以围田，外以隔水（如在湖边洼地构筑，又可叫"湖田"），构成一块块如城状的圩地。每圩方圆数十里，沿堤建有水闸，"旱则开闸引江水之利，潦则闭闸拒江水之害"，以增强抵御自然灾害的能力，从而"旱涝不及，为农美利"[⑦]，保证了田地的稳定收成。南宋杨

① 李心传：《建炎以来系年要录》卷八六。
② 庄季裕：《鸡肋编》卷上。
③ 陆游：《剑南诗稿》卷二七《五月一日作》。
④ 杨万里：《诚斋集》卷三一《夏日杂兴》。
⑤ 参见田昌五、漆侠主编《中国封建社会经济史》第3卷，第478页。
⑥ 《元史·脱脱传》。
⑦ 范仲淹：《范文正公集·奏议》卷上《答手诏条陈十事》。

万里即有诗云："圩田岁岁镇逢秋，圩户家家不识愁。"[①]元人王祯也赞誉道："实近古之上法，将来之永利，富国富民，无越于此。"[②]

五代时期，南唐和吴越人民就已开始修建圩田，宋元时逐渐增多。北宋中期以后，太湖流域及长江沿岸江宁、芜湖、宁国、当涂等地，兴建了大批圩田，北宋中叶，仅从宣州（今安徽宣城）到池州（今安徽贵池）就有千亩以上的圩田。南宋时人卫泾曾说："三十年间，昔之曰江、曰湖、曰草荡者，今皆田也。"[③]这一时期，当涂、芜湖两县圩田已占全县农田面积的十之八九。浙西在宋时有围田 1489 所，到元朝，已有 8829 围。圩田不仅数量多，而且规模也大。建康新丰圩，"圩四至相去皆五六十里"[④]；宣州化成、惠民二圩，"相连长八十里"；芜湖县万春、陶新、政和三官圩，"共长一百四十五里"；当涂县广济圩，"长九十三里"，私圩"长五十里"[⑤]。尤其是芜湖的万春圩，"其为博六丈，崇丈有二尺，八十四里以长"。"夹堤之脊，列植以桑，为桑若千万。堤中为田千二百七十顷……圩中为通途二十二里以长，北与堤会，其袤可以两车。列植以柳，为水门五"[⑥]。可见其长、宽、高及内中构造之繁。

梯田，又名"山田"，为南方人民在山坡开垦出的类似梯形的一层层水平的田地，田内一般引水灌溉，种植水稻。农民开山为田，为前代早有，但垦辟梯田，种植水稻，主要在宋代才出现。宋时，福建和五岭山区、湖南湘江两岸开辟了大量山田。如福建山区农民"缘山导泉"[⑦]，在山里种植水稻；江西抚州、袁州等地农民开垦山坡，层层而上，直达山顶，"山耕而水莳"[⑧]，栽培水稻。南方山地不仅得到了充分利用，而且被改造得极其美丽。正如杨万里所描写的："翠带千根束翠颠，青梯万级拾青天。"[⑨]

淤田，又叫"沙田"。沿河、沿江两岸因泥沙沉淀形成的沙滩地，经开垦成田，则为淤田或沙田。此在北方较多，如北方的深、冀、沧、瀛间，黄河、滹沱河、漳水等夹带了大量泥沙，泛滥后沉淀，在两岸留下了肥沃的沙土，开垦后则为美田。而"淤淀不至处，悉是斥卤，不可种艺"[⑩]。在南方，长江下游两岸，泥沙也易淤积

① 杨万里：《诚斋集》卷三四《题广济圩》。
② 王祯：《农书·农器图谱》。
③ 卫泾：《后乐集》卷十三。
④ 马端临：《文献通考·田赋考六》。
⑤ 李心传：《建炎以来朝野杂记》卷十六《圩田》。
⑥ 沈括：《长兴集》卷二一《万春圩图记》。
⑦ 李焘：《续资治通鉴长编》卷三四。
⑧ 王安石：《临川集》卷八三《抚州通判厅见山阁记》。
⑨ 杨万里：《诚斋集》卷十三《过石磨岭岭皆创为田直至其顶》。
⑩ 沈括：《梦溪笔谈》卷十三《权智》。

成田。淤田一般土质好，水源足，产量也高，"比之他田，其收十倍"[①]，由此比较有吸引力。劳动人民往往不是等待河水的自然泛滥，而是直接引水灌淤田地。汉代即有淤田，宋代则是大发展时期。真宗时，应天府（今河南商丘）西一带，人们开汴河，灌淤田地数百顷。神宗时，王安石变法，在各地兴修水利的同时，也在今河北、河南、山西、陕西等省沿河、沿江地区大兴淤田，原来的许多盐碱斥卤地被变成沃壤。如熙宁八年（1075 年），宦官程昉在河北兴修水利，"所开、闭河四处，除漳河、黄河外，尚在溉淤及退出田四万余顷。自秦以来，水利之功，未有及此者"[②]。

除圩田、梯田、淤田外，还有在广阔水面上，用木桩做架，"以葑泥附木架而种艺之"的架田，在沿海海滨作堤，冲洗带有盐分的淤积泥土，垦辟而成的涂田等，都是这一时期人们争取土地、增加种植面积的手段。由此，也大大推动了农业生产的发展。

四、经济作物的推广及粮食产量的增加

饮茶之风原在南方盛行，六朝以后，渐染北方，尤其是中唐以后，茶风极盛。不产茶的北方已是"茶为食物，无异米盐"[③]，茶叶成为南北人民的日常饮料之一。同时，在与突厥、回纥、靺鞨等少数民族的互市中，茶叶为其中大项。甚至在中外通商贸易中，作为土特产品，茶叶成了重要输出品。社会需求量的增加，刺激了南方茶叶的生产，植茶面积不断扩大，茶产区遍及今四川、云南、湖南、江西、贵州、浙江、安徽、江苏、福建、广东、广西等南方诸省区各个州的丘陵、山坡地带。茶户也逐渐增多，史载江淮人"什二三以茶为业"[④]；祁门地区，"山且植茗，高下无遗土。千里之内，业于茶者七八"[⑤]。由此茶的产量、运输量及消费量大增，湖、常二州的紫笋茶常作贡品，"贞元以后，每岁以进奉顾山紫笋茶，役工三万人，累月方毕"[⑥]；而饶州浮梁茶也极其有名，"万国来求"[⑦]，"每岁出茶七百万驮"[⑧]。当时从南方运往北方的茶叶，"舟车相继，所在山积，色额甚多"[⑨]。不仅仅在南方，北方的一些城市里也已有专门煎茶出卖的茶店，"自邹、齐、沧、棣，渐至京邑，

① 苏辙：《栾城集》卷四二《论开孙河札子》。

② 李焘：《续资治通鉴长编》卷二六三。

③ 《旧唐书·李珏传》。

④ 《册府元龟》卷五一〇《重敛》。

⑤ 《全唐文》卷八〇二《祁门县新修阊门溪记》。

⑥ 李吉甫：《元和郡县志》卷二五《江南道四·湖州长城县》。

⑦ 封演：《封氏闻见记》卷六。

⑧ 李吉甫：《元和郡县志》卷二八《江南道四·饶州浮梁县》。

⑨ 封演：《封氏闻见记》卷六。

城市多开店铺，煎茶卖之，不问道俗，投钱取饮”[①]，更是促进了茶叶的生产及茶品贸易。唐德宗建中元年（780 年），开始征收茶税，饶州浮梁在大和年间，每岁茶税“十五余万贯”[②]，后来政府又专置榷茶使。征收茶税成了唐后期财政收入的重要来源之一，并一直影响到后代。此外，有关茶叶的著作也不断出现。唐德宗时人陆羽所作《茶经》，是我国第一部关于茶叶采制和饮用的专著。此后斐汶的《茶述》、李肇的《国史补》对名茶的介绍、品评及传播都起了积极作用。

五代十国时期制茶业极为发达，茶树在闽、楚、南唐、吴越、蜀等南方诸国大量种植，茶叶成为南北贸易的大宗。楚王马殷在汴、荆、襄、唐（今河南唐河）、郢（今湖北钟祥）、复（今湖北沔阳）六州设置回图务，运茶到大河南北去卖，再买回衣料、战马，从中获利达到“岁百万计”[③]。同时他还“令民自造茶”[④]，由此每年向中原王朝的贡茶就能达 25 万斤。南唐的“京挺”乳茶极为有名，“乳泛汤面，与熔蜡相似”[⑤]。此外，民间茶市贸易继续存在，官府往往从中抽取重税。南平的首都江陵就是当时最大的茶市。

宋元时期茶的种植在唐的基础上又有了很大的发展，栽培已遍及大半个中国，茶园十分普遍。北宋时，淮南、江浙、福建、荆湖等地出现了许多专门种茶的“园户”。南宋时，仅东南地区产茶的州就有 66 个，县 242 个。茶的品种不仅很多，而且其采择焙制技术远超唐代，名茶辈出。其中以福建所产最为著名，有“建安茶品甲于天下”[⑥]之说。最上品的龙凤团茶，一斤售价即达黄金 2 两。此外，北宋时两浙的日经茶、江西的双井白茶、广西容州的竹茶，南宋时吴兴的紫笋茶、绍兴的日注茶、毗陵的阳羡茶、隆兴的黄龙茶和双井茶及元代湖州的顾渚茶、建宁的啖山茶等，都是当时的“绝品”、“贡品”。由于茶的销量巨大，收入可观，两宋政府有一段时间建立了“榷茶”的官卖制度，实行统购包销。但很长的一段时期内，园户只要缴纳一定的茶租，或在符合官方规定的情况下，取得茶引后，可与商人直接买卖，茶市贸易仍然兴盛，元代云南普洱就是一个巨大的茶叶集散地。由此，不断刺激着商品经济的发展。

中唐以前，虽四川蜀锦、扬州织锦已较有名，但丝织业重心还在北方，尤其是河南、河北道。入唐后，江南丝织业有了很大发展，到唐后期，南方已超过北方，特别是越州地区，时有“鞏越而衣”之说。丝织业的发展也体现并推动着蚕桑业

---

① 封演：《封氏闻见记》卷六。

② 李吉甫：《元和郡县志》卷二八《饶州浮梁县》。

③ 《资治通鉴》卷二六六。

④ 马令：《南唐书》卷二九《楚国传》。

⑤ 夷门君玉：《国老谈苑》。

⑥ 宋子安：《东溪试茶录》。

向南方的推进，植桑养蚕已发展到长江中下游地区。五代时期，南方桑树栽培很发达。南唐李昪统治时期奖励耕织，规定三年内栽桑树满3000棵，则赐帛500匹，同时还提高丝绢的折纳价格，唐境由此“桑柘满野”[①]。而楚国马殷、扬吴徐知诰都通过以帛输税的办法，在推动丝织业发展的同时，更促进了蚕桑业的繁盛。

宋代纺织业又有新的发展，丝织业仍占主要地位，南宋民间丝织业更是遍布城乡，出现了专门从事丝织的“织户”。当时桑麻种植已在全国各地普及，“平原沃土，桑柘甚盛”[②]，并产生了专门种桑养蚕的农户。湖州安吉人皆能种桑，“十口之家，养蚕十箔（养蚕用的竹筛或竹席）”[③]；一些富裕的湖州人，“养蚕有至数百箔，兼工机织”[④]。而四川地区，早在五代时，就有“蚕市”，宋代更是兴盛。同州地区二月二日与八日为市，“四方村民毕集，应蚕桑所用，以至车檐、椽木、果树、器用杂物皆至其值千缗至万缗者”[⑤]。北方河朔、山东地区，桑蚕仍很发达，“养蚕之利逾于稼穑”[⑥]。大面积地种桑养蚕，不仅促进了丝织业的进步，也带动了桑叶的商品化过程。

金元统治者进入中原后，都十分重视种桑养蚕，发展经济作物。金政府还规定汉族与猛安谋克种桑植枣的面积，“凡桑枣，民户以多植为勤，少者必植其地十之三，猛安谋克户少者必课种其地十之一，除枯补新，使之不阙”[⑦]；并且还置里正，专管“催督赋役，劝课农桑”[⑧]。因此，燕京的丝织业在金初仍是“锦绣组绮，精绝天下”[⑨]。而元世祖忽必烈即位之初，就设立了“司农司”，专掌农桑水利，并颁布《农桑辑要》一书，强调垦田植桑，指出“务要田畴开辟，桑麻增盛”[⑩]。终于使战乱后的中原“新桑遍野”[⑪]，太湖流域也发展成了蚕桑业中心。

除丝织业外，棉纺织业在这一时期更是取得了重大发展。在唐代，棉纺织业就已发展显著，尤其唐后期，南方棉织业逐渐兴盛。在岭南地区，出现了“白氎

---

① 《资治通鉴》卷二七〇。

② 李觏：《直讲李先生文集》卷十六《富国策第三》。

③ 陈旉：《农书》卷下《种桑之法》。

④ 谈钥：《吴兴志》卷二十。

⑤ 陈元靓：《岁时广纪》卷一《售农田》引《四川记》。

⑥ 庄季裕：《鸡肋编》卷中。

⑦ 《金史·食货志》。

⑧ 《金史·食货志》。

⑨ 宇文懋昭：《大金国志》卷四十《许元宗行程录》。

⑩ 王恽：《中堂记事》上，中统二年正月诏。

⑪ 赵孟頫：《松雪斋文集》卷八《大元故嘉大夫燕南北道按察使姜公墓志铭》。

(棉布)家家织,红蕉处处栽”[①]的景象。因此,植棉区也在不断扩大,除吐鲁番外,云南、福建、两广地区的棉花种植越来越普遍。

前已叙及棉花在我国的传播,大致上说,非洲棉由新疆地区、亚洲棉由华南地区向内地推广。一般把由北方传入的称“北道棉”,由南方传入的称“南道棉”。南、北道棉向内地的大范围扩展是在北宋以后。北宋时,南方植棉业在闽、粤、珠江流域盛行,闽岭以南,人人竞植,有的多达几千株。但主要局限于这些地区。而南宋末年,福建诸县皆已种棉,并逐渐向长江流域推进。棉纺织业随着棉花种植区域的扩展,也逐渐普遍起来。时人曰:“木棉收千株,八口不忧贫。”[②]这种经济效益,进一步刺激了植棉业。宋元之际,棉花种艺制作之法,“骎骎北来,江淮川蜀获其利”[③]。

元代南北统一,民族交流加强,棉花种植在南北各地也不断普及推广。北道棉已由西北迅速进入北方陕甘一带,渭水流域普遍种植。《农桑辑要》中即云:“木棉亦西文所产。近岁以来,苎麻蓺于河南,木棉种于陕右,滋茂繁盛,与本土无异。”并进一步向黄河流域推进。而南道棉更是不断向长江、淮河扩展。至元二十六年(1289 年)四月,元政府设置了浙东、江东、江西、湖广、福建等省木棉提举司,年征木棉十万匹。到成宗元贞二年(1296 年),复定江南夏税折征木棉等物,反映了棉花种植在南方的普及。元中后期,栽种棉花的区域已达全国绝大部分地区,为棉纺织业的发达提供了前提。同时,由于棉布有价廉舒适、御寒耐穿等特点,非常适应普通百姓的需要,由此引起了人们衣着上的重大变化。元代丝、麻、棉布并用,推动了棉纺织商品经济的发展。

当然,这一时期的经济作物并不仅仅局限于种茶、栽桑、植棉,蔬菜、水果、花卉、药材等的比重也在逐渐增大,从而体现了隋唐宋辽金元时期多种经营的发展,为明清时期经济作物、粮食的商品化打下了基础。

农业生产的成熟还表现在粮食产量的增加上。

隋代国家府库极其殷实,政府在全国设置了许多官仓。开皇年间有河阳仓、常平仓、广通仓、黎阳仓等。炀帝时,又有含嘉仓、洛口仓、子罗仓、回洛仓等。仓内布帛米粟所积甚多,文帝末年即已是“天下储积得供五六十年”[④]。洛阳含嘉仓中已探出两百多个粮窖,其中储粮少者千石,多者万石。难怪元人马端临会说:“古今称国计之富者莫如隋。”[⑤]如此情形既说明了隋统治者对人民搜刮的残

---

① 王建:《送郑权尚书赴南海》。

② 谢枋得:《叠山集》卷二《谢刘纯文惠木棉布》。

③ 王祯:《农书·木棉序》。

④ 吴兢:《贞观政要》卷八《贡赋篇》。

⑤ 马端临:《文献通考·国用考》。

酷，但也反映了当时农业生产的发展。

除“隋之富”外，“汉唐之盛”也是“未之逮也”[①]。唐代由于耕地面积的增加，生产工具及水利事业的发展，粮食产量也得到了大幅度提高。正如杜甫《忆昔》诗中所描绘的：“忆昔开元全盛日，小邑犹藏万家室。稻米流脂粟米白，公私仓廪俱丰实。”据杜佑《通典》载，天宝八载(749 年)，官仓储存粟米共有 9600 万石，数量相当可观。

在粮食总产量增加的同时，唐王朝粮食单位面积产量自然也有很大的提高。肥沃的良田有亩收 6～10 石者。如《新唐书·地理志》载，河东道龙门县(今山西河津)有十石墟渠，“溉田良沃，亩收十石”；而马端林《文献通考·田赋考六》中也说到 792 年，王皋为荆南观察节度使，垦辟良田 5000 顷，“亩收一钟”，一钟即 6.4 石。唐 1 亩为今 0.802 市亩，1 石为今 0.5944 市石[②]，则亩产 10 石约相当于今制亩产 7.4 石，6.4 石则约为今制亩产 4.7 石。如此高产，在当时看来，有所夸张。而德宗时宰相陆贽曾说：“今京畿之内，每田一亩，官税五升，而私家收租殆有亩至一石者，是二十倍于官税也。”[③]一般地主向佃户收租，为产量的 50%，收 1 石，可知产量约为 2 石，这可能是唐代的一般亩产量，约为今制亩产 1.48 石，较汉代为高。

宋代平均亩产也较复杂。因为其时南北农作物品种的交流，存在着水稻与粟、麦的杂种。即使同一地区，因为精耕细作程度不同，尤其是圩田、淤田的发展及占城稻的推广种植等，产量亦是不一。《宋会要辑稿·食货》言北宋时粟、麦产量“大约中岁亩收一石”，数字偏低，可能并非一般地区亩产，宋麦、粟产量当与唐代相近。由于南方水稻生产的突出，产量也较高。江浙地区平常年份亩产为 2～3 石。如范仲淹为苏州知州时，检阅书籍，指出“中稔之利，每亩得米二至三石”[④]；陈傅良在《止斋文集》中也说到闽浙地区，“上田收米三石，次等二石”。而在丰年，尤其苏湖地区改种占城稻或进行“靠田”、“还水”等精耕细作后，上田亩产能达 5～6 石，由此出现“苏湖熟，天下足”[⑤]之谚语。而圩田地区，不仅稳产，也能高产，芜湖万春圩亩产即能达六斛二斗[⑥]。但以上数字只是江、浙、闽地区的稻米产量，由于这些地区灌溉系统发达，生产技术进步，产量必比南方四川、荆

---

① 王夫之：《读通鉴论》卷十九。

② 参见梁方仲《中国历代户口、田地、田赋统计》，第 545 页。

③ 陆贽：《陆宣公奏议》卷十二《均节赋税恤百姓》第六条。

④ 范仲淹：《范文正公集·奏议》卷上《答手诏条陈十事》。

⑤ 高斯得：《耻堂存稿》卷五《宁国府劝农文》。

⑥ 参见田昌五、漆侠主编《中国封建社会经济史》第 3 卷，第 61 页。

湖地区为高。如鄂州地区上田亩产谷才三斛，下田二斛[1]；徽州地区上田大致产米才2石[2]。谷与米固然不能同日而语，因此估计南方一般亩产为谷2～3石。宋亩1亩合今0.9585市亩，1石合今0.66市石[3]，则取亩产2.5石，今1市亩田地约产谷1.7市石。

金代亩产与北宋北方地区水平相近。河南地区陆田产量，据《金史·食货志》载，“上田可收一石二斗，中田一石，下田八斗”；而水田产量，“收获多于陆地数倍”，亩产有高达五石者[4]。元代亩产亦与宋金相当，稻谷一般产二三石，高者达五六石。而南方农业在南宋基础上，又有了新的发展。尤其是江浙地区，《元史·食货志》载江浙一省岁粮总数占全国岁粮总数的1/3强，由此加速了南粮北运的步伐。

第四节　明清时代的农业状况

明承元末之大乱，农业衰敝，清亦承明如此之状况，因此明初、清初的皇帝必然采取措施，发展经济，稳定秩序。而农业仍是明、清主要生产部门，因此，经济的发展首先就表现在农业生产的恢复与提高上。

一、耕地的垦辟及农田水利建设

元末农民大起义，造成“丧乱之后，中原草莽，人民稀少”[5]、“北方近城，地多不治”[6]的一幅残破景象，为恢复农业，朱元璋采取了鼓励屯垦、兴修水利等措施。

首先，确认在战争中，农民已耕垦成熟的土地，归自己所有；其次，用优惠条件刺激垦荒事业的发展。在中原地区，用“计民授田”法，奖励垦荒，并且对新垦的荒地，规定免除三年徭役，后又免除三年租税，甚至提出“额外垦荒者永不起科”[7]。同时，还大规模移民垦荒，以扩大面积，如“徙苏、松、嘉、湖、杭民之无田者四千余户，往耕临濠”，“徙江南民十四万于凤阳”，“迁山西泽潞民于河北”[8]

① 参见王炎《双溪集》卷一《上林鄂州书》。

② 《新安志》卷二《税则》。

③ 参见梁方仲《中国历代户口、田地、田赋统计》，第545页。

④ 《金史·李复亨传》。

⑤ 《明太祖实录》卷三四，洪武元年十二月。

⑥ 《明史·食货志》。

⑦ 《明史·食货志》。

⑧ 《明史·食货志》。

等。此外，还大力推行军屯、民屯、商屯（鼓励边境商人募民垦荒）来增广垦殖。因而屯田区遍及河南、山东、陕西、山西、宁夏、北平、直隶、云南、四川等各边卫所。

不仅荒地的垦辟能增加耕地的面积，而且土壤的改良，也使许多过去原本不能耕种的土地成为可耕之田。明代土壤改良是其农业发展、增广耕地之一大特色，这主要在山东、畿辅等盐碱区进行。如《农政全书》中谈到万历年间汪应蛟对天津葛沽白塘一带的治碱，他认为当地之所以寸草不生，乃是无水，若能穿渠灌水，则可辟为稻田。因此开始买牛铸器，开渠筑堤，第一年就获得了成功。此外，天津副总兵陈夑也对当地的碱地进行了治理。而在山东地区，农民根据当地情况，采用换土掘沟法治碱。后来，因发现苜蓿在碱地竟能生产，就先种苜蓿，达到改良土壤的效果后，再种植五谷。因而，一系列治碱方法使许多荒地被垦辟为良田。

清初，由于受战争影响，土地荒芜，生产凋敝，恢复农业生产的根本就是使农民重新回到土地上来。因此，清政府多次下达了劝民垦荒令。同明初一样，其一，顺治元年（1649 年）作出规定，确定无主荒田“开垦耕种，永将为业”。其二，采取优惠条件、奖惩措施，鼓励垦荒。如前条规定，还补充“其六年以前，不许开征，不许分毫佥派差徭”[①]。康熙初年还将田地分为新荒、积荒、极荒三等，以作为纳赋标准。规定新荒地三年起科，积荒地则推到五年后，极荒地则永不征科，以此敦促鼓励垦荒。此外，统治者还通过停止圈地，借给垦荒者耕牛、口粮等办法激发垦荒热情，而对于政府官员，则以垦荒的成绩作为奖惩标准，从而大大改变了清初荒莱的面貌。其三，开拓垦荒新领域，向山区边疆等未垦地进军。因为生活的相对稳定，生产的恢复发展，人口的迅速增长，康熙后，人均耕地面积逐渐缩小。康熙、雍正都已意识到人口的增长、而土地的有限这一严峻问题，只有通过继续开荒来解决矛盾。因此，人口密集地区的一些人们为了生存及追求更好的发展条件，主动大批地涌进山区、边疆及沿海岛屿等一些没有开发的地区，如南方的福建、浙江、江西、安徽、湖南、四川等地的山区，北方的蒙古，西北新疆及关外东北等边疆地区。还有以台湾为代表，包括海南岛等东南沿海的一些岛屿的开发，因而清朝开荒地大大扩展，远远超过前代。

不仅仅是垦荒，水利的兴修也是保证农业生产恢复发展的重要措施。在明代，开展了大规模的农田水利建设。洪武时期，修复了广西桂林的灵渠、陕西泾阳的郑白渠、四川灌县的都江堰、和州的铜城堰以及福建、浙江等东南沿海、南方沿江的一些防潮堤堰。如 1390 年，派 25 万人修复了江南崇明海门决堤；1392

① 《清顺宗实录》卷四三。

年,派 40 万人修复江南溧阳银墅东霸河道 4000 余丈。洪武二十七年(1394 年),朱元璋还派国子生等分赴全国各县督促兴修水利,指出:“凡陂塘湖堰可潴蓄以备旱暵,宣泄以防霖潦者,皆因其地势而修治之。”因此,据洪武二十八年统计,全国共开塘堰 40 987 处,治河 4162 处,整修陂渠、堤岸 5000 余处。①

永乐朝以来,继续重视水利的建设。永乐二年(1404 年)修筑了长江边当涂县境的慈湖堤岸以灌溉农田。永乐年间还疏通了吴淞江,在北方修浚了大运河。弘治七年(1494 年),对山西太原常稔渠也重加修整。宣德六年(1431 年),又修复宁夏古渠,提高北方抗旱能力。并且在嘉靖万历年间,通过筑渠蓄水,扩大北方稻田面积。除了修渠灌溉外,对河流湖泊的治理疏通也是关键。神宗时,张居正曾任用治河专家潘季驯治理黄河、淮河,主要采取了六项措施:“塞决口以挽正河”、“筑堤防以杜溃决”、“复闸坝以防外河”、“创滚水坝以固堤岸”、“止浚海工程以省糜费”、“寝开老黄河之议以仍利涉”②,从而一定程度上阻止了两河的泛滥,保护了农田的发展。此外,江东的苏、锡、常、镇、嘉、湖地区因濒临太湖,湖网水泊纵横,灌溉便利,但太湖水出口处吴淞江若年久不修,则易造成淤塞,排灌系统紊乱,因此在永乐朝之后,明朝许多时期对此都进行了大规模治理,以保障这一带农业生产的稳定发展。

明末清初,黄淮失修,下游堵塞、决口,水灾不断,并影响了运河漕运,引起清统治者的极大关注。康熙帝以河务、漕运为大事,重视黄河治理,增拨水利经费,1677 年,他任命靳辅为河道总督,治理黄河,靳辅又任用水利专家陈潢采取疏导和筑堤相结合的办法,组织众多民工进行治理。并开通运河,在十年时间内修筑了都江漕堤,加固了运河两堤,开浚了一条中河,设置了滚水坝、减水坝、惠济闸等,终将黄淮故道渐次修复,疏通了运河,保障了农业生产及漕运的便利。在康熙五十二年(1713 年),广大劳动人民还完成了对永定河的修浚工程。永定河原名“浑河”,因含沙量大,极易泛滥成灾,对它的修浚,主要是开掘了一条长 100 多公里的新河道,使旧河两岸的盐碱地变为膏腴良田。雍正朝以来,清政府水利工程的兴修继续进行,如雍正时期对江浙海塘的修筑,保护了沿海一带的水田。嘉靖年间对苏州城河的疏浚,意义也极重大,“今一开通,则经四纬三之水,左右逢源,如人身气脉无不融会贯通矣”③。水利工程的建设,不仅有利于排涝、灌溉,而且促使北方许多旱地变为水田,从而扩展了水稻种植面积。雍正时,劳动人民就曾将北京附近的旱地 6000 顷,通过灌溉,变为稻田,种出了世界闻名的清水稻。

---

① 《明太祖实录》卷二三四,八月乙亥。

② 《明史·河渠志二》。

③ 苏州博物馆藏:《苏州城河·三横四直图说》。

由于鼓励农民垦荒，推广屯田，大面积兴修水利，耕地面积不断得以扩大。洪武十四年（1381 年），全国耕地为 366 711 549 亩，到万历六年（1578 年）上升到 701 397 628 亩，明末崇祯年间（1628～1644 年）则又提高到 783 752 400 亩。而人口在洪武十四年为 59 873 305 口，永乐元年（1403 年）则上升到 66 598 337 口。[①] 只是明朝后半期所载人口数却在不断降低，估计为隐漏人口所致。

清顺治年间，由于战争等原因，抛荒地多，顺治十二年（1655 年）仅为 387 771 991 亩。后因垦荒运动的影响，逐渐上升。康熙年间，已恢复到六七亿亩；1724 年则为 890 647 524 亩。人口也得到了快速的增长。顺治十二年，人口数为四五千万；雍正年间为八九千万；乾隆时期，已超过 1 亿；而在道光十三年（1833 年），则又增到 398 942 036 人。[②] 人口的增长是社会经济发展的表现及动力，但在耕地等资源有限的情况下，也会成为社会发展的阻碍。

二、粮食新品种的引进和经济作物种植的扩大

玉米和番薯是明中叶后传入我国的两种新的粮食作物，此两种作物的引进与推广对我国粮食生产及经济发展产生了重要影响。

玉米，又有“玉蜀黍”、“苞谷”、“玉高粱”、“包粟”、“包芦”、“珍珠粟”、“御麦”等多种名称，产自美洲，在 16 世纪中叶前后传入中国。一路由西北进入陕、甘。明人田艺蘅在《留青日札》中载其传入途径与形状说：“御麦出西番，旧名番麦，以其曾经进御，故曰御麦。杆叶类稷，花类稻穗，其苞如拳而长，其须如红绒，其粒如芡实，大而莹白，花开于顶，实结于节，真异谷也。”一路则由西南传入云南，此可见于嘉靖四十二年的《大理府志》及万历元年的《云南通志》等。还有一路从东南传入，时间大概在 16 世纪 70 年代。如万历七年（1579 年）《龙川县志·物产》载：“粟、大米、珍珠、小黄。”“珍珠”即指玉米。另，万历三年（1575 年）前往泉州的西班牙奥斯定会士对泉州一带农村描述道：“田地里种植着稻谷、大麦、玉米、腰子豆、扁豆。”[③]玉米传入后，种植逐渐推广。嘉靖年间，福建、广西、江苏、甘肃、河南、云南都有苞谷种植记载，而到天启年间，山东、河北、河南、陕西、甘肃、江苏、福建、浙江、广东、广西、云南等省都已经种植，清初又推广到辽宁、山西、江西、湖北、湖南、四川等地。但由于玉米种植的优越性及必要性还没有发挥出来，多为散见种植，各地区种植不平衡，亦不普遍。玉米种植限制少且用途广，如适

---

① 参见梁方仲《中国历代户口、田地、田赋统计》，第 8～10 页。

② 参见梁方仲《中国历代户口、田地、田赋统计》第 10 页；孙毓棠《清代的垦田与丁口的记录》，载《清史论丛》第 1 辑。

③ 参见韩茂利《中国历史农业地理》（中），北京大学出版社 2012 年版，第 513 页。

应性强，比较耐旱，又能高产，同时除粒可食用外，秸叶又可作饲料、燃料。但在南北方一些平原地带，地势较低洼处，就体现不出玉米抗旱的优势。而在明中叶至清初，人口亦未出现如何过剩，加上传统种植习惯，玉米之高产及多用途也未能得到高度重视。这种状况在乾隆时得到了改变。显然，康熙朝后人口的增加、土地的兼并现象所带来的巨大的压力，使人们充分认识了玉米的生产价值，玉米的种植在广度、深度上都有了巨大的进展，当时许多的旱地和山区都进行了充分的生产。四川虽种植较迟，但传播比较快，如嘉庆年间夹江县，“贫民逢米贵，尝以荞粱玉米打饼为食”[①]。道光《内江县志》载，这时的四川已是“蜀中南北诸山皆种之（玉米）”。而在四川、陕西、湖北三省交界山区，也是“遍山漫谷皆包谷”[②]。安徽省在乾隆以后，玉米种植开始推广。如霍山县西南，“延山曼谷”，居民也“恃此（苞谷）为终岁之粮”[③]。又如徽州府属，据道光《徽州府志》载，也是遍地种植。在湖南，从乾隆至道光间，苞谷种植遍及山区，“深山穷谷，地气较迟，全赖包谷、薯芋、杂粮为生”[④]。而在陕南，“乾隆三十年以前，秋收以粟谷为大庄，与山外无异，其后川楚人多，遍山漫谷皆包谷矣”[⑤]。可见清代前期，玉米种植的深入，使其成为南北广泛种植的粮食作物，成为某些地区农民的主要食粮。

番薯，又名“甘薯”、“地瓜”、“山芋”、“红苕”。原产地也是美洲，西班牙人把它传入吕宋（今菲律宾），而在明万历年间，又由吕宋传入我国，初始入福建、广东，后因适应性强，抗旱、抗蝗、抗风，种植简单，高产稳产，且价廉味甘，比较耐饥等特点，很快得到闽广人的重视。“斤不值一钱，二斤而可饱矣。于是耄耋童孺行道鬻乞之人皆可以食。饥焉得充，多焉而不伤，下至鸡犬皆食之。”[⑥]徐光启《农政全书》也载道：“闽广人赖以救饥，其利甚大。”且“甘薯所在，居人便足半年之粮，民间渐次广种”。在万历中期，由闽广又传播到江苏、浙江两省。清初，进一步推广，在南方许多人口密集地区，能与其他粮食作物相互补充。如清代前期江浙有些地区已“倚以为粮”[⑦]；而四川地区，如仁寿县，“邑人于沃土种百谷，瘠土则以种苕，无处不宜”[⑧]；内江县则“近时山农赖以给食”[⑨]；蓬溪县“与稻并重，

① 嘉庆《夹江县志》卷二。
② 严如煜：《三省边防备览》卷十一。
③ 乾隆《霍山县志》卷七。
④ 陶澍：《陶文毅公全集》卷九。
⑤ 道光《石泉县志》卷四。
⑥ 何乔远：《闽书·南产》。
⑦ 光绪《青田县志》卷四。
⑧ 道光《仁寿县志》卷二。
⑨ 道光《内江县志要》卷一。

冬藏土窟，足供数月之食"[①]。乾隆以前，由于没有解决薯种在北方越冬储存的问题，所以番薯在长江以南推广种植开来；而长江以北、黄河流域的番薯的引进则是在乾隆年间。针对番薯性热温，山东、河南等地农民首先采取窖藏法解决这一问题，然后在提高技术的实践中发展、推广种植。如山东曲阜县种薯"甚为谷与菜之助焉"[②]，寿光县"邑多种之"[③]；而河南省鲁山县，乾隆初时，已"蔓延"县境[④]。陕西、直隶在乾隆前期，也分别在巡抚陈宏谋、总督方观承的提倡劝种下，迅速传播。乾隆五十一年(1786 年)，朝廷又下诏推广种植，因为番薯"既可充食，兼能耐旱"，要求使"民间共知其利，广为栽种"[⑤]。因此到乾隆末年，除边疆少数地区外，南北各省已先后种植，成为人民的重要食粮。至清朝末年，东北的辽宁、吉林、黑龙江等省番薯种植始见于地方通志中。如吉林省在光绪十七年(1891 年)《吉林通志》中记载有："甘薯……有红白两种，红者名红薯，白者名白薯。"据统计，宣统元年(1909 年)，奉天的镇安县红薯亩产量竟高达 850 斤。[⑥]

玉米、番薯的引进及推广种植，一方面，使得明清时期许多旱地及山地得到全面的开发与利用，扩大了可耕地面积；另一方面，由于此两种作物单产亦较高，因此在一定程度上弥补了稻、麦粮食生产的不足，尤其在清代，对于缓解人口的压力，意义极大。

此外，在政府提倡及商品经济发展的基础上，经济作物在明清时代的种植得到了大力推广，棉、桑、烟、茶等经济作物的生长成了农业生产不可忽视的重要方面。

首先，棉花的种植在明朝遍布大江南北。宋元之际，中国开始推广植棉，到元代"江东陕右亦多种"[⑦]。明初，朱元璋大力提倡植棉，洪武初年下令，农民有田五至十亩者各种桑、麻、棉半亩，十亩以上倍之，麻一亩征八两，棉一亩征四两，种桑以四年起科，不种桑、棉、麻，则各出绢、棉布、麻布一匹，以示惩戒。[⑧] 以后又规定了多种棉、桑、枣、果树等不征税，从而刺激了经济作物的种植。其中，棉花得到了最广泛的发展，到 15 世纪末，棉花已是"遍布天下，地无南北皆宜之，人

① 道光《蓬溪县志》卷十五。

② 乾隆《曲阜县志》卷三七。

③ 嘉庆《寿光县志》卷九。

④ 乾隆《鲁山县志》卷十一。

⑤ 《清高宗实录》卷一二三六，乾隆五十八年八月庚寅。

⑥ 参见郑南《美洲作物番薯的传入及在黑龙江地区的引种与栽培》，载《楚雄师范学院学报》2013 年第 8 期。

⑦ 王祯：《农书·百谷谱》。

⑧ 《明史·食货志》。

无贫富皆赖之，其利视丝枲盖百倍焉”[①]。棉花在许多地区已代替桑麻，成为最主要的经济作物。明代中晚期，山东、山西、河南、湖广、江西、四川、陕西、南北直隶等中国各地都已植棉。北方主要棉产区在山东、河南、北直隶。据《世宗实录》载，全国额定征收棉花绒为246 559斤，山东省则占52 445斤，占到21%。河南则是“中州沃壤，半植木棉”[②]。《太祖实录》载洪武二十五年(1392年)这一年，北直隶的广平、大名、彰德、东昌、开封、卫辉、怀庆七府收获棉花1000多万斤。而南方主要棉产区则在江浙沿海地区。天启年间，松江府属两百万亩耕地“大半植棉，当不止百万亩”[③]。太仓州属“郊原四望，遍地皆棉”[④]。而苏州府的嘉定县，“其民独托命于木棉”，“种稻之田不能什一”[⑤]。

到清代，棉花种植在广度上不仅遍及全国，深度上也是更上一层。在北方，雍正年间，山东六府已皆种棉，以东昌府为最多。而乾隆时济南府的平原县也是“谷属之外，惟持棉花”[⑥]，此外，清平县棉田占耕地面积超过了豆、麦田之总和。河南植棉亦与山东相似。吴伟业所作《木棉吟》即云：“今也栽花遍齐豫。”乾隆初河南巡抚尹会一在奏疏中就说道：“今棉花产自豫省，而商贾贩于江南。”[⑦]直隶地区也有“农之艺棉者什八九”[⑧]之情形。尤其是乾隆前期，棉花种植传入东北，使农业发展较晚的奉天也成了棉花外输地区。而在南方也有许多著名产棉区。长江中下游的松江、太仓、通州一带，棉花种植几乎占全部耕地的十之七八。上海植棉更是遍地皆是，远销福建、广东，“楼船千百皆装布囊累累”[⑨]。浙江余姚县“北乡沿海百四十里”，亦“皆植木棉”[⑩]。此外，长江中游的湖南、湖北、江西等地，也发展成为棉花的集中地，生产远销外地。嘉庆年间，九江府出产的木棉，“可抵稻粱之半”[⑪]。除了这些重要的棉产区外，广西、山西、陕西等地植棉业也得到了进一步的发展。总之，清代棉花种植已是十分重要。

其次，蚕桑的种植。前已提及，由于棉花种植的发展，有逐渐取代丝麻之趋势，但种桑养蚕抽丝的经济地位仍很重要，虽然在北方受到了植棉的影响而遭到

---

① 丘濬：《大学衍义补》卷二二。

② 钟化民：《赈豫纪略》。又见俞森《荒政丛书》卷五。

③ 徐光启：《农政全书》卷三五《木棉》。

④ 崇祯《太仓州志》卷十四王在晋《水利论》。

⑤ 顾炎武：《天下郡国利病书》原编第六册，苏松引《嘉定县志》。

⑥ 乾隆《平原县志》卷三。

⑦ 光绪《畿辅通志》卷二三一。

⑧ 方观承：《棉花图》。

⑨ 叶梦珠：《阅世编》卷七《种植》。

⑩ 光绪《余姚县志》卷六。

⑪ 同治《九江府志》卷八。

排挤，但在南方的太湖流域，由于其优越的自然条件及商品经济发展的需要，出现了兴盛局面。浙江湖州府，种植桑麻万顷，“蚕桑之利，莫盛于湖”①；嘉兴之崇德、桐乡、海盐等地养蚕也十分有名，其中海盐县“桑柘遍野，无人不习蚕”②；杭州府也是“春来遍地是桑麻”③。从而形成了以湖州、嘉兴、杭州为代表的太湖流域蚕丝业中心。除太湖流域，明代四川北部的阆中，也是“家植桑而人饲蚕”④；山东的青州、沂水、莱阳一带，更是“弥山遍谷，一望皆蚕”⑤。

到清代，蚕桑种植在原有基础上又得到进一步发展和推广。杭嘉湖三地，“地窄人稠，民间多以育蚕为业，田地大半植桑”⑥；乾隆年间，由江苏之震泽至浙江之秀水，岸两边六七十里间“阡陌间强半植桑”⑦。因此，太湖流域农民有许多都靠种桑养蚕维持生活，“乡人比户蚕桑为务”⑧。山东的柞蚕养殖又登上了一个新台阶，从而桑柘种植又有所发展。如邹平县，“大峪中，柘树遍山谷”⑨；寿光县，“椒、椿、樗、柘，所在有之”⑩。贵州的柞蚕因为产量高、利润大，也得到了发展，在遵义、安顺府、正安州等地亦大量种植。此外，清代蚕桑业又崛起了新的一大地区——广东珠江三角洲，以南海、香山、顺德等地为代表，出现了桑树种植区。这些地区，原实行“塘基”作业，即挖土成塘，培土成塘基，基上树果，塘中养殖。清朝时，改为基上树桑，以养蚕，而成“桑基鱼塘”。因此，嘉庆年间，这些地区“周回百余里，居民数十万户，田地一千数百余顷，种植桑树以饲春蚕”⑪。因为蚕桑之利大于耕种农田，随着丝织业的发展，必然刺激蚕桑养殖的推广。

再次，烟草的种植。烟草原产地在美洲，大约在明中叶后传入我国，最早的种植地区是福建，“福建有烟，吸之可以醉人，号曰干酒”⑫。因为此草可以治寒疾，明朝晚期，传播于浙江嘉兴、江苏苏州等地。嘉兴地区“遍地栽种，虽二尺童子，莫不食烟”⑬。由此种烟可获利。此后又从闽广、江浙传入山东等地。明末杨士聪说：“自天启中始也，二十年来，北土亦多种之（烟草），一亩之收，可以敌田

---

① 徐献忠：《吴兴掌故集》卷十三。
② 《天启海盐图经》卷五。
③ 陈灿：《西湖竹枝词》。
④ 嘉靖《四川总志》卷八。
⑤ 谈迁：《枣林杂俎》中集。
⑥ 台北故宫博物院编：《宫中档雍正朝奏折》第22辑。
⑦ 张仁美：《西湖纪游》。
⑧ 顾禄：《清嘉录》卷四。
⑨ 康熙《邹平县志》卷三。
⑩ 咸丰《青州府志》卷三二。
⑪ 张鉴等：《雷塘庵主弟子记》卷五。
⑫ 叶梦珠：《阅世编》卷七《食货六》。
⑬ 王逋：《蚓庵琐语》。

十亩，乃至无人不用。”[①]

入清，烟草种植面积进一步扩展。清初，福建有的地区种植面积竟占到十分之六七；浙江嘉兴府属农民植烟热情又见高涨，日盛一日；广西农家种烟草已达半数；江西新城，家家户户种烟，禁不能止；四川合江，“河坦山谷，低峰高原，衡蓺遍矣”[②]。此外，湖南衡阳、湖北均州，“一州一府皆种之”[③]，江苏、安徽、云南等地亦多有种植。乾隆初，北方许多省份也多种烟草。如陕西城固，“沃土腴田，尽植烟苗”[④]；山东济宁，雍正年间“遍地种烟”[⑤]，北京烟贩购买不绝。此外，河南卢氏、山西保德种烟也较有名。因此，在清代，山东的济宁烟、山西的青烟、陕西的蒲城烟、甘肃酒泉的水烟、湖南的衡烟、云南的兰花烟，极负盛名，可谓当时之名烟。

最后，甘蔗的种植。甘蔗的栽培在我国已有了长久的历史，主要在闽、广、浙、川、赣等南方地区，尤以闽、广为代表。明清时期，这些地区都出现了专业种植区。宋应星在《天工开物》中说：“甘蔗……产繁闽、广间。他方合并，得其十一而已。”甘蔗一可直接食用，另可用以榨糖，因此利润较厚。福建漳南，甘蔗种植遍布山谷，广东地区也是“连冈接阜，一望丛若芦苇”[⑥]。入清以来，除闽、广地区甘蔗种植继续发展外，台湾、四川、江西的种蔗业也比较突出。台湾的地理、气候条件适宜种蔗，发展很快。康熙三十年(1691年)，文献记载：“旧岁种蔗，已三倍于往昔；今岁种蔗，竟十倍于旧年。”[⑦]乾隆时，台湾蔗糖大量销售外地，甚至贩运到日本，台湾人亦以此作为重要的谋生手段。而四川地区，在乾隆年间，种蔗也有很大发展。如简州，沿江人种蔗制糖，州人“多以此致富”[⑧]。嘉道年间，内江居民也是“尤以艺蔗为务”[⑨]。江西赣州、南康二府种蔗也颇为兴盛，尤其大庾县双坑隘一带，遍地种蔗，农民“种蔗不种麦，效尤处处是”[⑩]。此外，南方的江苏、广西、湖南、云南等地也有一定数量的甘蔗种植。

植茶在我国已有悠久的历史，明清时期又有发展，其时名茶倍出。如安徽庐

---

① 杨士聪：《玉堂荟记》卷下。

② 嘉庆《四川通志》卷七五。

③ 吴熊光：《伊江笔录》上编。

④ 《皇朝经世文编》卷三四岳震川《府志良货志》。

⑤ 《古今图书集成·职方典》卷二三〇。

⑥ 屈大钧：《广东新语》卷二七。

⑦ 《重修台湾府志》卷十。

⑧ 咸丰《简州志》卷十二。

⑨ 道光《内江县志要》卷一。

⑩ 乾隆《南安府志》卷二一。又见余光壁《勘灾道中诗》。

州府霍山茶，“茶生最多，品名亦振”[①]；云南普洱茶，雍正时名扬全国各地，茶叶贸易也较兴隆。明时，霍山到每年采茶时，“富商大贾，骑纵布野，倾橐以值，百货骈集，开市列肆”[②]。而在清代，茶叶成为中西贸易之重，“粤东岁运，番舶通之外夷”[③]。此外，种茶区域逐渐推广，除安徽、云南、广东外，江苏、浙江、湖南、湖北、四川、福建等省都有专业种植区。如福建崇安县武夷山区，只有数百家居民，但“皆以种茶为业，岁产数十万斤”[④]。建瓯县四乡也遍是茶山。福建种茶之盛由此也影响到台湾，从而使台湾岛的种茶之风也逐渐流行开来。

荔枝、龙眼在闽广地区的种植也极为有名，明清之际发展迅速。福建地区以福州、兴化为最，据王世懋《闽部疏》载：“由福（州）之南门出，至南台江……过此山行数十里间，荔枝龙眼夹道交荫”；兴化的枫驿亭亦是“荔枝甲天下，弥山遍野。”广东堪与福建相媲美，如顺德之陈村，居民植龙眼数十万株；南海的龙眼，番禺的荔枝，也是覆盖几百里。此外，四川荔枝榜上有名，仅次于闽粤。因种荔枝、龙眼可获厚利，“焙而干之行天下”[⑤]，农民以此为业者渐多。同时，为适应市场需要，农民逐渐扩大柑橘、橄榄、香蕉、花红、梨等水果的生产，因而在南方有许多地区甚至以专种水果为业，放弃了稻田生产。

总之，明清时期经济作物的种植有了巨大发展，成为农业生产的一大特色，既体现了这一时期商品经济的发展，也刺激了商品经济的进一步活跃。

三、生产技术的进一步提高

广大劳动人民在辛勤耕耘的基础上，各积累了大量的生产经验和技术，有利于农业生产的精耕细作和产量的提高。明朝时有许多农学著作出现，如马一龙的《农说》、冯应京的《月令广义》、耿荫楼的《国脉民天》、宋应星的《天工开物》、徐光启的《农政全书》等等，对农业生产的方方面面都作了详细说明。而清代因为人多地少的窘境，除采取扩展垦荒方法解决矛盾外，最重要的就是注重精耕细作提高粮食产量，由此，生产技术又得到进一步提高。

1. 因地制宜种植

因为中国幅员辽阔，各地自然条件差异极大，因而因地制宜选择种植极具重要。如山东地区，吕坤在《实政录》中谈道：“木棉不宜淤，辫麦不宜沙。”而在易遭水旱灾害之地，徐光启在《农政全书》中说宜种稗，“下田种稗，遇水涝不灭顶不

① 许然明：《茶疏》。

② 顺治《霍山县志》卷二。

③ 梁章钜：《归田琐记》卷七。

④ 嘉庆《崇安县志》（抄本）卷二，载彭泽益编《中国近代手工业史资料》第1卷，三联书店1957年版。

⑤ 何乔远：《闽书》卷三八。

坏，灭顶不逾时不坏”。当然在生产技术水平较高的基础上，依靠人力的精耕细作，也可弥补因为土壤、气候的不足，对某些农作物生长的限制。如前所述，外来粮食品种玉米、番薯及一些经济作物如烟草、蚕桑、棉麻、茶等最初生长区域都是比较适宜的自然条件区，但其后的推广与发展，在一定程度上则离不开人力的作用了。

因地制宜还包括根据各地具体情况，安排好农林牧副渔的生产，发挥本地优势，发展多种经营，提高经济效益。前述明清时期南北农作物种植除粮食作物外，还大力发展经济作物、果木业，便是实行因地制宜的一大特色。清雍正、乾隆帝也是倡导耕种稼穑、林业、牧业综合发展的统治者代表。如雍正帝认为：“桑柘可以饲蚕，枣粟可以佐食，柏桐可以资用，即榛楛杂木亦足以供饮爨。”从而鼓励农民于“舍旁田畔以及荒山旷野，度量土宜种植树木”①。乾隆帝也强调：“农田为生民之本，而树畜尤王政所先。”因此“更令地方有司，化导民人，自勤树植，以牧地力，以益民生”②。此外，清朝许多地方官员也对农民进行积极引导。如河南巡抚尹会一、陕西巡抚陈宏谋、直隶总督方观承等各在所辖境内带领人民根据本地实际情况，开展多种生产，以达地尽其力。而各地劳动人民则又能根据多年生产经验，实践多种经营，如前述太湖流域及珠江三角洲地区除水稻培育、种桑养蚕外，捕鱼捞虾、栽花树果、种菱植藕等也搞得有声有色。而在北方，放牧牛羊、饲养牲畜更是农业生产的必要补充，山东农民不仅仅有粟、麦、水稻等主要的粮食生产，还广种杂粮蔬菜，放养柞蚕，喂猪养羊，不仅能改善农民生活，增加农民收入，而且有利于弥补灾荒之年粮食歉收带来的损失。

2. 选育良种播种

选育良种是农业生产获得丰收的重要保证之一，已为众多农书所强调。如耿荫楼在《国脉民天》中就特别指出种子要壮实，土地要肥沃，由此在保证肥料、灌溉的条件下，便可获得高产，同时亦能培育出更新更良的种子。而在《农政全书》中对一些良种的选育则介绍得更为详细。如棉花的种植，宋元时期，逐渐推广，明代更是遍及大江南北。基于多产的需要，棉种选择备受重视，徐光启在书中介绍了各个种类的木棉，如楚中江花，畿辅、山东的北花，余姚的浙花，吴下的黄蒂、青核、黑核、宽大衣、紫花等。比较它们各自的出棉率、柔韧度，则吴下的几种为良种。其中，除紫衣外，出棉率都是“二十而得九”，即45%，而紫花虽“二十而得四”，出棉率仅20%，但此棉本色极雅，不必重新再染，因此也颇受推崇。而在良种种类一定，进行具体的种子选择上，首先要进行株选，择高大优质的棉木

① 《雍正朝圣训》卷二五。

② 《乾隆朝圣训》卷二〇九。

种，然后进行水选，将株选后的种子浸泡于水中观察，下沉者取之，上浮者去之。而时间长了，若发现良种退化或变异，一岁或数岁需换种一次。

良种的选育还包括一些优良品种的推广种植。清代外来高产、味美的粮食作物玉米、番薯的逐步推广，即是很好的说明。

3. 田间作业的精细

为求得高产稳产，除选育良种外，加强灌溉、施肥、耕耘、轮种等田间作业管理也是必不可少的。

明清时期水利事业的大发展，为农业生产灌溉提供了前提，而灌溉工具的改进也不可忽视。北方地区除仍使用桔槔、辘轳进行井灌法外，《农政全书》中介绍到当时还使用较为先进的灌溉工具"龙骨木斗"。它的先进处表现在速度上，通过许多水斗的连接，以增加车水速度。此外，清时又出现一种新的灌溉工具——龙尾车。此车效率很高，"用一人之力常得数人之功"[①]，甚至"一日一人可溉田三四十亩"[②]。在道光《钦定授时通考》中介绍说："今作龙尾车，物省而不烦，用力少而得水多，其大者一器所出若决渠焉。累接而上，可使在山，是不忧高田。筑为堤塍而出之，计日可尽，是不忧潦岁与下田。"因此，龙尾车的地区适应性也强，高田、下田皆可使用。但此车构架大，制作繁，一般仅为富裕农民及地主所拥有。

要想"少种"而"多收"，"多壅"也是一大关键。王象晋在《群芳谱》中就说道："积地莫如积粪，地多无粪，枉费人工。"这一时期，南方积粪法有了很大的进步。袁黄的《宝坻劝农书》中说道，这时南方有踏粪、窖粪、蒸粪、酿粪、煨粪、煮粪等多种方法，并且对于厩粪的收集在江浙一带也有了明显的改变，即不再放养猪羊，而是打造猪圈、羊圈对猪羊进行圈养，以便直接储粪、收粪。此外，人们对人粪与厩肥也有详细比较："种田地肥壅最为要紧，人粪力旺，牛粪力长，不可偏废。租窖乃根本之事，但近来粪价贵，人工贵，载取费力，偷窃弊多，不能全靠租窖，则养猪羊尤为简便。古人云：'租田不养猪，秀才不读书。'必无成功，则养猪羊乃作家第一著。"[③]

施肥要先施底肥，再追肥，而施底肥，则强调让肥料尽可能渗透土壤，因而要与深耕相结合。耕耘也是田间管理的重项，主要强调"勤耕"、"精耕"，达到耕透、耕熟。贫穷农民无力买牛，一般使用锄耕，而明清时也有许多能拥有牛的比较富的农民，先用牛垦翻土壤，再用锄耕，及时耘草，耕后进行耙作，把地耙匀。这时

① 道光：《钦定授时通考》卷三八。

② 钱泳：《履园丛语》卷三。

③ 张履祥：《补农书》卷上。

的农民已有了一定的耕耙经验，即土不仅要细，而且要平整，则耙时要轻。在《沈氏农书》、《天工开物》中对这一时期小麦的耕锄技巧都有较为详细的介绍。此外，明清时经济作物的推广种植，尤重精耕细作，对投入的人力、物力相应地提出了更高要求。如湖州地区的桑田生产，仅耕锄施肥的费用每亩就达到二两银子[①]；而在山东济宁地区，种烟草，“其功与区田等”[②]。

农田的精耕细作也有利于发展、推广多熟制。明中期以后，两熟制在原来的基础上又得到了推广，已由闽浙、江西等地推广到了湖广、四川、成都平原、云南、皖南，因此南方平原地区“田多一岁两栽两获者”[③]。而在广东、岭南、海南岛地区甚至出现了三熟制，一年内三种三收，主要是三季稻。清道光时，李翰章即指出在两广、闽南、浙东、江西、安徽等地，双季稻种植已占大半地区，而三季稻除广东外，也出现在福建、台湾地区，“台湾百余年以前，种稻岁只一熟，自民食日众，地利日兴，今则三种而三熟矣”[④]。明时主要的农作物是稻谷，但到清代前期，小麦等杂粮在南方推广很快。如四川酆都县（今重庆丰都）农民以前只知道种水稻，而乾隆年间，由于麦秫的推广，开始种植麦及北方杂粮。广东这一时期一改不能种麦的传统，也开始种北方旱地作物，在政府提倡及北方农民的帮助下，嘉道时期，广东已是“大麦、小麦、荞麦皆播种矣”[⑤]。此外，湖南、广西、贵州、福建等地北方作物种植面积也在逐渐扩大。同时，清代的稻麦两熟制不断得到发展，不仅丰富了农民的食物结构，而且还可通过麦类的种植弥补因雨量不足、温度偏低所造成的水稻收成下降的情况。三熟制除三季稻外，还有稻、麦、豆、油菜等一年三次的轮种。如福建政和县地区，实施的是稻、豆、小麦的依次轮种，而沙县地区则是稻、荞麦或大豆、小麦或油菜。

北方也有许多地区，同样通过轮种达到二年三熟或一年两熟，但主要轮种的作物是麦谷、豆、黍、棉、稗等。如麦棉轮种，一般是在旧冬耕熟地，穴种麦，来年春天又可于麦垄中，再穴种棉。麦豆轮种较多，河南扶沟县“若好地则割麦种豆，次年收秋，最少二年三收”[⑥]；山东日照也是“麦既要速打，又必须趁雨种豆”[⑦]。麦稗轮种在北方下田地区也多常见，因稗较适合常有水旱之灾的下田，因此种麦时，杂以种旱稗，割麦后，稗长，则能一岁两熟。

---

① 参见徐献忠《吴兴掌故集》卷十三。
② 《乾隆济宁直隶州志》卷三。
③ 宋应星：《天工开物·乃粒》。
④ 李彦章：《江南催耕课稻编》。
⑤ 光绪《广州府志》卷十六。
⑥ 道光《扶沟县志》卷七。
⑦ 丁宜曾：《农圃便览》。

4. 粮食产量的提高

明清时期粮食亩产量在原有的基础上又达到了更高水平。明朝南方地区水稻产量一般是亩产 2～3 石，个别地区，则可达到 5～6 石。[①] 如明正德年间，江苏上海因灌溉等生产条件不同，西乡亩产稻米为 3 石有余，而在中乡地区，则达 1.5 石有余。[②] 张履祥在《补农书》中曾说到浙江桐乡地区，“田极熟，米亩三石，春花（麦）石有半，然间有之，大约共三石为常耳”。“下路湖田，有亩收四五石者”。而天启年间，浙江海盐县每亩产稻米 2.5 石。[③]

按 1 明亩为 0.9 市亩，1 明石为今 1.0737 市石[④]，若一般亩产为 2～3 石，取中为 2.5 石，明代相当于今 1 市亩的土地，能产米 3 市石，出米率按 75％折算[⑤]，则产谷为 4 市石，6 石的高产田，相当于今 1 市亩能产米 7.2 市石，谷 9.6 市石，确可算高产了。北方若灌溉条件好，投入肥料多的地区，一般亩产也能与南方相近。但通常情况下，大部分地区是低于南方的。

关于清代的粮食亩产量，各地仍是不一，并且同一地区，由于田地条件的不同，亩产亦不尽相同。但一般产量，与明代相去不远。清康熙年间，南方地区亩产，上田达 4 石有余，下田则是 2.8 石。[⑥] 包世臣在《齐民四术》中说到嘉庆年间“苏民精于农事，亩常收米三石，麦一石二斗，以中岁计之，亩米二石，麦七斗……”。清 1 石合今 1.0355 市石，1 亩则合今 0.92 市亩[⑦]，清代苏州府属丰年每市亩产米 3.1 市石，麦 1.24 市石，一年麦米合计为 4.34 石左右。但由于清代双季稻在南方的大面积种植及三季稻在闽、广、海南、台湾等地的推广，使得单位面积产量成倍提高，高产、稳产地区越来越多，江浙、湖广、四川、福建等膏腴之地亩产稻米六七石的例子不少。

明中叶以后，由于经济作物种植的推广及扩大，推动了商品经济的发展，在刺激棉纺织、丝织、制茶、蔗糖等手工业发展的同时，也刺激了粮食的需求，从而形成经济作物、粮食生产的商品化。而粮食产量的提高更加速了这一过程，最终导致了农民的阶级分化及雇佣关系的变化，产生农业资本主义萌芽。

---

① 参见翦伯赞《中国史纲要》第 3 册，人民出版社 1964 年版，第 198 页。

② 《上海县续志》（1918 年）卷三十《革弊便民文》，第 4 页。

③ 光绪《海盐县志》卷八。

④ 参见梁方仲《中国历代户口、田地、田赋统计》，第 545 页。

⑤ 参见田昌五、漆侠主编《中国封建社会经济史》第 4 卷，第 225 页。

⑥ 参见王夫之《噩梦》，第 2 页。

⑦ 参见梁方仲《中国历代户口、田地、田赋统计》，第 545 页。

第四章

中国古代的土地与赋役制度

第一节　从井田制到授田制

西周的土地制度是宗族土地所有制，以井田作为计算土地和征收赋役的基本单位。在宗族土地所有制下，国之耕地按九夫为井或十夫为井的标准分配给国人与野人耕种，由此产生两种剥削方式：彻法和藉法。春秋时代，随着社会经济、政治结构的变动，宗族土地所有制开始向封建国家土地所有制转变，井田制也日趋瓦解。各国为适应形势变化，纷纷进行了田制与税制的改革。战国是土地国有制为主的时期，同时又是封建土地私有制的产生时期，其时，各国都实行国家授田制，把农民束缚在土地上，课之以税，役之以徭，征之以兵。由于授田是一次性的，有授无还，所以随着时间的推移，国有土地逐渐向私有转化。至秦始皇三十一年，“使黔首自实田”，终于宣布废止了授田制，确认了自行占田的合法性。

一、井田制

井田制是中国古代的一种土地划分方式，也是赋役征收的基本单位。[①]

西周时代，周天子名义上是全国土地和人民的最高主宰者。所谓“溥天之下，莫非王土；率土之滨，莫非王臣”[②]，是指周王作为天下共主的政治地位而言的，实际上只有王畿内的土地属于王有。王畿以外的土地则分封给诸侯，即授民授疆土。诸侯受封之后，即取得了封国境内土地的所有权，只是因为受之于王，具有王的名义而已。诸侯国内的土地又有一部分分别授予各自的卿大夫而为其

---

① 对井田制的看法，史学界有多种观点，本书采用的是田昌五先生之说。（参见其《中国古代社会发展史论·中国古代社会的土地问题》，齐鲁书社 1992 年版）

② 《诗经·小雅·北山》。

封邑，封邑内的土地属于卿大夫。这样，就有天子、诸侯、卿大夫等多级土地所有制。由于西周是宗族奴隶制社会，阶级划分和生产资料的占有以宗族为特征。宗族分为不同等级，王有王族，诸侯有公族，卿大夫也各有其宗族，所以西周土地制度的性质是多层次的宗族土地所有制。

无论王畿、封国还是封邑内的土地，其面积都是以井田为单位进行计算的，即以方里而井作为一个计算单位，耕地与非耕地统算，方里为井，谓之一田；"井十为通，通十为成，成方十里；成十为终，终十为同，同方百里；同十为封，封十为畿，畿方千里"[①]。由此计算出封土的总面积，从中除去山林川泽、道路邑居的井数，其余的则为耕地。二者的比例通常为 1∶2，即山林川泽道路邑居占 1/3，耕地占 2/3。山林川泽属于国有，不能分配，只有耕地才分给农夫耕种。这种以井田为单位计算国土面积的方法，就是所谓的井田制。

西周实行国野制度。国是统治宗族的聚居区，一般指城市及其周围地区。野是被统治宗族的聚居区，一般在城的远郊地区。前者居民称"国人"，属于国家之公民；后者则称"野人"，是分属于贵族之甿隶。国人和野人是两大对立的阶级。相对于野人，国人具有比较优越的地位和权力，如国人是奴隶主国家军队的主体，执干戈以卫社稷是国人的基本权利与义务。野人没有任何政治权利，没有资格当兵，其任务是为主人耕田纳粮。由于国人、野人政治身份有别，故二者在土地分配及所受之剥削上亦大有区别。

国之耕地按九夫为井的标准分配给国人耕种，一井九百亩，一夫百亩，授田时，根据土质好坏，加倍或再倍授予。上田一夫百亩，中田二百亩，下田三百亩。三年一换土易居，九年轮换完毕，至第十年则重新开始。野人则按照十夫为沟的标准进行分配，相当于一井之田，是一井为一千亩，每夫均为百亩，并另授莱田若干以平均不同土地质量的级差。分配方法是：上地夫一廛，田百亩，莱五十亩；中地夫一廛，田百亩，莱百亩；下地夫一廛，田百亩，莱二百亩。分配之后，不再轮换，由于国人、野人的政治地位不同，故国人对所分土地有占有权，而野人对其所分土地只有使用权。

在井田制下的两种制度基础上，对国人、野人采取两种不同的剥削方式：彻法和藉法。

彻法行之于国人。国人按九夫为井编制，作为统治宗族的普通成员，分得一块百亩之地，作为个人经济，同时要共同耕种一夫之田，将所产上交作为国家公用，剥削量正好是十分之一，或曰"九一而助"。所谓周人行彻法，即按收获量十分取一。国人瓦解之后，这种剥削演变为什一税，是封建国家合理的正常赋税形态。

---

① 《汉书·刑法志》。

藉法施之于野人。野人是宗族奴隶，按十夫为沟编制，这十家为一个共耕单位，共耕于主人的“藉田”（又称“大田”、“公田”、“甫田”）之上。藉者，助也，即借民力来耕作。大田上的收获物全部归主人，之后退而耕种自己的生活份地以谋生。周王每年都要举行一次耕种藉田的仪式，“王耕一坺，班三之，庶民终于千亩”[①]。这千亩就是十夫一沟的基本耕作量，藉田千亩正好是十夫之田，二者的比例关系是1∶1，也就是说，野人的地租量是50%，剥削率为100%。野人所纳的50%的地租采用的是劳役剥削的形式。对野人的这种剥削方式，在古诗中屡见不鲜。比如《诗经·周颂·噫嘻》：“噫嘻成王，既昭假尔。率时农夫，播厥百谷。骏发尔私，终三十里。亦服尔耕，十千维耦。”这里描述的是野人在王室的大田上劳动的情景，“十千维耦”指万夫并作，其场面是非常可观的。再如《诗经·小雅·大田》：“大田多稼，既种既戒，既备乃事。以我覃耜，俶载南亩，播厥百谷。既庭且硕，曾孙是若。”这里讲的是野人耕种的庄稼不错，奴隶主表示满意。还有《诗经·小雅·甫田》所谓“倬彼甫田，岁取十千”，“曾孙之稼，如茨如梁；曾孙之庾，如坻如京。乃求千斯仓，乃求万斯箱”，也是如此。野人们不仅在大田上的劳动是无偿的，还要自带工具，自备饮食；农忙时节，须在田畯的监督下集体食宿劳作于田间。

无论是藉法还是彻法，都是建立在同一定的生产力水平相适应的宗族国家土地所有制基础上的。春秋时代，社会政治、经济结构发生变动，宗族土地所有制开始向封建国家土地所有制转变，井田制在这一过程中日趋解体。

二、从井田到授田的变化

西周末年到春秋时代，随着社会生产力的发展，井田制逐渐遭到破坏，表现为奴隶主贵族的大田经营的没落。如《诗经·齐风·甫田》所咏：“无田甫田，维莠骄骄”；“无田甫田，维莠桀桀”。大田里长满了茂草，再也收不到昔日那样“千斯仓”、“万斯箱”、“如茨如梁”、“如坻如京”的粮食了。同样是甫田，而荒芜到这种程度，有这样几个原因：首先，春秋时代，随着铁农具的广泛使用和牛耕的推广，个人可独立耕作，使一家一户的个体小农生产成为可能，原有的九夫为井、十夫为沟的共耕制也随之瓦解。其次，铁犁、牛耕的使用，使野人有可能自己开垦荒地，成为自己的“私田”。春秋年间，“蓬蒿藜藋（获）”之地、“狐狸所居，豺狼所嗥”之野以及诸侯国境之间的旷土隙田，逐渐得到垦辟，野人在“私田”上劳动的兴趣增加，自然不肯“尽力于公田”[②]。再次，农业生产效率的提高，使野人的剩

① 《国语·周语上》。

② 《公羊传·宣公十五年》何休注。

余劳动越来越多。奴隶主贵族在大田上剥削不到什么东西，不得不在庶人的生活份地上打主意，而这里也确实能够生产出多于劳动者生活需要的农产品来。最后，随着战争规模不断扩大，步兵成为主要兵种，野人源源不断地涌进军队，成为作战的主力。这就需要给予他们平民的待遇，保证他们有相应的土地，改变对他们的剥削方式。于是，春秋年间，各国统治阶级进行了大规模的田制与税制改革，以适应社会形势的变化。

春秋初年，管仲率先在齐国进行改革。据《国语·齐语》云："桓公曰：'伍鄙若何？'管子对曰：'相地而衰征，则民不移；政不旅旧，则民不偷；山泽各致其时，则民不苟；陆、阜、陵、墐，井田畴均，则民不憾。'"齐国的这种"相地而衰征"，是用井田的计算方法，测量出全国土地总面积，再根据土质好坏、产量差别，将井田区分为不同的等级，再按不同比例折合成良田井数，如二井而当一井，三井而当一井等。征税时即以井为单位。一井征税数额是固定的，耕劣地者多授土地，以土地数量补充其质量的不足，使粮食总量与良田等，从而收到"井田畴均"之效。

公元前548年，楚国也改革了征赋制度，其方法与"相地而衰征"相同。《左传·襄公二十五年》云："楚蒍掩为司马。子木使庀赋，数甲兵。甲午，蒍掩书土田，度山林，鸠薮泽，辨京陵，表淳卤，数疆潦，规偃猪（潴），町原防，牧隰皋，井衍沃，量入修赋。赋车籍马，赋车兵、徒兵、甲楯之数。"上文列举了山林、薮泽、京陵等九种土地，土田的种类不同，收益自然各不相同。"蒍掩书土田"的方法，就是以良田为标准，以方里而井为基本单位，把各种土地都折合成良田而后征赋。蒍掩治赋的意义不在于赋率的多少，而在于他把不同土地以井为单位折合成良田以定军赋，打破了传统的井田制，也打破了国野区别，野人与国人都成为国家的臣民，成为个体生产者。

继齐改革之后，公元前643年，晋国"作爰田"与"作州兵"。公元前645年，秦晋韩原之战后，战败的晋国为了挽回局势，把田地赏赐给人民，名曰"作爰田"。爰，于也，其意为分得土地之后可以世代占有而不变，表明农夫对土地的使用权开始向占有权转化。获得赏田的不仅有居于都内身份较高的国人，而且也有身份卑微的州人。州人原属野人，既无当兵资格，对分得的土地也无稳定的占有权。因晋国原来的军队丧于韩原之役，国人不足以满足军队的需要，于是在"作爰田"的同时，晋即"作州兵"，征发州人服兵役。此制实为以后军功授田之先河，也正是国家授田制的写照。州人既已为兵，所受剥削方式也发生较大变化。西周时代，对野人实行藉田剥削，作州兵之后，改劳役剥削为实物剥削。晋国各家除赵氏外，其余范、中行、韩、魏均实行"伍税之"，即什税其五。

在春秋时代的变革中，影响最大的是鲁国的初税亩。公元前594年，鲁国实行初税亩。《左传·宣公十五年》云："初税亩，非礼也，谷出不过藉，以丰财也。"

藉,为藉田之藉,即指大田,原来的谷出之地。在初税亩之前,鲁国之田税仅出于藉田,此后则超出藉田,在正常进行藉田剥削的同时,又于农民生活份地上再收一份实物,实行双重剥削。《穀梁传》也有相同的记载:“初者,始也。古者什一,藉而不税。……初税亩者,非公之去公田而履亩,十取一也,以公之与民为已悉矣。”意为鲁国在税亩之后,田税既取之于“公”——藉田,也取之于民,即私田,原来私田之收全归自己,现在也要纳税,公田和私田在实际上的差别取消了,表明国家拥有对公私土地的所有权。

综观春秋各国的经济改革,比之西周发生两点变化:一是国家面向全体臣民征税,无论是国人还是野人在承担赋税方面的差别日益缩小;二是国家是土地的所有者。西周在土地问题上是宗族所有制,通过层层分封,受封的宗族掌握土地所有权。春秋时代,土地逐渐掌握在国家手中,西周的宗族土地所有制正在向封建土地国有制转变。

三、战国的授田制

进入战国时代,随着古代的宗族土地所有制变成了国家土地所有制,各国纷纷实行国家授田制,荀子谓“农分田而耕,贾分货而贩”①,管子谓“分地若一,强者能守”②,都是指国家授田于民而言。临沂银雀山竹书《田法》云:“州、乡以地次受(授)田于野,百人为区,千人为或(域),人不举或(域)中之田,以地次相……”③这里所述为齐制,授田由基层行政官吏根据本州、本乡人口进行,以百人、千人为一个授田区域。

授田标准是一夫百亩。李悝在魏行尽地力之教是“每夫挟五口,治田百亩”④。孟子说:“五亩之宅,树之以桑,五十者可以衣帛矣。……百亩之田,勿夺其时,数口之家可以无饥矣。”“耕者之所获,一夫百亩。”⑤《管子》一书中更是屡言一夫百亩,如“地量百亩,一夫之力也”,“一农之量,壤百亩也”,“一农之事,终岁耕百亩”⑥,都是现实的反映。这一百亩是国家制定征税数量的标准亩积,并非实授亩积。不同地区的土地质量差别很大,都按每夫百亩授予是行不通的。当时收的是定额税,因土质优劣所导致的产量差别就要以增加授田量的方式补充其单位产量的不足,所以处良田者,每夫百亩,处恶田者则加倍或再倍授予。

---

① 《荀子·王霸》。

② 《管子·国蓄》。

③ 银雀山汉墓竹简整理小组编:《银雀山汉墓竹简(壹)》,文物出版社 1985 年版。

④ 《汉书·食货志上》。

⑤ 《孟子·梁惠王上》、《孟子·万章下》。

⑥ 《管子·山权数》、《管子·臣乘马》、《管子·轻重甲》。

如魏国“行田也以百亩，邺独二百亩，是田恶也”[①]。授田之后，设立阡陌，确定田界，把土地的使用权与占有权固定下来。

授田制的目的是把农民束缚在土地上，课之以税，保证国家税源的稳定和丰足。战国时代，授田农民的经济负担主要有三项：粟米之征、布帛之征、力役之征。有的国家还有刀布之敛，即征收货币，这和布帛之征可能是同实而异名。

粟米之征是国家征收的田租。征收单位，依据授田制，以一夫百亩计征，即每户征收百亩之税。租税量并非根据年成好坏、产量高低而随时变动，而是按一般良田亩产量制定统一的百亩税额，不管耕与未耕，收与未收，都要如数缴纳。云梦秦简《田律》云：“入顷刍稿，以其受田之数，无豤（垦）不豤（垦），顷入刍三石、稿二石。”[②]这儿就是以百亩为单位征收刍稿税，而且无论垦与不垦，都要缴纳三石、二石的定额。谷物也是如此。粟米的征收定额，取收获物的十分之一，即什一之税。《汉书·食货志》所记李悝之言：“今一夫挟五口，治田百亩。岁收亩一石半，为粟百五十石。除十一之税十五石，余百三十五石。”以此为准，每户年交粟米十五石。如果不计临时性的加征、加派，较之以往的“伍税之”而言，田租显然是减轻了。

但是田租的征收并不仅限于粟米，还包括刍稿，即用作饲草的禾秆。上引秦简《田律》详细规定了刍稿的征纳方式与数额。征纳上来的刍稿的积贮，《睡虎地秦墓竹简·仓律》也有规定：“刍稿各万石一积，咸阳二万一积，其出入，增积及效如禾。”银雀山竹书《田法》云：“稿，民得用其什一；刍，人一斗。皆𢌿（藏）于民。”剩余的刍稿农民是无权享用的，只能为公家保存，随时等候来取。

布帛之征或刀布之敛当为户口税。战国时这已成为常税的一种。对此，先秦典籍中屡有记载，如《管子·山至数》云：“邦布之籍，终岁十钱，人家受食十亩加十，是一家十户也。”此“邦布之籍”就是按户征收的。《孟子·公孙丑上》孟子曾建议“无夫里之布”，这个“夫里之布”就是户口税。秦国秦惠王并巴中后规定“其民，户出幏布八丈二尺，鸡羽三十鍭”[③]，这也相当于户口税。秦简《金布律》还规定所征布缕的要求：“布袤八尺，福（幅）广二尺五寸。布恶，其广袤不如式者，不行。”如果隐瞒户口，逃避户赋，就属违法行为。秦简《法律答问》云：“匿户……弗令出户赋之谓也。”看来户赋是当时国家政权的重要财政来源之一。

力役之征包括兵役与劳役两个内容。在授田制下，农民是封建国家的依附者，要为国家无偿提供徭役。按照秦制，凡适役年龄的男子，每年要服一个月的

① 《吕氏春秋·乐成》。

② 睡虎地秦墓竹简整理小组：《睡虎地秦墓竹简》，文物出版社1978年版。

③ 《后汉书·南蛮传》。

力役,另外还要当一年正卒,一年戍卒,正卒与戍卒都是兵役。17 岁左右开始服役,65 岁免役,如是一个服役男子,一生大约要花掉六年多的时间,占其有效劳动年龄的 1/10 以上,这只是就正规力役而言。战国期间战争频仍,役事繁多,力役当大大超出此限,有时男子不足,还要役及妇女老弱。

战国授田农民的负担尚不止此三项,其时还有各种名目的税收,有房屋税、桑蚕税、牲畜税、关税、市税、山林渔猎税等等,甚至食盐用铁也要抽税,有时政府还向农民放债取息。总的说来,当时的赋役剥削还是相当沉重的。

战国时期土地制度处在发展变化过程中,在土地国有的同时,土地私有制亦随之产生并日益发展,这一变化是授田制实施的必然结果。授田制实际上是一次大规模的对国有土地的分配运动。在实施授田制时,先以县为单位对土地进行统一规划,进而将可耕地从国有土地中划分出来,授田制只施于可耕地。授田的对象是个体农民和有功于国家的人,土地一经授予,可以子孙传袭,以为世业。只有当无人继承时,才由国家收回。公元前 224 年,秦王嬴政倾全国之兵交王翦统率攻楚,王翦行前"请园池为子孙业"①,就是要求把国有的园地归其所有,传之子孙。时间既久,即成为个人私有。所以授田制虽然是在国有土地上实施的,而其结果却是土地私有制。

土地买卖是土地私有化的基本标志。战国时期,土地买卖已经出现。《韩非子·外储说左上》云,王登为中牟令,一日荐两个中大夫于赵襄子,"予之田宅,中牟之民弃其田耘,卖宅圃而从文学者邑之半"。买卖宅圃说明原授之宅地归私人所有了。又如赵括将赵王所赐金帛"归藏于家,而日视便利田宅可买者买之"②。当时的土地买卖已是法律允许的。

授田的私有化也使赋税关系发生变动,赋役制度呈现出租税合一向租税分离蜕变的趋势。授田制下,土地国有,授田农民从国家手中领得土地,把土地上生产的一部分产品缴给国家,同时他们向国家缴纳的产品用于国家军政开支,所以农民上交的产品既具有地租性质又具有赋税性质,租税合一。随着国有土地向私有土地转化,国家对土地只有行政管理权,土地成为个人私有,农民上交国家的产品只具有赋税性质而不具有地租的性质,租税开始分离。

战国授田是一次性的,只授不还,当子孙繁衍、人口增多时,只要报名官府就可得到新的土地,但可耕地是有限的,并且随着土地不断地向私有转化,政府在已无田可授或有也不多时,就只得停止了。秦始皇三十一年(前 216 年),诏告天

① 《史记·王翦列传》。
② 《史记·廉颇蔺相如列传》。

下“使黔首自实田”[1]，允许农民自由地占垦荒地，垦种之后即归私有，从而宣告了授田制的基本结束，标志着国家对土地私有制的承认。从此，地主、农民都可以不受任何干扰地处理其土地，土地买卖迅速发展，“富者田连阡陌，贫者无立锥之地”的局面迅速成为现实。要指出的是，“使黔首自实田”并不是所有土地都任民所耕，任民所实者，只是国有荒地的一部分，仍有许多山林由官府控制经营，其后历朝莫不如此。这样，土地国有制与土地私有制并行，构成中国封建社会土地制度的总格局，而战国时期从土地国有转化为土地私有则为中国封建土地制度演变的先河。

第二节　汉晋南朝的土地与赋役制度

两汉时期，封建土地私有制迅速发展，私有土地逐渐处于主导地位。土地买卖合法进行，兼并之风日盛，形成了强大的贵族、官僚、豪强地主的大土地占有。这一时期的农民处于封建政府的严密控制之下，向两汉王朝提供沉重的赋税和徭役。汉魏之际的战乱，造成大批土地荒芜，于是在国有土地上出现了屯田制。屯田制是一种战时设置，战后也就瓦解了。西晋统一全国后颁布了占田与课田制。在赋税制度上，田租和户调是魏晋南朝各政权赋税剥削的主要内容，并且无论租和调都是建立在按丁计征的基础上。

一、两汉的土地与赋役制度

自春秋战国到秦王朝统一，中国古代的土地占有形态在由宗族土地所有制向国家土地所有制转移的同时，土地私有制也开始萌生并得到较快的发展。到两汉时代，尽管土地国有制盈缩不一，但在整个社会土地占有格局上，其比重日益萎缩，与此同时，则是土地私有制的迅速扩展。在两汉土地私有化的大趋势中，农民的小土地私有制在官僚、贵族、商人的兼并、蚕食中不断减弱，而大土地所有者凭借其经济、政治势力，上侵国有土地，下兼农民所拥有的小块土地，形成强大的官僚、商人、豪强地主的大土地占有。下面分别看一下国有与私有这两种不同的土地所有制形式及其矛盾运动规律。

1. 国有土地

两汉时代，国有土地大致包括四种类型，即山林川泽、公田、草田及苑囿。

山林川泽自秦以来即为帝室所有，如《汉书・食货志》言：秦朝“颛川泽之利，管山林之饶”，“汉兴，循而未改”，“山川、园池、市肆租税之入，自天子以至封君汤

---

① 《史记・秦始皇本纪》裴骃《集解》。

沐邑，皆各为私奉养”。汉代山林川泽的管理机构是少府，《汉书·百官公卿表》言：“少府，秦官，掌山海池泽之税，以给共养。”所谓“掌山海池泽之税”，不只是一种税收管理问题，而是在行使所有权。

国有土地中还包括一部分垦田，当时称为“公田”。这部分土地在汉代分布较广，也具备较大的经济意义。如赵过为搜粟都尉推广代田法时，便首先从公田开始。《汉书·食货志》记道：“过试以离宫卒田其宫壖地，课得谷皆多其旁田亩一斛以上。令命家田三辅公田，又教边郡及居延城。”

两汉公田的来源，除继承前朝外，主要有三种途径：

其一是政府组织的屯垦。西汉武帝发动的对匈奴的战争取得胜利，夺回大片土地，在这些地区设置郡县，并实行大规模的屯田。《汉书·食货志》载：“上郡、朔方、西河、河西开官田，斥塞卒六十万人戍田之。”这些屯田在实质上是属于国有土地。东汉时代，边地屯垦仍然存在，主要也是分布在西域、河西、河湟一带。与西汉不同的是，东汉王朝在边地屯垦的同时，在内地一些地区也进行屯垦。无论是边地屯田，还是内地屯田，因这些屯田而产生的土地都是国家公田，成为两汉王朝公田的重要组成部分。

其二是政府对原私有土地的没收。在两汉时代，最大规模的一次没收行动是武帝时的告缗。《史记·平准书》言：“卜式相齐，而杨可告缗遍天下，中家以上大抵皆遇告。……得民财物以亿计，奴婢以千万数，田大县数百顷，小县百余顷，宅亦如之。”这些被没收的土地，全部转变成由少府和大司农等直接控制的国有土地。当然，这是一种特例。在两汉王朝的法律执行中，一直有连带刑，或举宗流徙，或夷灭三族，这部分人的田产也往往没入县官，成为公田。另外，汉王朝还进行过多次规模不小的迁豪、徙民，那些被迁徙者故有的土地，多被没收为公田。

其三是政府对抛荒土地的接收。两汉时代，因战争、灾荒等原因，造成“天下虚耗，户口减半”，这样就出现了不少无主荒田，而土业无主，自然就成了国有土地。

两汉政府对公田控制得十分严格，不经皇帝批准，盗占、买卖公田，均属非法，要处以重刑。如武帝时，丞相李蔡盗卖三顷公田，“当下狱，自杀”[①]。成帝建始二年(前31年)，少府温顺“坐买公田与近臣下狱论”[②]。可见西汉对侵犯公田者处罚之严。

草田是指尚未开垦的荒地，一般是与垦田、辟田相对而言的。这部分土地实际支配权在两汉政府，常被政府赏赐给大臣或假与农民耕垦开发。

---

① 《汉书·李广传》。

② 《汉书·百官公卿表下》。

苑囿是指由水衡、少府所掌管的苑囿池籞。据《三辅黄图·苑囿》记载，仅关中地区即有上林苑、甘泉苑、御宿苑、恩贤苑、三十六苑、西郊苑、宜春下苑等，其他地区还有中牟苑、南苑等。地方郡国也各有大小不等的苑囿。汉代的苑囿许多是规模浩大者，如上林苑"周袤三百里"，甘泉苑"凡周围五百四十里"。这些苑囿中囊括着许多耕地、可耕地。

对国有土地，西汉王朝采用了两种管理与经营方式：一种是直接经营，通过屯田以及相关的官手工业、畜牧业来进行；另一种是间接经营，通过租赁山泽、"假民公田"等方式进行。至汉武帝时代，对国有土地的经营所得，成为军国费用的重要来源。如在《盐铁论·园池》篇中桑弘羊所言："县官开园池，总山海，致利以助贡赋；修沟渠，立诸农，广田牧，盛苑囿。太仆、水衡、少府、大农，岁课诸入田牧之利，池籞之假，及北边置任田官以赡诸用。"

2. 私有土地

两汉时代，国有土地处于被侵蚀中，与此同时，私有土地日趋发达。进入两汉时代以后，土地买卖与土地兼并现象迅速增加。西汉初年，萧何便"多买田地"，而且"置田宅必居穷处，为家不治垣屋，曰：'后世贤，师吾俭；不贤，毋为势家所夺'"[①]。这已虑及他人的兼并。此后两汉土地买卖的记载便史不绝书。如西汉张禹，"多买田至四百顷，皆泾渭溉灌，极膏腴上贾"[②]；东汉吴汉出征，"妻子在后买田业"[③]。不独土地兼并者要买田地，连一些乡里的平民百姓因各种原因也购买田地。如河南偃师发现的《汉侍廷里父老僤买田约束石券》，记里社父老们集资购买给资用地，其券文曰："……敛钱共有六万一千五百，买田八十二亩。僤中其有赀次当给为里父老者，其以容田借与，得收田上毛物谷实自给。"甚至作为封建国家最高统治者的皇帝，也尝试购买地产。如西汉成帝即"置私田于民间"[④]，东汉的灵帝也曾"还河间买田宅，起观第"[⑤]。

在土地私有化的这一大趋势中，两汉社会的各阶层都试图极力地扩大自己的土地占有，拓展自己的私有土地，从而使私田数量急剧增加。综观两汉私有土地发展史，这一时期的私有土地主要有以下几种来源，由此，我们也可以看出汉代私有土地的基本构成。

第一，封建政府的"授田"。"授田"是借用战国时期的代名词，是指两汉时代以政府名义赋予农民及其他阶层人员的国有土地，包括对荒地草田的占垦、赐民

---

① 《史记·萧相国世家》。
② 《汉书·张禹传》。
③ 《后汉书·吴汉传》。
④ 《汉书·五行志》。
⑤ 《后汉书·宦者·张让传》。

公田、赋民公田等形式。

对荒地草田的占垦，主要出现在西汉与东汉的建国之初，这一时期的主要问题是因长期战乱而造成的“地有遗利，民有余力，生谷之土未尽垦，山泽之利未尽出也，游食之民未尽归农也”[①]。所以，西汉与东汉立国之初，都鼓励农民占垦荒田。实际上，在其他一些历史时期，在荒田草田较多的地区，也同样鼓励百姓占垦。如东汉章帝时曾下诏曰：“今肥田尚多，未有垦辟，其悉以赋贫民，给与粮种，务尽地利，勿令游手。”[②]

赋民公田，主要是对贫民的一种公田授予。这种授予自西汉到东汉，不绝如缕。如西汉宣帝时，丞相魏相“尽变易大将军时法令，以公田赋予贫民”[③]；平帝元始二年(2年)将公卿吏民“献田”，“以口赋贫民”[④]。东汉时，赋民公田的记载依然常见，如《后汉书·明帝纪》记永平十三年(70年)明帝诏曰：“今五土之宜，反其正色，滨渠下田，赋予贫人，无令豪右得固其利。”

赐田是指皇帝特别赋予的公田。从汉代的有关记载看，赐田大略有四种形式：第一种形式是向贵幸赐田，包括贵幸之臣、皇亲国戚等人，这类赐田的数量一般都比较可观。如汉武帝一次就曾赐给同母异父姐“钱千万、奴婢三百人、公田百顷”[⑤]，哀帝一次向董贤赐田两千顷。这种赐田十分随意。《史记·滑稽列传》载：武帝想让东方朔识一异兽，朔曰：“某所有公田、鱼池、蒲苇数顷，陛下以赐臣，臣朔乃言。”诏曰：“可。”第二种形式是徙民赐田。如《汉书·高帝纪》载对迁徙关中的齐楚大姓，“与利田宅”。《昭帝纪》云：“(始元三年)秋，募民徙云陵，赐钱、田宅。”对于迁徙的百姓，也是赐予一定的钱财田宅。武帝建元三年(前138年)，对徙民茂陵的人家，赐“户钱二十万，田二顷”；平帝元始二年(2年)，青州等地旱蝗成灾，平帝于是“罢安定呼池苑，以为安民县……募徙贫民，县次给食。至徙所，赐田宅什器”[⑥]。第三种形式是直接向贫民赐田。这种赐田带有赈济性质，数额有限。西汉时的赐贫民田，如《汉书·贡禹传》有云：“故民弃本逐末，耕者不能半，贫民虽赐之田，犹贱卖以贾。”东汉时的赐贫民田，如《后汉书·明帝纪》永平九年(66年)四月，诏“郡国以公田赐贫人，各有差”。第四种形式是军功赐田，主要在西汉初年实行。刘邦击败项羽后，一方面要求流亡民众“各归其县，复故爵田宅”；另一方面，则实行“以有功劳行田宅”，对于立军功而得到高爵者，赐予田宅。

---

① 《汉书·食货志》。
② 《后汉书·章帝纪》。
③ 《汉书·霍光传》。
④ 《汉书·平帝纪》。
⑤ 《汉书·外戚传》。
⑥ 《汉书·平帝纪》。

第二，土地买卖。土地买卖是两汉私有土地增加的重要途径，也是人们取得私有土地的最主要手段。两汉时代，关于土地买卖的记载十分常见。达官贵人们所拥有的土地多是由买卖而来，豪强地主的土地也多是由买卖而来，至于那些商人、地主以及民间致富者所增加的土地更是由买卖而来。如：西汉张禹"及富贵，多买田至四百顷，皆泾渭溉灌，极膏腴上贾"[①]；东汉的马防"兄弟贵盛，奴婢各千人已上，资产巨亿，皆买京师膏腴美田"[②]。这些是达官贵人买田之例。汉代的那些豪族们也是"膏田满野"，"田亩连于方国，身无半通青纶之命……不为编户一伍之长"[③]，其土地当然也是由买卖所得。再如西汉卓文君与司马相如"归成都，买田宅，为富人"[④]；卜式"入山牧十余年，羊致千余头，买田宅"[⑤]；宣帝时人阴子方"暴至巨富，田有七百余顷"[⑥]；以及陈汤所言"关东富人益众，多规良田"[⑦]。这些都是商人、地主、民间致富者之例。

第三，强取豪夺。这是指通过非正常途径获取私有土地者。就两汉情况而言，这一类记载比较多见。如《史记·淮南衡山列传》所记：衡山王赐"数侵夺人田，坏人冢以为田"；"（淮南王安之）王后荼、太子迁及女陵得爱幸王，擅国权，侵夺民田宅，妄致系人"。

综上所述，两汉时代的土地占有可以分为国有土地与私有土地两大组成部分，而私有土地中又包括了农民的小土地占有与各类地主的大土地占有两项内容。在两汉时代，国有土地、农民的小土地占有、地主的大土地占有之间的互相消长与矛盾运动，构成了土地占有形态发展与演变的主旋律。

就农民的小土地占有来讲，这是两汉土地占有形态中的一个脆弱的支点。对于其脆弱性，晁错曾有一段概括性的议论："今农夫五口之家，其服役者不下二人，其能耕者不过百亩，百亩之收，不过百石。春耕夏耘，秋获冬藏，伐薪樵，治官府，给徭役。春不得避风尘，夏不得避暑热，秋不得避阴雨，冬不得避寒冻。四时之间，无日休息。又私自送往迎来，吊死问疾，养孤长幼在其中。勤苦如此，尚复被水旱之灾，急政暴虐，赋敛不时，朝令而暮改。当具有者半贾而卖，亡者取倍称之息，于是有卖田宅、鬻子孙以偿责者矣！"[⑧]

---

① 《汉书·张禹传》。

② 《后汉书·马援传附子防传》。

③ 《后汉书·仲长统传》。

④ 《汉书·司马相如传》。

⑤ 《史记·平准书》。

⑥ 《后汉书·阴识传附弟兴传》。

⑦ 《汉书·陈汤传》。

⑧ 《汉书·食货志》。

就大土地占有者来说，他们的最大目标是广占田宅，不管是国有土地，还是农民的小块土地，只要有机会、有可能，他们便会不择手段地兼并吞占。官僚地主对土地的兼并，正如《汉书·董仲舒传》所言："身宠而载高位，家温而食厚禄，因乘富贵之资力，以与民争利于下，民安能为之哉？是故众其奴婢，多其牛羊，广其田宅，博其产业，畜其积委。"商人与豪强地主对土地的兼并，丝毫不亚于官僚地主，如《后汉书·仲长统传》所言："井田之变，豪人货殖，馆舍布于州郡，田亩连于方国"；"豪人之室，连栋数百，膏田满野"。这种兼并的必然结果是富者田连阡陌，贫者无立锥之地。

就国有土地而言，除了两汉之初和武帝时代一度出现国有土地的增加外，在整个两汉时代，它一直处在不断地衰减中。这是因为国有土地本身是一个有限的范围，在私有土地日趋发达的时代，它不仅不可能无限制地扩充，反而还会受到私有土地的不断侵蚀。

在两汉土地占有形态的变迁中，最活跃的因素是大土地占有者。他们或商或官或豪强地主，自西汉后期始，更是三者合而为一，处心积虑地觊觎着小私有土地与国有土地，当然，也觊觎着其同类的土地。在国家赋税徭役重压之下的小土地占有者，自然无力抵御这种三位一体的兼并大潮，尤其是遇有天灾人祸时，便不得不"卖田宅"，将自己的小块土地拱手出让，从而失去赖以生存的土地。

针对土地兼并愈演愈烈的状况，武帝时董仲舒、哀帝年间师丹等人先后提出限田主张，以"塞兼并之路"，但均未奏效。其原因当如荀悦《汉纪》所言："土田布列在豪强，卒而革之，并有怨心，则生纷乱，制度难行。"王莽代汉后，贸然颁布了以取消土地买卖和恢复井田制为目的的"王田令"，要求豪强地主将多余土地转让给农民，结果招致朝野上下的反对，只得半途而废。这说明地主土地私有制的发展已成定局。

在上述矛盾运动的作用下，到东汉后期，即出现了截然不同的两种现象：在国家管内，人户流失，土地荒芜。如仲长统言："今者土广民稀，中地未垦。"①崔寔亦言："（今）三辅左右及凉、幽州内附近郡，皆土旷人稀，厥田宜稼，悉不垦发。"②而在大土地占有者那儿，却是"膏田满野，徒附万计"，诸业兴盛。在这种局面下，不仅政府自身无力遏制大土地占有与土地私有化浪潮，而且汉王朝自身的颓败也在所难免。

如前所述，在两汉土地私有化发展过程中，因授田、赐田、占田，大部分农民都拥有一块属于自己的土地，对于这块私有土地，他们可以买卖，也可以继承与

① 《后汉书·仲长统传》。

② 马端临：《文献通考》卷二《田赋考二》引崔寔《政论》。

转让，在生产经营与社会生活中也具有一定的灵活性。但这一历史时期的农民，仍处在封建政府的严密控制之下，向两汉王朝提供着沉重的赋税和徭役。这种赋役剥削主要包括三项内容：一曰田租、刍稿；二曰算赋、口赋；三曰徭役、兵役。

田租、刍稿在内容上属于土地税的范围，都是依土而征，是"九一而助"或"十一而藉"的衍申。西汉建立之初，鉴于经济凋零，民不聊生，统治者实行了一系列经济紧缩政策，其中重要一项是"轻田租，什五而税一"[1]。后因经济困难，行之不久，刘邦又用过"什一之税"的税率。惠帝即位后，于元年（前194年）"减田租，复什五税一"[2]。此后至孝景二年（前155年），除个别年份外，未有变化。

孝景二年，"令民半出田租，三十而税一也"[3]。正式形成田租三十税一的定制，终西汉之世也没有改变。东汉光武帝初年，承大乱之后，用费窘迫，田租曾一度增为什一，但到建武六年（30年）就恢复了三十税一制，并一直沿用到东汉末年。

那么，汉政府如何征收田租呢？对这一问题，桓宽《盐铁论·未通》篇中讲得比较清楚："田虽三十而以顷亩出税，乐岁粒米粱粝而寡取之，凶年饥馑而必求足。"这就告诉我们，汉代田租的征收并不根据土地多少、年成好坏、产量高下，而是一律以顷亩为单位，收取定额地租。实际上，这与《食货志》所记李悝尽地力之教实际上是一脉相承的。李悝之制："今一夫挟五口，治田百亩，岁收亩一石半，为粟百五十石，除十一之税十五石。"这里名为什一之税，但实际上是百亩的定额税收量。东汉时仍按百亩计征，安帝建光元年（121年），诏"京师及郡国被水雨伤稼者，随顷亩减田租"[4]，其意即按百亩为单位视情况而减征，并非逐亩察看，按亩而减征。

除田租外，汉代农民还要交纳刍稿。《汉书·贡禹传》云："已奉谷租，又出稿税。"刍稿本是农作物的副产品，因为田租与刍稿税在汉代一般都是并征的，所以《汉官仪》曰："田租、刍稿，以给经用。"[5]而有事减免也往往是田租与刍稿并行减免，如《后汉书·光武帝纪》："建武二十二年，其令南阳勿收今年田租、刍稿。"因史料所限，汉代征收刍稿的办法及税率难得其详，估计应当是沿袭了秦代的刍稿率，即"顷入刍三石，稿二石"[6]。

东汉后期，曾出现了一种"以田敛钱"的附加税。《后汉书·桓帝纪》云："（延

---

① 《汉书·食货志上》。
② 《汉书·惠帝纪》。
③ 《汉书·食货志上》。
④ 《后汉书·安帝纪》。
⑤ 《后汉书·百官志》刘昭注引。
⑥ 睡虎地秦墓竹简整理小组：《睡虎地秦墓竹简·田律》，文物出版社1978年版。

熹八年）八月戊辰，初令郡国有田者，亩敛税钱。”又，《后汉书·灵帝纪》云：“中平二年二月己酉，南宫火灾，火半月乃灭，己亥，广阳门外屋自坏。税天下田，亩十钱。”不难看出，这两次亩敛税钱并非经常性税收，而是正税以外的附加，然而它有两点引人注意的迹象：一是征税要以亩敛。在东汉末期，多数土地都掌握在豪强地主手中，无疑主要是拿有田者开刀。二是这种“亩敛税钱”的做法，当时虽未引起太大的波澜，但却开后世以实有田亩征税的先河。

算赋、口赋都是人头税，是分别向成年人和未成年人所征收的税种。

汉代算赋的征收，始于高祖四年（前 203 年），一般是向年 15 岁至 56 岁的人口征收。算赋的征收数额，《汉书·惠帝纪》注引应劭云：“汉律，人出一算，算百二十钱。”《高帝纪》注引《汉仪注》也云：“人百二十为一算。”看来，算百二十钱是常规税制。在某些时期，亦偶有变化。文帝时，“悯中国未安，偃武行文，则断狱数百，民赋四十”[①]。此处仅征四十钱，减免了三分之二。又如宣帝甘露二年（前 52 年）又因祥瑞，“减民算三十”[②]。东汉章帝元和二年（85 年），“人有产子者复，勿算三岁”[③]。

口赋是向儿童征收的税目。始征时间当为武帝时，起征年龄为 3 岁。元帝时，采纳贡禹的提议，7 岁开征口钱。口钱的数额，据《汉仪注》说：“民年七岁至十四，出口赋钱人二十三，二十钱以食天子，另有三钱者，武帝加口钱，以补车骑马。”当然，因时而异，口赋的减免与加征也时有发生。如昭帝元凤四年（前 77 年），曾“诏勿收四年、五年口赋”[④]。而东汉末年，产子一岁即要交纳口钱。《零陵先贤传》载：“郑产为白土啬夫，汉末多事，国用不足，产子一岁，辄出口钱，民多不举子。”

汉代的徭役和兵役可依据《汉书·食货志》中董仲舒的一段话来考察：“又加月为更卒，已复，为正一岁，屯戍一岁，力役三十倍于古。”其中“月为更卒”，指农民到了从役年龄后，每年必须在所在郡县从事一个月的无偿劳动；“为正一岁”即是在郡国作为正卒服兵役一年；“屯戍一岁”指作为戍卫兵服役一年，包括屯卫京师和戍守边疆，二者只需输一役即可。也就是说，汉代成年男子一生要向国家保障二年的效力，又外加每年一个月。另外，还有每年戍边三日的义务，但这在实际上是无法实行的，这样，不去戍边的人要向政府交纳更赋三百钱，由政府支给戍役之人衣食等费用，实际上成了成年男丁的一种人头税。

---

① 《汉书·贾捐之传》。
② 《汉书·宣帝纪》。
③ 《后汉书·章帝纪》。
④ 《汉书·昭帝纪》。

在两汉时代，农民所负担的赋税、徭役与兵役，支撑着王朝的生存与社会的发展，但小农经济有一个无法克服的缺陷，就是它太弱小，不稳定，经不起风浪。在大土地占有者土地兼并的过程中，在两汉政府沉重赋役的剥削下，越来越多的农民失去土地，走向破产，变成到处游离的流民。自西汉武帝以来，一直到东汉末年，流民问题是当时社会最严重的问题，而正是这股社会力量结束了两汉王朝的统治。①

二、曹魏时期的屯田制与户调式

东汉末年的农民大起义及接踵而至的全面军阀混战，严重地破坏了社会经济，中原农民被迫“捐弃居产，流亡藏窜”②。“是时天下户口减耗，十裁一在”③，大量土地被抛荒，所谓“土业无主，皆为公田”④。在这一时期，任何军事集团要想站得住，除了要有兵以外，还要有粮。在统一帝国时代，粮食的来源靠向农民征课。自军阀混战，人民流亡，土地荒芜，粮源的困难比起兵源的困难来，更是严重万分。袁绍的军队，因为缺乏粮食，甚至采摘桑葚来充饥；袁术的军队没有粮食，也全靠采集蚌蛤。许多割据政权因无粮而不战自溃。如何使流散的人口与荒芜的土地结合起来，提供急需的军粮，成为各割据政权的首要任务。汉代施用于西北边地的用军事管理方式将人口束缚于国有土地的屯田制度，成为各政权仿效的先例。徐州的陶谦、幽州的公孙瓒，先后都施行过屯田，但屯田规模大且效果明显的，要首推曹操。

曹魏的屯田制分为军屯和民屯两类。

军屯可分为两种类型。一种是现役军人屯田，这是沿袭汉代的做法，随宜开垦，且耕且守。最早见于记载的是兴平元年(194 年)夏侯惇在陈留、济阴等地进行的屯田，《三国志·魏书·夏侯惇传》称：“复领陈留、济阴太守……时大旱，蝗虫起，惇乃断太寿水作陂，身自负土，率将士劝种稻。”但作为一种制度，是在建安二十三、二十四年(218～219 年)，由司马懿向曹操建议后才正式建立的。《晋书·宣帝纪》称：“迁为军司马，言于魏武曰：‘箕子陈谋，以食为首。今天下不耕者盖二十余万，非经国远筹也。虽戎甲未卷，自宜且佃且守。’魏武纳之。”曹丕称帝后，于黄初年间(220～226 年)设置管理军屯的主要官吏——度支中郎将、度支校尉、度支都尉等官员，使军屯走上正轨。

---

① 本节论述引自马新《两汉乡村社会史》第三章第二节，齐鲁书社 1997 年版。

② 《三国志·魏书·司马朗传》。

③ 《三国志·魏书·张绣传》。

④ 《三国志·魏书·司马朗传》。

曹魏的军屯推行得比较广泛，大凡有军队驻扎的地区即多有军屯的设置。蒋济在景初中(237～239 年)上疏曰:“二贼(指吴、蜀)未诛，宿兵边陲，且耕且战，怨旷积年。”[①]这说明当时主要的军屯基地设置在吴、蜀军事对立的地带。如在和蜀汉邻近的地区，长安、槐里、陈仓、上邽(今甘肃天水)等地都有民屯和军屯组织，其中，尤以上邽军屯最为著名，屯驻有农丁五千人，“秋冬习战阵，春夏修田桑。由是关中军国有余，待贼有备矣”[②]。在和东吴邻近地带的屯田，主要分布在淮河南北，杜佑《通典》卷二《屯田》称:“令淮北屯二万人，淮南三万人，十二分休，常有四万人且耕且守。”

军屯的基层组织为营，一般“五里置一营，营六十人，且佃且守”[③]。将士是单身从役的，家属与之不居住在同一地区。生产的谷物全部上缴给国家，将士按日或月领取自己的生活用品。

军屯的另一种类型是士家屯田。用于屯田生产的士家包括从征将士的家属和尚未抽调的后备役兵士。据史书所载，起初在曹魏的根据地冀州聚集的士家最多，达 10 万户以上;曹丕定都洛阳后，洛阳一带又成了聚集士家的大本营。此外，在地方州郡也都聚居有多少不等的士家。聚留士家的目的是为控制前线的将士，所谓“军征士亡，考竟其妻子”[④]。士家必须世代服兵役，他们的子弟被称作“士息”，有些士息在年幼时就得为官府备宿卫，成丁以后就要被国家征发，正式当兵。为取得更多的兵源，曹魏政府规定士女必须嫁给战士，寡妇亦由政府配给士为妻，以繁殖士息。士家屯田开始得很早，不仅在冀州等非战争区域居住的大批士家被组织屯田，在雍、豫、荆、扬等与敌国接壤的边州也有士家屯田。不过，屯田的士家并不在边防前线，他们只进行生产，没有戍边的职责。士家是全家一起从事农业生产的，他们拥有自己的农具，有的还有耕牛，对屯田的收获物实行分成制，“兵持官牛者，官得六分，士得四分;自持私牛者，与官中分”[⑤]。

曹魏的民屯制度是在建安元年(196 年)以许下屯田为试点，取得经验之后，推广到其他地区的。《三国志·魏书·任峻传》注引《魏武故事》载:“及破黄巾定许，得贼资业，当兴立屯田。”民屯上的生产者是俘获的大批黄巾余众，他们有相当丰富的生产经验与熟练的劳动技能。同时，曹操在镇压黄巾军的过程中，又从农民手中掠夺了不少耕牛、农具等，这为屯田制度的顺利推行提供了条件。许下屯田的第一年，成绩就十分显著，一年中就得谷百万斛，于是“州郡例置田官”，建

---

① 《三国志·魏书·蒋济传》。
② 《晋书·安平献王孚传》。
③ 《晋书·食货志》。
④ 《三国志·魏书·高柔传》。
⑤ 《晋书·傅玄传》。

置屯田。几年之间，政府掌握的粮食更多，史称“所在积粟，仓廪皆满”[1]，“五年中，仓廪丰实”[2]，以后每年都可以收获到谷物数千万斛之多。

民屯的基层组织是屯，每屯的生产者大约50人，设有屯司马来管理。在设民屯的县置典农都尉，各郡、国则依大小置典农中郎将或典农校尉，全国的民屯事务则由大司农统一管理。屯田民被称作“典农部民”或“屯田客”。

屯田民在政府经营的屯田土地上耕作，对于农产品的分配，起初采用“计牛输谷”，即由政府把牛借给农民，到了收割后，根据牛的数量来征收租谷。施行后不久，枣祗站在政府立场表示异议，认为“计牛输谷”，到了丰收的时候，政府征收的租谷并未增多，倘遇水旱灾荒，减租又很不方便，因此他坚决主张采用“分田之术”，即分成制。据晋人称：“持官牛者，官得六分，百姓得四分；私牛而官田者，与官中分。”[3]即用官牛者向政府交纳六成的收获物，不用官牛的与政府二五中分。除交纳田租外，屯田民还要在收获完毕的农闲时期服一些比较轻的徭役，如修整道路、桥梁，建造粮仓等。在一般情况下，屯田民是不服兵役的。

由曹操开创、曹魏政权继续发展的屯田规模相当大。曹魏屯田的范围，以今天的行政区划来说，西起甘肃，东迄山东，北起冀北，南到苏、皖的北部。在这广袤的区域里，到处开拓荒莱，施行屯垦。有史可证者，在当时的颍川、许昌、襄城、汝南、西平、西华、睢阳、梁国、陈国、沛国、谯郡、洛阳、新城、荥阳、河东、河内、野王、弘农、宜阳、原武、汲郡、上党、陈留、济阳、东阿、魏郡、邺、列人、巨鹿、蓟、昌平、潞、长安、槐里、陈仓、上邽、淮南、寿春、合肥、皖、蕲春、广陵、武威、酒泉等许多地方，都有过推行民屯和军屯的迹象。

曹魏屯田制度无疑是一种剥削和压迫制度，但在当时的历史条件下，它包含着一些有利于生产发展的积极因素：

第一，屯田上的劳动者主要来自脱离生产的流民，屯田制度把他们吸引到土地上来，使他们与土地相结合，由物质财富消费者变为物质财富生产者，这当然对生产事业的发展有利。

第二，汉魏之际，社会动荡，一般自耕农很难维持生产。当时能够比较正常进行生产的，一是士族豪强的庄园，一是政府的屯田。所以，屯田制度对农业生产起了有效的保障作用。

第三，汉魏之际的流民转徙无定，生活毫无保障。焦先在关中流浪时，“食草

---

① 《三国志·魏书·任峻传》。
② 《三国志·魏书·国渊传》。
③ 《晋书·慕容皝载记》。

饮水，无衣履”[①]，可见流民是过着非人的生活。当他们成为屯田客后，虽然身份低，所受剥削重，但却有了自己的经济，生活情况有所好转，所以屯田上的生产者有一定的生产兴趣。再者，和自耕农相比较，屯田客所受地租剥削虽重，但徭役却要轻一些，这种情况对屯田上的生产有利。

第四，为了搞好屯田生产，以曹操为首的统治集团也开始注意到水利灌溉事业，各地刺史郡守多注意修造陂堨，广开稻田。如司马孚出任河内典农，奉诏“兴河内水利”，造沁水石门，“若天旸旱，增堰进水；若天霖雨，陂泽充盈，则闭防断水”[②]。刘馥为扬州刺史，“广屯田，兴治芍陂及茹陂、七门、吴塘诸堨，以溉稻田”[③]。这使屯田的灌溉条件比较优越，因此曹魏屯田的产量比较高。《晋书·傅玄传》载当时的亩产量，“白田收至十余斛，水田收数十斛”。

由于曹魏屯田制度包含上述一些积极因素，因此它的广泛推行，对惨遭战乱破坏的社会经济的恢复和发展起着有力的促进作用，同时也解决了曹魏和西晋的军粮的问题，为曹操削平群雄和司马炎统一中国提供了重要的物质条件。

曹魏推行的大规模屯田制度，到魏末逐渐遭到破坏。曹魏后期，统治者经常征调屯田民服兵役、杂役，这类违例征调虽不是经常的制度，但也使屯田客难以忍受。同时，国家还强迫农民扩大耕地面积，向政府多交田租，使屯田农民无法承担，生产情绪日益低落。魏末，受剥削越来越重的屯田客纷纷逃亡。这时，在曹魏时期势力逐渐强大的士族地主也开始利用手中的权力侵夺屯田土地和民屯上的劳动人手。如“（何）晏等专政，共分割洛阳、野王典农部桑田数百顷”[④]。司马氏专政时，“魏氏给公卿以下租牛、客户，数各有差。自后小人惮役，多乐为之，贵势之门内动有百数”[⑤]。这无疑加速了屯田制的破坏。

史载，魏晋统治者曾两次宣布废除民屯制度。第一次是在魏元帝咸熙元年(264年)，“是岁，罢屯田官，以均政役，诸典农皆为太守，都尉皆为令长”[⑥]。这时司马氏集团正忙于魏晋禅递，所以这个命令或未立即执行，或执行而不够彻底。泰始二年(266年)，发生了刘友、山涛等众多官员哄抢屯田土地的案件，从而迫使统治者于这年十二月又重申前令：“罢农官为郡县。”[⑦]至此，从建安元年(196年)开创的大规模的曹魏民屯制度终于被彻底废止。

---

① 《三国志·魏书·管宁传附胡昭传》裴松之注引《魏略》。
② 郦道元：《水经注·沁水》。
③ 《三国志·魏书·刘馥传》。
④ 《三国志·魏书·曹爽传》。
⑤ 《晋书·王恂传》。
⑥ 《三国志·魏书·陈留王奂纪》。
⑦ 《晋书·武帝纪》。

这里还应该加以说明的是，曹操一方面固然推行屯田，安置了大量流民，但另一方面自耕小农这一阶层并不是完全绝迹。曹操为了巩固中央集权，还必须巩固自耕小农这一阶层，他的部下就曾不断招回流亡人口，给以无主荒地，并贷之以犁牛。如“关中……遭荒乱，人民流入荆州者，十余万家，闻本土安宁，皆企望思归，而归者无以自业”，卫觊建议曹操，以“盐，国之大宝”，“宜如旧置使者监卖，以其直益市犁牛。若有归民，以供给之”[①]。果然，“流人归还，关中丰实”[②]。这些均有助于小农阶层的巩固。

为了稳定自耕农生产，保证政权的赋税来源，曹操在建安九年(204 年)平定袁绍占据河北后，颁布了对自耕农剥削的田租户调令：“其收田租亩四升，户出绢二匹、绵二斤而已，他不得擅兴发。郡国守相明检察之，无令强民有所隐藏，而弱民兼赋也。”[③]这是一种新的赋税制度。此后直到唐代两税法颁布，田租和户调一直是封建政权对人民进行剥削的两个主要内容。

户调制的剥削形式实际是从两汉时代的人头税——算赋与口赋演变而来的。汉代除田租和徭役以外，还有所谓口赋和算赋等人头税，“民年七岁至十四岁，出口赋钱，人二十三”，“人年十五至五十六，出赋钱人百二十，为一算”。曹操的征收绵绢，当为算赋和口赋的合并。所不同的是，汉制征收货币，到了东汉末年，由于商业停滞，货币近于废弃，民间改用谷帛交易，手工业和农业更密切地结合在一起，因此，以曹操为首的统治集团不得不改收货币为征实物，既向自耕农要大量的租谷，又向他们要超额的调绢。汉制以丁为征收单位，曹操把人头税的钱币折成绢布以后，如果把完整成匹的绢布断裂成零碎的片断，来折合口赋、算赋，不但计算起来存在着困难，而且破碎不成匹的绢布也无法利用，对人力、物力都是一种莫大的浪费。同时，也由于东汉末年以来对人民剥削增重，流亡者多，户较丁更不易流动，更便于征调，所以，曹操改为以户为征收单位，并易其名为“户调”。

曹操定户调制后，从过去汉朝三十而税一的田租以及人出赋钱的人头税，增加到田租亩收四升，户出绢二匹、绵二斤的数额，剥削是较为加重了。但由于曹操规定“他不得擅兴发”，“无令强民有所隐藏，而弱民兼赋也”，保护了自耕农，使他们不致因豪强兼并而迅速破产。在国家的扶持下，自耕农经济逐步恢复起来，成为政权的主要支柱。这样，到魏晋之际，才有可能废止曾起过较大作用的民屯，将屯田民全部转化为州郡编民。

---

① 《三国志·魏书·卫觊传》。

② 《晋书·食货志》。

③ 《三国志·魏书·武帝纪》裴松之注引《魏书》。

三、两晋南朝的占田制

屯田制是在战争环境中实施的,目的是为了积粮支持战争,所以战后是要瓦解的,接替而来的是西晋的占田与课田制。西晋在太康元年(280 年)灭吴以后,即颁布占田制,它的内容包括农民的占田与课田、户调式和对士族地主特权的规定三个方面。

占田和课田,《晋书・食货志》称:"男子一人占田七十亩,女子三十亩。其外丁男课田五十亩、丁女二十亩、次丁男半之,女则不课。"所谓占田,是国家规定每个平民在法律上可以占有土地的最高限额,男子一人有权占土地七十亩,女子三十亩,至于占够占不够,国家并不管。所谓课田,即课税之田,是说在占田之中,丁男有五十亩、丁女有二十亩,次丁男有二十五亩是要课税的。但实际上不管每个人占有土地多少,都要依此定额纳租。田租的数额,据《晋故事》所述:"凡民丁课田,夫五十亩,收租四斛。"合亩计收租八升。这个剥削数额,较之曹魏时期的"收田租亩四升"要高出一倍。

户调式,《晋书・食货志》称:"丁男之户,岁输绢三匹,绵三斤;女及次丁男为户者半输。其诸边郡或三分之二,远者三分之一。夷人输賨布,户一匹,远者或一丈。……远夷不课田者输义米,户三斛,远者五斗,极远者输算钱,人二十八文。"边远诸郡的户调且略而不论,就内地普通民户纳税额来说,比曹魏时每户绢二匹、绵二斤,增加了二分之一。男女负担户调的年龄也有规定:"男女年十六已上至六十为正丁,十五已下至十三、六十一已上至六十五为次丁,十二已下、六十六已上为老小,不事。"

对门阀士族特权的规定,主要是允许品官占有大量土地,一品官有权占田五十顷,以下每品递减五顷,至九品占田十顷;贵族官僚还可以荫亲属,不向国家服役纳税,多者九族,少者三族。从一品官到九品官还可以占有佃客,多者十五户,少者一户,这些佃客免除国家赋役,只给其主人种田、纳租、服役。

占田制的规定略如上述,现就一些具体问题加以分析说明。

以占田制下的人民负担与曹魏时期的自耕农相比较,户调增加了一半,田租增加了一倍。但实际上还不止此,因为曹魏的田租是按亩计征,根据农民的实际耕种亩数收税,占田制的田租则是按丁起租。占田制下,西晋对农民的田租剥削是与课田制度联系在一起的,每个自耕农都有课田定额——丁男五十亩,丁女二十亩,次丁男半之。政府按法定课田数收租,而农民实际占有的土地和法定课田数是两回事。丁男、丁女、次丁男不管是否占足规定的课田数额,都必须按此定额征收。所以,西晋的田租剥削虽是按课田数征收,而实质上是丁租性质。

以占田制中官吏按官品占田的规定来说,占田令规定了官吏占田的最高限额，这在形式或法令上是企图限制一下贵族官僚地主的占田数量，限制他们不能占田太多，固然收效甚微，总算有个限额。同时，这一规定又是对大地主所有制的一种妥协。早在魏晋之际，贵族豪强就疯狂强占荒地、官田、民田，占有大量的佃客和部曲，这对中央集权是不利的，但封建政府又无法根绝这种现象。为取得妥协，统治者试图通过一套规章制度把官僚贵族的特权约束在一定的限度内，表明封建政府已确认和保护他们已占到大量土地和户口的既成事实。根据占田令，那些已占有大量土地的官僚士族，无需把逾限的土地交还政府；而那些尚未占有土地或者尚未达到法定占有数量的士族，却可依法补占，从而形成新的土地兼并高潮。时人所谓"今贵者广占荒田，贫者种殖无地"①，说明在占田令颁布后，贵族地主占有的土地更多了。并且，西晋对官员占田数额的规定本身较高，就五品官占田三十顷来说，比丁男占田七十亩要高出四十几倍，而唐朝均田制规定正五品官受永业田八顷，为丁男受田一顷的 8 倍。对比之下，西晋官员占田数额就显得很高了。西晋一般农民的占田中包括课田，官员的占田中则无课田，亦即官员的土地全部免税。由此可见，西晋政府对士族地主的经济权益既有限制的一面，也有保护的一面。

在农民占田方面，一夫一妇之家可以占田一百亩，这是自古以来中国农民占田的传统数字。但实际上，农民很难占足法定数额的土地，即使一夫一妇之家应占的七十亩课田，也未必能占足，但田租却必须交纳，农民的生活很艰苦，"一岁不登，便有菜色"②。农民占田不足的重要原因是贵族官僚、强宗大族广占田园和水泽，建置庄园。如司徒王戎"广收八方园田水碓，周遍天下"③；石崇有"水碓三十余区，苍头八百余人，他珍宝、货贿、田宅称是"④。由于土地向富户集中，就使不少穷苦农民失去土地。时人称："今天下千城，人多游食，废业占空，无田课之实。"⑤即可为证。

但是，在当时的历史条件下，占田制起了一定的积极作用。太康年间，西晋经济的发展与占田制的实行有关。西晋初年，承大乱之后，全国范围内的无主荒地是相当可观的。在占田制的规定中，占田数高于课田数，明显具有鼓励垦荒、以课促垦的意图，因此农民尽可能多占土地，导致土地的大量开发。大量流民垦占荒土，重新向国家呈报户口，太康年间，户口明显增多。据载，太康元年（280

① 《晋书·李班载记》。
② 《晋书·傅玄传附子咸传》。
③ 《晋书·王戎传》。
④ 《晋书·石崇传》。
⑤ 《晋书·束皙传》。

年)，有户 2 459 840 户，有口 16 163 863 口[①]；太康三年(282 年)，有户 377 万[②]：两三年间，增加了 130 多万。荒地的开发，人户的增加，反映出当时生产发展、生活比较安定的情况。史称："是时天下无事，赋税平均，人咸安其业而乐其事。"[③]或言："太康之中……牛马被野，余粮栖亩，行旅草舍，外间不闭。民相遇者如亲，其匮乏者取资于道路，故于时有'天下无穷人'之谚。"[④]这些记载，虽有夸大之处，但多少反映出占田制推行后太康年间的繁荣情况。

占田法颁布后，全国稳定的局面仅维持了二十余年。不久，西晋就在"八王之乱"、流民起义和所谓"五胡乱华"中灭亡。西晋灭亡以后，北方进入五胡十六国时期。这期间，北方的土地关系全部被打乱，南方的土地关系与赋役制度则承袭西晋而又有所变化。

西晋灭亡后，北方的士族地主挟持着他们除土地之外的全部财富搬迁到江南，他们凭借政治优势和从北方带来的大批佃客、部曲等人众，到处求田问舍，不择手段地谋取土地。他们取得土地的方式，或收买，或巧取豪夺，或从皇帝手中获得大段赐田，但主要的方式是侵占山川湖泽等国有土地。

东晋南朝时期，士族地主占山固泽活动以刘宋大明初年占山法的颁布为界，分为前、后两个时期。在前期，士族地主的占山固泽虽未被封建政权所允许，但也达到异常疯狂的地步，造成"富强者兼岭而占，贫弱者薪苏无托"[⑤]的尖锐对立。这时，许多山泽在法令上还是归国家所有，所以统治者再三禁令私人占山固泽。至刘宋大明初年，在大量山泽已被士族地主分割的情况下，不得已颁布了占山法，主要内容是允许官员依品阶占有不同数量的山水。其规定是：官员从一品到九品占山泽三顷递减至一顷，庶民亦可占山一顷。已占足法定数额山泽的，不得再占；未达到者，有权先占，占足为止。士族地主在此前占的山泽，只要栽树养鱼，"常加工修作者"，不管多少，不予追夺。[⑥] 这是国家首次正式承认私人对国有山泽的占有权，将原来士族、豪强的违法行为合法化了，这在精神实质上与西晋占田令是相似的，无疑对大土地所有制的发展起了推波助澜的作用。在占山法颁布后，士族地主占山固泽活动达到了顶峰，至"名山大川，往往占固"[⑦]。降

---

① 《晋书·地理志》。

② 《三国志·魏书·陈群传》裴松之注。

③ 《晋书·食货志》。

④ 《全晋文·干宝〈晋纪总论〉》。

⑤ 《宋书·羊玄保传附侄羊希传》。

⑥ 《宋书·羊玄保传附侄羊希传》。

⑦ 《宋书·孝武帝纪》。

至齐、梁，史载萧子良"封山泽数百里，禁民樵采"[①]，萧正德"自征虏亭至于方山，悉掠为墅"[②]。可见占山固泽的风气仍历久不衰。

在赋税制度上，东晋南朝政权对农民的剥削仍以租、调为主，但这一时期各个阶段的租调制，从剥削数量到剥削方式都不尽相同。

以田租来说，东晋成帝以前，沿袭西晋之旧。至成帝咸和五年(330年)，田租制度发生多次变化。《晋书·食货志》称："咸和五年，成帝始度百姓田，取十分之一，率亩税米三升。"哀帝即位后(362年)，"乃减田租，亩收二升"。孝武帝太元二年(377年)，"除度田收租之制，王公以下口税三斛，唯蠲在役之身。八年，又增税米，口五石，至于末年"。

较之西晋课田法，东晋度田收租是个大变化。在此制下，田租直接按亩收税，田多则税多，田少则税少，广占土地的地主自然要多交纳田税，相对地减轻了无地、少地农民的负担。但这一政策对地主不利，一开始就遭到他们的抵制，以致造成"咸康初，算度田税米，空悬五十余万斛"[③]。所以，孝武帝太元年间改为按口税米制，即不分年龄，家内所有人口都得纳租，剥削面要比西晋时按丁剥削大得多。宋、齐的田租制与东晋相同。

东晋、宋、齐的户调制大体沿用西晋。在征收方法上采用自曹魏以来的九品混通制，即在征收户调之前，要预先评定纳调之户的户资，将民户分为上上至下下九等，然后再依等征调，上上等最多，以下逐等减少。当时户等的高低，决定于每户田地、房屋、桑树等资产的数量和质量，因此人民怕提高户等，就"树不敢种，土畏妄垦，栋焚榱露，不敢加泥"[④]。这样严重阻碍了生产的发展。周朗曾向宋孝武帝提出"取税之法，宜计人为输，不应以赀"[⑤]，但孝武帝没有接受他的意见。

及至梁、陈时期，租调制度发生重大变化。梁武帝天监元年(502年)，"始去人赀，计丁为布"[⑥]。即改计赀定课为按丁征收。其征收内容、数量及纳税者的年龄、性别都重新作了规定。《隋书·食货志》称："其课，丁男调布、绢各二丈，丝三两，绵八两，禄绢八尺，禄绵三两二分；租米五石，禄米二石，丁女并半之。男女年十六已上至六十，为丁。男女十六亦半课，年十八正课，六十六免课。女以嫁者为丁，若在室者年二十乃为丁。……其田，亩税米二升。"至此，南朝的正税租和调完全按丁来征收了。随着计丁输调制的出现，九品相通的办法也自然废除。这个变化，使租、调征收与财产脱节，完全变成了人头税的性质。

---

① 《梁书·顾宪之传》。

② 《南史·临川靖惠王宏传附子正德传》。

③ 《晋书·食货志》。

④ 《宋书·周朗传附兄峤传》。

⑤ 《宋书·周朗传附兄峤传》。

⑥ 《梁书·良吏传序》。

第三节　北朝隋唐的均田制与租庸调法

均田制创行于北魏，经北齐、北周、隋至唐中叶而消亡，前后断断续续地历时三百年左右。它是封建国家在特定历史条件下，在承认现实土地关系的基础上，对官私土地进行某种调节、控制和管理的土地法规。它的目标，一是保证贵族官僚拥有足够的土地，同时又加以限制；一是保证尽可能多的农民始终保有一小块土地，稳定和扩大赋役对象。这一时期，作为国家财政基础的赋役征收，北朝的租调制、隋和唐前期的租庸调法，都是按人丁征课，实质是历代征收人口税的继续。

一、北朝的均田制

北魏对北方的统一结束了十六国时期分裂割据、战祸连年的局面，为北方农业的恢复和发展提供了可能性。均田制是在北魏亟须进一步发展农业、稳定政权的要求下出现的。

建立北魏政权的拓跋鲜卑原是以游牧为主的民族，进入中原后，逐渐认识到“兵革并起，民废农业”对其建立政权的危害性，因此将“劝课农耕”作为内政的唯一要务。首先，对拓跋鲜卑各部族作了新的安排，“离散诸部，分土定居，不听迁徙”[①]，将其生活方式由游牧改为定居，使各部落成员们分土定居下来，成为国家的编户齐民。接着，于皇始三年(398 年)，“分徙吏民及徒何种人、工伎巧十万余家以充京都，各给耕牛，计口授田”[②]。明元帝永兴五年(413 年)，又“徙二万余家于大宁，计口授田”[③]。均田制就是从这里来的。最初这些措施施行于北魏的都城平城(今山西大同)周围，以后加以改进，形成一整套的均田办法，在北魏全境推行开来。

不过，均田制的出现也有其不可少的条件和因素。承战乱之后，在“中原萧条，千里无烟”的情况下，存在大量的官田荒地，可供均田之用。再者，从部落联盟大酋长转化而来的北魏皇权拥有很大的权力和威信。均田制的实施是在北魏中央政权和地主不断斗争以及北魏政权采用超经济的力量强迫中原地区的小农接受的过程中建立起来的，如果单靠中原地区的客观条件——土广人稀这一现象的普遍存在，而没有强大的王权作后盾，也是不可能实现的。

---

① 《魏书·贺讷传》。
② 《魏书·食货志》。
③ 《魏书·太宗明元帝纪》。

魏孝文帝太和九年(485年),“下诏均给天下民田”,正式颁布了均田令。其主要内容是:

(1)男子15岁以上受露田(指的是农田)四十亩,妇人二十亩。那时在农业耕作技术方面实行休耕法,为了轮耕,露田加倍或加两倍授给。一般规定,耕地与耕地连在一起,休耕地与休耕地连在一起。这种授田原则,是试图为耕作和管理提供方便。露田有还有受,年老免课及身死时,交还国家。[①]

(2)男子给桑田二十亩,为“世业田,终身不还”。除植桑外,其上还要课种一定数量的枣树、榆树。非桑之土,给田一亩,课种榆、枣(这一亩地,即相当于桑田)。初受田时,原无桑田者,依制受田;原有桑田者,国家不予触动,不足者可依制补足,多余者将其抵免倍田和再倍之田,仍有多余也不能充作露田。

麻布之乡,男子给麻田十亩,妇女五亩,有还有受。

(3)奴婢受田与良人相同。可受田奴婢的数目,均田令没有明文限制。耕牛一头受田三十亩,限四牛。

(4)露田、麻田皆不准买卖,桑田只能买卖定额二十亩的不足或有余部分。即所谓“盈者得卖其盈,不足者得买所不足,不得卖其分,亦不得买过所足”。

(5)土广民稀之处,即宽乡,任力耕垦,不加限制,后有迁来者,按均田法分配土地。土狭民稠之处,即狭乡,有增丁应受田而不愿迁徙者,因政府无田可授,可以以其家多余的桑田充露田数(这里需要说明的是,虽以桑田充露田,但这些露田还保持着“不在还受之限”的桑田性质)。若有些民户多余的桑田有限,仅够充抵进丁的正田,那么就不再授予倍田。若有些民户根本没有多余桑田用来充抵进丁的应授土地,就从每个人各类土地的份额内匀出一部分土地,来解决进丁受田问题。

(6)地方官吏随地给公田,刺史十五顷,太守十顷,治中别驾各八顷,县令、郡丞各六顷。这是一种在职官员的俸田,即后来的职分田。官员离职时,移交下任,不准转卖。

从本质上说,均田制是一种授田制,但又与战国授田制有所区别。其原因在于:这时的北方既有许多荒地,也有不少私人田地,荒地为国有土地,可以实行再分配,私人土地是不能收回再分配的。所以北魏统治者充分考虑到这种情况,合私田于公田,一起按统一标准进行分配。对私田,国家只不过是分类登记而已,超过标准的,不仅不予以没收,还可出卖,低于标准的则予以补足。只有对国有土地,才真正实行授田制,而国有土地多属荒地,所以均田制是一种均荒制。国有土地在授出后,除一部分成为私有土地外,其余的也多是在户内继续进行还受

① 《魏书·食货志》。

的。于是,在国有土地上受田的民户,事实上取得了对农田的占有权。这样,国有土地越来越少,私有土地则逐步增长。从这个意义上说,均田制又是将国有土地逐步转化为私有土地的转换器。

当孝文帝推行均田制时,政府缺乏的不是土地而是劳动人手。当时中原地区的自耕小农,经过长期的战争后,都已转变为世家大族的庇荫户,时称“民多隐冒,五十、三十家方为户”[①]。均田和清理隐户是相辅相成的,只有把隐户清理出来,才能落实均田制;只有实行均田制,清出的隐户才能妥善安置。这样,在均田令颁布前期所实施的均田手段重点在于统计人口数量。因此,在均田令颁布的次年即太和十年(486 年),北魏政府颁布了三长制。三长,即五家为邻,设一邻长;五邻为里,设一里长;五里为党,设一党长。三长的主要任务是校订户籍,查实田地数量,协助政府检括隐户以及收敛租调,差派徭役。这样,就通过重建乡里组织把人民和土地书之于国家版籍。

在立三长的同时,孝文帝又颁布了新的租调制。在太和九年实施均田制以前,北魏的租调制沿袭魏晋。《魏书·食货志》载:“天下户以九品混通,户调帛二匹、絮二斤、丝一斤、粟二十石;又入帛一匹二丈,委之州库,以供调外之费。至是,户增帛三匹,粟二石九斗,以为官司之禄。后增调外帛满二匹。”实行均田以后的租调制是:“其民调,一夫一妇帛一匹,粟二石。民年十五以上未娶者,四人出一夫一妇之调;奴任耕,婢任绩者,八口当未娶者四;耕牛二十头当奴婢八。其麻布之乡,一夫一妇布一匹,下至牛,以此为降。”[②]

新的租调征收制度是与均田制相适应的赋税制度,因为受田是以一夫一妇为单位来进行的,故交税也以一夫一妇为单位计算,而不是以过去的以户为单位计算。由于奴婢、耕牛都有受田,所以要交租。由于受田有桑土、麻土之分,故调即分为绢、布两种。在均田制推行以后,由于每户纳税的多少是以受田丁口、奴婢、耕牛的数量来计算,一般来说,大户纳税较多,小户纳税较少,所以九品混通制随之取消。

新的租调制较旧租调制为轻。《魏书·食货志》称:“事(指新租调制)施行后,计省昔十有余倍。”李冲说实行新的租调制,能使人知“均徭省赋之益”[③],说明农民的负担比以前减轻了,从而为大批依附于豪强的隐户重新成为国家编户提供了良好的外部条件。

均田制、三长制、新租调制是一个不可分割的整体。因为统治者要收取租

---

① 《魏书·李冲传》。
② 《魏书·食货志》。
③ 《魏书·李冲传》。

调，就要推行作为剥削的保征和依据的均田制；而要推行均田制和租调制，就离不开三长制这个组织保证。在这三个环节中，均田是中心，征收租调是目的，三长制是实行前两项工作的前提。三者相互依存，相辅相成，缺一不可。

北魏政府推行这些制度，对封建国家来说，新颁的租调制，一夫一妇只交租粟二石，调帛一匹，比均田以前户调帛二匹、絮二斤、丝一斤、粟二十石要少得多，但从政府的整个税收来说，比原来大为增加。这是因为均田以前，大量农民沦为地主的部曲、佃客，困于“豪强征敛，倍于公赋”[①]的境地。当政府能授予他们土地，对他们的剥削比世家大族的剥削来得轻时，这些庇荫之户自然纷纷离开世家大族，愿作耕种国家土地的编户齐民。再加上三长的搜括，使国家掌握了更多的负担赋役的人户。这样，财政收入相应会增加许多。可是，新的租调制规定得这样轻，即使增加一些纳税人口，能否增收租调呢？这可以略为计算一下：旧时以三十或五十家方为一户。以一户三十家来说，均田之前，百官颁禄之后，一户交帛五匹、粟二十二石九斗。均田后，仅分为一夫一妇的三十户，就要交帛三十匹、粟六十石，这显然比均田前所纳的租调多得多。如果是一户五十家或百室合户，经过三长的检括和析户，所交纳的更多。所以，均田后一夫一妇租调虽轻，但由于剥削面扩大，政府收入自然增加，以致出现北魏库藏盈满的现象。史称：“于时国家殷富，库藏盈溢，钱绢露积于廊者，不可较数。”[②]

推行这些制度，对地主来说，除了部分隐户被括出，因而利益受到一些限制外，他们的基本利益没有受触动。相反，在许多方面对地主权贵的经济利益保护过了头。如奴婢受田的规定，不仅奴婢受田如良民，而且对受田奴婢的数量也无限制，像那些拥有奴婢以千计的大地主可以通过奴婢受田占有惊人数量的土地。如北魏咸阳王元禧，史书说他“奴婢千数，田业盐铁，遍于远近”[③]。元禧这“遍于远近”的田业，其中有相当一部分是依靠“奴婢千数”通过均田授受得到的。并且，奴婢受田与良人同，但租调却只纳良民的四分之一，租调数额之低，也有点儿过头，这显然也是优惠贵族地主的政策。此外，均田令允许多余的桑田可以买卖，可以说一开始就为土地自由买卖开了方便之门。如夏侯夬“沽买饮啖，多所费用，父时田园，货卖略尽”[④]；宣武帝时，因传言欲迁都还代，以至发生“牓卖田宅”的事[⑤]。李世哲任相州刺史时，“斥逐细人，迁徙佛寺，逼买其地，广兴第宅，

---

① 《魏书·食货志》。

② 杨衒之：《洛阳伽蓝记》卷四《城西·法云寺》。

③ 《魏书·咸阳王禧传》。

④ 《魏书·夏侯道迁传附子夬传》。

⑤ 《北史·常山王遵传附忠从子晖传》。

百姓患之”[①]。因此，官僚地主依然拥有广大地产，大土地所有制仍居主导地位，北魏皇帝想“均给天下之田”是不能做到的。

推行这些制度，对农民来说，首先是被牢牢地束缚在土地上，他们的受田定额，特别是狭乡，并没有受足的保证，但从15岁到老、死，却一直要给封建国家纳租调，服力役。但是，这些制度的推行在当时仍有一定的积极意义。北魏自颁行均田令后，曾几次以苑囿禁地给予贫民耕垦，并鼓励开荒，于是无地少地的农民多少得到点土地。劳动力与荒地的结合，使大量荒地被开垦，农产品也增加了，有了相当的储蓄。太和十四年(490年)，京师平城发生旱灾，高闾的上表中说：“王畿之内，颇为少雨，关外诸方，禾稼仍茂。苟动之以礼，绥之以和，一岁未收，未为大损。”[②]即可为证。由于农业的恢复和发展，人民生活也稍为安定，社会经济也逐渐富庶起来。史称是时“百姓殷阜，年登俗乐，鳏寡不闻犬豖之食，茕独不见牛马之衣”[③]。从当时的户口数字来看，到孝明帝正光(520～525年)以前，在这三项法令推行三十多年后，北魏全境国家所控制的户口数量已超过西晋武帝太康时全国户口的一倍。据《晋书·地理志上》所载：西晋统一后太康时(280～289年)，有户2 459 840，有口16 163 863。至北魏熙平元年(516年)，北方有户4 919 680，有口32 327 726[④]。这是北魏极盛时的户口数，由此可见当时社会经济发展的一个侧面。

北魏末年，阶级矛盾激化，人民起义的浪潮席卷全国，安定的社会局面再次被打破，刚刚稳定下来的土地关系亦随之发生混乱，均田制也是名存实亡。但当时北魏政权自身已处于奄奄一息的状态，没有力量再进行全面整顿。北魏分裂后，继起的东魏、北齐和西魏、北周都继续推行均田制。这些均田制较之北魏在具体规定上颇有出入，但总的精神是一致的。

北齐武成帝河清三年(564年)重颁的均田令规定：男子受露田八十亩，妇人四十亩，不再给倍田。又每丁给二十亩桑田为永业田，不宜种桑的地方给麻田，亦为永业田。奴婢受田依良人，受田人数按官品高低，限制在300～60人之间。丁牛一头受田六十亩，限四牛。受田农民从18～65岁要输租调，一床(一夫一妇)调绢一匹、绵八两，垦租二石，义租五斗。未婚者交纳半床租调，奴婢纳普通农民的一半。牛调二尺，垦租一斗，义租五升。规定垦租在征收时要依贫富将民户分为上、中、下三等，实行三等混通。[⑤]

---

① 《魏书·李崇传附子世哲传》。

② 《魏书·高闾传》。

③ 杨衒之：《洛阳伽蓝记》卷四《城西·法云寺》。

④ 《魏书·地形志上》。

⑤ 《隋书·食货志》。

北周的均田制规定为：有室者（已婚的丁男）受田一百四十亩（丁男八十亩，丁妻四十亩，永业田二十亩），未婚的丁男受田一百亩。租调剥削是：有室者年纳租粟五斛，绢一匹，绵八两；植麻地区纳布一匹，麻十斤，未婚丁男纳半数。同时还规定依年景丰歉而增减，“丰年则全赋，中年半之，下年一之……若艰凶札，则不征其赋”[①]。

北齐、北周的均田令，比之北魏，有几个主要改变：一是北齐、北周取消了关于倍田的规定。按北齐河清三年均田令，对民户所授之田只有露田、桑田、麻田，不再有倍田、再倍之田的规定。但男丁一人受露田八十亩，妇人四十亩，从受田数量看，实际上包括了北魏的倍田。而再倍之田，无论名、实都取消了。北周的均田制，男丁、妇人受田与北齐相同，也没规定倍田和再倍之田。

二是在对奴婢受田上，北齐对可受田奴婢的数目作了限定，最高限 300 人，以下递减，一般地主可达 60 人，这是北魏时所没有的，一定程度上削弱了地主权贵的特权。北周均田令中则奴婢不再受田。

三是麻田成为永业田。按北齐均田令，“又每丁给永业田二十亩为桑田，其中种桑五十根，榆三根，枣五根，不在还受之限。非此田者，悉入还受之分。土不宜桑者，给麻田，如桑田法”[②]。“如桑田法”，说明麻田也成为“不在还受之限”的永业田——私有土地。它还说明，这时的授麻田已不像北魏那样丁男十亩，妇女五亩，而只是丁男授二十亩，妇女不授。这一变化，使均田制所包含的私有成分增加了，这更有利于地主保留他们的私有土地。

就北朝后期租调剥削的变化来说，不外有两个方面：一是剥削数量后期较前期重，以未婚男丁和奴婢增加的更多。大体来说，北齐、北周未婚男丁和奴婢的租调负担，都较北魏时增加一倍以上。北魏的租调制有明显的不合理之处，如未婚男丁只纳一夫一妇的四分之一租调，丁奴或丁婢纳的更少，仅为一夫一妇的八分之一，但他们受田却和已婚的丁男丁女一样，这势必造成男丁不敢结婚，并助长畜奴的风气。北齐、北周纠正了过去的不合理规定，一奴一婢所交纳的租调数量由北魏时编户的四分之一改为“各准良人之半”，增加了一倍；未婚男丁的租调数量由过去输一床的四分之一改为输半床租调，也增加了一倍。北朝后期加重奴婢的租调负担，主要是着重于加重地主的负担，这是有进步意义的。

二是北朝后期的剥削方式在一定程度上恢复了北魏前期的九品混通制度。在均田制下，土地并非平均，贫富悬殊仍然很大，北魏推行均田时实行按丁剥削，大家都出一样的租调，收税方法的确是简化了，但却对富者有利，贫者不利，租税

① 《隋书·食货志》。
② 《隋书·食货志》。

负担实际上是不均的。北朝后期均田制推行得更差，地主土地所有制进一步发展，所以封建政权在一定程度上恢复混通的征税方式。北齐时依三等进行混通，北周时又增加了按年成好坏来调节租调征收的制度，分为全征、半征、征三分之一、全免四种情况，这是有积极意义的。但既要混通，就得评户等，这就为地方官吏的徇私舞弊造成良机，又会产生新的弊端。这说明在封建统治下无论采取何种剥削方式，要做到真正的“均赋役”都是不可能的。

至北齐、北周重颁均田令，均田制已推行了近八十年，封建政治家对北魏均田令所存在的问题已有了相当的认识，所以在许多方面作了改进，如限制受田奴婢数目，增加奴婢租调负担等，纠正了北魏均田令由于对地主利益照顾太多所造成的不当之处，从而促使均田制能顺利运转。总的来说，北朝后期对均田制进行的改革是正确的。

从北朝后期均田制的执行情况看，北周的情况远较北齐为优，赋役征发也比较平均，均田农民能安心从事生产，国力逐渐强盛起来，最终战胜了北齐。

由于北朝后期对均田制的改革是正确的，所以这次改革的成果被隋朝的均田制继承下来。隋文帝开皇二年(582 年)颁布的均田制是依照北齐的授田亩数来授予的，一夫受口分田(露田)八十亩，女子四十亩，此外每夫受永业田(桑田)二十亩。麻土之乡，则改受麻田二十亩。一夫一妇为一床，每岁出租三石，调绢一匹，附加绵三两或调布一端，麻三斤。未婚丁男和奴婢租调减半。力役方面，沿袭北周的办法，每年服役一个月。开皇三年(583 年)，改为 21 岁起服役二十天，调绢一匹(四丈)为二丈。开皇十年(590 年)，又下令“民年五十，免役收庸”[①]，即允许 50 岁以上的人纳布或绢来代役。到大业元年(605 年)隋炀帝即位后，均田制及与之相联系的租调制发生了一次大变化。《隋书·食货志》称：“炀帝即位……乃除妇人及奴婢、部曲之课。”在均田制下，课税以受田为前提。隋炀帝既取消了妇人、奴婢、部曲的课税，也就是取消了对他们的授田。这样，国家授田和课税的主要对象就只有良民丁男了。由于隋文帝开皇三年减绢一匹为二丈，布亦当减，于是隋炀帝时期的租调制度就变成丁男纳租粟二石，调绢二丈、绵三两或布二丈半、麻三斤，完全按丁计征。这种租调制度被唐朝所继承，一直到建中元年(780 年)两税法颁布，才退出历史舞台。

二、唐朝的均田制与租庸调制

均田制是唐朝前期最基本的土地制度。

唐初，由于承农民战争之后，有很大一部分公私土地成为无主荒田，可供国

---

① 《隋书·食货志》。

家均田的授受，而当时的世家大族经过农民战争的冲击，被削弱或丧失了兼并土地的力量，因此，重新推行均田制的阻力是比较小的。所以，唐王朝于武德七年(624年)，颁布了均田令和租庸调法。

唐代均田制的主要内容是：

(1)百姓受田：丁男与中男，每人受田一百亩，其中二十亩为永业田，八十亩为口分田。到丁男年老时，政府要收回五十亩口分田，只保留二十亩永业田，三十亩口分田。亡故后，口分田要由政府全数收回，另行分配，永业田可以传之子孙，不在授受之限。不是户主的老男、废疾、笃疾，各给口分田四十亩，寡妻妾各给口分田三十亩，黄、小、中、丁男子及老男、笃疾、废疾、寡妻妾为户主者，各给永业田二十亩。另外，道士也可受田三十亩，女冠二十亩，僧尼亦然。以工商为业者，永业、口分田各减半，在狭乡者不授。官户受口分田，减百姓之半，又依武德七年的规定，男子21～59岁为丁男，16～20岁为中男，60岁以上为老男，男女始生为黄，4～15岁为小。[①]

(2)官吏受田：唐承隋制，官吏皆受永业田，各级官吏、勋贵可以得到自百顷至二顷不等的永业田。此外，官吏还有职分田作为禄食，京官自一品十二顷递减至九品二顷，地方官最高者十二顷，余各有差。官吏升迁时，要交还政府，再根据新的职位级别重新受田。官吏罢任或在任上死亡，也要退给政府，不能传之子孙。职分田以外，京司及州县官署皆有公廨田，以其租充作办公费用，多者四十顷，少者一顷。[②]

(3)土地买卖：贵族官僚的永业田和赐田可以自由出卖，可以典押，也可以租赁。对百姓，原则上不准庶民买卖永业、口分田，但在某些特定条件下允许买卖：当百姓迁移和身死家贫无力供葬时，准许出卖永业田；迁往宽乡和卖充住宅、邸店、碾硙的，准许买卖口分田，买地的数量不得超过本人应占的法定数额。[③]

唐代均田的办法，和前代相比，发生了相当大的变化：

第一，受田对象与前代有所不同，即寡妻妾以外的一般妇人，官户以外的一般奴婢、部曲及耕牛都不受田，而增加了僧、尼、道士、女冠和工商业者的受田。奴婢、耕牛受田原是贵族官僚扩大土地占有的合法借口，唐田令给各级官吏大量永业田、勋田、职分田，所以不必再通过奴婢、耕牛受田。北朝至隋初，妇人受露田仅为丁男的一半，而一夫一妇所交赋税却为单丁的一倍，以至结婚者多不登记，严重影响了租调收入。隋炀帝废除妇人受田，只计男丁受田纳课，且租调额

---

① 杜佑：《通典》卷二《食货二・田制下》；《唐六典》卷三《尚书户部》。

② 杜佑：《通典》卷二《食货二・田制下》；《唐六典》卷三《尚书户部》。

③ 《唐律疏议》卷十二《户婚》。

趋于固定,这对官府有利。加以唐朝人口增长迅猛,田令减少受田对象,可说是解决均田土地不足的对策之一。唐田令首先规定僧尼、道士、女冠受田,这是对南北朝以来寺院经济获得发展,寺观普遍占有土地的承认。工商业者也是首次受田,并特许口分田可卖充邸店、碾硙,为富豪商贾扩大和兼并土地提供了法律依据。

第二,在官吏受田方面,唐代的规定比前代更完备,凡有官、勋、爵者,均可获得数量可观的能够继承和买卖的永业田。官吏永业田可以自由出卖、典押、租赁,具有十足的产权。甚至永业田传到子孙手里,即使子孙犯法,其所继承的永业田,政府也不追回。而均田农民的永业、口分田却是买卖受到限制,年老身死退田。由此可见,唐王朝给农民和给官吏的授田制度,美其名曰均田,实质上却是两种截然不同的土地制度。所以,实施均田制,不仅未触动大土地所有制,反而官僚地主通过永业田、勋田的请授,不断扩大土地所有。

第三,唐代田令对土地买卖的限制进一步放松。北朝土地买卖仅限于永业田,仅仅"得卖其盈","买所不足";到唐朝,在好几种情况下,口分田都可买卖,这是前所未有的。这样,广大贫苦农民可"依法"货卖自己的份地,为大土地所有制的进一步发展提供了方便。

上述这些变化,大都开始于隋而完成于唐。特别是官吏受田办法的完备化、土地买卖限制的放松,显示出大土地私有制日益占优势,均田制即将完成其历史任务。

唐代的均田令能否在全国范围内彻底付诸实施呢?说到唐代均田的情况,首先必须明确,当时不会也不可能将所有土地都实行均田,这从均田制开始时就这样,这里必须剔除出很大部分土地。一是唐政府的屯田、营田和牧地所占用的土地。这些土地面积都很大,且多在水利条件好和肥沃的地方,这类土地唐朝自然不肯用来均田。二是地主阶级所有的大量土地及民户所有的小部分私田,同样也不会用于均田。故元人马端临说:"则似所种者皆荒闲无主之田,必诸远流配谪,无子孙及户绝者,墟宅桑榆,尽为公田,以供授受。则固非尽夺富者之田,以予贫人也。"[①]此外,即使是官田荒地,唐朝政府还要用以赏赐贵族勋臣,如唐高祖曾赐予裴寂良田千顷,唐太宗赐予徐世勣良田五十顷等。因此,用以均田的土地是有限的。所以,严格说来,均田制从来都没有按法令彻底实施,各地实施的程度,视其具体条件而异。一般来说,宽乡可能实行得好一些,尽管当时宽乡人民所得的土地也不一定能达到法定数额,但一般都能从国家获得相当数量的受田。狭乡地区百姓受田不足可能严重一些。如唐太宗幸灵口(今陕西临潼县

---

① 马端临:《文献通考·田赋考二》。

境)，见“村落逼侧，问其受田，丁三十亩”[①]；武则天时，狄仁杰上疏称：“彭泽地狭，山峻无田，百姓所营之田，一户不过十亩、五亩。”[②]所谓均田，不过是徒有其名而已。近年出土的唐代敦煌、吐鲁番文书，反映唐代西州(今新疆吐鲁番)、沙州(今甘肃敦煌)地区施行均田的情况，从残存的受田文书看，民户一般都受田不足，有的地方每户受田五亩，已经算是足额了。可见，狭乡授田不足的现象，在唐前期已非常严重。因此，唐王朝不得不承袭魏、齐、周、隋以来旧制，想方设法鼓励人民迁往宽乡，规定：“乐迁就宽乡者，并听卖口分。”[③]“人居狭乡乐迁就宽乡，去本居千里外，复三年；三百里外，复一年。”[④]大抵在开元、天宝之际，中原地区的荒旷土地逐步得到开垦，民户迅速回升，唐初的许多宽乡被民户布满。但此时政府手中可供授受的均田土地越来越少，加上土地兼并日趋激烈，农民无地少地的情况就更加严重了。

就实质来说，唐初统治阶级实施均田，和北魏、北齐、北周、隋的统治阶级一样，主要是想通过授田制度，把小农固定在土地上，向他们榨取租赋徭役。但是均田制的推行，使无地少地农民多少分占到一块属于自己的土地；同时，国家鼓励垦荒的政策在均田令中得到充分体现，通过它的实施取得了明显效果，大批可垦荒地得到开发，唐代农业经济得到迅速恢复和发展。唐玄宗诏称：“今原田弥望，亩浍连属，由来榛棘之所，遍为粳稻之川。”[⑤]元结在代宗时说：“开元天宝之中，耕者益力，四海之内，高山绝壑，耒耜亦满。”[⑥]所说虽都有夸张，但至少表明，均田制在当时是起过一定的积极作用的。

均田制虽不能完全制止官僚地主兼并土地，但也多少起了一些制约作用。均田令规定了占田的最高限额，对限外占田，政府有权检括追收。如唐太宗贞观年间，泽州(今山西晋城)刺史长孙顺德以“前刺史张长贵、赵士达并占境内膏腴之田数十顷，顺德并劾而追夺，分给贫户”[⑦]。唐高宗永徽中，洛州(治今河南洛阳)“豪富之室，皆籍外占田”，刺史贾敦颐“括获三千余顷，以给贫乏”[⑧]。认真执行均田令的良吏固然为数不多，但有这种限制，对于遏制大地产的膨胀势头仍有一定的意义，同时阻止了自耕农的迅速破产。

---

① 《册府元龟》卷一〇五《惠民》。

② 《全唐文》卷一六九狄仁杰《乞免民租疏》。

③ 杜佑：《通典》卷二《食货二 · 田制下》。

④ 《唐律》卷十三《户婚》。

⑤ 《册府元龟》卷四九七《河渠》。

⑥ 元结：《元次山集》卷九《问进士》。

⑦ 《旧唐书 · 长孙顺德传》。

⑧ 《旧唐书 · 贾敦颐传》。

正是由于均田制的实施,国家对均田农民的剥削有了保证,加上唐初百余年的休养生息,社会生产力不断增长,全国人口迅速增加,从而使唐王朝有可能达到空前强盛的地步。

唐初既然继续推行均田制,必然就相应地沿用前代租调力役的剥削办法,加以发展而成为租庸调法。其主要内容是:“诸户一丁,租粟二斛。其调各随乡土所出,绢、絁各二丈,布二丈五尺。输绢、絁者,绵三两;输布者,麻三斤。”[①]“凡丁岁役二旬,有闰之年加二日,无事则收其庸,每日三尺,布加五分之一。”[②]这就是说,课户每丁纳粟二石,称为“租”。蚕桑之乡,每丁输绢或絁二丈,附加绵三两;麻布之乡,则改输布二丈五尺,附加麻三斤:称为“调”。每丁岁役二十日,若不应役,则用绢代役,每天折绢三尺,二十天折绢六丈,若遇闰年,加役二天,则折绢六丈六尺;折布的尺数,比绢要增加四分之一,即每天折布三尺七寸五分,二十天共折布七丈五尺,若遇闰年,加役二天,即折布八丈二尺五寸。这种折绢或折布的代役金,就是“庸”。

对唐前期的租庸调,应当明确三个问题:第一,就唐初情况而言,虽然规定授田数量,如丁男、中男每人可授田百亩,但在均田制过程中,由于政府所掌握的土地有限,而大土地私有制又不可能打破,所以授田不足是普遍现象。有些地区,一户才授田三十亩,甚至十亩、五亩。但在租庸调征收中,却不以土地占有为据,而是直接向丁户征收,也就是说,不管你拥有多少土地,都要以丁口为单位交足租庸调,这实际上是一种以人口为税基的直接税。第二,尽管这一赋税是向人口征收,但它的前提却是农民对土地的比较稳定的占有。在唐初,授田不足普遍存在,农民对土地多少不等的占有也普遍存在,如果没有农民对土地的普遍占有,向人口征收的租庸调便不可能存在下去。第三,在唐前期的财政收入中,租庸调占了绝对优势的比重,是其财政收入的主要内容。至于一些间接税,如盐税、矿税等,在国家财政中所占比例甚小。所以,当时人才会称:“国计军防,并仰丁口。”[③]

唐王朝对均田农民的租庸调剥削是非常沉重的。唐初,授田已经普遍不足,而租庸调却是固定的,并没有因为土地的不足而有所减免。这也是租庸调法不能维持下去的重要原因。况且,租庸调推行的前提是农民对土地的普遍占有,即与均田制是密切相关的。唐中叶,随着土地兼并的加剧,大量农民失去土地,均田制趋于瓦解。均田制一旦停止推行,那么租庸调必然也会相应废止而代之以一种新的税法。后来,租庸调一变而为两税法,这就不是偶然的了。

---

① 《夏侯阳算经》卷二引《赋役令》。

② 《唐六典》卷三。

③ 《新唐书·李峤传》。

第四节　两税法的历史转折

中国封建社会赋税制度的发展，以唐中叶两税法的颁布为界，可分为前后两个时期。在前期，大体上是朝舍地税人的方向发展，凡编户齐民，不论其家占有土地多少，计丁征收定额租调。在后期，则反过来向舍人税地发展，赋税由计丁转为按资产征收。唐前期，唐朝的正税租庸调都是按丁起征，户税和地税则按财产——主要是土地多少征收。后来，在土地兼并激烈、客户大量增加的情况下，租庸调越来越收不起来，户税和地税则越收越多。公元 780 年，以户税和地税为内容构成的两税法代替了租庸调，进入舍人税地的发展阶段。两税法确立后，土地买卖和兼并不再有任何限制，大土地所有制在土地关系中的主导地位得到法律的公开承认。

一、两税法出现的历史条件

安史之乱后，唐王朝的税收由租庸调变为两税法，这一重大转折，并非孤立的偶然事件，它与中国古代经济、政治结构的变化有着密切的关系。

魏晋南北朝以来，封建社会诸王朝的财政收入均以向人户征收的直接税为主体，或以户征，或以丁计，其基点是建立在农民与土地的比较稳定的结合以及封建政府对人户的有效控制之上的。唐王朝建立后，以均田制为基础的租庸调是其财政收入的主要内容，属于直接税的范畴。至于一些间接税，如矿税、盐税等，在国家财政中所占的比重甚小。这一时期国家赋税的税基主要由丁、口构成，“国计军防，并仰丁口”①。但也正是在这一时期，中国古代社会的社会经济结构开始发生重要变化，由于均田制的破坏，农民与土地的旧有组合趋于瓦解，他们对于国家的依附性逐渐减弱了。

唐初，均田制推行尚好，但为时不久，兼并之风即告炽盛。高宗武后时期，“豪富之室，皆籍外占田”②，“豪富兼并，贫者失业”③。至开元、天宝年间，此风更甚。天宝十载《禁夺百姓口分、永业田诏》云：“如闻王公及富豪之家，比置庄田，恣行并吞，莫惧章程……致令百姓无处安置。”④土地兼并蚕食着均田土地，使均田制趋于瓦解，均田农民中的相当一部分不得不流离失所，成为客户。睿宗时，

① 《新唐书·李峤传》。

② 《旧唐书·贾敦颐传》。

③ 《新唐书·食货志》。

④ 《全唐文》卷三五。

韦嗣立上疏称:“今天下户口,逃亡过半。”[1]开元时也有人指出:“两畿户口,逃去者半。”[2]其他州县亦是“户版刓隐,人多去本籍,浮食闾里,诡脱繇赋”[3]。就盛唐户口而言,开元十四年(726年),全国有户707万,被括出者即达80万。天宝时有户900余万,据杜佑估计,实际户数至少应有一千三四百万。唐末人李琪则认为,玄宗时实际户数应为1900万户。[4] 若据此,则流移人口高达千万户,占半数以上。这使得唐王朝建立在均田制基础上的以丁、口为税基的租庸调受到严重威胁。

在户口大量流失的同时,国家现管人户中不课口(户)的增长也远远超过了唐前期户口的增长幅度,这是当时财政的一个重要隐患。按租庸调法规定,一户之中有课口者为课户,无课口者为不课户。九品以上官员、20岁以下的男子、老男、废疾、妻妾、部曲、客女、奴婢、僧、道均为不课口。[5] 这样,随着流亡农民不断地沦为部曲、客户,不课户的比重迅速增加。另外,许多人户还往往用假冒军勋、僧道等方式逃避课役。到天宝十四载(755年),全国户口总数8 914 700户,不课户3 565 501户,应课户5 349 280,不课户占总户数的39.9%;本年全国人口总数为52 919 309人,其中课口仅8 208 321人,不课口则高达44 700 980人,占总口数的84.4%。至安史之乱后,这一趋势仍在持续发展中,如乾元三年(760年),课户只占总户数的39%,不课户占61%。在这种情况下,政府赋人税基的锐减可想而知,唐王朝必须调整旧有的赋税体系才能解决这一问题。

在税基锐减的同时,随着唐王朝政治结构的变动,政府各项开支也扶摇直上,一发而不可收。在唐王朝的各项开支中,军费与俸禄的各项开支是两项基本内容,这两项开支的不可逆转的增长,给旧有的赋税体系带来了无法承受的压力。

我们先看军费。唐初实行的是与均田制相依存的府兵制,兵农合一。兵员既少,而士兵又自备弓矢衣粮,开支有限。至开元天宝年间,随着均田制与府兵制的破坏以及商品货币关系的发展,募兵制逐渐兴起。开元十年(722年),玄宗采纳宰相张说的建议,大量招募丁壮,宿卫京城宫禁,号称“彍骑”;后又招募团结兵、长征健儿等。至天宝元年(741年),这类士兵已达57万人,职业军事集团占据了唐王朝军力的主导地位,这势必造成军费的激增。以边地军费为例,杜佑在《通典》卷六中讲道:“自开元中及于天宝,开拓边境,多立功勋,每岁军用日增。

---

① 《旧唐书·韦嗣立传》。

② 《全唐文》卷三三五孙平子《请祔孝和皇帝封事》。

③ 《新唐书·宇文融传》。

④ 杜佑:《通典》卷七《食货七·历代盛衰户口》。

⑤ 杜佑:《通典》卷七《食货七·历代盛衰户口》。

其费籴米粟则三百六十万匹段；给衣则五百三十万，别支计则二百一十万；馈军食则百九十万石。大凡一千二百六十万。而赐赉之费，此不与焉。”杜佑还开列了各地节度使的开支细目：

籴米粟：

朔方、河西各八十万，陇右百万，伊西、北庭八万，安西十二万，河东节度及群牧使各四十万。

给衣：

朔方百二十万，陇右百五十万，河西百万，伊西、北庭四十万，安西三十万，河东节度四十万，群牧五十万。

别支计：

河东五十万，幽州、剑南各八十万。

军食：

河东五十万，幽州、敛南各七十万。

据杜佑的统计，开元以前，边地军费合计不过200万贯，而天宝时，一节度使所费就超过此数，如朔方为200万，陇右为250万，河西、河东两节度使各180万，也接近此数，而天宝中全部边费则是开元前的6倍。

我们再看俸禄的增长。唐王朝官吏集团的膨胀速度是过去王朝所不能比拟的。太宗贞观初，仅有省内官600余员①，而到开元二十五年(737年)，则增加到2620余员，上升了4倍有余。内外文武品官，显庆年间为13 465员②，至开元二十五年则达18 800余员。本年全部的文武官员及各类胥吏合计为368 668人。③

除官吏外，其他服务于宫中、朝中与各地官府的人员也同样激增。以宫中为例，贞观时宦官人数不足千人，至中宗时增至3000余人；玄宗天宝中，宦官衣黄衣以上者即有3000余人，衣紫者千余员④，仅此两项就超过了中宗朝的宦官总数。宫中其他人员也是如此。睿宗时，仅持大鼓的乐人已有2万员。天宝中，后宫多达4万人。

不独官吏人数剧增，其俸给也不断增加。以俸料钱为例，一品官在乾封元年(666年)为11贯，开元二十四年(736年)为31贯，增加了近3倍；高级官员俸料钱在这一时期内一般均增加了近3倍，中级官员增加了2倍左右，低级官员增加近1倍，平均增长值为228%。⑤ 官吏人数与俸禄的大幅度增长，造成行政开支

---

① 《新唐书·曹确传》。

② 参见王溥《唐会要》卷七四。

③ 参见杜佑《通典》卷四十《职官二十二·秩品五》。

④ 《新唐书·李峤传》。

⑤ 参见杜佑《通典》卷四十、《册府元龟》卷四九四。

的迅速上升。开元二十一年(733 年),裴耀卿即言:"贞观、永徽之际,廪禄不多,岁漕关东粟一二十万石,足以周赡,乘舆得以安居。今用度浸广,漕运数倍于前,支犹不给。"

从以上一系列现象中,我们可以看到,到开元天宝时代,唐王朝已经发生了结构性的经济危机,军费、俸禄以及其他开支的增长幅度,远过于作为租庸调税基的国家应管人户的增长幅度。自贞观初到天宝元年,国家管内户口仅增加了2.7 倍,而在这增长的同时,由于均田制的瓦解以及一系列的社会原因,农民流亡、脱离户籍的速度与不课户、不课口的比例都在迅速增加,相对的赋税量却在不断萎缩。因此,在开元天宝盛世,唐王朝财政即已捉襟见肘。《新唐书·食货志》云:"(玄宗时)大抵用物之数常过其所入,于是钱谷之臣,始务朘刻。"在旧有赋税体系下,剥削量的加重,再加之土地兼并的侵蚀,只能使现有的课户、课丁也日益失去劳动条件而成为逃户,从而又反过来影响了唐王朝的剥削量。为了追回这些人户,唐王朝进行了一次又一次的括户。开元九年(721 年),宇文融括出逃户 80 余万户;开元二十四年(736 年),玄宗特地下诏云:"天下逃户,听尽今年内自首,有旧产者令还本贯,无者别俟进止。逾限不首,当命专使搜求,散配诸军。"[①]但这些都收效不大,都未从根本上解决问题。他们看不到逃户的根源是均田制的瓦解与新的劳动组合的必然结果。而在新形势下,括出之户或因无地可种而重新逃亡,或因无力负担苛重的赋役而再为逃户。因此,尽管有一次又一次的括户,但逃户数量依然不断上升。天宝八载敕文仍称:"籍帐之间,虚存户口,调赋之际,旁及亲邻。"[②]"旁及亲邻"又进一步逼迫现存人户逃亡。以全唐户口为例,天宝十三年(754 年)为 9 619 254 户,达到了应管户数的顶点,次年即降为 8 914 709 户,此后一直呈下降趋势,这预示着旧有赋税体系的末日来临。

增加剥削量与括户均是旧有赋税体系之内的应急措施,并未能解决日甚一日的财政危机。因此,唐王朝也在寻求新的税源。一方面,开始调整直接税的税目与税基,增加地税、户税的负担额。另一方面,注意了对间接税的征收。安史之乱爆发后,唐王朝蓄积已久的财政危机全面爆发,整个国家财政陷于崩溃的境地,在这一必然的历史条件下,两税法应运而生。[③]

二、两税法的历史渊源

在唐初施行租庸调法时,还有户税和地税作为租庸调的补充税收,两税法即

① 《资治通鉴》卷二一四。

② 王溥:《唐会要》卷八五。

③ 该部分参考、征引了齐涛《汉唐盐政史》(山东大学出版社 1994 年版)第 138～145 页的内容。

从户税、地税发展演变而来。

户税是按户等高低分别征收多少不一的钱币。唐初武德时，即量其资产，将天下户分为三等征税，其后改为九等。至武则天长安元年(701年)，正式“诏天下诸州，王公以下，宜准往例税户”[①]，开始把户税定型化，使它成为政府的一项正式税收。唐玄宗开元九年(721年)，接受宇文融的建议，搜括户口，括出客户80余万。对新附户籍的客户，唐王朝因为国家掌握的土地已经枯竭，无法给授土地，也就无法采用租庸调的剥削形式，因此改向他们征收税钱，每丁1500文，共征得客户税钱有百万贯之多，说明采用这个剥削手段是行得通的。到天宝年间，户税已占了唐朝税收的很大一部分。据杜佑《通典》卷六所记，天宝时八等户税钱452文，九等户税钱222文，杜佑按高、低等户平均通征为250文计算。按天宝中天下计账，有户890余万，岁收户税为200余万贯。如以开元时绢价每匹210文计算，户税一项的收入，几乎将折合绢1050万匹。

地税本来是义仓税，作为荒年救灾之用。唐太宗贞观二年(628年)，令天下州县建置义仓，规定王公以下，每户按所垦田亩，亩税二升。唐高宗时，改为按户等出粟，上上户出粟五石，其余户等依次减少。玄宗开元末，全面改订地税征收办法：地广人稀的宽乡据田亩起征，亩纳粟二升；地少人多的狭乡按户籍征课，商贾户、无田及少田的家庭按户等高下出粟。这次变革，扩大了地税的负担面。唐政府在天宝中向全国征收到的地税，每年达1240余万石之巨，这和唐政府每年向全国征收的租粟总数相比，只相差30万石左右。天宝八载(749年)，全国储粮9600万石中，义仓地税粮占6300余万石，显示出它已成为全国财政的巨大后备力量。义仓粟米，原来规定只能“荒年给粮，不得杂用”[②]，但自中宗以后，政府拨支天下义仓存谷，“费用向尽”[③]，实际上已成为政府的一项正式税收了。且因按亩征收的缘故，连“义仓税”这一名称在政府的令文中也逐渐地被改称为“地税”了。

唐政府依户等高下征收户税，按田亩多少征收地税，不会因为有课户(口)和不课户(口)的分别而有所免除，因此，在不课户(口)日多、课户(口)日少的情况下，户税与地税的剥削面要远远大于租庸调的剥削面。在政府的税收比重中，户税和地税的地位大大重要起来，逐渐成为唐王朝的两项主要税收了。

安史之乱后，全国课丁人数日益减少，而客户人数却日益增多。代宗大历四年(769年)明确规定对客户起征户税。敕文称，官吏百姓都要按户等交税，上上

---

① 杜佑：《通典》卷六《食货六·赋税》。

② 《唐六典》卷三。

③ 杜佑：《通典》卷十二《食货十二·轻重》。

户税 4000 文，每低一等减 500 文，第八等下中户税 700 文，下下户 500 文。现各级品官，按品级比照相应户等交税。例如，八品、九品官便按八等、九等户交税。寄居在异乡的寄庄户、寄住户按七、八等户交纳，其他诸色浮客及暂时寄住户，在居住地区依八、九等户纳税。这次敕文规定了对客户征收户税的税率，意义极为重大。均田制时期，政府原则上不承认寄庄、寄住及浮客的存在，现在则只要照章纳税，而不管你是土户、客户，标志着封建国家无意再坚持以著籍课丁为主要对象的租庸调制。而且在这次敕文中，全面提高了八、九等户的税钱，比之天宝中八等户税钱 452 文，九等户税钱 222 文，增加了很多。到大历十四年（779 年），户税一项的全年收入即近 600 万贯，比之天宝中的户税年收 200 余万贯，又增加了 2 倍。

在户税调整的同时，唐政府也调整了地税。代宗大历四年规定："其京兆来年秋税，宜分作两等，上下各半。上等每亩税一斗，下等每亩税六升，其荒田如能佃者，宜准今年十月二十九日敕，一切每亩税二升。"次年，又规定："定京兆府百姓税，夏税，上田亩税六升，下田亩税四升；秋税，上田亩税五升，下田亩税三升。荒田开佃者，亩率二升。"[①]这儿可看出地税每亩的税额在不断增加，并且已分夏秋两季来征收。

唐后期，政府在户税、地税方面的收入日益增多，而在租庸调方面的收入却日益减少，说明租庸调制已经走到了它的尽头，不得不用新的赋税制度来替代了。

三、两税法的确立及基本内容

大历十四年（779 年）八月，唐德宗即位，杨炎被任命为宰相。上任之后，杨炎即对以租庸调为主体的直接税体系进行了系统的清理与分析，利用奏对之际，恳言这一体系之弊。他说："开元中，玄宗修道德，以宽仁为理本，故不为版籍之书，人户寖益，堤防不禁。丁口转死，非旧名矣，田亩移换，非旧额矣，贫富升降，非旧第矣！户部徒以空文总其故书，盖非得当时之实。……天下之人苦而无告，则租庸之法弊久矣！"[②]根据杨炎的分析，早在开元天宝时代，租庸调法即积弊已深，他认为其最大的问题是乡村中人户与土地的实际情况发生了很大变化，而国家的户籍文书却一仍其旧，这样，以此为依据的租庸调便积弊丛生。

杨炎还说："凡富人多丁者，率为官为僧，以色免役；贫人无所入则丁存。故课免于上而赋增于下。是以天下残瘁，荡为浮人，乡居地著者，百不四五，如是者

---

① 《册府元龟》卷四八七《赋税》。

② 《旧唐书·杨炎传》。

殆三十年。”[①]这段分析比较中肯，切中了安史之乱以来租庸调法的弊症。由于富人设法成为不课户，那些失去土地而日益贫困化的贫民便作为课户，承担起几乎所有的租赋庸调。当他们无以为生时，便会脱离版籍，“荡为浮人”，成为客户；他们的负担又留给了尚未流离的土著人户身上，这又迫使着这些人户也走上流亡的道路。这是安史之乱之前就难以遏制的趋势，到此时更为严重。对于这一发展趋势，大历年间舒州的情况可以作为实际的注脚。当时舒州（今安徽潜山）刺史独孤及在《答杨贲处士书》中曾讲到：“昨者据保簿数，百姓并浮寄户，共有三万三千。比来应差科者，唯有三千五百，其余二万九千五百户，蚕而衣，耕而食，不持一钱以助王赋。……每岁三十一万贯之税，悉钟于三千五百人家。谓之高户者，岁出千贯，其次九百、八百，其次七百、六百贯，是以为差。九等最下，兼本丁租庸，犹输四五十贯。以此人焉得不日困，事焉得不日蹙？其中尤不胜其任者，焉得不襁负而逃？若以已困之人，已竭之力，杼轴不已，恐州将不存。”[②]从独孤及所反映的舒州情况，我们可以看到，旧的租庸调体系已到了非改不可的时候了。

经过杨炎的论列与分析，德宗及朝中相当一部分大臣接受了他的见解。在此基础上，杨炎于大历十四年年末上奏德宗，请改租庸调为两税法。奏文写道：“凡百役之费，一钱之敛，先度其数而赋予人，量出以制入。户无主客，以见居为簿；人无丁中，以贫富为差。不居处而行商者，在所州县税三十之一，度所与居者均，使无侥利。居人之税，秋夏两征之，俗有不便者正之。其租庸杂徭悉省，而丁额不废，申报出入如旧式。其田亩之税，率以大历十四年垦田之数为准，而均征之。夏税无过六月，秋税无过十一月，逾岁之后，有户增而税减轻，及人散而失均者，进退长吏，而以尚书、度支总统焉。”[③]

建中元年（780年）正月初一，德宗正式下诏，颁行两税法。诏令中要求各地黜陟使与观察使、刺史“约百姓丁产，定等级，改作两税法。比来新旧征科色目，一切罢之，两税外辄率一钱者，以枉法论”。

从杨炎奏文及德宗诏令看，新的两税法主要包括六项基本内容：

第一项内容是量出以制入的财赋征收原则。也就是说，所有的收支，不管是百役之费，还是一钱之敛，都要先度其数而赋予人。

既然是量出以制入，则对于两税而言，就没有一个统一的、固定的税额，一般是根据上年开支情况，制定下一年度的征收税额。长庆年间，元稹在同州（今陕

① 《旧唐书·杨炎传》。
② 《文苑英华》卷六九三。
③ 《旧唐书·杨炎传》。

西大荔)刺史任上时,曾上奏道:"臣昨因均配地税,寻检数三十年两税文案,只见逐年配率麻地,并不言两税数内。"[①]由"逐年配率",我们可以知道税额并无固定之数;而且,即便是上年末确定下年税额,还可根据开支所需,量出为入,再行加征。建中三年(782年)五月,淮南节度使陈少游就以供军为名,奏请在本道两税钱内,每贯增加200文。德宗不仅同意了这一请求,而且还要求各道同样加征。浙江东西观察使韩滉自两税法实行以来,也是以供军为名,在浙江东西两道每年续加当钱616 000贯。

第二项内容是所有赋税均并入两税之中。杨炎所言"其租庸杂徭悉省",以及德宗诏中称"新旧征科色目,一切罢之",都表明了这一内容。在此基础上,又确定了户无主客的划一税基与以贫富为差的征纳标准。

两税的核心税目是地税与户税。地税自然是按亩征纳,就田亩之税而言,与以往的地税没有什么区别,其征纳的依据是青苗簿。这是因为,自征地税以来,对于虽已开垦、但休耕不用的土地概不征税。因此,地税在开征以前,必须建造青苗簿,以便收获时履亩而税。就现有材料而言,至迟在武则天时代就有了青苗簿。青苗簿一般先由乡村中的里正与堰头负责编制,要注明青苗亩数、田主、佃人姓名、当年所种的作物名称。而且,还要对青苗簿内容的可靠性进行保证。有的青苗簿中写道:"如有隐……罚车马一道远使。"有的还表示:"如后有隐没一亩以上,依法受罪。"[②]这些青苗簿汇集到县衙,又被编制成全县的青苗簿,成为地税的依据。

地税是征收粟米。两税法以前,地税税率处在不断上升中。大历五年规定:"京兆府夏麦,上等每亩税六升,下等每亩税四升,荒田开佃者,每亩税二升。"[③]两税法没有确定固定的税率,而是由各州根据当年应交纳的地税总额向下分摊。就当时的实际征收量来说,两税法实行后的税率往往不高于两税法以前。比如,贞元十年(794年)左右,陆贽在《均节赋税恤百姓六条》中讲道:"今京畿之内,每田一亩,官税五升,而私家收租,殆有亩至一石者。"[④]

尽管从税率上相差不多,就京兆地区而言,贞元中的地税税率还低于大历五年,但两者的性质则完全不同。大历时代,地租还只是一种附加税,当时直接税的主体是租庸调,两税法确立以后,"丁租庸调,并入两税"[⑤]。地税成为正税,成为直接税的主体部分之一,已经具有了与以往不同的新的内容。从这个意义上

① 《全唐文》卷六五一。

② 《大谷文书》二三六八号、一二一一一号。

③ 《旧唐书·代宗纪》。

④ 《全唐文》卷四六五。

⑤ 王溥:《唐会要》卷八三《租税上》。

说，两税法中的地税不是以往地税的简单延续，而是租庸调中田租的转换与嗣续。当然，从外在形式与科征方式上，这还是与以往的地税一脉相承。

户税在两税法中是第一大税，对它的征纳原则是“户无主客，以见居为簿；人无丁中，以贫富为差”。这一原则与大历四年所颁户税规定是一致的，不分主客，一例输纳户税。

关于“约百姓丁产，定等级”的情况，缺乏记载，估计还是按大历四年的规定，分为九等，每等人户所交户税额自一等至九等依次递减。其标准是“唯以资产为宗，不以丁身为本。资产少者则其税少，资产多者则其税多”[①]。不过，在审定户等与以等交税的过程中，阻力重重。

两税法确立时户税额的数字不详，恐怕也同地税一样，因时因地而异。我们可以通过具体数字来把握户税的大致幅度。据王溥《唐会要》卷八七所记，大历末年，天下赋入1200万贯，盐利过半。那么，另外600万主要应当是户税与青苗钱。在实行两税法的建中元年，收入增至“一千三百五万六千七十贯，盐利不在此限”[②]。两税法实行后，青苗钱并未被免除，仍是附加在地税中，因此，建中元年之1300余万的收益也应当是户税与青苗钱所得。且建中元年的两税户与大历末年的户数大致相同，这样，便不难得出建中元年户税的增加幅度，两税法中的户税较之此前增加了一倍以上。

两税法中的户税相较于以往的户税不仅仅是幅度的增加，而且是实质内容的变化。以往的户税是作为租庸调的附加税而征取的，而两税法中的户税则是直接税体系中的主税，相当于庸与调的地位。

第三项内容是行商按三十税一抽取商税，所税要与坐贾相当。这里的三十税一，是指所携货物价值的三十分之一，这是中国古代正式将商税列入国税的开端。对于坐贾的征税，史无明文，应当是与其他居民一样，按两税征收。在户税征收的过程中，可能还会沿用大历四年的办法，在现有户等的基础上再加二等收取。

第四项内容是征收时限。两税均秋夏两次征收，夏税无过六月，秋税无过十一月，俗有不便者正之。因唐王朝疆域辽阔，各地秋收夏熟的时间不可能一致，所以才规定“俗有不便者正之”，但在执行过程中还是产生了种种弊端。

第五项内容是关于户籍管理的附加规定，即“租庸杂徭悉省，而丁额不废，申报出入如旧式”。两税法虽然取消了面向人丁的税徭，“人无丁中，以贫富为差”，但对人丁的管理并未取消。王溥《唐会要》卷八三所载建中元年“起请条”也云：

---

① 《全唐文》卷四五陆贽《均节赋税恤百姓六条》。

② 《旧唐书·德宗纪》。

“其丁租庸调，并入两税，州县常存丁额，准式申报。”[①]

第六项内容是保障两税的权威性。两税之外，所有新旧征科一概罢除，两税外擅自征取一钱者，即以枉法论。对于擅自征取者，德宗在《停杂税制》中规定道：“两税外辄别率一钱，四等官准擅行赋，以枉法论。”

除上述六项基本内容外，在两税法颁布之时，还有两条比较重要的规定：一条是蠲税的规定。《新唐书·食货志》言：“建中元年，遣黜陟使按比诸道丁产等级，免鳏寡茕独不济者。”王溥《唐会要》卷八三《租税上》亦言：“其鳏寡茕独不支济者，准制放免。”这样，较之租庸调时不课口与不课户的规定，范围局限了很多。另一条是两税征收之后分配比例的规定。元稹在《钱货议状》中说：“自国家置两税以来，天下财限为三品，一曰上供，二曰留使，三曰留州，皆量出以为入，定额以给资。”[②]“上供”，即上达中央王朝部分；“留使”，即各道节度使、观察使留用部分；“留州”，即各州留用部分。三部分的具体数额及其他一些内容要由黜陟使提前报尚书省的有关部门。王溥《唐会要》卷八三《租税上》所记建中元年正月敕文中称：“其黜陟使每道定税讫，具当州府应税都数，及征纳期限，并支留合送等钱物斛斗，分析闻奏，并报度支、金部、仓部、比部。”

杨炎的两税法在执行之初还是颇有成效的。建中元年年末，就有了1300多万的两税收益，比两税法以前唐王朝的全部财赋收入还要多出百万；这一年，唐王朝全部财赋收入达到了3000余万贯，是开元天宝以来最好的一个年份。对于唐王朝的黎民百姓而言，划一了税种，抑制了一部分苛捐杂税，尤其是“人无丁中，以贫富为差”的征税原则，在一定程度上是可能缓和一下他们的重负的，这对于经济的恢复与发展，对于增加唐中央王朝的经济实力，还是起到了一定的作用。

四、两税法的历史地位

杜佑在《通典》卷七中称两税法是“适时之令典，拯弊之良图”。从唐王朝社会的实际状况以及中国古代社会发展的必然趋势看，杜佑的这一评判还是十分恰当的。前面已讲到，随着均田制的瓦解与土地私有制的不断发展，租庸调已无法继续维持。虽然唐王朝的一些有识之士陆陆续续提出了一些补救的方案，户税与地税的比重不断上升，但都没有摆脱旧有的、业已没落的财赋体系。到建中元年前，整个直接税体系已是积弊深重，危及了整个王朝的安定。在租庸调的积弊中，最要害的问题是税基的分化与税负的不合理。对此，马端临曾评论道：“人

---

① 《全唐文》卷六五一。

② 《全唐文》卷六五一。

之贫富不齐，由来久矣。今有幼未成丁，而承袭世资，家累千金者，乃薄赋之；又有年齿已壮，而身居贫约，家无置锥者，乃厚赋之，岂不背谬？"尤其是到了唐中叶以后，"法制坠坏，田亩之在人者，不能禁其买易，官授田之法尽废，则向之所谓输租调者，多无田之人矣，乃欲按亩征之，令其与豪富并者一例出赋，可乎？"[①]"按亩征之"，是指按顷亩而征，也就是按可授均田数而征，不以丁夫为单位征收。在安史之乱前后，不仅是贫穷下户要与豪富兼并者一例出赋，而且，那些豪富兼并者还会千方百计地成为不课户而规避赋役。可以说，两税法对于这两个问题都提出了比较恰当的解决办法。地税自然是履亩而征，而且是根据实际播种地亩征收；户税也依照家资分出户等高下，分等征收。而且，除鳏寡孤独外，所有人户、所有地亩都要依例纳税，这是一个历史性的转折，比起已走上末路的租庸调，税负要合理得多，税基也可以稳定地进行扩大，几乎覆盖了所有人户与所有土地。

从中国古代社会的发展看，两税法的意义并不只局限于唐王朝，它在整个中国古代社会的发展中，与商鞅变法一样，具有里程碑的意义。在这个问题上，马端临还有一段精辟的评论。他在《文献通考·自序》中说："随田之在民者税之，而不复问其多寡，始于商鞅；随民之有田者税之，而不复视其丁中，始于杨炎。三代井田之良法坏于鞅，唐租庸调之良法坏于炎。二人之事，君子所羞称，而后之为国者，莫不一遵其法，一或变之，则反至于烦扰无稽，而国与民俱受其病，则以古今异宜故也。"

马端临的这段评论，可以说把握住了杨炎两税法的历史意义。的确，自商鞅以后，从形式上看，一是田亩之税，一是人头税，但这时的田亩之税都是以顷亩论，也就是一夫一妇按一顷单位征收，并不管实际占有土地多少。自商鞅时的授田制，到西晋时的占田制，直到北朝隋唐的均田制，建立的都是这种赋税征收体系，这也就是马端临所说的"随田之在民者税之，而不复问其多寡"。其赋税税基实际上是乡村中的人丁。所以，到唐前期，时人还言"国防军计，并仰丁口"。其前提则是农民对土地的相对普遍、稳定的占有。在这一历史时期，国有土地和土地的国有化色彩还具有一定的地位和比重，土地的私有化和大土地所有制的发展还受到一定的局限，而封建王朝对广大的乡村农民的控制也比较严格，使他们具有了较强的人身依附性。这是中国封建社会前期的重要内涵。到杨炎两税法的确立，持续了近千年的税人税丁的赋税体系告一段落，开始走向了税地税产赋税体系的道路，从此开始，税基定在了田产，而不问丁中人口，也就是马端临所说的"随民之有田者税之，而不复视其丁中"。这是中国古代社会经济结构发展的必然趋势，是土地私有化完全占主导地位的一个标志。同样，两税法的实施又推

---

① 马端临：《文献通考·田赋考》。

动了土地私有化的发展,也促进了人身依附关系的松动。正因为两税法顺应了历史发展的必然趋势,所以,自此以后,历代为政者都是在这一方面加以损益而已,从宋朝的田亩二税到张居正的一条鞭法、清朝的摊丁入亩,土地最终成为乡村直接税的集中税基。从这个意义上,我们再看一下马端临所言:"后之为国者,莫不一尊其法,一或变之,则反至于烦扰无稽,而国与民俱受其病。"我们在肯定杨炎两税法开创之功的同时,也不得不佩服马端临这位宋代学人的远见卓识。[①]

但是,任何一种制度均非十全十美的。两税法在执行过程中,其弊端也就不可避免地显露出来。主要表现在以下五个方面:一是没有规定全国统一税额,而是采取了以州为单位确定税额总量和具体征收的办法,各州之间税负轻重不均,显然违背了赋税公平合理的原则,以致引发了众多社会问题。二是田亩资产数和户等长期不予核查审定,征税严重不均、不合理。两税法的征缴原则是以纳税户占有土地及其他资产的多少来划分出户等并按户等纳税,这需要各州县定期核查纳税户的田亩多寡和其他资产数目,但地方政府并没有切实地实行,造成了配税严重不均、不合理问题的长期存在。三是没有灾害减免和赈灾救灾的制度化规定,使得朝廷和地方州府消极对待灾害减免和赈灾救灾。四是在钱重物轻形势下实际税负成倍加重。两税法以官铸铜币数确定税额,但在实际征收时则大多以绢帛等实物折算缴纳。在通货紧缩形势下,纳税户的实际负担必然加重。五是各类加征及苛敛杂税对两税法造成了破坏。[②]

第五节 一条鞭法与摊丁入亩

宋代的土地私有制已完全居主导地位,而且地权明确,转移加快。田赋征收以地亩为准,有田即有税,无田则无税。蒙古贵族入主中原,带来一些落后制度的影响,使元朝的土地关系和赋税制度出现了倒退内容。明朝的赋税主要是按田地征收夏税秋粮,徭役则按户丁派役。中叶以后,赋役改革接连不断,徭役编派向田粮倾斜及徭役折银输纳是总的趋势。至万历九年汇集成一条鞭法,将赋役合并,一律征银,并将部分丁银摊入地亩征收。清朝前期全面推行摊丁入亩,把丁银全部摊入田地一并征收,由此彻底废弃了赋出于田、役出于丁的双轨制征税方式而使之合一,完成了赋役合并、人头税归于土地税的发展过程。

---

① 该节内容撰写征引、参考了齐涛、马新《刘晏杨炎评传》(南京大学出版社 1998 年版)第 183~194、240~242 页。

② 参见刘玉峰、钊阳《试论唐代两税法的制度缺陷和执行弊端》,载《唐史论丛》第 17 辑,陕西师范大学出版社 2014 年版,第 46~53 页。

一、宋元土地与赋役制度的基本状况

与唐代相比，宋代国家所直接控制的土地为数有限，只占全部耕地的 1/10～2/10，官田在整个土地所有制的占有形式中已不占重要地位。自耕农小土地所有制在宋代明显地遭到破坏，在地主的土地兼并和国家赋役负担的重压下，个体农民对土地的占有极不稳定。大量田地集中在官僚地主、豪强大姓手中，地主土地所有制进一步发展。

宋朝自立国之初，就采取“不抑兼并”的政策，认为“富室连我阡陌，为国守财尔。缓急盗贼窃发，边境扰动，兼并之财乐于输纳，皆我之物”[①]，纵容和鼓励地主阶级兼并农民的土地。因此，宋代的土地兼并与买卖大有狂澜滚滚、一泻千里之势。官僚地主（官户）是最主要的兼并者。北宋时，“公卿大臣之占田或千顷而不知止”[②]。南宋虽偏安江左，但土地兼并的猛烈程度，却远过北宋。史载：“今郡县之间，官户田居其半。”[③]“权贵之夺民田有至数千万亩，或绵亘数百里。”[④]普通地主、寺观等也是兼并土地的重要力量。据统计，官僚地主与普通地主大约占总户口的 6%～7%，而所拥有的土地数量则超过全国耕地的半数以上，土地私有制占有压倒优势。

宋代官方不抑兼并，致使土地兼并现象相当严重，但是土地集中的进程却远比一般人想象得要慢，这是因为与土地兼并同时，还有地权的转移与分散，即存在土地兼并的逆向运动。宋代占有土地较多的是官僚地主，他们与前代世族地主有很大的差异，其中最主要的是他们的政治地位不稳定。当他们在政治上得意时，金钱、土地源源而来；一旦在政治上失势，他们又会很快沉沦，地产很容易散落。这一逆向运动使土地兼并的过程为之延缓。南宋时期，社会动荡不安，地权频繁转移的现象更加突出，“贫富无定势，田宅无定主”[⑤]、“古田千年八百主，如今一年一换家”[⑥]等语，反映了土地所有权转移的加速。

在宋代土地兼并中，地主土地的主要来源是购买，“以钱买田”构成宋代不抑兼并土地政策的主要特色。马端临曾分析地主兼并土地的手段，说：“自秦开阡陌之后，田即为庶人所擅，然亦惟富者、贵者可得之。富者有赀可以买田，贵者有

---

① 王明清：《挥麈录》卷一《后录余话》。
② 陈舜俞：《都官集》卷二《厚生》。
③ 《皇宋中兴两朝圣政》卷十。
④ 王迈：《臞轩集》卷一《乙未馆职策》。
⑤ 袁采：《袁氏世范》卷三《富家置产多存仁心》。
⑥ 罗椅：《涧谷遗集》卷一《田蛙歌》。

力可以占田，而耕田之夫，率属役于富贵者也。”[①]尽管宋代官员仗势欺人、霸占百姓土地的事屡有发生，但“以钱买田”的形式较为普遍。宋太祖“杯酒释兵权”时，给勋臣大将的特权也不过是“多积金钱”，“择便好田宅市之”[②]。

宋代的土地买卖相对自由。从买主方面来说，几乎没有身份的限制，只要有钱就可以买田；从卖主方面说，只要他对土地的所有权是合法的、确实的，出卖土地也没有什么限制。如果说有所限制的话，那只是继承晚唐五代的规定，亲邻有优先购买权，而且这种限制，总的趋势是在削弱。

由于土地买卖频繁，宋政府对土地买卖的各个环节都有严密的规定，以防发生争执，影响政府的税收。“官中条令，惟交易一事最为详备，盖欲以杜争端也。”[③]条令规定，在田产交易前，买主需要通过中人验证卖主的土地所有权凭证。订立土地买卖契约时，要明确写明买卖田产的四至、亩数、价钱及交易年月，地契上要有卖方、中人的签章。购买土地需用现钱交易。立契付钱后，买卖双方还须把契约送到官府验证、盖印，同时将这块土地所应承担的各种税额由卖主名下转到买主名下，卖主必须同这块土地脱离关系。只有这样，这笔交易才算合法。“有钱则买，无钱则卖”反映出宋代土地所有权具有较大的自由转移的特色。这种特点的土地所有权，只能走向资本主义；但这种自由终究是有限度的，所以又不可能走向资本主义。

在赋税制度方面，宋朝的正税沿用唐朝的夏、秋两税，但宋之两税与唐之两税又有不同。唐建中时所行的两税法，田亩税是按亩征课，户税按每户资产总和分等定税，所以唐代两税是一种以资产税和田亩税为主的税收。随着社会条件的变化，至五代时，两税中的商税、向城市居民征收的财产税等，逐渐从两税中游离出来，演变成新的商税和城郭之赋等单独的税目。于是，宋代的两税征收以田亩为准，仅仅是田亩税，而不再有按资产计算的户税钱了。这是唐宋间两税内涵不可忽视的重大变化。

宋代两税按田亩征收时，将土地划分为上、中、下三等，每等之中有的又划若干等，这说明两税征收是较充分地照顾到土地的自然条件的。大约中等土地（亩收一石）每亩两税征收额为粮一斗，即全部收获物的1/10。

两税之外，还有杂变之赋、身丁税、科敛等杂税。

杂变之赋，是宋代把过去两税之外的附加税和杂税，包括五代十国时期各割据势力征收的苛捐杂税都继承下来，以类合并，依旧征收。杂变名目很多，有盐

---

① 马端临：《文献通考·田赋考》。

② 司马光：《涑水记闻》卷一《杯酒释兵权》。

③ 袁采：《袁氏世范》卷三《田产宜早印契割产》。

钱、酒曲钱、牛皮钱、鞋钱、农具钱、蒿钱等，可以说是“其色不一，其名不同，各随所在有之，不能尽举”①。宋朝杂变也是按田亩摊派，征收量非常可观，是宋朝财政收入的主要来源之一。

身丁税，是晚唐五代存在于部分地区的赋税，宋代加以承袭。凡年 20 岁以上、60 岁以下的丁口均需输纳，每丁 400 钱、绢 8 尺余。

科敛，是封建官府的各种临时性摊派。通常是根据官方的某种特殊需要，向百姓索取某一物品，如粮、帛、砖石、牛皮等。科敛的摊派多按资产。最初官方是支给价钱的，后来则都是“官不给钱而白取之”，更后，又把白取的物品折算成现钱而勒令百姓交纳，成为经常性税收。

不仅如此，在纳税时，北宋政府还沿用了前代支移和折变的苛法。支移，是指官府借口军事急需，强迫农民把赋税交纳到沿边城镇。所谓折变，是官府将征收物折价变作其他钱物征收。折变往往违背等价原则，在折合中大大加重百姓负担。如陈州（今河南淮阳）地区，夏税大小麦每斗折成 100 文，附加脚费 20 文，仓耗 30 文，共 140 文，而当时小麦市价为 50 文，农民负担平白加重了两三倍。

除赋税外，宋代的职役（又称“差役”）也是农民的沉重负担。职役是民户轮流到官府当差，其名目繁多。有衙前，专门负责官府的某项事务；有里长、户长，督促赋税；有耆长、弓手、壮丁等，负责逐捕盗贼；还有人力、手力、散从官等勤杂人员。差役的轻重由民户财产的多寡决定。宋政府把承担赋役的人户（主户）分为五等：田地产业多的为一、二等户，称为“上户”；田地少的为四、五等户；处于中间的称为“中户”；没有田地产业的为“客户”，主要是佃户。一般来说，五等户和客户不负担职役。

宋代官户享有免役特权，一般地主或富裕农民也想方设法隐匿田产以避职役，职役的负担主要落在土地数量少的四、五等户身上。本来他们经济状况就不佳，苛重的职役使他们更加痛苦。与此同时，由于长期以来地权与赋税版籍混乱，农村中有地无税、有税无田等赋税不均现象也大量出现，日趋严重。这不但严重影响了封建国家正常的赋税收入，也威胁着社会安定。北宋中期的农民起义，使统治集团中的一些人深感统治危机的加深，为了稳定封建统治，统治阶级内部出现了变法运动。

宋神宗时期，王安石主持变法，针对农村中赋税不均和农民差役负担沉重的现象，王安石制定了方田均税法和免役法。

方田均税法是通过清丈土地，均平赋税负担以增加政府税收，熙宁五年（1072 年）八月颁行。规定从当年九月起，对全国土地进行清查丈量。清丈后，

① 蔡戡：《定斋集》卷五《沧州县科扰札子》。

将田地亩数、主人姓名、土地质量好坏登记上册，分别等级，作为征收赋税的依据。在清丈过的地区，自耕农多少减轻了一些负担，政府收入也有所保证。可是这项法令对大量隐瞒田地的豪强地主是不利的，在他们的阻挠破坏下，方田法屡试屡罢，一直不能贯彻执行。

免役法，又称“募役法”，熙宗四年(1071 年)推行。即把原来按户等轮充差役的办法，改由州县政府出钱募人应役。募役的费用，由管内主户按户等高下分担。原来有差役负担的人家所交纳的，叫作“免役钱”。原来享有免役特权的官户、女户(家中无男子)、单丁户、未成丁户、寺观户也按户等出“助役钱”，数目比免役钱减半。官府可根据情况向第五等户征收免役钱。免役法的推行，使百姓免除苛刻的差役，可以安心于农业生产。以后，免役法虽被废止，差役法一度被恢复，但雇役钱一直未完全免除，实际上是雇役与差役并行。

宋代赋役制度中出现了一些新的内容。田赋、科敛、杂变均以地亩为准，无地户不纳田赋，合乎舍人税地这一赋税制度的发展趋势。宋代农民与晚唐、五代相比，徭役很少，且不服兵役，加之募役法的推行，反映出封建国家对农民的人身控制正在削弱。这些使农民的生产积极性得到进一步发挥，社会经济有了比较显著的上升和发展。

正当两宋社会迅速发展之际，先有契丹贵族和女真贵族在北方地区建立辽、金王朝，后有蒙古贵族建立的元王朝统治了全国。在未建立元朝以前，蒙古族原是一个经济落后的游牧民族，其生产方式还停滞在奴隶制占有阶段上。元朝建立后，大量奴隶制残余因素仍然存在，因而在元王朝统治的全国范围内渗入了许多落后的社会因素，反映到土地关系和赋税制度上，就是出现了许多逆转现象。

元代的土地，从占有形式上看，分为官田和私田两种。官田是以政府名义占有的土地，主要包括屯田(民屯、军屯)、职田、学田、草场、牧场以及元朝政府赏赐给贵族、官僚、寺观使用的土地。私田则是蒙古族、汉族及其他各族官僚、地主、自耕农私人占有和使用的土地。

元代的土地占有关系具有两个显著特点：

一是官田的急剧扩大。在元朝统治的近百年中，中唐以来“官田益少”的发展趋势，至元代则为官田急剧增多的事实所改变，若干在唐宋时期已基本消失了的国有土地形式又得以复现，官田在当时的社会经济中始终占据着重要地位。

元代官田的主要来源是得自战争征服，所有亡金、亡宋政府的公田、官庄以及两朝的皇亲、贵戚、达官等的私人地产，都被没收，成为政府名下的官田。其次，经过长期的战争和丧乱之后，人民大量死亡和迁逃，遗留下巨额无主荒田，这些土地当然也都被政府括籍为官田。此外，还有部分官田得之于所谓“投献”。这是指各地奸徒恶棍，为了邀赏图利，擅将别人所有的田产指为荒田，献给官府，官吏不加考察，即据以收为公田。这是官吏串通匪徒对私人的一种公然抢劫行为。朝廷表面上屡次下令禁止，但在事实上官府是明拒暗收。投献之风，至元末而未曾稍衰。

元代官田中，数量和规模最大的是屯田。自曹魏推行大规模的屯田之后，一些封建王朝虽也曾实行过屯田，但规模有限。作为一种田制，屯田制基本上处于废弛状态。然而到了元朝，屯田制不但得以恢复，而且规模之大、分布之广、成效之显著，超过了历史上任何一个王朝。元代屯田包括军屯和民屯。屯田的最初目的是为支持军队作战，统一全国。所以随着元朝战略目标的不断转移，屯田也从西部边陲发展到内地，从北方发展到南方，如长江三角洲就有屯田，西南边境、云南地区更甚，几乎遍及全国所有地区。屯田最初是以武力胁迫进行的，后因逃亡过甚，在统一全国后，改为在荒田上以略为和缓的方式进行。据估计，元代屯田总数当在60万顷以上，在政治经济生活中占有重要地位。元朝屯田的传统又影响到明朝，明初也实行大规模屯田，直到明中叶才彻底解体。

总的来说，元代官田的扩大，已经不适应当时社会生产力的发展要求了，是土地私有化进程中的一个逆转。同时，依靠国家政治权力建立起来的官田，在其管理、经营上必然带有很大的强制性，屯田就是采用军事手段强迫人民服从军事管理，具有很明显的国家农奴制的性质。然而就蒙古统治者而言，其积极扩充官田，正是放弃落后的游牧生产方式，向先进的封建农耕文明迈进的一个重要步骤，又有其适应历史发展的一面。

二是贵族、官僚、巨商富豪、寺观道观直接或者间接地倚仗国家政权的力量大规模兼并土地。“富者有钱可以买田，贵者有权可以占田”是中国封建社会土地兼并的两条基本途径。宋元相比较而言，宋代“以钱买田”的情形更为普遍，这是土地私有制不断深化和发展的正常道路。而元代各族贵族对土地的占有，主要走的是“以权占田”的道路，这是土地占有关系方面一个严重逆转。土地兼并在权力因素的强烈作用下，呈现出畸形发展状态，大土地私有制非正常地得以膨胀。畸形的土地占有直接导致生产关系的进一步逆转，贵族、官僚、豪富不仅以权占田，而且以权奴役佃户百姓，劳动者的人身地位严重下降，农奴制遗存有了明显的恢复和扩大，这对元代的社会经济和历史文化发展产生了消极的影响。

元代的赋役制度非常复杂混乱，是原有先进制度与后添的落后内容同时并存的混合体。就赋税来说，北方中原地区国家编户要负担丁税和地税。因户而异，一般丁多田少者纳丁税，田多丁少者纳地税。地税每亩交粟三升，丁税全科户纳粟三石，减半科户每丁一石。两者相比，元丁税重而地税甚轻，须有田百亩者才交纳地税三石，这仅是一丁的丁粟额。这对无地少地的自耕农极为不利，而对丁少田多尤其是田连阡陌的大地主则极为有利。

江南地区的赋税沿用南宋旧制，按亩征收夏秋二税。夏税征木棉、布、绢等物，秋税征粮。每亩征收多少，没有统一的标准。

正税之外，还有科差、丝料、包银、俸钞等。这些负担项目，除纳地税者按亩计外，其余均按丁或户为征收对象，而且农民还要承担各种徭役、兵役、差役，政府对农民的人身控制又有所加强。

上述元代土地关系与赋役制度中出现的倒退现象，造成社会发展停滞不前，直至明代中期社会生产还是处于恢复阶段，社会生产力没有出现新的发展。

二、张居正改革与一条鞭法

明朝中叶，政治腐败，阶级压迫加深，从而引发了震撼封建王朝的大规模农民起义。一些封建官员在农民起义的强大压力下，呼吁作某些变革，以维持王朝的统治。万历初年，由内阁首辅张居正推行的政治经济全面改革，就是在农民起义冲击之后，为解救日益加深的各种危机而实行的。

在政治上，张居正主张“尊主权，课吏治，信赏罚，一号令”，借以加强君主专制统治。他以“课吏治”，即加强官吏考核为手段，淘汰并惩治了一批官员。在执行中，他“信赏罚”、“持法严”，使赏罚有准，不姑息养奸。在他执政期间，“百僚皆惕息”，“一切不敢饰非，政肃为体”。朝廷的号令，“虽万里外，朝下而夕奉行”①，行政效力大有提高。

张居正改革的重点在经济方面。

明中期，土地兼并恶性发展，造成土地高度集中。这种现象不仅说明广大农民失去土地，而且，由于大地主、大官僚占有的大量土地享受优免的特权，从而使纳税的土地大大减少，直接影响了明政府的财政收入。此外，豪强地主还勾结地方胥吏通过“飞洒”、“诡寄”等手段，把财政负担转嫁到农民身上，以达到逃避或减轻税役的目的。所谓“飞洒”，即豪强地主把自己的土地和赋税负担化整为零，分别写在贫弱粮户、逃亡灭绝户甚至无地农民名下。所谓“诡寄”，又称“花诡”、“铁脚诡寄”，是明代粮户将土地诡称属于别人借以逃避赋役的一种办法。它又分两种情况：一是利用明代仕宦绅衿可免徭役的特权，无优免特权的田多粮户遂将田地寄在乡宦、举监、生员、吏丞、坊长、里长等名下，名“诡寄”或“投献”；二是将田产零星分附于亲邻佃仆等户名下，以避差徭，名为“花分”。这些在江南尤为盛行。隆庆元年(1567 年)，于苏、松、常、镇四府查出投诡田 1 995 470 亩，花分田 3 315 560 亩。其结果出现了“阡陌其田无升合之税，税数十石者地鲜立锥”的局面。能够对其征收赋税的只是那些贫困无力的小农，这必然使国家财源日

① 《明史·张居正传》。

益枯竭。同时，国库开支与日俱增，从正德初年(1506年)财政危机就已出现，隆庆二三年间(1568～1569年)，政府每年收入250余万两，支出竟达400万两，入不敷出的情况此后有增无减。

赋税不均的情况不仅造成财政日匮，而且也影响了差役的征派。差役是根据"户则"确定的，"诡寄"、"飞洒"的盛行，就使豪绅地主户则上的土地数额，远远低于他们实际占有的土地数额，从而逃避了差役负担，结果使农民"一困于赋，再困于役"，"甘愿抛荒田产避役四方"①。有的"逃往山林，转为盗贼"②；有的"转死沟壑"③。这一切势必造成原有的土地和人口状况发生巨大变化，这种变化也就必然使明初实行的按"赋役黄册"以赋出于土田、役出于丁口、土田丁口皆归于户的赋役规则再也无法维持。要确保赋役的征收，必须改革旧的赋役制度。为此，不论采用旧法或新法，都必须首先清查土地。正如张居正所说："私家日富，公室日贫，国匮民穷，病实在此"④，"豪民有田不赋，贫民曲输为累，民穷逃亡，故额顿减"⑤。于是万历六年(1578年)，张居正下令清丈全国土地，此举清查出被豪强地主隐瞒的部分土地，对于改变"小民税存而产去，大户有田而无粮"⑥的现象，起了一定的作用。

接着，在此基础上，张居正改革赋役，推行一条鞭法。一条鞭法是明代赋役制度中的一大变革，它的提出和推行是明代赋役改革特别是役法改革的一个总趋势和总归宿。

早在宣德年间，南直隶、江西、浙江、福建、广东等地，已开始了役法的改革，着手修改徭役的摊派办法。如针对里甲正役的改革，就有应天府的"里甲银"，有浙江、广东的"均平法"，福建的"纲银法"等，都是把明初按户承当的里甲正役，部分摊入地亩，折银征收。针对杂役的改革，有正统时(1436～1449年)"创于江西"、随后推行全国的"均徭法"，将过去侧重于人丁摊派改为兼顾田亩、人丁。接着，南方各地有"十段锦册法"，将全县土地分为十段，分造十段文册，然后将全年杂役折成银两，均摊入一段土地征收，次年改由下一段土地的业主负担，十年一轮。其特点是改向人丁科差役为向田土科差役。一条鞭法就是这些改革的总结。

一条鞭法的基本构想在嘉靖九年(1530年)由大学士桂萼提出，主要内容

---

① 《明万历实录》卷四。

② 张居正：《张太岳文集》卷四七。

③ 《续通典》卷三《食货·田制下》。

④ 张居正：《张文忠公全集·书牍六·答应天巡抚宋阳山论均粮足民》。

⑤ 《明史纪事本末》卷六一。

⑥ 《嘉靖实录》卷二〇四。

是:“布政司通将一省丁粮均派一省徭役,内量除优免之数,每粮一石编银若干,每丁审银若干。斟酌繁简,通融科派。”[①]次年,御史傅汉臣将此法命名为“一条鞭法”,认为如能实行此法,“则徭役公平而无不均之叹矣”[②]。但未能被采纳。嘉靖十七年(1538 年),欧阳铎和王仪在嘉定县推行“均粮法”,把里甲、均徭合并征银,与田赋一起按丁亩编佥,从而将役法改革与田赋改革结合起来。“均粮法”无条鞭之名,却有条鞭之实,是最早实行一条鞭法的一个典型。至隆庆年间,全国不少地区摸索试验推行一条鞭法,其中执行得比较有成效的是浙江、应天、江西的巡抚庞尚鹏、海瑞、刘光济等人。万历九年(1581 年),经张居正大力推行,一条鞭法作为法定的赋役制度通令施及全国。

关于一条鞭法的内容,《明史·食货志》记载:“一条鞭法者,总括一州县之赋役,量地计丁,丁粮毕输于官。一岁之役,官为佥募,力差则计其工食之费,量为增减;银差则计其交纳之费,加以增耗。凡额办、派办、京库岁需、存留、供亿诸费,以及土贡方物悉并为一条,皆计亩征银,折办于官。故谓之一条鞭。”概括起来,其内容和特点主要有以下几点:

第一,赋役合并。以州县为单位,把一切征项——田赋、徭役、土贡、方物等,“悉并为一条”,作为总支出予以预算,而后核算摊派。过去的赋税徭役项目冗杂,田赋除夏税秋粮外,其他还有数十种。徭役主要有里甲、均徭、杂役三种,应役方式又有力差(以身应役)、银差(纳银代役)之分,役法名目也多不胜举,就里甲三办项目可至百余种,杂役当不下五十种。不仅如此,赋役的编派方法也繁琐不堪。一条鞭法化繁为简,赋役合并,统一征收,既便于国家统一掌握,也使百姓明白易知,官吏难以舞弊。

第二,役归于地,计亩征收。过去赋和役是分开的,一条鞭法实行后,不仅合而为一,而且规定原来全部来自户丁的差役,部分地转入田土之中,或随面积摊派,或随粮额摊派,而统以征银的形式加以征收。丁、田(粮)的摊派比例各地不一,或丁六粮四,或丁粮各半,或丁三粮七。在明末,有的县份已将丁银取消,而完全按田粮征纳,从而作了入清以后摊丁入亩的先声。

第三,田赋、徭役并为一条后,皆“计亩征银”。田赋中除政府必需的米麦仍交实物以外,其余基本以白银折纳。徭役上,取消力差、银差并行的状况,一律实行银差。役银的计算方法是将力差的“工”(劳动)、“食”(服役期间全部生活费用)之费折算为银,银差则按纳银数加收少量“银耗”(碎银化铸银锭时的损耗),使货币在役法中占据了主导地位。这样,国家以实物和力役收支为主体的财政

① 《古今图书集成》卷一四二《食货典·赋役部》。

② 《世宗实录》卷一二三。

体制，到一条鞭法实行时，已经完全转到以白银收支为主的财政轨道上来。

第四，“一岁之役，官为佥募”，即过去由户丁承担的催征、解送田粮之差、伐薪、修路、搬运等一切力役征派一概免除，由官府雇人充役。

第五，赋银征收由官府直接办理，即“折办于官”。在赋役征银后，许多地区略去了里长、总催等中间环节，而由纳户直接持银投缴官府。其办法是，在县衙或其他几个指定地点设立银柜，在官吏监督下将银由官定砝码称量，而后由纳户自己封包，书写姓名、银额，当众投柜，官给纳讫票据。此法限制了官吏和豪绅地主对农民进行勒索。史载：“自条鞭法行，州县征派钱粮俱令花户自行纳柜，吏书排年无所容其奸，法至善也。”①

一条鞭法是我国封建社会后期一项重要的赋役制度改革，它的推行，对当时的社会发展是有积极作用的。

首先，一条鞭法简化了赋役的征收手续，客观上起了均平赋役、推动社会经济发展的作用。一般而论，税制愈繁，官吏巧立名目，加征赋役，地主、官僚相勾结对农民进行勒索的机会就越多。一条鞭法，简化了中间环节，限制了官吏的贪污舞弊。同时，由于清丈土地，清查户口，赋役的负担面扩大，既确保了政府税收，也均平了赋役负担。江西《吉安府志》的撰修者曾对一条鞭法推行前后的情况作一对比：此前，十年轮役，“数繁役重，力且不胜。况以民事官，入役之初，常例费已不赀，而责办于上，需求于下，有编一两而费至十倍、百倍、数百倍者。苦乐不均。于是豪民巧为规避，户之低昂，吏得私易之，而低者反昂，昂者反低，民之穷困，十户而九”。一条鞭法行后，“一分为十则役轻，征价于官则民便，轻重通融，苦乐适均，则差平，吏不得持低昂之柄，是宜乎万口称便矣”。总之，“大都兹法之行也，利于下，不利于上；利于编氓，不利于士夫；利于闾阎，不利于市胥”②。农民的负担减轻，生产积极性也大大提高，人称：“盖自条鞭之法行，而民始知有生之乐。”③劳动者的生产积极性的提高，必然会促进社会经济的发展。

其次，一条鞭法实行赋役折银征收的方式，适应了明中叶以后商品经济发展的客观现实，促进了商品经济的进一步发展。明中期，随着生产力水平的提高，社会分工的扩大，不少农户渐趋突破自给自足的经营模式，从事商品作物经济和工商业活动，推动了商品经济的日趋繁荣。与此同时，在商品交换中，以白银为主的货币体制已经确立，白银成为主要交换媒介，赋役征银正是白银作为主要流通手段已经非常普及的反映，更是明代商品货币经济发展的结果。同时，这一方

---

① 《神宗实录》卷五七六。

② 万历《吉安府志》卷十三《户赋志》。

③ 顾炎武：《天下郡国利病书》卷九二《福建二》。

式的推行又促进了商品经济的发展。为了交纳银两，农民、手工业者须将大量农产品、手工业品投放市场，换取银两，而国家为获取所需的物资也必须把所收银两投入市场。因此，商品交换更加频繁，货币流通量日益增加，商品经济也随之更加发展。同时，由于力役折银，农民可以比较自由地离开土地，有利于劳动力市场的形成，即所谓"生齿日繁，游手日众"①。而商品经济的发展和大量的自由劳动力为资本主义萌芽的产生和发展创造了条件。

再次，一条鞭法是中国封建赋役史上继两税法之后又一重大发展，推进了中国封建赋役制度的进步。一条鞭法纳银代役，据地科差，说明封建国家重视土地的程度已大大超过了重视人口，人口不再是摊派赋役的主要依据。尽管在明代有的地区是以丁为主，以田为助，有的地方地、丁平均分配，只有个别地区取消了丁银，但摊丁入亩的趋势是明显的。一条鞭法的实行使两税法以来由"度人而税"向"度地而税"的转化进程大大前进了一步，为清初真正完成这一变革奠定了坚实的基础。

不过，我们也应该看到，一条鞭法在实施之初的确克服了旧法之弊，但在实施过程中又产生了一些新的问题：第一，旧的摊派并未完全消除。一条鞭法并未达到消除杂役的目的，其弊端突出表现在额外增派上。如崇祯三年(1630年)河南巡抚范景文言："民所患苦，莫如差役。钱粮有收户、解户，驿递有马户，供应有行户，皆佥有力之家充之，名曰大户。究之，所佥非富民，中人之产辄为之倾。自变为于条鞭法，以境内之役均于境内之粮，宜少苏矣。乃民间仍岁奔走，罄资津贴，是条鞭行而大户未尝革也。"②第二，一条鞭法的实施滋生了火耗问题。一条鞭法规定田税要交银两，银两在熔化过程中就会产生火耗，于是地方官在收取税费的同时敛取了额外的费用，增加了平民的负担。第三，一条鞭法是江南地区百余年各种赋役制度改革的结果，其自身带有很强烈的江南地域色彩，若将地域性色彩强烈的地方政策一成不变地推行全国，必然因地域环境、经济发展水平等的差异，引发种种矛盾。比如，北方人均占有土地面积相对江南要多，土地不及江南肥沃，且就农作物成熟期来看，江南地区农作物一般为一年两熟，而华北地区为一年一熟；江南地区人口密度大，劳动力资源丰富，生产工具、生产方式均比华北地区先进，华北地区农作物单位产量远不及江南地区。明代江南商业发达，实行一条鞭法后，商贾无田或少田，赋役负担远轻于农民，还可以银待役，劳役由政府雇人承担，能够更多投入到商品经济流通中去。而北方人口密度不及南方，商业发展远不如南方，实行将户丁役和人头税摊入田亩的赋役制度，必然使北方农民的负担更为沉重。③

---

① 顾起元：《客座赘语》卷二《户口》。

② 《明史·食货志二·赋役》。

③ 参见吕杨《橘化为枳：明一条鞭法的北方困境》，载《西北师大学报》(社科版)2010年第2期。

三、摊丁入亩与清朝的赋役制度

清代的赋役制度沿袭明制，以田赋和丁税作为封建国家的主要收入。一般来说，田赋是农民交纳的地税，丁税是人民对封建政府提供的徭役。清朝初期，田赋和丁税都要折成白银交纳，称为“地银”和“丁银”。丁银的征收对象是16岁以上、60岁以下的男子壮丁，并有定期的户丁编审制度，开除老弱死亡，补入适龄壮男。由于明清之际的大变动，打乱和抑制了自一条鞭法后摊丁入亩的进程，所以在清初的相当长时间里，尽管丁役征派存在着各种做法，但按丁征收丁银的做法，仍占据着重要的位置。

清朝前期，政府是根据明万历一条鞭旧册上的人丁数和丁银税额向人民征收丁银。经过明末三十多年的农民起义，大多数人流亡逃散。统治阶级为保证丁税收入，就把逃亡之人的银额匀于现丁之中，结果造成银额征收畸重，致使“稍存可活者，丁至数两。即贫无立锥者，亦每丁一两矣”[①]。有的地方豪绅还勾结官吏把差役丁银分到无地少地的贫苦农民身上，引起赋役严重不均。人民苦于丁赋者甚众，有的被迫逃亡流落异乡，更多的是隐匿地丁实数。康熙二十四年(1685年)，全国丁口数为23 411 448；到康熙五十年(1711年)，为24 621 334丁。相隔26年，仅添加了120余万人。清政府陷入丁银失征或难以征取的困境。若处理不好，又会激化社会矛盾，造成官民交困。因此，改变现行的丁银编征制度，已成为摆在清政府面前越来越紧迫的任务了。

康熙五十一年(1712年)，清政府发了一道“滋生人丁，永不加赋”的诏令，规定将康熙五十年的人丁统计数24 621 334及丁银数额335万余两，作为以后的永久定额，额外滋生新丁，一律免收丁银。这个“永不加赋”的决定，虽然在一定时期内，对稳定财政收入、缓和阶级矛盾有一定积极作用，但对当时存在着的负担不均和其他不合理现象，仍没有根本改变，丁银难征的问题亦未彻底解决。于是，在康熙后期，广东、四川等省率先把定额的丁银摊入地亩征收。这种尝试，获得了成功。雍正元年(1723年)，遂正式将摊丁入亩的办法推行全国。各地以府县为单位，把康熙五十年征收的丁银总额按亩分摊到田赋里，以后就以田赋一种税法征收丁银和田赋两种名目的税。至乾隆四十二年(1777年)，除奉天因“户籍无定”情况特殊外，全国都已遵照执行。当时大多数地区摊入田亩数，大致是一两银子的田赋摊入丁银一二钱。这是一个略数，至于摊入地亩之丁银究竟有多少，则因各地原征丁银比数不同，平均摊入的丁银也各自略有不同。摊丁入亩后，人丁编审已失去价值，乾隆三十七年(1772年)，明令废止了人丁编审制度。

---

① 《明清史料》丙编第8本《汉眷录抄写奏议档残本》。

从诏令“滋生人丁，永不加赋”，到全面推行摊丁入亩，反映了清政府为适应形势变化，在税制改革方面所作的努力，这对当时社会和经济的发展是有益的。改革之后，国家丁银问题基本解决，因为丁税摊入地亩，比征诸人丁更有保障，从此，清政府的正赋收入增加了。以直隶省为例，雍正二年（1724 年），岁征银 26 362 541 两，粮 4 731 400 石；乾隆十八年（1754 年），征银 29 611 201 两，粮 8 406 422 石；乾隆三十一年（1766 年），征银 29 917 761 两，粮 8 317 735 石。财政收入的逐年增加，巩固了清朝的封建专制统治。对农民来说，摊丁入亩后，丁银征收的对象由按丁征银转为按地征银，无地农民则免除了丁税，少地农民也多少减轻了一些负担。加之绅衿优免权的取消，地主土地也依例摊银，扩大了承担丁银的土地数量，一定程度上改变了赋役严重不均的情况。所以当时人说：摊丁“便于穷民不便于富民”①，“自摊丁之法立，穷民免累”②。这样，广大农民的生产积极性也被调动起来，阶级矛盾暂时得到缓和，从而使雍乾时期的封建经济以较快的速度向前发展。此外，摊丁入亩后，户丁编审被取消，封建国家基本放弃了对农民的直接控制，农民获得四处迁徙的自由。他们或往内地和边疆从事垦殖和开发，或进入城市充当雇工，对落后地区的开发及工商业的发展和资本主义萌芽的增长，都起了积极的促进作用。还需补充说明一点，在各地摊丁的过程中，向工匠征收的匠班银以及屯丁、灶丁等的丁银，也一并摊入了地亩，历史上一直束缚着手工业者的匠籍制度废除了，无地的工商业者不再有丁银的负担，这对工商业的繁荣发展无疑也起了积极作用。

中国封建赋役制度的特点是以丁为主的丁、地兼税和税、徭并行。其发展行程是从人、地分征，逐渐以地为主，徭役则是逐渐并入赋税。摊丁入亩，把丁银合于田赋征收，彻底改变了丁、田并征的双轨制征税形式，从而完成了自唐代两税法以来我国封建赋役制度改革——并役于赋、人头税归于土地税的历史进程。

自古以来，中国的税制总是把人口和土地同列为封建国家赋役征课的对象。虽然自唐代两税法以后，征课重点已从前者转变为后者，出现役并于赋、人头税归于土地税的发展趋势，但直到清代的摊丁入亩以前，对人口的征课始终存在。两税法虽规定“唯以资产为宗，不以丁身为本”，但政府在征收户税而定户等时，还是参酌民户劳动力多少来制定，有些政府的徭役还需丁壮负担，因此“丁额不废”。以后，宋代有身丁钱，元代有丁税、科差，明初有里甲、均徭、杂泛等。明后期的一条鞭法，将力役折银，把部分役银并入田赋征收，但仍有一部分征诸人丁，沿袭下来成为丁银，所以从两税法到一条鞭法，实行的仍是人口、土地并征的二

① 曾王孙：《清风堂文集》卷八。

② 萧奭：《永宪录》卷一。

元税制。而摊丁入亩则不同，它把“滋生人丁，永不加赋”以后已经固定下来的丁银全数摊入地亩，并随之取消了人丁编审，这标志着封建国家最终放弃了征丁制，使丁、地并征的二元税制变成单一的土地税制。这是中国封建赋役制度史上一件划时代的大事。摊丁入亩后，尽管原来的丁银额仍然保留，但已同人丁完全没有关系，而只不过相当于一个固定的田赋附加税而已。当时人是懂得这一点的，乾隆元年修的《山东通志》改旧志的《赋役志》为《田赋志》，其撰修者序曰：“夫任之土者谓之赋，任之力者谓之役。今则滋生之丁已免其徭，而原额之丁又编入地亩，是无所谓役也。故以‘田赋’总之。”[①]稍后修的《福建续志》也改《户役》为《户口》，同样的例子还有许多。从此，“丁银”一词就逐渐匿迹于史册，在人们头脑中，它的含义也日渐模糊，“士人日抱古书以谈丁赋者，多豁刻愁苦之词，求之于时事，而不见其迹，不知古人何故做此语”[②]，可见其变化之大。总之，摊丁入亩作为我国封建历史时期最后一次重大的赋役改革，在我国封建赋税史上具有重要的历史进步意义。

① 乾隆《山东通志》卷十二《田赋志》。

② 俞正燮：《癸巳类稿》卷十二。

第五章

手工业、商业的发展与城市经济的繁荣

第一节　战国秦汉时代手工业、商业与城市经济的初次繁荣

战国秦汉时期，随着社会经济的发展，手工业技术在冶铸、纺织、制陶、造船、造纸等方面有了较大的进步。同时，由于东西南北主要交通干线的修筑，促进了商品贸易的发展，各种物资的流通不仅在中国境内畅行无阻，而且与西域、周边各少数民族和南海及印度洋诸国有了频繁的贸易往来。此时的城市也大为发展，由春秋以前狭小的统治堡垒发展为规模巨大，人口众多，集政治、军事、工商于一身的新型城市。

一、战国秦汉时代手工业技术的进步

随着社会的发展和各种需要的增加，战国秦汉时期的手工业技术在冶铸、纺织、制陶、造船、造纸等方面有了较大的进步。

这个时期的冶铸业主要是冶铜和冶铁。由于青铜器在社会上仍然广泛使用，战国至秦时的青铜业仍是工业中的重要部门。在技术上，系统地总结了铜锡配方的比例和判别炉温的方法，广泛应用了失蜡铸造、合范浇铸、焊接防锈等技术，从而制造出技术复杂的铜车马和精美锋利的礼器、兵器。① 史载，秦统一后曾收天下兵器，聚之咸阳，熔铸铜人十二尊，重各千石，可见其冶铸能力之大。1974 年以来在秦始皇陵两侧出土的铜车、铜马及青铜兵器，制造工艺十分精湛。铜车马长 328.4 厘米，高 104.2 厘米，总重量 2200 多公斤。其中还有经铬化处

---

① 参见张立文《秦陵二号铜车马》，载《人文杂志》1984 年第 1 期。

理的青铜剑，至今不锈，锋利无比。这些都反映了当时青铜冶铸业所取得的辉煌成就。另外，通过对大冶市卢家垴西汉遗址L1炉壁挂渣和工作台面出土的炼渣与以往铜绿山发现的春秋战国时期冶铜炉中炼渣的检验数据进行比较，结果表明，从春秋战国至西汉，时间越晚，炼渣中含铜的百分比似乎越小，说明西汉矿料中的铜得到了很好的分离，反映了西汉炉温控制技术更趋成熟。[①] 与此同时，冶铁业则随着铁制工具在社会生产中逐步居于主导地位而有了更大发展。根据战国冶铁遗址和器物的考察，可以发现铸铁技术已很先进，总括起来主要有这样几项：一是发明了炼炉的鼓风设备橐，以解决自然通风供氧不足问题，一橐不够，即以多橐吹之。二是铸铁的广泛使用，即把铁矿石熔成铁水浇入器范，铸成器物。战国初多用陶质器范，后期则多用铁范。三是炼钢术的发明。通过对燕下都遗址44号墓出土的铁器物的金相分析看，当时已能用块炼法得到海绵铁增碳以制中高碳钢，并掌握了淬火技术。[②] 这些技术的发明与应用，使战国的冶铁业达到很高的水平，其代表作即是各国有名的宝剑，如楚国的尤渊剑、秦阿剑，吴国的干将、莫邪等，都以其锋利无比而名冠天下。秦代的冶铁有官营、民营两种，其民营冶铁已发展到边远地区，如卓氏、程郑都以在蜀地冶铁而富甲天下。

两汉时期，随着大规模官私冶铁工场的兴建，冶铁业在产品数量和生产技术上均取得了长足的进步。从巩县铁生沟、南阳北关房庄和郑州市古荥镇汉代冶铁遗址看，其技术发展主要有这样几个方面：一是高炉构造和鼓风设备的改进。为了解决炉腔加大风力达不到中心的问题，创制了椭圆形炼炉。这样，既扩大了炉积，又缩短了风管和高炉中心的距离。到东汉时又发明了水排和马排，以水力或畜力代替人力鼓风，从而使日产量达到一吨左右的水平。二是使用熔剂和对铁矿石进行破碎及筛分加工。当时的炼铁熔剂主要是石灰石，使用石灰石可降低生铁的含硫量并使之与炉渣中的二氧化硅结合，降低炉渣熔点以避免粘着。而破碎矿石、筛去粉末并使之大小均匀，可加快熔化速度，提高生产效率。三是铸铁操作技术的成熟和制钢技术的进步。汉代韧性铸铁的不少工件与现代铸铁相比已无本质区别，这说明其各个工艺环节的运行需要高度熟练的技术和精细的操作；而铸铁脱碳钢件的制成，则扩大了生铁的使用范围，增加了优质钢材的来源，对于钢铁生产具有重大的作用。

中国古代的纺织业早在西周之前就已相当发达。相传大禹时期纺织品已作

---

① 参见陈树祥《新见西汉冶铜炉与铜绿山春秋战国冶铜炉比较研究》，载《湖北理工学院学报》（人文社科版）2013年第6期。

② 参见北京钢铁学院压力加工专业《易县燕下都44号墓铁器金相考察初步报告》，载《考古》1975年第4期。

为贡物上缴，所谓“禹合诸侯于涂山，执玉帛者万国”[①]。夏商时期，丝织业开始有了固定的分工和专业作坊，到西周时则成为社会生产的主要部门，丝织品成为国家赋税的重要来源。降至春秋战国，出现了以临淄为主的齐鲁地区和以陈留、襄邑为主的河洛平原地区两个纺织中心。前者以出产的薄质罗、纨、缟及精美刺绣著称，并被史家誉为“齐冠带衣履天下”[②]；后者则以出产的美锦、文锦、重锦等而闻名。当时的丝织业主要集中在黄河中下游的今冀、鲁、豫地区，而楚越等南方地区的丝织业也相当发达，从大量出土的战国楚墓中的各种丝织品来看，即可证明这一点。

秦汉时期，纺织作为最发达的手工业，仍在继续发展中。从史料记载中可以看到汉代布帛消费的巨大。其一是赏赐。从有功之臣到普通百姓极为广泛，仅武帝一次赏赐便多达百万匹。其二是汉人日常穿着布帛的普遍。汉之前由于丝织品受产量和价格的限制，普通人不敢问津。到了汉代，布帛产量迅速增加，丝织品逐渐普及到社会的各个阶层，这反过来又刺激了布帛的生产，从而形成遍及全国之势。随着汉代布帛产量的大幅度增加，纺织技术也有了很大的改进和提高。根据《西京杂记》的记载，巨鹿陈宝光家用织机有 120 镊，可推想其织机的精巧程度。由于纺织机的改进，织物的品种、数量和精密程度也大大提高，仅织物的种类就有锦、绣、绮、绢、缟、绛、缣、罗等 10 多种。长沙马王堆一号汉墓出土的大量色彩绚丽、完好如新的纺织品和各种服饰，为研究汉代纺织技术提供了实证。据发掘报告分析，当时不仅已掌握了完善的缫纺和麻纺技术，能织出技术复杂的罗绮提花织物和细麻布，而且掌握了用矿物及植物染色和印花的技术，从而制成五彩缤纷、绚丽夺目的各种织物达 20 余种。这些精美丝织品中的一些即使用现代技术纺织，也有一定的难度。正因为如此，汉朝才被当时的世界誉为“丝国”，而联系中国和中、西亚的西部通道也被称为“丝绸之路”。

中国的陶器制作在经历了红陶、灰陶和黑陶之后，在商代出现了吸水性低、质地坚硬的挂釉陶器，因具备了瓷器的某些特征，故名之为“原始瓷器”。之后一直到战国，虽然釉层增厚，胎质更为细腻，但烧制技术没有明显提高。两汉时期，随着国内商业和对外贸易的渐趋发达，需要大量铜材来铸造钱币，而由于铜的缺乏和冶铁的进步，铜制生产工具大都改用铁制，铜制日用品则以陶瓷器替代，以适应民间日常生活的需要。因此陶瓷器用途日广，制造日多，到东汉时终于发明了真正的瓷器。在此之前，商周的青釉器因为窑炉结构关系，火焰不能直接进入窑床，烧成温度很难超过 1200℃；加上操作技巧不成熟，陶工还不能按主观愿望

① 《淮南子·原道训》。

② 《史记·货殖列传》。

来控制烧成气温，用还原焰烧成制品。再从釉层厚度、施釉的均匀度、釉的玻化程度、胎釉的结合程度以及釉的色调来分析，商周的青釉器还不是瓷器。如商代安阳釉陶制品的釉层厚度仅十微米，只有汉代上虞青瓷釉的十分之一。战国釉陶的釉层也极薄，釉的玻化不良，釉色不纯，釉面不润。

之所以将真正瓷器的发明的时间定在东汉，是因为：第一，中国"瓷"字的采用，最早见于长沙马王堆汉墓遣册中的"资"字，"资"与"瓷"同音。但马王堆汉墓出土器物，质地还较粗糙。第二，从浙江上虞县所发现的汉代40余处古窑址的发掘得知，上虞自东汉已普遍使用龙窑，且东汉龙窑遗址中的瓷片釉的玻化良好，釉和胎结合牢固，釉面光亮明快，釉呈淡青色，较为纯正美观，烧成温度达1300℃。瓷胎呈浅灰白色，胎质坚实细致，可以看出原料是经过精细加工淘洗，达到了真正瓷器的要求。特别是上虞县文化站收藏的一件东汉末期的青瓷四系罐青润如玉，可以充分说明东汉时烧成技术特别是在还原焰的操作上，已跨进了一个新的时代，是一件成功的早期瓷器代表作。[①] 由于原始瓷器施釉的优越性逐渐被人们所认识，于是在陶器上也开始施釉，汉代的彩陶由此有了较大发展，其颜色主要有翠绿釉陶和栗黄色加彩亮釉陶，大多为明器。

中国自夏初发明木板船后，到商周时已具备相当的造船能力。春秋战国时期，随着铁工具的普遍使用，木板加工能力增强，造船业由此有了较大发展。此时各诸侯国都有自己的造船业，其中尤以地处海滨的楚、吴、越、齐为最发达。吴国造船工场称为"船宫"，在楅溪城（今江苏无锡）。越国的造船工场称"舟室"，在会稽；并且还有专门营造战船的"石塘"，该塘"广六十五步，长三百五十三步"。所造战船有戈船、大翼、突冒楼船、桥舡等类型。可见其造船业已粗具规模。[②] 吴越两国"以船为车，以楫为马"[③]，"不能一日而废舟楫之用"[④]，水战成为他们之间征伐战争的主要方式之一，如吴楚之争、吴越之争等。

在秦汉大一统局面下，社会经济获得长足的发展，生产力水平有了进一步的提高。加之炼钢技术比较普遍的运用、淬火技术的进步，以及各种生产工艺的改进，使得秦汉造船业获得前所未有的繁荣发展。

秦汉有发达的造船工场。1976年于广州发掘的秦汉造船场遗址为我们提供了秦汉造船业的第一手资料。据考古调查，该遗址始建于秦始皇统一岭南时期，至西汉初的文景期间废弃。遗址分船台区和木料加工区。船台有3座，平行

---

① 参见叶宏明、曹鹤鸣《关于我国瓷器起源的看法》，载《文物》1978年第10期。

② 参见袁康《越绝书》卷二《吴地传》、卷八《记地传》。

③ 袁康：《越绝书》卷八《记地传》。

④ （清）顾栋高：《春秋大事年表》卷三，中华书局1993年版。

排列，呈东西向，可同时进行三条船的营造。从已发掘的两个台船看，一号船台长约80米，台西是斜坡式滑道，台东端即船台尽头有一“横阵”——挡板，船台下排列着大小不等的枕木作基础，船台有两行平行的滑板，滑板上有约1米高的十三对支撑胳体的木墩；二号船台和一号船台结构基本相同，但比一号船台大，两滑板中心距2.8米。有关学者推算，一号船台能建造宽3.6～5.4米、长18～27米的船只，二号船台能建造宽5.6～8.4、长20～42米的船只，载重量在50～60吨。并且滑板与枕木间没有榫卯固定，因而滑道的宽距可调节，这样可以根据不同需要建造大小不同的船只，也可以用同一规格进行批量生产。[①] 这个船场是秦汉时代颇具规模的一个官办工场，充分表明秦汉造船技术和造船生产能力已达到较高水平。除了这种沿海的造船工场外，秦汉还有一些内地造船工场也颇具规模。如武帝时新修的昆明池，占地332顷，周长40里，内有戈船数十，楼船百艘。[②] 秦汉时代还有众多的船舶产地，如长安、巴蜀、夷陵、江陵郡、豫章郡、长沙郡洞庭湖一带、庐江、吴郡、会稽郡、闽中郡、南海郡、青幽兖冀环海区等。据《汉书·地理志》记载，汉代官府造船业在西汉由船司空主管，三辅范围以内由辑濯令丞主管，各地如庐江(今安徽舒城)、豫章(今江西九江)、浔阳、绍兴等地则由楼船官负责管理。

秦汉时代的船舶数量十分可观：一是军事征伐自水路者浩浩荡荡，每每人以万计，船以千数。如：秦始皇发50万大军分五路南进平百越，其中一支由屠睢将楼船之士从海路直取番禺；武帝元鼎六年(前111年)，“因楼船率二十余万人击南越”[③]；马援伐交趾，将楼船二千余艘，士二万余人[④]。二是漕运事业兴盛，所用船只尤多。汉宣帝时大司农中丞耿寿昌在上言中提到：“故事，发漕关东谷四百万斛以给京师，用卒六万人。”[⑤]杜笃《论都赋》中描述：“(建武中)经入于河，大船万艘，转漕相过。”[⑥]三是民间特别是商人用船甚盛。这由对商人车、船同收算缗可窥见一斑；并且由汉墓中出土众多的船模、划船俑、汉画像石上所刻船等，也可以看出当时舟船运用之广泛。

秦汉时代的造船技术也发展到了较高水平。汉代的造船技术集中反映在楼船上。楼船虽源于春秋末年吴国水军，但其大发展时期却是在汉代。据《史记·平准书》记载：“(武帝)治楼船，高十余丈，旗帜加其上，甚壮。”又载：“因南方楼船

① 参见广州市文物管理处等《广州秦汉造船工场遗址试掘》，载《文物》1977年第4期。

② 参见陈直《三辅黄图校正》卷四《池诏》，陕西人民出版社1982年版，第93页。

③ 《史记·平准书》。

④ 《后汉书·马援传》。

⑤ 《汉书·食货志》。

⑥ 《后汉书·文苑·杜笃传》。

卒二十余万人，击南越。”楼船庞大威武，载兵众多，攻防得力，是汉代水师的主力舰只。根据汉代文献和出土文物，秦汉时期各种行船工具已基本完备。如东汉时出现了可转动的帆，以适应不同风向；大船则不止一根桅杆，可悬挂数面风帆。划具包括篙、桨、橹等，分工日益明确；舵则从桨中分化出来，并在汉代定型。舵的发明与使用，是秦汉造船技术水平的重要体现。造船很盛的阿拉伯人到一千年以后才开始使用船舵，欧洲各国则更晚。定泊工具则由石碇发展到木石锚，有锚瓜和横杆，接近于近代的锚。

秦汉造船业的水平是前所未有的，它奠定了我国古代造船业的基础。它的发展直接带动着水上运输业及其他有关行业的兴盛，对当时的社会经济产生了较大的影响。秦汉漕运事业的兴盛、海外贸易的开辟、商业活动之活跃，无不与之有密切的关系。在这个意义上可以说，没有秦汉造船业的发达，就没有海上丝绸之路的开辟，也没有后来郑和下西洋的壮举。据《汉书・地理志》记载，汉中央少府委派译者为领队，招募商民组成出海船队，携带黄金和各种精美丝织品，东到朝鲜半岛和日本，南经达元国（马来半岛南端）、到已不程国（斯里兰卡）而还，充分显示了汉王朝的雄厚经济实力和造船能力，由此开辟了以中国大陆为中心的海上丝绸之路。①

汉代手工业技术最令后世赞叹、受益的是造纸技术的发明。西汉时期即造出了最初的雏形纸。1933 年，在新疆罗布淖尔汉烽燧遗址中出土了公元前 1 世纪的西汉麻纸；1957 年，西安东郊灞桥出土了公元前 2 世纪的西汉初期古纸，经化验，它主要由大麻、纻麻纤维所制成。东汉蔡伦在吸收前代造纸经验的基础上，总结了造纸的剪切、沤煮、洗涤、舂捣、漂絮、抄造、定形等基本工序，扩大了原料来源，终于制造出能真正用于书写的纸而名垂青史。

二、战国秦汉时代商业流通的发展

西周时期，国家经济以宗族奴隶制经济为基础，农业与手工业虽然分工明确，但产品交换主要是通过奴隶主贵族及其国家官吏分配供给，很少经过流通环节；商品贸易则处于以物易物的原始阶段，各诸侯国之间除了政治上的聘享，缺乏经济交流，因而不可能有全国性的交通体系。战国时代，由于战争的日益频繁和规模浩大以及商品贸易的发达，在春秋交通线的基础上形成了纵横南北的全国性交通网络。东西交通，西自秦都咸阳可直达齐都临淄；南北干线，南起于楚都陈、郢等地，中分太行东道和西道而达燕、赵。

---

① 以上关于先秦秦汉造船业的内容参见马新《发达的秦汉造船业》，载《平准学刊》第 5 辑，光明日报出版社 1989 年版，第 509～527 页。

秦统一后，为加强对各地的统治和管理，进行了大规模的道路建设，修筑了驰道、直道和新道三条干线。驰道以首都咸阳为中心，向东直通燕、齐，向南可达吴、楚。直道是为用兵匈奴而修的，从咸阳以北开始，沿子午岭主脉北行，转东北经鄂尔多斯草原，然后过黄河，达今包头市西南。新道是秦统一岭南后为打通岭南山脉阻隔，把岭南道路和驰道相联结而修建的。此外，战国秦朝大量人工运河的开凿和航海事业的开拓，也为交通的便利提供了条件。

交通的发达为商品流通提供了前提，直接促进了商品经济的繁荣。在这一时期，首先发展起来的是贩运商业，像"山西饶材、竹、穀、纑、旄、玉、石；山东多鱼、盐、漆、丝、声色；江南出楠、梓、姜、桂、金、锡、连（铅之未炼者）、丹砂、犀、玳瑁、珠玑、齿革；龙门、碣石北多马、牛、羊、旃裘、筋角；铜铁则千里往往山出棋置"①。这些土特产在商人们的贩运下，变成了"中国人民所喜好"的"被服饮食奉生送死之具"。战国时代贩运一般日用品的普通商人的贸易利润大约在20%，获利最大的是贩运珍奇之物，像买卖珠玉可获百倍之利。因为经商赢利最多，上自达官显贵，下至布衣白丁，只要有条件者，都趋之若鹜。因此当时出现了一些著名的大商人，像范蠡"十九年之中，三致千金"②，其子孙继承世业，世世巨富；吕不韦则"贩贱卖贵，家累千金"③。

当然，在这一时期不从事商品生产，仅靠贱买贵卖、长途贩运、囤积居奇的商人还是少数，更多的是兼有手工业者与商人双重身份的工商业者。他们中的小工商业者依靠自身的技艺，制造、销售手工产品；大工商业主则主要从事矿冶、煮盐等特殊行业的生产与经营。这两部分人的生产与经营是战国时代商品经济繁荣的重要基础。

西汉时期，陆路交通在秦朝的基础上又有了新的发展。其大规模的陆路开通工程主要有西北与西南两条干线的开通。西北线经河西走廊连接西域诸国，是丝绸之路的重要组成部分。西南线包括褒斜道与西南夷道，连接印巴次大陆。经过这些大规模工程之后，两汉的陆路交通形成了以长安为中心、辐射全国、远及域外的便利交通网络。与此同时，汉王朝又开凿了一些运河与渠道，修整和利用天然的江河海水道，使水路交通也有了较大发展。

汉王朝的社会稳定和经济发展以及道路交通的发达，使得其商业日益繁盛起来，所谓"汉兴，海内为一，开关梁，弛山泽之禁，是以富商大贾周流天下，交易

---

① 《史记·货殖列传》。
② 《史记·货殖列传》。
③ 《史记·吕不韦列传》。

之物莫不通，得其所欲"①。除一些盐铁酒类大商人及兼销自己产品的一般商人外，还出现了"贩夫走卒"式的小商人，后者由春秋战国时的初具规模到两汉时大为发展。虽然两汉时期贩运商业的经营原则和贩运物品相比变化不大，但与战国相比，贩运业的服务对象和经营范围都有了较大改变。一方面，服务对象不再限于富有阶层，而是深入到社会下层的生产和生活日用之中；另一方面，国家的统一，内部壁垒的减少，使得贩运业更加灵活。同时，随着国家版图的扩大和经济的发展，交易物品也大量增加，既有农、林、畜牧、渔等产品，又有手工制成品和半制成品，还有各地的特产和奇罕之物。这种商品生产和交换的兴盛，反过来又促进了汉代社会经济的进一步发展。

国内贸易的繁荣和交通道路的畅通，也带动了汉王朝与周边少数民族和国际间贸易的发展，这是汉代商品流通的新特色。

从汉朝同西域的贸易看，汉王朝与西域间的大规模贸易是从汉武帝派张骞出使西域、共抗匈奴开始的。随着政治、军事的胜利和在西域地位的树立，汉朝同西域的贸易随即发展起来，且规模亦相当可观。《汉书·张骞传》载，武帝"拜骞为中郎将，将三百人，马各二匹，牛羊以万数；赍金币帛，直数千巨万，多持节副使，道可，便遣之旁国"。由于汉朝与西域相隔遥远，道路险峻，有时还会遇上小股匈奴骑兵的阻击，因而双方的贸易多以轻便或价值昂贵的物品为主，其间更多的是丝绸和金银，由此形成了东西方交往的丝绸之路。东汉时期，随着匈奴在西域威胁的消除，汉朝与西域的贸易关系得以恢复并较之西汉又有所扩大，中国与西域的联系由此更加密切。

从汉朝同周边少数民族的贸易看，汉朝与匈奴的贸易主要通过关市进行，其利用匈奴"喜汉财物"的心理，开设关市作为羁縻匈奴的手段。在双方贸易中，汉政府实行严格控制，除在指定地点进行官营贸易外，还绝对禁止有害于自身利益的物品流入匈奴，尤其是禁止贩运出境可供制作兵器的铁。东汉时，随着数次大规模用兵北地，匈奴的威胁逐渐解除，但此后鲜卑、乌桓等游牧部族继之而起，又成为东汉王朝北方的劲敌。于是东汉政府采取了同样的羁縻政策，即所谓"岁时通胡市"以适其意。这样，汉朝通过与周边少数民族进行贸易，促进了经济文化的交流和民族融合，在经济上也起了互补作用。

汉朝同海外国家的贸易，根据《汉书·地理志》记载，汉代商人的海上贸易已包括了全部南海诸国和整个印度洋区域。中外商人频繁逾越浩瀚的南海、印度洋，建立起了经常的贸易关系，汉朝商人以黄金、绢缯等换取明珠、璧、琉璃、奇石、异物等奢侈品。除此之外，汉朝的海外贸易触角还远伸到西亚乃至欧洲。如

① 《史记·货殖列传》。

《梁书·诸夷·中天竺国传》载:“汉桓帝延熹九年,大秦王安敦遣使自日南徼外来献,汉世唯一通焉。其国人行贾,往往至扶南、日南、交趾,其南徼诸国人少有到大秦者。孙权黄武五年,有大秦贾人字秦论来到交趾,交趾太守吴邈遣送诣权,权问方土谣俗,论具以事对。”

三、战国秦汉时代的城市与城市经济

中国古代最初的城市只是出于军事防护和政治统治的需要而建立的,和经济发展特别是工商业的发展没有多大关系。从形式上看,春秋以前的城实际上是有围墙的农村,是统治宗族成员的聚居地。其中除少部分宗族贵族之外,大部分人是以农业为生的农民。在城市之内,由于人少地旷,还有不少农田,甚至在天子和诸侯首邑之内,也往往是一片片黍麦。故农业经济是当时城市经济的主体。而且当时的城市规模很小,并有严格的等级规定,以保证统治秩序的稳定。春秋时代,随着等级制的废弃和争霸战争的日趋激烈,各国为救亡图存,增强防御能力,其城池都程度不等地突破传统的约束而有很大发展。

战国时代,是中国古代城市大发展时期,其表现主要有以下几个方面:

第一,城市建筑规模进一步扩大。像韩国都城郑城(今河南新郑),全城东西5公里,南北4.5公里,分为东西两城,西城为内城,东城为外城。河北易县燕下都城址是燕昭王时修建的,为战国都城中最大的一座,由两个相近的方城连接而成,东西长8公里,南北宽4公里。临淄是齐国都城,为东方一大都会,规模也十分宏大。其由大、小两城组成,总周长21.5公里,总面积达30多平方公里。鲁国是受周制影响最大的国家,春秋战国时期其都城规模也远远突破了礼制的规定。其东西约4公里,南北约3公里,周长约12公里,探出城门11座。

第二,城市数量增多。春秋以前,地广人稀,小国寡民,国与国之间是大片的荒地。降至战国,人口猛增,荒地垦辟,交通发达,人民聚居通衢要地或土地肥美之处,聚而成邑。各诸侯国根据统治需要、地理形势和军事攻守要求,纷纷建城立邑,设官而治,或派兵把守,因而城市数量如雨后春笋,大量增加。如赵国攻燕,得燕国30城。秦昭王时,魏冉“拔魏之河内,取城大小六十余”①。战国末年楚国共有城邑262座,本土75座,前期灭国城邑81座,后期106座。

第三,城市居民的增加。春秋以前,最大的诸侯国都不过3000家。一般城邑千家,少者百室,这些还包括居于城外近郊的人口在内。春秋末战国初,万邑之家已不鲜见,到后来这只是一般县城的规模,至于国都和地方性大都会,则远远超过此数。像齐之临淄,有7万户,可出兵31万,所谓“车毂击,人肩摩,连衽

① 《史记·穰侯列传》。

成帷，举袂成幕，挥汗成雨”[1]，正是繁华拥挤的写照。

城市规模扩大、数量增加及人口增多，只是量的变化。战国城市发展的根本体现是城市性质和职能的变化。这表现在如下几个方面：

(1)城市居民构成改变。西周时城中居民基本上由国人(包括平民和贵族)、奴隶(包括工商业者在内)构成。春秋时期，奴隶制解体，社会结构变动，国人和居住在郊野的野人的阶级对立逐步消失，国人中的大部分开始向四野分散，和野人融为一体，成为国家授田民；一部分改行转业，或成为自由商人、手工业者，或成为游士；食官的工商业者也有相当部分挣脱官府控制而成为自由工商业者。城市和乡村开始分离，城市人口结构发生变化，农业人口比重下降，工商业者比重增加，游士、新兴的封建官僚成为城市人口的一个组成部分。战国时期，城乡进一步分离，只有少量农民居于城市，工商业者成为城市经济的主角。另外，随着官僚政治的确立和社会的动荡不安，官僚、游士、无业流民数量迅速增加，其间也充斥着一些“鸡鸣狗盗”式的四方杂凑之徒。

(2)城市不仅仅是政治、军事中心，也是工商业生产和贸易中心，城乡关系由原来的政治上的国野对立转变为以生产生活方式差异为基础的官僚贵族工商业者等与农民的对立。春秋以后，官僚政治确立，俸禄制取代食邑制，官僚的生活资料相当一部分要依赖于市场，地主、贵族更要市场满足自己的消费欲望，城市购买力迅速增加，刺激了商品贸易的发展，其作为政治、军事中心的同时，也成为一个地区的工商业中心。而城市选在交通要道上，又客观上为商品贸易提供了便利，像曹国小邑陶(今山东定陶)由于地处东、西、南、北物资交流必经之处，因而在战国时取代洛阳而成为天下之中心。

(3)战国城市不仅是商品贸易中心，也是商品生产中心，官私手工业大都集中在城市进行，购买原料和销售商品都方便。如曾为韩国都城的郑城(今河南新郑)遗址中遍布铸铜、冶铁、骨器、陶器、玉器等手工业作坊，其中冶铁遗址有4万平方米，而齐都临淄遗址中的冶铁作坊则达40余万平方米。

(4)在城市规划上，由原来的以宗法等级为核心的指导思想，转而突出经济因素。《管子·乘马》篇云：“因天材，就地利，故城郭不必中规矩，道路不必中准绳。”主张城市规划根据建设的经济效果进行。因此，战国的城市多是在故城之外扩建，形成各种形状，从侧面反映了其职能的变化。从称谓上看，城和市两个概念合而为一，说明了人们对城的理解的变化。

春秋时各诸侯国受西周城市规模管理制度的影响，对城中居民实行行政和军事合一的编制方法。战国时代，因为城市人口结构和职能的改变，城乡分离，

---

① 《史记·苏秦列传》。

遂产生一套新的管理制度，其中有对旧传统的继承，更多的是因时而设的新制度。这表现在：

①沿用官署、民居、工商业作坊分治的历史传统，而予以扩大化。据考古发掘得知，战国各国都城中的宫城区大都保存了以宫廷区为中心的传统，而新建部分的规模、道路设置等虽都大大突破了礼制的限制，但对其管理仍延续了原来周制按照职业分区的规定。所不同的是工商区域扩大，一个城中有好几处手工业区。如齐制国为二十一乡，有六个工商之乡，都聚居一处，既便于管理，又是职业分工自然形成的结果。

②建立严密的市场管理制度。为了将城市置于政治权力的控制之下并按其统治需要运转，各国都建立了一套市场管理制度。从简牍文字看，其时市场管理很细密，如银雀山竹书《市法》专门叙述市场设置、货物排列、市吏的责任。秦律《金布律》等则规定货物归类成列，摊位五人编成一组，明码标价，相互监督，从而使市场贸易秩序化，以征收市税。

③有一套严密的城市居民管理制度。春秋之后城市结构发生变化，其人口密集，成分复杂且流动性大，为此各国建立了一套严密的户籍制度，无论是本城居民还是外来游士商贾，都要登记户口。秦律规定居住要有符证，经商要申报官府，居民以伍为基本单位编制分里居住；其他国还有严格的门禁制度。总之，将城市居民的日常生活、生产、交往都进行了规定，以保证统治秩序的稳定。[①]

秦朝末年，由于战争的破坏，战国以来繁荣的城市衰败不堪，所谓“大城名都，民人散亡，户口可得而数者什二三”[②]。西汉建立后，随着封建统治的逐步稳固和社会经济的恢复发展，城市又开始出现繁荣的局面。其特点是商业都会的大量兴起。汉时具有全国规模的大商业都会，除京都长安外，还有五个，号称“五都”，即洛阳、邯郸、临淄、宛(今河南南阳)、成都，其地位类似现在的直辖市。像长安，不但规模宏大，而且人口众多，贵族、官僚、富商麇集于此，是全国政治、经济、文化中心。市内有东、西两市，皆货略山积，“鬻者兼赢，求者不匮。……五都货殖，既迁既引，商旅联槅，隐隐展展，冠带交错，方辕接轸……”[③]洛阳是西汉的陪都，地处关中交接山东地区的咽喉要地，其繁荣程度不下于西京长安。临淄则是五都中最繁华的都。此外，在全国各地还遍布着很多大小不一、繁华不等的商业都会，《史记》、《汉书》中都作了详细记载。但是，西汉城市的繁荣并未能持续

① 对战国城市的论述，参考了田昌五、漆侠主编的《中国封建社会经济史》第1卷第180～195页的内容。

② 《汉书·高惠高后文功臣表序》。

③ 张衡：《西京赋》。

下去。到东汉时，这种繁荣的景象即随着商品经济的衰落而悄然消失了。当然，这里所说东汉城市的衰落主要指城市工商业状况而言。西汉中后期，随着汉统治者实行严厉的抑商政策，富商大贾开始把主要资产转向土地，由此出现大规模的田庄经济，其规模庞大，经营种类繁多，可闭门为市。这一经济结构的变化，使西汉时繁盛的商业活动开始以田庄为中心而展开。从历史记载看，东汉时大规模的商业贸易和巨商大贾已不多见，城市的商业贸易活动也随之日趋枯萎，从商业贸易中心的角度来看，东汉城市确已衰落了。但作为政治统治的中心，东汉城市仍卓然而立，特别是都城洛阳，其繁荣程度仍颇为可观。

第二节 魏晋南北朝隋唐时代手工业、商业与城市经济的曲折进展

魏晋南北朝时期，由于长期的战乱，社会经济遭到严重破坏，田园荒芜，城市残破，商品经济处于萎缩状态，其间虽有短暂的恢复，但很快又被战火摧毁。近四百年中，社会经济一直处于这种破坏、复苏、又破坏的反复过程中，只有手工业技术有了一定发展。隋唐时期，随着全国的统一和社会经济的恢复和发展，手工业技术在各个方面有了长足的进步，商业流通日益发达，城市经济日益繁荣，唐王朝作为世界最强大的帝国，声威远播域外，成为周边民族和世界各国仰慕的中心。

一、魏晋南北朝隋唐时代手工业技术的发展

这一时期虽然以战乱和分裂割据为多，但由于社会生产曲折而缓慢的发展，手工业技术在冶铸、纺织、陶瓷、造船、造纸等方面仍取得了一定的进步。

南朝时期，在汉代炒钢、百炼钢及固体脱碳等炼钢方法的基础上，又发明了灌钢法。以现代冶金原理分析，灌钢法就是利用生铁碳高、熟铁碳低的特点，将熔化的生铁灌到熟铁里去，即将生铁和熟铁放在一起冶炼，使碳分别达到预期要求而后锻打成钢。北齐时，綦毋怀用此法造成“宿铁刀”，能斩甲过 30 札。灌钢法的出现，使我国的炼钢生产水平大幅度提高。这样，钢不仅仅用于武器，而且也广泛地应用于农业、手工业工具方面。另外，鼓风设备也有了进步。曹魏时，对东汉时杜诗所发明的水排进行了重大改进，由原来的立轮式改为卧轮式，功效提高很多。唐代的冶铁业有了较大发展，开采铁矿达 113 处；到唐后期，冶铁业已从中原扩大到江南，且南方的矿区超过了北方，开采量也比前期增加了 1.6 倍。在冶铸技术方面，唐代发明了用蜡范制币的新技术。蜡范与泥范、铁范共同构成了我国著名的三大铸造技术。从铸造“开元通宝”钱开始，采用了“母钱”翻

砂铸钱法，既简便了工序，又不必印制土范。这种方法一经产生，便历代相沿，直至清代前期不曾改变。[①]

在纺织方面，三国时的马钧将汉代工艺复杂、劳动强度大、生产效率较低的高档丝织机的结构和织作工艺进行了简化，使之生产效率提高五倍，也增加了花纹式样和宽幅，促进了丝织业的生产。蚕丝中含丝胶，须用带碱性的草木灰溶液浸泡后才能脱胶，这是蚕丝的精炼过程。此时，开始利用白土作为助白剂，加入溶液，以增加丝绵与织物的白度。在染色技术中，除继续应用凸版、镂空版印花和蜡染等方法外，又开始应用绞缬法，即在织物中按一定规律提起织物或以谷粒等为衬垫物，以线进行扎结，染色时因扎结部分未充分染色而呈无级层次色晕的纹样图案。唐前期，丝织业主要分布在北方中原地区，河北定州位居全国特种丝织之首。唐后期，随着经济重心的南移，江南丝织水平迅速提高，并超过了北方，出现了苏、杭、越、湖、宣、扬、蜀等高级丝织品产地，原来丝织技术不高的吴越地区，此时也有了很大发展。同时，随着丝织生产的增加和服饰制度的松弛，穿着丝织物的人日益普遍。另外，在纺织技术上也有所突破。从吐鲁番阿斯塔那206号唐墓女舞俑短衫中可以看到，是以两种颜色的经、纬线各自相交织成的双面组织，大的花纹呈袋状。在唐统治者的上层服饰中，十分流行金饰丝织物，从出土刺绣遗物看，当时已创造了平针绣的新工艺。

魏晋南北朝是我国瓷器生产跃进的时期。由于炼丹术的发达，出现了在世界化学史上占有重要地位的炼丹家，如魏伯阳、葛洪、陶弘景等。化学工艺经验的积累，势必影响到瓷器的釉及胎原料的配制，同时对于火焰能改变物质性能，也有了进一步的认识。鼓风设备的发展，水碓的推广，也为烧窑工艺的提高和制瓷原料的粉碎加工提供了有利条件。因此青瓷质量显著提高，制瓷工艺发展到一个新阶段。此间制瓷工艺的成就主要有：(1)原料加工工艺的进步。(2)白瓷的烧成。这是制瓷工艺上的重大突破。烧制白瓷极不容易，必须是白胎白釉。但瓷土中普遍含有呈色性能很强的铁成分。如果含量超过1%，烧出的瓷就会呈灰白色，含铁成分越多颜色越重。因此，必须把胎釉料中的铁成分提炼出去，并控制在1%以下。目前所见最早的白瓷是北齐范粹中出土的一批白瓷。白瓷的烧成，为唐及以后北方名窑的出现做了基础性准备。(3)釉中挂彩技艺的发明。彩瓷的出现，预示着瓷器装饰方面将发生重大变革。(4)烧成了稳定的黑瓷。南北朝时，除青瓷在南方继续扩展外，北方制瓷业也有了长足进步，从而形成北瓷粗犷厚重、南瓷灵秀体薄的南、北两大瓷系。此间除南朝宋齐设有东、西甄官瓦署外，各设督令一人，专司其事；陈朝在至德元年(583年)在建康大造宫

① 参见郑家相《历代钢质货币冶铸简说》，载《文物》1959年第4期。

殿，诏令昌南镇（今江西景德）烧造陶砖外，还有北魏、北齐亦设置甄官署，以司理官府陶瓷烧造。北魏在关中和洛阳烧制的御用陶瓷器颇为著名，当时称为“关中窑”、“洛京陶”。虽然此时社会战乱动荡，但由于人口南迁，民族融合，封建社会经济基础大为扩展，工业生产也出现了一个新的局面，因此在制瓷业方面有了较大成就。而且，从南京赵士岗墓出土的虎子上刻有上虞制瓷匠师的名字，说明当时已经形成制瓷专业工匠队伍，也反映了当时陶瓷生产和流通相当活跃。

隋唐五代时期是中国陶瓷工业史中的瓷器阶段。此前的陶瓷阶段前半期是商代至西汉，其制品为原始瓷器，略具瓷器性质；后半阶段是东汉到南北朝，真正的瓷器已经出现，但仍以陶器占主流。到了隋唐时代，由于烧瓷温度提高，瓷器的质地更加坚固。而唐代由于经济繁荣和对外贸易发达，制币之铜材缺乏，因而铜器被禁，瓷器取而代之。同时，唐代饮茶风气的盛行，也促进了大量瓷质茶具的制造，从而使瓷器在社会上普遍使用而占了主导地位。制瓷工业的发达，使唐代正式有了“窑”的专称。所有这些特征表明，隋唐时期进入了瓷器阶段。在隋代，烧造技术由何稠改进，有了突破性进展。何稠以江西景德镇绿瓷作原料，制成琉璃，对制瓷工艺的进步做出了巨大贡献。唐代的陶器制造除灰陶外，又出现了著名的唐三彩。汉代时已出现了一种釉药含铅量多的釉陶，称“铅釉陶”。至唐代，铅釉陶制作技术达到娴熟，在铅釉内掺入少量铁和钴的氧化物，掌握一定的烧造气氛，就烧出了称誉中外的唐三彩。所谓三彩是指以青、绿、铅黄为主的三色釉，有蓝者称为“蓝三彩”，最为名贵，是中国古代涂朱法的发展。制造唐三彩的过程为：先和色料于釉内，然后用笔拓于器胎上，或浇在上面，再装入匣，满窑烧成。唐三彩主要有陶俑和器物两大类，从人和动物到各种器皿物品，几乎包括了当时社会生活的各个方面。唐三彩釉质的主要成分是硅酸铝，呈色剂是各种不同金属的氧化物，例如浅黄为铁或锑，绿色为铜，紫色为锰。唐三彩最早的制作时间是唐高宗中期或稍早，其一经出现即风靡全国，在盛唐时期达到顶峰。安史之乱后，三彩器渐走下坡路。隋唐五代时期是越窑和邢窑的鼎盛期，浙江绍兴是当时南方的制瓷中心，河北邢台是当时北方的制瓷中心，但南盛于北。唐代生产瓷器的地点已很普遍，名瓷所出，北至邢州，西达蜀地，再由中部长江流域及于东南的闽越，并不限于一隅。当时名窑颇多，有越、邢、鼎、婺、岳、寿、洪、蜀窑及江西新平县的霍窑等。其中以越窑的青釉瓷和邢窑的白釉器最为著名。

魏晋南北朝时期的造船业比秦汉有了进一步的发展。赤壁之战双方动用了大量船只，而王浚灭东吴所乘的楼船比汉武帝时期特制的楼船还要大，东吴被灭后，光收缴的官船就达5000艘。现今的福州和霞浦县是当时江南地区规模最大的造船基地。东晋时为偏安江南，更加重视造船业，当时洞庭湖周围是东晋重要的造船基地之一，所造大艑（大型运输船）“皆受万斛”。东晋安帝元兴三年（404

年)，建康遭受暴风袭击，江中舟船躲避不及而沉没损坏者竟达 1 万多艘。南朝时除有大量战船外，民间造船业亦相当发达。隋文帝平陈后，因“吴越之人，往承敝俗，所在之处，私造大船，因相聚结，致有侵害”，下令“其江南诸州，人间有船长三丈已上，悉括入官”[①]。当时南朝大船载重可达 2 万斛，约 4000 石。隋代造船业的发达，从隋炀帝沿大运河巡游江都和征伐高丽船只之盛即可看出。大业初年，隋炀帝率后妃百官士兵数万人，各类船只 5000 多艘，从洛阳前往江都。船队长达 100 余公里，浩浩荡荡，令人叹为观止。炀帝乘坐的龙舟高 45 尺，长 200 尺，上、下分四层，仅中间两层就有 160 个房间。皇后以下各有专船，百官则以品级而定。为征高丽，于大业七年(611 年)在山东东莱郡海口打造大海船 300 艘，次年由来护儿率 4 万水军渡海进攻高丽，“舳舻数百里”，甚为壮观。

唐朝为营造船舶，专门设置了管理造船、航运和水上防务的衙署和官吏。工部水部司郎中“掌天下川、渎、陂、池之政令，以导达沟洫，堰决河渠。凡舟楫、灌溉之利，咸总而举之”。将作监则“掌供舟、车、兵杖”。舟楫署“掌公私舟船运漕之事”。下至各州县官吏也有管理舟船之责。[②] 此外在沿江、沿海地区设置了许多官办造船场，如江南和登、莱、徐、扬、饶、福、泉、广、剑南等州。此外还有大量民造船舶，使唐代水上交通非常发达，所谓“天下货利，舟楫居多”[③]，“自扬、益、湘、道至交、广、闽中等州，公家运漕、私家商旅，舳舻相继”[④]。唐代内河船较有特点的是唐德宗时李皋发明的车船和俞大娘的万石船。海船虽不及内河船载量大(最大 5000 石)，但制造量相当可观，仅唐初贞观年间阎立德在洪州就造“浮海大航五百艘”[⑤]，航行于东海及黄海一线。除近海航运外，唐代远洋航运也有了较大发展，登、扬、明、广、泉诸州都是著名的港口，为此唐王朝在广州首次设市舶使管理海外贸易。唐朝海船东到日本和朝鲜，像日本多次派出遣唐使、商人，鉴真和尚则东渡日本传授佛学戒律等。南行航线则是经过东南亚诸国，绕过印度半岛进入波斯湾。由于中国远洋船具有外国船只所没有的水密舱结构、榫钉结合与油灰捻缝技术、船底涂油漆以防腐和减阻措施、船舷安置防浪板等优点，宽大稳定，安全舒适，因而“阿拉伯商人东航者，皆乘中国船”。

此时造纸技术也有了进一步的发展，魏晋时发明了活动帘床抄纸法，节省了设备，提高了效率。另外，为提高纸张的平滑度和白度，发明了以石膏等矿物质与淀粉混合后涂于纸面上的技术。隋唐时期，随着纸张用途的日益广泛，又出现

---

① 《隋书·高祖纪下》。

② 《旧唐书·职官志二》。

③ 王谠:《唐语林》卷八《补遗》。

④ 李吉甫:《元和郡县志》。

⑤ 《新唐书·阎立德传》。

了研光、施胶、染色、印花等工序，以增加不晕染、防虫蚀、有美感等效果。造纸业的发展又推动了印刷业的进步，唐初出现了雕版印刷，从而促进了文化教育事业的发展。

二、商业的起伏与繁荣

魏晋南北朝时期，由于战乱与相对稳定局面交替出现，商业发展也呈现起伏不定的反复过程。东汉末年战乱频仍，社会经济遭到严重破坏，商业处于全面萎缩阶段。三国鼎立局面形成后，在农业、手工业恢复的基础上，商业也得到一定程度的复苏。曹魏对盐铁实行专卖，并以洛阳为中心进行商业活动。蜀汉政权也对盐铁生产进行控制，并利用蜀锦进行贸易往来。孙吴政权利用江南鱼盐特产和交通便利，进行了较多的商业活动。西晋统一后，为全国范围内商业的发展提供了基础，而西晋上层统治集团的奢侈，更大大促进了贩运商业的活跃。西晋灭亡后，北方陷入持续战乱，生产破坏，城市焚毁，坞堡林立，完全倒退到自然经济状态。在十六国政权中，疆域最广、时间较长的当数前秦苻坚政权，因而关中一带商业有过短暂的恢复。另外，由于凉州地区受战乱波及较少，中原避难至凉州者颇多，因而前凉统治时河西走廊商业一度有所恢复。

东晋南朝时期，由于江南地区相对稳定，社会经济有所发展，因而商业活动也随之恢复。此时江南频繁的商业活动主要通过各地区形成的一些商业中心来进行，如三吴的京口（今江苏镇江）、山阴（今浙江绍兴），荆州的江陵（今湖北江陵）等。江南水运发达，船只载重量大，运价较低，各地商品流通规模较前代大为提高；除奢侈品外，一般生活必需品的运输也明显增多。这时出现了专门以贩运粮食为业的商人。此外，各级官员及其亲属亦利用往来之便，随带货物以牟利。北魏统一北方后，北方经济在较为安定的环境里开始缓慢恢复，商业也随之逐渐活跃。当时从事商业活动的人数相当多，洛阳人口的十分之一从事商业，而“河东俗多商贾，罕事农桑，人至有年三十不识耒耜”[①]。

自东汉末至隋统一的近四百年中，除西晋政权曾短期统一外，大部分时间是处于分裂割据状态。为了取得自己统治地区内不生产的物品，各政权又在战争之外通过官府或商人进行区域间的贸易，即互市或交市。三国时期，吴蜀关系较好，常有聘使往来，以官方交换土特产。东晋十六国时期，虽然兵连祸结，关卡重重，但各政权间仍不断用奉献、朝贡、赐予、赠答等方式进行聘使贸易。另外，在战争之暇还时开互市，如石勒曾致书祖逖“求通使互市，逖不报书，而听互市，收

① 《北史·常山王遵传附孙淑传》。

利十倍”[①]。南北朝时期，这种聘使和互市仍然持续不绝。此外，当时的各割据政权还与周围少数民族及西域和海外诸国开展贸易。受地理位置限制，北方诸政权主要与北边、东北、西北地区进行贸易，而江南诸政权主要与海外诸国进行贸易。魏晋十六国时期，除与东北、北边诸民族保持联系外，与西域则一直保持贡奉关系，北魏统一北方后，与之关系更加密切。东晋南朝时期，对海外诸国的贸易呈逐渐上升趋势，“及宋齐，至者有十余国”，“自梁革运，其奉正朔，修贡职。航海岁至，逾于前代矣”[②]。

隋唐时期，随着全国的统一和社会经济的恢复与发展，商业再次繁荣起来。各个城市成为贸易中心。同时，为了适应分散于各地的小商品生产者的要求，解决民生所需主要商品的交换，免去买卖双方的长途跋涉，在远离正规市场的农村出现了草市贸易，从而与城市贸易相配合，形成了全国性的市场。商品经济的发展要求有畅通的交通作为依赖和前提，而隋唐时期发达的水陆交通则适应了这一需求。陆路交通以两京为中心延伸至四面八方，沿途旅店备有驴马出租，以便骑乘运输，号称“远适数千里不持寸刃”[③]。内陆水运则是“旁通巴汉，前指闽越，七泽十薮，三江五湖，控引河洛，兼包淮海。弘舸巨舰，千轴万艘，交贸往还，昧旦永日”[④]。唐代海运也相当发达，出现了扬、楚、幽、广、明、越、登等繁华的沿海港口城市。

隋唐时期由于帝国强大，声威远震，与周边各民族的互市贸易比前代更加频繁。如588年（开皇八年），突厥携大批马牛牲畜来隋朝贡，并“遣使请缘边置市，与中国贸易”[⑤]，得到隋政府同意，双方互市日趋兴盛。607年（大业三年），隋炀帝在鸿胪寺置东夷、南蛮、西戎、北狄使者各一人，“掌其方国及互市事”。隋与西域各国的互市多在张掖进行，炀帝时，派吏部侍郎裴矩前往交市处“监诸商胡互市。啖之以利，劝令入朝”[⑥]，以加强与西域各国政治上的联系。唐代与各族间的互市更有新的发展，与唐互市的有吐谷浑、突厥、吐蕃、西域诸国、回纥、党项、奚等。武则天时，东突厥复兴，不断骚扰唐北部边境，但同时也曾向唐请求和好。武则天为此送大量谷种、杂彩、农器等，双方开始互市。唐玄宗时，每年用帛数十万匹买突厥马“以助军旅”。而唐与吐蕃200多年交往中，有战有和，互开边市，蕃使来唐125次，献上大量马、牛、驼、金银器等；唐使入蕃66次，带去绢帛、蚕种

① 《晋书·祖逖传》。
② 《梁书·海南诸国传序》。
③ 杜佑:《通典》卷七。
④ 《旧唐书·崔融传》。
⑤ 《隋书·突厥传》。
⑥ 《隋书·食货志》。

及造酒、纸张、皮革工匠。与唐互市最为频繁的是回纥，与之在唐初就有了密切往来，中唐以后，双方的交往更加频繁。由于安史之乱时唐借回纥兵力收复两京，唐以回纥有功，每年要以数万匹绢换取回纥的马匹；回纥恃功而骄，“岁入马取缯，马皆病弱不可用”[①]。唐德宗时，由于回纥嗜茶成瘾，唐开始用茶叶与之贸易，从而开辟了新的互市物资。中唐以后，党项和契丹也开始与唐进行贸易互市。一般说来，自唐初以来与边境诸族互市每年一次，中唐后，一些少数民族自恃力量强大，不遵旧制，多次提请互市，唐廷无奈之下只能依允。

隋唐时期的对外贸易主要通过陆路和海上进行。隋代时的陆路交通非常兴盛，丝绸之路除沿袭汉魏时的南路、北路外，又增加了自伊吾（今新疆哈密）出发的新路，而且南道经葱岭南下以至印度，再转往西海的路线，也是汉魏北朝所未见的。唐太宗时，灭西昌，击败西突厥，使丝绸商路更加畅通。由此东来的胡人遍及国内各地，他们带来了大量金银、珠宝、香药等异域特产，带出大量丝绸、瓷器等。他们很多留居京师，娶妻生子，安居乐业，与中国融为一体。海上贸易路线主要沿两个方向进行：一是向朝鲜、日本、琉球方向。隋唐时主要有三条路线：一是自楚州（今江苏淮安）出淮河口北上，沿山东半岛东渡黄海到朝鲜半岛，进至日本；二是由扬州或明州出发，横渡东海至琉球、日本；三是自山东半岛北端登州（今山东蓬莱）北上可以到达朝鲜、日本、琉球。8世纪以前，日本的遣唐使来唐，都是沿此路至登州入唐的。8世纪以后，多以扬州、明州等吴越地区为交通贸易口岸。唐前期规定，来中国的日本人未经允许不得下船到市上采买，但也有些人不顾国法而“下船往市”。他们回国时往往随身携带很多货物。遣唐使中断后，双方商船往来日趋频繁。唐船到日本，大多携带瓷器、丝绸、茶叶等，船只到达后，由日方的大宰府官吏用库藏砂金、水银、锡、绵、绢等物与唐交易，京师派交易唐物使掌管交易。王宫百官更是“心爱远物，踊值贸易”，于“官使未到之前，遣使争买”[②]。沿着这条海路，新罗、渤海人也陆续入唐。在登州还设有专门供来往行旅居住、存放货物的新罗馆、渤海馆。

海上贸易的另一方向是东南方向，主要以广州为贸易口岸。广州自汉以来长期作为中西海上贸易的重要港口，经年不衰。隋唐以来，由于海上贸易进一步发展，其作用日趋重要。据贾耽的《广州通海夷道》记载，这条航线可以到达南洋、西亚以至东非，经过十几个国家。当时，广州江中往来的各国船只络绎不绝，不计其数。这些交通线由大量的出土文物和沉船打捞而不断得到证实。《唐大和尚东征传》说：广州“江中有婆罗门、波斯、昆仑等舶，不知其数。并载香药、珍

① 《新唐书·兵志》。

② 《三代实录》，引自[日]木宫泰彦《日中文化交流史》，商务印书馆1980年版，第124页。

宝,积载如山。其舶深六七丈。师子国、大石国、骨唐国、白蛮、赤蛮等往来居住,种类极多”。其文中所说“昆仑”泛指马来半岛、印尼等东南亚国家,白蛮、赤蛮分指欧洲及非洲人。除广州外,扬州、交州、明州等也因对外贸易发达而成为外商汇集之地。为管理日益发展的海外贸易,唐政府专门在广州设立市舶使,负责收缴关税,检验商品等。714 年(开元二年),以右威卫中郎将周庆立为安南市舶使。有唐一代,为了向宫中进纳珍玩异宝,市舶使多由中官兼任,但有时也以地方帅臣监领,以“籍其名物,纳舶脚,禁珍异”①。后来福建、扬州等口岸凡海船所到之阜,与广州一样依制纳税。

三、城市与城市经济的进展

东汉末年,群雄逐鹿,天下大乱,一些繁华的城市如洛阳、长安等被劫掠焚烧,城市经济遭到严重破坏。曹魏时期,随着中原地区社会经济的恢复,几乎被彻底毁掉的洛阳又恢复了生机,重新成为北方的政治和经济中心,“其民异方杂居,多豪门大族,商贾胡貊,天下四会”②。此时的益州由于汉末受破坏较少,城市商业活动比中原活跃,成都“市廛所会,万商之渊,列隧百重,罗肆巨千”③,出现了一批“拥资巨万”的富商大贾。孙吴的都城建业的商业活动也很兴盛,先后设立了大市、东市和北市,置司市中郎将、大市刺奸等官员进行管理。西晋统一后,城市经济进一步繁荣,洛阳设有大市、牛马市、阳市三个市,已有了初步专业化的倾向。

十六国时期,战祸连绵,政权更替,使开始复苏的北方商业再次全面衰退。一度繁荣过的城市经济遭受的破坏最为严重,如洛阳被抢掠一空后又遭纵火焚烧,魏晋时期的多年经营,皆化为灰烬。在此期间,北方城市除有短暂的恢复外,基本上在反复不断的战乱中处于残破状态。东晋南朝时期,由于江南战乱相对较少,城市经济有了一定的发展。像建康(今江苏南京,原东吴建业)除吴时的三个市外,又加了一个斗场市,同时在秦淮河岸边新设了不少市。“水北有大市,自余小市十余所,备置官司”④。各地官府所设市场置有市令、市长、市丞等市官进行管理,以整顿市场秩序和征收市税。在较大的城市中每天开市,中午交易最盛,建康等处的市,到黄昏人仍很多。

北魏孝文帝迁都洛阳后,参考南朝建康及一些北方城市的设计,重新规划了

① 李肇:《唐国史补》卷下。
② 《三国志·魏书·傅嘏传》裴松之注引《傅子》。
③ 左思:《蜀都赋》。
④ 杜佑:《通典》卷十一《杂税》。

城市布局。在西晋时洛阳三个市的基础上有所增加，即牛马市、金市、大市、小市和四通市，在大市周围设有十个里坊，都居住着商人，以便就近经营。北魏分裂后，繁华的洛阳再次成为废墟，但邺城、长安等城市的商业活动仍在继续发展，并取代洛阳成为北方的商业中心。

隋唐时期，随着全国的统一和社会经济的发展，城市商业经济再次繁荣。长安与洛阳既是当时的政治中心，又是最为繁盛的国际性商业都会。在长安，隋有都会、利人两市，至唐时改称"东市"、"西市"，各占两坊之地，东西南北各六百步，四面各开一门，"定四面街各广百步"，两市各设东市局、西市局进行直接管理，分属万年、长安两县管辖。它们"四面立邸，四方珍奇，皆所积聚"①。此外，长安城还曾设过中市、南市、北市等。在洛阳，隋设三市，分称丰都、大同、通远，后来唐又增设了北市和西市。商业贸易十分繁荣，史称当时市内"郡国舟船，舳舻万计"，"重楼延阁，牙相临映，招致商旅，珍奇山积"②。在各州治所设置的州市中，扬州、广州、成都、江陵、洪州、楚州(今江苏淮安)、汴州等都是商业发达的经济性城市，成为中外商客聚集之所。在这些城市中，有不少还分别置市，如成都有东、西、南、北四市，反映了蜀地商品贸易活动的活跃程度并不在两京之下。县治一般也都设市，有的大县还不止一个市。京市和州县治市由国家设官管理。京市在隋初由司农寺统辖，炀帝大业初年改由太府寺负责。唐因其旧，于太府寺下设两京诸市署，"掌百族交易之事"。唐前期，贸易时间沿袭古老的日中为市制度，"凡市以日午，击鼓三百声，而众以会。日入前七刻，击钲三百声，而众以散"③。其余时间关闭坊市，不遵循者以犯夜论罪。交易所用的度量衡器，一律要经主管部门审校，每年八月检验一次，后改为春、秋较権。

隋唐时期与秦汉一样，对商人的管理十分严格。首先，他们仍须另立市籍。隋代市籍只记市内的坐贾而不包括行商；唐代除此之外还严格规定不许其家按一般乡里百姓那样在乡里占田，在狭乡更无权占田。著市籍者要被差以远役，逃避者依律令治罪。其次，实行严格的坊市门禁制度。将民居与市场都划为方形的坊，并用墙垣围起来，四面设门，定时启闭。到唐后期，随着商品经济的发展，这种坊市门禁制渐被破坏。

初唐以后，随着社会经济的发展和商业贸易的繁荣，古老的商业城市日益发展，新兴的商业都市也伴随着运河、漕渠的疏浚以及商品贸易的普遍发展而不断涌现。像运河通往黄河的汴州，运河、长江交汇处的扬州，淮河与运河交接处的

---

① 宋敏求：《长安志》卷八《唐京城》。

② 杜宝：《大业杂记》。

③ 《唐六典》卷二十《太府寺》。

楚州，沿海的广、杭、明、泉、交诸州以及长江流域的荆、益等州。隋唐城市经济与贸易的发展使邸店的作用日益重要。邸起源于西汉诸郡国设于长安的入朝寄宿之所，后发展为汉魏之际的粮仓、商贾储藏货物的机构。隋唐时，邸、店往往连称，《唐律疏议》卷四解释道："邸店者，居物之处为邸，沽卖之处为店。"也就是说，邸店除堆放货物、供给客商住宿外，还从事居间性的商业贸易，从中抽取佣金。这种邸店又称为"行栈"、"行店"、"牙行"。邸店经营在唐宋时十分兴盛，史籍中屡见的"居停主人"，就是经营邸店的人。邸店贸易的兴旺与往来行商的转运密切相关。行商在转运商品途中或商品未出售之前交由邸店保管，邸店由此也卷入了商品买卖。邸店因为包括兼营储货、交易介绍以及停顿旅客，赢利颇厚，所以很多官吏甚至唐政府也参与经营邸店。史载扬州有"王公百官及天下长吏"所置"邸肆"，诸道节度观察使也"多以军储货贩，列置邸肆，名托军用，实私其利息"①。唐玄宗时曾一度下诏禁止清资官"置客舍、邸店、车坊"②，但屡禁不止。直至五代十国，官僚阶层经营邸店、从事贸易的仍然很多。此外还有"牙人"，即撮合贸易成交的中介人，大致在东晋南朝时开始出现，唐时得以发展，如安禄山、史思明年轻时都曾是互市牙郎。他们精通异域语言，在互市贸易中发挥了沟通作用。中唐以后直至五代十国，有关牙人的记载显著增多，唐后期的一些诏敕对把持出售、扰乱市场秩序的"行头"、"居停主人"、牙人进行了若干规定，但没有达到预期目的。

为了替商人保管存放金银、货币，使商人交易时不必随身携带或转运，以免麻烦，出现了一种特殊的专营商店——柜坊。去柜坊支取钱时办法很多，但须用证明身份的东西去领，有人持帖，也有人持有钱主的用具，只要柜坊主人认得，即可提钱。《太平广记》卷十七、卷二三记载，卢生用拄杖、张生用帽子作为提钱的信物或特殊证明。为了克服铜钱较重、经商携带不便的困难，在唐宪宗元和(806～820年)初年，又出现了一种新的充当货币支付手段的"飞钱"(亦称"便换")，以代替货币进入流通领域。《新唐书·食货志》曰："时商贾至京师，委钱诸道进奏院及诸军、诸使富家，以轻装趋四方，合券乃取之。"商人们将货款交给本道驻京的办事处——进奏院，由其发给一张票券(文牒、公据)，票券被分为两半：一半给汇款人，一半寄回本道。商人回到本道时，合券核对无误，即可领回货款。有人还将钱"纳于公藏"，即与官府换得牒文，作为异地取钱的凭证，非钱主持有，无从换取。这些说明当时已形成严密的兑换制度。经营飞钱业务的，有衙门，还有富商。飞钱制既方便行商，又避免了铜钱在交易中的滞留，从而相对稳定了各地

---

① 王溥：《唐会要》卷八六《市》。

② 《旧唐书·玄宗纪》。

铜币的数量。可以说，飞钱是纸币的前奏或雏形，到了宋代就发展成为“交子”。

中唐以后，随着商品贸易的发展，原有的坊市格局难以维持，限制时间和地点进行贸易的规定，也逐渐失去效力。凝固的城市制开始不断受到冲击。早在唐中宗时，两京诸市已在正铺外更造偏铺以适应需要，坊内也不断出现店肆。如长安胜业坊出现卖蒸饼的店家，宣平坊内有卖油的油坊等，说明坊市混杂已日趋严重，至五代十国更有增无减。中唐以后，交易不再局限于日中而逐渐出现了夜市，这是市制的又一变化，从而打破了妨碍商品经济发展的又一桎梏。史载夜市人众拥挤，灯火不绝，实为都市的一大景观。

由于商业的发展，经营分工的变细，需要进行组织和管理，于是行会逐渐形成。唐代的商业行会多是同行商人的组织，商品经营者为了经营和管理的方便，将同类商品集中在一起销售，由此形成了行会。唐中宗景龙年间就出现了按同类商品经营的店肆，各行按市制要求，固定售货地区，店前明示行名，每行设一人管理一行事务，称为“行头”、“行首”。市令通过行头掌握市内各行的经营，包括纳税、平定物价等，如有违犯，行头要承担责任。行头除了对本行商户的经济活动负有检察、监督责任外，还负有主持本行户日常生活大事的责任。据史料记载，唐代城市中行业种类很多，长安东、西市各有 220 行，洛阳有 120 行，其中许多是商行。行会的产生，表现了城市工商业人口的增加以及工商业在城市经济中比例的增加。商人阶层的日益发展和活跃，也标志着商业的日趋繁荣。①

第三节　宋明时代手工业、商业与城市经济的再度繁荣

从北宋到明末的七百年中，虽然有各政权的分立和战争的破坏，但手工业技术在矿冶、纺织、制瓷、造船、造纸等方面仍然取得了很大进步。商业流通在水陆交通日益发达和社会经济繁荣的基础上更加活跃，与周边少数民族的茶马贸易和与海外诸国的市舶贸易有了很大发展。此间，城市规模和经济有了较大增长，城市的商业活动更加开放，出现了早市、夜市和鬼市。在工商业繁荣的基础上，还兴起了镇、市及乡村集市贸易，反映了商品生产的发达和商品交换的频繁。

一、手工业技术的突飞猛进

从北宋初年到明末的七百年中，虽然有宋辽、宋金的分立和蒙古贵族入主中原带来的破坏，手工业技术在冶铸、纺织、制瓷、造船、造纸等方面却仍然取得了

---

① 参见宁可主编《中国经济通史・隋唐五代经济卷》，经济日报出版社 2000 年版，第 413 页。

巨大进步。在矿冶方面，据《宋史·食货志》记载，北宋中期官方所设管理金银铜铁的监冶场务共 270 余所，而唐代只有 168 所。与唐宣宗时的矿冶岁课额相比，北宋矿冶的生产能力提高了几十倍。宋代矿冶产量的提高，主要得益于煤炭的使用。据史料记载，北宋时期在北方已广泛开采和使用煤炭，从而提高了金属冶炼的能力。宋仁宗时民间私铸大铁钱，往往使用煤炭燃料，官方难以查捉。苏轼在知徐州任上，本地发现了煤矿，开采后用作燃料制兵器，苏轼高兴地写下了“为君铸作百炼刀，要斩长鲸为万段”[①]等诗句。宋代产铁州郡有 30 多个，其中以京东的兖州（矿区在今山东莱芜县境）、徐州（矿区在今江苏铜山县东北），河北的磁州（今河北磁县）、邢州（今河北邢台），淮南的舒州（矿区在今安徽宿松县境）等最为著名。关于宋代铁的年产量，日本学者吉田光邦估算为 3.5 万～4 万吨；而美国学者郝贝的估算是 7.5 万～15 万吨，接近于 18 世纪初整个欧洲 14.5 万～18 万吨的水平。[②] 北宋铁矿冶炼的兴盛，推动了铁器制造业的发展，即使在交通不便、地处偏远的广西，也能制造不少精良的铁器。到北宋末年，南方铁冶有了很大发展，不仅在数量上，而且在技术上都超过了北方，如陕西竟要到南方招募“善工”以择地兴冶。不过南宋时期较之北宋，由于疆域缩小，矿冶生产能力还是大为下降。

明代的矿冶业在前代的基础上又有了很大进步。如明末冶铁炉就比明初的“大鉴炉”增大了数十倍，由方柱形改为圆瓶形，以便于火势的周流与上炎。高炉的上料则“率以机车从山上飞掷入炉”[③]，采用了一种更为先进的机械设备。由于煤炭使用更加广泛，此时已知用焦化煤来炼铁，此发明比欧洲早一个世纪。原来生、熟铁的冶炼分别进行，明代则实行生、熟铁连续作业，从冶炉中流出的铁水不经凝成铁块而直接进入炒铁炉炒成熟铁。炒铁中撒入细泥灰并用柳木棍搅拌以降低铁水含碳量，这样既节约时间又减少消耗，从而提高了工效。这时期利用生、熟铁炼钢的灌钢技术有了进一步改进和普及，即不再是生、熟铁块合熔锻打，而是将生铁水“擦入”即淋于熟铁上，而后锻打。据研究，这就是清代相当流行的“苏钢”冶炼技术。另外，明代在宋代门扇转动鼓风的基础上发明了活塞式风箱，从而鼓风足且又灵巧，为各种冶炼提供了很大方便。欧洲利用活塞压缩空气则已是工业革命以后的事情。

在纺织业方面，随着南方丝纺业的崛起，而北方仍保持兴旺局面，北宋的丝纺业大大超过唐代。如 1021 年（真宗天禧五年）收入丝织品 1100 万匹、丝绵

① 苏轼：《东坡集》卷十《碳诗并引》。

② 参见葛金芳《两宋社会经济研究》，天津古籍出版社 2010 年版，第 38 页。

③ 屈大均：《广东新语》卷十五《货语·铁》。

2300 万两，而唐代庸调收入最多的 749 年（天宝八载）丝织品才 740 万匹、丝绵 1100 万两，北宋显然有了很大增加。宋代蚕桑和丝织业分布很广，但产量最大、工艺水平最高的是东北部的河北、京东地区，东南部的江浙地区和西部的四川地区，三地区成鼎足之势，是支撑北宋蚕桑丝纺业的基干。宋代丝织技术迅速提高，各地都出现了一些享有盛誉的名特产品，如京东所产的"东绢"和四川所产的"蜀锦"，号称天下第一。定州（今河北定县）所产刻丝，精美的花纹"如雕镂之象"，有立体感。单州（今山东单县）的薄缣，每匹"重才百铢（4 两），望之如雾著"，洗后纹络如旧。[①] 越州（今浙江绍兴）罗有万寿藤、七宝火齐珠等品种，雅致美观，色泽鲜丽，可谓精妙绝伦。梓州生产的八丈阔幅绢，被世人赞誉为"前世织工所不能为"。除丝纺、麻纺外，随着棉花种植的初步发展，棉纺也得到相应的发展，福建、广南产的棉布、棉织巾、黎单等已成为在内地受欢迎的商品。

明代丝织业的发展在中国历史上是空前的，无论是在织作工艺还是产品的精度方面都达到了很高水平。其中以苏、杭、湖州等三吴地区最为发达。湖州尤以生丝的生产见长，时人称誉道："湖地宜蚕，新丝妙天下。"[②]苏、杭均为丝织名城，其机户和织匠集中，生产规模大，品质好，花样多，新品、上品大都出于此地。当时的织机构造精巧，分为花机和腰机。花机用来织作高级的绫、缎、锦等提花织物，有特殊的花楼及配套装置。腰机用来织作普通织品，其工艺水平较前也有很大提高，花色品种更是层出不穷。明代丝织技术的发展有一显著特点，即开始由城市逐渐向农村扩散，从而形成一批新的丝织市镇。这在后面要详加介绍，此不赘述。随着棉花种植在全国的普及，棉纺织业也得到迅速发展。明初将元代黄道婆传入的棉纺织机作了改进，搅车碾轴由木制改为铁制，由两人操作改为一人操作，功率提高了三倍。另外，弹弓的弓背也由木制改为竹制，弓弦以腊丝代替麻绳，弹性强，操作灵便。还出现了脚踏纺车，使一只手从摇车中解放出来，事半而功倍。松江是明代的棉纺中心，此地生产的棉布质量好，数量多，其"三梭布、漆布、剪绒毯皆天下第一"。"如绫、布二物，衣被天下，虽苏、杭不及也。"[③]除松江外，浙、闽、鲁、川、陕、豫、晋、湖广、两广、北直隶等都有棉布生产，这种比丝品价廉、比葛麻结实美观的服饰衣料成为明代全社会的普遍衣着。棉纺织业在农民经济中比耕种更加重要了，而且有着广阔的国内市场需求，有些地区还出现了商业资本支配生产过程的包买主式的资本主义生产关系。[④]

---

① 参见庄绰《鸡肋编》卷上。

② 张瀚：《松窗梦语》卷四。

③ 正德《松江府志》卷四《风俗》。

④ 参见梁方仲《中国经济史讲稿》，中华书局 2008 年版，第 487～488 页。

在制瓷方面，自五代时期各政权创立御窑专为皇室和官府烧造瓷器始，以后的官窑与民窑逐渐分道扬镳，并且一色釉瓷器（秘色器）成为制瓷业的主流。这种秘色器在唐代即已创制，钱氏官窑在此基础上加以改进创新，使釉色由初期的青中带有微黄的不成熟还原色改为一泓春水般的湖绿色，且釉色薄而均匀，纹饰多样，雕、镂及开光手法兼备，从而似“千峰翠色”，光妍如玉，为一代名瓷。钱氏政权不仅将此作为皇家奢侈品，还大量进贡北宋皇帝，成为颇具特色的名贵礼品。

两宋时期是中国制瓷工业的重要阶段，此间制瓷技术又有了很大创新，即出现了划花、刻花、印花、粉绘及釉上彩等新工艺。江西景德镇以精美瓷器闻名天下，开始成为著名的瓷都。宋代瓷器以质高形美而大量出口，由此使制瓷技术在10世纪时传入亚洲一些国家，15世纪则传入欧洲。据朱彧《萍洲可谈》记载，当时商船出口，“货多陶器（即瓷），大小相套无少隙地”。北宋制瓷工业南北并峙，互相辉映。北方的著名瓷窑有定窑（河北定州）、汝窑（京西汝州）、官窑（河南开封）、钧窑（京西钧州）、磁州窑（河北滋州）等。南方著名的瓷窑有越窑（两浙越州）、龙泉窑（两浙处州）、景德镇（江西浮梁）、建窑（福建建州）、哥窑等。宋室南渡后，在南方诸名窑烧建范围扩大的基础上又增加了杭州修内司窑、江西吉州吉窑等。

经过宋元时期的发展，景德镇青花瓷在技术上更趋成熟，明代宣德成化年间的产品则是这一时期的代表。所谓宣德青花瓷即一种脱胎瓷，其胎薄如纸，精巧异常。其着彩施釉分釉下彩和釉上彩两种，即在瓷胎上先彩绘后上釉入窑，或先上釉入窑而后彩绘图案花纹再入窑烘烤，宣德青花瓷就是釉下彩中的精品。成化年间将两种施彩方法结合起来，使釉下的青花与二次填画的彩图交相辉映，生动逼真而又富于变幻，称作“斗彩”。而后又在斗彩的基础上创造出“五彩”，纹饰更加富丽而浓艳。嘉靖时，“浮梁景德镇以陶为业，聚佣至万余人”①。万历时，王世懋说景德镇“天下窑器所聚，其民繁富，甲于一省”②。明中期以后，随着商品经济的发展和官窑对民窑的影响，民窑的制品也日见精美。而彩绘技术的流行，使瓷器成为造型、绘画、书法等综合艺术品，吸引了很多文化素养甚高的人投身于陶瓷研制，从而突破了皇家供奉艺术家的狭小范围，促成民营瓷器业的进一步推陈出新。如嘉靖、隆庆年间崔国琳所创崔公窑，“仿宣、成遗法制器，当时以为胜”③。万历间昊十九，号壶隐道人，他“隐陶轮间，与之作息，所制精瓷，妙绝

---

① 《明世宗实录》卷二四〇。

② 王世懋：《二酉委谭摘录》。

③ 蓝浦：《景德镇陶录》。

人巧”,还制作了仅重半铢、薄如鸡卵的卵幕杯及具有“流霞不定之色”的流霞盏,颇负盛名。①

在造船业方面,宋代有官府经营,有民间经营。前者主要造战船、漕船、使船等,后者多造商船、游船和其他民间船只。宋代官府造船业有船坊、船务、船场。北宋时期,北方造船业由于条件限制,远远落后于南方。仅有汴京、相州、天雄军等处曾建立造船务,陕西的阳平则置有船场。而南方,此种造船作坊遍及荆、江、淮、浙、广等地,南宋由于汉唐以来的中西交通陆路被阻断,因而大力发展海上交通,使造船业更加发达。南宋的造船中心是临安、建康、平江。明、泉、广三大海港则以造海船著称。

从技术上看,宋代造船也有很大进步。唐代出现的水密舱在宋代得到推广并趋于完善,船舵加以改进后出现了升降舵和平衡舵,同时也创造了吃水深、抗风浪的尖底龙骨船。此三项被誉为造船技术的三大发明。此外还有防摇龙骨、船坞和滑道下水法的使用。宋代船只桅杆多达数根,且可随意放倒或竖起,除主帆外,还有副帆,可随意转动以利用七面之风。此时指南工具也发生了突变,在北宋时,人造磁体代替了天然磁石,磁针代替了磁勺。南宋中期又制出水罗盘,使全天候航海有了可靠保证。

明代的造船同前代一样,也是主要分为内河船与航海船两大类。除每年造数千艘漕船、战船及近海船外,其造船技术主要反映在远洋船的制造上。像明初郑和下西洋的宝船“大者长四十四丈,阔一十八丈”②,“篷帆锚舵,非二三百人莫能举动”③,有 9 桅 12 帆。就是最小的五号宝船也长 18 丈,宽 6.8 丈,立 5 桅。经学者计算,一号宝船排水量约为 1.5 万吨,载重量近万吨。而郑和每次远航,一般由 63 艘大、中号宝船组成船队,加上战船、坐船、马船、粮船等百余艘。其中,第一次下西洋乘海船 208 艘,为七下西洋之最。郑和船队不仅巨大、众多,而且航行甚远,南到东南亚,西到非洲东海岸,航程上万里。因而制造这种远洋航船要有相当高的技术,明初的造船在中国古代可以说是空前绝后。明中期以后,随着帝国的衰落和海禁政策的持续,中国的造船业也就此滑坡。

在造纸印刷方面,由于宋代文化教育事业发展迅速,从京师到各州县都有官学,此外还有相当数量的民办书院和私学,因而刺激了对纸张的大量需求。宋代造纸产地遍布全国,据文献记载及考古资料不完全统计,制造和出土过纸的地区有今陕西、甘肃、河北、山西、河南、安徽、江苏、浙江、江西、福建、湖北、湖南、四

① 参见田昌五、漆侠主编《中国封建社会经济史》第 4 卷,第 252～253 页。

② 马欢:《瀛涯胜览》卷首。

③ 巩珍:《西洋番国志・自序》。

川、重庆、广西、广东等地。而且，自隋唐至北宋，造纸业的重心已经完全转移至南方，尤其是江南地区。[①] 宋代造纸业的突出特点是品种多种多样，其中最负盛名的有：川蜀的笺纸、徽州的玉板纸、温州的蠲纸、抚州的藤纸和越州的竹纸等。这是由于原料及工艺不同所造成的。从原材料上讲，各地因地制宜，就地取材：川蜀多以楮、麻为原料，江南多以竹为原料，北方则多以桑皮、麻为原料等。从工艺传统上讲，各地各具特点，因而生产的纸也千差万别。造纸业的发展又带动了印刷业的发展。宋代印制了大量经典、医书和佛道经书，为了适应这一需要，终于发明了活字印刷术，为世界文化的发展起了巨大的推动作用。20 世纪 80 年代，曾在浙江瑞安慧光寺塔发现了 1033 年(明道二年)的《大悲心陀罗尼经》刻本和 1015 年(大中祥符八年)的《妙法莲花经》的写本，用纸极佳，质地光滑细腻，光洁如新，且书法隽秀，刻印精致，充分反映出北宋造纸印刷术的极高水平。

明代的造纸印刷业在继承前代的基础上有了进一步的发展。浙、闽、赣、川、湖广、南直隶等都是纸的重要产地，主要有竹纸和皮纸两大类。这时的印刷业已经发展为一个独立的经济部门，除了活字印刷大量应用外，彩色木板印刷也有了较大发展，从而为美术绘画的印刷流行提供了条件。印刷与造纸业的兴盛使印刷成本大为降低，故而使明代的刻书成为一种风气。像明末常熟人毛晋将数千亩良田及店铺一所卖出，转营刻书生意，所刻卖的汲古阁的各种版本的书籍备受当世及后人的推崇。

二、商业流通的活跃

两宋时期，随着社会经济的繁荣和市场的开放，商品及人员物资流动的频率和规模超过了前代，因而推动了交通运输业的发展。在众多的陆路和水运中，北宋政府最重视由京师通往西北的陆路和由南而北的大运河。由于北宋与辽、西夏的对峙，在西北驻扎了大量军队，所以军队的供应任务异常艰巨，为此宋政府特意修整由京师或内地到西北边境的道路。另外，因为四川地区物产丰富，官方颇为依赖此地区的赋税收入，而广州到京师不但经常有外交使团过往，且经常有大量装载舶来品的车辆过往，因而宋廷对这些道路也经常进行维修和改善。在重要的道路上一般每二三十里设递铺或馆驿一所，官员和其他公职人员可在馆驿住宿饮食。在道路两旁栽种柳、松、杉、冬青、榆等树木，以供过往行人遮荫。在这些道路上的远程陆运多依靠畜力大车，此种车载重量较大，畜力多靠牛、驴、骡而较少使用马。此外，还广泛应用独轮人力车以在山区及战时运输军用物资。

---

① 参见陈涛《唐宋时期造纸业重心南移补论》，载《唐史论丛》第 18 辑，陕西师范大学出版社 2014 年版，第 90～99 页。

除了军用之外，在这些陆路干线上的商业性长途贩运也非常兴盛。

北宋首都开封有几十万驻军和上百万居民，所需物资主要仰给于东南，而大部分物资的输送要通过运河，所以宋政府对水运的重视更超过了陆路。早在991年（太宗淳化二年）汴河堤决口时，宋太宗亲率文武百官到决口处指挥修复，不惜泥土满身，以此来表示对汴河的重视。另外还设专门管理人员，设法使水深保持在六尺上下以保证航运。宋神宗时为解决汴河淤泥问题，将引黄河水改为引用洛水，开始了浩大的"导洛清汴"工程。为了整个大运河的畅通，在淮河与长江交汇处的运河段建造了许多斗门、水闸，使载重量较大的船只能顺利通过，并每隔一段时间就作一次大的修治。宋神宗时又开凿了东北起淮阴县（今江苏清江西南）、西南至泗州盱眙县（今属江苏）的龟山运河，将淮河南岸的运河同北岸的运河直接相连，改变了以前二者之间需借用较长一段淮河河道的情况，大大减少了航行中的意外事故。南宋时期由于定都杭州，因而对修治运河与长江交汇处以前的河道特别重视，投入了较多的人力物力。除大运河之外，宋廷还修治了其他运河以利航行。宋代对陆路和水运的重视和修整使之建立了一套通畅而发达的交通网络，反过来又极大地促进了商业的流通和商品经济的发展。

宋代商业流通活跃，不仅表现为其境内的城市和乡村贸易的繁荣，而且与周边各政权及海外的贸易也极为兴盛。像宋与辽、夏、金、蒙（元）的贸易分合法与非法两种形式。合法贸易称为"互市"，其通过榷场进行。所谓榷场，是一种受到严格限制的贸易，双方政府不但对商品种类有严格的限制，而且整个交易过程都在官方严密控制或监视下进行。宋代榷场实际上是边境贸易的检查机构，合乎规定的商人在此办理暂时出境手续；同时接待境外商人和作为中间的牙人，还负责征收进出境商税（5％～20％）。宋朝通过榷场输往辽、夏、金、蒙的商品主要有瓷器、茶叶、丝织品、儒家经典、水果、粮食等，输入马、羊、药品、毛纺织品等。榷场贸易受两国关系影响，时好时坏，有时中断。在正常情况下，双方交易额都是相当高的。由于官方对榷场贸易限制过多，因而合法贸易外还存在相当规模的走私贸易，宋百姓通过走私获取马匹、食盐、矿产等，宋境内的茶叶、耕牛等又走私到上述地区。

宋与西蕃、回纥等的经济交往主要通过茶马贸易进行。马在古代是重要的战略物资，北方诸政权强大的骑兵和对宋的禁运马匹，促使宋廷另谋他策，而内地养殖效果不佳使之只能进口。此时西蕃、回纥等少数民族又很需要中原的茶叶和丝绸等，于是双方的贸易得以发展。北宋主要在秦州（今甘肃天水）、陕西、河东一带沿边州县设立买马机构，购买马匹多则数万、少则数千。为了偿付马价，北宋政府不但对四川茶叶实行统购包销政策，还在成都等地专门设置了制造锦绮等高级丝织品的生产机构，每年用于买马的财政开支折计钱达100万贯以上。南宋时主要在四川、广西一带设立新的买马机构,除继续与西北的回鹘、西蕃茶马交易外,还与西南的诸民族进行茶马贸易。

宋代通过海上与海外诸国的贸易相比唐代有明显的扩大。宋代在贸易制度、航海技术、贸易范围诸方面还具有创新和转折意义,巩固了中国在海上贸易中的主导地位,在中国古代海外贸易史上占有特殊而重要的地位。[①] 据史料记载,与宋朝有海上贸易往来关系的国家或地区多达 60 个以上,其中有汉唐以来一直与中国保持贸易关系的国家或地区,也有新增加者,如地处北非的勿斯里、陁盘地、遏根陀(均在今埃及境内)等,有的学者认为与地中海西端的国家也有直接的贸易往来。与阿拉伯各国如大食等的往来密切,尤为突出。与之相适应,宋的海港也有所增加,广州是驶往非洲、西亚、西南亚各国的出发地,驶入的海船及商品贸易数占全宋的一半。明州是北宋与日本、高丽等国贸易的主要基地,地位仅次于广州。南宋时期泉州的地位上升,它兼顾北南,每年进出港海船上千艘,取代明州成为宋朝第二大港。随着市舶贸易的发展,宋廷在重要海港城市或城镇都建立了市舶机构,大者称"市舶司",小者称"市舶务",有专职的市舶官员,负责办理进出港手续,严禁走私贸易。由于市舶税率高于一般商税,宋廷从中获取了大量钱财,有效地弥补了财政的不足,尤其是南宋失去半壁江山,更是赖此残喘,因而宋政府始终对海上贸易采取支持、鼓励的态度,推动了海外贸易的进一步兴盛,反过来也刺激了国内商业和商品生产的发展。

随着明初社会经济的恢复和发展,商品经济重新呈现出繁荣的景象。在市场规模方面,从大江南北到沿海内地长途贩运式的商品流通极为活跃,全国性市场开始形成。所谓"燕赵、秦晋、齐梁、江淮之货日夜商贩而南,蛮海、闽广、豫章、楚湘、瓯越、新安之货日夜商贩而北"[②],就是全国性商业周流的一个概括性描述。从棉布与棉花的贸易情况看,由于松江、嘉定棉织业的发展,其本地的棉花日益供不应求,于是转而求之于外地。而北方植棉广泛,但棉织业却落后于南方,因而北方之棉源源如流水般贩运到松江一带。每当秋冬季节,高唐、夏津、恩县都有"江淮客列肆赍收,居人以此致富"[③]。兖州府的棉花也由"商贾转鬻江南",河南"棉花尽归商贩"。相反,松江棉布则"衣被天下",为北方居民所服用。

丝织业的情况也是如此。湖州、嘉兴二府的丝货最为有名,它除供本地及苏杭丝织外,还供给福建、广东等地。丝织品的集中产地为苏州和杭州。苏州被誉为"以杼轴冠天下"的丝织城市,人们称之为"家杼轴而户纂组"。许多丝绸收购、

---

① 参见黄纯艳《宋代海外贸易》,社会科学文献出版社 2003 年版,第 10～13 页。

② 李鼎:《李长卿集》卷十九《借箸篇》。

③ 万历《东昌府志》卷二。

批发、零售商店，鳞次栉比。杭州更是商贾辐辏之地，所谓“秦、晋、燕、周大贾不远数千里而求罗、绮、缯、币者，必走浙之东也”。商人们以苏杭为据点，贩卖丝货到全国各地，赢利十分丰厚。景德镇的瓷器行销，也是“遍行天下”。“自燕云而北，南交趾，东际海，西被蜀，无不至，皆取于景德镇，而商贾往往以是牟大利。”[①]其他货物的贩运也有相当规模。广东的“香、糖、果、箱、铁器、藤、蜡、番椒、苏木、蒲葵诸货，北走豫章、吴、浙，西北走长沙、汉口。其黠者南走澳门，至于红毛、日本、琉球、暹罗斛、吕宋”[②]。特别是“两广铁货，七省需焉。每岁浙、直、湖湘客人腰缠过梅岭者数十万，皆置铁货而北”[③]。山西大同一带虽然寒冷，但“陆驮水航之物，藏山隐海之珍，靡不辐辏而至者。大都多东南之产，而转贩之力也”[④]。即便是运费很高的粮食，也因利之所驱而水浮陆转。由于分工的扩大和商品生产区的形成，一些地区如苏、松、杭、湖粮食要仰给于外地，而湖广地区经过几百年的垦辟，粮食产量较高，开始有大量余粮外销，因而明代出现“湖广熟，天下足”的谚语，这些都是商品经济发达的明显标志。

随着商品交往规模的扩大，明代商人空前活跃，做贾经商蔚为风气，所谓“富者缩赀而趋末，贫者倾产而就商”。照当时人林希元的说法，“今天下之人从事于商贾技艺、游手游食者十而五六”[⑤]。就是那些向来以经商为耻而羞于为伍的缙绅官僚，此时也“多以货殖为急”，或开官店，或营高利贷，或贩盐走私。各地区因商品生产及其他一些因素的不同，从商者的规模、人数也各异。江南经济发达，早在正统年间苏州就有大量民众转徙他乡做工经商，到明中期以后，苏州府吴县、长洲居民“往往人生十七八，即挟资出商，楚、卫、齐鲁，靡远不到”[⑥]。此外，浙江、南直隶经商者甚众。而徽州府的“贾人几遍天下”，其活动区域“尽天下通都大邑及穷荒绝徼，乃至外薄戎夷蛮貊，海内外贡朔不通之地”[⑦]。徽州商帮由此形成全国最大的商人集团。在北方，山、陕商异常活跃。边镇重兵所需的生活品的供给、盐粮开中、茶马贸易、互市贸易以及南北经济的差异等，是促使山、陕地方从事长途贩运的重要因素。晋商中的豪富则首推盐商。

明代的达官显贵、亲王公侯、外戚权阉也往往借势经商，皇家也开有皇店。他们垄断贸易，敲诈商民，给商业发展带来破坏和窒息。而前述的商人活动基本

---

① 《嘉靖江西省大志》卷七《陶书》。

② 屈大均：《广东新语》卷十四《食语·谷》。

③ 霍与瑕：《上吴自湖翁大司马》卷三六九《明经世文编》。

④ 《崇祯山西通志》卷七《物产》。

⑤ 林希元：《林次崖先生文集》卷二。

⑥ 崇祯《吴县志》卷十。

⑦ 金声：《金忠节公文集》卷七《寿明之黄太翁六秩序》。

上不包括这些人，但他们中的相当一部分则与官府勾结，或求得官府的庇荫，或做官府的买办。当时的大商人主要是盐商、木商、茶商、丝布商。盐茶都是专卖品，特别是盐，利润最大，勋戚权贵牟利中盐之外，就是富商垄断。所谓“盐茶之利尤巨，非巨商大贾不能任”，就在于它必须打通官府各级衙门的关节。因此，官商勾结、以官府为靠山是当时的普遍现象。

明代社会经济的发展和商品流通的扩大，也刺激了明代水陆交通的发展。经过明前期几朝的努力，在内地以北京、南京为中心的水陆驿站网基本形成，南、北两京至十三布政司，再到各府州的水陆干线近 200 条，并与一般州县及要冲相联结。边境则有通往东北、西北、西南各种道路。永乐时期又将元代淤塞的大运河全线打通，使之成为南北水运的重要干线，运河沿岸的一些城市又重新繁荣起来。另外，长江是南方的一条重要水道，湖广的粮食、苏松的纺织品、淮扬的官私盐等都需要通过长江水系转运。

在国内贸易发展的同时，明代对外贸易在明初也有了一定发展。不过，这一时期的对外贸易主要是以朝贡贸易的方式进行。永乐时期的郑和下西洋，海上的官方朝贡贸易扩大到西亚与非洲东海岸。明朝朝贡贸易弊端重重，因为朝贡贸易的收入主要归内府，而地方政府需要承担朝贡贸易的管理成本，如贡使的接待、贡物的运送、船只的维修等，却无法从中得到财政上的任何好处，因而积极性不高。另外，明廷的朝贡贸易属官方行为，采取的方式每每是“薄来厚往”。长此以往，使得明廷无法负担。与此同时，明政府禁止私人外贸并配之以海禁政策，明朝的民间海外贸易受到很大的压制。当朝贡贸易日渐衰落后，明代民间走私外贸就开始兴盛。据《明实录·孝宗实录》卷七三记载，“成、弘之际，豪门巨室间有乘巨舰贸易海外者。奸人阴开其利窦，而官人不得显其权利”。当时，在浙江宁波府和福建沿海的海岸线上，私商云集，海港林立。到隆庆初年，明廷只好有条件地放弃禁令。于是，大量的中国瓷器、丝绸、茶叶、棉织品、工艺品等又涌向东南亚、非洲、美洲等世界各地，从而进一步刺激了国内的商品生产；同时，也使得白银大量流入，对明代社会经济产生了一系列影响，不但促进了明代赋役制度的改革，而且由于白银很快成为全国性的流通货币，也推动了明代商业的发展。[①]

三、城市经济的繁荣

两宋时期，由于较长时间的安定环境和社会经济的发展，宋代城市的规模和繁荣程度都超过了前代。据官方统计，1102 年（崇宁元年）在籍人口超过 20 万

---

① 参见宁可主编《中国经济通史·明代经济卷》，经济日报出版社 2000 年版，第 761～762 页。

的州府约有60个，这当中约半数州府的城市常住人口超过10万。北宋开封和南宋临安的实际居住人口都超过了100万。众多的城市人口造成了对商品的巨大需求。据记载，北宋时开封每天需食用猪数万头，南宋时临安则每日售出米2000余石。在宋代以前，大城市的商业活动主要在官方设置的矩形的市内进行，唐后期虽然坊市已开始混杂，但并没有完全取消。宋代废除了官府设置的市，商业活动可以在除禁区以外的任何地点进行，于是便较多地集中到街道上，形成了繁华热闹的商业街或商业区。有固定门面的店铺多是富商大贾的聚集地，所做的是大宗买卖；另一种则是由临时摊贩做的小本买卖。这时商业活动的时间限制也被取消，在唐后期夜市的基础上又出现了早市、鬼市等。

宋代城市工商业者、服务行业者按行业组成行、团、市等组织得到了官方的承认，以利用它们摊派行役或摊征免行钱。行团代官府采购和鉴定官方需要的物品，选差役工匠、医生及申报物价等。宋代的行团组织与西欧中世纪某些城市中的基尔特有相似之处，即都有替封建官府征敛赋役的义务，但同时又有很大的不同。首先，基尔特多存在于有一定自治权的城市内，它们对城市管理能发挥较大影响。宋代行团却存在于作为封建政治统治中心的城市内，无法参与对城市的管理。其次，基尔特内部有严密的规章制度，对工商业者的生产和经营活动的主要环节都有限制性规定，以此排斥内部竞争。而宋代行团对行户的生产与经营一般不加干预，行户之间可以自由竞争和实行技术保密。因而，基尔特是封建商品经济发展的障碍，而宋代行团却基本没有这种影响。

宋代大城市中与商业密切相关的一些行业也得到迅速发展。北宋时期，在唐代“飞钱”的基础上，产生了纸币——交子，南宋有会子。唐代产生的飞钱，宋代称为“便钱”，此时使用范围更加广泛，宋廷开设的钱务，每年的营业额达数百万贯。由于宋朝对盐、铁、茶等实行专卖和入中制，因而派生出多种有价证券——钞引。京城官方的榷货务、都茶场等是经营用钞引兑换现钱或领取实物、用现钱和实物换取钞引的机构。为了方便，出现了私营钞引的经营兑换业务，从而为持有钞引者提供了方便。另外，宋代的邸店业比唐代也有了进一步的发展。宋神宗时推行市易法，官方在开封等地建堆垛场，要求沿汴河、洛水水运的商货贮存于堆垛场，每年盈利20万贯。南宋临安北关内有白洋湖，“富家于水次起迭塌坊十数所，每所为屋千余间，小者亦数百间”①，是一处较大的店。宋代的抵当业也很兴盛。宋神宗以后，官方在许多城市设官营抵当库以取利，对商人融通资金起了积极作用。

随着商品经济的发展和城市经济的繁荣，宋代开始兴起了镇、市及乡村集市

---

① 耐得翁：《都城纪胜·坊院》。

贸易。宋代镇的建制由唐代军镇发展演化而来。唐代的军镇以军事职能为主，因驻军靠近居民聚居处，容易发展工商业，所以，军镇的职能也随之逐渐变化发展。唐末五代军镇附近的工商税收一般由当地驻军代征。宋初为加强财政集权，将其收归朝廷，于是多数军镇便转化为以经济职能为主的新型之镇。宋代镇的长官为监镇，可是武将，也可以是文官，其职能一是负责地方治安，二是负责征收税课。南宋时，文官监镇还可处理较小的民事诉讼案，说明这些镇已具备了作为一个完整行政单位所应具有的主要条件。宋代的镇只有少部分由军镇转化而来，大部分是由前代草市、墟市、港口、手工业品产地等发展而成，即多数镇的形成和发展都与工商业发展密切相关。其主要类型有：(1)地处交通要道。如江陵府沙市镇(今湖北沙市)地处长江沿岸，入川者须在此换乘较小船只，于是很快发展为本府第一大镇。又如潭州长沙县(今湖南长沙)桥口镇，因地当“长沙、益阳、湘阴三界首，商贾往来，多于此贸易”[①]，桥口镇也就成为远近闻名的大镇。(2)在海港与关隘处。如北宋密州的板桥镇(今山东胶县)是官方允许开放的最北边的海港，“东则二广、福建、淮浙之人，西则京东、河北、河东三路之众，络绎往来”[②]。间或还有外国商船前来。于是板桥镇居民增多、商业兴盛。此外还有秀州青龙镇(今上海境内)、泉州石井镇(今属泉州)等。(3)位于大城市周围地区。如北宋都城开封属县中就有31个镇，南宋都城临安属县也有11个镇。(4)矿产品及其他手工业产地。如河北邢州綦村镇(今河北沙河西北)、江西饶州的景德镇、福建建州的麻沙镇(今福建建阳西麻沙)等。宋代镇及其工商业的发展不仅促进了当时整个商品经济的发展，而且对以后的社会经济发展也产生了深远的影响。这种镇与传统的城市有明显不同，它们不是封建统治的政治中心，因而工商业能够得以较充分地发展。[③]

宋代另一种行政建制的市(有时称为“墟”、“步”、“场”、“坊”等)，一般也聚集了较多的居民，通常都是固定的商品交易场所。市与镇的主要区别是居民较少，有些市仅为乡村集市所在地。所以，市的规格比镇小，且没有官方委派的监官。总之，镇与市是宋代县以下的特殊行政建制，宋廷对其采取了既有别于州城、县城，又有别于一般农村的管理。

草市在唐代即已出现，称之为“草”是表示其不正规。宋代草市不但在数量上超过前代，在规模上也颇为可观。较大的草市一般都设于城市附近，即所谓

① 王溥：《宋会要辑稿·职官》四十八之一四〇。

② 李焘：《续资治通鉴长编》卷三四一。

③ 参见田昌五、漆侠主编《中国封建社会经济史》第3卷，第235～246页。

"负郭草市"。史载北宋都城开封有"十二市之环城，嚣然朝夕"[①]；南宋鄂州（今湖北武汉）城外南草市延亘数里。在宋代一些边远地区也开始出现草市。1077年（熙宁十年），北宋政府下令允许川南的戎州、泸州（今四川宜宾、珙县、合江一带）在远离州城、县城的地方开设草市，以解决当地百姓购买生活必需品的问题，还规定各地草市治安与城镇一样归所属县尉主管，这说明官方把草市居民归入了城镇居民一类。与此同时，宋代农村集市贸易也有很大发展。集市各地名称不一，称"墟"或"墟市"者较多，也有称"场"、"亥"等的。集市贸易时间不一，或二日一次，或三日一次，也有五日一次的，视各地人口密集程度和经济发展情况而定。

经过明前期社会经济的恢复和发展，明代的城市也呈现出一种繁荣的景象。南、北二京是政治中心，同时有着发达的商业。南京在开国之初独擅繁华，后来退居陪都地位，依然是"五方辐辏，万国灌输"，为"南北商贾争赴"[②]之地。它既是消费城市，又是工商城市。明代中后期，南京的丝织、印书、工艺品等都达到相当规模，市内的工商店肆甚至挤占了官道衢路边旁之地。明成祖迁都，奠定了北京城恢复发展的基础，中叶以后发展更快。张瀚说："四方之货不产于燕而毕聚于燕。"[③]传教士利玛窦也有相同的印象："北京什么也不生产，但什么也不缺少。"[④]所谓"远方异域之人不避间关险阻，而鳞次辐辏，以故蓄积为天下饶"[⑤]。北京城带有明显的政治消费城市的特点。

苏州与杭州则属于另外一种经济型城市。苏州在明初与其他城市一样，一度"里邑萧然，生计鲜薄"，经过恢复，开始复苏，嘉靖之后则俨然"海内繁华，江南佳丽者"[⑥]。这正与江南经济的发展谐然成趣。苏州城周围四十余里，分东、西二区。西域为公署宦室和商贾所聚居，东城则是以丝织为主的工业区。这里"比屋皆工织作"，构成一个商品生产的新天地。除丝织之外，各种器具及手工艺品也相当发达，如席、麻手巾、藤枕、蜡牌、竹器、玉器、金银器等。苏州的商业区在西城，阊门、金门、胥门一带为繁华闹市，那里"货物店肆充溢"，"贸易镪至辐辏"。故时人谚曰："天下财货莫（不）聚于苏州，苏州财货莫不聚于阊门。"[⑦]利玛窦更将它比作东方的威尼斯。其商业区辐射至城郊外十里，由此可以看出整个苏州

---

① 吕祖谦：《宋文鉴》卷二《皇畿赋》。

② 张瀚：《松窗梦语》卷四。

③ 张瀚：《松窗梦语》卷四。

④ 何高济等译：《利玛窦中国札记》，中华书局1983年版，第327页。

⑤ 张瀚：《松窗梦语》卷四。

⑥ 乾隆《苏州府志》卷二。

⑦ 郑若曾：《江南经略》卷上。

城商品交换的根基与规模。由于苏州工商业的发达,商业经营的新组织、新方式在这里表现得也最为完善和突出。孙春阳的南货店的经营严密而有序,所谓"店规之严,选制之精,合郡无有之"[①]。这种经营管理的企业化和缜密化,正是以当时苏州商业发达和商业竞争为背景的。

杭州在元末曾遭受严重破坏,直到万历年间(1573～1620年)才开始依稀有旧日都城的繁华,"内外衢巷绵亘数十里","民荫繁庶,物产浩穰"[②]。据估计,城市居民有数十万家。杭州是仅次于苏州的丝织名城,城东、城北"皆织绫绵为业",其丝织品数量多而品种优,为中外客商所远道争购。其他如棉织业、造船业、酿造业、印书业等也相当发达,其布席及金银工艺等制品在日本颇享盛誉。由于有西湖等天下名景,杭州的游览业又为全国之冠。

除南、北二京和苏州、杭州外,明代的繁华城市还有临清、淮安、扬州、镇江等运河城市,九江、芜湖、沙市等长江城市,各布政司省会城市,宣府、大同、宁夏等沿边城市,广州、泉州、温州等海港城市,景德镇、佛山镇、松江等手工业城市等。

明代中后期除了城市呈现繁荣景象外,江南小工商市镇也开始勃兴。两宋时期,中国的市镇开始兴起,可惜在元代社会经济尤其是工商业经济遭到很大破坏,城镇几乎没什么进展,明朝立国后,市镇经济的复苏经历了相当长的时间。成化时期(1465～1487年),随着江南经济的发展,在交通便利的地方,镇市逐渐兴起。其中,一少部分是宋元旧有市镇的复苏与扩张,而大多数是新产生的。到万历以后,其市镇总数不下200个,其中规模大、功能全的镇至少有160个。[③]这些市镇之间的距离大体在5～15公里之间,一般最大距离不超过农家一日舟行往返足以完成买卖的路程。也有密度大而距离近的。如松江一府,明末时竟有62个市镇。苏州府吴江县总领6乡之地,在明末发展到17个市镇,平均约每乡3个市镇,彼此不过数里之遥。[④] 这正是该地区商品交换频繁特别是农村商品化生产发达的明显标志。在江南地区,一般在每个市镇的周围,都有密集的从事小商品生产的村坊和初级集市环绕,这些市镇作为商品集散之地,又与本府州和临近府州的治所所在地的中心城市互相沟通联结,形成一个以水路舟行为基本交通脉络的网状结构。当然,这些市镇也不只是单一生产经营某一种商品,而是以一业为主,多业并举。市镇经济的繁荣,是当时商品经济繁荣的主要表现。

江南经济在普遍繁荣的基础上,带有鲜明的专业特色,这一点在市镇发展中

---

① 钱泳:《履园丛话》卷二十。
② 万历《杭州府志》卷三四。
③ 参见樊树志《明清江南市镇探微》,复旦大学出版社1990年版。
④ 康熙《吴江县志》卷三《疆域》。

也明显反映出来，故而出现许多以蚕丝业生产与销售为专能的市镇。像湖州府的南浔镇、菱湖镇、乌青镇等以桑蚕缫丝闻名，苏州府的震泽镇、嘉兴府的石门镇、杭州府的塘栖镇等也是著名的丝业名镇。另外，还有一些以丝织品的生产与销售为主要功能的丝绸名镇，如嘉兴府的王店镇、濮院镇、王江泾镇，湖州府的双林镇，苏州府的盛泽镇，杭州府的长安镇、硖石镇等。苏松地区是重要的棉纺织小商品生产基地，因而也簇拥出不少棉业市镇。如松江府华亭县的朱泾镇就是著名的标布贸易中心。它在成化、弘治年间已是“居民数千家，商贾辐辏”。此外，还有其他手工业发展起来的专业市镇，如桐乡县的炉头镇以冶铸出名，石门镇于蚕丝外又以榨油出名，归安县善琏镇以制笔出名等。

第四节　清代手工业、商业与城市经济的状况

经过康雍乾一百多年的发展，清代的矿冶、纺织、制瓷、制盐等在规模和产量诸方面都超过了明代。而清代多民族统一国家的发展和巩固又为商业的繁荣提供了便利条件，国内市场空前扩大，边疆贸易日益发达，对外贸易也由以前传统的以朝贡贸易为主变为以商业贸易为主。随着商品经济的繁荣和覆盖全国的商品流通网的建立，工商业市镇蓬勃兴起，各种区域性商业中心逐渐形成。

一、清代手工业技术的进步

满清入关后，在废除明代各种阻碍工商业发展苛政的同时，又采取了一系列顺应社会经济发展的政策。历经康雍乾三朝之后，清代的工矿业在规模和产量方面都有了很大发展，手工业技术也获得了相应提高。在矿冶业方面，出现了超过明代遵化炉的更大规模的冶铁炉。其炉状如瓶子，底厚 3.5 丈，高约 1.8 丈，身厚 2 尺有奇，有二扇门式的鼓风设备。“下铁矿时，与坚炭相杂，率以机车从山上飞掷以入炉。”[①]清代产铁地区主要有广东、四川、广西、江西、陕西等地，其中陕西、广西基本上是清代开发的新兴产铁地区。其铁产量据粗略估算最多时达 5000 万斤，超过了历代铁产量。铜则产于云南、广东、广西、湖南、贵州、四川等地，其中以云南铜矿最为著名。云南铜矿产量约占全国产量的 80％以上，从 1740 年（乾隆五年）到 1811 年（嘉庆十六年），其年产量基本保持在 1000 万斤左右的水平，因而生产规模巨大，“大厂率七八万人，小厂亦万余人，合计通省厂丁，无虑数百十万”[②]。由此可见，清代铁铜的产量和规模都达到历史最高水平。

---

① 李调元:《南越笔记》卷五。

② 《皇朝经世文续编》卷二六。

另外，从金、银、铜、铁、铅等各种矿的开采来看，1662 年（康熙元年）仅有 5 处，1721 年（康熙六十年）发展到 68 处，1735 年（雍正十三年）增加到 161 处，1783 年（乾隆四十八年）达到最高峰，共有 313 处。嘉庆、道光年间稍有回落，在 270 处左右徘徊。这个统计仅以正式向清政府申报纳课的矿厂为据，还有许多地方官未向清廷申报的小矿厂和私开矿厂未计算在内。从开矿种类来看，以 1783 年为例，铁矿居首，达 88 处；铜矿有 59 处；铅矿有 38 处；硝矿有 27 处；煤矿有 26 处；银矿有 25 处；金矿有 13 处，等等。总之，清代矿业从各个方面都超过了前代。

在纺织业方面，清代丝织业主要集中在江、浙两省的江宁、苏州、杭州三个城市中。其中江宁（今江苏南京）的丝织业发展最为迅速，“民间所产皆在聚宝门内东西偏，业此者不下数千百家。故江绸、贡缎之名甲天下”①。乾嘉年间，江宁织机发展到 3 万余台，每台织机由 132 种零件构成，所牵的经线多达 9000 多根，多的 17000 根。② 其所生产的“贡缎”，“北溯淮泗，达汝洛，趋京师，西北走晋绛，逾大河，上秦陇，西南道巴蜀，抵滇黔，南泛湖湘，越五岭”③，几乎占有全国所有的市场。这种发展水平，在历史上是少有的。苏州织机有 1 万多张，主要集中在东城。杭州也是著名的丝绸产地，其“东城机杼之声，比户相闻”。上述三个城市的织机有 8 万多张，因此总产量已超过明代。

清代的家庭棉纺织业也有了较大发展，几乎所有生产棉花的农村，每家每户都从事棉纺织生产。例如，江苏松江“乡村纺织，尤尚精敏。农暇之时，所出布匹，日以万计，以织助耕，红女有力焉”④。浙江平湖“比户勤纺织，妇女燃脂夜作，成纱线及布，侵晨入市，易棉花以归，积有羡余，挟纩赖此，糊口亦赖此”⑤。江苏苏州农村的“女子七八岁以上，即能纺絮，十二三岁即能织布，一日之经营，尽足以供一日之用度而有余”⑥。北方农村在清政府的倡导下，家庭棉纺织生产也十分普及，如济南农村“妇女针管之外，专务纺绩，一切乡赋及终岁经费，多取办于布棉”⑦。这种具有商品经济性质与自然经济性质双重特点的家庭棉布生产，显然是一种社会分工发展的表现。它促进了农民家庭手工业的专业化趋势，提高了棉纺织生产的劳动效率，引起了棉布与其他商品交换的发展。但另一方

① 甘熙：《白下琐言》卷八。

② 同治《上元江宁两县志》卷七《食货考》；陈作霖《凤麓小志》。

③ 陈作霖：《金陵物产风土志》，第 16 页。

④ 康熙《松江府志》卷五《风俗》。

⑤ 乾隆《平湖县志》卷一。

⑥ 尹会一：《尹少宰奏议》卷三。

⑦ 道光《济南府志》卷十三。

面，其内部分工仍然由性别和年龄差别来调节，表现为自然分工的形式。

在制瓷业方面，分工、种类、产量及质量均超过明代。除在景德镇等地保持了少数官营的瓷窑外，其余的都改由民间经营。在乾隆年间，民营瓷业有 40 多处，遍布全国十几个省份，除景德镇最为著名外，还有山东临清、江苏宜兴、福建德化、广东潮州等地。其种类繁多，有缸、盆、盂、坛、瓶等多种。生产工序有淘泥、拉坯、旋坯、画坯、舂灰、烧窑、开窑等十几道工序；产品类别分工则有画者、染者之分，甚至边线青箍、识铭书记，也各有专工。[①] 在生产规模上，景德镇有“民窑二三百区，终岁烟火相望，工匠人夫不下数十余万”[②]。其产品“行于九域，施及外洋”。

清代的制盐业也有了较大的发展。随着人口的增长，盐产量不断提高，到鸦片战争前夕，全国盐的销售量达到 32.2 亿斤，价值银 5852.9 万两[③]，远远超过明代的水平。清代共有 11 个产盐区，其中海盐产量占总产量的 70%以上，以两淮、两浙、两广为主；池盐以陕甘、河东最著名；井盐以四川为主，自贡号称“盐都”。民营制盐业以四川井盐最为发达，生产设备、技术均有重大进展。盐井的深度有的发展到近 300 丈，并且开发出黑卤和天然气，使用天然气煮盐。河东池盐业在清代进入分工协作的生产阶段，废除了盐厂制度，允许商人自由经营。在两淮的淮南盐场，出现了商人经营的盐亭，商人投资盐业生产，导致了生产关系的变化。这一切均为明代所没有。

清代造纸业发展的特点是，传统的官营造纸业已经衰落，私营造纸业进一步兴盛。清代造纸以江西、浙江、福建、安徽为主，广东、四川次之。乾隆以后，陕西汉中府出现了新兴的造纸业，有几百家手工业作坊工场。那里“丛竹生山中，遍岭漫谷，最为茂密，取以作纸，工本无多，获利颇易，故处处皆有纸厂”[④]。这些纸厂作坊，大多数是由商人投资开设，雇工经营。由于民营造纸业的发展，纸的市场进一步扩大。明代进入市场的一般仅限于高级名纸；入清以后，民间日用纸张都靠市场供应。像江西广信府、陕西汉中府生产的纸都远销数省。

需要强调的是，清代官营手工业在一些重要行业中仍处于支配地位，拥有一批技术熟练的工匠，并对技术和原料进行垄断，使民间手工业处于从属和依附地位，这些都阻碍了私人资本主义经营的扩大。[⑤]

---

① 朱琰：《陶说》卷一。

② 唐英：《陶事图说》；光绪《江西通志》卷九三。

③ 参见许涤新、吴承明《中国资本主义发展史》第 1 卷，第 329 页。

④ 严如煜：《三省山内风土杂识》，第 19 页。

⑤ 参见王玉茹主编《中国经济史》，高等教育出版社 2008 年版，第 102 页。

二、商业流通的发展

清代多民族统一国家的发展和巩固，为商业的发展提供了便利条件，国内市场空前扩大，地区间的商品流通，特别是东北、塞北、西北、西南地区与内地的商品交流空前发展，商业交通四通八达。从南北纵向上看，清代由明代的以运河为主的一条干线发展为海路及内河水运、陆路车运互为衔接的三条商业交通干线：第一条商业干线从渤海湾到北部湾数十个商港连接辽宁、直隶、山东、江苏、浙江、福建、广东七省，是南北向第一大交通动脉。第二条从广州经杭州达北京，途经广东、江西、浙江、江苏、安徽、山东、直隶六省区兼及福建。这条水路由珠江水系、鄱阳湖水系、钱塘江水系和京杭运河的水上运输组成。第三条经珠江水系、洞庭湖水系达汉口，系水路运输。从汉口经开封到内黄县为陆路运输，从内黄县进入卫河，达运河，至北京，为水路运输。这条商路穿越广东、湖南、湖北、河南、直隶五省，旁及广西。

清代东西向商业交通也有了进一步的开辟。东西向商业交通以从四川到上海的长江水运为主干，长江以北有两条，长江以南有两条，构成了覆盖广泛的东西向商品流通渠道。长江中下游水道畅通，沿途商港密集。长江入海口的上海兼有海港和河港的双重性质，上海以西有重要的一系列港口。长江航运干线途经云南、四川、湖北、江西、安徽、江苏六省，其支流航线又流经贵州东北、湖南全省、陕西南部、甘肃一角、河南南部，总计11省。长江以北，有从长江北岸的浦口至包头的从东南至西北方向的斜向商业交通线。在长江以南有横贯云贵高原，经洞庭湖水系、鄱阳湖水系分达新安江和闽江，通往浙闽的商业交通线。商业交通的发展促进了各地商业的繁荣。在康熙、雍正、乾隆时期，许多城市恢复了明后期的繁盛，有的则较明代更为发展，如南京、广州、佛山、汉口、厦门等。当时，无锡、汉口、镇江都是沿江城市，被称为“布码头”、“船码头”、“银码头”。各方船只“不舍昼夜”。在北方尤其西北地区也出现了许多商业城市，商业极为兴盛。

与明代相比，清代的边疆贸易也有了很大发展。明代边疆贸易以互市的形式进行，从东北到西北、西南的茶市、马市都是官市。虽然私市有所发展，但终因官方限制，很难有较大发展。清代雍正以降，陆续废止了官方互市，民间商业往来迅速发展。虽然官方对部分地区，如东北和蒙古实行严格的牌票贸易制度(政府特许商制度)，但乾嘉以后，限制逐渐松弛，民间贸易有长足进步。至清中叶形成了以北京为中心，包括华北、东北、内外蒙、新疆的贸易网络；以四川、陕西为中心，形成包括四川、甘肃、新疆、青海、西藏、云南、贵州的西南和西北的贸易网络。有九条商业交通线与之相连，即北京至卜魁，北京至恰克图，北京至古城，汉中至古城，重庆经兰州至古城，成都至察木多，云南至西藏，成都至青海、西藏，经丹噶尔至归化。内地的粮食、茶叶和棉布、丝绸、铜器、铁器、漆器、金银器、玉器、马具、食品、民族特需品等手工业制品源源不断地输往边疆，而边疆地区的特产药材、牲畜、毛皮源源不断地输往内地，边疆贸易超过以往任何时期。关于这方面没有很完整的统计数字，但根据一些零星数字估计，整个边疆贸易额不会低于1920万～2520万两白银之数，占全国市场量53 053万～58 634万两的3.6%～4.3%，这个数字大体相当于边疆、内地的人口数量之比。[①]

清代由于人口大量增长，引进并推广了烟草和花生等商品性强的农作物品种，商业网的覆盖面超过了以往任何一个时期，人口由产棉区向不产棉区的流动及定居增加了棉花和棉布的商品量。这些因素的交相作用，使清代的国内商品流通量大大超过明代。根据许涤新等的《中国资本主义发展史》第1卷的估算，鸦片战争前七大类主要商品，即粮食、棉花、棉布、丝、丝织品、茶、盐的市场量约为38 762.4万两，铁880万两，靛382.69万两，非必需性产品消费（糖、酒、烟、纸及各种特产）约在13 028.32万～18 611.86万两。那么，商品零售总额为53 053.41万两。这个数字应该说是个保守的数字，因为还有些主要商品因无法估算而不包括在内，如木材、砖瓦、石料、石灰。按近代社会学家的估计，建筑费用按房产折旧率算，大体占生活费总额的15%，但中国的民房建材非商品来源是主要的，商品性来源占多大比例难以掌握。还有煤、炭、桐油、食物油、药材等也无从估计而付诸阙如。

1684年（康熙二十三年）清政府收复台湾后，宣布停止海禁政策，清代的对外贸易开始有了恢复和发展并逐渐发生变化。同朝鲜、琉球、越南、缅甸等国的贸易仍保持在官方朝贡贸易的基础上。同日本、南洋诸国的商业贸易已取代官方朝贡贸易。同英、美、法等西方国家的贸易有了空前的发展，逐渐成为中国对外贸易的主流。在中日贸易中，中国输往日本的商品主要有生丝、丝织品、糖等，从日本进口的主要有铜和一些海产品。双方贸易每年在30艘船上下，贸易额每年6000贯白银。在中国与南洋诸国的贸易中，出口生丝、丝绸、茶叶、瓷器等，进口大米、胡椒、香料等。所谓“商人往东洋者十之一，往南洋者十之九，江、浙、闽、广税银多出于此”，“每年不下数十万”[②]。

1689年《中俄尼布楚条约》签订后，中俄贸易逐渐展开。俄国商队以尼布楚为基地纷纷来华，双方在北京进行互市贸易，俄商队一般是两三年来一次。北市互市至1755年（乾隆二十年）停止，历时60年。1727年（雍正五年）中俄签订《恰克图互市界约》，中俄贸易的重心逐渐转移到恰克图。中国对俄输出主要有

---

① 参见田昌五、漆侠主编《中国封建社会经济史》第4卷，第501、507页。

② 《清朝文献通考》卷二九七。

生丝、绸缎、棉布、瓷器、茶叶等，输入毛皮、布料、皮革、金属等。据俄国学者统计，1796～1810 年，恰克图贸易额由 510 万卢布增至 1316 万卢布。1684 年以后，中英贸易也开始活跃。在 1785～1833 年的近 50 年中，中国进口的商品中，来自英国的常常占 80%～90%，中国输英商品也常常占 65%～80%。1830～1833 年的中英贸易额为 17 285 309 两银[①]，比 1760～1764 年增加了近 12 倍。在中英 50 年的贸易中，中国始终处于顺差，但差距逐渐缩小。19 世纪初，英国为打开中国市场，向中国非法走私大量鸦片，从而改变了中英贸易关系，中国白银大量外流。据估计，1837 年(道光十七年)各海口外流白银达 5000 万两以上，中国由贸易顺差变为逆差。

三、工商业市镇的发达

清代工商业市镇的发展超过以往任何时期，不同层次的工商业市镇在全国蓬勃兴起，出现了影响全国、号称“天下四镇”的广东佛山镇、湖北汉口镇、江西景德镇、河南朱仙镇。在省区范围内亦有影响全省的名镇，像山东的周村、四川的巴县、山西的运粮城等。这些镇都不是省内的政治中心，而是商业经济有影响的市镇。在一个州县内亦有影响全县的名镇，如直隶滦州境内有四大名镇：侪城镇、开平镇、榛子镇、稻地镇。这些不同层次的市镇的兴起，活跃了全国的经济。综而观之，清代的市镇有两大基本类型：手工业市镇和商业型市镇。而以商业型市镇为主。商业型市镇又可分为产地市场型市镇、集散市场型市镇、零售市场型市镇，而以集散型市镇的兴起为主要特点。这既反映了清代商业发展的水平，也反映了清代商品经济以农村商品经济为主，与农业相分离的手工业并不发达的特点。[②]

所谓手工业市镇，系因手工业发展而形成的市镇，这类市镇中的商业也是因手工业的发展而发展起来的。大型的手工业市镇有江西景德镇、广东佛山镇。景德镇是全国瓷器生产中心，不仅有民窑二三百区，工匠人夫数十万，而且商业发达，“商贩毕集”，在贩运瓷器之外，还开设店铺，为瓷窑从业人员提供生活必需品。广东佛山镇，明代因冶铁业的发展而成市镇，清代形成有特色的两大铁业：一是铸镬业，以铸造精美的铁锅闻名于世，并兼制钟鼎和兵器。佛山又是清政府指定的兵器制造地，政府每年拨大量军饷令其制造，刺激了佛山铸镬业的膨胀，使之成为佛山最大的手工业。二是铁线制造业，用熟铁抽制各种型号的铁线，供应全国，系国内独一无二的产品。此外，铁钉、铁针的制造也闻名全国。其他如造船业、拆船业、包装箱制造业、丝织业、制鞋业也很发达。手工业人口的汇聚，

① 据严中平等《中国近代经济史统计资料选辑》，第 3 页。

② 参见王玉茹主编《中国经济史》，高等教育出版社 2008 年版，第 59 页。

促进了商业的发展，米业、烟业、布业等商铺相连。到雍正年间，佛山镇已成为“绵延十余里，烟户十余万”[①]的大镇。

完全由民营发展起来的手工业市镇，规模都不大。从各地出现的铁业市镇和窑业市镇的实际情况来看也是如此。清代的专业手工业市镇主要存在于制铁业和制陶业。因为这类手工业的原料不是农产品，它同农业生产相分离。同农民的家庭农业相分离的条件比较充分，而且其生产稳定，容易持续发展而成市镇。其他手工业则难以具备这些条件。木材加工业在清代曾以引人注目的方式发展，但其资源生长缓慢，往往是推进式经营，不能形成聚落。矿业多以浅层矿源为原料，其生产往往随矿脉而走，亦不稳定，难成聚落。造纸业和制糖业多为农民的兼业，且多根植于农村，难以同农业分离。

商业市镇是因商业发展而形成的市镇。清代的商业市镇有三种类型：一是产地市场型市镇，是小商品生产密集化的产物，是在家庭手工业生产的密集区形成的商品收购中心。江南棉织品产区和丝织品产区是产地市场型市镇的密集区。据刘石吉《明清江南市镇研究》，松江、太仓、常州、苏州、杭州一带的 17 个州县中有三林塘、朱泾镇等 52 个棉织品产地市镇；杭州、湖州、嘉兴、镇江、太仓等府州的 12 个州县中有东衔市、唐栖镇等 25 个丝织品产地市镇。从这些市镇的结构来看，称为“镇”者，都是“市”与“村”的结合。市为售布之行，村为织纺之区。浙江乌程县南浔镇为产布镇之一，其核心为市，是买棉售布的地方，而织布者则是四乡村民之妇女。宝山县和嘉定县的各镇也是如此。丝织业市镇的手工业性质似乎更浓，但亦因丝织品收购市场的繁荣而繁荣。作为收购市场的镇，收购范围超出本镇而遍及四乡。如吴江县盛泽镇的绫绸收购市场相当繁荣，也是全县绸绫收购中心。总之，这两种市镇都是镇中为市，镇外为村，镇外织纺，镇中售卖，村与市合称为“镇”。

二是集散市场型市镇。由于长途贩运的发展，在商业交通的重要环节点都形成了以集散商品为职能的市镇。沿海的港口城市、沿江的和运河沿岸的城市等都是重要的、传统的商品集散地。清代，由于商业交通网向纵深发展，向边疆延伸，商品集散性市镇随之大量涌现。从纵深方向看，商品集散件市镇发展到各水系的最上游及其他商业通道的交汇点。在淮河水系，淮河与运河的交叉点大营，“南船北马，顿宿交易”，“羊裘毡冠，千里驰驰”。海河上游的新河县镇，“因河流畅旺，货泊可通各处，商贾辐辏”[②]。深州的小范镇，因其濒滏水，北贾天津，南达邢台、磁州、洛阳，而成为商业繁富之区。汉水属长江支流，由陕西南部东流，

① 《雍正朱批谕旨》第 52 册《杨永斌奏折》。

② 光绪《新河县志》卷八。

经湖北汇入长江。郧阳府治城濒汉水，“西通兴安，东达襄樊，为商贾上下所必经”[①]，为一商品集散地。

四川境内的长江及其支流沿岸出现了许多商品集散地性质的市镇。像川东的巴县(重庆)是最繁华的市镇，“三江总汇、水陆冲衢，商贾云集，百货萃聚，不取给于土产而无不给者”，其商品“水牵云转，万里贸迁”[②]，为四川首镇。洞庭湖水系各上源均有较发达的商业市镇，如沅江上游的来凤县、秀山县等。鄱阳湖水系有四大名镇：景德镇、河口镇、樟树镇、吴城镇。河口镇属铅山县，地处闽、浙、赣三省商业交通的交点，亦为富春江水系与鄱阳湖水系水运交通的水陆衔接点，自明中叶以来即为大镇。此外，长江的一些细小支流也分布着不少商业市镇，如湖北长乐县渔洋关镇、麻城市宋埠镇等。还有，珠江水系西江各源头均在云贵高原，因而出现了一些诸如广西百色厅、贵州安顺府永宁州等市镇。

三是零售市场型市镇，是以“人聚”为特点的市镇，是集墟的扩大。一般都是在集墟的基础上发展起来的全县或数乡间的中心市场，并同外界有商业联系，商品来自外地。如直隶滦州有四大市镇，均不在治城。从全国来看，这类市镇东部密于西部，南部密于北部，主要是由人口和聚落的密度决定的。

从这三种市镇的特点来看，产地市场型“聚”的是产品和商人，集散型“聚”的是流通中的商品，零售市场型“聚”的是商品和消费者，三种市镇之间有密切的联系，构成互相关联的商品流通体系，缺一不可。清代工商业市镇以商业市镇为主的特点，一方面反映了清代的商品经济是以农村商品经济为主的特点，与农业相分离的手工业并不发达；另一方面也反映了清代商业发展的水平，各类工商业市镇的兴起，形成了区域性商业中心，商业正向城市化发展。[③]

当然，清代商品经济的发展也有其明显的局限性。一是城市市场中的相当一部分商品，实际上是地租赋税的转化物，封建地主并不参与生产过程。城市的消费性商业多不是真正的生产交换，城乡之间的工农业产品交换非常有限。二是从商业资本构成来看，都与高利贷或封建地租有密切联系，商业资本本身都带有封建性。这不但进一步巩固了地主土地所有制，也影响了商业资本转化为产业资本，进而影响了资本主义萌芽的发展。[④]

---

① 同治《郧阳府志》卷一。

② 乾隆《巴县志》卷十。

③ 本部分参见田昌五、漆侠主编《中国封建社会经济史》第 4 卷，第 519～535 页。

④ 参见赵德馨主编《中国经济通史》第 8 卷下册，湖南人民出版社 2002 年版，第 31 页。

第六章

工商货币政策的沿革

第一节　从“工商食官”到王莽新政

春秋末年，“工商食官”格局被打破，出现了私营工商业与官营工商业并存的局面。战国时代，从魏国的李悝到秦国的商鞅，都实施了不同程度的抑商措施，标志着我国传统工商政策的初步形成。秦朝国祚虽短，但其推行的工商货币政策却对后世产生了深远的影响，属于传统工商政策的定型时期。西汉的抑商甚为有力，尤其是汉武帝时期出台的一系列的工商货币政策，使抑工商政策臻于完备，成为后世之圭臬。王莽时代，是汉武帝时期工商货币政策的重新整合时代，可惜的是，这是一场悲剧式的整合，这一整合导致王莽新朝政权的迅速覆亡。

一、“工商食官”的终结与新型工商政策的建立

“工商食官”是殷周奴隶制时代国家实行工商业全部官营的制度。春秋时期，奴隶制社会结构逐渐解体，私营手工业、商业兴起，旧的“工商食官”体制瓦解。这个落后的制度被否定的时候，是新的封建生产关系萌芽、建立之时，表现出工商业方面奴隶制被破除的必然趋势。检诸史籍，“工商食官”制度是在以下六种情况下逐渐被打破以致解体的。

第一种情况是在建国、复国、兴国的过程中，为了取得商人的支持，官府给商人一定的经营自由，私营商业得到较好的发展条件。第二种情况是统治阶级内部新旧两种势力在权力斗争中，为了争取支持力量，采取优惠私商的政策。第三种情况是衰国和亡国的百工以及官贾之长，在丧职和叛逃后变为民间的百工商贾。第四种情况是工商奴隶的逃亡。第五种情况是工商奴隶为争取自由而进行武装暴动。第六种情况是在国与国之间、卿大夫之间的战争中，工商奴隶立了军

功而被免除奴隶身份，农奴身份的小工商者也进一步获得自由身份。[1]

“工商食官”格局被打破，并不意味着官府工商业完全脱离官家的樊篱而退出了经济舞台，而是出现了官府工商业与私营工商业并存的格局。这一格局贯穿了中国古代社会两千余年而未变。

春秋战国时期，青铜、丝织、制陶、骨器等传统的官府手工业部门不仅继续存在，而且还有新的发展，同时还出现了冶铁、煮盐、铸币等新兴的官营工业。由于官府手工业的继续存在和发展，役作于官府手工作坊的劳动者便有增无减。商周时期的官工以奴隶为主，到这时工奴制的地盘日益缩小，而代之以定期服役的公民、自由工匠、刑徒等三种类型为主干的手工业劳动者，同时，官府手工业部门内部的分工和管理更为严密。

在商周时期“工商食官”制度下，官贾的主要职责是了解市场行情和购买官府所需货物，并不是严格意义上的商人。而此时官贾的职能倒是名副其实的，他们既销售官营手工产品中的商品部分，也参与市场买卖活动，为国家聚敛财富，变成真正中介商品流通的生意人，是十足的官府型商业资本的化身。[2] 是时，各国统治者为了适应列国纷争、弱肉强食的严峻形势，便以日益强化了的国家机器作为调节手段，更加注重官营商业的发展，以期达到富国强兵、立于不败之地之目的。这主要表现在实行盐铁专卖和粮食平籴两个政策上。

春秋战国时期，私营手工业、商业迅猛发展。在春秋时期，私营工商业与国家政权基本上处于一种联合的状态。但到了战国时代，封建商品经济与自然经济之间的矛盾、私营工商业者与封建统治者之间的矛盾公开地暴露出来。这主要表现在以下诸方面：(1)在经济上，私营工商业者千方百计“牟农夫之利”，分割农民的地租，侵犯了封建政权的利益。(2)在政治上，由于一些私营工商业者积累了大量财富，他们财大气粗，成为一种与封建政权抗衡的异己力量。(3)在军事上，由于农民纷纷舍本逐末，为财利奔忙，士兵的征募受到影响，削弱了国防力量。(4)私营工商业者的勃兴对整个封建等级制度和统治秩序造成了极大的破坏。恩格斯指出：商业对旧的生产组织“起着解体作用”[3]。从某种意义上讲，春秋战国时期的私营工商业也在起着这种“解体”的作用。

总之，私营工商业与封建政权在经济、政治、军事，直至整个封建等级结构秩序上，都产生了激烈的矛盾，为了维护王权至尊和封建等级制度的稳定，维护各国封建统治集团的利益，各国统治阶级不得不认真地考虑对策。活跃在战国时

---

① 参见吴慧《中国古代商业政策十二讲》，中国商业出版社 1981 年版，第 16～19 页。

② 参见杜勇《论先秦时期官工贾的社会身份》，载《中国经济史研究》1992 年第 3 期。

③ 《马克思恩格斯全集》第 25 卷，人民出版社 1974 年版，第 371 页。

期的“诸子百家”纷纷从重农的角度出发，提出轻工商的思想。不过在战国时期，尽管重农轻工商的思想弥漫于各国，但由于当时兼并战争频仍以及各国具体国情不同等原因，真正彻底执行抑制工商政策的只有秦国而已，东方韩、赵、魏、燕、楚、齐六国的私营工商业的发展受到的冲击不算很大。

当然，我们也不应否定一个事实，即抑制私人工商业发展的一些理论和措施，也曾不同程度地在东方六国施行过。如粮食平籴政策，这种由国家统制粮食贸易的做法，在齐、越、楚、秦等国都先后实施过，其中魏国李悝实行的“平籴法”是常被后人所称道的。战国初期，李悝为魏相，最早实行社会改革。在工商业方面，采取国家干预的政策，从而开列国新工商业政策的先河。李悝是主张抑制工商的，曾指出：“雕文刻镂，害农事者也；锦绣纂组，伤女工者也。……故上不禁技巧则国贫民侈。”[①]“平籴法”是李悝工商业政策改革的主要内容，其做法是由封建政府参与粮食买卖，在丰年以高于市场的价格收储粮食，等到荒年，以低于市场的价格出售给需要粮食的人。[②] 他特别强调“善平籴者必谨观岁”，主张将年成熟荒，各分上、中、下三等，规定熟年由政府收购农民余粮——上熟年收成为平时 150 石的四倍，除去留用粮及什一之税等，收购余下粮食的 3/4；中熟年收成为平时三倍，收购余粮 2/3；下熟年收成为平时二倍，收购余粮 1/2，以满足农民的出售要求，直到粮价保持平衡为止，“使民适足，贾平则止”。政府收购剩下的可自由出售。荒年则给缺粮农民和一般消费者抛售粮食——大饥年收成仅得平时 1/5，发上熟年所敛；小饥年收成仅得平时的 2/3，发小熟年之所敛；中饥年收成仅及平时的一半不到，发中熟年之所敛，使价格不致腾贵。

“平籴法”是在市场价格自发波动的基础上，运用经济的方式，即主要通过吞吐物资，来调节供求，对粮食的价格进行适当的控制。这和西周时由贾师以行政命令对价格进行直接的行政管理是不同的。这种经济措施影响深远，成为以后封建社会政治家制定有关经济政策（如“常平法”、“平准法”）的依据。

李悝死后，魏国的工商业政策发生了变化，“平籴法”逐渐废弛，私商势力日益发展，魏国的山泽之利大部分也落入私人之手，这样就造就出一大批大工商业主。

齐国的工商业政策则是另一种情况。管仲时代，齐国由国家经营工商业，采取“官山海”[③]的措施，即实行了一套民制官管、官运官销的盐铁专卖政策，“缴山

① 刘向：《说苑》卷二十《反质》。

② 以下有关平籴内容均见《汉书·食货志》。

③ 《管子·海王》。

海之利”[①]，使盐铁之利“百倍归于上”[②]，成为立国之本，争霸之资。到战国时，齐国日益发展的工商业却主要由私人掌握，变成私家闹分裂、搞兼并的本钱。把盐铁这两个生利大项都放给了私人，在其他领域也采取了自由的工商业放任政策。

如果说东方的齐国是私营工商业的渊薮，中原的魏国则可以说是“犹抱琵琶半遮面”，只有西方的秦国，才比较彻底地实行了一套完整的、反映新兴地主阶级政权利益的新工商业政策，其创制者就是商鞅。[③]

从春秋后期开始，特别是在战国前期，东方各国迅速强大，而秦则趋于衰落，由春秋时代的霸主之一演变为不与诸侯会盟，被东方各国视为夷狄弱国，处于被动挨打的境地。商鞅认识到，在这样的历史条件下，要改变被动挨打的局面，首先就要强化对全国人力物力的控制，垄断山林川泽等自然资源，把人民束缚于土地之上，就要推行农战为本的政策，限制私营工商业的发展。

商鞅抑工商的内容是怎样的呢？从他的后学整理的《商君书》及其他一些史料，可以窥见其梗概：

(1)“使商无得籴，农无得粜。”[④]国家管制粮食贸易，禁止商人经营粮食买卖，杜绝商人利用年岁丰歉进行粮食投机，牟取暴利。

(2)“重关市之赋”[⑤]，加重商人的赋税负担。一方面，对国内经商之人加重关市之税，以限制商贩的活动，防止农民去跑买卖；另一方面，大大提高商品的税率。

(3)令商人及其奴仆均负担徭役，造成“农逸而商劳”[⑥]的声势，促使人们因商农之间役有重轻而不去从事商业。

(4)提高粮食价格。“食贵，籴食不利”，粮食价格规定得高，“而又加重征”[⑦]，经营无利，从经济上抑制商人向这方面伸手，同用行政手段禁止商人参与粮食贸易起到相互配合的作用。

(5)独占山泽之利，实行盐铁专卖，即所谓“颛川泽之利，管山林之饶”[⑧]。对盐铁资源，秦国设官管理，防止私铸私煮，也不允许商人自由运销。而是采用了官产商销的方针，商人向政府交纳重税后，即可分销盐铁。主其事的商鞅，是管

① 《史记·平准书》。

② 《管子·海王》。

③ 参见田昌五、漆侠主编《中国封建社会经济史》第1卷，第254页。

④ 《商君书·垦令》。

⑤ 《商君书·垦令》。

⑥ 《商君书·垦令》。

⑦ 《商君书·外内》。

⑧ 《汉书·食货志》。

仲之后实行盐铁专卖政策的第二个最著名的人物，而且他控制了生产环节，比管仲的办法（生产由民营）统得更严。

这样从李悝到商鞅，反映新型地主阶级利益的新工商政策初告形成。这里我们要明确一点，即抑制工商业并不是绝对排斥和打击工商业，它的核心是抑制私营工商业，保护官营工商业，调节本末二者在社会人口中的比例，调节官营工商业与私营工商业的比例。

重农抑末政策开始于战国，在这一历史时期，它对战国社会产生了至深影响。以秦国为例，经过商鞅变法，秦国改变了变法前被动挨打的落后状况，收到了“国以富强，百姓乐用，诸侯亲服”[①]的效果，奠定了秦统一中国的根本基础。

总之，重农抑工商政策是我国古代特定历史条件的产物，在战国时期这一特定的社会环境中，对于调节社会关系和推动战国历史由分裂割据走向统一具有不容低估的作用和影响，它在此时是一项具有积极意义的战略调节政策。所以我们不能因为它在以后历史发展中产生越来越多的消极作用而予以全盘否定。

秦始皇统一全国之后，以秦制为蓝本，整齐制度，完全确立了抑制私营工商业的方针政策。他在琅琊石刻碑文中明确提出：“……皇帝之功，勤劳本事，上农除末，黔首是富……”[②]把“勤劳本事，上农除末”当作秦始皇的大功，足见重农抑工商政策在秦王朝的地位。当然，这里要“除”的“末”不会指全部的私营工商业，但不合需要的工商业和弃农经商者是包括在内的。“上农除末”，表明与商鞅的重本抑末是一脉相承的，而且在一些方面还有过之而无不及。

首先，在政治上，对富商大贾和私营工商业者进行打击，贬低他们的社会地位。“徙天下豪富于咸阳十二万户”，把六国地区的大工商主迁离本土，置之于关中帝辇之下或西南、西北荒远不毛之地。秦始皇对六国富商大贾采取这样强硬的手段，固然有他的加强专制统治、巩固统一、防止商人篡权活动的政治目的，但是，不可否认，侵蚀地主经济的商业资本在这里又受到一次更为广泛、更为猛烈的打击。商鞅变法时秦国的富商大贾不多，抑商的重要对象尚不是富商大贾。秦始皇在一定时间内以富商大贾为主要打击对象，这些商人是六国原有的，与商鞅变法中的抑商政策对比，在内容上是一个新的发展。

小工商业者更是因为秦政的酷烈而难以正常生产经营，“秦时北攻胡貉，筑塞河上，南攻杨、粤，置戍卒焉。……秦民见行，如往弃市，因以谪发之，名曰‘谪戍’，先发吏有谪及赘婿、贾人，后以尝有市籍者，又后以大父母、父母尝有市籍

① 《史记·李斯列传》。

② 《史记·秦始皇本纪》。

者，后入闾，取其左"[1]。把商人和罪犯、赘婿看成是一类人，被征发戍边；后来征发"有市籍者"，连个体小手工业者也包括在内了；再后来不仅征发现籍的工商业者，而且征发祖父母、父母有市籍者及本人已改行脱离市籍的人。在商鞅时还未闻令工商业者服兵役之事，秦始皇却给他们派上这份苦差，应该说是对商鞅抑商政策的又一个新的发展。

其次，在经济上，削弱工商业者的力量，实行"重关市之赋"、"商无得粜"的重税政策；此外，秦朝还实行了严格的盐铁专卖政策[2]，使"田租口赋、盐铁之利，二十倍于古"[3]。

秦朝为了能更好地贯彻抑商政策，建立起了体系完备、机构健全的官手工业制度。当然，官手工业制度并不是在秦朝才产生的，这种制度由来已久，但直到秦汉时代，其组织形式和管理机构才基本定型，后世历代官手工业愈来愈繁多的门类、愈来愈庞大的规模以及愈来愈细密的分工，皆以秦汉的官手工业制度为基础，逐渐扩大发展起来。[4]

在秦代，各个工业部门都设有专官管理。秦代文献存世很少，缺乏官制方面的系统记载，但"汉承秦制"，我们仍可以根据汉代的官制来返观秦代的官手工业管理情况。秦汉两代的工官设置基本上是相同的，其根据手工业的性质分属于三个系统：

一是略似现代意义的重工业和人民大众生活必需品手工业，如各种采矿业、冶铁业、煮盐业等，由官府直接经营生产，以用来增加财政收入，故划归财政部门来管辖，此官秦名为治粟内史，汉武帝时改为大司农。《汉书·百官公卿表上》载："治粟内史，秦官，掌谷货，有两丞。景帝后元年更名大农令，武帝太初元年更名大司农。属官有太仓、均输、平准、都内、籍田五令丞，斡官、铁市两长丞。"

二是各种手工制造业的主管部门——少府，汉仍其旧。少府是皇帝的后勤部，凡属皇帝、后妃和宫廷所需要的各种手工业制造品和一切需要加工的物品，均由少府备办供应，能自行制造的，则设置官办作坊；不能自制或生产不足的，则向民间工商业者征收赋税或实物。同上书载："少府，秦官，掌山海池泽之税，以给供养，有六丞。属官有尚书、符节、太医、太官、汤官、导官、乐府、若卢、考工室、左弋、居室、甘泉居室、左右司空、东织、西织、东园匠十六官令丞。……武帝太初元年更名考工室为考工……河平元年省东织；更名西织为织室。……王莽改少

① 《汉书·晁错传》。

② 关于秦朝是否实行了盐铁专卖，史学界一直未能达成共识。我们认为秦朝是实行了盐铁专卖政策的，其分析与论证，参见齐涛《汉唐盐政史》（山东大学出版社 1994 年版，第 58～61 页）。

③ 《汉书·食货志》。

④ 参见傅筑夫《中国封建社会经济史》第 2 卷，人民出版社 1982 年版，第 327 页。

府曰共工。”

三是宫室、官府等建筑和其他土木工程及其所需砖、瓦、石、木等材料，由将作少府主管，汉更名曰将作大匠。同上书载：“将作少府，秦官，掌治宫室，有两丞、左右中侯。景帝中元六年更名将作大匠，属官有石库、东园主章、左右前后中校七令丞，又主章长丞。武帝太初元年更名东园主章为木工。”

秦始皇统一全国后，在车同轨、书同文的同时，还统一了币制。《史记·平准书》记述说：“及至秦，中一国之币为二等，黄金以溢名，为上币；铜铁识曰‘半两’，重如其文，为下币。而珠玉、龟贝、银锡之属为器饰宝藏，不为币。然各随时而轻重无常。”

根据这一记述及其他一些史料，我们可以明了秦代的几项基本的货币政策：

第一，统一币材，废六国杂币。不但六国的各种刀布完全废止，皮革、齿角、谷粟也失去货币的资格，而且连较贵重的珠玉、龟贝、银锡之属也不能再充当货币，全国各地只能使用统一的黄金、铜钱两种货币。

第二，统一货币价值，建立法币制度。以法令规定黄金为上币，铜钱为下币，建立了金铜复本位制，黄金以溢（镒）为单位，铜钱以半两为单位。两者之间应当还有一种兑换比率，惜史无明文。在金铜复本位制下，二者都是主币，都具有无限法偿能力，能作为任意量的价值支付，这是中国货币史上第一个法定货币制度。

第三，统一铸币权。《史记·平准书》言：汉兴，“更令民铸钱”。既是“更令”，显然是发布的与秦不同的律令。更令的内容为准许民间铸钱，则秦钱必为官铸，禁止私铸，否则，便无颁布此令的必要。云梦秦简《封诊式》中有这样一条材料：“某里士五（伍）甲、乙缚诣男子丙、丁及新钱百一十钱、容（镕）二合，告曰：丙盗铸此钱，丁佐铸。甲、乙捕索其室而得此钱容（镕），来诣之。”这表明秦铸币权已完全收归中央官府。这种货币由官府专铸的观念和制度，为历代王朝所奉行不替。

第四，统一铸币形制与重量。把原始形态的布刀和贝币等统一于外圆内方的圜钱之下，纠正过去钱文复杂难辨、大小无准则、轻重不适当、币值不明确等弊病，制定了适合需要的体制和重量。“质如周钱，文曰半两，重如其文”[①]，便是这种规定，当然说是质如周钱，但却将周环钱圆孔改为方孔。这种圆形方孔的铜质钱币形制从此固定下来，流行了两千余年，并且还影响到其他国家和地区。

秦始皇的币制改革，不仅有利于当时的商品交换，而且也对后世产生深远的影响，我国的货币发展史从此进入一个新的发展阶段。

---

① 《汉书·食货志》。

二、抑商与西汉的工商货币政策

抑商政策肇始于春秋战国，至秦汉而益臻系统，从此就成为后世历代相沿不变的一个传统政策。推行这个政策以汉代特别是西汉为最力，之所以如此，是因为汉代的商业在古代甚为发达，其由此积累的商业资本甚是巨大，它以货币财富的形态存在，经常在社会上"行如流水"，即不停地在流动，因而犹如洪水泛滥，奔腾咆哮，所至溃溃，对社会经济起了严重的破坏作用。而这时随着商品经济和货币经济的发展而高涨起来的资本主义营利精神和财富追逐欲正笼罩着整个社会，"用贫求富，农不如工，工不如商，刺绣文不如倚市门"[①]的思想深入人心。一个人如果不能"推择为吏"，就必须能"治生商贾"[②]，否则将为社会所不齿。这样一来，经商便成了人们向往的一种职业，遂趋之若鹜，大批大批的富商大贾因之涌现出来。富商大贾势力膨胀后，便把贪欲之手伸向农民和土地，这就削弱了封建国家的统治基础，加深了统治者与商人之间的矛盾；矛盾的发展就要求对商人加以遏制。西汉抑商政策的实施，具体到各个时期，又有所不同。[③]

西汉王朝建立之初，汉高祖刘邦为了稳定经济，迅速恢复统治秩序，采取了一系列抑商措施，他下令"贾人不得衣丝乘车，重租税以困辱之"[④]，商人还被规定不得操兵器[⑤]，本人及其子孙不得"仕宦为吏"[⑥]，其目的是造成一种贱视商人的社会风气，以达到"遏贪鄙之俗，而醇至诚之风"[⑦]。不过，刘邦的贬抑商人与商鞅和秦的重本抑末有一个最大的不同，就是未对商人的经济活动多加干预，基本上采取一种经济放任政策。

贱商令颁布了五年，刘邦即去世。到惠帝和吕后时（前194～前180年），大概因为抑商的实际作用不大，徒然引起广大有市籍的贾人的反对[⑧]，同时国家相对安定，经济形势明显改观，因此又进一步放松了经济政策。史称："孝惠、高后时，为天下初定，复弛商贾之律，然市井之子孙亦不得仕宦为吏。量吏禄，度官用，以赋于民。而山川园池市井租税之入，自天子以至于封君汤沐邑，皆各为私奉养焉，不领于天下之经费。漕转山东粟，以给中都官，岁不过数十万石。"[⑨]

---

① 《史记·货殖列传》。

② 《史记·淮阴侯列传》。

③ 参见傅筑夫《中国封建社会经济史》第2卷，人民出版社1982年版，第660页。

④ 《史记·平准书》。

⑤ 《汉书·高帝纪》。

⑥ 《史记·平准书》。

⑦ 桓宽：《盐铁论·本议》。

⑧ 《史记·高祖本纪》。

⑨ 《史记·平准书》。

自孝惠以来，西汉王朝即奉行“无为而治”的黄老政治，对于工商业，自然也采取了“勿扰关市”的不干涉政策。在“贫富之道，莫之夺予”，一切听任自然的思想支配下，放任被认为是最好的办法，让人们纷纷去为“利”奔忙，“各劝其业，乐其事，若水之趋下，日夜无休时，不召而自来，不求而民出之”，这才叫“道之所符，而自然之验”。“故善者因之，其次利道之，其次教诲之，其次整齐之，最下者与之争。”[①]在信奉黄老思想的经济放任主义者看来，由官府直接经营工商业、与民争利的做法是最要不得的。

在这种特定的历史条件下，汉文帝即位后继续采取了经济放任政策，“开关梁，弛山泽之禁”[②]，明确认可了民间盐铁业，“纵民得铸钱、冶铁、煮盐”[③]，把煮盐、冶铁、铸钱“三大利”皆下放民间。这对于商人们来说，不啻如虎添翼，于是，很快便出现了“富商大贾周流天下，交易之物莫不通，得其所欲”[④]的局面。

可以说，汉初几十年是富商大贾“优哉游哉，得其所哉”的黄金时代。汉高祖贱商令中有不准商人衣丝乘马、仕宦为吏的规定；惠帝和吕后时，不再限制商人衣丝乘马，只保留了“市井之子孙亦不得仕宦为吏”[⑤]的规定；文帝时实行“入粟拜爵”的办法，商人可以出钱买官做；到景帝时，连有市籍商人子弟不得“仕宦为吏”的禁令，也被统治者感到“愍之”[⑥]而有意放松，以至于在无形中变成一纸具文。正如晁错在文帝十二年所说“今法律贱商人，商人已富贵矣；尊农夫，农夫已贫贱矣”[⑦]。商人们的子弟能做官为吏，所以其家就既富且贵了。抑商、贱商，其作用正同商人势力的膨胀成反比。最后只剩下个由鄙视贱民、轻视劳动思想组成的轻商思想，弥漫于上层社会里，反映着士大夫阶层鄙视被称为“市井小人”的中小商人的封建等级观念和轻视商业劳动的思想而已。随着后儒好言“义”而不好言“利”的虚伪说教的传播，轻商思想也就越来越带有一种“伦理观念”的色彩了。

西汉前期实施的经济放任政策，对当时的社会生活和社会经济产生了一定的积极作用，对于这一历史时期商业的发达、经济的繁荣功不可没。正如《史记·平准书》所言：“汉兴七十余年之间，国家无事，非遇水旱之灾，民则人给家足，都鄙廪庾皆满，而府库余财货，京师之钱累巨万，贯朽而不可校。太仓之粟陈陈相因，

---

① 《史记·货殖列传》。

② 《史记·货殖列传》。

③ 桓宽：《盐铁论·错币》。

④ 《史记·货殖列传》。

⑤ 《史记·平准书》。

⑥ 《史记·孝景本纪》。

⑦ 《汉书·食货志》。

充溢露积于外，至腐败不可食。众庶街巷有马，阡陌之间成群，而乘字牝者傧而不得聚会，守闾阎者食粱肉。”这是这种政策的积极方面。它的另一面，也就是消极的一面，我们也必须看到。

由于经济放任、自由竞争，扩大了贫富悬殊的差距，富者骄奢无度，贫者为其役属。富商大贾“大者倾郡，中者倾县，下者倾乡里者，不可胜数”①，他们“役财骄溢，或至兼并豪党之徒，以武断于乡曲”②，既好淫侈且搞兼并，所以又统称之为“浮淫并兼之徒”③。他们一直在与官府争利。《史记·平准书》云：“富商大贾或蹛财役贫，转毂百数，废居居邑，封君皆低首仰给。冶铸煮盐，财或累万金，而不佐国家之急，黎民重困。”直接威胁专制集权统治的巩固。“吴楚七国”就是“低首仰给”这些富商大贾的支持和自己“招致天下亡命者盗铸钱，东煮海水为盐，以故无赋，国用饶足”④而进行地方割据的。这些诸侯王和富商大贾“私威积而逆节之心作”⑤，最后发展到与中央对抗，并企图通过发动武装叛乱夺取中央政权。

富商大贾的淫侈和兼并造成了严重的社会问题，使思想界对“无为而治”的经济放任政策产生了怀疑，抑制商人资本和经济干涉的思想开始重新抬头。文景时的贾谊和晁错于此事发表了不少议论，提出了一些建议。但充其量也还是只能制止一下农民弃农经商，驱使一些小商贩弃商归农；对富商大贾仍然拿不出有效的办法来。后面这个问题，到了雄才大略的汉武帝才得到解决。

西汉王朝历时 214 年，其第六任君主汉武帝刘彻在位 54 年（前 140～前 87 年），就占了西汉王朝统治时期的四分之一。武帝即位后，抖掉了“无为”的外衣，“外事四夷，内兴功利”⑥，战争连年不断，于国内大兴土木，耗费了国家巨额钱财。这不仅花光了“文景之畜”⑦，而且“府库并虚”⑧。国家财政开支面临危机，如不迅速改变这一局面，汉政权的统治大有崩溃的可能。

为了“建本抑末，离朋党，禁淫侈，绝并兼之路”⑨，为了解决“县官大空”⑩的财政危机，汉武帝先后推出了一系列的工商货币政策，主要有以下内容：

---

① 《史记·货殖列传》。
② 《史记·平准书》。
③ 《史记·平准书》。
④ 《汉书·吴王濞传》。
⑤ 桓宽：《盐铁论·禁耕》。
⑥ 《汉书·食货志》。
⑦ 《汉书·翼奉传》。
⑧ 《汉书·食货志》。
⑨ 桓宽：《盐铁论·复古》。
⑩ 《史记·平准书》。

1. 多次改革币制，确立五铢钱法

西汉前期在放铸政策纵容下，豪民富商私家铸钱，掺杂惨重，非法牟取厚利，造成了严重的社会后果。鉴于此，汉武帝统治时期先后进行了六次币制改革。

第一次：建元元年（前140年）“行三铢钱”，重如其文。这一措施，第一次改变了“半两”这一沿袭下来的货币单位名称。

第二次：武帝建元五年罢三铢钱，复行“半两钱”，或称“三分钱”。即又恢复了文帝的四铢“半两”钱制。

第三次：武帝元狩四年（前119年），又更铸三铢钱，并造白鹿皮币及“白金”币，并颁盗铸金钱者死罪令。新铸行的三铢钱，重如其文；白鹿皮币及白金币则是一种全新的货币制度①。白鹿皮币，在某种意义上，可以说是我国古代纸币的前驱；白金币，则是我国历史上封建中央政府最早铸造的银铸币，它是白银在我国最早获得正式法定货币资格的事例。

第四次：武帝元狩五年，又废三铢钱，令郡国铸造五铢钱。这种五铢钱两面均有周廓，钱文“五铢”从此时起。②

第五次：武帝元鼎二年（前115年），令京师铸赤仄（侧）钱，法定一枚赤仄钱当五枚郡国五铢钱使用，这样铜的名义含量与实际含量远远脱节，结果是“不便，又废”③。

第六次：武帝元鼎四年（前113年），桑弘羊主持币制改革，采取了两项措施：一是把铸钱权收归朝廷，“悉禁郡国毋铸钱”；二是另铸一种轻重适宜、质量俱高、币面重量和实际质量相一致的新的“五铢钱”。这种新的五铢钱由管上林苑的“水衡都尉”所属的“钟官”、“辨铜令”、“技巧令”三官分别负责钱币铸造、成色审查和技术指导工作，所以又称“上林钱”、“三官钱”。“三官钱”成为唯一合法的钱币，“令天下非三官钱不得行”，货币由此复归于一。

桑弘羊确立的五铢钱制度，是一种较为健全的货币制度。它的实行，把富商大贾借私铸钱币和币制混乱来投机取利的门路堵住了，有效地打击了豪强兼并势力和分裂割据势力，从经济上巩固了中央集权制国家的统一，同时也安定了人民的生活和生产，促进了当时封建社会内部商品经济的正常发展。五铢钱制度在我国的货币史上占有重要的地位，自汉代至唐代改用年号名钱为止，七百余年基本上持续沿用不废；它的流通范围也最广，这从汉五铢钱出土地域之广、数量之多可获得证明：从东南各省沿海地区到新疆，从云、贵、川到内蒙古、东北地区，

---

① 《史记·武帝纪》、《史记·平准书》。

② 《史记·平准书》。

③ 《史记·平准书》。

无不有汉五铢钱出土。所以，五铢钱是我国历史上行用最久、最成功的货币。[①]

2. 实行算缗告缗，排抑富商大贾

元狩四年(前 119 年)，张汤主持的汉武帝时期的第三次币制改革没有起到预期的效果，同年，武帝又用张汤的计谋颁布了“算缗”令，向富商大贾正面进攻。

算缗就是向商人高利贷者加重征收财产税，不论有无市籍都不能例外。当时用线连串的钱叫“缗钱”，每一千钱为一缗。《史记·平准书》记载：“异时算轺车贾人缗钱皆有差，请算如故。诸贾人末作贳贷卖买，居邑稽诸物，及商以取利者，虽无市籍，各以其物自占，率缗钱二千而一算。诸作有租及铸，率缗钱四千一算。非吏比者三老、北边骑士，轺车以一算；商贾人轺车二算；船五丈以上一算。匿不自占，占不悉，戍边一岁，没入缗钱。有能告者，以其半畀之。贾人有市籍者，及其家属，皆无得籍名田，以便农。敢犯令，没入田僮。”这个算缗令所征敛的对象尽管包括手工业者和有轺车者，但重点对象显然是商人，对他们的征敛较手工业者和有轺车者加倍。由于征敛着重于浮动的钱币，因而算缗也就不啻是一次从商人那里大规模回笼货币的活动。但是由于浮动的钱币的数量不易把握，在执行过程中商人们隐瞒不报或少报的事情层出不穷。在这种情况下，又公布了告缗令。

隐瞒不报或自报不实者，鼓励知情者揭发，叫作“告缗”。凡揭发属实，即没收被告者全部财产，并罚戍边一年，告发者奖给被没收财产的一半。此法一出，各地争相告缗。元狩六年(前 117 年)，张汤用杨可主持告缗，雷厉风行地搞了一阵。史载：“杨可告缗遍天下，中家以上大抵皆遇告。杜周治之，狱少反者，乃分遣御史廷尉正监分曹往，即治郡国缗钱，得民财物以亿计，奴婢以千万数，田大县数百顷，小县百余顷，宅亦如之。于是商贾中家以上大率破，民偷甘食好衣，不事畜藏之产业，而县官有盐铁缗钱之故，用益饶矣。”[②]如果说，算缗是正当地收取工商业税的话，那么告缗则近乎明火执仗的抢劫了。结果是，通过算缗和告缗，富商大贾们历数十年积聚起来的财富，一夜之间就变成封建国家的财产。不过，告缗这种增加财政收入的手段毕竟只能偶尔用上一次。因为对于富商大贾来说，他们拥有的财富只能剥夺一次。并且，如果一个政府经常用这种办法解决财政问题，势必降低政府的公信度，打乱经济的正常运行，为社会发展带来无穷的后患。所以张汤死后，在桑弘羊的建议下停止执行告缗令。

由上述可知，张汤的理财，主要依靠法律权力，借助于行政命令。其所主持的两项改革，币制改革是无成效的，算缗、告缗虽收效于一时，但也属权宜之计。

---

① 萧清：《中国古代货币史》，人民出版社 1984 年版，第 113 页。

② 《史记·平准书》。

桑弘羊则与之不同，他主张更多地借助于经济措施来解决财政问题，把财政收入的增加建立在经济发展的基础之上——发展官营工商业和农业生产，采取收夺经济阵地的治本的办法，以排挤、取代私商，而告缗等治标的作法则适可而止。所以，在他掌握财权之后，西汉王朝的财政经济面貌才得到根本性的改观，汉武帝的新经济政策也才真正进入一个崭新的阶段。

3. 实行盐铁专卖，推进官营垄断政策

"夫盐，食肴之将；铁，田农之本。非编户齐民所能家作，必仰于市，虽贵数倍，不得不买。"[①]汉武帝注意到了盐铁之税的意义，在元狩三年（前120年），果敢地起用盐铁大商人主管盐铁事宜。《史记·平准书》记道："于是以东郭咸阳、孔仅为大农丞，领盐铁事，桑弘羊以计算用事，侍中。咸阳，齐之大煮盐；孔仅，南阳大冶。皆致生累千金，故郑当时进言之。弘羊，洛阳贾人子，以心计，年十三侍中。故三人言利事析秋豪矣。"起用富商大贾为朝廷命官，这是汉武气派，也的确是汉武帝的远见卓识。

汉武帝任命孔仅、咸阳以大农丞管盐铁事，将本属皇室之入的盐铁之利划归到作为国家财政主管部门的大农，其目的不只限于盐铁税赋，而是要实施大的转折性举措——盐铁专卖。

第二年，汉武帝不顾富商大贾及其代言人的强烈反对，接受了孔仅和东郭咸阳提出的盐铁官营的建议："山海，天地之藏也，皆宜属少府，陛下不私，以属大农佐赋。愿募民自给费，因官器作煮盐，官与牢盆。……敢私铸铁器煮盐者，钛左趾，没入其器物。郡不出铁者，置小铁官，便属在所县。"[②]正式实行盐铁官营，"使孔仅、东郭咸阳乘传举行天下盐铁，作官府，除故盐铁家富者为吏"[③]。但实行盐铁官营之初，盐铁丞孔仅、东郭咸阳办事并不得力。孔仅后来因和西汉政府离心离德而被免职。桑弘羊"尽代（孔）仅管天下盐铁"后，盐铁专卖事业就有了更大的发展。

盐的官营方式是：在官府管理的盐场中，募民煮盐，业盐者使用官府盐场的设施，所产食盐由官府按盆收购付值。铁的官营是由封建国家役使刑徒和服役者开矿冶铸，然后打制成各种工具和器具出售。禁止私人铸铁煮盐，违者严惩。既然实施盐铁专营，在盐铁禁令之外，还要有一套盐铁管理机构。西汉政府在全国27个郡国设立36处盐官，在40个郡国设立50处铁官[④]，组成了全国盐铁的

---

① 《汉书·食货志》。
② 《史记·平准书》。
③ 《史记·平准书》。
④ 《汉书·地理志》。

煮冶和经营网络。36 处盐官和 50 处铁官犹如 86 根巨大的吸管，把大量财富源源不绝地吸入国库。这些盐官多由“故盐铁家富者”担任，这样，汉武帝就利用原盐铁商人的经验和技巧，给予他们高官厚禄，放手让他们全权为封建国家经营盐铁事务，从而把此前绝大部分流入盐铁商人钱袋的丰厚利润转流到国库里，为封建国家的财政开辟了一个稳定的利源。

4. 创办均输制度，建立平准机构

汉武帝的抑商措施并没有到改币、算缗告缗、盐铁专卖就止步，在桑弘羊的倡议下接着又推行了均输法和平准法。均输法和同它结合起来一起实行的平准法，是中国经济史上的一件大事。

均输法就是封建政府利用各地贡赋收入作底本，来进行某些大宗商品的地区间远程的贩运贸易，以调剂物资余缺的一种经营方式。元鼎二年（前 115 年）桑弘羊就任大农中丞时开始试办，“稍稍置均输以通货物矣”[①]，五年以后在全国普遍推广。

汉时制度规定，各郡国都须按时向京师提供“方物”并负责运输。但实际情况却是：道远的郡国把贡物运到京师时，很可能还不足抵偿僦雇车船的运费；贡物在长途运输中又容易损坏，更加大了费用；有些贡物选择不当，在京师不足珍贵；也有时贡物非当地所产，更难免受到商人的中间剥削。桑弘羊深察贡输过程中所存在的这些弊病，灵活地运用了商人在地区间从事贩运贸易的经验，创设了“均输法”。从中央到地方均设均输官，中央设均输令，直属于大司农，地方郡国亦设立对应的官员和机构，共同经理均输业务。新的均输法对原来郡国赋贡方物的方法予以革新，把征调贡物和官营商业结合起来。原规定各郡国应交纳中央的物或钱，全部改为折算当地出产最多、最便宜的物品作抵充，然后将该贡物运到最需要的地方出售。这样官民两便，既减少了地方的麻烦，又增加了国家的收入，实际上等于把商人从流通领域中赚取的那一部分利润转移到国库里。均输法的实施，一方面为国家财政开辟了一个新的利源，同时也加强了全国各地的物资交流，“陇、蜀之丹漆旄羽，荆、扬之皮革骨象，江南之楠梓竹箭，燕、齐之鱼盐旃裘，兖、豫之漆丝絺纻”[②]等物品，皆被从其产地运到其他需要的地方，丰富了人们的物质生活。

不过，由于均输只是解决了在空间上互通有无、调节物资的作用，却不能抑制各地均输官争相抬高物价的弊病，因此桑弘羊在元封元年（前 110 年）任治粟都尉、兼大司农后，又创平准法。如《史记·平准书》所记：“弘羊以诸官各自市，

① 《史记·平准书》。

② 桓宽：《盐铁论·本议》。

相与争，物故腾跃，而天下赋输或不偿其僦费，乃请置大农部丞数十人，分部主郡国，各往往县置均输盐铁官，令远方各以其物贵时商贾所转贩者为赋，而相灌输。置平准于京师，都受天下委输。召工官治车诸器，皆仰给大农。大农之诸官尽笼天下之货物，贵即卖之，贱则买之。如此，富商大贾无所牟大利，则反本，而万物不得腾踊，故抑天下物，名曰'平准'。""平准"即是在大农的领导下在长安设置的一个商业机构。所谓平准法就是由官府来吞吐物资，平抑价格。

平准是"坐贾"的性质，是在物价波动时来调节商品的贵贱，购销差价较小；均输是"行商"性质，在地区之间调剂物资余缺，较大的地区差价是其获得巨额利润的主要来源。两者一是管理零售市场，一是掌握批发环节，内容有所不同。但两者又是互相配合的，平准要靠均输来提供货源，均输的利润多折成绢帛上缴京师，很大部分要通过平准在京师市场上出售；均输官所征收或收购的运往京师的物资，还要通过平准出售。另一方面，平准在京师收进的物资，有时也需要通过均输运往其他需用这种物资、价格较贵的地区出售，平准等于均输在京师的总经理处。均输、平准构成官营商业的统一体系①。

5. 实行酒类专卖，增加垄断收入

在武帝后期，又添了一项新的措施，就是实行酒类专卖。这一措施从天汉三年（前98年）起开始施行，是经少府丞令建议，由大司农桑弘羊决定举办的。当时称为"榷酤"，其做法是由官府控制酒的生产和流通，实行官酿官卖，不准私人酿酒酤卖。在汉代，卖酒已是一个很大的行业，一年之内一个商号卖酒千酿，就可比千乘之家，官府选择这一商品实行专卖，也能增加一笔很大的收入。而且，实行酒类专卖主要是向有钱人多征收一笔消费税，而不致过分地影响一般人的生活。再者，官府酿酒，就可以根据粮食生产情况而确定酿造数量，可以限制粮食的浪费。桑弘羊及其同僚在盐铁专卖之外，初次选择酒这样的商品实行专卖，是甚具眼力、并无前人可资依傍的又一创举。

桑弘羊及其同僚出台的盐铁专卖、均输平准等一系列的新经济政策，给汉武帝中后期的国家财政注入了强大的活力，也给汉武帝时代的政治、军事注入了有力的助推剂，成就了汉武帝震古烁今的伟业！主管盐铁专卖、均输平准等项利入的大农成了国家财富的渊薮，"取足大农"几乎成了当时史家的熟语。所以连主张经济自由、对桑弘羊的经济干涉政策颇有微词的司马迁，也不得不承认桑弘羊做到了"民不益赋而天下用饶"②。

汉武帝时代推行的抑制工商的政策，在封建社会中是最具有典型性的，表明

① 参见吴慧《中国古代商业史》第2册，中国商业出版社1983年版，第80页。

② 《史记·平准书》。

自春秋战国以来重农轻工商的思想发展至西汉中叶，无论是在理论上，还是在实践层面上，都臻于完备。以后历代封建王朝，虽然在抑制工商的一些具体方法上有所益损，但基本上都遵循了这些原则。

汉武帝所采取的一系列新经济政策，固然为国家财政注入了新的活力，但汉武帝的“外事扩张，内事兴作”也日甚一日，新经济政策所积累的财富，不可能完全解决这种无限制的需要，而且，无论实行什么样的经济政策，最后的负担者都是劳动百姓，必然弄得民不聊生，民怨沸腾。后元二年(前 87 年)，武帝撒手西去，结束了一个辉煌的时代，也给后人留下了一份难以理清的遗产。

武帝死后，昭帝即位，实际上由霍光操纵政治。整个政坛上人言汹汹，对武帝时的政治、经济、军事政策开始重新审视。在这场审视大浪中，霍光把民众注目的重心悄悄地放到了武帝时的盐铁等项经济政策上。一时间，盐铁等专卖政策成了武帝时期一系列社会问题产生的万恶之源，众口铄金，几欲把创立并坚持盐铁专卖政策的桑弘羊置于死地。

始元六年(前 81 年)二月，霍光召集各地的地主、商人的代表“贤良文学”，到长安来开会，贤良文学们纷纷主张“罢盐铁榷酤”①，与桑弘羊等人针锋相对，演出了一场盐铁大论战。这就是中国历史上著名的盐铁会议。

盐铁会议的唯一成果是废除了酒类专卖，至于盐铁、均输等均未触动。作为盐铁会议的尾声，会后，霍光即任命其亲信杨敞为大司农，掌握了财权，架空了桑弘羊；次年，又借燕王旦事件杀死了桑弘羊。

桑弘羊死后，盐铁专卖和均输政策因关系到政府的财政收入，霍光也不能不把它保留下来，但在“顺民之欲从而予之”的霍光手里，汉武帝时的那种摧抑豪强、排摈大商的劲头已日见消沉。在武帝时遭到沉重打击的富商大贾，元气日渐恢复。大官僚、大地主、大商人的三位一体者，首先在霍氏集团中兴起。

宣帝即位，在霍光死后的第三年即把霍氏族诛，废除了霍光时的法令。汉武帝的功业重新得到表彰，法家的理财思想又一度抬头。可是这种局面不长，继宣帝而立的元帝又取消了盐铁专卖，三年后因用度不足才宣告恢复。官僚经商，在这一时期也日益流行。

到了成帝、哀帝之际，盐铁、均输、平准等管理一弛再弛，以致难以收拾。成、哀之际是西汉社会的剧变时代，也是西汉社会危机全面爆发的时代，其集中体现，就是官僚、商人、豪强地主三位一体对社会财富的疯狂攫取，形成了“不耻为利者满朝市，列田富者弥郡国”的形势，其后果必然是“豪富吏民赀数巨万而贫者益困”。

---

① 《汉书·昭帝纪》。

官僚地主与豪强地主对社会财富的掠夺以土地兼并为主,也直接或间接地运用了商业与高利贷的手段。自西汉建立以来,这种掠夺是逐渐加剧的,到成、哀之际推向了顶点。值得注意的是大商人的势力在西汉时代是典型的大起大落。西汉前期,是富商大贾的兴盛期;自武帝实施盐铁专卖抑商政策后,富商大贾势力回落;到成、哀之际,其势力又陡然上升,其原因当与盐铁专卖等抑商政策的松弛不无关系。读一下《汉书·货殖传》中的有关记载,就会对这种大起大落有一个清晰的印象。据《汉书·货殖传》载:在四川,"程、卓既衰,至成、哀间,成都罗裒赀至巨万";在山东,"刀间既衰,至成、哀间,临淄姓伟赀五千万";在洛阳,"师史即衰,至成、哀、王莽时,洛阳张长叔、薛子仲赀亦十千万";在关中,"前富者既衰,自元、成迄王莽,京师富人杜陵樊嘉,茂陵挚网,平陵如氏,苴氏,长安丹王君房,豉樊少翁,王孙大卿,为天下高赀。樊嘉五千万,其余皆巨万矣。……此其章章尤著者也,其余郡国富民,兼业专利,以货赂自行取重于乡里者,不可胜数"。

盐铁专卖等抑商政策的松弛与上述状况的出现实际上是一个互为因果的关系,随着官僚、富商、豪强地主对社会财富的疯狂掠夺,他们势必要求政府放松对盐铁、均输、平准等的管理,也让他们分享一下丰厚的利入;而一旦盐铁诸业被他们所专擅,不啻又是为虎添翼,促进了其势力的迅速膨胀,从而瓦解西汉王朝的统治大厦。历史的逻辑就是这样无情。①

三、王莽的复古"新政"

在西汉政权发生统治危机的时候,外戚王莽玩弄政治手腕,篡夺政权,于公元8年登上皇帝的宝座,改国号为"新",公元9年又改年号为始建国元年,这就开始他的所谓"建国",而实行"改制"了。王莽打着抑兼并、摧豪强的招牌,依照"圣贤古训"设计了一整套对当时社会进行复古改造的蓝图。其中关于工商货币政策的有五均赊贷、六筦、币制改革等几项,析述如下:

1. 五均赊贷

王莽工商业政策的变化是由放任改为管制。第一步是在城市里实行"五均赊贷法",这条法令是在始建国二年(10年)二月公布的。所谓五均就是由政府对工商业经营与市场物价进行统制与管理,此项工作主要集中在几个中心都市里。在推行五均的大城市中特设"五均官",全国有六大商业城市,即京师长安和被称为"五都"的洛阳、邯郸、临淄、宛和成都。原来的市令、市长,都改称为"五均司市师"。各大城市司市师下有交易丞五人,又称"均官",钱丞一人,又称"钱府官",分别掌管均平物价和收税赊贷等事宜。其具体作法是:(1)各市的均官,各

---

① 本部分的撰写参考、征引了齐涛《汉唐盐政史》第2～3章的内容。

自以当地每季的第二月的商品价格为基础，按商品质量，分上、中、下三等标准价格，这一工作称为“市平”，有平定物价的性质。(2)以成本价格收购那些滞销的重要民用商品，使生产者不致受损失。(3)经管赊、贷两种经济活动。

赊贷就是由官府办理信贷，也被列为五均官的经济任务之一。赊和贷不同，赊是借钱与城市居民作非生产消费之用，贷是借钱与小生产者作生产用。凡居民遇有丧葬祭祀，无钱举办，由钱府官将工商业者所缴的税款借给他们，因属非生产的消费，故不收利息，谓之赊。所谓贷，是指中小工商业者想经营产业而缺乏本钱时，可向钱府官借款，期限可较长，须支付利息。不论借款多少，按产业收入，除去成本费用，计算所得收息，“毋过岁什一”①。除此之外，还要按借款数额“收息百月三”，即年利36%②。

王莽“每有所兴造，必欲依古得经文”③，五均、赊贷自然也不例外，“《周礼》有赊贷，《乐语》有五均”④是也。王莽引经据典实行这些措施，其目的他自己宣称是“齐众庶，抑并兼”。从理论上讲，平抑物价有助于抑制商贾囤积居奇，赊贷则可抑制高利贷商人，都可以造福于民，然而实际情况却是另外一回事。五均变成了官僚富豪互相勾结、贱买贵卖、从中渔利的手段；赊贷这个“便宜”也不是好沾的，过期还不上钱，就会被罚做罪徒。正如范文澜所言：“贫民去了一个商贾高利贷商人的压榨，却来了一个贪暴官吏的压榨。在王莽看来，五均赊贷可以夺取商贾高利贷商人的利益，在贫民看来，王莽和商贾高利贷商人同样是可怕的压榨者。”⑤

2. 六筦

王莽实施五均赊贷的下一步，始建国二年(10年)，“初设六筦之令。命县官酤酒，卖盐铁器，铸钱，诸采取名山大泽众物者税之。又令市官收贱卖贵，赊贷予民，收息百月三。牺和置酒士，郡一人，乘传督酒利”⑥。连同五均赊贷一项，合称为“六筦”。六筦是王莽抓盐、铁、酒、铸钱、山泽、城市工商业这六种重要经济事业的统制政策。它并不是一次制定完备的全套经济政策，而是“或继承旧制，或损益创新”，最后总汇而成的。大体上，盐、铁专卖是因袭武帝时桑弘羊制定的财政政策。酒的专卖是由羲和(即汉时的大司农)鲁匡建议而恢复旧规的。其他也不外乎旧例损益或创新。表面上看来，五均六筦是国家对工商业等经济活动

---

① 《汉书·食货志》。
② 《汉书·王莽传》。
③ 《汉书·食货志》。
④ 《汉书·食货志》。
⑤ 范文澜：《中国通史简编》第2册，人民出版社1978年版，第127页。
⑥ 《汉书·王莽传》。

的管制措施，目的是抑制富商大贾对一般平民百姓的过分剥削。就其基本内容与性质而言，与汉武帝所实行的工商政策差不多少。然而，汉武帝的工商政策基本上取得了成功，以巨大的财政收入支持他完成了许多历史的伟业。而王莽的工商政策却收到完全相反的结果，进一步激化了阶级和社会矛盾，加速了新朝政权走向覆亡的步伐。王莽的工商政策就其内容而言似乎可指责之处不多，但由于实行这一政策的外部环境迥异，所以结果也就大相径庭。汉武帝时期，西汉的政治、经济和军事力量已达峰巅，社会呈现欣欣向荣的发达景象。特别是吏治较为清明，如桑弘羊之类多谋善断的一大批干才麇集在武帝周围，因而政令畅达，形成较高的行政效率。与之相反，王莽的施政环境较之武帝时代却大大恶化。他面对的是西汉二百多年来积累下来的难以解决的社会和阶级矛盾，周围是成、哀以来文恬武嬉、贪污腐化成风的贵族官僚群体，上下欺瞒，政令阻隔，政策一出国门就变得非驴非马，面目全非，所以得到的往往是始料不及的结果。王莽的五均六筦推行的结果，证明它是一个以聚敛财富为目的的搜刮政策。①

3. 币制改革

如果说盐、铁、酒五均赊贷诸筦制度本身还像个样子，表面上还是要利民的，那么六筦中的钱币铜冶这一“筦”就是措施乖舛，搞得十分荒唐，其扰民害民程度也最严重。在短短八年间就进行了四次币制改革。兹概述如下：

第一次币改，在居摄二年(7 年)。《汉书·食货志》载：“王莽居摄，变汉制，以周钱有子母相权，于是更造大钱，径寸二分，重十二铢，文曰‘大钱五十’。又造契刀、错刀。契刀，其环如大钱，身形如刀，长二寸，文曰‘契刀五百’。错刀以黄金错其文曰：‘一刀直五千’，与五铢钱凡四品并行。”这样，社会上除黄金外，由原来通行的五铢钱一种货币而变为四种货币，造成货币种类多且各种货币的重量和实际价值比率均不合理。

第二次币改，在始建国元年(9 年)。王莽迷信风水，一直担心刘汉集团势力东山再起，认为“劉”字含有“金刀”凶煞之气，于是就把上次币改中确定的两种刀钱和五铢钱都废除，专用大、小钱。大钱同前，重十二铢，值五十，实际上比秦半两钱贬值五十倍。另铸小钱值一，重一铢，为秦半两钱的十二分之一。熔毁十二个小钱就可铸成一个大钱，从原来只值十二个钱的，一下子变成五十个小钱，获利四倍，私铸大盛。

第三次币改，在始建国二年(10 年)。王莽异想天开，制订出一套“宝货”制，包括的货币的种类名色共有“五物、六名、二十八品”，其内容真是五光十色，堪称世界货币史上绝无仅有的奇景。所谓“五物”者，就是金、银、铜、龟、贝五种币材；

① 参见田昌五、漆侠主编《中国封建社会经济史》第 1 卷，第 591～592 页。

“六名”者，就是金货、银货、龟货、贝货、泉货及布货；“二十八品”者，则为金货一品、银货二品、龟货四品、贝货五品、泉货六品、布货十品，合计为二十八品。其实这只不过是些光怪陆离的各种商品的不同的计量，根本不能算是货币。可以想象使用时是多么繁难，史称“百姓愦乱，其货不行”①；民间则一直仍私用五铢钱相市易，虽严刑峻法也无法禁止。虽然如此，王莽却还留恋于已成古董的古代铜布制度，不久，竟又进行了一次货币改制。

第四次币改，在天凤元年（14 年）。此年，王莽又罢大、小钱，改行“货泉”、“货布”两种：(1)货泉，重五铢，值一；(2)货布，形似古代的“两足”布，重二十五铢，值二十五。原来重十二铢钱的大钱，规定与重五铢的货泉等值，允许继续流通六年。当然，这实际上是废除了大钱，因为不必到六年之后，人们自然会把这种较重的钱币销为生铜了。

王莽无视货币价值规律，随心所欲地更张制度，其结果只能以失败而告终。

首先，货币改制作为王莽复古改制的一部分，是恢复、仿照古史典籍记载的货币形式，而不顾当时的社会情况，属于一种泥古不化、开历史倒车的行为。在他的“宝货”制中，金、银、帛、布犹嫌不足，还要把早已失去货币性能的原始货币龟、贝也搬出来使用。这与韩非子所言的“构木钻燧于夏后之世者，必为鲧、禹笑矣”②的道理是一样的。

其次，币材泛滥，轻重不一，形同儿戏。王莽的一套货币制度就包括“五物六名”，说明他根本不明了币材问题是货币制度的基本问题；货币单位的轻重大小有“二十八品”之多，一旦摆在老百姓的面前，谁能不被它弄得头晕眼花呢？再者，货币制度是关联到民众生活的大事，非同儿戏，而王莽于短短几年间竟然接连实行了四次币改，都是一味依靠行政命令强制推行，并且在施行过程中又复朝令夕改，叫人动辄得咎，无所适从。由此可见，王莽的货币复古改制，在货币理论上完全是主观的历史唯心主义、王权货币名目主义的混合物。

最后，从他的货币改制的手段与内容上看，则是对广大人民（也包括一般的地主和商人）所进行的最露骨的搜括与剥削。发行虚价货币是每次货币改制的共同特色，而且各等货币之间的作价极不合理，加以每次改制都是废旧用新，而不讲求善后之事，所以，史称“每一易钱，民用破业，而大陷刑”③，并且造成“农商失业，食货俱废，民人至涕泣于市道”④的悲惨景象。据记载，当时由于货币混

① 《汉书・食货志下》。
② 《韩非子・五蠹》。
③ 《汉书・食货志》。
④ 《汉书・王莽传》。

乱，私铸盛行，因而犯盗铸钱及连坐而全家被罚做官奴婢、囚送到长安的就有10万人。这些人被迫做苦工，受折磨而死者十有六七，这当然会更加重社会秩序的混乱以及人民对王莽的仇恨。所以，在他种种倒行逆施的作为下，王莽新朝的迅速覆亡也就毫不足异了。

第二节　东汉至隋唐工商货币政策的演变

东汉政权代表豪强地主利益，施行的是经济放任政策。在这一时期，盐铁专卖被新的征税制所取代。魏晋南北朝分裂割据时期，对官手工业控制甚严，建立了"百工"户籍制度；盐铁等商品专卖制度在多数时间内难以施行，于是就采取了重征商税的政策。隋与唐前期，实行了经济放任政策；安史之乱后，随着唐王朝的由盛转衰，国家对商业的控制加强，实行了盐铁专卖，尤其需要我们大书特书的是刘晏推行的商运商销的榷盐法，引入了商人与商业机制，标志着我国传统工商业政策的转型。

一、盐铁政策的变化①

随着王莽的覆亡，西汉一朝连同王莽创意的"新"的经济体系土崩瓦解，在东汉光武帝重新构筑封建经济体系之时，盐铁专卖被新的征税制所取代，此后迄东汉末年，只有章帝之世一度重整盐铁专营，其余时代一直通行民营民销基础之上的征税制。

地皇三年(22年)，即王莽败亡的前一年，彻底放弃六筦。刘秀建东汉后，顺应王莽末年以来的局面，实行盐铁放任政策。当然，刘秀的盐铁放任政策并不是完全听任民间自由经营，而是设盐铁官于各主要出产铁县，就场征税。《续汉书·百官志》云："凡郡县出盐多者置盐官，主盐税；出铁多者置铁官，主鼓铸。……在所诸县，均差吏更给之。置吏随事，不具县官。"这一体制初始的时间就是刘秀时代。

有自然灾害，到了东汉第三任皇帝——章帝之时，为了对付"内外有西域之牵扯，财政收支日趋紧张"的危难局面，恢复了以往的盐铁专营，遭到了朝野上下的激烈反对，产生了较大的副作用。所以，章帝临终之际，遗诏罢除之："罢盐铁之禁，纵民煮铸，入税县官，如故事。"②

和帝即位后不久，颁布了诏令，在全国范围内废除了盐铁专营政策，重新实

① 本部分内容参考齐涛《汉唐盐政史》第3～4章撰写。

② 《后汉书·和帝纪》。

行了征税制。从此至东汉末，盐铁政策未再有大的变化。

终东汉一代，盐铁放任政策一直居主导地位，是有着深刻的社会历史原因的。东汉时代，官僚、地主、富商三位一体的豪强地主集团把持着政权，他们声称："为国者以富民为本……富民者以农桑为本，以游业为末；百贾者以致用为本，以巧饰为末；商贾者以通货为本，以鬻奇为末。三者守本离末则民富，离本守末则民贫。"[①]在这一旗号下，他们亦官亦农亦商，势力迅速膨胀，如仲长统言："豪人之室，连栋数百，膏田满野。奴婢千数，徒附万计。船车贾贩，周于四方；废居积贮，满于都城；琦赂宝货，巨室不能容；马牛羊豕，山谷不能受。"[②]对这批人来说，能带来巨额利润的盐铁产业当然就是他们趋之若鹜的目标。明乎此，盐铁专卖不得实施的原因也就昭然若揭了。

不过，有一点我们也要明白，尽管东汉主要实行的是征税制，但此时的征税制已不同于西汉前期的征税制，而是带有一定的盐铁专营遗存的征税制。

东汉末年以来，群雄纷争，割据者们无不注重盐铁之利。三国时代，各国均在其境内实行了各具特色的专卖制，以助军国之需。这一做法也被后起的两晋所承袭，但两晋时代，由于社会经济政治结构的重大变动，所谓专卖只能得其皮毛而已。

曹魏政权在其版图内是比较普遍地实行食盐专卖的。如凉州刺史徐邈"上修武威、酒泉盐池以收虏谷"[③]的记载即是，更有平蜀功臣邓艾向司马懿建议"留陇右兵二万人，蜀兵二万人，煮盐兴冶，为军农要用"[④]，开后世盐屯之先河。冶铁与煮盐相提并论，曹魏政权不但设官主持铁制农具、兵器和其他器具的生产，而且也掌握了铁器的流通，以从中获取大利。

蜀汉政权设立盐府校尉，负责管理盐铁之利，盐铁校尉下又有若干典曹都尉。《三国志·蜀书·吕乂传》云："初，先主定益州，置盐府校尉，较盐铁之利。后校尉王连请乂及南阳杜祺、南乡刘幹等并为典曹都尉。"

东吴政权在海盐、沙中、东莞等地，设有食盐产销的管理机构——司盐校尉和司盐都尉；在产铁之地如武昌、梅根，设立冶令或丞，管理采铸，实行铁器官营。

两晋盐铁管理情况，限于史料，我们只能略知一二。杜预任度支尚书后，"乃奏立籍田……较盐运，制课调，内以利国"[⑤]。所谓"较盐运"，应当就是专卖制，但执行情况已不得而知。就盐铁生产而言，西晋承三国之余绪，主观上也想推行

① 王符：《潜夫论·务本》。
② 仲长统：《昌言》。
③ 《三国志·魏书·徐邈传》。
④ 《三国志·魏书·邓艾传》注引。
⑤ 《晋书·杜预传》。

官营盐铁，禁止私家煮盐铸钱，并颁布了相应的法律。《晋令》云："凡民不得私煮盐，犯者四岁刑，主吏二岁刑。"[①]但在当时世家大族把持政治的情况下，国家政权也无法阻止世家大族占山固泽、分争盐铁之利。东晋时代更是如此。因之，两晋时代盐铁生产是官私并举。

宋、齐、梁、陈四朝实行了盐铁放任政策，这取决于其特定的经济政治结构。刘宋以来，世家大族既把持着国家的经济命脉，也把持着国家的政治命脉。就盐铁而言，古来属于山泽之利，但恰恰在这一时代，山泽本身即被世家大族所瓜分，盐铁自然也成为其囊中之物。占山固泽自刘宋以后，愈演愈烈。如刘宋扬州刺史刘子尚所言："山湖之禁虽有旧科，民俗相因，替而不奉，熂山封水，保为家利。"[②]占尽地利的世家大族独揽他们占治下的盐铁生产和手工业生产，所以谢灵运夸耀自己的田庄"供粮食与浆饮，谢工商与衡牧"，真正做到了自给自足。

与南朝盐铁的自由经营相比，北朝的盐铁政策又是怎样的呢？总的情况是：北方的铁器主要由官府掌握；食盐时而专卖，时而开放经营，经历了一个大起大落的过程。具体言之，北魏的盐制是三放三收：魏献文帝"弛山泽之禁"[③]；魏孝文帝重设盐司，"量其贵贱，节其赋入，于是公私兼利"[④]；孝文帝后期，"开盐池之禁，与民共之"[⑤]；宣武帝景明年间，"还收盐池利以入公"[⑥]；宣武帝正始三年，"使公私并宜，川利无拥"[⑦]；孝明帝神龟初年，"复置监官以监检焉"[⑧]。北魏盐制的"更罢更立"[⑨]，实际上是政府与豪强在经济问题上的一次又一次的较量。从总体上看，严格管理与放任私营时间各半，而且后者实际上取得了最终的胜利。

东西魏时代，西魏拥有池盐产地，仍设盐池都将，严格税收；东魏拥有海盐产地，实行了分区管理政策，在沧、瀛、幽、青这一海业中心产区，实行盐业官营，获利丰厚，其他地区则听由民煮。北齐建立后，盐法情况不详，当依东魏旧制；北周实行征税制，《隋书・食货志》云："凡盬盐、形盐，每地为之禁，百姓取之，皆税焉。"

隋文帝代周，为了争取商人富家对新政权的支持，"弛山泽之禁"，"通盐池、盐井与百姓共之"，实行了盐铁放任政策。

---

① 《太平御览》卷八六五引。

② 《宋书・羊玄保传附羊希传》。

③ 《魏书・献文帝纪》。

④ 《魏书・孝文帝纪》。

⑤ 《魏书・孝文帝纪》。

⑥ 《魏书・宣武帝纪》。

⑦ 《魏书・甄琛传》。

⑧ 《魏书・寇俊传》。

⑨ 《魏书・食货志》。

唐代盐铁管理以安史之乱为界可以分为前、后两个时期。唐初,承隋之制,官府与百姓均可以从事盐铁生产。这一格局一直延续到安史之乱爆发。

唐前期的官营盐铁在当时盐铁生产中居于支配地位,它对全国盐铁具有优先采煮权,只有“官不采者”,方“听百姓自采煮”[①]。唐初设置盐监、诸冶监来管理官营盐铁[②]。与盐监并行,唐代前期又设有众多的盐屯。据《唐六典》卷四七“屯田郎中”条注,可知唐代盐屯大致分布在河东、关内、河北三道。其中,河东道大同军 40 屯,横野军 42 屯,蒲州 5 屯,关内道会州 5 屯,河北道幽州 55 屯。[③]

“官不采者”,“听百姓自采煮”。因此,民营盐铁在唐代前期是十分发达的。唐前期对民营盐铁如何管理,是否要征税纳课,历来说法不一,相当一部分研究者认为唐前期官府完全放任民营,不征税课。我们认为唐前期对民营盐铁是实行征税制的。[④]

唐前期盐铁政策的特色是重其用而非重其利,重点放到了京师及诸军镇自给自足的供给上。这固然反映了当时官手工业的发达与自给自足经济的强大,但根本的原因还是在于唐王朝此时的经济结构与政治结构相吻合,财政收入依赖租庸调等直接税即可基本满足,尚无须问津盐铁之利等间接税。

二、严密的官手工业政策

东汉官手工业制度完全继承西汉,但对工官则大为裁并,说明东汉官手工业的规模,实远不及西汉。东汉的各种官手工业,皆划归少府管辖,所设之官只有:“少府,卿一人,中二千石。本注曰:掌中服御诸物,衣服宝货珍膳之属。……守宫令一人,六百石。本注曰:主御纸笔墨,及尚书财用诸物及封泥。……尚方令一人,六百石。本注曰:掌上手工作御刀剑诸好器物。”[⑤]东汉官府作坊中的劳动者多是奴隶、刑徒和吏卒,较少出现征发民间工匠的事例。

魏晋南北朝也继承了早已有之的官府手工业传统,这一时期的官府手工业的管理机构虽不尽相同,名称也不一致,但基本官制大体上仍沿袭秦汉之旧,其职掌和作用则始终如一。

这一时期,历代王朝均对民间手工业者采取了严格的控制政策,他们为具有手工业技巧的工匠另立户籍,并制定了子孙相袭、不许改业等专门的制度。与前

① 《唐六典》卷三十。

② 《旧唐书·职官志》。

③ 此条局本脱,后人据南宋本补之。(参见郑学檬《试论唐代的营田和屯田》,载《厦门大学学报》1962 年第 3 期)

④ 其分析与论证,参见齐涛《汉唐盐政史》,山东大学出版社 1994 年版,第 134～136 页。

⑤ 《后汉书·百官志三》。

代相较，是为一大变化。

东汉末、三国时期，战祸不断，原直接隶属于中央政权的官营手工业，几乎处于完全停废的状态。民间工匠也或死或徙，数量大为减少，各割据集团为了制作兵甲、农具、车船和宫廷所需的服饰用品，首先致力于恢复官手工业，因而大力加紧对民间工匠的掠夺和控制。三国时在官府手工业中的劳动者，除了一部分官奴婢、刑徒外，主要就是俘掠或征发来的有专门技术的民间工匠——百工。百工一旦被某个割据集团占有，就需要设法长期地、牢固地控制住他们，也需要不断地有百工本身的再生产，所以，给这些民间工匠另立户籍、不许改业以及制定子孙世袭相承等制度，就成为势所必然。三国时已有专门隶属于官府的户籍，东吴"有鬼目菜生工人黄者家"和"有买菜生工人吴平家"[①]，表明吴国工匠已有专籍。

西晋代魏后，更以法律形式规定了百工的地位。如晋武帝泰始八年(272年)下诏申明律令曰："诸士卒、百工以上所服乘皆不得违制，若一县一岁之中有违犯者三家，洛阳县十家已上，官长免。"[②]在这里，百工之户的地位与士卒同，魏晋士卒，名曰"士家"，其身份是世袭的，其地位是低贱的，百工既与之并列，且所受束缚与之相类，则百工身份的世袭性与地位的卑贱性遂固定下来了。从此以后，他们不再是自由人，为官府服役成了他们的固定义务，这样，民间工匠便沦落为直接受制于官府的封建依附民了。

东晋时对百工户的征收和奴役甚于西晋。王羲之曾说："百工医寺，死亡绝没，家户空尽，差代无所。"[③]可见百工另立户籍，子孙相袭，被强制征收于官府服役，非经放免不得同于编户。

十六国和北朝前期，对工匠的人身控制更为严格。如北魏政府一再下诏，规定"百工伎巧、驺卒子息，当习其父兄所业，不听私立学校，违者师身死，主人门诛"[④]。即百工伎巧必须世代相袭，为官府服役，不许改业。

到南北朝中叶，由于百工户的不断逃亡和反抗斗争，迫使封建官府不得不放宽对百工户的人身束缚，并且形成一种持久的历史趋势。在南朝，齐明帝建武元年(494年)下诏："细作、中署、材官、车府，凡诸工可悉开番假，递令休息。"[⑤]这个诏令以法律的形式明确了番役制度。此后，封建政府对官工匠的控制逐步松弛，并出现了雇借制度，如梁武帝诏答贺琛云："凡所营造，不关材官及以国匠，皆资

---

① 《三国志·吴书·孙皓传》。
② 《晋书·李重传》。
③ 《晋书·王羲之传》。
④ 《魏书·世祖太武帝纪下》。
⑤ 《南齐书·明帝纪》。

雇借,以成其事。"[①]

在北朝后期,官府对工匠的控制也明显地放宽了。如北魏孝文帝延兴元年(471年),"诏工商杂伎,尽听赴农"[②]。创于南朝的轮番制和雇佣制,亦为北朝所采用。如《魏书·食货志》载三门都将薛钦请用雇车中的绢帛充造船输送租调的建议,他说:"计船一艘举十三车,车取三匹,合有三十九匹,雇作手并匠及船坐杂具食直,足以成船。"可见船是用原来雇车的绢雇用作手及工匠制造的。北魏后期可能已采用了轮番制,但明确记载却只见于北周。《隋书·食货志》称隋高祖即位后征发丁匠事说:"发山东丁,毁造宫室,仍依周制,役丁为十二番,匠则六番。"可见,从南北朝中叶开始,南北同样出现了雇佣工匠,又同样确立了番役制度。由于官府改变了原先对手工业者严格控制和奴役的作法,被征服役的工匠在一年之中除了为官府作场劳动之外,有了自己支配的劳动时间,这必然会促进民间手工业的发展。因此,番役制和雇佣制的出现,在当时不失为一种进步的办法,都是社会的进步现象。[③]

我国官手工业制度至唐而大备。唐代将所有官手工业按照性质和用途分为三大类,分属三个管理机构:一是普通工业,制造宫廷官府的公用物品和奇器文巧等奢侈品,主管官府是少府监;二是兵工业,制造武器和其他各种军用品,主管官府是军器监;三是建筑业,除土木工程外,制造各种陶器、石器和建筑材料,主管官府是将作监。[④]

唐代官府手工作坊中的劳动者主要由短番匠、长上匠、明资匠、和雇匠、刑徒和官奴婢几部分构成。

官奴婢"凡初配没有伎艺者,从其能而配诸司;妇人工巧者入于掖庭;其余无能,咸隶司农"[⑤],刑徒是犯罪配作;"在京送将作监,妇人送少府监缝作;外州者,供当处官役及修理城隍仓库及公廨杂使"[⑥]。

短番匠,系从民间征调而来,他们每年有一定时间到官府作坊中服无偿劳役,并定时轮流替换。他们是工匠中的绝大多数。按《新唐书·百官志》记载,少府监有短番匠5029人,将作监有短番匠12 744人,均占两监工匠的绝对多数。

---

① 《梁书·贺琛传》。

② 《魏书·高祖孝文帝纪上》。

③ 参见唐长孺《魏晋南北朝史论丛续编》,三联书店1959年版,第59页。

④ 关于各监的建置和职掌等情况,见《唐六典》卷二二、卷二三及《新唐书·百官志》与《旧唐书·职官志》。

⑤ 《唐六典·刑部》。

⑥ 《唐六典·刑部》。

如果不愿服役，亦可输钱纳资，大致“每月每人任纳钱二千文”[①]，用以雇人。

长上匠是和短番匠相对而言的，他们是无固定番期的，其役期视所从事的工种期限而定，自始而终，而不似短番匠由众人轮流完成一项工程。长上匠，一般是工匠服役期满后因技艺高超而被留下来继续服役的人。在这期间，政府付给他们报酬，钱是来自短番匠所纳的资课。史载：“凡诸州匠人长上者，则州率其资纳之，随以酬雇。”[②]

明资匠有固定番期，此为不同于长上匠的地方；但他们亦不同于短番匠，因为他们是“酬雇”而来的，且工钱是预先明确的，此为“明资”名称的由来。《新唐书·百官志》记载将作监有明资匠 260 人，《旧唐书·职官志》记载都水监河渠署有明资渔师 120 人。

和雇匠是隋唐以来特别是中唐以后迅速发展的一类工匠。和雇的出现是人身依附关系渐趋松弛的表现。和雇工匠的工资是按日支付的，“雇者，日为绢三尺”[③]。他们又与明资匠、长上匠不同，因政府需要随时雇用，事毕即散，且没名额的严格限制。尽管如此，仍然是封建隶属关系上的强制募集。

短番、长上、明资、和雇四类工匠的服役方式、役期、待遇虽各有不同，但都是从民间集中到官府的。为了有效地掌握散在各地的工匠，中央责令地方营造工匠名籍，以备差遣时不致遗漏。《吐鲁番出土文书》第 4 册《唐何好忍等匠人名籍》(64TKM1：37/2b)中罗列了各类匠人名单，包括缝匠、皮匠、木匠、油匠等。对匠人分类立籍，加强对他们的管理控制。政府规定：“一入工匠后，不得别入诸色。”[④]所以，这些在籍的工匠皆是世代相延，父死子继，兄终弟及。

一般说来，各类工匠的组织大致有两种形式：一种是以地区划分，即“以州县为团，五人为火，五火置长一人”[⑤]的形式，将上役的工匠编成人数固定的各级单位，逐级以专人负责；另一种是按技术划分等级，在一般工匠之上有都料匠和号头。柳宗元《梓人传》中的“古之审曲面势”的梓人，即是“都料匠”[⑥]，负责技术把关。号头是劳动中发号施令、统一调遣的指挥者，相当于工头。如《旧唐书·外戚传》载：“造明堂……凡役数万人，曳一大木千人，置号头。头一㘅，千人齐和。”

---

① 《册府元龟·邦计部·赋税》。

② 《唐六典·将作监》。

③ 《新唐书·百官志》。

④ 《唐六典·工部》。

⑤ 《新唐书·百官志》。

⑥ 柳宗元：《柳河东集》卷十七。

三、商贸货币政策的发展

东汉王朝维护官僚、地主、豪商三位一体的利益，其商业政策当然和汉武帝时大不一样，而且比西汉后期走得更远。经济放任政策占了主导地位。

除取消盐铁专卖而实行征税制外，酒类专卖在东汉时也被取消，只是在水旱灾荒而粮食歉收年份“禁沽酒”，“禁郡国不得卖酒”。至于均输法，汉章帝接受尚书张林的建议，利用西南边郡每年交纳税赋官吏上洛阳之便，部分地实行过。[①]全面实行均输则从未谈起。即使部分均输，后来也因豪强反对而作罢。

终东汉一代，从未直接提出过贱商、抑商的口号。只是在先武时桓谭宣传过“禁民二业”的主张，明帝永平中，朝廷真的“下令禁民二业”，成为抑商政策的仅有的一点内容。但实际上“禁民二业”并没有收到预期的效果，反而产生了意外的流弊。后明帝接受刘般的建议，取消了“禁民二业”的规定，徒有虚表的重农抑商政策连“表”也被剥掉了。[②]

维护官僚、地主、豪商利益的东汉政权垮台后，中国经历了三国（220～280年）、西晋东晋（265～420年）、南北朝（420～589年）时期。在近四个世纪里，基本上是分裂代替统一，动乱多于安定。各个封建政权虽不同程度地举办了一些官营商业，但由于豪强势力较大，基本上只能仍东汉之旧贯，允许私人自由经营、扩展商业阵地，商品专卖制度在多数时间很难推行，盐铁专卖的实施情况即是明证。在商业政策上的特点是，加强了对私营商业征税。在南方，豪强势力特大，中央集权甚弱，官营商业尤难施行，而只好在增加税收上大翻花样。特别是因为很大部分人口被豪族世家所分割，农业税来源减少，所以统治者就加倍地向商业方面——主要是商税上打主意。在北方，中央集权的政府控制的人口较多，来自农业的租调较多，所以在一段时间内尚未斤斤于商税之征，而且官办商业较南方为多，由此带来的利润确也不少。后来，北方政权的政治渐趋腐化，商税亦随之加重起来。大凡从南到北，当政治越腐败、政局越动荡的时候，统治者向商业方面的榨取就越重。在这些时候，上层建筑的东西——政策、政权力量对商业的正常发展，就起着愈益严重的消极作用。[③]

秦汉时实行的与市制相连的市租，魏晋仍在实行，南渡以后继续保留下来，东晋时有“常以市租供给家人粮廪，勿令缺乏”[④]的记载。南朝时市租称“市税”、

---

① 《后汉书·朱晖传》。

② 《后汉书·桓谭传》、《后汉书·刘般传》。

③ 参见吴慧《中国古代商业史》第2册，中国商业出版社1983年版，第326页。

④ 《晋书·儒林·杜夷传》。

“市调”，且征收甚重，秦淮河“北有大市百余，小市十余所。大市备置官司，税敛既重，时甚苦之”[①]。秦汉大一统时代取消的关税，在三国时被割据政权所恢复。西晋时只免了一年，过后还是照常征收。东晋过江后，关税更加苛繁。南朝也是如此，因南方多水运，关税特称为“关津之税”。史称“其荻炭鱼薪之类过津者，并十分税一以入官”[②]。对关市之税，北方政权也实行了，只不过是较之南方晚些罢了。

估税，是按货物的交易额征收的税。史称：“晋自过江，凡货卖奴婢、马牛、田宅，有文券，率钱一万，输估四百入官，卖者三百，买者一百。无文券者，随物所堪，亦百分收四，名为散估，历宋、齐、梁、陈，如此以为常。以此人竞商贩，不为田业，故使均输（纳税），欲为惩励。虽以此为辞，其实利在侵削。”[③]这是南方特有的一种税制。

东晋南朝时，收税是肥缺，贪官污吏便抱着担任司市之职，以抬高上缴税额作为营取职位的竞争手段。这样就形成了立额包征制，简称“包税制”。南齐永明四年萧子良在奏疏中说：“司市之要，自昔所难。顷来此役，不由才举。并条其重赀，许以贾炫。前人增估求侠（挟），后人加税请代，如此轮回，终何纪极？”[④]包税制亦为南方特有的制度。在这种制度下，上下分利，给法外横取大开方便之门。以后在中国封建社会的历史上，有些朝代也采取了包税制，此恶例即开自这一时期。

隋朝建国，“弛山泽之禁”，减轻商税，私营工商业得到较快的发展，但隋炀帝十几年的暴政又弄得民不聊生，在农民大起义的沉重打击下，隋王朝仅享祚二世便覆亡了。

唐前期的商业政策同西汉前期颇为相似，即一方面公布了贱商令，加强了市场管理制度；另一方面放松对主要商品的控制，不行专卖政策，还取消了关税。唐初规定“工商杂类不得预于士伍”[⑤]，规定在选举贡士时“刑家之子、工贾异类及假名承伪隐冒升降者有罚”[⑥]。这是在政治上对商人作些限制，而在经济上却实行了开放政策。由前文可知，未行盐铁专卖政策，而行征税制，且征税较轻。对商税中的主要部分关津之税则是免征的，唐太宗即位时下令：“潼关以东，缘河

① 《隋书·食货志》。
② 《隋书·食货志》。
③ 《隋书·食货志》。
④ 《南齐书·竟陵文宣王子良传》。
⑤ 《旧唐书·食货志》。
⑥ 《新唐书·选举志》。

诸关，悉宜停废"；"其金银绫绢等杂物，依格不得出关者，不得须禁"[①]。

安史之乱爆发后，国家财政陷入危难境地，经济干预代替经济放任，商业政策开始发生很大的变化。对食盐实行了专卖，尤以刘晏的榷盐法出名。后来专卖的范围又渐扩大，德宗建中三年（782年）宣布对酒实行专卖，"禁人酤酒，官自置店酤，收利以助军费"，贞元二年（786年）更在"京城及畿县行榷酒之法"[②]；德宗时，由户部侍郎韩洄建议，在"山泽之利宜归王者"的理由下，采矿归于盐铁使所管，实行铁的专营。除对主要商品实行专卖外，还加重了其他商税的征收。德宗时建立了统一的关津税的征收制度，建中三年下令："诸道津要置吏税商货，每贯税二十文。"[③]于建中四年六月"税屋间税，算除陌钱"[④]。又于贞元九年（793年）"初税茶"[⑤]，"茶之有税自此始"[⑥]。德宗以后至唐末，可说是苛捐杂税繁兴，施行的是一种掠夺商民的聚敛政策。

唐代完备的市场管理制度与唐中叶以后坊市制度的变化以及民族互市贸易、对外贸易的管理情况，在本书第五章第二节中已有较为详细的介绍，限于篇幅，此不赘述。

王莽币制改革造成的大混乱，直到东汉王朝建立"荡涤烦苛，复五铢钱"[⑦]才告结束。自汉光武帝十六年"始行五铢钱"[⑧]后，五铢钱遂又为法定统一货币，至东汉末未再变动，史称"天下赖其便"[⑨]。

东汉末年以来，谷帛的货币作用显示出来，甚至代替了金属货币。如有童谣曰："虽有千黄金，无如我斗粟。斗粟自可饱，千金何所值？"[⑩]这种状况普遍存在于魏晋南北朝时代，反映出这一时期金属铸币的混乱与货币经济的萎缩。作为中国货币发展史上一个过渡阶段，它具有如下一些特点：(1)钱名由重量铢两变化，突破传统习惯。(2)年号钱在后期逐渐采用。(3)币材广泛，金属与谷帛并行。(4)钱文书法变化多，由篆书改向隶楷，趋于实用。(5)货币流通长期混乱，减重普遍，通货膨胀时有发生。[⑪]

---

① 王溥：《唐会要》卷八六《关市》。

② 王溥：《唐会要》卷八八《榷酤》。

③ 《旧唐书·德宗纪》。

④ 《新唐书·食货志》。

⑤ 《资治通鉴》卷二三四；《旧唐书·食货志》。

⑥ 《旧唐书·德宗纪》。

⑦ 《汉书·食货志》。

⑧ 《后汉书·光武帝纪》。

⑨ 《后汉书·光武帝纪》。

⑩ 任昉：《述异记》卷下。

⑪ 参阅千家驹、郭彦岗《中国货币史纲要》，上海人民出版社1986年版，第48页。

隋文帝受周禅即位后，于开皇元年九月铸行统一的合标准的五铢钱，新钱"文曰'五铢'，而重如其文"[①]，结束了魏晋南北朝以来货币流通的长期混乱局面。但到了隋炀帝时代，私铸盛行，甚至出现了"剪铁鍱、裁皮、糊纸以为钱"[②]的现象，隋五铢钱制度渐趋崩溃。

唐朝立国，于武德四年宣布废止五铢钱，改行"开元通宝"钱[③]，从此，我国金属铸币制度正式脱离以重量为名的五铢钱系统，而发展为"通宝"钱制度。"开元通宝"新钱的行用甚为成功，史称："轻重大小，最为折衷，远近甚便之。"[④]从此，终唐之世，除高宗及肃宗时偶铸以年号为名的"乾封泉宝"、"乾元重宝"钱外，钱文均以"开元通宝"为定制。唐开元通宝钱的创制，与秦半两、汉五铢钱一样，在我国货币发展史上，皆为具有划时代意义的事情。这种钱制，不仅成为有唐一代的定制，而且在唐以后还持续流行了近千年；而开元钱的大小轻重，则往往被作为后世"制钱"的楷模。开元通宝这一钱制的改变，也有其社会意义：铜钱名曰"通宝"，它反映着人们对货币作用进一步的认识，也反映了货币地位在社会经济生活中的增强。因为，"通宝"即通流的宝货之意，一方面，作为商品交换的工具而通流不息；同时，以钱为"宝"，则反映着"货币即财富"这一观念的增强以及货币权力的扩大。

唐代货币流通是钱帛兼行，如政府规定："命市井交易，以绫罗绢布杂货与钱兼用。"[⑤]其后货币经济迅速发展，使铜铁流通的范围扩大，绢帛的货币作用则趋于衰退。这时，流通中的货币开始感到不足，为适应南北异地交换与商业活动的需要，产生了飞钱："(唐宪宗)时商贾至京师，委钱诸道进奏院及诸军、诸使、富家，以轻装趋四方，合券乃取之，号飞钱。"[⑥]飞钱又称"便换"，如《旧唐书·食货志》中就有"茶商等公私便换见钱"之语，都是指的这种最早的货币汇兑方式。飞钱虽已产生，仍然不能满足交换与货币经济开始发展的客观需要，在这种情形下，唐末五代时，贵金属白银遂开始有正式进入流通领域的趋势。

四、榷盐法与传统工商政策的转型[⑦]

随着唐代社会经济结构、政治结构的急剧变化，间接税地位的提高势在必

① 《隋书·食货志》。

② 《隋书·食货志》。

③ "开元"意为开辟新纪元，而不是年号。

④ 王溥：《唐会要》卷八九《泉货》。

⑤ 黄宗羲：《明夷待访录·财计一》。

⑥ 《新唐书·食货志》。

⑦ 本部分论述征引、参见了齐涛《汉唐盐政史》第5章，齐涛、马新《刘晏杨炎评传》第5章。

行，榷盐制的实施提上了议事日程。安史之乱爆发后，唐王朝的财政危机也全面爆发，整个国家财政陷入崩溃的境地。在这一历史条件下，榷盐制应运而生。

首先运用榷盐法的是平原太守颜真卿。安史乱初，颜真卿以食盐专卖方式筹措军饷："以钱收景城郡盐，沿河置场，令诸郡略定一价，节级相输，而军用遂赡。"[①]第五琦于乾元元年(758 年)在全国范围内实施榷盐法。其内容大致有以下几点：(1)设立监院，负责榷盐事务，"就山海井灶近利之地置监院"[②]；(2)设立盐籍，建立特许生产制度，规定"游民业盐者为亭户，免杂徭"[③]；(3)亭户所煮之盐要悉数交付监、院，再由官吏加价出粜[④]，"斗加时价百钱而出之，为钱一百一十"[⑤]；(4)设立盐禁制度，规定"盗煮、私市者论以法"[⑥]。第五琦盐法的核心内容是官产、官销，即"夺灶户之利而官自煮之……夺商贩之利而官自卖之"[⑦]。第五琦的官产官销制，作为战时的一项救急措施，具有一定的优越性，但也存有许多难以克服的弊病。其一，官产官销使官盐的销售范围仅限定于中央王权所能直接控制的地区，这在当时战乱及藩镇割据形势下会使国家榷利大受影响。其二，在官产官销制度下，生产者与销售者均无积极性可言，以销盐者来说，负责销售的"州县人吏，坐铺自粜，利不关己，罪则加身"[⑧]。这与盐商们"自负担斗"至山谷深处"往与百姓博易"[⑨]，形成鲜明的对比。

安史之乱后，唐王朝的统治转危为安。在新的形势下，类似全面禁榷这种"战时经济政策"，就不能不加以调整了。"善知取予"[⑩]的理财家刘晏就任盐铁使后，对第五琦盐法进行了系统改革，其核心是改官运官销为商运商销，在榷盐法中引入商人与商业机制，即如《新唐书·食货志》所讲的"粜商人，纵其所之"。其具体方式，《资治通鉴》卷二二六记载得更为清楚："但于出盐之乡置盐官，收盐户所煮之盐，转鬻于商人，任其所之。"这里，政府只把住了生产和食盐总批发两个环节，榷税寓于批发价格之中，商人从盐政机构购得食盐后，享有充分的销售权力，实际上成为榷盐制的有力推行者。

为了调动盐商的活力，刺激他们对榷盐制度的推进，刘晏对盐商实行的是扶

① 《全唐文》卷五一四《颜鲁公行状》。
② 《新唐书·食货志》。
③ 《新唐书·食货志》。
④ 《资治通鉴》卷二一九。
⑤ 《新唐书·食货志》。
⑥ 《资治通鉴》卷二一九。
⑦ 马端临:《文献通考·征榷考二》。
⑧ 《全唐文》卷五五〇韩愈《论变盐法事宜状》。
⑨ 《全唐文》卷五五〇韩愈《论变盐法事宜状》。
⑩ 《新唐书·刘晏传》。

植与保护政策，主要体现在以下几方面：(1)简化对盐商的税收。盐商在盐政机构纳榷取盐后，在转卖过程中不再加税，对于各地所设的针对盐商的征取，刘晏一概罢除。即《新唐书·食货志》所讲的：自榷盐法兴后，"诸道加榷盐钱，商人舟所过有税，晏奏罢州县率税，禁堰埭邀以利者"。(2)为了减少商人的缺钱麻烦，刘晏规定商人可纳绢代钱购盐，绢价每贯加钱二百（十分之二），以给优待，即《新唐书·食货志》所讲的："商人纳绢以代盐利者，每缗加钱二百，以备将士春服。"从这一记载，我们似可看出一点交引制与入中法萌生的端倪。[1] (3)刘晏修治河道，不仅是便于官府的漕运和市轻货以输上都，同时也有意使舟船流通，商贾往来贩运货物，以活跃城乡经济。(4)刘晏管财政时，特降低邸店行铺的户等负担，取消了过去商人户税加二等征收的规定。(5)商运商销制下，刘晏完全放开了盐价，食盐零售价由盐商们根据市场情况灵活掌握，"粜盐商，纵其所之"，此为盐商牟取厚利的前提。

在国家便商措施的支持下，在高额利润的诱导下，盐商们对榷盐法当然是趋之若鹜，无不尽心尽力，甚至甘冒生命危险。杜甫在《滟滪》诗中曾感叹道："舟人渔子歌回首，估客胡商泪满襟。寄语舟航恶年少，休翻盐井横黄金。"[2]盐商们的足迹遍布全国各地，因而当时的盐业市场随处可觅。白居易诗云："亥市鱼盐聚，神林鼓笛鸣。"温庭筠诗云："青箬裹盐归峒客，绿荷包饭趁虚人。"甚至在偏僻地区也有食盐交易，"山谷贫人，随土交易，布帛既少……市盐者，或一斤麻，或一两丝"。这不能不说是商运商销榷盐法下出现的新现象。

在为盐商提供便利条件的同时，刘晏还严格查禁不法盐商与私盐，他创设的十三巡院在初期的主要职掌就是"捕私盐者"[3]。巡院的设置，在当时有力地控制了私盐流通，屏护着国家与合法盐商的丰额收入。后巡院职掌增多，成为刘晏了解商情和物价动态的情报机构。"诸道巡院，皆募驶足，置驿相望，四方货殖低昂及它利害，虽甚远，不数日即知，是能权万货重轻，使天下无甚贵贱而物常平。"[4]利用各道的巡院建立起了一套严密高效的商情网。驿站之设，虽古已有之，但派到建立商情网这一用场上，还属刘晏的首创。通过商情网便能够随时知晓各地的生产情况与经济信息，利于随时调配物资，稳定物价，从中我们可以看出刘晏经营思想的一个重要特色，就是面向市场，因地制宜，以实际经济效果为首要标准。由此我们也可以说，刘晏是中国历史上第一个创设商业情报系统、收

---

① 其分析与论证，请详见齐涛《汉唐盐政史》，第175～177页。

② 曹寅：《全唐诗》卷二二九。

③ 《新唐书·食货志》。

④ 《新唐书·刘晏传》。

集商情动态、统驭财赋运转的理财家。

当然，刘晏在为盐商提供便利条件的同时，也采取了一些防范与控制措施。值得注意的是，刘晏完全是通过对市场的宏观调控来调节盐价、掣肘盐商的，而不是通过行政或其他途径。刘晏变法之初，即在吴、越、扬、楚设“盐廪至数千，积盐二万余石”①，政府始终保有一部分食盐储备，必要时可以随时调运，投放市场；另一方面，又在距盐产地较远的江岭一带设立常平盐，“每商人不至，则减价以粜民”②。有了这两条，再加上前述的商情网，唐王朝就可以控制食盐市场，避免盐价过高而引发社会问题。

在刘晏“广牢盆以来商贾”③的商运商销方针下，政府所得收入大幅度增长。如《旧唐书・刘晏传》言：“初，岁入钱六十万贯，季年所入逾十倍，而人无厌苦。大历末，通计一岁征赋所入总一千二百万贯，而盐利且过半。”所以《新唐书・食货志》称道：“天下之赋，盐利居半，宫闱服御、军饷、百官禄俸，皆仰给焉！”盐利在国家经济、政治、军事中的作用，被刘晏发挥得淋漓尽致，这正是他在盐法中引入商人和商业机制所取得的显著成效。

由上述可知，刘晏榷盐法是民制官收、商运商销的“间接专卖制”(亦称“就场专卖制”)。在这一体制下，政府和盐商同是榷盐的受益者，具备共同的利益基础，二者建立起了一种相互依存的关系。一方面，盐商们要通过政府的榷盐法以牟利；另一方面，盐商是国家榷利的直接交纳者，也是榷利的实现者。正如韩愈所讲：“国家榷盐，粜与商人，商人纳榷，粜与百姓，则是天下百姓，无贫富贵贱，皆已输钱于官矣！”④其精妙之处就在于刘晏利用了政府榷价与市场价格之间存在差距这一客观因素，刺激了商人追逐利润的心理，使商人的经营与政府的利益有机地结合起来。尽管商人在经营转贩过程中要分取国家部分利益，但为了加快专卖商品的流通，官府却必须与商人合作，并采取某些便商的政策措施。

刘晏间接专卖制实施之前的禁榷制度多采用直接专卖制，如第五琦、桑弘羊、管仲等实行的都是民制管收、官运官销的办法。管仲实行“官山海”，就食盐生产而言，一方面是官府完全包揽了所产之盐，一律“征而积之”；另一方面则是官府严格控制食盐生产的进行。在食盐运销方面，官府完全垄断，设立盐官，统一管理运销事宜。《管子・山国轨》云：“盐铁之策，足以立轨官。”盐官通过政权组织，计口配盐，即管仲对桓公所讲的“谨正盐筴”⑤，就是根据人口户籍，将男女

---

① 《新唐书・食货志》。

② 《新唐书・食货志》。

③ 王溥:《唐会要》卷八七《转运盐铁总叙》。

④ 《全唐文》卷五五〇韩愈《论变盐法事宜状》。

⑤ 《管子・海王》。

老少分别登记其配售盐数，按人分等定量销售。

桑弘羊时期盐业专营情况是“募民自给费，因官器作煮盐，官与牢盆”[①]，在全国设36处盐官。这36处盐官的主要职责便是管理生产，收购食盐，并向外发运。发运方式是征调“良家”子，统一组织，如《盐铁论·禁耕》云：“良家以道次发，僦运盐铁。”这一时期废除了管仲时的按人计量分配的办法，但盐的零售仍是由官府设“官市”销售，盐价由官府统一掌握。虽然官府没有力量自置吏员，卖盐之处特许一些中小商人进行分销以补缺拾遗，但官府又“笼合税之，令利入官”[②]，商贩得利甚微。

在管仲、桑弘羊、第五琦等实行的官运官销直接专卖体制下，采取的是地地道道的抑商措施，政府完全把商人纳入自己的官营商业体制当中，近乎全部地垄断了利润收入，私商获利甚微，自然毫无积极性可言。当然，他们实施直接专卖制，是与当时的社会形势分不开的。桑弘羊时代，富商们“不佐公家之急”，与政府采取不合作甚至敌对态度，因此，政府对他们的打击也是唯恐不周不力。此外，汉武帝“外事扩张，内事兴作”，财政困窘，在此等非常情况下，若不采取非常措施，便会有王朝覆亡的危险。第五琦更是在安史之乱中唐政府为救燃眉之急的背景下推出直接专卖制，在战乱不已的情况下，全面垄断盐利，是可以理解的。

到了刘晏，时代不同了。封建社会内部商品经济正出现日益发展的趋势，商人势力日渐强大。安史之乱后，国家财政收入主要依赖工商等间接税，盐利更是一大宗。私商尤其是盐商正是政府所要争取、拉拢、与之合作的对象。此外，官运官销体制下，开支大，弊病多，也不如利用私商为好。在这种政治、经济形势下，刘晏的间接专卖制便应运而生了。刘晏榷盐法是切合当时的客观实际的，同时从长远看也是顺应商品经济发展的历史潮流的，对后代的禁榷制度以及工商政策产生了至深至巨的影响，从此，我国古代的工商政策进入了一个崭新的发展阶段。

到了宋代，虽扩大了专卖体系，且出现了从“官商共利”到“官商争利”的发展趋势，但“官商分利”却是一个不争的事实！如范祥的钞盐法就是师法刘晏的精神而实施的一种就场专卖制；王安石也继承了刘晏的观点，发展官商而利用私商，而且比刘晏更为强调对私营商人的利用，认为“公私皆贩卖之人”[③]，实施的也是官商并卖制。明代的开中法是一种新的官商结合的销盐制度，造就出一批

---

① 《史记·平准书》。

② 《史记·平准书》张守节《正义》。

③ 李焘：《续资治通鉴长编》卷二三二。

盐商大贾。张居正提倡“厚农而资商,厚商而利农”[1],此为对传统的重农抑商论的否定,他还反对由官府专商利。明后期施行的“纲法”是一种私商专卖制。清代实行了“恤商裕课”的盐业政策,“清之盐法,大率因明制而损益之”[2],也就是官府与各类盐商之间分割食盐商业利润的办法。

总之,刘晏榷盐法及其以后实行的几种专卖制,完全变成了官商共利,官商分利,互相利用,互相依存了,靠专卖来抑商的意味大大减弱。无怪乎马端临曾指出:“古之人立法,恶商贾之趋末而欲抑之;后之人立法,妒商贾之利而欲分之。”[3]照此说来,马氏所说“古之人”与“后之人”的界标当非刘晏莫属了!同时,马氏的评论应该说是实事求是的,概括亦是十分精到的,揭示了前后期的这种巨大变化。

综上所述,刘晏榷盐法改变了我国传统工商业完全“官本位”的格局,而引入了商人和商业机制,尽量运用商品经济的自然法则,以商业流通和商业经营为特色,面向市场,更富渗透力;打破了官府完全垄断商业利润的局面,而行之以官商分利,相互利用;改变了一味抑商的做法,而代之以抑商恤商并行的政策。因此我们说,刘晏榷盐法的实施标志着我国传统工商政策的转型。

第三节 宋明工商货币政策的成熟

宋明时代,为了财政的需要,加强了对商品的专利政策,建立起了包括盐、茶、酒、矾、香药等在内的完备的专卖体系;但随着经济的发展,封建政府又不能不倚重、利用商人,不得不实行商业利润的共同分割,尤其是到明中叶以后,适应商品货币经济长足进步的历史趋势,产生了“利农资商”的理论与实践,我国传统的抑商政策日渐松弛。宋代纸币交子、会子的发行使用,明代中叶以后贵金属白银的普遍流通,则又标志着我国传统货币政策的成熟。

一、专卖体系的完备

专卖制度(亦称“禁榷制度”、“榷估制度”),是指官府凭借政治特权对某些重要商品实行专营,排斥或限制私人经营的制度。这种制度始于管仲的“官山海”(即盐铁专卖),经秦国商鞅和秦始皇的推行,到西汉时进一步充实扩大,成为抑商政策的一个重要支柱。汉武帝时期,不但继续对盐铁实施专卖政策,而且还开

---

① 张居正:《张文忠公全集·文集》卷八《赠水部周汉浦榷竣还朝序》。

② 《清史稿·食货志》。

③ 马端临:《文献通考·市籴考一》。

创了酒的专卖。唐中后期，又增加了一项新的专卖项目——榷茶。

延至宋代，在前代盐、铁、酒、茶专卖基础上，又增加了矾、香药、醋等新的专卖商品，专营办法较之过去也严格多了，建立起了较为完备的专卖体系。元代的专卖，较之宋代，更是有过之而无不及。迨至明代，专卖品类减少，但盐、茶等大宗项目商品仍行专卖。下面就宋元明时代各类商品专卖的实施情况与发展演变作一简要剖析。

北宋立国，沿用了唐后期与五代的商品专卖制度，对盐、茶、酒、矾、香药等几个主要商品实行了专卖。经营上总的发展趋势为“从官商共利到官商争利”[①]，间接专卖办法所占比重增大。

北宋初，实行食盐官商并卖，即分为“官鬻”和“通商”两种形式。大体上，京东、淮浙、广东等处实行“官鬻”，京西、陕西、河南、河北等处实行“通商”。通商中曾行入中、折中的办法。商人纳钱货入官叫“入中”，官府折给专卖品或现钱叫“折中”。所谓入中法，就是盐商在京师汴梁的“榷货务”入中金银钱币，榷货务发给一种叫“交引”的证券(脱胎于唐的飞钱)，商人凭此到产地取盐，可在规定的“行盐”地区内自由运销。雍熙后，宋王朝用兵需粮草颇急，而官府手中却是盐茶堆积如山。在此情况下，宋王朝实行了折中法，使商人运送粮草到边塞，根据入中货物，考虑道路远近，在价格上给以优待，按所折代价，出给“交引”。商人可持“交引”到汴京取现钱，或者由官府行文到江、淮、荆、湖等地，由入中商人领盐贩卖。端拱二年，恢复使用汴京“折中仓”，使商人运粮到汴京，折换江淮盐。此法日久生弊，“猾商贪吏，表里为奸，至入椽木二，估钱千，给盐一大席，为盐二百二十斤”，“商利益博，国用日耗”[②]。仁宗庆历八年，采纳了范祥的“钞盐法”，废除“官鬻”形式，并停止沿边州郡入中刍粟，令商人付现钱，按钱领盐钞，凭钞领盐。此法实际上是一种就场专卖制。

关于宋代茶的专卖情况，《宋史·食货志》有一记载，现过录如下：“宋榷茶之制，择要会之地，曰江陵府，曰真州，曰海州，曰汉阳军，曰无为军，曰蕲州之蕲口，为榷货务六。……在淮南则蕲、黄、庐、舒、光、寿六州，官自为场，置吏总之，谓之山场者十三，六州采茶之民皆隶焉，谓之园户。岁课作茶输租，余则官悉市之。其售于官者，皆先受钱而后入茶，谓之本钱。又民岁输税愿折茶者，谓之折税茶。总为岁课八百六十五万余斤，其出鬻皆就本场。在江南则宣、歙、江、池、饶、信、洪、抚、筠、袁十州，广德、兴国、临江、建昌、南康五军；两浙则杭、苏、明、越、婺、处、温、台、湖、常、衢、睦十二州；荆湖则江陵府，潭、澧、鼎、鄂、岳、归、峡七州，荆

① 吴慧：《中国古代商业政策十二讲》，中国商业出版社1981年版，第149页。

② 《宋史·食货志》。

门军；福建则建、剑二州。岁如山场，输租折税。总为岁课江南千二十七万余斤，两浙百二十七万九千余斤，荆湖二百四十七万余斤，福建三十九万三千余斤，悉送六榷务鬻之。”

宋代酒的专卖方法分为官酿官卖和民酿民卖两种。《宋史·食货志》记载：“宋榷酤之法：诸州城内皆置务酿酒，县、镇、乡、闾或许民酿而定其岁课，若有遗利，所在多请官酤。”

矾是铸铜、印染必需品。五代设务置吏，北宋因之，实行专卖。由镬户制矾，除纳税外，全部由官府收买，对私卖矾处罚甚严：“开宝三年二月，先是，禁商人私贩幽州矾，犯者没入之。其后定令，私贩河东及幽州矾一两以上，私煮矾三斤及盗官矾至十斤者，弃市。”[①]

宋代对一些香料（如乳香）和药品（如犀角）也实行专卖，合称“香药专卖”。《宋会要辑稿·食货五五之二二》载：“榷货务……掌受商人便钱给券，及入中茶盐，出卖香药象货之类……及交趾、海南诸国连岁入贡，通关市，商人岁乘舶贩易外国物……犀象香药珍异之物，充盈府库。”

到北宋末期徽宗时，蔡京握权，商品专卖制度成为其聚敛政策的一张王牌。盐课是专利中最大宗的收入，故蔡京特改盐法，把盐钞集中在京师榷货务发卖，商人先“输钱请钞”，然后携钞至产地请盐。后钞法大坏，改引法。商人可交纳包括税钱在内的盐价领取盐引，盐引有长引、短引之分。销盐地区和缴销期限不同。长引可销外路，短引只能销于本路；长引缴销期限为一年，短引缴销期限为一季，并限定引盐的斤数和价格。因为限定销盐地区、数量和时间，类似外出时所用“路引”，故称之为“引法”。由于蔡京改变了盐法，使盐利收入大增，北宋政府在政和五年、六年（1115 年、1116 年）就得盐利 4000 万贯（含有通货膨胀因素）。对茶的专卖，蔡京采用罢通商法，改行官卖制，后又实行“引卖制”，东南茶至政和六年就“收息一千万缗”[②]。政和年间还实行了榷铁制：官置炉冶，收铁给引，召人通市。

北宋末的榷法，南宋政府完全传其衣钵，其控制之严，更甚于蔡京之时。

南宋时期，盐钞纷更，国用有缺，则改行新钞，旧钞就须贴钱，商人损失严重，重蹈蔡京时之弊，而且钞价大涨，每斤盐合七八十文。钞价涨而盐利增，当时就有“立国专仰盐钞”[③]之语，盐的收入占到榷货务和都茶场茶、盐、香、矾、杂物总

① 李焘：《续资治通鉴长编》卷十一。

② 《宋史·食货志》。

③ 《宋史·食货志》。

收入的80%左右[①]。

茶叶，南宋时实行的是卖引法，卖引钱虽有减无增，但卖引数量却是有增无减，漫无节制，“以致茶户困败”，甚至出现了“产去额存”[②]的怪现象。

酒的专利在南宋控制更严了。除承继北宋榷酒法之外，还新立了“隔槽”之法，即在原来扑买酒坊的地方改由官府设置酿酒场，要酿酒的，自己出米就场酿造，每石米纳税钱3000文和头子钱22文。南宋时酒价屡次调高，且后来州县亦都有权自增酒价，由此东南和四川的酒课收入一年高达1400万贯。

矾，在南宋时同盐茶一样仍实行蔡京以来的“引”制。北宋时期，矾的专卖收入每年约30万～50万贯；南宋时，仅临安、建康、镇江三个榷货务卖矾的收入就达100万贯。

南宋政府继续对乳香实行专卖，因为“宋之经费，茶、盐、矾之外，惟香之为利博，故以官为市焉”[③]。香到货时，由口岸抽买，运往京师榷货务，“召人算请”，或分拨诸路“给卖”。每年也可得百万贯的收入。

宋代在某一时期或某一局部，还曾实行过珍珠、醋等专卖，但对财政影响不大。

总之，宋朝是我国古代专卖制度最发达的历史时期，专卖商品种类之多，远远超过前代。这一时期的专卖制度与前代不同，它不像前代那样死板地实行官产官运官销，而是采取了相当灵活多变的形式，贯穿了官商分利的原则，使商人取得部分经营权。这就使得宋代专卖收入在数量上也大大超过了前代。宋代盐、茶、酒、矾、香几项的专卖收入一年达4490万贯[④]，这一数目远远超过唐朝财政总收入中的货币总数。史载：“大历末，通计一岁征赋所入总一千二百万贯。”[⑤]

元代是大力推行专卖政策的，从盐、茶、酒、醋到农具、竹木无不插手经营。专卖政策与此时发达的官手工业紧密相连。如食盐，即是从生产到销售，皆由元政府垄断控制。元初仿宋代折中法，后行官商并卖制。而商贩售盐，则大多仿照宋制而予以变通，即专用盐引不再用钞，使得由宋创立的“引”制更趋完备和严密。

明代对商品的专卖政策比元代有所放松：酒、醋允许私人酿造售卖，而只征

---

① 《宋会要辑稿·食货》。

② 《宋会要辑稿·食货》。

③ 《宋史·食货志》。

④ 李心传：《建炎以来朝野杂记》甲集卷十四《财赋一》。

⑤ 《旧唐书·刘晏传》。

收一些税；铁“令民得自采炼，每三十分取其二”[①]，也行征税制，并不禁榷；只有盐、茶因关系到国家财计，仍行专卖之法。

明初盐法多沿元制行现钱卖引法就场专卖。同时还实行了一种新的官商结合的销盐制度——“开中法”，即商人如想经营食盐，须申请应募，把粮草等物运送到指定地点（边塞、京城等地），然后由官府分派给销盐特权。这种办法起源于宋代的折中制，所不同的是直接规定交纳物与盐之间折换比例，不再估价，始于洪武三年（1370 年）。当时山西大同所需军粮，须自陵县运到太和岭，官府自运开支颇大。于是，召商运输，规定凡在大同交米一石，或在太原交米一石三斗的，给盐一小引（200 斤）。商人可凭引去产地支盐。其他边境行省亦相继仿效此法。洪武二十八年（1395 年），定开中纳米则例，由商人入中自有米谷，领盐运销。永乐初，集中在北京诸卫开中。商人为就近纳米开中，在长期固定的开中地点就地雇人种粮以换盐引，于是独具特色的商屯出现了。开中法的实施及由此产生的商屯，给明王朝带来了巨大的好处，故时人称道：“有明盐法，莫善于开中。”但此法日久生弊，官府为了多得粮食而滥发盐引，贵族、官僚插手专擅盐利，致使商人长期候支领不到盐，“有自永乐中候支盐，祖孙相代不得者”[②]。正统时，淮、浙、长芦盐，八成付给守支商，称“常股”，二成官府积存，称“存称”，价格高于“常股”。商人困苦于守支，宁可重价中“存积”。景泰时，“存积”比例增加到六成。即使这样，成化末年，单是两淮积欠就多达 500 余万引。弘治行“买余盐补官引”[③]办法，规定凡商人愿另出价买余盐以补官引的，可无须候支。后统治者认为旧开中比例纳米量小，而银价上涨，折成白银则更少，便于弘治五年（1492 年）废除开中法，改行纳银买引。弘治以后余盐盛行，甚至多过正盐，亦即官府不付“工本”，坐收引钱部分占主要地位。这实质上意味着就场专卖制度已趋于灭亡。

万历四十五年（1617 年），明政府采取两淮盐法疏理道袁世振的建议，实行纲运制度。所谓纲运，即是将各商所领盐引分为若干纲（淮南 10 纲，淮北 14 纲），每年以 1 纲行旧引，其余 9 纲或 13 纲行新引。既流通旧引以救内商，又出售新引以照顾边商。入纲册的原则是“以已纳余银已买边引者为先，其纳余银未买边引者次之”[④]；纳册刊定后“即永留与众商，永永百年，据为窝本，年年照册上数派行新引”[⑤]。纲册上无名的商人，不得参与。官府不再付工本钱，纲商纳银

① 《明史·食货志》。

② 《明史·食货志》。

③ 这里“余盐”是指灶户缴纳正课以外，多生产的盐。

④ 袁世振：《两淮盐政编》一《盐法议》二、五。

⑤ 袁世振：《两淮盐政编》四《纲册凡例》。

领引后，可同灶户直接交易。这样实际上是把官收商销的官府专卖变成了专商收销的豪商专卖，用以解决官府直接控制而盐课难征的问题。把盐商由王朝的代销商变成经过特许的包销商，实行间接遥控，坐收引钱，既少风险又少操心，可谓好处多多。因此说，由官商并卖变为商专卖，是中国古代盐政史上一次划时代的变革。

明代茶法，正如开国君主朱元璋所言："明茶法有三：曰商茶，曰官茶，曰贡茶。商茶输课给引略如盐制，官茶贮边易马若征课钞，贡茶则上供用也。"[①]贡茶数量较少，影响不大，略而不论，兹就商茶、官茶二类析述如下：

关于商茶，史称："官给茶引付产茶府州县，凡商人买茶，具数赴官纳钱给引，方许出境货卖。每引照茶一百斤。茶不及引者谓之畸零，别置由帖付之。仍量地远近，定以程限，于经过地方执照。若茶无由引及茶引相离者，听人告捕；其有茶引不相当或有余茶者，并听拿问，卖茶毕，即以原引由赴住卖官司告缴，该府州县俱各委官一员管理。"还规定："凡茶引一道，纳铜钱一千文，照茶一百斤；茶由一道，纳铜钱六百文，照茶六十斤，诸人但犯私茶，与私盐一体治罪。如将已批验截角退引入山影射照茶者，同私茶论。"[②]这里规定的商人买茶引由制是一种茶税，实行的是商专卖，茶引反映了官府的专卖权。从中亦能看出这种榷茶制度比前代已有所松弛(纳税较轻)。

官茶，主要是用以在川、陕边区与乌斯藏等少数民族即所谓西番接壤地区实行茶马贸易。上面谈到的商茶似与官茶无关，但政府创行茶叶开中法的初衷即是以运边易马或实边赈济，这样二者就发生了紧密的联系，正如《明史·食货志》所言："有官茶，有商茶，皆贮边易马。"由于此时商品货币经济的长足进步，明廷已无力从生产、分配、流通、消费各个环节对茶叶经济进行全面干预，因而较之唐宋元时期茶叶禁榷有所松动，江南地区商人请引纳税即可运销，为折征区；"川陕茶禁颇严，盖为市马故也"[③]，为本色区。于此我们便可明了这一时期茶禁的主要特点：以川陕西番接壤地区为重点，以控制茶叶流通、保障茶马贸易为中心，即所谓"国家榷茶，本资易马"[④]。

二、商贸政策的多元化

宋明时代商品货币经济非常发达，与这一时期商贸政策的多元化是密切相

---

① 《古今图书集成·食货典》卷二九二《茶部·学庵类稿》。

② 《大明会典》卷三七《茶课》。

③ 丘浚：《大学衍义补》卷二九《山泽之利下》。

④ 《明史·食货志》。

关的。伦理范畴内的“贱商”观念虽仍然存在，但经济领域的“重商”也不得不行，故这一时期的商人即使身穿布衣，在大多数时间内仍能积极经营。“不抑兼并”的国策、“利农资商”的思想、城市制度的完全被打破……均促使了这一时期传统抑商政策的松动。

五代时期，诸国割据，战争频仍，军需浩繁，苛敛横征。赵宋开国，行“恤商”之法。宋太祖受禅即诏：“所在不得苛留行旅，赍装非有货币当算者，无得发箧搜索。”[①]又诏：“榜商税则例于务门，无得擅改更增损及创收。”[②]宋太宗淳化二年诏曰：“关市之租，其来旧矣。用度所出，未遑削除。征算之条，当从宽简。宜令诸路转运使以部内州军市征所算之名品，共参酌裁减，以利细民。”[③]又诏：“除商旅货币外，其贩夫贩妇，细碎交易，并不得收其算；常税各物，令有司件析揭榜，颁行天下。”[④]宋真宗时废除杭、越十三州鹅鸭钱；又令柴薪渡河津者勿税，又免农器。[⑤] 宋仁宗时亦屡下减税之令[⑥]。类似的宋初“恤商”令还有很多，恕不备举。正由于宋初商税征收有则，细碎品物免税，不抄腰包，不拘行旅，被后人誉为“诚便商惠民之举，而堪为后世治国者取法”[⑦]。

宋初的“恤商”政策及商品专卖上的步步放宽限制，使得富商大贾迅速积累起巨额财富，再加上“不抑兼并”的既定国策，所以土地兼并之风日趋炽烈，造成了“富者有弥望之田，贫者无卓锥之地”的贫富严重对立的局面，封建政府的财政危机也日益加深，封建政权面临着严重的社会危机。在此背景下，北宋政府对商人的政策开始出现了转变的兆头，王安石变法即是一例。此次变法中的许多政策措施矛头是针对商业资本的。此为汉武帝之后封建政府又一次对大商人大地主豪强兼并势力所施行的较大的抑制，堪为中国古代经济史上的一件大事。变法中关联工商政策的有以下诸项内容：

(1)均输法。宋神宗熙宁二年(1069 年)，在江南东西、浙江、荆湖南北、淮南六路颁行均输法。其做法是：设发运使官，总管东南六路赋入，有权周知六路财赋情况。凡籴买、税敛、上供物品，都可“徙贵就贱，用近易远”。发运使并有权了解京都库藏支存定数，需要供办的物品，可以“从便变易蓄买”，存储备用。这样就会“稍收轻重敛散之权”，做到“国用可足，民财不匮”。

---

① 马端临：《文献通考·征榷考一》。

② 《宋史·食货志》。

③ 《宋史·食货志》。

④ 《宋史·食货志》。

⑤ 《宋史·食货志》。

⑥ 《宋史·食货志》。

⑦ 王孝通：《中国商业史》，上海书店 1984 年版，第 127 页。

(2)市易法。市易法就是由政府设置专门机构,直接吞吐物资,参与交易,以平抑市场物价的一种政策措施。此法于熙宁五年(1072 年)正式颁行。具体办法为:根据市场情况,由市易务评议价格,向商人收购或出售货物;市易务向商人贷款,以产业作抵押,五人以上互保,取年息二分,商人向市易务赊购货物,也取年息三分。两项办法原来都是由大商人操纵取利,市易法则把这两项大利从大商人手里收归朝廷。

(3)青苗法。均输、市易,主要针对地区间的贩运商和城市的富商大贾兼并之家;青苗法则是针对在农村中活动的商人而设的,是变法派在农村中实行的调整封建国家、地主、商人与农民关系的新政策。仁宗时,陕西转运使李参要当地农民自己估计麦粟产量的赢余,先向官府借钱,谷熟后还官,称"青苗钱"。王安石等据此经验,制定青苗法。大略是:各地常平、广惠仓以现有约 15 万以上贯、石的储存,遇粮价贵,即较市价减低出粜;遇贱,较市价增贵收籴。以此作本,依陕西青苗钱法,在夏秋未熟以前,借钱给农民。贷钱以酌中粮价折合,收成后加息十分之二还粮或还钱,每年春秋两次随两税还纳。

除了上述几项措施外,王安石的"免役法"和局限地区实行的"方田均税法"亦均含有抑商的成分。

当然,王安石的国家干预经济、抑制商业资本并不意味着全然不要商贾,轻视商品交换。实际上,他是主张在一定程度上在国家的控制下实行经济开放政策的。他曾说过:"盖制商贾者恶其盛,盛则去本者众;又恶其衰,衰则货不通。"[①]此话足足体现了王安石重视商业的思想。在商税征收方面,他是继续采取宋初的"恤商"政策的;在商品的专卖方面,他是主张放宽政策的,即认为"榷法不宜太多"[②]。王安石在一定范围的经济开放政策有利于商品生产和商品交换的发展,顺应了北宋时期商品经济有长足进步的历史发展趋势。

到北宋末年宰相蔡京当权时,推行了一套掠夺商民的聚敛政策,不但加强了商品专利制度,而且商税也日趋苛繁,如山区人民"所赖为命者,漆、楮、竹、木耳,又悉科取,无锱铢遗"[③]。其结果是引发了宋江、方腊大起义。后金人南下,北宋政权覆亡。

南宋皇帝虽也多次颁布"恤商"之诏,但由于当时军需浩繁,国用奇绌,官吏置若罔闻,事实上是不可能做到宽减商税的。除了"过税"和"住税"两种正税以外,还有许多杂税,有所谓经制钱、月桩钱、版帐钱等名目。所以时人杨炜说:"衰

① 王安石:《王文公文集》卷七二《答韩求仁书》。

② 陈瓘:《四明学尧集》卷五《熙宁奏对日录》。

③ 方勺:《泊宅编》附《青溪寇轨》,中华书局 1983 年版,第 112 页。

世掊克之法，略以尽行，剥肤椎体，无所不至，膏血无余。”

元代政权是推行重商政策的，据洪文卿《元史译文证补》载：“元太祖尝遣西域商三人赍白骆驼、毛裘、麝香、银器、玉器赠货勒自弥王，并要求往来通商。又尝派亲王诺延等出资遣人随西域商贾西经，收买西域土物。”此为一个积极推行国际商业政策的例证，对国内商业的重视自不待言。元代为保护商旅安全，在交通要道和商旅住宿处，皆置巡防弓手，官府设置的四通八达的驿道上，建有旅馆接待过往商旅住宿，商人经允许可持玺书、佩虎符、乘驿马等等。以上皆为优惠商人的政策。当然，同历代封建王朝一样，元政府重商政策的实质最终也是加强对商业的控制，以求取最大利益。

朱元璋建立明朝后，曾颁布了“贱商”令：“农民之家，许穿细纱绢布；商贾之家，止许穿布。农民之家，但有一人为商贾者，亦不许穿细纱。”[①]这实际上是朱元璋在伦理范畴内歧视商人，这种对商人的偏见并未影响他对商业的进步认识和宽松政策的制订。朱元璋是矛盾的：伦理范畴的歧视商人与经济范畴的重视商业是集于一身的。例如，他认为“商”为四民之一，以商贾多不读书，遂命儒士编书教之——此为中国历史上商业教科书的开始。他还制定了“三十而取一”的低率商税，并对“能恢办商税”的官员不仅不奖，反而认定“是剥削下民，失吏职也”，命吏部移文以讯。[②] 建立了便利商人的塌房制度：明太祖命人于三山诸门外，濒水为房几十所，以保管商货，免使商人受牙侩的中间剥削；禁和雇和买，平抑物价；校勘斛斗秤尺，建立起较为全面系统的市场管理法。于是，明初的商人在朱元璋的矛盾认识之中，身穿布衣而积极经营，商业得到了恢复与发展。

到了成祖，对商人的伦理偏见开始得到纠正：“昔汉制，商贾技艺毋得衣锦绣乘马，朕审之久矣……况商贾之士，皆人民也，而乃贱之，汉君之制意，朕所不知也。”[③]商人开始从尴尬的社会地位中挣脱出来，可以穿丝绸绢纱了。这种转变对商业的发展究竟能产生多大影响？无人统计，也无法统计。至少，商人自己的高消费会促使他们更积极地经营，成为“人民”的一员，又使得他们可以与官吏攀结，借权势经商，获取更多的利润。

君王的认识对社会观念和价值判断往往产生决定性的作用，因为国家的法令、社会的规范往往来自于他们的意志。明初至中叶，商之位置的调整，使传统“商末”观念受到重新审视，但并未彻底解决商人权益和商业应得到更多的重视的问题。从中叶开始，商业给国家财政带来的好处，给人民生活奉献的利益已是

---

① 徐光启：《农政全书》卷三《国朝重农考》。

② 《明史·食货志》。

③ 《皇明文征》卷二三《成祖》。

日见大增，传统的完全的“抑商”已不可能，但由于王权消费日增和吏治日见松懈，伦理范畴中的歧视商人观念依旧作祟，商人成了贪官污吏和奢侈君王任意侵夺的首要对象，商业受到不断的破坏，新的“抑商”形式以“夺商”、“病商”表现出来。

明中叶的病商主要表现为提高税率，重复抽税，欺凌商贾，扰乱市肆。洪武、永乐年间许多直接关系到民众生活的油盐柴米酱醋或免税或低税，到此时或取消免征的优惠，或摊加税额。成化年间，吏部尚书倪岳上书请求“查明禁例”、“申明旧例”、“遵复旧制”、“裁抑侵克”、“惩戒奸贪”，就是针对当时朝廷和地方政府新的病商政策而发的。他强调：“窃惟抑末固为政之理，而通商亦富国之术。苟使官司肆为侵克，遂致道路渐成愁怨，伤和致辖，岂王政之所宜哉？”“务要使公私两便，商民不亏，庶几人心快悦，怨声消弭而天意可回矣。”①

张居正于嘉靖中进士，穆宗隆庆初入阁，隆庆六年至万历十年（1572～1582年）为首辅，进行一系列改革，尤以推行一条鞭法出名，其政策是农商不偏，顺应时势，对明中晚期的商业发展起了直接的推动作用。他认为：“商贾有无，农力本穑。商不得通有无以利农，则农病；农不得力本穑以资商，则商病。故商农之势常若权衡然。……故余以为，欲物力不屈，则莫若省征发以厚农而资商；欲民不困，则莫若轻关市以厚商而利农。”②他综观已经形成的国内市场和农商市场的关系来强调农商互利，以纠正时弊。张居正的抑商让位于厚商，反映了新兴的城市工商业者的利益，是顺应了历史发展的趋势的。张居正“利农资商”政策的推行，不仅在理论上而且也在实践层面上对农商关系作了总结，成为中国商业经济史上的一个里程碑！

但是万历后期，大改张居正所为，由厚商变为掠夺工商业，由抑制兼并变为包容豪强大地主。新兴的工商阶层受到打击，资本主义萌芽受到摧残。而这期间，得到畸形发展的只是那些兼并土地、剥削农民的大商人，与官僚贵族勾结在专卖制度中分取厚利的大商人。在此等情况下，反病商呼声再起，直到明亡。

关于宋明时代坊市制度的变化及民族互市贸易和海外贸易政策，可参阅本书第五章第三节中的有关部分，此不赘言。

三、货币政策的新进展

宋代的货币流通与货币制度，仍以钱为主，包括铜钱及铁钱流通，且铜铁铸币的发行量达到有史以来最高水平；出现了中国最早的纸币，并在南宋时期，发

---

① 陈子龙：《明经世文编》卷七八倪岳《会议（灾异陈言）》。

② 张居正：《张文忠公全集·文集》卷八《赠水部周汉浦榷竣还朝序》。

展成为与金属铸币并行的广泛行使的法定支付手段；绢帛日益退回日用商品的地位；但白银在流通中的重要性则较前更为增加了，不但民间开始用银，而且有时也被用于纳税之用，而呈现出更多的货币性。

宋朝开国后，最初铸"宋元通宝"钱，仍然是沿用唐开元通宝制。及至太宗太平兴国时(976～984年)，乃开始铸造"太平通宝"钱，是为宋代实行年号钱制的开始。太宗第四次改元"淳化"时(990～994年)，又改铸"淳化通宝"。从此以后，历朝每次改元，都更铸新的年号钱，于是年号钱基本上成为定制①，一直历经宋、元、明以迄清末，始终沿用年号钱制度。

铜钱和铁钱并行，并形成铜钱及铁钱流通区域，是宋代金属铸币流通始终存在的一个重要现象。北宋时期，大部分地区均为铜钱流通区，这一区域包括开封府、京东西、河北、淮南、江南、两浙、福建、广东西等地；四川专用铁钱；陕西、河东则为铜钱、铁钱并行区。宋朝南渡以后，形成宋、金长期对峙局面，宋朝在淮、楚地区大量屯兵，因而基于财政上的需要以及防止铜铁流入北方，于是便使两淮、京西及湖北荆门地方也使用铁钱②，所以，在南宋时期，铁钱的流通区又有扩大，而铜钱流通则只限于东南一方了。

宋初每年铸造铜钱不足10万贯，但发展到宋神宗元丰三年(1080年)，一年共铸造铜钱506万贯，这是宋代亦是我国有史以来铸造铜钱最多的年份。在铁钱货币区，四川自北宋真宗时期以后，每年铸行大铁钱约20万贯；陕西、河东自仁宗时期每年铸行铁钱约50万贯。

在长期流通铁钱的四川地区，产生了中国也是世界上最早的纸币——交子，时间大约是在10世纪末期。交子的出现是宋代商业、货币经济发展的结果，具体是由铁钱使用不便引起的。铁钱流通有许多缺点，铁钱是一种贱金属，价值比铜低，因而体积大，使用时很不方便。据云："川界用铁钱，小钱每十贯重六十五斤，折大钱一贯，重十二斤，街市买卖，至三、五贯文，即难以携持。"③又据淳元二年(991年)赵安易回忆说，他"尝使蜀，见所用铁钱至轻，市罗一匹，为钱二万〔文〕"④(二万就是20贯，每贯是6.5斤，则20贯就重130斤)。铁钱使用不便，于是就产生了纸币交子，正如曾巩所概括："蜀人以铁钱重，私为文券，谓之交子，以便贸易。"⑤

不过，应该看到，交子的产生也与当时信用关系的发展有一定的联系。交子

① 宋代的年号更改得特别频繁。两宋各朝共改年号50余次，因而宋钱的品种也最多。

② 《宋史·食货志·钱币》。

③ 李攸：《宋朝事实》卷十五《财用》。

④ 《宋史·食货志》。

⑤ 曾巩：《隆平集》卷三《爱民》。

是纸币，也是一种信用票据、信用兑换券。早在唐中叶时，已经出现了飞钱。飞钱就是一种信用票据、一种汇款票据，是我国最早的汇兑制度，这种汇兑业务在宋代继续存在。汇兑业务的特点是持券人在一地交款后，而在他地取款；而交子则是在一定地区流通的票据，随时可以兑现。所以，如果说汇票是在“异地”取款的话，交子则是“异时”取款，两者皆是一种信用票据，有类似之处。所以，有人认为，作为纸币的交子就是由飞钱发展来的。如《宋史·食货志下三·会子》云：“会子、交子之法，盖有取于唐之飞钱。”这种说法是有道理的。所以纸币交子的产生，虽然直接导引于四川铁钱的使用不便，但与唐宋以来商品货币经济的发展，特别是信用制度的发展也是有一定联系的。

交子最初产生于民间，后由十六家大富商主办，对政府负有一定的义务，每年要为官府交纳一定的费用。再后来发生信用问题，交子被官府于天圣元年(1023 年)收归官营，即政府设交子务专门办理交子发行事宜。官交子的发行与流通制度的主要内容，大致可归纳为以下几点：(1)有一定的发行限额，每界的发行额为 1 256 340 贯；(2)有一定的流通期限，大抵是三年一界，界满后持旧交子换新交子；(3)备有发行准备金，即所谓“本钱”，大凡每造一界，应备本钱 36 万贯；(4)交子的流通区域限于四川，兑现时或持旧易新，每贯仍须纳工墨费 30 文。[①]

北宋交子的流通范围是逐渐扩大的，它的扩展范围大致与铁钱流通的范围相符，官府曾试图在河东、陕西发行交子[②]，但均以失败告终。宋哲宗末年及宋徽宗初年，官府又将交子推行于陕西、河东、京西、淮南等路，发行额倍增，引起交子严重贬值。徽宗崇宁四年(1105 年)官府将交子改为“钱引”，但未能使纸币信用提高。

南宋是纸币广泛发展的时期，当时纸币的流通已遍及东南诸路、两淮、荆湖及四川各地。以“行在”杭州为中心的东南地区，是当时经济最发达的地区，因而在东南诸路流通的“会子”，是南宋最主要的货币。这些地区发行的会子与交子有所不同，它是汇兑铜铁而不是汇兑铁钱的凭证；后来发行的“淮交”和“湖北会子”均是以铁钱为本位的地区性纸币。

南宋纸币会子的发行是不断增加的，因而，通货膨胀的现象亦是日益显著的。尤其是理宗绍定(1228～1233 年)以后，纸币急剧贬值，以致趋于崩溃。

由上述分析可见，宋代的交子、会子作为一种纸币，其产生和流通体现了纸币产生和流通的规律。马克思在分析货币问题时指出：“纸币是金的符号或货币

---

① 《宋史·食货志下三·会子》；李心传：《建炎以来系年要录》卷一四一。

② 李焘：《续资治通鉴长编》卷二二二、二七二；《宋史·食货志下三·会子》。

符号。……货币只有代表金量，才成为价值符号。”又说：“纸币流通的规律只能从纸币是金的代表这种关系中产生。这一规律简单说来就是：纸币的发行限于它象征地代表的金(或银)的实际流通的数量。”[①]宋代的纸币交子、会子也是这样，它本身并无价值，它是代表了实际流通中铁铜钱的价值。它的发行和流通一定要符合实际商品流通中所需要的铁铜钱的数量，如果超额发行，必然要引起贬值，甚至引起自身的崩溃。我国宋代交子、会子的发行和流通情况，充分证明了马克思所揭示的纸币流通理论的正确性和科学性。

由前述已知，唐末五代时，白银已有正式加入流通的趋势。而在宋代，它的货币性更增强了。北宋时期，商人购买专卖盐、茶等，可按比例以银代钱，此法在南宋时期奉行不替。南宋时期，官方规定，凡交通不便利地区的税钱，一律折计白银征收。有些税项，则不论交通是否便利，全可以银代钱。至于地方官府赋税征收白银的情况就更为普遍。所有这些都反映出白银在宋代具有了越来越强的法偿能力。而白银在宋代较为广泛地作为货币行用，又为明、清时期白银上升为主币作了历史的铺垫。

总体而言，宋代货币制度表现出复杂性的显著特点。铜钱仍是主要的货币，铸造量、流通量都很大，但铜钱已不能完全满足宋代商品经济发展的需要。作为信用货币的纸币和有价证券产生并得到了很大发展，贵金属货币白银开始在商品经济中发挥越来越重要的作用。同时，由于政府的财政需要，落后的铁钱仍强制在一定地区使用，并给商品经济带来不利的影响。[②]

元代全国范围内通用的主要货币，是沿用宋金以来的纸币，名曰“交钞”。元世祖忽必烈于中统元年(1260 年)七月开始印行“中统元宝交钞”，以丝为本位；同年十月，又印行以银为本的“中统元宝宝钞”[③]，简称“中统宝钞”或“中统钞”。从此，纸币的发行权完全专属于朝廷，统一的纸币制度开始建立起来了。其后，元代的纸币制度又曾进行过两次重要的变革：即世祖至元二十四年(1287 年)发行“至元通行宝钞”；顺帝至正十年(1350 年)发行“至正中统交钞”。在确立纸币制度的同时，元政府还制定了一套较为完备的纸币管理制度和相关政策。如元代叶李所拟定的《至元宝钞通行条划》十四款[④]，即是中国、也是世界上最早的最完备的币制条例。这一条例筹划至为周详，因而终元之世一直有效。可以说，纸币制度发展到元代已相当完善了，“成为有元一代基本的货币制度，这在中国古

---

① 《马克思恩格斯全集》第 23 卷，人民出版社 1972 年版，第 148、147 页。

② 参见高聪明《宋代货币与货币流通研究》，河北大学出版社 2000 年版，第 13～14 页。

③ 《元史·世祖纪》；《元史·食货志·钞法》。

④ 《元典章·户部六·钞法》。

代各历史朝代中是独一无二的"[①]。

元代后期，纸币贬值，以致崩溃，所以明初又恢复了铜钱流通。但从洪武八年(1375 年)开始发行"大明宝钞"[②]，则又恢复、建立了纸币流通制度。进入明中叶后，宝钞又不复行用，贵金属白银则成为普遍通用的货币。

贵金属白银在我国发展成为普遍通用的货币，是我国宋元以来货币经济长期发展的结果；而且，白银这种贵金属的积累与充分供给，作为资本主义生产方式发展的一个历史前提与重要条件，在我国，它于明代中叶获得正式货币地位，并发展为流通中主要货币之时，也正是我国资本主义萌芽产生之日。

明初，虽然曾经禁止民间金银交易，但却未能阻止白银的流通及其向正式货币发展的道路。如杭州诸郡商贾在洪武三十年(1397 年)时已是"不论货物贵贱，一以金银定价"[③]。马克思曾说过："商品交换越是打破地方的限制，商品价值越是发展成为人类劳动一般的体化物，货币形态也就越是归到那种天然适于担任一般等价物这种社会职能的商品，那就是贵金属。"[④]而这一贵金属，在我国当时交换及货币经济发展水平之下，则是白银。所以，明代从英宗正统时(1436 年)弛用银之禁之后，便出现了"朝野率皆野用银，其小者乃用钱……钞壅不行"[⑤]的现象；及至嘉靖初(1522 年)则"钞久不行，钱已大壅，益专用银矣"[⑥]。从此之后，流通中的支付，便是大数目用银，小数目用钱，白银不但取得了合法的货币地位，而且在流通界发展为主要的货币。

赋税征银，进一步推动了白银的使用，促进了货币经济的发展。在 15 世纪中叶，如前所言，明英宗解除了银禁，还将浙江、湖广、福建、广东、广西等地的田赋米麦 400 多万石折征银两，即所谓"金花银"，此为白银成为正赋之始，从而确定了它的法定支付手段的地位。到嘉靖四十一年(1562 年)时，在工匠制度方面，又对各地"班匠"征银，实行以银代役的制度。迨至 16 世纪后期，在万历九年(1581 年)又正式在全国推行了一条鞭法制度，这一新税制的重要内容及特点就是：把丁役、土贡等项都一律归并于田赋之内，而"计亩征银"。这样一来，白银便更加成为各阶层人民所普遍需要的东西了。

在货币经济发展，白银流通不断扩大的情形下，明代后期不但大宗交易用银，而且连小买卖也用碎银了。我们可以从许多地方志、私人文集、笔记，以至于

---

① 陈高华、史卫民：《中国经济通史·元代经济卷》，经济日报出版社 2000 年版，第 401 页。

② 《明史·食货志五·钱钞》。

③ 《明太祖实录》卷二五一、《明宣宗实录》卷五五。

④ 马克思：《资本论》第 1 卷，人民出版社 1963 年版，第 66 页。

⑤ 《明史·食货志五·钱钞》。

⑥ 《明史·食货志五·钱钞》。

明人小说、话本中见到日益众多的商品，都是以银计价。如苏州丝织品的丝、绸等，松江各镇棉、布市场上的棉花、布匹以及与人民生活有重大关系的米价等[①]；在商品经济较为发达的地区，劳动力的价格亦以银计，如湖州的养蚕、缫丝的雇工等[②]；而且，在明人小说中还有私田收银租的记述[③]。

总之，贵金属白银的流通，在我国封建社会中历经宋元以来数百年缓慢、曲折的发展，最后终于排挤了纸币，并取代铜钱，而成为流通中的主要货币，从而形成了我国封建社会后期流通界以银为主、以铜钱为辅的钱、银并行的货币流通制度。同时，明代的钱庄会票业和典当业也得到了发展[④]，一定程度上有利于商品经济的发展。

第四节　清代工商货币政策的两难选择

清代前期，随着商品货币经济的进步与资本主义萌芽的发展，清代统治者已不可能对工商业进行全方位的控制，不得不顺应时势发展，废除了长期存在的匠籍制度，在一定范围内和一定程度上放宽了传统的抑商政策；但由于封建帝国伦理范畴内"抑商"观念根深蒂固等原因，清代统治者对手工商业又不肯完全撒手，仍企图加以控制。这样，清政府就面临着两难选择，资本主义萌芽仍然得不到充分的发展。也正是这时，西方资本主义殖民势力利用鸦片贸易和坚船利炮轰开了中国的大门。从此，中国向一条歧路——半殖民地半封建的道路上，一步步地走去。

一、匠籍制的废止

元朝立国，采用拘括户口的办法，将民间的工匠强行征调集中，为官府手工业服务。这些工匠单独编入户籍，称为"匠户"。匠户的职业是世袭的，除非官府放免，否则终身为匠，子孙亦不许脱籍。凡被编入匠籍者，即失去了普通居民应有的自由，只能在官营手工业中劳动，没有另谋生计的权利，这叫作"匠不离局"。官局中的劳役基本上是强制性的，匠户们在严格的监视甚至鞭笞下进行劳动。

明代因袭元制，对手工业工匠实行匠籍制度。明代匠籍制度也是封建国家束缚手工业者人身自由的枷锁，它表现为手工业者对封建国家政治上的人身依

① 《震泽县志》卷二五《生计》；叶梦珠《阅世篇》卷七《食货四》；顾起元《客座赘语》卷一《米价》。

② 参见黄省曾《蚕经》。

③ 参见《贪欢报》第二回《吴千里两世谐佳丽》。

④ 可详见韩大成《明代城市研究》，中华书局2009年版，第162～187页。

附和经济上的被奴役状态。当时匠籍制度下的工匠，在政治上，社会地位低下，明代民户为三等："曰民、曰军、曰匠。"[①]匠户最为卑贱。在经济上，他们必须为封建官府工场提供无偿劳役，"住坐之匠，月上工十日"[②]，轮班匠"定以三年为班，更番赴京，输作三月"[③]。随着明代社会商品经济和货币关系的发展以及各地手工业者的反抗斗争，明政府于成化二十一年(1485 年)改变了对轮班匠的剥削方式："轮班工匠，有愿出银价者，每名每月南匠出银九钱，免赴京。……北匠出银六钱，到部随即批放。不愿者，仍旧当班。"[④]嘉靖四十一年(1562 年)进一步规定："将该年班匠通行折价类解，不许私自赴部投当。"[⑤]从此，全国所有的轮班匠一律以银代役，这种代役银被称为"匠班银"。而有明一代，住坐匠却始终要按时当班，一直置于封建国家的严格控制之下。这里需要我们明白一点，即以银代役，并不意味着工匠从封建徭役义务中解脱出来，而摆脱了强烈的封建人身隶属关系。工匠因为著籍为匠，还得尽封建义务，只是这种义务由力役变为了银差。因此，匠籍制度的本质没有改变，改变的只是工匠服役的形式。如明后期之所以能在江南丝织业中实行领织和在景德镇瓷业中采用官搭民烧，都是因为基于匠籍制度，工匠因为匠籍，才必须为官府从事低偿甚至无偿的强制性劳动。换言之，即使在局厂内生产难以进行下去之时，官方仍可依据匠有专籍的规定，在局厂外以低于市价的标准低偿或者干脆无偿地利用工匠。匠班银制实行后，官方没有利用征收到的匠班银整顿或改善官营生产，而仍然依据匠籍制度，使民间生产为官营厂局的补充和延续，继续阻碍或限制民间手工业的商品生产。

清朝初年即明令废除匠籍制度。顺治二年(1645 年)，清政府就颁布了废除手工业者匠籍制度的谕令："免山东章邱、济阳二县京班匠价，并令各省俱除匠籍为民。"[⑥]《清朝文献通考·职役一》亦有同样记载："(顺治二年)除豁直省匠籍，免征京班匠价。"由此可见，手工业者的匠籍制度在清初顺治二年就被废除。匠籍制度的废除，实为一大改革，这对清代商品经济的发展和资本主义萌芽的成长，有着深远的影响。

清廷不仅明令废除匠籍制度，而且还免征匠班银，这在手工业生产发展史上是有着重人意义的，它标志着手工业生产徭役时代的结束。然而，在实际的生产过程中还有反复，这一规定的真正实行还要经历一个较为漫长复杂的过程。

---

① 《明史·食货志》。

② 《明史·食货志》。

③ 《大明会典·工部·工匠》。

④ 邓球:《皇明咏化类财编·用》卷八九。

⑤ 《大明会典·工匠》。

⑥ 《清世祖实录》卷十六;王先谦:《东华录·顺治四》。

匠籍制废止后,匠班银一度也确曾免征。从理论上讲,凡有工程,应该雇募,而非应值。顺治二年,“令顺天府属州县,各派匠役一百名赴工应役。时以营建太和殿,需用工匠,行令各州县派解应役,按工给值。至十二年,工部以匠役缺少,工程稽迟,复奏令顺天等八府派解赴工。又令山东、山西二省,查各匠有愿应役者,解部供用”[①]。既云“按工给值”,又据是否自愿,当系付以劳动报酬的雇佣工作。但实行起来,却是大打折扣。试以江南织造业为例。清廷定鼎江南后,立即在江宁、苏州和杭州三大城市恢复建立了织染局,并且宣布“额设钱粮收丝招匠”[②],结束明末地方领织,改为集中织局生产。但实际情况却是:苏州织局“凡有特用袍服,拣选殷实机匠造办,贫匠概不轮值”[③],无偿占有富裕机户的劳动;江宁织局则在神帛、官诰机房中,不但采用佥派,而且“除丝颜等料照时采办外,其一应工价,比因开织之初,惟期撙节,所定工价甚寡,较之段匹、倭段,仅十之二三”[④];杭州织局则“工价载有额定经制,即匠役纷纷告苦,总无增减”[⑤]。在此种情形下,机户虽免除了匠籍,但实际上仍受匠有专籍的困扰之苦。

江南各织局实际操作的事例说明,清初废除匠籍后,匠籍的祸害却并没有随着一纸法典而烟消云散,而仍然以各种改头换面的形式役使和利用着工匠。

清廷宣布废除匠籍,免征匠班银后,由于财政入不敷出,匠班银在顺治十五年又恢复征收。是年工部奏请:“按经制所载,遇有大工,直隶各省征诸匠役解赴京师,每年春秋更换。后匠役屡解屡逃,因而折工价解部……今臣部工程尚繁,需用不赀,应将匠价仍照经制征解。”[⑥]获准照征。

如前所述,匠班银的征收依据是匠籍,而清初废除了匠籍,定于明初的匠籍,历时近三个世纪,中经以银代役、明末农民起义和明末清初的战乱,原属近户的人数和执业情况发生了很大的变化,匠班银的征收不但极不合理,而且牵扯面相当广。匠班银的征收在全国各地普遍存在着同样的问题,即由于匠户世代变迁,匠班银便“或派民户代完,或有司自行赔补”[⑦]。具体而言,大致有四种情形:一是于现业匠户名下征收;二是由匠户子孙承担;三是由匠户的亲属邻里代赔;四是直接由官府垫赔。这四种情形,即使按照匠籍制,也都是极不合理的。

---

① 《清朝文献通考·职役一》。

② 顺治八年四月二十日,户部尚书噶洪达题《为请敕免派机户以苏江浙民困事》。

③ 孙佩:《苏州织造局志》卷七《缎匹》。

④ 李煦:《李煦奏折·与曹寅会陈织造事宜六款折》。

⑤ 顺治十六年四月二十四日,右副都御史佟国器揭《为销算织造钱粮事》。

⑥ 《清朝文献通考·职役一》。

⑦ 《清朝文献通考·户口一》。

更为不合理的是，匠户既除匠籍，编为民籍，“照民一例当差”[①]，就必须缴纳丁银，丁银而外复征匠班银，一身两役，负担比一般民户还重。这种双重负担根本不是个别匠户所能承受的。所以有人论其实质：“且工匠亦民丁也，既征其丁，又征匠价，是力役之征，人供其一，而匠供其二。”[②]有人论其祸害：“纳丁赋，班银不豁，匠户日有逃亡，不数十年且尽，而里甲之赔补无穷。”[③]有人干脆主张：“窃惟今无匠籍、民籍之分，要之皆民籍，既征丁银，宜豁除匠班。”[④]匠班银的征收看来不得不改变了。

对沿自明代的匠班银，清廷既不情愿放弃征收，又因为废除了匠籍，无由再对工匠征收，就得采取一种既不影响国家收入，又能对匠户的处境有所改善的办法。这就是将匠班银摊入地亩。

匠班银之摊入地亩，《清朝文献通考》卷十九记为浙江省最早（始于康熙三十六年，即 1697 年）。有些学者根据方志记载，认为江西才是最先将匠班银摊入地亩的省份，纠正了当时史臣之误[⑤]，但没有断定其确切年代。《雍正抚州府志》在记载各县的田赋数时，都有于“康熙二十七年……又丁地下增匠班正脚银”若干，每两带征银若干的记载。[⑥] 由此我们推断，江西摊入匠班银的时间应不迟于康熙二十七年。以后多省均照江西、浙江事例实施。匠班银早于其他丁银并推动了其他丁银的推入地亩，开了人丁摊入地亩的先河，不但对清代的赋役改革有着重要影响，而且对工匠有着至为重要的意义。清初废除匠籍，工匠在法律上获得了一般民户的地位，却没有同时免除原有的徭役负担，在实际上并没有获得一般民户应有的地位。匠班银的摊入地亩，才使工匠最终摆脱了匠籍制度的束缚，彻底结束了无端服徭役的时代。可以说，废除匠籍为匠班银的摊入地亩奠定了基础，而匠班银摊入地亩，废除匠籍才有了实际意义，其历史地位才真正显示出来。

正是同废除匠籍后匠班银摊入地亩大体同时，在官营手工业生产中，才真正废弃了徭役劳动，而实行雇募劳动。所以乾隆帝才得以说出这样的话：“国家兴修工作，雇募人夫，原欲使小民实受价值，以为赡养身家之计。”[⑦]

总之，废除匠籍、班银摊入地亩，对当时的官营生产是有利的，官营生产采用

---

① 《清朝文献通考·职役一》。

② 陈仪：《陈学士文集·赠永济令潘苍企叙》。

③ 《乾隆海盐县续图经·食货》。

④ 吴怪：《牧济尝试录·杂说论》。

⑤ 参见郭松义《论摊丁入地》，载《清史论丛》第 3 辑；史志宏《清代废除匠籍制度概述》，载《清史研究通讯》1984 年第 2 期。

⑥ 《雍正抚州府志》卷九《赋役考》。

⑦ 《清朝文献通考·职役四》。

雇佣劳动，从一个方面显示了清政府对这种手工业政策的积极意义。清代各地的民间手工业生产较之明代有所发展，则又从另一个方面显示了这种政策对民间手工业、商业生产的积极意义，在中国手工业发展史上起了重要的进步作用，可以说，民间的手工业生产从此才较少有官方干预，走上一条比较正常发展的道路。

二、商贸政策的继续松动

抑商政策是中国封建社会各个朝代的基本国策，总体而言，鸦片战争前清王朝的商业政策也没有脱出这一窠臼。但历史发展到了清代，随着商品货币经济的进步与资本主义萌芽的发展，官方完全采取抑商措施已不合时宜，且亦无力对工商业发展进行全方位的控制。鉴于此，清政府就在一定范围内和一定程度上放宽了工商政策。

清入关前已十分注重商业，发展与明朝及朝鲜的商贸，以增强自己的实力。入关之后为尽快恢复经济，一方面因循汉族重农传统，采取一系列措施，鼓励农桑垦种；一方面延续明中叶以来的恤商政策，不断革除病商之弊。雍正即位之初，有谕旨告诫官吏："凡居官者，操守固是要好，还要中正和平。公心办事，不可偏执小见。天下的人，士农工商虽不一，朕视之皆是赤子。"[①]这一政见可以看作清初至中叶，特别是康、雍、乾三朝的基本执政追求。就伦理范畴而言，把商贾视同士、农、工，这又在明朝进步的基础上再向前迈进了一步。贯彻于经济领域，恤商政策就较为鲜明而普遍了。王孝通的《中国商业史》依据史料对清初康、雍、乾三朝的恤商政策有一精要概括，现过录如下，借以说明之：

"圣祖继世祖之后，与民休息，凡百粃政，次第革除，商业受益匪浅，如各关抽分溢额者，向例加与纪录。康熙四年，特令悉照定额抽分，免溢额议叙之例。又严禁各关违例收税，或故意延迟掯勒，并禁地方官吏滥收私派科道督府失察者，并须坐罪。五年，命于征收关税处，缮具税则，刊刻木板，以杜吏役滥收。二十三年，饬禁各处榷关稽留苛勒。二十四年命光禄寺置买各物，俱照实价估计，定为条款，又谕江、浙、闽、粤海关，免沿海捕采鱼虾及民间日用货物三税，洋船海船，但收货物正税，蠲免杂费。四十三年，谕禁直省私设牙行，并饬户部造铁斛升斗颁行，以杜欺诈，此圣祖恤商之政也。雍正元年，诏部臣核减各关赢余，并裁淮安、凤阳等九关所增赢余之款。二年赣抚裴度请厘定湖口赢余，奏请解部，世宗以为数过多，必至额外剥削商民，乃谕令征收关税，不可定求足数，又令各关将应税货物征收则例，逐项刊刷详单，遍示津口，从前竖立木板不许藏匿遮盖，此世宗

① 《雍正朝汉文朱批奏折汇编》第5册，第897页，档案号619。

恤商之政也。乾隆元年，严牙行侵吞商客资本之禁，并以各省关税，每多无名之征，并令厘剔裁减。六年谕各省督抚，凡关榷口岸报部有案者，照旧设立，私行增添者，著详查题报，嗣后不准违例苛索，督抚失察，照例办罪。又以当时各关正额尽收尽解，复恐司榷者虑干部驳，逐岁增加，乃谕部臣每年所报盈余之数，稍有不及，不可批驳。七年，免直省豆米麦税，此高宗恤商之政也。”[①]

综上所述，清廷的商业政策中的确含有一些恤商、利商的成分；从客观社会效果层面来考察，清廷推行的恤商措施，也确实对清代商品货币经济的发展起了一定的推动作用。但是需要我们特别注意的是，上述恤商、利商的措施，在实际施行过程中，却是大成问题的，甚或说是大打折扣的。再者，作为封建社会发展过程中的一阶段，清朝是不会放弃抑商这一既定国策的。在国内商业领域，清代的抑商政策主要表现在专卖制度、榷关制度、牙行制度和行会制度等方面，“利用这些制度对从事国内贸易的商业资本进行有效的垄断与控制，从而达到既能使商业资本为封建政治、经济服务，又能对商业资本瓦解封建经济的作用进行限制的目的”[②]。

此外，清初还有两禁：一是矿禁，一是海禁。这两项政策对手工商业的发展是起着明显的钳制作用的。

清朝立国，“鉴于前代开冶之害，一切铜银坑俱封不开”[③]，实行了禁矿政策。至康熙时期禁矿政策开始松动。清政府从当时实际情况出发，批准了云贵总督蔡毓荣要求开发滇省矿产资源的建议，但并没有在全国范围内普遍地开矿。康熙朝矿业政策的主旨是以禁为主，禁中有开。正如康熙帝本人所言：“有矿地方，初开时禁止乃可，若久经开采，贫民藉为衣食之计，忽然禁止，恐生事端。总之，天地间自然之利，当与民共之，不当以无用弃之。要在地方官处置得宜耳。乃定未经开采者，仍行严禁。”[④]相对于过去的矿禁政策，总算开了一条缝隙。

雍正年间，禁矿政策又趋于严厉。雍正二年（1724 年）颁发谕令：“昔年粤省开矿，聚集多人，致盗贼渐起，是以永行封禁。”[⑤]十三年（1735 年），“粤督鄂弥达请开惠、潮、韶、肇等府矿，下九卿议行。上以妨本务停止”[⑥]。雍正帝重弹重本抑末的旧调，对矿封禁甚严，把康熙时开的缝隙又给关闭了。

到了乾隆年间，矿禁得以解除。乾隆二年（1737 年）就颁发诏谕：“凡产铜山

① 王孝通：《中国商业史》，上海书店 1984 年版，第 186～187 页。

② 田昌五、漆侠主编：《中国封建社会经济史》，第 420～421 页。

③ 《皇朝经世文编》卷五三。

④ 王庆云：《石渠余纪》卷五《纪矿政》。

⑤ 王庆云：《石渠余纪》卷五《纪矿政》。

⑥ 《清史稿·食货志五》。

场，实有裨鼓铸，准报开采。”三年，广东的地方官以治安为理由反对开矿，受到申斥，主张开矿的意见得到乾隆的首肯。五年，准山东地方官之请，开章丘、淄川、博山、峄县等 20 个县的煤矿。其后又准山西地方官之请，将归化城等处煤窑 80 余座尽行开采。七年，定四川省铜铅开采事宜，准其招商，照例抽课。八年，定湖北、湖南二省矿厂开闭事宜，凡适合开采的铁、铜、铅矿听商民自便。十五年，开浙江温、处两郡采铁之禁。二十六年，准甘肃开硫磺矿，准广西开白铅矿……[①]这些远非完整的史例，足足说明了乾隆对开矿的态度是非常积极的，政策是较为开明的。乾隆帝能顺应当时经济发展的潮流，积极推行开放矿禁的政策，促进了矿业的发展，“宝藏之兴，轶于往代”，矿业的繁荣亦为乾隆盛世增添了不少光彩。

嘉庆时期，矿业政策又有禁止的趋向。但是，此时清政府吏治黑暗，政策难以落实，故对矿业生产没有产生多大影响。道光时期，政策又趋向松弛。

综上所述，清朝的矿业政策走着一条曲曲折折、时禁时开的道路，但总的发展趋势是矿禁政策逐渐松动。这在乾隆朝达到顶峰。

对清代前期的国际商业贸易政策，不能简单笼统地归结为是完全实行了闭关锁国政策。要对不同的时期，作具体的历史的分析。实际上，在清代前期的 196 年中，只有顺治十二年(1655 年)至康熙二十二年(1683 年)实行了比较严格的海禁，康熙五十六年(1717 年)至雍正五年(1727 年)实行了部分地区海禁，总计不过 39 年，其余 157 年的海外贸易基本上是开放的。即使在禁海期间，也未完全割断与外国的商贸往来。我们认为清代前期实行的是一种开海设关、严格管理贸易的政策。

满洲贵族入关伊始，承袭了明末的贸易制度，对沿海人民出海经商，并无明文禁止。后来，为了对付占据东南沿海的南明的反清势力，迫使据守台湾的郑成功就范，于顺治十二年(1655 年)、十三年(1656 年)及康熙元年(1662 年)、四年(1665 年)、十四年(1675 年)五次颁布禁海令[②]，顺治十七年(1660 年)及康熙元年(1662 年)、十七年(1678 年)三次下达“迁海令”[③]，企图断绝大陆人民对台湾郑成功的支援，禁止沿海居民出海经商。但对于外国商船来中国贸易，则不在禁止之列。尽管如此，这种落后的海禁政策还是既严重阻碍了海外贸易的发展并影响政府的财政收入，也给沿海人民的生产和生活带来了巨大的痛苦和灾难。

康熙二十二年(1683 年)，清朝统一了台湾，又平息了三藩之乱，为废除海禁创造了条件。又鉴于主张开海贸易的人愈来愈多，康熙帝顺乎时势，于二十六年

---

① 《清朝文献通考·征榷五》。

② 《光绪大清会典事例》卷一二〇、卷六九二、卷七七六。

③ 《东华录》顺治十七年九月癸亥条，康熙十七年闰三月丙辰条；《光绪大清会典事例》卷七七六。

(1687年)正式废止海禁:"今海内一统,寰宇宁谧,满汉人民相同一体,令出洋贸易,以彰富庶之治,得旨开海贸易。"[①]第二年,宣布江苏的松江、浙江的宁波、福建的泉州、广东的广州为对外贸易的港口,并分别设立江海关、浙海关、闽海关和粤海关四个海关,负责管理海外贸易事务。此为中国历史上正式建立海关的开始。至此,清初的禁海宣告结束,中国的海外贸易进入了一个开海设关管理的时期,一直延续到道光二十年(1840年),长达156年。

在此期间,虽有十年(1717～1727年)的南洋海禁,但这与前次海禁不大相同。此时,"内地商船,东洋行走犹可……至于外国商船,听其自来"[②],只是部分禁海而已。雍正五年(1727年),宣布废除南洋禁海令。从此之后再没有实行过海禁,海外贸易进入了一个新的发展时期。

不过,由于"掠夺、谋害及经常诉诸武力,为欧洲国家与中国开始贸易的特色"[③],乾隆二十年(1755年)发生了英国侵略分子洪任辉(James Flint)驾船闯入宁波、定海和天津的事件,清政府才于乾隆二十二年(1757年)十一月十日宣布撤销宁波、泉州、松江之海关的贸易,"洋船将来止许在广东收泊交易"[④]。从此,中国的海外贸易主要集中在广州口岸进行。这就是以往人们认为"标志着全面实行闭关锁国政策时代的开始"和"闭关政策的最后形成",而且认为广州成为独一无二的进出口贸易港口。但是确切地说,广州并不是唯一的通商口岸,清政府也不是完全实行闭关锁国政策。因为:

第一,清政府规定海外贸易在当时中国最大的港口广州进行,本身就是一种开放,只不过是没有全面开放全国的港口而已。但作为一个主权国家的统治者,从国家、民族和他们自身的利益出发,根据海外贸易发展的趋势,决定开放多少个港口和开放哪些港口,完全是一种正常现象。只要不是关闭所有的贸易港口和完全断绝与外国进行贸易就不能斥之为闭关锁国。

第二,当时所谓的"止许在广东收泊交易",主要是针对欧美各国而言,特别是英国和荷兰等国。至于南洋地区的欧洲殖民地国家,仍许到闽、浙、江海关贸易。如乾隆二十三年(1758年)上谕:"厦门向有吕宋番船收泊,应遵旨照例准其贸易。"[⑤]

第三,中国商人不受所谓"止许在广东收泊交易"之限,可从四海关出海贸易。乾隆二十二年(1757年)后,从福建、浙江、江苏沿海港口出海贸易的商船仍

① 《清朝文献通考·市籴》。

② 《康熙起居注》康熙五十六年。

③ 姚贤镐:《中国近代对外贸易史资料》第1册,中华书局1962年版,第126页。

④ 王先谦:《东华续录》乾隆四十六年。

⑤ 《清高宗实录》卷五五三。

是不少。如乾隆二十九年(1764 年)准“浙、闽各商携带上丝及二蚕湖丝往柔佛诸国贸易”①。道光九年(1829 年)到新加坡贸易的中国商船共九艘,其中从广州去的一艘,从潮州去的两艘,从上海去的二艘,从厦门去的四艘,共载货 47 000 担。② 道光十年(1830 年),从广东的潮州、南康、惠州、徐闻、江门、海南,福建的厦门、青城,浙江的宁波,江苏的苏州等地,驶往日本、菲律宾群岛、苏禄群岛、西里伯群岛、马六甲群岛、芦罗洲、爪哇、苏门答腊、新加坡、马来亚半岛、暹罗、安南、柬埔寨等地贸易的中国船只达到 222 艘。③ 由此可见,把乾隆二十二年(1757 年)以后主要集中贸易视为闭关锁国政策,是值得商榷的。

三、工商货币政策的去向

“工商食官”格局于春秋末年被打破后,形成了私营工商业与官营工商业并存的局面。战国时代秦国的商鞅变法,则标志着代表我国新兴地主阶级利益的抑工商政策初步告成,迨至秦汉时代,这种传统的工商政策基本定型。这里的“抑工商”主要是指抑制私营工商业的发展,与“重农”相联结,即所谓“重农抑商”(或曰“重本抑末”)。“重农抑商”政策产生于我国特定的历史条件之下,在当时可谓一项具有积极意义的战略性调节政策。然而,这种政策的出发点,即是以保护传统保守的生产方式不受破坏为目的的,从一开始就对生产力的发展构成一种隐性障碍。随着生产力的发展,社会的进步,这种政策的阻碍作用愈见彰显。到唐中叶刘晏实施商运商销的榷盐法时,引入了商人和商业机制,促成了传统工商政策的转型。到明清时期,由于经济的发展,特别是商业产生的课税已完全在国家财政收入中占有半壁江山,商贸流通又直接关系到人民的安居乐业,这就使得封建统治者不得不重新审视自己的“商末”理论,不得不在某种程度上放宽对手工商业的控制,封建官府与手工商业的结合开始步步放松,即前述“匠籍制的废止”与“商贸政策的松动”是也。私营工商业得到发展,所以,相对于过去朝代而言,资本主义萌芽一时才能有较快的发展。同时我们还应看到,中国既是一个农业古国,又是伦理本位国度,且王权至上,农本思想与伦理范畴的“商末”观仍占有很大的市场。再者,“商人对于以前一切都停滞不变可以说由于世袭而停滞不变的社会来说,是一个革命的要素”④,“商业对各种已有的、以不同形式主要

---

① 《皇朝政典类纂》卷一一七。

② 姚贤镐:《中国近代对外贸易史资料》第 1 册,中华书局 1962 年版,第 68 页。

③ First Report from the Select Committee of the Commons on the Affairs of the East India Company, China Trade 1830. pp. 629-632.

④ 马克思:《资本论》第 3 卷,人民出版社 1975 年版,第 1019 页。

生产使用价值的生产组织，都或多或少地起着解体的作用”[1]。所以，封建统治者仍然对商贾持轻视、歧视态度，仍然试图对手工业和商业加强控制，不肯完全撒手，造成工商业者仍然不能自由地发展，这一点也是妨害资本主义萌芽继续成长的不可忽视的原因。总之，满清王朝就是在这样的两难抉择之中走向它的末路的。

由前文已知，清初废除了匠籍制度。匠籍制的废止，使得封建官府不能再像过去那样与手工业结合，直接搞官营，但它还是用控制、楔入、渗透等方式，对手工业的部分生产力紧抓不放，如在丝织业中实行“领机给贴”法，在制瓷业中实行“官搭民烧”法，在矿业中实行“官督商办”法。清政府对手工业的限制政策主要就表现在这些地方。经济政策不只是纯粹的、远离经济基础的上层建筑，而实质上正是经济关系的一种直接的反映。上述对手工业加以种种限制的政策，其对商品经济、资本主义萌芽所起的阻遏作用，应该归结到经济结构这一点上来理解才是。

封建政权与商业的结合，在清代也比过去大大减弱。但在国内商业领域，仍然实行着专卖制度等抑商措施；在国际商贸政策方面，仍然实行了严格控制贸易管理的办法——建立起行商制度。下面就对食盐专卖与行商制度两项措施作一剖析，以期能窥见这一时期商贸政策之实质。

“清之盐法，大率因明制而损益之。”[2]这主要表现在以下诸方面：第一，灶户在清代仍为专门户籍，正如《清朝文献通考·职役考》所载“惟灶丁为世业”；第二，改官仓为公垣，官府不再收盐，盐场出产悉归商收，“凡在公垣以外者，即以私盐论罪”[3]，用以保证盐商收盐的垄断权；第三，继续实行明代的行盐地界制度，用以保证盐商对市场的垄断；第四，盐引主要由盐商垄断。总之，清代的盐商，是特许商人，是在“纲法”、“专商引岸制”下的“专商”。

盐商凭借特许权，在封建政府认可下，先是独占盐场所产的食盐，掌握了大量的货源，接着，分疆划界，各自垄断了官盐的销售市场，在价格上是压价收购，高价出售，再加上在运销过程中营私舞弊，层出不穷，这样就获取了高额垄断利润，大量地积累起商业资本。如两淮盐商竟“蓄资以七八千万计”[4]，真可谓“富可敌国”！在封建政权的羽翼下成长起来的盐商，对自己的保护人清王朝自然是极其恭顺的，所得的巨额利润相当部分就用来“报效”政府、皇室和封建官僚，通

---

① 马克思：《资本论》第3卷，人民出版社1975年版，第371页。

② 《清史稿·食货志》。

③ 噶尔泰纂辑：《清盐法志·通例一·场产门》，广陵书社2015年版。

④ 赵慎畛：《从政录》卷二。

过食盐专利政策实行官私的共同分肥。商业资本的再一个重要流向就是土地以及高利贷,因为"以末致财,用本守之"的信条直到清末还根深蒂固地存在于许多商人的头脑之中。商业资本仍然是畸形发展,没有向产业资本转化,这样,资本主义的生产就缺少必要的资本积累。寄生于封建制度、具有官商性质的这种封建商业,只能直接或间接地促使农民和手工业者的贫困破产。增加封建制度腐朽性的盐商们,对于新的资本主义萌芽是不会起多少好作用的。垄断对外贸易的行商也是如此。

清前期总的外贸政策是一方面开海设关;另一方面严格贸易管理,即在广州贸易中实行了行商制度,严禁私商与外国商人洽谈贸易。行商所设商号称"外洋行"、"洋货行"、"洋行",统称"十三行"。行商为了控制内部竞争和限制行外散商,又成立了行会性组织,称"公行"。清政府曾颁有法令:"凡夷商一切交易事宜,俱系责成行商经手,以杜内地民人勿结滋事。"[①]清代的这种行商制度是官商结合的产物,行商制度下的行商具有官商的特征。《广东新语》所载诗曰:"洋船争出是官商,十字门开向二洋,五丝八丝广缎好,银钱堆满十三行。"即是例证。行商既然也是经过特许的、代官府做事的商人,那么他们积累起来的商业资本的流向同盐商商业资本的流向也就没有什么大的区别了。且在这种行商制度下,中国民间商人的对外贸易受到极大的抑制,也严重地阻碍了中国社会商品经济和资本主义萌芽的发展。

此外,清前期实行的与商人分割利润的重征商税政策,与向商人搜括物资的派买政策,也就是在搞不成直接官营时,封建政府对私营商业加强控制的方式。所有这些,均对商品经济的发展与资本主义萌芽产生不利的影响。

我国传统的货币政策发展到清代,也走到了它的尽头。清代的货币流通是以银为主,银、钱并用。即所谓"银与钱相为表里,以钱辅银,亦以银权钱,二者不容畸重"[②]。在19世纪以前,中国的对外贸易还处于出超地位,导致国外大量白银流入国内,到乾隆末年(1795年),国内存银已达7000余万两。

但是,就在中国的资本主义萌芽缓慢发展的同时,西方资本主义却有很大的发展,几个主要国家先后开始并完成了"工业革命"。可是东方的中国,依然是一个古老的封建帝国。到19世纪清王朝的嘉庆时(1796～1820年),特别是道光朝(1821～1850年)以后,社会危机及财政危机日趋严重。而正是这时,西方资本主义对中国的侵略开始了,可耻的鸦片走私贸易导致数千万两白银流出国门,造成对外贸易的入超局面,使得国内流通界的银货骤然减少,促成银贵钱贱和银

---

① 许地山编:《达衷集》,第145页。

② 《清朝文献通考·钱币四》。

钱比价的巨大波动，而形成又一次超越前代的货币危机——银荒，给整个国民经济和人民生活带来极大的损害。就这样，在鸦片毒雾迷漫、白银滚滚外流的“银荒”情形下，在清政府仍然处于商贸政策两难选择的困境之中，揭开了中国近代史的篇章，而中国则从此一步步地走向半殖民地半封建的社会。

在此背景下，欧洲以枚为单位的银元大量流入中国，在市场上广泛流通。在交易成本方面，银元这种货币形态显然优于中国以两为单位的制度。清代时，外国银元在中国受欢迎，其作价甚至超过银两。清末，各地开始仿照外国银元铸造银币。中国历经数千载独立存在的货币文化和货币制度，终于被西方所征服。①

① 参见王玉茹主编《中国经济史》，高等教育出版社 2008 年版，第 77 页。

第七章

经济区划的变迁与经济重心的移动

第一节　战国秦汉经济区划的定位

由于自然环境和社会的原因，中国古代不同地区的经济发展是不平衡的。表现在整个历史时期，则是经济区划的变化与经济发展重心的转移。西周以前的主要经济区是黄河中下游平原；从西周开始，泾渭流域成为新的经济区；春秋战国时期，各国因地制宜，发展生产，形成了各具特色的五大经济区；西汉时期关中地区和关东地区的经济获得了长足的进步，在此基础上形成了北方黄河流域基本经济区，而南方江淮地区则相对落后。

一、中国古代经济区的出现

中国古代经济以农业为根本，农业是整个国民经济的主体。所谓经济区的划分，虽然包含着手工业和商业的因素，但主要是建立在农业基础之上的。早期的农业区与经济区含义相当。早在新石器时代，中国就出现了原始农业，主要分布在黄河中下游平原和长江中下游平原。黄河中下游平原是由黄河携带的泥沙长期冲积而成的。黄土土质肥沃，结构疏松，易于开垦。加上远古时期这里湖泊众多，河流交错，当时气候又比现在温暖湿润，因此黄河中下游地区是生产力低下的古代人民比较适宜聚居的地区。旧石器时代和新石器时代的遗址，在这一地区星罗棋布。夏商时期，黄河中下游平原是我们祖先从事农业和其他生产活动的中心。到盘庚迁殷（今河南安阳西北），商人结束了游耕农业[①]，对以殷为中心的黄河中游平原进行了进一步的开发，使之成为当时最主要的农业区，也是最主要的经济区。

---

① 参见傅筑夫《中国经济史论丛》上册《殷代的游农与殷人的迁居》，三联书店 1980 年版。

商代农业生产有了较大的发展，农作物品种繁多，酿酒业发达。根据甲骨文的记载，当时的粮食作物有黍、稷、粟、麦、稻、菽等。然而商代农业还十分粗放，必须发展其他生产部门，提供更广泛的衣食之源。畜牧业是除农业外最重要的生产部门。从商人祭祀用牲数量就可看出商代畜牧业的发达，用牲的数量少则几头，数十头，多则三四百头。渔猎作为农牧业的补充，在商代仍占有一定的地位。商代青铜制造技术已相当成熟，"司母戊大方鼎"制作雄伟，举世无双。卜辞中的"蚕、桑、丝、帛"等字的出现，证明了蚕桑和丝织业的兴盛。商代中后期，一个新兴的农业区在泾渭流域崛起，即所谓的关中平原，在现在陕西省的中西部。关中土地肥沃，诸多河流如泾、渭、漆、沮流灌其间，对于发展农业生产十分有利。关中地属雍州，"厥土惟黄壤，厥田惟上上"①，是九州之中土地最肥沃的地区。青铜工具在农业生产中的使用已较商代普遍，三圃制耕作取代了抛荒制，田间管理也有很大进步，农业生产水平大幅提高。《诗经·周颂·丰年》云："丰年多黍多稌，亦有高廪，万亿及秭。"《诗经·小雅·楚茨》亦云："我蓺黍稷，我黍与与，我稷翼翼，我仓既盈，我庾维亿。"都反映了关中地区农业的兴旺。关中地区成为中国古代的又一重要的农业经济区，并迅速超过黄河中下游地区，为西周灭商奠定了物质基础。西周灭商后，实行分封制。周王针对各地的不同情况，允许各封国制定各自的政治经济措施，在一定程度上促进了各地经济的发展与经济特点的形成。但西周最主要的两个经济区是关中地区和黄河中下游地区，尤以关中地区为中心。

二、战国时期经济区的分立

战国是中国古代封建经济形成的时期，铁制农具和牛耕的使用，耕作技术的提高，水利事业的发展，促进了农业的飞速前进，农业的发展又带动了手工业的突飞猛进和商品经济的发达。经过长期的兼并战争，到战国时期形成了七国争霸的局面。各国为了在争霸战争中生存发展，都千方百计地因地制宜，发展生产，增强国力，建立自己的国民经济体系，并由此形成了具有鲜明特色的、界限分明的经济区。下面分而述之。

1. 关中经济区

关中经济区由秦控制的关中、西北、巴蜀地区组成。关中地区以泾渭平原为中心。西周时期，这里是全国的政治经济中心。周室东迁，其经济地位相对下降。但"关中自汧、雍以东至河、华，膏壤沃野千里，自虞夏之贡以为上田……故

① 《尚书·夏书·禹贡》。

其民犹有先王之遗风，好稼穑，殖五谷”[①]。从商鞅变法开始，秦政府推行农战政策，大力发展农业。郑国渠的开凿使四万多顷不适于种植农作物的盐碱地得到灌溉，产量达到“亩一钟”[②]的水平。关中变成无荒年的沃野，成为全国农业最发达的地区，“号称陆海，为九州膏腴”[③]。秦政府采用抑制私营工商业、发展官营工商业的政策，因此，关中地区的官营工商业很发达，商人们主要是将陇西、巴蜀的货物运至咸阳，然后转输三晋、中原。

西北边区是指与关中相接，秦汉时期被称为“陇西”、“天水”、“北地”、“上郡”的地区，即今天的甘肃东部和陕西西北部。周秦时代这里是游牧的少数民族的栖息地，是典型的畜牧区。秦国向西北开拓疆域，将关中农业区的范围扩张到西北边区，西北地区由落后的游牧经济逐渐发展为半农半牧，并被纳入关中经济区。这里畜牧业发达，司马迁称：“天水、陇西、北地、上郡与关中同俗，然西有羌中之利，北有戎翟之畜，畜牧为天下饶。”[④]

巴蜀地区指以成都平原为中心的四川盆地。从地域范围上讲，巴蜀地区属于长江流域，是很早就得到开发的农业区，自古有“天府”之称。秦惠王吞并巴蜀后，巴蜀地区成为关中经济区重要附属，秦汉时人经常将巴蜀纳入关中经济区内。巴蜀经济亦有自己的特色。成都平原的农业生产不逊于关中地区，李冰修都江堰，灌溉良田，巴蜀成为秦国富饶的谷仓。由于巴蜀物产丰富，“地饶卮、姜、丹沙、石、铜、铁、竹、木之器”[⑤]，手工业和商业十分发达，冶铁、竹木制造和纺织业是重要的手工业部门。竹木器具和巴蜀织锦是流通全国、深受欢迎的产品。巴蜀地区四面闭塞，对发展商业不利，但巴蜀的商人与西南的少数民族的贸易交往很频繁，并且通过栈道将货物输往关中后转卖于中原广大地区。

关中经济区是战国时期经济最发达的地区，秦国依靠其强大的经济实力，最终统一了六国。

2. 中原经济区

中原经济区即司马迁所说的三河地区，是以河东、河内、河南为中心的古老经济区，范围相当于现在的河南北部、山东西南部、陕西南部和河北南部。这里是中国开发最早的经济区，其经济特点是农工商业高度进步。鸿沟以东、芒砀以北的梁宋地区，有巨野泽，此地人“好稼穑，虽无山川之饶，能恶衣食，致其蓄藏”，

---

① 《史记·货殖列传》。

② 《史记·河渠书》。

③ 《汉书·地理志》。

④ 《史记·货殖列传》。

⑤ 《史记·货殖列传》。

“沂泗水以北，宜五谷桑麻六畜……民好蓄藏”，三河、宛、陈都是“好农而重民”。[①] 由于土地狭小，人口众多，农业剩余劳动力多，加之此地是各大经济区经济交流的中心，交通四通八达，在发展农业之外，经商逐利是这里人的首要选择，“周(指洛阳一带)人之失，巧伪趋利，贵财贱义，高富下贫，喜为商贾”[②]。“三河、宛、陈……加以商贾”[③]。商业的发达促进了城市的繁荣，中原地区工商业城市密集，邯郸、温、大梁(今河南开封)、洛阳、陶(今山东定陶)都是著名的经济都会。陶因交通发达，成为“天下之中，诸侯四通，货物所交易”的地方，范蠡就是看重了陶的便利和富庶，于此定居经商，终成巨贾。[④]

3. 齐鲁经济区

齐鲁经济区以齐地为主，加上经济上与齐相似的鲁，包括现在的山东省全部和河北省的东南部，也是较早得到开发的地区。因自然条件不同，这里形成了以工商业为主的经济特色。齐鲁地区的土壤多盐碱地、砂质地，还有灰棕壤，不宜五谷，“宜桑麻”。从姜尚初封于齐开始，就“因其俗，简其礼，通商工之业，便鱼盐之利”[⑤]。齐地的统治者根据自然条件，制定了发展工商业的经济政策，“劝其女功，极技巧，通鱼盐”[⑥]。司马迁说此地“人民多文彩布帛鱼盐”[⑦]，就反映了齐鲁地区工商业的发达。齐鲁地区的纺织业尤其是丝织业是当时最先进的，“织作冰纨绮绣纯丽之物，号为冠带衣履天下”[⑧]。此外冶铜、采铁等矿冶业和制盐业也很发达。手工业产品除自用外，还畅销全国，尤以齐鲁缟纨和海盐最为重要。战国时期齐国的私营工商业又有新的发展，从这一地区经济中心临淄的繁荣就可窥一斑。当时临淄的繁华已经达到“车毂击，人肩摩，连衽成帷，举袂成幕，挥汗成雨”[⑨]的程度，是战国时期最发达的工商业都会。

4. 燕代经济区

燕代经济区即司马迁所说的龙门、碣石以北地区，包括燕国、赵国的北部和中山地区，即今天河北北部、山西北部、北京市一带。这一地区和肃慎、林胡、东胡、匈奴、楼烦等游牧民族相连，人口较少，民风剽悍。经济特点是畜牧业发达，

---

① 《史记·货殖列传》。

② 《汉书·地理志下》。

③ 《史记·货殖列传》。

④ 参见史念海《释史记货殖列传所说的“陶为天下之中”兼论战国时代的经济都会》，载《河山集》第1集，三联书店1963年版。

⑤ 《史记·齐太公世家》。

⑥ 《史记·货殖列传》。

⑦ 《史记·货殖列传》。

⑧ 《汉书·地理志下》。

⑨ 《战国策·齐策》。

多马、牛、羊等畜产品，农业则比较粗放，是个半农半牧区。区内铜铁矿产丰富，手工业以皮革制造业最为发达。裘、筋、角等畜产品和皮革制品多作为商品销往中原，尤以良马最受欢迎。燕的都城蓟（今北京）是这一区的重要经济都会。

5. 江淮经济区

江淮经济区指江淮流域及其以南的广大地区，包括以太湖流域为中心的吴、越和以江汉平原为中心的楚，地域辽阔。司马迁总结此区经济特点是“楚越之地，地广人稀；饭稻羹鱼，或火耕水耨，果隋蠃蛤，不待贾而足；地势饶食，无饥馑之患；以故呰窳偷生，无积聚而多贫。是故江淮以南，无冻饿之人，亦无千金之家”[①]。这说明南方江淮一带的农业生产还处在“火耕水耨”的粗耕阶段，“鱼猎山伐之业”还是重要的生产部门之一。江淮地区在经济发展的特点上是商业较为发达。由于这里自然物产极其丰富，“有长松、文梓、楩、楠、豫樟”，“江汉鱼鳖鼋鼍为天下饶”[②]，还有珠玑、犀、玳瑁、果、布等，吸引了全国各地的商人前来争购贩运。“虽楚有材，晋实用之”[③]，即是指楚国物资为晋所用。但这里商业的繁荣并不是建立在农业发达和手工业发达的基础上的，其外销的商品以土特产为主，而不是以手工业品和农产品为主，这是与其他经济区商业的不同之处。此外，南方地区的矿产如黄金、锡、丹砂、铜的储量丰富，楚是战国时期黄金的主产地，因此南方的矿冶业还是很发达的，如湖北大冶铜绿山矿冶遗址面积大、工艺先进，某些指标已相当于欧洲19世纪末的水平。其他的手工业部门如吴越的兵器制造业、造船业也居全国领先地位。

战国是中国古代社会经济结构形成的时期，虽然各国之间壁垒森严，各经济区特点不一，但由于全国统一市场已开始形成，各经济区的经济交流并未因军事对立而受太大的影响。正因如此，燕代牛、马、皮革，齐鲁的鱼、盐、蚕丝，秦蜀的竹木、玉石，楚越的犀、象、珠、玑，才会充盈各地市肆。

三、两汉经济区划的定位

两汉的经济区域大体可分为关中、关东和江淮地区。西汉是中国古代经济发展的第一个高峰，关中地区和黄河中下游地区的经济飞速发展。东汉时期，江淮流域开始了初步开发。

1. 关中地区

两汉的关中，实际指整个函谷关以西地区，又称“山西”。在秦汉时期，“关

---

① 《史记·货殖列传》。
② 《战国策·宋卫策》。
③ 《左传·襄公二十六年》。

中”这一地理概念是由关中平原、巴蜀地区和西北地区组合而成的。关中经济区下包含了三个子经济区，其中以关中平原为中心。秦统一全国后，采取强干弱枝的办法，将六国宗室之后、地方豪强迁居关中、陇西、巴蜀，在政策上也向其发源地关中本土倾斜，因此关中地区保持了持续发展的势头。西汉建都长安，关中地区是全国的政治中心，亦推行“实关中”的政策，致力于对关中的开发。先进的农耕技术——代田法和区种法先后在关中实行，水利工程的修建也达到高峰，六辅渠、白渠和郑国渠等构成了系统的灌溉网，铁制农具和牛耕也在推广，这一切极大提高了农业生产率，亩产量普遍提高 30%～50%以上，关中经济取得长足进步，不仅是全国政治的中心，还是最为富庶之地。司马迁就曾指出：“关中之地，于天下三分之一，而人众不过什三，然量其富，什居其六。”[①]关中经济的发展还表现在农业经济区域的扩张。秦时的西北边区，农业经济十分粗放，是一个半耕半牧区。汉武帝开拓西疆后，先后设置了金城、武威、张掖、酒泉和敦煌郡，移民开发，使河西走廊的农业比重大为增加，其盛时河西四郡有 35 县。而且水利发达，产量较高，是著名的“谷籴常贱”[②]的丰产区。同时农耕区还向北扩张直达阴山脚下。汉武帝曾派卫青、李息“收河南地，置朔方、五原郡”，并且“募民徙朔方十万口”[③]，带动了河套地区农业的发展，这里被称为“新秦中”。

关中地区手工业和商业十分繁荣。长安是西汉时全国最大的城市，与全国各地有驰道相连，漕渠的开凿更便利了与关东地区的交通，通过栈道还可以转输巴蜀的货物。关中手工业、商业的发展有自身显著特点，主要是以官营工商业为主，属纯消费性的工商业，与农业生产没有必然联系。西汉定都长安，达官显贵、公子王孙聚居于此，他们的奢华生活造就了一个庞大的消费市场。关中许多出产物都是手工业原料，但主要的手工业都掌握在政府手中，汉朝少府的属吏就有负责制作刀剑、兵器的考工、尚方会丞和主管丝织业的东织、西织会丞。官营手工业的产品一般是不进入市场的，直接为皇室、贵族消费。被徙于关中的豪强富商也从事工商业经营，然而他们的经营对象也是那些达官贵人，因此他们的手工业是为了满足消费，商业经营也主要以贩运消费性的土特产为主。东汉迁都洛阳，官营手工业随之东去，巨大的消费群体随之消失，关中的工商业也迅速衰落。

关中平原在西汉末年的农民起义中遭到巨大破坏，人口大量减少，直到东汉建国一百多年后，人口才恢复到 52 万口，劳动力严重缺乏，农业生产无从恢复。

---

① 《史记·货殖列传》。

② 《汉书·地理志下》。

③ 《汉书·武帝纪》。

加之东汉中叶以后，与西羌发生了连续的战争，河、陇一带成为战场，关中平原也是接近战场的地区，农工商的发展无从谈起。从东汉开始，关中不仅丧失了政治中心的地位，还丧失了经济重心的地位。

2. 关东地区

黄河中下游地区在汉代被称为“关东”，又称“山东”，包括战国时期的三河、齐鲁、燕代三个区域，范围广大。这里的农业、手工业和商业都取得了长足进步。战国时期的三河、齐鲁、燕代经济区在两汉时已融合为一个联系密切的大经济区。关中地区以全国3/10的人口占有6/10的财富，凭借的是政治上的优势，关东地区才是有汉一代经济最为发达的经济中心。

关东经济的特点是农业发达，手工业和商业的发展都以农业为基础，是农业经济的一部分。关东农业的发展与此地人口密集不无关系，全国60%的人口集中于关东，人口密度在每平方公里百人以上的11个郡国全部在关东地区。[①] 过度集中的人口为经济造成压力，导致“地小人众”的矛盾，出现了“内郡人众，水泉荐草不能相赡”[②]的现象，只有通过精耕细作，提高单位面积产量才能增加收入。以梁宋地区为例，两汉时期，铁制农具已普遍使用，牛耕、犁耕等先进技术得到广泛推广应用，水利工程层出不穷，使梁宋地区精耕细作的农业进一步形成，粮食产量不断增加。东汉仲长统说：“今通肥饶之率，计稼穑之入，令亩收三角斗。”[③]与西汉初晁错所言“百亩之收，不过百石”[④]相比，单位面积产量大为提高。[⑤] 因此，关东农业在广度和深度上都有发展。关东地区范围广阔，发展不平衡，但总的趋势是农耕区向北、南、东三个方向扩张。北方到达长城之下，辽东的农业也因辽东、乐浪等郡的设置有所发展；向南，则向淮河流域扩张；东方农业不发达的地区如渤海郡，在宣帝时当地人还是“好末技，不田作”，牛耕也不普遍，在太守龚遂的倡导下，农业也有了较大的发展。[⑥] 从汉初开始，关东地区每年都要向关中漕运大量粮食，汉武帝时达到400万石以上。

由于关东人多地少，农业剩余劳力就较多。从事家庭手工业的经营成为养家糊口的必需。“一夫不耕，或受之饥，一女不织，或受之寒”。家庭手工业门类因自然资源不同而有所不同，最广泛的、也是最重要的莫过于纺织业。齐、鲁、

---

① 参见梁方仲《中国历代户口、田地、田赋统计》第18、19页。

② 桓宽：《盐铁论·未通》。

③ 《后汉书·仲长统传》。

④ 《汉书·食货志》。

⑤ 参见杨际平《再谈汉代的亩制、亩产——与吴慧先生商榷》，载《中国社会经济史研究》2000年第2期。

⑥ 《汉书·循吏·龚遂传》。

梁、宋一带丝织业闻名全国，特别是齐地“织作冰纨绮绣纯丽之物，号为冠带衣履天下”[①]。西汉仅有的两个服官就设在临淄和襄邑（今河南睢县）。无论是齐地人通鱼盐女工，还是鲁人趋商贾，周人巧伪趋利，都是与小农经济息息相关的，是农业经济的一部分。

汉代关东地区的其他手工业也很发达，如冶铁业，西汉的46个铁官中有32个在关东，规模较大的邯郸、宛、鲁也都在关东。

两汉的经济都会更多地分布于关东地区。像邯郸、温、荥阳、洛阳、临淄、宛（今河南南阳）都是繁华的经济都会，反映了关东地区商业的发达。

关中泾渭流域和关东黄河中下游平原的长足进步，使黄河流域成为能支持国家政治统一的基本经济区。[②] 从综合实力看，关东要超过关中。东汉迁都洛阳后，黄河流域经济重心已趋向关东黄河中下游地区。

3. 江淮地区

两汉时期，经济发展的重点虽在黄河流域，但从东汉开始，江淮以南地区也有了一定发展。西汉时期，江淮地区经济还停留在战国时代的水平。班固描述江南经济为：“江南地广，或火耕水耨，民食鱼稻，以渔猎山伐为业，果蓏蠃蛤，食物常足。故呰窳偷生，而亡积聚，饥食还给，不忧冻饿。亦亡千金之家。”[③]这种景象与司马迁对江南经济的描述完全一样。新莽时期，“荆、扬之民，率依山泽，以渔采为生”[④]，农业生产没有多大进步。

西汉末年中原战乱，灾荒不止，人民开始南迁。江汉平原、太湖流域以及湘水、赣水流域土地肥沃，宜于农作物生长。广大饥民一旦发现江淮间是易于谋生的好地方，就会源源不断地涌入。除了人民自发的南迁，东汉政府也有计划地向荆扬移民。人口的南迁，不仅带来了劳动力，也带来了农业生产技术，农业生产开始发展。如建初年间，王景为庐江太守，“驱率吏民，修起芜废，教用犁耕，由是垦辟倍多，境内丰给……又训令蚕织，为作法制”[⑤]。西汉的会稽郡，由于经济的发展和人口的增多，在东汉时划分为吴和会稽两个郡。吴和江陵都是长江流域的一方都会。江淮农业的发展最主要表现在粮食产量的提高上。东汉安帝永初七年（113年），东汉政府“调零陵、桂阳、丹阳、豫章、会稽租米，赈给南阳、广陵、

---

① 《汉书·地理志下》。

② 参见冀朝鼎著、朱诗鳌译《中国历史上的基本经济区与水利事业的发展》，中国社会科学出版社1981年版，第78页。

③ 《汉书·地理志下》。

④ 《汉书·王莽传》。

⑤ 《后汉书·循吏·王景传》。

下邳、彭城、山阳、庐江、九江饥民"①,说明这里已有余粮可以供给其他地区,但是江淮地区的经济还远远落后于关中和关东地区。全国的经济重心在黄河流域。

第二节 魏晋南北朝隋唐经济区划的变化

魏晋时期,在恢复东汉末年经济大衰退过程中形成了三个经济区,并以此为基础形成三国鼎立。南北朝时期北方农业经济遭到破坏,而长江中下游的基本经济区形成。唐代黄河流域、长江流域两大基本经济区在国家经济中的地位发生了逆转,经济重心开始南移。

一、三大经济区的对立

东汉末年的军阀混战以魏、蜀、吴三国的出现告一段落。四川地区蜀的日益成长和长江下游吴的新兴昌盛,使巴蜀地区和江南地区成为与残破的黄河流域经济区相抗衡的力量。这是三国鼎立经济上的基础。

汉末北方流民进入江南后,与南方土著和山越人一起,在孙吴统治时期使江南步入初步开发阶段,江南的经济有了很大发展。农业方面,垦田面积显著增加,出现了"牛羊掩原隰,田池布千里"②的繁荣景象,在首都建康(今江苏南京),"其四野畛畷无数,膏腴兼倍"③。有些地区的水稻每年可收两季,水稻亩产达6斛④。冶铸、煮盐、纺织、造船等手工业也颇为发展。三吴地区出产"八蚕之绵",武昌曾冶铸千口剑、万口刀。吴的首都建康成为一个繁华的都会,商业很发达。

三国分立后,刘备在益州建立蜀汉政权。益州土地肥沃,物产丰富,在东汉末年遭受战乱破坏较轻。由于广大人民辛勤劳动,这里的农业生产继续发展。对都江堰进行的重点护理保障了成都平原的农业灌溉,"沟洫脉散,疆理绮错,黍稷油油,粳稻莫莫"⑤。不仅耕地面积不断扩大,亩产量也很高,绵竹、广汉一带农田亩产可达30斛。⑥ 益州的盐、铁和织锦等手工业发达。蜀锦驰名全国,远销吴、魏,是国家财政收入的重要来源,其产地成都,"阛阓之里,伎巧之家,百室

---

① 《后汉书·安帝纪》。
② 葛洪:《抱朴子·吴失》。
③ 严可均辑:《全上古三代秦汉三国六朝文·全晋文》卷七四左思《吴都赋》,中华书局1958年版。
④ 《三国志·吴书·钟离牧传》。
⑤ 左思:《蜀都赋》。
⑥ 常璩:《华阳国志·蜀志》。

离房，机杼相和”[1]，可见其盛。

曹魏政权为恢复黄河流域的经济，在西起上邽（今甘肃天水）、东至青徐、北抵幽蓟、南及淮南的广大地区实行屯田，尤以淮河流域成效最大。这里河道纵横，沼泽众多，便于兴修水利，灌溉农田，“自寿春到京师，农官兵田，鸡犬之声，阡陌相属”[2]。洛阳重新成为经济、政治中心，“其民异方杂居，多豪门大族，商贾胡貊，天下会利之所”[3]。

黄河流域经济的恢复，使其仍比巴蜀地区和江南地区占绝对优势，为后来西晋统一全国奠定了物质基础。我国的经济重心依然在黄河流域，但长江流域能够支持两个政权与古老的黄河流域经济区的曹魏对峙，反映出那里具有巨大的发展潜力。巴蜀和江南经济的发展，是中国古代经济区域由黄河流域向长江流域扩展的起点。

二、江南基本经济区的形成

经过西晋短暂的恢复后，黄河流域基本经济区又遭到长期破坏，十六国北朝时期，各国相互兼并，战乱频仍，人口不是死亡就是迁移，土地大量抛荒；即使少数地区有过短暂的恢复，也只是局部收效于一时而已。而各少数民族占据中原地区以后，依然保持着从事游牧经济的习惯，很少从事农耕生活，大量耕地被辟为牧场，就连大力推行汉化的北魏孝文帝也在太和十八年（494 年），以汲郡（治今河南淇县东南）为中心，在东至东郡（治今河南滑县东）、西至河内郡（治今河南沁阳）、南距黄河 5 公里的广大范围内建立了河阳牧场。而这里原本是农业最为发达的地区之一。落后的生产方式严重影响了黄河流域的经济。古都洛阳在东晋桓温北伐时已是一派“河洛丘墟，函夏萧条，井堙木刊，阡陌夷灭”[4]的景象。

与黄河流域经济衰败形成极大反差的是长江流域经济的崛起。东晋南朝时期，扬州（治今江苏南京）、荆州（治今湖北江陵）、益州（治今四川成都）发展迅速，长江中下游的江南地区成为新的经济中心。

在西晋末年的永嘉之乱期间，北方人民避乱南下。大量流民涌入江南，不仅带来了劳动力，还带来了北方先进的耕作经验，使江南的开发进入了重要时期，尤以扬州、荆州最为突出。

扬州是东晋南朝经济最发达的地区。自孙吴建都建康，这里一直是南方各

---

① 严可均辑：《全上古三代秦汉三国六朝文·全晋文》卷七四左思《蜀都赋》。

② 《晋书·食货志》。

③ 《三国志·魏书·傅嘏传》裴松之注引《傅子》。

④ 《晋书·孙绰传》。

朝的政治中心,因此发展迅速,农业生产水平大幅提高。史称扬州"地广野丰,民勤本业。一岁或稔,则数郡忘饥"[①]。其中三吴地区(吴郡、吴兴、会稽)经济发展最为突出,东晋南朝政府的各种支出,主要依赖三吴,所谓"三吴奥区,地惟河辅,百度所资,罕不自出"[②]。会稽郡(治今浙江绍兴)"带海傍湖,良畴亦数十万顷,膏腴上地,亩直一金,鄠、杜之间不能比也"[③]。可见,扬州地区的农业已赶上并超过了西汉时农业最发达的关中泾渭平原。

扬州的工商业也很发达。当时瓷器生产的代表性产品是青瓷。青瓷胎质纯,硬度高,釉料匀,造型美观,其产地多集中在会稽郡。剡溪(今浙江嵊县)和余杭(今浙江杭州)则是著名的纸产地。王羲之为会稽内史时,一次就送给谢安九万多张纸,足见造纸业的发达。丝织业从数量、质量和工艺上虽未赶上北方,但发展还是较快的。永嘉郡(治今浙江温州)已可作到一年养八批蚕[④]。建康是长江下游重要的商业都会,"市廛列肆,埒于二京"[⑤],其市容和长安、洛阳不相上下。

荆州在东晋南朝经济中与扬州并驾齐驱,时人称"江左大镇,莫过荆扬"[⑥]。荆州"田土肥美",地跨"南楚之富",有广阔的开发潜力。如梁时,"江湖诸州……开田六千顷,二年之后,仓廪充实"[⑦]。荆州的手工业以冶铁、制镜、丝织业为主。荆州的治所江陵处于雍、岷、交、梁等州交会处,交通便利,商业也比较发达。正因如此,沈约在描述南方社会经济繁荣时说:"荆城跨南楚之富,扬部有全吴之沃,鱼盐杞梓之利,充仞八方,丝绵布帛之饶,覆衣天下。"[⑧]元嘉时代的江浙和两湖已经成为鱼米之乡,农业手工业和商业都很发达。长江中下游的荆、扬二州,在全国经济生活中的重要地位已日益显著起来,江南基本经济区形成。

长江上游益州尽管也被地方割据势力占据,但其被破坏程度远比中原地区为轻。南朝梁时,张齐一次就收取"夷僚义租"20多万斛,可见其粮食生产的富足。成都"水陆所凑,货殖所萃,盖一都之会也"[⑨],是长江上游最繁荣的工商业城市,也是蜀锦生产的基地。巴蜀地区是较早开发的经济区,在秦汉时代,常常

---

① 《宋书·孔季恭等传论》。

② 《南齐书·竟陵王萧子良传》。

③ 《宋书·孔季恭等传论》。

④ 《太平御览》卷八二五《蚕》引《林邑记》、《永嘉郡记》;并参见李仁溥《中国古代纺织史稿》,岳麓书社1983年版,第68页。

⑤ 《隋书·地理志下》。

⑥ 《南齐书·州郡志》。

⑦ 《梁书·陈庆之传》。

⑧ 《宋书·孔季恭等传论》。

⑨ 《隋书·地理志上》。

作为关中经济区的辅助地带，而在东晋南朝的多数情况下，它从属于新崛起的江南基本经济区。这样形成了长江流域江南经济区、巴蜀经济区与黄河流域关中、关东经济区的对抗，表明我国古代经济区域已发生了由北向南扩展的重大变化。

三、唐代经济区域的转化

唐代是中国封建经济发展过程的又一高峰。北方黄河流域和南方长江流域是唐代的两大基本经济区。以安史之乱为界，两大基本经济区在国家经济中的地位发生了逆转。

黄河流域是很早就得到开发的古老的基本经济区，由关中泾渭流域和关东黄河中下游平原组成。它的农业生产以种植粟麦等旱作农作物为主。从北魏实行均田制开始，黄河流域几经摧残的经济逐步恢复，到唐代中期达到鼎盛。

关中地区是唐王朝的统治中心，唐政府竭力经营此地，重新兴修郑白渠水利，增加灌溉面积，提高粮食产量。在连年丰收的情况下，也能停止漕运，以本地粮食供给京师庞大的消费。[①] 这足以证明关中农业还是有发展潜力的。但由于人口太多，官署、兵府所聚，而关中平原地域狭窄，所以绝大多数年份要靠漕运粮食补给。正如《新唐书·食货志》所言，“关中号称沃野，然其土地狭，所出不足以给京师，备水旱，故常转漕东南之粟”。遇到较大的自然灾害，为减轻关中粮食供应的压力，皇帝不免要充当“逐粮天子”，带领百官到洛阳办公。

关东地区在盛唐时保持着农业生产的领先地位。中唐以前修建的水利工程中，仅河北道就有51项次，独占全国总数的1/3。[②] 粮食产量也居全国之冠。天宝初年，各道正仓储备超过100万石的只有河南、河北、河东、关内四道，其中河南道最多，达580余万石。义仓储备超过千石的仅河北、河南两道。[③] 在唐代前期，漕粮主要以关东地区为主，韦坚主漕时曾“发漕山东粟四百万石入关”，山东主要指河南、河北二道。[④] 河东道农业生产也有一定发展，向关中运输漕粮为数很多。以上都反映出关东地区，特别是黄河中下游河北、河南是农业生产最发达的地区。这里还是丝织业中心。河北定州（今河北定县）居全国特种丝织业之首，所产细绫最为有名，产量也居全国第一位。唐前期绢按质量分八等，第一、二等都在河北、河南，国家的庸绸绢帛也多来自河北，“江淮绮縠，巴蜀锦绣，后宫玩好而已”[⑤]。

---

① 《资治通鉴》卷二一四。

② 参见田昌五、漆侠主编《中国封建社会经济史》第2卷，第365页。

③ 史念海：《河山集》第1集，三联书店1963年版，第217页。

④ 《新唐书·食货志》。

⑤ 《太平广记》卷四八五《东城父老传》。

黄河流域的富庶还可以从长安和洛阳的繁荣体现出来。长安是世界著名的大都会,洛阳的繁华仅次于长安。两京的城市布局设计中都有专门的市,中有绢行、衣行、药行等各行业的店肆,商业发达兴旺。总之,唐前期黄河流域基本经济区是全国最富庶的地区,也是经济重心所在。

安史之乱后,“东至郑、汴,达于徐方,北自覃怀,经于相土,人烟断绝,千里萧条”[①]。而这里正是经济最发达的地区。其后又是长期的藩镇割据战争,因此北方户口剧降,劳动力锐减,许多良田抛荒不耕。北方农业生产的衰退还表现农耕区的缩小。陇西的绝大部分被吐蕃占领,成为游牧地区;华北平原北部的少数民族不断入居近边,尤其是唐五代时的契丹屡次深入华北内地。总之,中唐以后北方农业经济遭到严重破坏,逐步衰退,黄河流域基本经济区丧失了经济重心的地位。

长江流域基本经济区可划分为上游的蜀、中游的荆湖、江西和下游的太湖平原等分区。

蜀以成都平原为中心,形成了一个农业发达、经济富裕的地区。隋末战争、安史之乱和藩镇割据战争对其影响较小,因此保持着经济的繁荣。“巴蜀土地肥美,有江水沃野,山林竹木,蔬食之饶,郊野之富,号为近蜀丹青文彩,家有盐泉之井,户有橘柚之园,纸维十色,竹有九种。”[②]农业以水稻种植为主,橘柚、竹木、茶叶、甘蔗等经济作物种植广泛。手工业中,纺织、盐铁、制粮、造纸都在全国占一席之地。蜀锦以奇丽的色彩、精致的纹理名冠全国。益州麻纸应用广泛,井盐畅销西南。成都是唐后期仅次于扬州的全国第二大城市。

长江中游的荆湖和江西地区在唐前期的发展不如上游醒目。中唐以后这里的南迁人口逐渐增多。《旧唐书·地理志》称:“至德后,中原多故,襄邓百姓,两京衣冠,尽投江湘,故荆南井邑,十倍其初。”人口的增加促进了荆湖和江西地区的农业发展。江南道在中唐以后的水利建设有50项之多[③]。这些水利工程往往是以堤防、水门、渠道、陂塘相配套的系统工程,有效提高了水网地带开垦湖泽的能力。同时丘陵山区也得到大力开垦。刘禹锡诗云:“星居占泉眼,火种开山脊。”[④]反映的就是这种情况。耕种面积的扩大和生产技术的提高促进了粮食产量的增加,时人称:“江西、湖南,地称沃壤,所出常倍他州。”荆湖和江西地区开始成为全国著名的粮食生产基地。陆贽曾提议“支取江西、湖南见运到襄州米十五

---

① 《旧唐书·郭子仪传》。

② 《太平寰宇记》卷七二《十道志》。

③ 参见牟发松《唐代长江中游的经济与社会》,武汉大学出版社1989年版,第53～55页。

④ 《全唐诗》卷三五四刘禹锡《莫徭歌》。

万石”[①]以救关中。长江中游地区茶叶生产进步显著，原来不甚发达的蚕桑业也逐步扩大，湖南的郴州，江西的洪、虔、吉、信、抚等州都是在此时开始贡纳丝织品的。其他手工业如造纸、制瓷都比较发达。湖南地区在元和前“丰年贸易不出境”，此时商业贸易也日趋活跃，变得“商贾通流”[②]。

长江下游地区的经济以太湖流域为中心，自东晋南朝以来保持了持续的发展，农工商业都相当发达。农业方面，唐前期，江南谷物开始源源不断运到北方。武则天时，“江南淮南诸州租船数千艘已至巩洛，计有百余万斛”[③]。中唐以后，由于北方人口大量涌入带来了劳动力和先进技术，这里的土地开发达到很高的水平。太湖流域河网密布，加上练湖、常熟塘等水利工程的修建，形成了以水稻生产为中心的集约化生产，江东犁等先进生产工具的应用，极大提高了劳动生产率，粮食产量大幅提高。权德舆曾说：“江淮田一善熟，则旁资数道。故天下大计，仰于东南。”[④]太湖地区的粮食生产已居全国首位，漕运粮食多来自于此，代宗、德宗年间，每年向北方运粮食达30万石左右。[⑤] 这里经济作物种植普遍，常州、湖州的茶叶，苏州的柑橘闻名全国。

手工业方面，中唐以后，吴越地区已成为全国丝织业的中心。越州成为织造丝织品的首要地区，品种达数十种之多，人称“绫纱妙称江左”。越州还是青瓷制造的中心，质量在北方邢窑之上。杭州和越州的藤纸经久耐用，流行极广。扬子(在扬州附近)有十个造船场，可造千石大船。农业、手工业的发展，促进了长江下游地区商业的发达和城市的繁荣。苏州、杭州、越州是著名的工商业城市。位于长江、运河交汇处的扬州，是漕米、海盐、茶叶等货物的集散地，而且外商云集。史称：“扬州富庶甲天下，时人称扬一益二。”[⑥]可见唐后期扬州的经济地位已超过长安、洛阳，成为第一大都会。

除上述地区外，南方的岭南闽广一带在中唐后也进入迅速开发阶段。德宗贞元时，福建岭南就开始向两京运输谷物。[⑦] 这从侧面反映了农业的进步。闽广一带的制茶、造纸、冶铸、造船等手工业都较为发达。商业以对外贸易为主。广州是全国最大的对外贸易城市。

总之，南方长江流域经济以安史之乱为转折点，逐步赶上了北方黄河流域。

---

① 《全唐文》卷四六一陆贽《冬至大礼大赦制》。

② 《旧唐书·崔祐甫传》。

③ 《册府元龟》卷四八《漕运》、《陈子昂集》卷八《上军国机要事》。

④ 《新唐书·权德舆传》。

⑤ 郑学檬：《唐五代太湖地区经济试探》，载《学术月刊》1983年第2期。

⑥ 《资治通鉴》卷二五九。

⑦ 《新唐书·食货志》。

两个基本经济区在全国经济中地位开始发生转换，导致了经济重心由黄河流域开始转向长江流域。

第三节　宋元明清经济区划的新格局

北宋时期是我国古代经济重心南移的最后完成期，此后，南方经济在压倒性优势下继续发展，我国古代经济南强北弱成为定局。宋元明清时期，由于商品经济的发展，区域经济市场开始形成，并最终形成了全国统一市场。这一时期边疆地区的经济也得到初步开发，逐渐发展起来。

一、经济重心的南移

中国古代经济重心的南移发轫于东汉末年，到北宋时期完成，对中国古代社会产生了深远的影响。

1. 经济重心南移的完成

中国古代早期的经济重心在北方黄河流域。早在夏、商、周三代，北方的农业生产远胜于南方。秦汉之际，北方已形成了关中、关东两个发达的农业区，但南方一直相当落后。自东汉末年经东晋南朝，至中唐，是南方长江流域社会经济迅速开发、增长并赶上北方的时期。在这五百多年间，南方的农业、手工业和商业全面发展。三国分裂局面形成以后，孙吴政权对江南进行了初步开发，江南农业有了很大发展。蜀汉政权统治下的成都平原也日益进步。东晋南朝偏安于江南，对江南地区的开发更为注重，江南经济迅速上升，长江中下游的荆、扬二州在全国经济生活中的地位日益重要，江南基本经济区形成。南贫北富的情况已经逐渐转变。隋朝统一全国后，修建贯通南北的大运河将南北经济联系起来就成为当务之急。但南方经济的发展还有一定的局限性，除荆、扬二州及成都平原外，其他地区的农业不太发达，“火耕水耨”的粗放经营在长江流域及其以南地区仍然存在。黄河流域的开发有悠久的历史，虽屡经破坏，但唐统一全国后，再次显示出其经济优势。中唐以前，尽管南方经济几乎与北方并驾齐驱，人口分布重心和最发达的农业经济区仍然在黄河流域。

中唐安史之乱后，黄河流域屡遭战乱，社会经济受到严重破坏。南方则相对稳定，使长江流域及其以南地区的经济得以继续发展并超过北方，经济重心南移加速。到北宋时期，南方社会经济全面超过北方，经济重心由黄河流域向长江流域的南移过程完成。这主要体现在人口分布、农工商业的发展和财政的收入等方面。

首先，南方户口超过北方，户口分布重心南移完成。

农业社会中，人口分布与开发程度成正比，经济的发展必然在人口的数量增长上得到反映。自秦汉以来，我国人口分布重心偏在北方，尤以河南、河北为多，这与黄河流域农业的发达密切相关。南方呈现的则是“地广人稀”的面貌。从东汉末年开始，南方人口逐渐增多，至唐天宝年间，南方14省人口的比重已占全国人口总数的43.5%①。中唐以后，南方户口稳步上升。《元和国计簿》中记载全国方镇48道，见定户244万余，其中江南8道有户144万，占申户州镇总户数的59%。南方编户数已在全国编户数中占优势。到北宋时期，南方户口以更快的速度继续上升，户口分布南重北轻的形势从此成为定局。从人口数量上看，如果以秦岭淮河为界。南方15路在端拱年间(988～989年)户数为4 163 703户，占总户数的63.8%；北方9路户数为236 055户，占总户数的36.7%。到元丰初年(1078～1080年)，南方总户数为11 208 448户，占总户数比重上升到67.3%；北方总户数为5 444 146户，占总户数的比重下降到33.7%。② 人口密度更能反映人口重心的分布。崇宁元年(1102年)5个户口最稠密的路中，有4个(两浙路、成都府路、江南东、西路)位于长江流域，位于黄河流域的只有首都所在的京畿路。北宋户密度在每平方公里25户以上的10个州府中，有5个在川西平原，4个在杭嘉湖平原，而广大北方只有1个。北方名城明显地相形见绌。

其次，南方的农业、手工业和商业全面超过北方。

农业方面，无论土地的开发利用率、经济作物的栽培还是粮食产量，都呈现出南强北弱的局面。中唐以后，长江流域和闽中、岭南的广大地区进入迅速开发的时期。到北宋时，不仅平原地带开发出大批耕地，丘陵山区也得以开垦。江河两岸和湖泊周边低洼地被改造成高产稳产的圩田，山区则出现了“缘山导泉”种植的梯田③，沿海地区则开始围海造田。因此宋人称“地尽垦辟”，如“闽浙之邦，土狭人稠，田无不耕”④。“蜀民岁增，旷土尽辟”⑤。伴随着大量耕地开垦的是以堤防、水门、渠道、陂塘相配套的系统水利工程的修建。这类工程有农田排灌和捍卫耕地安全的多种功能。在此基础上，南方形成了一套以水稻生产为中心的集约化农业经营方式，极大地提高了粮食产量。水稻是一种高产作物，在宋代的生产条件下，水稻的单位面积产量比粟、麦约高一倍。水稻在北宋成为第一位的粮食作物，长江下游太湖流域和长江中游江西、湖南地区等水稻产区成为全国著名的粮食基地。唐后期粮食供应已开始依赖江南地区。北宋时南粮北运的数量

① 参见赵文林、谢淑君《中国人口史》，第229页。

② 参见田昌五、漆侠主编《中国封建社会经济史》第3卷，第35页。

③ 参见李焘《续资治通鉴长编》卷三四。

④ 许应龙：《东涧集》卷十三《初到潮州劝农文》。

⑤ 李焘：《续资治通鉴长编》卷一六八。

更大，太平兴国六年(981年)政府规定每年运到开封的粮食为550万石，其中由江南、淮南、两浙、荆湖等南方各路运到的米为300万石，菽(豆)为100万石，占总数的72.7%。这一数字还在不断增加，大中祥符初年(1008～1010年)，南方运粮增至700万石。黄河流域各路输往开封的粮食定额大大少于南方。所以包拯说："京师众大之都，屯兵数十万，财用储廪，皆仰给于东南。"[①]

南方不但在粮食总产量上远胜于北方，更能衡量农业生产水平的亩产量也高于北方。北宋时有"吴、越、闽、蜀，其一亩所出，视他州辄数倍"[②]的说法。两浙地区是北宋农业生产最发达的地区。民谚云："苏湖熟，天下足。"一般亩产量在两石到三石之间，最高者可达五六石。福建和四川的亩产量与两浙不相上下，荆湖、江西地区亩产量比两浙要低一个等级，大约在米一石、谷二石的水平。广大北方最好的土地，最高年成也能达到二至三石，但一般亩产为一石，已经远不及南方。[③]

北宋时期，长江以南地区经济作物的种植明显超过北方地区。第一，南方经济作物种植的品种多于北方，茶、花卉、药材、水果的种植多在南方地区。如茶的种植遍及四川和淮河以南的广大区域。中唐以后，饮茶之风遍及大江南北，茶叶种植面积不断扩大。北宋实行茶的统购包销政策，全宋课茶近3000万斤，茶园面积大大增加。由于茶树种植对所需自然环境的要求，茶叶产区主要分布在长江以南地区。又如水果种植，柑橘生产集中于江浙、四川、闽广地区。苏州太湖洞庭山是著名的柑橘产地；福建、四川、广南的部分地区种植荔枝；长江以南及四川南部的许多地区甘蔗种植较多。这些水果不但在南方很有市场，更是畅销北方广大地区，甚至远销辽、夏、金地区。广南、福建地区率先引种棉花。这些经济作物的种植既与南方优越的自然条件有关，也与经济重心南移有直接关系，表明了南方农业商品化水平的提高。第二，就传统的经济作物而言，由于纺织业中心南移，带动了南方桑麻种植，种植面积、生产能力已不在北方之下。陈旉《农书》专门介绍了浙江地区的植桑养蚕经验；湖州的山区人"以蚕桑为岁计，富家育蚕有至数百箔"[④]。四川地区出现了以交易植桑养蚕器具为主的"蚕市"。麻的种植虽遍及全国，但尤以四川、广南和福建的苎麻最为有名。

手工业方面，主要的手工业部门南方大多超过了北方。

冶铁业：自北宋中叶以来，南方冶铁业发展很快。因矿源多在南方，故冶炼

① 《包拯集》卷三《请置发运判官》。

② 秦观：《淮海集》卷十五《财用下》。

③ 以上数据参见田昌五、漆侠主编《中国封建社会经济史》第3卷，第71～77页。

④ 谈钥：《吴兴志》卷二十。

场所多分布于南方。如饶州金矿、越州银矿、信州铜矿、汀州铅矿、潮州锡矿等皆驰名当时。据载，宋代金产地有5处，南方占4处；银产地有二十州三军51处，铜产地有九州二军36处，皆在南方；铁产地有三十一州二军61处，南方占61%；锡产地有七州一军9处，北方仅有河南1处。可见，自北宋中叶后，南方矿冶业占有明显优势。[①]

纺织业：北宋丝织业最重要、产量最大、工艺水平最高的是江浙地区和四川地区。当时全国上供绮、罗、绫、绢等丝织品共3 552 808匹，东南地区和四川2 574 560匹，占全国上供织物的73%[②]，表明南方丝织业总体水平已超过了北方。麻织业集中在东南地区，江南、荆湖、福建、广南各路都生产麻织布。代表纺织业发展趋势的棉纺织业在南方开始发展，逐渐由两广、福建推广到长江流域。

制瓷业：南方制瓷业发展迅速，景德镇窑的产品有“饶玉”之称，从北宋中叶后，逐步发展为全国著名的瓷器产地。龙泉窑（今浙江龙泉）、建窑（今福建建阳）都是南方名窑。

印刷业与造纸业：雕版印刷术在北宋时有飞跃发展。北宋文化教育事业的发达带动了印刷业与造纸业的发展。印刷业主要集中在南方，浙江杭州、福建建阳、四川眉山都是印刷业的中心，其中以杭州的雕版最为有名，时人评价“杭州为上，蜀本次之，福建最下”[③]。所以北宋的监本大半在杭州刻印。造纸业的重要产地也多分布在南方。当时人曾说：“有钱莫买金，多买江东纸，江东纸白如春云。”[④]益、歙（今安徽歙县）、杭、温、越、宣等州都是有名的造纸地区。歙州的䌷纸、宣州的宣纸和四川的粉笺，都是著名的品种。

造船业：北宋建都开封，漕运十分重要，加之海外贸易兴盛，促进了造船业的进步。官营造船场多设在南方出产木材的近水地方。温州和明州（今浙江宁波）是当时造船业的中心。宋徽宗时出使高丽的神舟，载重量达1100吨，就是由明州船场制造的。洪州（今江西南昌）、吉州（今江西吉安）也是重要的造船基地。海船制造更是集中在南方，“以福建船为上，广东、西船次之，温、明州船又次”[⑤]。

其他如制茶、制糖、制盐等行业，南方无不发达。

农业和手工业的进步，必然促进南方商业和城市的发展。中唐以后就有“扬一益二”[⑥]的说法，长江流域的扬州和益州的经济地位已凌驾于长安、洛阳之上。

---

① 参见程佩《试论北宋神宗时期经济重心的南移》，载《四川文理学院学报》2010年第3期。

② 参见郑学檬等《简明中国经济通史》，黑龙江人民出版社1984年版，第212页。

③ 叶梦得：《石林燕语》卷八。

④ 《广陵先生文集》卷三《再寄满子权二首》。

⑤ 吕颐浩：《忠穆集》卷二《论舟楫之利》。

⑥ 《资治通鉴》卷二五九。

北宋的开封因是首都而成为当时最大的城市，但南方繁荣的商业城市不论从数量上还是从规模上都要胜于北方。宋代（包括辽、金在内），我国又涌现出大约80个新城镇，以江西、福建、湖北、甘肃和河北较多。[①] 益州、平江（今江苏苏州）、建康、鄂州（今湖北武昌）、江陵、杭州都是手工业和商业发达的著名城市。沿海的广州、泉州和明州是著名的国际贸易港。“东南之利，舶商居其一”[②]，市舶收入是政府财政收入的重要来源。

再次，南方地区在国家财政中已占举足轻重的地位。

唐后期江淮财赋在国家财政中已占居重要地位。权德舆说：“军国大计，仰于江淮。”杜牧称：“今天下以江淮为国命。”[③]这与南方经济的迅速增长有关，但河北诸藩镇不再向中央供粮纳赋，因而导致唐中央不得不仰仗东南财赋，是财政重心南移的主要原因。北宋基本上完成了统一，但由于经济重心已转移到南方，南方成为国家的命脉，财政重心南移成为定局。陆游曾说：“方朝廷在故都（按：指开封）时，实仰东南财赋。”[④]当时人富弼曾详尽论述：“朝廷用度，如军食、币帛、茶盐、泉货、金铜、铅银以至羽毛、胶漆，尽出九道（按：江南九道）。朝廷所以能安然理天下而不匮者，得此九道供亿使之然尔。此九道者，朝廷所仰给也。”[⑤]可见南方地区在国家财政中的重要地位。

总之，唐宋之际南方经济的迅速上升，打破了南北经济发展的均势。北宋时期，我国经济上南盛北衰的局面得以完全确立。南宋、元、明、清时代，南方经济继续在压倒北方的形势下发展。北宋经济重心南移的完成，是我国经济发展中一个重要的里程碑。

2. 经济重心南移的原因

造成我国古代经济重心南移的原因是多方面的。

第一，江南地区长期的相对稳定是南方经济得以持续发展并超过北方的最重要的社会原因。

经济的发展需要安定的社会环境。从东汉末年开始，北方黄河流域屡遭战乱，而且战争规模大，持续时间长，破坏力强，使北方经济屡次受到严重的摧残。相反，由于长江天堑的屏障作用，北方战乱对南方的影响相对较小。虽然南方内部也有战争，但无论从数量、规模、持续时间以及破坏力上都小于北方，在较长时间内保持了相对安定的社会环境，保证了经济的持续发展。例如：

---

① 参见胡焕庸、张善余《中国人口地理》上册，华东师范大学出版社1984年版，第249页。

② 徐松辑录：《宋会要辑稿·职官》四四之六。

③ 《新唐书·权德舆传》、杜牧《樊川文集》卷十六。

④ 陆游：《渭南文集》卷二十《常州奔牛闸记》。

⑤ 李焘：《续资治通鉴长编》卷一二八。

东汉末年军阀割据势力连年混战，是整个黄河中下游地区经济地位不断下降的开端。经过战乱，北方呈现出的是“名都空而不居，百里绝而无民者，不可胜数”[①]的残破局面。而江南地区和四川盆地相对安定，接纳了大量的北方流民，促进了地区经济的开发。

西晋末年，八王之乱、永嘉之乱以及以后北方各少数民族贵族集团争夺统治权的斗争，造成了黄河流域“千里无烟”的悲惨局面。同时，少数民族迁徙到中原以后，很少从事农耕，大量耕地被辟为牧场，严重影响了农业生产的发展。而这一时期东晋南朝大规模战争总数不到十六国北朝的 1/3[②]，也没有受到游牧民族落后生产方式的干扰，经济保持了持续发展。沈约曾说：“自晋氏迁流，迄于太元之世，百许年中，无风尘之警，区域之内，晏如也。”[③]所以，东晋末年，“天下无事，时和年丰，百姓乐业，谷帛殷阜，几乎家给人足矣”[④]。

隋末战乱后，黄河流域“自伊、洛以东，暨乎海岱，灌莽巨泽，苍茫千里，人烟断绝，鸡犬不闻”[⑤]。南方长江流域遭到的破坏仍然较小。

安史之乱后，黄河流域陷入长期的藩镇割据混战中，“屠老孺，焚屋庐，城府穷为荆莱”[⑥]的事件屡有发生。黄河中下游河北、河南地区的社会经济遭到严重破坏。而安史之乱和藩镇动乱对南方的破坏远不及北方，南方保持了相对稳定。

正因如此，北方经济呈现出破坏、恢复、再破坏，以致停滞、衰退的发展过程，南方经济则总是在以往的基础上不断取得长足进步，最终超过北方，导致经济重心南移。

第二，南方人口的不断增加，尤其是北方人口的大量南迁，是南方经济得以发展的重要条件。

在我国古代，由于生产工具发展极为缓慢，直接掌握生产工具进行生产的人，就成为社会经济发展中最积极的因素，劳动力与生产力之间基本上可以画等号。秦汉以前，南方人口极少，无法进行大面积的土地开发，这是当时南方经济落后的一个重要原因。江南经济的每一次大发展，无不与北方人民的大量南迁造成的人口增加有关。三国时，大量北方流民进入江南地区，促进了这里的初步开发。西晋末年开始的持续一个多世纪的移民浪潮中，中原人民大量流向淮河

---

① 《后汉书·仲长统传》。

② 《中国军事史》附卷《年表索引》，解放军出版社 1985 年版。

③ 《宋书·孔季恭等传论》。

④ 《晋书·食货志》。

⑤ 《旧唐书·魏征传》。

⑥ 《新唐书·秦宗权传》。

以南和长江以南地区，仅见诸史籍的就有70万人以上。[①] 东晋南朝政权专门设侨州郡县安置南来移民，当时南方人口中6个人中就有1个是北方人。[②] 北方移民中有士族和庶族地主，他们是农业和手工业生产的组织者与管理者；绝大多数移民是劳动人民，他们是发展经济所需要的劳动力。东晋南朝时的江南地区依然是地多人少，劳动人手缺乏。而大量的北方移民与原有居民相结合，把北方先进的生产技术加以推广，推动了南方地区农业和手工业生产在质和量上得到更大的发展，为我国经济重心的南移奠定了基础。

中唐安史之乱造成了中国历史上第二次移民浪潮。北方人口的大量南移，使黄河流域在全国总人口中的比重由战乱前的60%一下子降到37%[③]。长江流域首次取代黄河流域成为中国的人口重心。人口的大量增加为江南经济注入新的力量，江南经济以前所未有的速度突飞猛进，迅速超过了北方，加速了经济重心南移。

第三，南方经济的发展和经济重心南移与农业生产技术的提高密不可分。《尚书·禹贡》全面记载了当时我国九州的土壤及其分布的情况。地属长江流域的荆州和扬州的土壤都属于"涂泥"，分列为第八、第九等。"涂泥"相当于今天土壤类别中的湿土。由于含水量大，这种土壤十分黏重，石制和青铜制生产工具无法进行大规模开发。因此石器时代和青铜器时代的人们认为南方土壤的经济价值是最下等的。加之南方多山地和丘陵，不易开发，所以长江流域农业的发展首先是从铁制生产工具的大量使用开始的。东晋南朝江南地区冶铁生产发展较快，冶炼钢铁的技术有了重大突破。灌钢法的发明，使铁制生产工具质量大为提高。同时，钢铁产量不断增加。梁武帝于淮水修浮山堰，"引东西二冶铁器，大则釜鬵，小则铁锄，数千万斤沉于堰所"[④]。足见梁政府库存铁制生产工具之多，说明南朝江南地区农业生产使用铁制生产工具已较为普及。这无疑大大改变了南方土壤的经济价值，有利于南方山地的水利建设和土地开发。

随着南方地区的不断开发，适应水田生产的水田生产工具不断被创造出来。在耕作工具上，唐代劳动人民发明了曲辕犁。东晋南朝时，牛耕技术在南方逐渐普遍，但长江流域使用的犁是原来北方平原地区盛行的直辕犁。直辕犁的犁架比较大而笨重，需要强悍的畜力，有的犁还需要较多的人力。而且直辕犁转弯幅度大，占地多，不便于南方山区丘陵地带耕作。这些缺点对推广牛耕和南方水田

---

① 参见胡焕庸、张善余《中国人口地理》，第29页。

② 参见谭其骧《长水集》，人民出版社1987年版，第99～223页。

③ 参见胡焕庸、张善余《中国人口地理》，第36页。

④ 《梁书·康绚传》。

的精耕细作都有一定的局限性。将直辕改为曲辕后，犁架变小，具有了轻便灵活的特点，只用一头牛牵引即可，节省了畜力，对于牛耕的推广非常有利。由于曲辕犁首先在长江下游得到应用和推广，因此被人称为“江东犁”。它的出现改变了古老的“二牛抬杠”的耕作方式，对南方劳动生产率的提高和耕地质量的提高都起了重要作用。

灌溉工具也有很大发展。汉魏时期发明的翻车逐步在长江流域广泛应用，唐人还发明了利用水力转动的筒车，不仅节省了人力，而且不受涯岸之阻，能把低处的水引到山田，功效很大。

南方水稻生产技术也在逐步提高。东汉时发明了水稻移载，育秧、播种、施肥等技术不断成熟。农田水利建设方兴未艾，到北宋时期形成了水稻的集约化生产。稻麦二熟制也在南方逐步推广，这些都极大地刺激了江南农业的发展。秦观曾说：“彼闽、蜀、吴、越者，古扬州、梁州之地也。按《禹贡》，扬州之田第九，梁州之田第七，是二州之田在九州之中，等最为下，而乃今以沃衍称者，何哉？吴、越、闽、蜀，地狭人众，培粪灌溉之功至也。”[①]由此可见，农业生产工具的改进与农业生产技术的提高在长江流域经济的发展与经济重心的南移中发挥了重要作用。

第四，南方优越的自然条件有利于实现经济重心的南移。

南方土地肥沃，水道交错，便于灌溉，气候温暖湿润，适宜于农作物的生长，有些经济作物只能在南方种植。同时，南方还蕴藏着丰富的资源。这是经济重心南移必不可缺的自然基础。魏晋南北朝时期和北宋初年两次气候变冷也是促进经济重心南移的重要环境因素。

3. 经济重心南移的影响

经济重心的南移对中国古代社会产生了深远的影响。

首先，中国古代经济重心的南移带动了中国古代文化重心的南移。

从夏商周三代开始，黄河流域就是中国传统的农业文明的中心。春秋战国时期是中国历史上文化大发展的黄金时期，学说众多，学派林立，呈现出“百家争鸣”的文化繁荣景象。文化名人更是层出不穷，孔孟、老庄、申韩、墨杨，都是开一代先河的宗师大家。但是几乎所有的文化名人都出在北方，南方则只有屈原、宋玉等寥寥数人而已。这种情形一直延续到秦汉时期。两汉的三公九卿、儒林文苑人物都集中在北方，南方近乎空白。[②] 上古到两汉的文化区域分布在北方，反

---

① 秦观：《淮海集》卷一五《财用下》。

② 参见卢云《西汉时期的文化区域与文化重心》，载《历史地理》第5辑；《东汉时期的文化区域与文化重心》，载《中国文化》第5辑。

映出的正是北方经济远比南方发达。秦汉时期黄河流域已形成了关东、关中两个发达的农业区，人口分布重心在黄河流域，南方则是地广人稀。人口数量是农业文化发达程度的重要指标。经济发达，人口众多，才会人才辈出。生产落后、人口稀少的南方当然是人物凋零，文化落后。

魏晋南北朝时期，随着农业经济的逐步发展，南方文化也在逐渐进步。这种进步还得益于北方人口的大量南移。北方移民不仅是劳动力，还是先进生产技术和文化的传播者。移民过程就是文化快速传播的过程。北方移民中有人数众多的士人。如《三国志·吴书》列传中即记载了28位流寓江东的北方士人，他们多在孙吴的政权中居于高位。据万斯同所编《东晋将相大臣年表》，东晋的15位尚书令，北人占12位；40位尚书仆射，北人占30位；31位吏部尚书，北人有24位。[①] 这种现象既反映出北方文化在南方的传播，又反映出江南文化缺少底蕴，南方士人普遍受到轻视，还说明南方由于开发较迟，人才相对较少。

盛唐文化号称南北共荣，但因经济重心在北方，北方文化还是略占优势。《唐宰相世系表》中共记宰相369人，十之八九是北方人。唐前期北方进士人数明显多于南方[②]。荆州在唐前期科举中无一人及第，时人号为"天荒"，直到大中年间才有刘蜕以荆州解元及第，号为"破天荒"。这种情况在中唐以后才逐渐变化。

北宋初期，南方文化日见发达，但从整体上看，南方文化还不能凌驾于北方之上。开封、洛阳作为文化中心城市，南方尚无城市与之抗衡。高层政治人物也是北人为多，太祖、太宗两朝将相重臣几乎全是北方人。然而北宋经济重心南移完成，江南知识分子亦随经济繁荣而崛起，政权无法不对南方士人开放以换取他们的支持。真宗时起用王钦若做宰相，打破了南人不为相的传统。陆游的论述真实地反映了这一过程："伏闻天圣以前，选用人才，多取北人，寇准持之尤力，故南方士大夫沉抑者多。仁宗皇帝照知其弊，公听并视，兼收博采，无南北之异。于是范仲淹起于吴，欧阳修起于楚，蔡襄起于闽，杜衍起于会稽，余靖起于岭南，皆为一时名臣。……及绍兴、崇宁间，取南人更多，而北方士大夫复有沉抑之叹。"[③]可见中国文化发展到北宋末年，中心已趋向东南。南宋渡江，加速了文化中心的迁移。此后中国的文化中心与经济中心合并，更利于文化的发展。南宋时，南方文化已完全压倒北方。南宋在经学、史学、文学、地理学方面，涌现出了大批的杰出人才。《宋史》中记载的南宋著名学者有45人之多，而《金史》连儒

---

① 参见陈正祥《中国文化地理》，三联书店1983年版，第12页。

② 参见徐松《登科记考》，中华书局1984年版。

③ 陆游：《渭南文集》卷三《论选用西北士大夫札子》。

林、道学二传都未立。

元、明、清三代，南方经济重心和文化重心的地位不可动摇。南北文化的差距伴随着南北经济差距的加大日益扩大。明初的科举，南人及第者10倍于北人，以至于不得不采用南、北分卷，勉强维持南北人数的均衡。从洪武四年(1371年)到万历四十四年(1616年)的245年间，每科的状元、榜眼、探花、会元共244人，南方有215人，占总数的88%，北方仅有29人，占总数的12%。[①] 清初顾炎武评价北方文化时曾说："今日北方有二患，一曰地荒，一曰人荒。""地荒"是指北方经济的衰退，"人荒"则指文化上的衰落。康熙皇帝曾为诗："东南财赋地，江左人文薮。"盛赞南方的经济文化。有清一代，著名的学者绝大多数为南方人，如顾炎武、黄宗羲、王夫之等，江苏省的状元就占全国的一半，明清文化已经以南方文化为主。[②]

其次，经济重心南移使中国古代后期各王朝的财政经济重心与政治军事重心分离，促进了沟通南北经济的交通运输线——大运河的发展，提高了漕运在各王朝中的政治地位。

中国古代历史上的主要外患多来自北方，如匈奴、鲜卑、突厥、契丹、女真、蒙古和满族。这些游牧的少数民族在其社会发展的最初阶段，即原始社会解体进入奴隶制社会时，充满了掠夺性。出于对中原地区灿烂物质文明的垂涎，少数民族不断南下骚扰、抢掠，提高了北方各省在军事防御战略上的重要性，历代政府都有重兵驻扎在北部边境，同时，首都也大多设在北方。唐代以前，北方经济发达，经济重心与军事政治重心大致符合。中唐以后，长江流域尤其是长江下游地区成为全国最富庶的地区，经济重心逐步南移。而军事政治的重心仍然在北方。两重心的分离，使发展联系南方经济与北方政治的运输系统成为必不可少的任务。在技术水平比较低下的古代，陆路运输量相对较少，利用天然水道开凿交通运输线要比在陆地上修筑道路省时有利。大运河就是中国古代的水道主干。

隋统一全国后，为了加强同江南基本经济区的联系，修建了隋运河。这条运河由江南河、邗沟、通济渠(汴渠)、广通渠、永济渠组成，北起涿郡，南达杭州，西抵长安，既是南北向也是东西向的交通干线。它在唐宋时期担当了沟通经济重心与政治重心的重要任务。唐代定都长安，由于官署、兵府所聚，人口极多，关中地区已无法满足其庞大的物资需要。所以《新唐书·食货志》说："唐都长安，而关中号称沃野，然其土地狭，所出不足以给京师，备水旱，故常转漕东南之粟。"唐

---

① 参见陈正祥《中国文化地理》，三联书店1983年版，第21页。

② 以上多参见陈正祥《中国文化地理》第一篇，三联书店1983年版；周振鹤《中国历史文化区域研究》，复旦大学出版社1997年版，第361～366页。

代中后期对江南地区的依赖更强，漕运也越来越重要，朝廷大吏主管漕运事务成为常例，他们的任务就是要保持运河的畅通无阻和漕运的顺利完成。北宋政府对大运河重视有加，将其作为接受东南地区物资支援的大动脉。

元代统一中国后，将首都定在大都(今北京)。由于北方经济的残破，元政府意识到必须要利用东南各省的物资接济北方，尤其是京城大都。隋运河的路线是为隋唐时期的首都长安服务的，也适应了北宋首都开封的需要。这条路线对接济大都来说是不方便的，因此，元政府修建了济州河、会通河和通惠河，打通了一条由徐州直接北上的捷径。这样以大都为中心、南至杭州的大运河就贯通起来了。这条运河将大都这个全国政治中心与江南经济重心直接联系起来，与海运一起有效地解决了京师粮食不得不“仰给于江南”①的问题。

明清建都北京，对大运河更加依赖，南方粮食的北运几乎全靠运河。明代陈瑄主持漕运时，曾“议造浅船二千艘，初运二百万石，浸至五百万石，国用以饶”②。永乐十五年(1417年)，漕运粮食达到509万石，超过了元代漕运和海运的总和。从弘治元年(1488年)开始，政府规定大运河每年运粮食额为400万石。清代初年，漕运每年即达408万石。郑成功曾一度切断瓜洲、镇江运河，令清廷大为震动。北方政治中心对南方经济依赖达到了顶点。

此外，经济重心的南移使全国经济发展格局发生了根本变化。

北宋经济重心南移完成后，南方经济愈发成为联系密切的整体，全面超越了北方，国家经济发展的重点也转向南方。元明清时期南方经济在压倒北方的形势下，继续发展。从全国经济发展格局看，太湖流域的江浙和广东珠江三角洲是全国经济最发达的地区，起到了经济发展领头羊的作用，其发达的工商业逐渐使广大的北方地区和中西部地区成为其原材料的供应地。以棉花为例，明代棉花的种植已在北方地区得到推广。山东、河南、河北都是重要的棉花产区。山东东昌府的“棉花转贩四方”，“民赖以利”③，兖州府的棉花也由“商贾转鬻江南”④。由于棉花的大量外销，妨碍了北方地区棉纺织业的发展。在其他的手工业部门中也存在着类似的情况。当然，南方经济的发展并非整齐划一，南方的中西部地区发展要落后于沿海地区，也充当着发达地区的原材料供应地，但其经济发展的总体水平还是要高于北方。

---

① 危素:《元海运志》。

② 《明史·陈瑄传》。

③ 《万历东昌府志》卷二。

④ 《古今图书集成·职方典》卷二三〇《兖州府部风俗考》。

二、区域市场的形成和发展

宋元明清时期，随着农业和手工业的发展，商品经济较前有了显著的发展和变化，以某些大城市为中心的贸易网络逐步建立起来。在此基础上经济区域市场得以形成和发展。

如第五章所述，北宋时期，城市经济得到很大发展。城市中居民区（坊）与商业区（市）严格分开的坊市制度被打破，商业区由市内的街道延伸到坊内，出现了沿街开店、到处经商的情景。营业时间大大增加，还有早市和夜市。商业区还突破了城郭的限制，一直扩大到城外。城市的变革更有利于商品经济的发展。宋元时期，在县城和农村草市之间出现了商业性集镇的市场建置。宋代"民聚不成县而有税者，则为镇"①，镇的军事功能被经济功能所取代。据《元丰九域志》记载，元丰年间全国有镇市 190 多处。此外，镇以下的市或墟集广泛地分布在市郊和乡村，如广东一路有墟市 800 余处，这些镇市和集市将来自农村的粮食、布帛等产品汇集到大城市中，又将农村所需产品转运销售，成为商品集散的枢纽。这样，以大城市为中心、镇市为拱卫、集市为外围的商品流通网络逐步形成，在这种多层次、网络状地方性市场日益发展的基础上，形成了区域性市场。漆侠先生将宋代划分为四个区域性市场：以汴京为中心的北方区域市场；以苏杭为中心，以东南六路为主的东南区域市场；以成都府、兴元府为中心的川陕诸路区域市场；以永兴军、太原和秦州为中心的西北区域市场。这四大市场互通有无，有力地推动了各地区农业、手工业的发展。②

明清时期，商品性农业和手工业的发展，带动了整个商品经济的活跃。商品交流规模不断扩大，进一步推动了区域性市场的发展。明清时期出现了江南、华南、华中、华北等区域市场。这是一种以某一大城市为市场中心，通过便利的交通向四周扩展商品交流范围，连接周围各级市场的区域市场。

1. 江南区域市场

江南区域市场包括江苏、浙江，是明清经济最发达的地区，其农业生产水平非常突出，无论是耕作技术还是粮食产量，都居全国前列。唐宋以来，这里一直是最重要的产粮区。明朝中晚期后，江南地区农业又有新的发展，即农产品商品化发展。主要表现为两方面：

其一是经济作物和园艺作物种植的广泛。松江一带"官民军灶垦田凡二百

---

① 高承：《事物纪原》卷一。

② 参见漆侠《宋代经济史》（下），上海人民出版社 1988 年版。

万亩，大半植棉，当不止百万亩”[①]；清代太仓、海门等地“务本种稻者，不过十之二三，图利种花者则有十分之七八”[②]；杭嘉湖地区“地利树桑，人多习蚕务者，故较农为差重”[③]。中国传统经济结构中，男耕女织的小农经济主要以粮食生产为主，桑麻种植与家庭手工业相结合，属于自给自足的自然经济。江南地区经济作物的种植在大多数地区还是辅助性的农家副业，还受到自然经济的约束，但脱离了粮食生产，依靠种植经济作物为生的农户大量出现，他们完全依赖于市场，是为市场提供农业商品而生产的商品生产者。

其二是粮食商品化。经济作物的种植日益排挤着粮食生产，太仓、海门等地，因“种花者多，而种稻者少，每年口粮全赖客商贩运”[④]；嘉兴地区“物产宜稻，每不能自给，待食于转输者十之三四”[⑤]。明代中后期以后，号称“苏湖熟，天下足”的江浙地区，由于改粮他种，将土地、劳力和资金转移到种棉养桑等经济作物上，已成为缺粮区，所需米粮多半依赖他处供应，成为商品粮的主要输入地。

商品性农业的发展为手工业和商业的发达提供了基础。江南地区的农民开始将商业性农业与商业性家庭手工业相结合，逐渐从自然经济的束缚中摆脱出来，成为小商品生产者。

江南地区工商业市镇的蓬勃兴起，就是明中叶商品生产和商品流通发展的必然结果。明中叶以后，江南苏、松、杭、嘉、湖五府，在不长的时间内生长出规模大、功能齐全的市镇约 160 个。[⑥] 苏州、松江两府，明末的市镇有 59 个，乾隆时达到 210 个，增加率为 256%。[⑦] 以吴江县为例，在明成化前，共有三市四镇，清顺治年间已上升为十一市七镇。市镇的发展还表现为市镇人口的增加。吴江县盛泽镇在明初还只是一个五六十家的村落，到清乾隆时已是“万家烟火，百倍于昔。其热闹与郡阊门埒”[⑧]。据不完全统计，江南市镇中超过万家，人口在 40000～50000 的有吴江盛泽、昆山千墩、宝山江湾等九镇。[⑨]

江南地区市镇发展最大的特点是专业化。棉纺织业市镇、丝绸业市镇是江南地区数量最多、规模最大的手工业专业市镇。松江府乌泥、枫泾、洙泾等镇，苏州府南翔、新泾等镇都是远近闻名的棉布、棉花生产中心。苏州盛泽、震泽，湖州

---

① 徐光启：《农政全书》卷三五。

② 《皇清奏议》卷六一《高晋奏请海疆禾棉兼种疏》。

③ 《桐乡县志》。

④ 《皇清奏议》卷六一《高晋奏请海疆禾棉兼种疏》。

⑤ 康熙《嘉兴府志》卷十。

⑥ 据樊树志《明清江南市镇探微》，复旦大学出版社 1990 年版。

⑦ 参见杜黎《鸦片战争前苏松地区棉纺织业中商品经济的发展》，载《学术月刊》1963 年第 3 期。

⑧ 《乾隆盛湖志》卷上。

⑨ 参见刘石吉《明清时代江南市镇研究》，中国社会科学出版社 1987 年版，第 128～140 页。

双林、南浔等，都是丝织业名镇。此外，还有许多其他类型的手工业专业市镇，如以制造“湖笔”闻名的制笔专业镇湖州善琏镇、以冶铁为业的桐乡炉头镇等。

江南地区还有许多商业性市镇。这些市镇大多是交通要道，与所在各府的大城市相连，往往商贾云集，是农副产品的集散地。商人们在这些市镇中设立专门收购分散的农副产品和家庭手工业品的牙行，如嘉兴濮院镇设有烟叶行和绸行，专购烟叶和农民手中的绸匹。商业市镇中亦存在专门性市镇，如苏州枫桥市、吴江县同里镇等粮食业市镇，但无论手工业市镇还是商业市镇，随着自身的发展，其综合性愈来愈强，成为乡村地方性工商业中心。

苏州是江南地区最重要的中心城市。《吴镇录》中说：“苏州为江南首都，财赋奥区，商贩之所走集，货财之所辐辏，名为府，其实一大都会也。”明中叶后，苏州的丝织业就很发达，到清代，除丝织业外，还有刺绣、染布、造纸、印刷等手工业行业。此外，杭州、江宁（今江苏南京）也是江南地区重要的中心城市。

这样，在江南地区，以苏州、杭州、江宁为中心，以新兴工商业市镇为纽带，建立起连接城市与农村的广阔的市场网络，江南地区成为地跨江浙、面向全国的区域市场。

2. 华南区域市场

华南区域市场包括两广与福建及海南、台湾两岛，珠江三角洲是华南经济区域的核心地区。它是一个以广州、佛山为中心城市，地跨两广与福建，面向海外，联系全国的区域市场。

华南地区的商品性农业在明清时期发展较快。所谓商品性农业，即指农业生产的目的是为出售农产品生产，农业种植的品种及产量都根据市场的需要而定。福建地区甘蔗、茶叶、药材、木材、荔枝、龙眼等种植广泛。据史载，甘蔗、果树“耗地已三分之一”，烟草传入以后，又“耗地十之六七”①。广东的经济作物主要有茶叶、桑麻、水果、蔬菜、花卉，台湾的甘蔗也很有名。闽广弃稻种植经济作物的现象比比皆是，造成粮食供应紧张。广东所缺粮食主要由广西、台湾、华中贩运解决，这又促进了这些地区商品粮的种植。

经济作物种植的扩大，加速了农村手工业和社会商品经济的发展，促进了各类市场的建立。福建农村墟市在清代已有相当数量，乾隆年间，福建龙溪、长汀等36州县共有墟市400余个，平均每州县12个。② 广东墟市数量增加更为迅猛，尤以珠江三角洲为最。据雍正《广东通志》记载，这里的墟市占全省的40%以上，番禺县在康熙二十五年（1686年）至乾隆三十九年（1774年）的80余年中，

---

① 《皇朝经世文编》卷三六《论闽省务本书用疏》。

② 参见陈铿《明清福建农村市场试探》，载《中国社会经济史研究》1986年第4期。

墟市从16个发展为82个，增加五倍多。[①] 在一些地方，适应当地农业生产、经济作物种植和手工业加工的特点，专门销售某一类商品的专业集市不断增加，如番禺县新造之牛圩，市桥、蔡边之布圩，潮州府海阳县枫溪圩的陶瓷生产与销售等。有些墟市由于手工业发达，或是地处交通要道，逐渐发展成为地区性工商业中心。如广州府南海县九江大墟，"街弄二十有六，为行市七，为铺肆一千五百有奇"。谷布蚕畜、果蔬药材和各种日用杂货，"俱同日贸易"[②]。

华南地区最重要的中心城市是广州。从纺织、印染到制糖、陶冶、棉丝织品、茶叶、水果、盐、糖、粮食等多种商品汇集于此。仅次于广州的另一商业中心是佛山镇，它与汉口镇、景德镇、朱仙镇号为"天下四大镇"。来自各地的商品品类不下200种。佛山镇冶铁、陶瓷、纺织业发达，佛山铁器行销全国各地。

在华南地区商业中，海外贸易占有突出位置，从明中叶还兴起了一批海外贸易市镇，如漳州月港、广东南澳、梅禄墟等。广州是明清时期最大的对外贸易中心。乾隆二十二年(1757年)后，广州成为全国唯一的海路通商口岸，在对外贸易中更具举足轻重的地位。

3. 华中区域市场

华中区域市场是指以汉口镇为中心，包括湖南、湖北、江西、安徽南部的区域市场。

华中地区的农业生产在明清时期有了长足的进步。粮食作物以水稻为主，随着种植制度的改进、品种的增加、耕种面积的扩大，粮食产量不断增加。以江汉平原为例，明成化时的产量为17亿斤，清雍正时期上升为37亿斤，同治、光绪年间达到42亿斤的高峰，这是"湖广熟，天下足"谚语得以流传的物质基础。[③] 华中地区的经济作物种植亦呈现出蓬勃发展的态势，棉、麻、烟、茶种植广泛，而且经济作物与粮食作物是共同发展、并行不悖。

华中地区农业的开发使该地有大量米粮、棉麻及其他产品进入流通网络，促进了该地区市镇的发展。市镇数量有所增加，许多地方志中都有市镇"昔无今有"的记载，市镇规模不断扩大并出现了一些专业市镇。江西景德镇是该地区最有特色的手工业专业市镇，以陶瓷生产名闻全国，是全国陶瓷业中心，位为四大名镇之一。又如监利的朱家河"居民多织绢布"，常家湾"居民多织绢布"[④]，也是农产品专业加工市镇。但华中地区的经济仍然是传统的自然经济，棉纺织业等

---

① 参见李华《明清广东墟市研究》，载《平准学刊》第4辑下册。

② 道光《南海县志》。

③ 参见张家炎《清代江汉平原水稻生产详析》，载《中国农史》1991年第2期。

④ 同治《监利县志》卷一。

手工业都属于家庭手工业，因此，该地区专业手工业市镇无论从数量上还是规模上都远较江南地区为逊。

华中地区市镇以转运初级农产品为主。从该地区中心城市汉口镇的商业贸易就可见这一特点。汉口在明成化年间开始发展，由于处于九省通衢，交通便利，发展成为“户口二十余万，五方杂处，百艺俱全”①的长江中游最大的商品集散中心。汉口的商品交易以“食盐、米、木材、棉花、布、药物六行最大”②。这些货物多属生活必需品和手工业原料，其中食盐、药材、木材来自外地，米、棉、布为本地所产，米、棉来自农村，布也以农村家庭手工业的产品为主。来自本地农村的米、棉还有相当一部分要转运外地，因此，汉口商贸是一种转运性贸易。华中地区许多市镇都属转运贸易型市镇，如南昌府吴城镇、广信府河口镇、江陵县沙市等。这种市镇贸易特点与华中地区的地理环境有关。华中地区河湖密布，水网交织，是联系南北东西的枢纽地区，处于交通孔道的工商业市镇自然地形成转运货物出入境的特点。

华中地区经济发展水平比江南地区和华南地区为低。清代刘继庄说：“天下有四聚，北则京师，南则佛山，东则苏州，西则汉口，然东海之滨，苏州而外，更有芜湖、扬州、江宁、杭州以分其势，西则惟汉口耳。”③明显可见“东强西弱”的局面。

4. 华北区域市场

华北地区是我国古代传统的农耕区，基本上是自给自足的自然经济，农业是最主要的生产部门，粮食生产在农业中又占最重要的份额。明清时期，华北的农业生产由于采用了一些高产粮食品种如番薯、玉米以及耕地面积的扩大，比前代有了一定程度的提高。

华北地区在明清时期亦受到商品经济的冲击，愈来愈多地被卷入商品经济的浪潮。农业生产中，经济作物种植不断扩大，像山东、直隶的“上腴之地，无不种烟”④，梨、枣等果树的种植范围颇大，种植最广泛的经济作物当属棉花。自明代推广种棉后，河南、河北、山东就成为重要的棉花产地，促进了以家庭手工业形式存在的棉布业。棉花和棉织品成为华北各地集市中主要的交易商品之一，冀、鲁、豫三省的棉花除供自身消耗外，大部分作为原料性商品运往江南地区。乾隆时就有人指出：“棉花产自豫省，而商贾贩于江南。”⑤

---

① 《皇朝经世文编》卷三六。

② 《皇朝经世文编》卷四十。

③ 刘继庄：《广阳杂记》卷四。

④ 方苞：《望溪先生文集集外文》卷一《奏札·请定经制札子》。

⑤ 《皇朝经世文编》卷三六。

除棉布业外，木器、竹器、麻织、瓦器等家庭手工业也很活跃，尽管它们是自给自足的小农经济不可缺少的部分，但为各级城镇市场提供了各种各样的商品，华北地区城镇的经济功能明显增强，出现了一些以商品集散为目的的新兴城市，如临清、济宁、天津等。在华北地区的城镇网络中，北京处于中心地位。明清时期作为全国政治中心的北京，城市结构和功能发生了深刻变化，城市手工业和商业有了长足的进步，明代就是“今天下财货，聚于京师，而半产于东南”[①]，清代则是“四聚”之一，说明北京已成为华北地区乃至全国的商业中心。但从整体上讲，华北的经济水准大大落后于长江以南地区，这种情况在经济重心南移后已经如此，只不过明清时期的差距更大了。

明清时期除上述四大区域市场外，东北、西北、西南地区尽管也存在地方性市场，但区域性市场尚未形成。

总而言之，明清时期在全国逐步形成了以某种产品著称的不同专业倾向的区域，如苏杭等地的丝织业，苏松地区的棉纺织业，江西景德镇的陶瓷业，陕西的木材加工业，云南、两广的铜、铅矿业，广东、台湾的制糖业等。这些地区专业分工使经济发展呈现出多中心发展的格局，必然引起地区之间不同商品的交流。商品交换的扩大导致了区域性市场的形成与发展，明清时期出现了江南、华南、华中、华北四大区域市场，并在此基础上形成了全国性市场。

三、边疆地区经济的不断发展

宋元明清时期经济区域发展中不可忽视的新变化是边疆地区的初步开发和不断发展。与两宋长期共存的辽、夏、金、大理等政权的人民在各自居住的边疆地区进行了艰苦卓绝的开发和建设。元明清实现了国家的统一，中央政府加强了对边疆地区的管理，促进了边疆地区经济的发展，加强了与内地的联系。

1. 东北地区

辽金时期，东北地区得到初步开发，通过契丹人、女真人和汉人以及其他民族人民的辛勤劳动，东北地区社会经济有了较大发展。契丹人经济生活中占首要地位的是畜牧业，但在适宜于农耕的辽东地区，出现了“编户数十万，耕垦千余里”[②]的景象，反映出农业的发展。在金代，金政权将东北地区视为自己的根据地，采取了“实内地”的政策，将大批掳掠来的人口有计划地迁居东北各地，汉族人民带来先进的生产技术和生产工具，铁制生产工具得到广泛使用。在松花江以北、黑龙江以南、大兴安岭以东、三江平原以西的广大地区出土了不下万件的

---

① 《明神宗实录》卷二六一。

② 《宋史·宋琪传》。

金代铁器，其中以农业生产工具为多，包括犁铧、铁锄、镰、铲等，其形制与中原地区相似或一致。这说明汉族先进的生产技术已传播到东北地区，粗放的农业经营方式逐渐向精耕细作转化。东北地区的手工业以冶铁业、陶瓷业最为发达。首山（今辽宁鞍山）的辽代铁矿深达 18 米以上。黑龙江阿城县有金代铁矿井 10 余处，冶铁遗址 50 余处。[①] 在辽宁境内出土的辽三彩陶瓷直接继承了唐三彩的传统，又有独到的特色。东北地区商业活动也逐渐活跃，辽金与两宋的贸易密切，在东北的金代遗址中发现了大量宋朝铜钱。

元代在东北地区设辽阳行省。大批汉人被流放到黑龙江口的奴儿干城一带，促进了黑龙江下游地区的开发。明初，明政府曾迁江淮齐鲁地区的人民前往东北开垦。16 世纪末，浑河、苏子河一带的土地被女真人广泛开垦，“无墅不耕，至于山上，亦多开垦”[②]。

清代东北地区进入迅速发展时期。河北、山东、河南等地的汉族人民，不顾清政府的禁令，不断到东北开垦荒地。1741 年（乾隆六年）到 1777 年（乾隆四十二年），东北的汉族人口由 35 万增加到 78.9 万[③]。在满、汉、蒙古和其他民族的共同开发下，东北地区大片的荒原变成良田。奉天等府的民田和旗地在顺治初年共 503 030 亩，1780 年（乾隆四十五年）达到 3 661 538 亩。吉林地区的土地开垦也非常迅速，1780 年民田达到 1 161 981 亩，比雍正末年增加了 42 倍[④]。东北地区的粮食除供应本地区外，还大量运往直隶、山东等地，甚至远销上海。

随着农业的发展，东北地区的工商业也逐步发展起来。采矿、冶铁、陶瓷、采木、纺织等手工业无不发达。长春、吉林、奉天等城市是东北的贸易中心。

2. 蒙古地区

辽金元时期，蒙古地区的经济以畜牧业为主。呼伦贝尔草原一带，水草丰美，是契丹人的优良牧场，“生生之资，仰起畜牧”[⑤]，畜牧业是契丹经济的主要部分。辽政权在浑河北、漠南、漠北等地均设有专管某一牧群的马群司。元代蒙古地区进行了有史以来的第一次屯田[⑥]。元政府在漠北蒙古设岭北行省，调动大批蒙古人、汉人、南人在和林（今蒙古人民共和国乌兰巴托）、杭海等地进行屯田，达到 6 万多亩。[⑦]

---

① 参见张博泉《金代经济史略》，辽宁出版社 1981 年版，第 48 页。

② 申忠一：《建州图录》。

③ 据乾隆《盛京通志》卷三五《田赋》。

④ 据乾隆《盛京通志》卷二四《田赋》。

⑤ 《辽史・营卫志》。

⑥ 《元文类》卷三四《经世大典序典・屯田》。

⑦ 《元史・兵志・屯田》。

明代，不少汉族人民前往长城以北的内蒙古地区垦种，长期散居此地的蒙古族人民也多从事农业生产。漠北的蒙古部落则依然过着游牧生活。清代蒙古地区的农业生产又有较大发展。1707 年（康熙四十六年），山东、山西、直隶、陕西等地的汉族人民，前往蒙古地区的人数有数十万之多①。以畜牧业为主的蒙古族人民也越来越多地从事农业。原本为蒙古牧场的热河地区，由于农业的发展和人口的增多，到 1778 年（乾隆四十三年）设置了下辖六州县的承德府。到 19 世纪，有些地方已是“开垦地亩较多，牧场较少了”②。如归化城土默特旗的耕地中有4/5为农田，只有 1/5 是牧场。

蒙古地区与汉族地区的商贸往来越来越密切。明政府就在张家口、大同等地开设马市，定期互市。清代的归化、张家口、多伦诺尔都是有名的商贸中心。归化城“商贾云集”③，是内蒙古地区最大的商业城市。

3. 西北地区

西北的甘州和凉州两地历来是水草丰美、适于畜牧业生产的地区。西夏建国后，党项人依然以畜牧业为主。河套地区，“地饶五谷，尤宜稻麦”④，河西走廊，“以诸河为溉”⑤，是西夏主要的农业区。西夏的制盐、冶铁、毛纺织业发达。盐州（今宁夏盐池北）的青白盐和毡毯是畅销西北的重要产品。宋朝的铜铁钱在西夏广为流通。

元代在西夏故地设置甘肃行省，进行了较大规模的屯田。由于重视水利工程的兴修，郭守敬亲自设计了唐来、汉延两渠的疏浚方案，使灌溉面积达 10 多万顷，屯田收效很大。史称“甘、肃、瓜、沙，因昔人之制，其地利盖不减于旧”⑥。在畏兀境内，元政府也同样设官府，立屯戍，加以开发。

清政府在新疆天山南北推行屯田，耕地面积不断扩大。1779 年（乾隆四十四年），各类屯田有 150 余万亩；嘉庆末，只北路民屯，就增加到 108 万亩。⑦ 新疆地区畜牧业也较为发达。手工业中，丝织业、采矿业都有显著发展。乌鲁木齐、叶尔羌、哈密、和田等城市，是新疆地区的商贸中心。

4. 西南地区

以云南洱海地区为中心的大理政权，注意发展生产，使农业和手工业都有较

---

① 据《清圣祖实录》卷二三。

② 《清仁宗实录》卷二二九。

③ 《清圣祖实录》卷一七七。

④ 《宋史・外国・夏国传》。

⑤ 《宋史・外国・夏国传》。

⑥ 《元史・兵志・屯田》。

⑦ 参见王希隆《清代西北屯田研究》，兰州大学出版社 1989 年版，第 179 页。

大发展。大理人民在兴修水田、开辟梯田以及利用山泉灌溉方面有许多创造。大理的刀剑、披毡、象皮甲胄在对外贸易中占重要地位，反映了其冶铁、制毡等手工业的发达。

元代在云南设置云南行省，汉人张立道作巡行劝农使时，“教民播种，为陂池以备水旱”，并介绍了内地先进的养蚕植桑经验，“收利十倍于旧”①。元政府还在云南地区实行屯田，耕地面积和粮食产量大幅提高，出现了“谷粟丰盈，民足衣食”②的繁荣景象。

明清时期加速了对西南地区的开发。大理洱海地区的耕地在明末增至 80 万亩。云南县（今云南祥云）的农业生产在大理地区最为发达，有“云南熟，大理足”③的说法。清代云贵等地各少数民族聚居的山区，汉族人民前往开垦的逐渐增多。如凉山彝族地区，招“汉佃开垦”，到嘉庆末年“内有汉民八万七千六百八十九户，男女四十二万五千二百四十七口”④。汉族人民将先进的生产技术传播到边疆地区，促进了当地农业生产的发展。

5. 台湾地区

很早以来，高山族人民就在台湾地区生息繁衍。郑成功收复台湾后，从福建、广东等地移居台湾的汉人达 20 多万。他们和高山族人民共同劳动，促进了台湾地区经济的发展。清朝统一后，台湾进入迅速开发的阶段，闽南、粤东沿海的人民纷纷渡海到台湾。从康熙二十二年到雍正初的短短四十年中，“开垦流移之众，延袤二千里”⑤，遍布全岛。台湾岛的耕地面积和农作物产量得到大幅提高，“一年丰收，足供四五年之用”⑥。台湾的“糖谷之利甲天下”⑦，每年都有大批的米谷和青白糖外运。台湾已成为东南沿海重要的粮食生产基地。

边疆地区的开发，促进了地区经济的发展，经济成为加强边远地区与内地联系的纽带。各族人民共同劳动，促进了民族融合，为中华民族的形成和发展做出了贡献，为维护国家的统一奠定了基础。

---

① 《元史·张立道传》。

② 金毓黻辑：《大元一统志残本》。

③ 康熙《大理府志》卷十五《风俗》。

④ 《会理州志》卷九。

⑤ 蓝廷珍：《东征集》卷三《复制军台疆经理书》。

⑥ 《朱批谕旨》雍正四年七月二十六日《闽浙总督高其倬奏》。

⑦ 蓝廷珍：《东征集》卷三《复制军台疆经理书》。

第八章

资本主义萌芽与中国传统经济的终结

第一节　资本主义萌芽的出现

资本主义萌芽是在封建社会后期，社会经济的发展达到一定条件时出现的，这个条件主要是生产力的发展、要素市场的完善及商品市场的扩大。一般认为，不考虑明代以前有关资本主义关系的一些偶发的、先现的记载，中国资本主义萌芽比较明显地出现是在明代中叶以后，主要集中在江南地区某些手工业行业中。农业中的资本主义萌芽的出现在时间上要晚一些。

一、资本主义萌芽出现的历史条件

马克思在其巨著《资本论》中将资本主义定义为一种新的生产方式，认为这种新的生产方式的基本特征是拥有货币资本的企业主使用雇佣劳动从事价值生产，并攫取尽可能多的剩余价值。这是迄今对资本主义最有说服力的概括。[①]按照马克思学说，从历史和逻辑的角度来讲，资本主义社会的经济结构是从封建社会的经济结构中产生的，是生产方式历史演进的结果。它最初是作为某种"要素"或因素，首先孕育或萌芽于封建社会这个母体之内，在一定条件下并通过一定途径才成长和发展起来的。

资本主义生产方式的初始形态即可算作资本主义的萌芽。其基本构成要素应包括建立在分工基础上的工资雇佣劳动者的使用及货币财富之转化为产业资

---

① 对资本主义内涵的界定比较有影响的还有：以韦伯和桑巴特为代表的定性学派，从社会文化的角度，把资本主义定义为一种"企业精神"、"市民的精神"和"以合理而系统的方式追求利润的态度"。以皮雷纳和罗伯逊为代表的商业学派则认为资本主义即是一种商业的运动和扩张，是建立在经济自由和私人财产基础上的"个人主义"。但是韦伯等人的解释过于抽象，往往脱离了具体的经济行为；而皮雷纳等人的解释又过于宽泛，使人难以把握资本主义的质的规定性。

本。具体说就是:一方面部分富裕起来的生产者、商人和高利贷者手中积累起大量的货币财富,并以这种货币的权力购买生产资料,同时购买劳动力进行商品生产,以实现资本增值,从而使货币财富转化为产业资本,拥有货币财富的企业主成为资本家。另一方面劳动者从封建的人身依附关系下解放出来,变成自由人,而同时又失去了赖以生存的生产资料,只能把自己当作商品,靠出卖劳动力赚取工资生活。

这样,资本主义萌芽出现的历史条件便应包括以下四点:

第一,生产力的发展。生产力的发展是一切社会生产方式出现与转化的前提,中国资本主义萌芽的出现与发展也需要生产力在某些方面的突破。由于封建社会基本上是传统的农业社会,而一切经济的社会的发展都是在农业这个基础上进行的,没有农业生产力的进步,便谈不上资本主义的发生,因此考察生产力发展水平首先是考察农业生产力。

衡量生产力发展水平的主要物质标志是生产技术(包括生产工具和工艺)及由技术和劳动者素质决定的劳动生产率。各种资料显示,我国古代农业生产力的发展高峰出现在宋代,明清两代,农具和排灌工具基本未有新的变化,农田水利规模与水轮的利用也不及前代。[①] 就农业劳动生产率来讲,以可比口径计算,宋代南方田每市亩产粮(稻谷)217 市斤[②];明代亩产量为 243 市斤,比宋增加 12%左右;清中叶 258 市斤,比宋增加 18.7%。人均占有粮田面积,宋代 3.75 市亩,明 3.23 市亩,清中叶 1.71 市亩。[③] 以南方水田和北方旱田亩产量平均计算,折合人均占有粮食,宋代为 464 斤,明盛世为 696 斤,清中叶则降为 340 斤。[④] 需指出的是,清代人均占有粮食的减少与人口迅猛增加有关,宋代总人口 1.04 亿,明代 1.3 亿,到清中叶则达 3.61 亿。不考虑人口压力因素,明代比宋代增加的粮食中几乎有 80%是由于耕地面积的扩大而来的,只有 20%是由于农业生产力的提高而来的,而清代农业的发展得于开垦新地的只有 20%强,其余为单位面积产量的提高,实则是密集使用劳动力的结果。[⑤]

因此,明代中叶以后,农业生产力比前代只有缓慢发展。发展的主要原因不是生产工具的改进,而是开垦地的增加、农艺学的进步(如区田法、堤塘耕作法的应用)和集约化水平的提高。但是新垦地的增加是有限度的,以劳动密集型为主要特征的土地集约化生产边际收益是递减的。据估算,水田一亩,增加一个工只

---

① 参见许涤新、吴承明主编《中国资本主义的萌芽》,人民出版社 1985 年版,第 8 页。

② 参见侯建新《中英劳动生产率及在近代化的核心含义》,载《中国经济史研究》1994 年第 6 期。

③ 参见吴慧《中国历代粮食亩产研究》,人民出版社 1985 年版,第 195 页。

④ 参见许涤新、吴承明主编《中国资本主义的萌芽》,第 39 页。

⑤ 参见许涤新、吴承明主编《中国资本主义的萌芽》,第 190 页。

能增产约1/30，种两季不过比种单季多收20%～30%，而劳动力和费用支出增加近一倍。从明到清，尽管亩产量有了提高，但劳动生产率，即"一夫产量"却下降了。因此，农业生产力的继续发展，为资本主义的萌芽准备了一些条件，但由于没有突破性发展，其条件又是极为有限的。

手工业生产技术总的说来也是宋代达到高峰，明清两代虽然都有所改进，但除四川井盐业外，其改进多半表现在量的方面，如冶炉加大容积，榨车加大滚轴，以及在工艺学方面的改进，如使传统织机专用化等。

第二，商品经济的发展。资本主义萌芽离不开商品经济的发展，商品经济是不同的社会群体进行劳动交换或社会产品分配借以实现的一种交往形式，有利于分工和资本积累。马克思说："商品生产和发达的商品流通，即贸易，是资本主义产生的历史前提。"[①]没有较为发达的商品经济，资本主义生产关系是不会产生的。但这并不是说，商品经济的发展一定能催生出一个资本主义生产关系。事实上西欧奴隶制时代就已有高度繁荣的商品经济，但它并未导致任何工业的进步及生产方式的变革。中国封建社会在大部分时间里商品经济都要比西欧发达，但资本主义萌芽的出现却晚于西欧两个世纪。因此对商品经济的类型和功能应该有所区分。封建时代的商品流通多半是为买而卖，而不是为卖而买，即主要不是由生产所驱动的，它能否对资本主义关系起催生作用，关键看它能否为再生产准备大市场，能否为生产积累大量货币资本，更要看它是否有助于改变传统农村自然经济结构。

对中国来说，社会经济结构转变的关键因素，并不在于商品经济形式是否存在和发展，而在于这种早已广泛发展起来的经济形式能否完成自身生产基础的本质性转变，即是否以社会化的生产力基础取代个体地域性生产力的基础。

中国古代的商业到宋代有一个飞跃的发展，突出表现在它打破了坊市制，形成各级市场。明清两代，商业发展的基础、交换形式、交换目的、对自然经济的影响等则都有了一些新的变化和发展。

明中叶以来，中国传统城市的商业功能逐步增强。特别是在中国南方地区一大批小城镇在传统城市之外崛起，这是商品经济发展的新特点。如果说传统城市如县城、府城、京城等是由封建政权出于政治、军事目的自上而下建成的，那么小城镇的兴起则是由于工农业生产的发展，出于社会分工和商品交换的需要，在水陆交通要道由自下而上的力量自发形成的。这多少透出一些二元经济的气息。我们从各种资料中看到的资本主义萌芽因素主要的就是从这些新兴市镇中萌生的。

传统城市商业功能的增强及工商业城镇的兴起，意味着商品交换范围的扩

① 马克思：《资本论》第1卷，人民出版社1975年版，第167页。

大、数量的增多，再加上几条贯通全国的长途贩运路线的开通，可以说资本主义萌芽所需要的市场条件已初步具备。

第三，劳动力要素市场的形成。资本主义生产方式的本质是自由雇佣劳动者与资本的结合，从而比封建生产方式有更高的增值效率。在中国长达两千多年的封建社会中，除了大规模的天灾人祸之后，从来都不患劳动力供应不足，特别是宋代以来人口骤增，劳动力供应总体是过剩的。由于劳动力供应充足，那种严格的人身依附关系对封建主而言变得意义不大。至明初废除了主佃条例，开始了雇工人身解放的过程。到清代，自由雇工已很普遍，也就是说，资本主义生产所需要的劳动力要素市场也已初步具备。当然，自由劳动者的存在是一回事，他们受雇于谁是另一回事。明清以来，自由雇工大部分是受雇于佃农、自耕农、富农和地主，从事的主要是封建性经营。明中叶以来，从事商品生产的手工业逐步发展，拥有一定资本的工场主、作坊主雇工生产的现象明显多于前代，尤其在江南地区更是如此，这是真正具有新的内涵的历史进步。

第四，货币资本的积累。资本主义生产是以一定数量的货币资本在资本家手中的积累为前提，而要满足货币财富在少数人手中的积累，条件之一就是贵金属有足够的供应。16世纪以来，中外贸易通商，中国大量出超，白银大量流入。据估算，16～19世纪初，三百年间流入中国的白银仅欧洲即达5亿元，日本1亿元，墨西哥1亿元。[①] 大量白银的流入，造就了一批资财在百万乃至千万元的巨商大贾，中国的物价也以较快的速度上升，18世纪中国物价指数上涨了300%。[②] 资本的积聚乃至物价的升涨对资本主义萌芽都是有利的因素。

二、资本主义萌芽的出现

中国的资本主义萌芽在明中叶以后主要出现于手工业中，而农业中的资本主义萌芽，直至明末清初才有极少量的出现。在手工业中，也并非所有行业都有资本主义萌芽的出现。就一般规律而言，资本主义萌芽较容易产生在那些“最少需要行会技巧”的行业中，如纺织业，以及那些要求大量集中劳动力却不能以行会方式经营的行业中，如采矿、炼铁、造船、锯木、造纸、玻璃等行业。

与西欧相比，中国的官手工业一向发达，加之与其配套的匠籍制度，构成对民间手工业发展的严重障碍。由于官手工业没有成本核算，没有利益驱动机制，加之对工匠的人身束缚，使之效率低下，其产出越来越不能满足封建官府的需

---

① 参见李刚《十六世纪以来中外贸易通商与中国资本主义萌芽》，载《中国经济史研究》1987年第12期。

② 参见郭成康《18世纪中国物价问题和政府对策》，载《中国经济史研究》1996年第1期。

要，因此，明中叶以后便走向衰落。官府所需有越来越大的比例改为向民间市买，匠籍制度也趋于瓦解，手工业者有了较多的生产自由，手工业中的资本主义萌芽就在这种封建束缚的松动中出现了。由于官手工业在织造、冶铁两行业中衰落最明显，民间生产兴起也最快，资本主义萌芽便首先出现于这两个行业中。

明代对丝织品的国内外市场需求有较大增加，而丝织品生产由于技术和桑蚕产区的原因，主要集中于江南的苏、杭、嘉、湖地区，从而提高了这一地区丝织业的商品化程度。一般农家相当普遍地靠种桑养蚕为生，他们把蚕丝投放于市场，而由城镇及附近的独立手工业者加工成纱罗绸缎，并漂洗染色。这是建立在丝与织分工基础上的较大规模的商品化生产，这种商品化生产由于市场需求的扩大很容易形成生产的集中，即不但促进了农村中的两极分化，而且有利于打破家庭手工业的狭小范围而形成规模较大的手工工场或手工作坊，资本与雇佣劳动在这里结合在一起，产生了最早的一批资本家。

江浙地区的丝织业中，我们可以确证为资本主义性质生产的史料，虽不很多，但很确实。例如，成化(1465～1487 年)末年，有人“购机一张……后增至二十余”[①]，机主必是雇工数十人的手工工场主。又“染坊罢而染工散者数千人，机户罢而织工散者又数千人，此皆自食其力之良民也”[②]，表明这时的机户，已是具有雇工数千人的手工工场了。与此同时，遭到破产的小生产者，“每晨起……嗷嗷相聚玄庙口，听大户呼织”[③]。他们与工场主是“计日受值”、“机户出资，机工出力，相依为命”[④]的雇佣关系。这种雇佣关系主要来自小生产者分化，其数量已不算少，史载：“今三吴之以机杼致富者尤多。”[⑤]

广东冶铁和铁器铸造业中也较早出现了资本主义萌芽。冶铁业对国民经济的发展有重要作用，它需要一定的设备，往往投资较大，有许多道工序，有场内分工，并须有熟练技工。一般冶炉用工要在 40～50 人，分日夜两班。这种特点较易于采用资本主义方式生产。明中期广东韶、惠，“山主矿主……每山起炉，少则五六座，多则一二十座，每炉聚集二三百人，在山掘矿，煽铁取利”[⑥]。一个炉场按中等规模十座冶炉计算，其雇工要在二三千人以上，即使除去无固定雇佣关系的采矿、烧炭等场外工人，也是相当可观的。更加典型的例子如：广东罗定等地，“铁矿既溶，液流至于方池，凝铁一版，取之。以大木杠搅炉，铁水注倾，复成一

① 张瀚：《松窗梦语》卷六《异闻记》。
② 《明神宗实录》卷三六一，万历二十九年七月丁未。
③ 蒋以化：《西台漫记》卷四。
④ 《明神宗实录》卷六一。
⑤ 张瀚：《松窗梦语》卷四《商贾记》。
⑥ 嘉靖《广东通志初稿》卷三十《铁冶》。

版。凡十二时，一时须出一版，重可十钧。一时而出二版，是曰双钧，则炉太王，炉将伤。……凡一炉场，环而居者三百家，司炉者二百余人，掘铁矿者三百余，汲者、烧炭者二百有余，驮者牛二百头，载者舟五艘。计一铁场之费，不止万金"[①]。据考证，这里使用的是较为先进的瓶形高炉，其炉特大，用工亦较多。按一钧为30斤，一版为10钧，等于300斤，一时出一版，日夜不息，十二时(即24小时)可出铁3600斤，生产规模已相当可观。这里一个炉场大约有高炉2～3座，投资10 000两白银以上，仅司炉工就要200余人。这是以资本与雇工相结合的资本主义性质的生产，生产的目的在于攫取利润。

铁器制造，在许多地方都属于小商品生产，但在广东佛山，却达到相当的规模。据记载："计炒铁之肆有数十，人有数千。一肆数十砧，一砧有十余人，是为小炉。"[②]所谓"炒铁"，即熟铁，用于铸造、锻制铁器。炒铁之肆，雇工数千人，应是资本主义性质的手工工场了。佛山的铸锅业在明末也很著名。虽无直接资料说明其生产规模及雇工情况，但佛山之锅行销天下，品种繁多，铸造精细，而且铸锅需要不同工序的众多工匠，由此可推知铸锅业至少不亚于炒铁业的发展，存在资本主义手工工场是情理中事。

三、资本主义萌芽的发展

清代前中期，中国资本主义萌芽有了比较显著的发展，主要也是在手工业生产中。发展的主要原因在于国内市场的扩大。据吴承明先生估计，鸦片战争前，市场流通总额当在3.88亿银两，人均近1两，即使扣除没有回头货交换的单向从农村流出的产品值，再扣除盐价中的专卖值，全国的流通总额仍达3.5亿银两[③]，这比明代已是大大增加了。另有学者估算，鸦片战争前，我国国内市场的商品流通总量约合3.9亿银两，其中第一位是粮食，约占42%；第二位是棉布，约占24%(一说27%)；第三位是盐，约占15%。粮食的商品率成为自然经济解体的指标。粮食、棉布、盐三者的交易额占市场交易总额的80%以上。按照安各斯·麦迪森的测算，1700～1820年，中国的GDP(国内生产总值)在世界GDP中所占的比重从23.1%提高到32.4%，年增长率达0.85%；而整个欧洲的GDP在世界GDP中所占的比重仅从23.3%提高到26.6%，年增长率为0.21%。这些都表明，到1840年，中国的商品经济已经有了很大的发展，资本主义萌芽也产

---

① 屈大钧：《广东新语》卷十五《货语·铁》。

② 屈大钧：《广东新语》卷十五《货语·铁》。

③ 参见许涤新、吴承明主编《中国资本主义的萌芽》，第283～284页。

生了一定的影响力。[①] 当然，绝大部分的市场交易，实质上仍是农民小生产者之间的交换。这一时期，棉布成为市场上占主导地位的工业品，约占全部商品量的27%。棉布的生产与消费不断增长，对资本主义生产是一个非常有利的因素。只是与西欧相比，中国棉布的生产始终没有从农业中分离出来，农村中的粮布交换无异于农家间的品种调剂，属自然经济范畴，即使在集中产区，从事商品生产的织户，他们卖布也主要是为了换取口粮和其他生活必需品，因此国内市场基本还是封建经济性质的。

清代前中期手工业中的资本主义萌芽发展主要表现为出现资本主义萌芽的行业增多，在明代还只有丝织和铸铁业中出现了资本主义萌芽，到清代至鸦片战争前，在制茶、制烟、酿酒、榨油、制糖、棉布加工、造纸、印刷、木材采伐、采煤、制瓷、盐业、沙船运输等十多个行业中都有资本主义萌芽出现。[②] 其中比较典型的是四川井盐业。乾嘉时期，民营井盐业通过小生产者的分化和商人资本的转化，建立起许多手工工场，规模很大，一井所需资本总在万两以上。与投资规模相适应，雇工数量也很庞大。大的资本家族如李四友堂和王三畏堂都有三个大灶，雇佣长期工逾 500 人。富荣、犍为等大盐场有雇工数十万人，其他小盐场也数万人(包括灶户、商贩)。这些雇工大部分是来自外省的自由劳动者，他们“论工受值”，靠工资生活。

到清代中期，原有的丝织业和铸铁业中的萌芽有了进一步发展。明代苏、杭丝织业中大多为大户“呼织”、“小户趁织”的松散的雇佣关系，到清前中期则以固定雇工为主，雇工工资“计日受值”，“按件而计”，生产经营规模此时也有所扩大。道光年间，南京有开机五六百张者。在明代，尽管商人资本十分活跃，在丝织业中还未找到商人支配生产的实例，清代则清楚地出现了[③]。

清代的铁器铸造业仍以广东佛山最为著名，“炒铁之炉数十，铸铁之炉百余，昼夜烹炼，火光烛天”[④]。其炒铁工匠有近 2 万人。其铸锅厂有 30 家，大者雇工百余，小者也十几人。其铸锅质量精良，行销全国，市场广阔。除广东外，陕西、四川、广西的冶铸业也比较发达，也有资本主义萌芽出现。

总的说，清代资本主义萌芽在手工业中的发展主要还是表现在量的方面。在封建生产关系的浩瀚沙漠中，还只是点点绿洲，难成气候。在关系国计民生的重要工业部门——棉纺织业中甚至没有出现像样的资本主义萌芽，这就使得其

---

① 参见彤新春《晚清中国道路：多元博弈下的抉择》，社会科学文献出版社 2014 年版，第 11～12 页。

② 参见许涤新、吴承明主编《中国资本主义的萌芽》，第 329～672 页。

③ 许涤新、吴承明主编：《中国资本主义的萌芽》，第 374 页。

④ 许涤新、吴承明主编：《中国资本主义的萌芽》，第 374 页。

他工业部门中资本主义萌芽的意义大打折扣。

从明后期起，棉布即取代麻、丝成为人民最重要的衣被材料，清代棉纺织成为产值最大的手工业。棉布具有仅次于粮食的广大国内市场，并可出口国外，但直到机器纺织兴起前，我国的棉纺织业还基本上是农民家庭手工业，像包买商到20世纪才出现。在鸦片战争前，只是在棉布的加工过程中，即在染色和踹光中，有染坊、踹坊这种萌芽的形式出现。这种加工是在棉布进入流通后，在商人手中完成的，因而这种萌芽的出现，也未改变棉纺织业本身的农民家庭生产的性质。

耕织结合或“男耕女织”是我国自然经济结构的核心，棉纺织业中有无新的生产关系出现，对于我国封建经济的发展方向有着难以估量的作用。但是这种新的生产关系的出现需要棉布生产变成以商品生产为主及由农家副业变成主业为前提条件。棉布的专门化、商品化生产又需要生产力某种程度上的突破，从而实现主要工序的专业化分工，即纺与织的分离。遗憾的是，中国的棉纺织技术一直未有突破，这一点与西欧形成鲜明对照。纺纱技术尤其是纺织工具落后，使农家专事纺纱收不到专业分工的效益，纺织一体化又巩固了耕织结合的封建经济结构。

其他手工业行业资本主义萌芽没有广泛出现，尤其出现以后没有有效、稳定地发展，其根源也在于生产力没有突破性进步，商品经济的发展归根到底是一个有利因素，而不是决定因素。

清代农业中已出现资本主义萌芽因素，相比于明中后期也是一个进步。农业资本主义萌芽主要有三种形式：(1)自耕农、佃农雇工经营商品性生产；(2)地主雇工经营商品性生产；(3)商人租地经营农业。据吴承明先生考证，清代农业中可大体确定为资本主义萌芽性质的事例约有10个。在自耕农、佃农雇工经营一类中有5例，其中比较重要的是皖南山区富裕棚民一例和从事经济作物生产的一例。在地主雇工经营一类中有2例，都是从事经济作物生产的。在商人租地经营一类中有3例，也都是从事经济作物生产的。[①] 这是见于记载的，未见记载的，实际上的事例肯定要比这多。但相比于我国几千万个生产单位，即使增加几千倍，也还占不到万分之一，因此资本主义萌芽的力量是极其微弱的。

为什么我国农业资本主义萌芽比之手工业更加不成比例呢？这除了独特的小生产耕作制度异常牢固、不易破解外，其根本原因还在于农业生产技术水平的落后。从经济的角度看，农业资本主义萌芽的出现，是以雇工经营的利益能够获得一个超过地租的余额为前提，不如此，雇工便不如出租土地有利。由于农业生产力水平的低下，雇工的劳动生产率难以提高，尤其在粮食生产中是如此。在经

① 参见许涤新、吴承明主编《中国资本主义的萌芽》，第242～265页。

济作物的生产中，由于市场需求量大，商品化程度高，获利较大，地租相对比重下降，较易产生资本主义萌芽。即便如此，在没有新的生产技术足以提高雇工劳动生产率的条件下，封建地租在农业中占据统治地位，地租之外的农业经营利润是极不稳定的。因此下面的现象看似奇怪，实很正常：富裕起来的自耕农又变成地主，经营地主变成出租地主，乃至商人也再度变成地主，资本主义生产关系此出彼没，难以稳定地发展。

第二节　资本主义萌芽与传统经济的互动

在一定意义上说，传统经济的发展是资本主义萌芽出现的前提，没有封建经济中生产力水平的提高及商品经济的发展，新的生产关系的因素也就不可能出现。但是资本主义萌芽的进一步发展又为传统经济所不容。新旧两种力量的较量、斗争是难免的。一方面，新的资本主义因素不断侵蚀、瓦解传统经济结构，另一方面，传统经济也会从各个方面阻遏资本主义萌芽的发展。

一、资本主义萌芽对传统经济的侵蚀

在强大的封建经济体中孕育出来的资本主义萌芽，作为一种有生命力的新生事物，必然会对自己的母体产生排斥、侵蚀和瓦解作用，其原因在于，资本主义尽管还处于一种萌芽状态，但从一开始，它的经营管理方式、生产经营目的等就是与封建经济制度完全不同的。它是在等价交换的原则下，资本所有者作为独立的市场主体，使用雇佣劳动攫取剩余价值的一套运行体制。而封建经济制度是在地主部分占有劳动者人身自由的条件下，主要榨取满足自身需要的地租，市场只是一种补充手段。封建制度对劳动力的束缚，限制明确的劳动分工，不按市场要求进行等价交换，尤其是由于缺乏成本核算、妨碍利润形成与积累的机制，都是资本主义关系所不能容忍的。随着资本主义萌芽的出现与发展，它自然地会按照自己的内在要求去侵蚀、排斥传统经济机体。遗憾的是，直到鸦片战争前，中国的资本主义萌芽还太弱小，它对传统经济的这种侵蚀作用也就比较有限，甚至在很大程度上被强大的传统经济所遮蔽。从具体考察来看，弱小的资本主义萌芽对传统经济所产生的有限冲击有以下几个方面：

首先是对传统的劳动制度形成一定的冲击。在传统经济结构中，劳动力原则上都处于一定的人身依附关系下，佃农、自耕农作为小生产者，被租佃关系和赋税关系禁锢在小块土地上，封建国家的重本抑末政策加之耕织结合的方式，又强化了他们的这种地位。地主、富农自营地上的雇工也与资本主义雇工有着本质的不同，他们之所以成为一无所有的雇工，不是由于被资本剥夺，而是由于封

建的强制剥削;使用雇工生产的目的则多是为了满足雇主个人和家庭的消费需要。资本主义生产以雇佣自由劳动者为条件,生产的目的是为了获取利润。资本积累以及扩大再生产都需要有更多的自由劳动力,这就会影响到传统的劳动制度,使人身依附关系进一步松弛。明清以来,江南地区较为自由的劳动力买卖以及雇佣工制在工业、商业及农业中的现象越来越多。在一些带有资本主义萌芽性质的手工业行业中甚至出现了雇工反抗官府干涉的斗争,如在广东的冶铁业中,"矿徒"、"山贼"等雇工因官府的禁采、停炉造成失业起而反抗。

其次是对封建经济关系的冲击。资本主义萌芽因素的反作用也使封建经济关系进一步松动。地租形态的变化是资本主义萌芽出现的一个有利条件,明清以来地租形态从分成租转化为定额租,再转化为货币地租,佃农的自有经济逐步充实,地主的土地所有权与经营权慢慢分离:"田中事,田主一切不问,皆佃农任之";地主与佃农之间,"交租之外,两不相问";佃农对租佃的土地,是"偿租而外,与己业无异","勤则倍收,产户不得过而问焉"①。这是社会经济进步的表现。一般而言,农业经济的发展部分缘于佃农生产积极性的提高。从分成租制转化为定额租制,佃农有了部分财产权和经营自主权,资金要素与土地要素得以结合。为追求更多的地租以外的余额,佃农会最大限度地发挥其生产潜力,清代地租的货币化又激发了佃农发展商品经济的热情。独立和半独立小农卷入商品经济的大潮,通过两极分化,建立起农业中的资本主义生产关系,这是西欧国家走过的路,中国虽没有走通,也在一定程度上弱化了封建经济关系。

再次是资本主义萌芽对封建官营手工业的冲击。这点或许最具有现实意义。明中叶以后,民间工场手工业的发展和雇佣劳动的大量出现,加剧了手工业者和封建政权的矛盾,他们为摆脱封建束缚而进行的阶级斗争也日益发展,官营作坊工匠的逃亡、怠工和故意压低产品质量,城乡独立手工业者的逃避轮输、抗税、罢市、"盗矿",乃至暴动,这些都不断瓦解着官营手工业的工役制剥削方式。民间工场手工业的发展和竞争使官营手工业生产力水平原有的相对优势逐渐消失。由于工匠的斗争和管理上的痼疾,官营作坊的生产成本骤增,产品质量则不断下降,这就迫使封建王朝不得不进一步改变官营手工业的劳动制度,逐渐缩小官营手工业的经营范围。明成化以后,官营手工业中的应役工匠逐步开始以银代役,官府用代役银或雇募工匠生产,或直接向市场采买,匠籍制度名存实亡,国家对手工业劳动力的控制削弱,盛极几朝的官营手工业开始走下坡路了。清初,匠籍制度被明令废除,雍正二年(1724 年)又宣布废除工匠当官差的制度,其后,经营范围已经大为缩小的官营手工业普遍采取了自由雇募制度,手工业者对于

---

① 嘉庆《祁阳县志》卷一三、光绪《平湖县志》卷二。

封建政权的依附关系大大松弛。这是民间工场手工业和资本主义关系进一步发展的重要标志，同时也说明，社会生产力的发展总是要冲破旧的经济关系的障碍的。

二、传统经济结构对资本主义萌芽的抑制

在前资本主义时代，中国的传统经济是比西欧领主制经济更有效率的一种经济制度。传统经济按地产增值最大化的要求，将地租部分转化为再生产性投资，促进了社会经济总量的增长，其进步与合理性是明显的，有的学者称它为"一种优良的封建经济制度"[①]。这只是问题的一个方面。另一方面，传统经济的有效性强化了它的稳定性，也增强了它的兼容性。对资本主义萌芽来说，传统经济是一种保守的、惰性的力量，它的兼容性允许资本主义萌芽出现甚至有一定的发展；但又由于它的稳定性和强大，致使资本主义萌芽很难成为普遍发展的生产关系而受到扼制、摧残。

传统经济的兼容性源于它本身的特点：耕织牢固结合的综合性的小农经济，可以缓和封建剥削的强度，同时允许商品经济的一定程度的发展；发达的土地买卖关系，造成地产、商业资本和高利贷资本的互相转化，刺激了商品经济的进一步发展，又巩固了封建土地关系。

农业与手工业结合是传统经济基本的生产结构，包括自耕农和佃农在内的农民家庭是社会的基本生产单位。农工结合主要存在于农民家庭内部。在家庭内部实现生产和消费的平衡，以维持一家的温饱，这是一家一户的小农追求的目标，为此他们要进行自给性生产，以直接取得生产资料和生活资料，特别是衣食等基本生活资料。但由于经营规模的局限，却从来不能完全自给自足，又必须从事商品性生产，与手工业者和其他农民交换产品。如《孟子》所说，他们要"男有余粟，女有余布"，可以纷纷然与百工交易。除了实物交换，也需要价值交换，其再生产过程中的生产资料和生活资料要通过市场实现价值补偿。此外，封建地主占有的剩余劳动主要是谷物地租，极少工业品，其消费也依赖于市场，实物租变成货币租之后，就更是如此。如果再考虑到家庭手工业原料及区域性产品生产的地理条件限制，交换与市场的存在就更为必要。因此与西欧不同，中国的封建经济并非是自然经济的纯粹形态，它是以广泛的商品性生产作为必要的补充，在此基础上发展起高度的封建商业。封建商业的存在和发展扩大了封建地主阶级及国家的剥削范围及数量，更多地起到了维护封建经济秩序的作用。

农民商品生产的发展及土地要素变成商品可以自由买卖，使社会对商业资

---

① 方行：《略论中国地主制经济》，载《中国史研究》1998年第4期。

本的需求量增加。随着社会经济的发展,从事货币融通的高利贷资本在社会再生产中的作用也日益显著。因商业利润要高于地租,经商是有利可图的,因社会的货币需求量增大,放债收息回报也更丰厚,地主的地产与地租遂大量转化为商业资本和高利贷资本。反过来,拥有货币财富的商人又羡慕"不忧水火,不忧盗贼"的土地财产,因而将手中的货币用于购买土地。于是地主、商人与高利贷者三位一体的现象逐渐增多,地租、商业利润与利息的自由流动与互相转化,既使他们可以把财富积累投入最有利的方向,保证了经济利益的最大化,也使土地、商业资本和高利贷资本相互支撑,保证了它们的共同发展。到清代成为社会财富分配的基本结构和社会积累的主要方向,个别商业资本由明代的百万两(银)级,增至千万两(银)级,市场从内地扩大到边疆地区,商品经济被刺激而获得进一步发展,同时封建土地关系也得到进一步巩固。这样由中国传统经济结构的特点导出的商品经济较高程度的发展及三位一体的封建剥削形态,给封建统治提供了一个强大的经济基础,造就了一个不同于西欧的中央集权国家制度。正是这个大一统的中央集权制度使历代封建王朝利用其国家的经济职能抑制了资本主义萌芽的普遍化发展。

中国中央集权封建国家的经济职能表现在三个方面:第一,从事水利、交通、国防等公共工程的建设和管理;第二,通过赋税和各项经济政策干预社会的再生产;第三,直接经营手工业和商业。第一方面直接促进了社会经济的发展,具有积极意义;第二、三方面相互关联,在早期对社会进步也起到一定促进作用,但越到后来,特别是在资本主义萌芽产生以后就变成一种阻碍的因素。前面说过,商业的发展对资本主义生产关系来说是一个必备的条件,马克思也说过:"商业对各种已有的、以不同形式主要生产使用价值的生产组织,都或多或少地起着解体的作用。"[①]因此尽管社会分工的扩大和商品经济的发展不断促进了封建经济的繁荣,但作为小农经济补充的小商品生产和商业的发展在客观上都是对自然经济的否定,它的过度发展必然会危及小农经济,动摇中央集权封建国家的根本,这是封建政权所不能容忍的。因此国家政权便要通过赋税和各项经济政策干预社会再生产,力图抑制商品经济的发展,以求巩固地主阶级统治的根本。历代王朝都以"重农抑商"作为其经济政策的中心,极力奖励农桑耕织,同时用重征商税、限制商人经营活动、贬低商人社会地位等手段抑制商业资本的发展和它对小农经济的瓦解作用。但商品经济的发展是生产力进步和特定经济结构运动的内在要求和必然规律,不是封建国家的某种经济政策所能任意抑制的,所谓"今法

① 马克思:《资本论》第3卷,人民出版社1975年版,第371页。

律贱商人，商人已富贵矣；尊农夫，农夫已贫贱矣"[1]，就是证明。在封建国家的统治需要与经济发展规律的矛盾斗争中，中央集权国家直接插手工商业的生产与经营，建立起庞大的官营工商业体系。

官营手工业早在周代就已经以工奴制形式而存在，当时主要生产贵族需用品和军用品，是自然经济的典型形态。到汉代，官营手工业出现了重要的变化，生产活动不再限于日用消费品和军用品的生产，而逐渐扩展到关系国计民生的重要产品的生产，如制盐、冶铁及其他矿业、货币铸造、造船等，经营规模越来越大，生产组织也越来越严密。显然，中央集权封建国家垄断重要工业品的生产，其目的一是增加财政收入，扩大集权国家的经济力量；二是抑制民间商品生产的发展，稳定小农经济。与此同时，封建国家的经济活动也扩展到商业领域，国家设立了均输、平准、常平仓等商业机构，凭借其强大的经济力量以及超经济的政治力量建立起以京师为中心的全国性商业网，对一些重要商品实行专卖制度，在相当程度上保持了对流通和市场的控制，并获得巨额利润。

官营工商业从本质上说不是一种商品经济，但它在某些方面具有商品经济的外在特征，它是一种变态的自然经济。官营工业的发展，限制了民间手工业特别是城市手工业的市场，阻断了商业资本向产业的转化；同时官营商业的发展也进一步加强了封建地主经济对城乡手工业的控制，抑制了商业资本的发展，削弱了其对小农经济的瓦解作用，使其不得不依附于地主经济。

在封建经济的发展过程中，就工业方面的生产形态来说，最具有积极意义的是城市手工业和农村独立手工业，它们的发展以及向规模更大、分工和协作更为发达的工场手工业的过渡，标志着资本主义的曙光，但是官营工商业活动对城乡独立手工业的发展却产生了极大的限制和阻碍。这种限制和阻碍表现在以下几个方面：

首先，官营工业对劳动力的控制，严重地妨碍了民间手工业的独立发展。唐代中叶以前，官营工业的劳动力除官奴婢和刑徒外，大量的是为封建政权服徭役的更卒、匠人和丁夫等，他们基本上是从事无偿劳动，这一时期官营工业对劳动力的使用主要采取劳役制的形式。唐代中叶到明代中叶，官营工业劳动力的性质从劳役制逐渐过渡到工役制，手工业者对封建政权的依附关系较前一时期有所削弱，但国家又通过户籍制度的建立，把手工业劳动力固定起来，使城乡独立手工业者成为官营手工业的劳动力后备军。这种劳动力国家编户制度妨碍了独立手工业者经济活动的正常开展，工匠服役地点一般都远离乡土，往返需要很长时间，当值一日，实际费时两至三月，特别是官吏的苛扰和盘剥更使得名为雇募

① 《汉书·食货志》。

的官营工业工匠所得无几,近乎无偿劳作,这就使城乡手工业者既无时间也无资金去独立发展。当然,生产力是最活跃的因素,官营手工业既从事经济活动,而且规模较大,在一定程度上有利于分工的发展和技术水平的提高,并可刺激民间手工业的发展,这种发展的结果是成为官营手工业的对立物,起着不断削弱、瓦解官营手工业的作用。但直到清代中期,官营工业仍控制着若干重要的工业部门。

其次,官营手工业在市场方面对民间手工业发展的限制也是很明显的。中国自秦汉始就建立了统一的中央集权的国家,但在自然经济占统治地位的情况下,作为市场主体的还是地方小市场和区域市场,至于可以为手工业的发展提供较多机会的重要产品的全国性市场虽然早就存在,但那基本上是为官营工商业所垄断和独占的,即使是封建统治阶级所需的工业消费品(特别是奢侈品)的市场也由于官营手工业的自给性生产而大大缩小了。这样,城乡独立手工业当然只能与自然经济的农村家庭手工业去争夺狭小的地方市场了。市场的扩大是商品生产发展的前提。官营手工业的存在极大地限制了城乡独立手工业的市场,使其经营规模相应狭小,生产技术的进步和生产力的提高都很缓慢,同时也使商业资本向产业的转化更为困难。官营商业通过对重要商品的垄断性经营,不仅抑制了民间商业资本的发展,削弱了它对自然经济的解体作用,而且也阻止了民间手工业对全国性市场的渗透和冲击,进一步加强了封建政权对民间手工业的控制,保证了官营工业的支配地位。此外官营商业控制和垄断了国际贸易,抑制市场的对外扩展,这对于民间工商业发展的消极作用也是不能低估的。欧洲资本主义生产关系最早出现在航运业、纺织业和采矿业中,主要因为这些生产部门在社会经济发展中具有全局性影响,易于开拓市场,同时也是生产力最有可能取得突破的部门。在中国,除了以上三个行业外,陶瓷、造船等也是具有全国性意义、生产力水平较高的部门。但在明代中叶以前,由于官营手工业在工业生产方面居支配地位,上述各个部门较高的生产力水平主要不是体现在城乡独立手工业中,而是体现在官营手工业中,这是城乡独立手工业中极少出现规模较大的手工工场的根本原因。

第三节 中西资本主义萌芽成长道路的比较

同西欧相比,中国资本主义萌芽在时间上晚了约两个世纪,这与双方不同的社会环境、地理环境有密切关系。西欧资本主义萌芽出现于与封建统治对立的城市,发展于封建统治薄弱的农村,而中国作为资本主义发源地的城市却是封建统治的堡垒,农村地区因政府刻意保护,小农经济这一传统经济结构甚至更牢固。因此,西欧资本主义萌芽出现后,不断成长壮大,最终创造出一个资本主义时代,而中国资本主义萌芽先天不足,受到各种制约,发展极其缓慢,历经三百多年也没有什么大的变化。

一、中西资本主义萌芽出现的环境不同

在经济史的比较研究中,首先引起人们注意的往往是一个经济现象或事件的结果不同,以此为起点,采用前溯法去探知其何以不同。资本主义给欧美等许多国家带来空前的、持续的物质文化繁荣,而中国非但没有得到其多少实惠,相反更多的是在记忆中留下的创伤。结果的天壤之别,必有极深、极复杂的原因,这就需要我们了解资本主义的成长历程,进而探明资本主义的起源,这个任务的完成当然也会有助于现实问题的解决。

资本主义的萌芽不是凭空而来的,它出现于封建社会的土壤之中。西欧作为资本主义的故乡,同中国相比较,其允许资本主义出现的土壤是有很大不同的。

欧洲封建社会肇始于5世纪蛮族入侵和罗马帝国的衰亡,解体于15世纪,中间约一千年的时间。其中5～10世纪,古典希腊、罗马文明几乎被毁殆尽,被称为“黑暗时代”,社会陷于倒退与停滞状态。直到10世纪初,西欧仍基本上是一片广袤的荒野,其中分散着一些孤立的庄园,“在一簇簇封建小村落里村民一家挨着一家,除意大利外,我们现在所知道的那些城市几乎都不存在”。“庄园之间没有或很少有社会经济联系。罗马帝国时期建立的主要政治制度早已消失,而代之以封建制度。在庄园以外旅行要冒很大风险……因此一个个村落都是完全自给自足的和封闭的。”[①]这样一种孤立、封闭的庄园制经济,便是西欧封建社会中的主导经济形态,显然,它的形成不是以一种先进的生产方式和交换方式取代落后的生产方式和交换方式的结果,恰恰相反,它是原有的较为“发达”的生产方式被落后生产方式和战争破坏的结果。换句话说,它是蛮族特有的原始部落组织和罗马帝国残存的传统合并而成的一种简单实用但落后的经济运行形态。

战争的破坏,落后生产方式的冲击,造成城市的毁灭和商业流通渠道的中断,使得“每个人都依靠自己的土地为生……迫于需要,土地所有者不得不消费自己的生产品。这样,每一个大地产就构成这样一种经济,即人们曾经不大正确地称之为‘关闭的领地经济’,事实上,这不过是一种没有市场的经济……不是由

① [美]道格拉斯·诺思、P. 托马斯著,厉以宁等译:《西方世界的兴起》,华夏出版社1989年版,第29～32页。

于它不愿意出卖产品，而是由于没有买主”①。

西欧的庄园制经济又叫“领主制经济”。庄园的主人是受到朝廷分封的领主，庄园的一切包括农奴都归他所有。农奴一方面为领主耕种，也经营自己的一小块份地，固着在庄园土地上，具有很强的人身依附关系。

与西欧相比，中国的封建化要早得多。约在公元前5世纪的战国时代，中国即已过渡到有别于西欧领主制的地主制经济时代，时间上早了一千年。它的形成完全是由于牛耕及铁制农具的广泛使用，使生产力水平有了很大提高，从而一种先进的生产方式和交换方式取代原有的落后的生产方式的结果；它不是以城市的大规模毁灭和商业的中断为存在前提，而是与城市的发展和商业的繁荣共进步。

西欧封建社会的统治基础是庄园，庄园的自然经济性质造成封闭的内向型发展倾向，更由于其地产的非流动性，进而增强它的刚性和僵化。中国封建经济的基本细胞却是由佃农和自耕农构成的小农经济。小农经济的特点是自给自足的小农业与家庭手工业相结合，由于自给范围局限于耕和织，还有相当一部分生产资料和生活资料的供给要依赖交换和市场；此外，封建地主占有的剩余劳动主要是谷物地租，极少工业品，其消费甚至更要依赖市场。于是，作为自然经济重要补充的城乡小商品生产可以获得存在和高度发展。如果说西欧的封建领主制经济是纯粹的自然经济，那么中国的封建地主制经济则是一个农、工、商混合体。即是说，小商品生产一方面使自然经济失去其纯粹形态；另一方面，商品生产与交换并未获得独立的发展，它寄生在封建自然经济的躯壳内，与自然经济相互依存。在某种程度上，这种自然经济与商品经济的紧密结合使得封建经济结构更富有兼容性，它允许封建经济发展到可能有的高度，但同时也使社会经济变革变得更加困难。

在中国，由于土地制度的多样性，土地很早就可以自由买卖，从而造成土地所有权的强流动性，瓦解了封建社会严格的等级结构；又由于土地是财富和社会地位的象征，因此，商业资本和高利贷资本有向封建地产转化的自然倾向，使得封建经济结构又有了自我加强的功能。

总之，中国和西欧封建经济结构是明显不同的：西欧封建经济发展层次低，且封闭、僵化，是一种单一的自然经济，具有严格的社会等级结构和人身依附关系。在中国，情况基本上相反。因此，西欧封建经济结构因其刚性，遇到新经济因素的冲击就没有多少回旋余地；中国的封建经济结构因其兼容性，可以容纳并允许新经济因素有一定程度的发展。

① [比]亨利·皮朗著，乐文译：《中世纪欧洲经济史》，上海人民出版社2001年版，第8页。

这种不同给资本主义萌芽的出现造成了迥异的环境。在西欧，资本主义萌芽很难在封建庄园内产生，它必须另辟蹊径；而一旦产生并发展起来，就较少对封建母体的依恋，容易成长为强大的新生力量去冲击并战胜封建制度。在中国，由于封建社会内部允许生产力和商品经济发展到一定高度，在此基础上催生出了少量的资本主义萌芽，同时这种资本主义萌芽也带有更多的封建经济因素，很难独立发展起来，更难指望它去战胜封建制度。

然而，与前述相关联的问题是，西欧在庄园制经济体制下，资本主义萌芽何以能够出现？事实是，西欧11世纪后国际贸易的复兴和新兴城市的崛起，为资本主义萌芽准备了一切必要的条件。在地中海地区，11世纪十字军东征，逐退了穆斯林的势力，恢复了东西方交通和贸易，使威尼斯、热那亚以及比萨诸城市从有利可图的地中海贸易中繁荣起来。在北方，各民族经过几个世纪的交往，也扩大了商业往来的规模和范围，北海、波罗的海区域的贸易和英吉利海峡间的贸易都繁荣起来。国际贸易的恢复和发展对推动资本主义的产生有极为重要的作用。西方经济史学者普遍认为：庄园的衰落完全是因为市场经济的兴起而促成的，产品市场的存在显然足以解释庄园制度的要素最后是如何消失的。[①] 贸易尤其是远程贸易的复兴和发展，大大改变了西欧中世纪的面貌；人口增加了，地区和区域间的商业恢复了，新技术得到了开发，庄园制和封建制的一些典型制度已经变得认不出来了。[②]

商业的复兴带动了工业和城市的发展。由于大量的区内贸易和国际贸易，使西欧的手工业品有了较广阔的销路，从而工业逐步超过农业成为受人们重视的经济领域，这在北欧的弗兰德尔地区表现最为突出，商业扩张刺激了佛兰德尔的呢绒生产，商业和工业结合起来使得该地区自10世纪起经济越来越活跃，在11世纪时，佛兰德尔取得的进步已经是惊人的了。[③] 工商业的发达使消失了几个世纪的城市重新兴起，且换了一个新的面貌，这在意大利表现最为突出，在这个令人神往的平原上，城市像庄稼一样茁壮成长。[④]

西欧城市工商业的发展，引起封建庄园制经济结构的重大变化：第一，促使农业生产打破自给格局，向为城市、地区乃至国际市场进行商品生产的方向变化。城市工商业的发展，一方面扩大了对农业原料的需求，另一方面，其日益增强的购买力引起农产品价格的上涨，农民从事商品生产与交换变得有利可图，封

---

① 参见[美]道格拉斯·诺思、P. 托马斯著，厉以宁译《西方世界的兴起》，第43页。

② 参见[美]道格拉斯·诺思、P. 托马斯著，厉以宁译《西方世界的兴起》，第36页。

③ 参见[比]亨利·皮雷纳著，陈国梁译《中世纪的城市》，商务印书馆1985年版，第61～62页。

④ 参见[比]亨利·皮雷纳著，陈国梁译《中世纪的城市》，第57页。

建领主为了增加收入，也不自觉地改变以往的经营方式，向商品农业转化。第二，农村中出现新的生产关系。为了商品生产的需要，"世俗和教会的领主们到处建立'新城'，这是称谓在处女地上建立起来的村庄，村庄的居民以缴纳年金的办法得到一块块的土地。……领主为着吸引耕作的人，答应对他们免除那些压在农奴身上的负担"。"于是一种新型的农民出现了，完全不同于旧式的农民，后者以农奴身份为其特征，而前者享有自由。……产生这种自由的原因是农村组织受到城市的影响而出现的经济动荡。""在一个为商业和城市经济所改变了的时代，旧的领地制度必然消失。商品流通变得越来越快，必然有利于农业生产，打破在此以前束缚着它的桎梏，把它吸引向城市，使它现代化，同时使它获得解放。"[①]第三，在城市中成长出一个新的市民阶级以及一个稳定的自由雇佣劳动者阶级，他们的关系完全不同于封建领主和农奴的关系，而是一种崭新的资本主义性质的关系，这种关系的形成从根本上动摇着封建经济结构。

与西欧不同，中国自始至终都是一个农业社会，从来没有出现贸易立国的时期，尽管很早就有与海外的商业往来，却没有成长为推动新兴经济部门的发展并动摇旧经济结构的力量。古代海外贸易的基础及主要内容是丝棉织品及各种土特产。中国在这方面是有有利条件的，宋元至明初与海外的贸易往来规模也相当可观，如郑和远航船队的规模及活动地域即是空前的，比西方领先一个多世纪。然而中国终究由于缺乏内部市场机制的驱动，商业化的海外贸易活动达不到应有的高度。对这一问题中外学者已有过不少探讨，一般认为中国曾经有过发达的海外贸易活动，但明中叶以后就衰落了，其原因有以下二个方面：(1)封建政权出于稳定统治的需要实行海禁政策；(2)不利的地理环境及地缘政治；(3)15世纪后西欧列强的海外扩张和掠夺等。这些固然都是很严重地抑制中国对外贸易发展的因素，然而，生产力因素是最活跃的因素，不同生产力水平下对生产要素资料和生活消费资料的不同需求组合（至少在古代）是贸易往来的基础条件，贸易除了用以调剂余缺外，还有合理配置资源、提高经济效益的功能。不同地区间的不同要素禀赋状况和不同要素比例结构，必然在一定的生产力发展水平条件下，由供需力量拉动为区域间的贸易，随着国内地区间贸易的扩大以及贸易条件（指交通运输等）的改善，国内贸易会自然延伸出对外贸易。但是并非在任何条件下对外贸易都要优于国内贸易。中国地域辽阔，地区间因地理位置、气候、矿产等不同表现出明显的区间资源禀赋差异；宋代以来，中国经济重心南移，江南生产力水平得到较快提高，领先于其他地区，形成国内各地区间的不同比较优势，因此国内地区间贸易的潜力是很大的。中国首先需要的是发挥地区资源优

---

① [比]亨利·皮雷纳著，陈国梁译：《中世纪的城市》，第132～134页。

势，加强地区间商业联系，在此基础上形成全国性统一市场，开展对外贸易才会有内在的动力，否则，即使没有海禁，对外贸易也难成气候。因此，内部市场的统一，市场力量的驱动，是繁荣海外贸易的根源所在。外贸政策等等都是次要的因素。当然对外贸易的低水平意味着需求总量的严重不足，手工业得不到有力刺激，作为经济活动中心的城市也难以真正发展起来。中国缺少活跃而广大的贸易市场，这决定了中国资本主义萌芽先天不足，在其孕育过程中就没有足够的营养成分，尽管零星地出现了，但供它成长的空间却是异常的狭小。

二、中西资本主义萌芽的成长道路与结局不同

西欧的资本主义萌芽在13～14世纪最早稀疏地出现于地中海沿岸的意大利诸商业城市之中，以后又逐渐扩散到北欧“低地国家”，再蔓延到英国、法国等国家。出现资本主义萌芽的最典型、最发达的城市是威尼斯，它的控制范围还比较有限，人口不过10万，完全靠商业立国，既缺乏自己的工业，更无农业部门的支持，它的繁荣与独特的地理位置及时代变迁有关，虽然创设了许多资本主义的重要原则，但未能长久并延续下来。“低地国家”中的荷兰因其独特的历史过程较早摆脱了君权和神权的束缚，依靠优越的地理交通条件，发展渔、盐、毛织品等工商业活动，成长为16、17世纪的强国。但荷兰地域也较狭小，农业既匮乏，工业基础也算不上雄厚，尽管它也创设发展了近代资本主义运行的许多重要原则和手段，例如其银行业、保险业、商品交易所都堪称发达，其资本主义的生产关系也已相当成型，但最后也衰落下去，其先进国家的位置由英国取代。相比之下，英国在中世纪是一个比较完整的封建国家，其封建农业居统治地位，后来工商业的发展突破了封建制度的束缚，资本主义关系从萌芽到成长，直到成熟，进而推翻封建制度，开创资本主义时代，有一个清晰完整的演变轨迹，对中国而言，具有更多的比较上的意义和价值。至于西欧其他国家，其演变有的与英国类似，有的不如英国典型，因此，我们有针对性地选取英国的资本主义成长道路与中国相比较。

英国资本主义萌芽成长的过程，即是英国从封建社会向资本主义社会转化的过程，也即是英国近代化的过程，这个过程的特点概括来说就是农业人口非农化，乡村地区城市化。

英国的毛纺织业从13世纪开始兴盛起来，15世纪以后成为英国的支柱产业。由于它源于农民家庭手工业的商品化生产，因此主要分布于农村地区，构成乡村工业的主体。根据17世纪初资料估算，整个英格兰从事毛纺织业的人口约在百万以上，由于这时全国城镇总人口还不到50万，其中只有不到1/5的人口从事毛纺织业，因此全英格兰的毛纺织业从业人口中，90%以上是乡村人口。除

了毛纺织业外,棉、麻纺织业和金属加工业也是比较重要的乡村工业。

乡村工业最初主要是农民工匠独立经营,属过渡型的小商品生产,后来发生分化,加之城市商人逐步控制生产过程,形成分散的手工工场,即“家内制”组织形式,这种组织形式的特点是拥有资本的商人向生产者发放羊毛等原料,并由他们收购羊毛织品。这在15～18世纪是英国乡村工业比较有效率的组织形式,其原因与经济发展水平有关。商人资本以“家内制”形式向乡村工业渗透,使乡村工业基本上资本主义化了,随着商人资本家生产规模的扩大和经营手段的提高,“家内制”工人日益被商人资本剥夺了生产资料,变得一无所有。到16世纪,一种更高级的生产组织——集中手工工场开始出现。当然乡村工业中集中手工工场主要出现于呢绒工业中,大的集中工场雇工达2000多人,小型的雇工在十几人至上百人不等。其他工业如采矿、冶炼、造纸、制皂等因其生产特点也逐渐采用集中手工工场的形式进行生产,集中手工工场标志着资本主义生产关系进一步普及和成熟。

乡村手工业普遍发展带来的后果之一是农业人口向非农业人口的转化,原来单纯靠土地获取生活来源的传统农民纷纷转向工商业活动。17世纪初,仅从事纺织业的农村人口就占农村总人口的50%以上;18世纪初,在兰开夏这一比例上升到70%左右。[①]

乡村工业普遍发展的后果之二就是乡村地区城市化。中世纪英国同西欧其他地区差不多,城市在11世纪后才逐渐兴起,是由逃亡农奴因“市”围“城”建立起来的,是作为封建庄园经济的对立物出现的。其后随着工商业的发展,城市规模不断壮大,市民阶级兴起,依靠行会组织展开同封建领主和城市贵族的斗争,相继获得城市自治权和商业法律。不过11～13世纪城市的数量还是有限的。13世纪以后,随着工业重心从城市向乡村的转移,在这些老城之外,新兴的工业城镇蓬勃发展起来,当然这个变化经历了一个比较长的过程。由于英国工业发展的主流是在城市之外,在一些工商业特别发达的地方兴起了一批工业村庄,这是新兴工业城镇的前身。工业村庄一般起源于以下三类特定地区:一是市场或港口所在地,如利兹、利物浦等;二是水源充沛,落差较大的河谷地区,水力漂洗坊往往设立于此,形成许多纺织中心,如肯达尔、利兹华尔德、比斯利等;三是矿产资源丰富的地区,从事采矿、冶金等行业的工业村庄便建于此,如伯明翰、谢菲尔德等。在15～16世纪,英国大约有400个以上的工业村庄。

由于工业村庄的工业规模不断扩大,其相关产业如商业、运输业、金融业等也得到同步发展,于是工业村庄不断把周围地区的劳动力吸收到庄内,城区面积

---

① 参见[英]沃兹沃思、恩曼《棉纺行业与工业的兰开夏》,曼彻斯特1931年版,第314页。

逐步扩大，其结果是形成新兴城市。16～17世纪，由工业村庄演变来的新兴城市占英国城市的大多数，像曼彻斯特、伯明翰、波尔顿、哈利法克斯、利兹·拉文汉姆等著名大城市都属此类。

受工商业发展的推动，原来的老城市也逐渐摆脱老城区的旧包袱和行会束缚向郊区乡村发展。例如，伦敦17世纪末在57万总人口中，住在老城区的不到10万，80%以上住在郊区农村。① 总之，大量新城市的出现和老城市向郊区的发展大大改变了城乡之间的经济比重、人口分布和职业结构，使资本主义生产方式得以同时迅速发展起来。

具体地说，英国资本主义萌芽最早出现于14世纪中期的城市手工业中。1340年国王爱德华三世的一个诏令，提到布里斯托尔的市政官员托马斯·布兰科特及其他一些市民，在家中安放不少织机，雇佣织工和其他工匠。这时期的城市与后来的新兴城市相比不可避免地带有许多封建的因素，虽然它一出现就是封建庄园的对立物，主要从事工商业活动和管理，城市市民作为一个稳定的阶级有自己独立的要求和利益，并通过法律的形式予以保障。但是这时期的生产力水平毕竟还较低，使商品经济的发展受到较大的局限。首先，城市生活带有较多的乡村色彩，城市居民除从事工商业活动外，往往兼营农业；其次，行会作为城市的基本经济组织，具有明显的保守性，对内竭力维护成员的平等经济地位，反对两极分化，对外反对自由竞争，实行经济垄断；最后，城市的经济政策带有自然性和排他性，正如齐波拉所说："中世纪城市保留着中世纪早期修道院自给自足的经济性质。所有物品均应在城内制造，至多是在城市与乡村的中间地带制造，外来者一般被禁止入城，或被限制在某些指定的场所活动。……城市尽可能避免超过地方市场需求的生产过度。"②城市资本主义的成长主要有两条路：或是"生产者变成商人和资本家"，"或是商人直接支配生产"。③ 由于以上原因，这两条路在城市中都走得艰难曲折，资本主义萌芽真正有效的发展是伴随着城市资本向乡村转移，工商业活动在乡村普遍开展而来的，后来新兴工业城市的兴起，更推动资本主义萌芽成长壮大到足可以摧毁封建制度的程度。

英国农村中的资本主义萌芽要晚一些。在15世纪初前后，由于货币地租取代劳役地租，农奴逐步获得人身解放，由"维兰"身份变成了"公簿持有农"，即从事自由生产和经营的小农，小农通过分化，部分上升为"约曼"，即大农。他们一方面兼并小农的土地；一方面承租封建领主的自营地，使用雇佣劳动进行商品化

① 参见[英]W. 坎宁安《英国工商业的成长》，剑桥1915年版，第436页。

② [法]齐波拉：《丰特那欧洲经济史》第1卷，纽约1976年版，第77页。

③ 马克思：《资本论》第3卷，人民出版社1975年版，第373页。

生产,成为英国早期的资本主义性质的租地农场主。15世纪末后,圈地运动兴起,农业资本主义便普遍发展起来。在农村资本主义发展过程中,乡村工业的发展起到了推动和加速的作用:首先,乡村工业的发展带动和加速了工业原材料生产的发展和商品化,这突出表现为毛纺织业的发展引起养羊业的商品化发展,其他作为工业原料的经济作物如亚麻、棉花和染料也受到刺激发展起来。其次,乡村工业和经济作物种植业的发展,又增多了可供在乡村交易的商品,增多了农村的市场交换活动,因而促进了乡村商业尤其是零售商业的发展。最后,乡村工商业非农业人口的增加,新兴工商业城镇的兴起,加快了农业粮食生产向商品化的过渡,从而使农业资本主义经营更为普遍,也加速了17世纪开始的英国农业技术革命运动。

需要强调的是,在英国资本主义萌芽成长过程中,政府的作用是很重要的。中世纪英国王权是从封建割据状态逐步走上统一和强大的,在大部分时间里国王权力限于自己的领地内,而其他封建主在各自领地上也享有与国王同等的权力,封建贵族把自己看作"王国的平等者";此外,英国封建社会同其他西欧国家一样有根深蒂固的法制观念,人们认为"法律造就了国王","国王必须服从法律","法律高于国王的尊严"[①]。而法律的制定是由国王和大贵族共同完成的。随着社会制度的确立和议会权力的增长,立法权渐归议会掌管。国王当然不甘心于同其他封建贵族平起平坐,但是要加强王权必先有财权和强大的经济实力。国王的政府财政收入在前期主要是依据封君的特权向封建主征收的封建税和土贡(13世纪废止),后期主要是协议性的面向全国人民征收的国税,国税中最重要的是间接税如古关税、新关税、布税等,在政府财政拮据、急需用款时,封建领主特别是商人也借款给王室政府。随着议会权力的加强,征收国税,必须经过议会组织的同意,如1362年爱德华三世签署法令,保证"没有议会的同意不征补助金和其他赋税"[②]。国王为了增加财政收入,只好不断满足议会的要求,保护纳税人的利益。在这一背景下,英国政府从15世纪末期起就采取重商主义政策,保护工商业。具体措施有:第一,鼓励和支持发展航运业,保护英国商船队的利益。从1485年开始英王政府规定外来商品要用英船运输,本国产品的输出,只有在英国船不够用时,才能委托外船承运。给造船商人以优惠,规定建造100吨以上的船只,每吨给补助金5先令。[③] 第二,从保护贸易的目的出发,对出口产品质量实行严格监督,16世纪呢绒是英国最重要的出口产品,为了维护信誉,保

① 沈汉、刘新成:《英国议会政治史》,南京大学出版社1991年版,第16页。

② [英]B. 勒龙:《中世纪英国法制史》,纽约1980年版,第550页。

③ 参见[英]A. 柳德斯等《王国法令》第2卷,第506、534页。

证国外市场份额,英国政府多次制定法规,对呢绒产品质量和买卖制定严格的标准,视偷工减料、掺假等行为为犯罪,予以严惩。第三,运用政治和外交手段,同欧洲大陆国家缔结有利的商约,改善贸易条件。例如1489年与西班牙签约,规定两国商人在对方国家均享受与该国公民同等待遇,在同等条件下旅行、居住和通商,关税税率也降低了。1490年与丹麦签约,规定丹麦不仅给予英商以平等待遇,而且取消了禁止英国人向冰岛航行的禁令,使英商得以在波罗的海地区重新建立据点。

由于英王政府采取积极鼓励和保护对外贸易的政策,使英国的海外贸易迅速崛起,刺激了乡村工业的大发展,资本主义萌芽就是在这个过程中成长壮大起来的。

中国资本主义萌芽的出现既已先天不足,而其成长过程更是步履艰难,英国资本主义发展的各种有利条件在这里基本上都不具备。由于城市是工商业者聚居之地,中国资本主义萌芽也是最早出现于城市之中,但中国的传统城市无论其性质、居民、内部劳动组织还是功能都与西欧城市有很大不同(至于像威尼斯、安特卫普那样的城市从来不曾有过)。中国封建社会的城市主要是政治或军事重镇,是封建政权统治的基地,工商业也基本上是为统治阶级服务的。而西欧11世纪后兴起的城市基本上是纯粹的工商业城市,远离封建统治中心,是分工和交换关系发展的结果。中国封建城市里的居民主要是贵族、地主和军队,其次才是手工业者和商人,而且处于官工商业的垄断和控制之下,私营工商业几乎没有蓬勃发展的机会,也就谈不上一个有自己的独立要求及用法律保护自己合法权益的完整的市民阶级。中、英在城市的劳动组织方面都有行会组织,在资本主义萌芽出现之后,英国的手工业行会很快就被同业公会所取代,商人同业公会因直接控制生产过程,本身便具有了资本主义性质。更重要的是,英国资本主义萌芽在一开始遇到行会阻碍时便掉转方向移往农村,在一个较为自由的环境中发展起来。中国的城市行会却始终执行着为封建政权征敛和抑制内部竞争的职能,资本主义萌芽受到行会的严格制约,中国的城市不像西欧的城市享有独立的自治权,而是成为大小不等的行政中心和防御据点,难以产生新的经济组织和阶级。中国资本主义萌芽在城市的发展受到抑制,转移到乡村去的可能性更小,原因在于耕织结合的小农经济作为封建统治的基础,受到封建官府的有力保护,缺乏新的生产力发展水平突破这一结构,也没有更大的市场需求刺激它解体,因此,中国终封建社会之世甚至看不到像样的资本主义在农村中的萌芽,即使有几个少得可怜的事例,也不成气候。

当然,中国传统的封建城市并非一成不变,明清以来作为资本主义萌芽主要发源地的江南市镇,基本是由工商业发展刺激兴起来的。如第五章中所述1500

~1800年间尤其在正德(1506~1521年)、万历(1573~1620年)以迄乾隆(1736~1795年)年间,市镇的数量平均增加1~2倍以上,而且有许多市镇达到空前的繁荣。许多市镇在明清之际由一个乡村聚落快速地发展成为地方贸易中心,往往成为数千或上万户人口的大市镇,这些大市镇多数分布在苏、嘉、杭、松、湖等诸州城周围及邻近各县,其人口和商业化程度有超过传统行政中心城市的趋势,例如硖石镇的繁庶过于海宁州城,盛泽、震泽黎里、同里等大镇均凌驾吴江、震泽(同城分治)县城之上,罗店镇与江湾镇也远盛于宝山县城,另有谚语称:"湖州整个城,不及南浔半个镇。"在这些市镇中,很多属于专业性市镇,如太湖沿岸的蚕丝市镇,松江、太仓地区的棉布镇,苏州近郊及沿长江各地的半粮市镇,这些地区的经济作物木棉与蚕桑的种植与加工,也以专业化及商品的面貌出现于各市场上。按说江南市镇是在封建统治力量比城市薄弱的农村中发展起来的,较少受到封建国家的干涉和控制,地主阶级对市镇的影响也主要是采取经济的形式,市镇中不像西欧那样既没有激烈的工商业竞争,也没有市民反抗封建领主的要求,所以也没有形成手工业的行会组织,作为商人行会组织——同业公会也只是在清末才出现于江南少数大镇中,因此中国市镇中的工商业活动更为自由,只不过这些市镇中的市场主要是集市、店铺和小贩构成的低级市场,而没有可以产生资本主义的包括交易会和交易场所在内的高级市场。它们表面上的繁荣和似乎应该充分利用起来的发展潜力,被这样一些更重要的因素抑制和抵消了:由于没有一个真正大市场的拉动,表面为交换价值,终极目的为使用价值,生产资料与生产者紧密结合的小商品生产方式一直没有被突破,较大的手工业作坊在市镇中寥若晨星;既是小商品生产,就受到更多封建因素的干扰,资金数量和生产规模受到严格局限,市镇的商人资本难以大规模转化为产业资本,资本主义关系不能真正发展起来。大量资料表明,市镇作为农村生产与交换的中心,本质上还是"农村集镇",农业和手工业通过小商品生产在这里仍紧密地结合着,商业资本、高利贷资本易于向土地转化,都使得市镇难以像英国那样从"工业村庄"演变成新兴城市,尽管资本主义萌芽也较多出现在市镇中,但其发展同样受到强大阻遏击,难以长成一支独立的力量,正如王家范所说:江南市镇既是由旧质转变为新质的过程,同时封建势力的强大又使旧的因素拖住新的因素。[①]

至于中国的封建政权,它的经济职能以及对资本主义萌芽的影响也大异于英国,这在第二节中已有所表述。

---

① 参见王家范《明清江南市镇结构及历史价值初探》,载《华东师大学报》1986年第5期。

第四节　中国传统经济的终结

中国古代传统的经济结构及制度早就发挥出了其最大潜能，其允许生产力发展的空间明清以来日渐缩小。尽管总体经济规模在不断扩大，商品经济也进一步发展，但没有制度创新，缺乏新的生产组织及生产力因素，基本上是一种无效率的增长。在遭到西方资本主义入侵后，传统经济结构及制度的命运就已注定了。但是它既能长时期地遏制了本国资本主义的发展，对外来资本主义的生产方式及制度也有很强的抵抗力。鸦片战争以后，新旧制度的碰撞、外国侵略势力与中华民族利益的冲突使中国的各种经济关系和社会关系更加复杂，也使中国变得更加落后，社会形态畸形化为半殖民地半封建社会。这种状况注定只有通过一次彻底的社会革命才能解决问题。事实上，中国传统经济结构及制度正是在经过了社会主义革命及取向于市场经济的改革后，才发生了根本性的转变。

一、中国传统经济的历史局限

在数千年的历史长河中，除了罗马帝国时代，中国一直比欧洲任何地区都富裕、先进和开放。“在过去数千年的大多数时候，中国人或印度人看上去都比欧洲人更有可能到2000年成为主宰世界的力量”，因为直到“郑和生活的时代，中印加在一起的国民生产总值占全球一半以上”。[①] 根据安格斯·麦迪逊教授的分析，公元1300年以前，中国是世界经济实力最强、社会经济发展水平最高的国家；1300～1500年，中国是世界经济实力最强、社会经济发展水平最高的国家之一；1500～1800年，中国是世界经济实力强、社会经济发展水平中等的国家；1800年以后，准确地说，19世纪中期以后，中国逐渐变成经济落后的国家。[②] 为什么中国最终失去全球经济霸主地位，在工业化进程中又远远落后于欧美呢？

如果说人类知识存量是不断增加和不可逆转的，那么人类社会经济的发展却不是，一个先进的经济体可能变得落后，一个进步的社会可能失去活力。其根源在内部，即取决于经济结构和经济制度是否合理和有效率，以及是否有制度创新与变迁机制。中国自明清以来积贫积弱的状况，不能用中国统治者目光短浅、安于现状和政策不当等等来解释，根本原因在于中国传统经济结构和制度历经两千多年已经从先进变为落后，成为社会经济进一步发展的桎梏。

相比于西欧领主制庄园经济，中国传统经济的特点之一是土地要素有较强

① 杨文静：《踏勘郑和下西洋足迹》，载1999年6月15日《参考消息》。

② 参见［美］安格斯·麦迪逊《人类在1820年前都很贫穷》，载1999年1月11日《华尔街日报》。

的流动性，由于土地买卖是普遍原则以及缺乏严格的社会等级结构，作为财富和社会地位主要标志的土地所有权是变动不居的。特点之二是地主土地所有制下的佃农拥有相对自由，较少对封建地主的人身依附关系，而且越到后来越是如此。这两点显然比领主制经济要进步，因为建立在买卖关系上的土地要素的流动意味着资源配置的合理化，所有者在付出成本得到土地这一稀缺要素后，会尽可能充分地使用它，以期收回成本和增加剩余产出。领主制下的土地是一个常量，领主得到它主要是依据特殊的世袭身份，土地使用缺乏现实利益的强有力驱动，效率要低得多。拥有更多人身自由的佃农也由于存在相对独立的个人利益，生产积极性远超过从人身到利益都依附于领主的农奴，其劳动生产率也要高得多，一方面佃农为获得更多的个人收益会增加劳动的投入，另一方面会最大限度地改进耕作种植技术。这两点足可以解释为什么中世纪的欧洲如此落后和停滞不前，而同期的中国却出现了高度繁荣发达的封建经济。

但是，中国的土地所有权虽有制度上的认可，却无制度上的保护，私有产权对中国从来都是缺失的，土地买卖也缺乏法律上的公平原则，因此小土地所有者寻求大地产的庇护，大地产投靠官府成为必然；而强取豪夺和强买强卖造成的土地兼并也司空见惯。因此土地要素的流动性虽在一定时期和一定程度上有利于社会经济的发展，但随着交易费用的无限增大，土地使用效率相应逐步下降，以农业为主要生产部门的社会经济的发展也会趋于停滞。佃农的人身自由和经济独立性也是有限度的。佃农作为地主制经济的存在前提是为地主制经济服务的，它的促进社会经济发展的积极作用居于次要地位，土地所有者为保持和加强自身的经济地位有加强对佃农剥削的自然趋向，如果存在“争佃”现象，就更是如此，剥削的加重从根本上抑制耕作技术的提高，当然也降低了社会总产出的增长速度。

历史表明，交换和分工是社会发展进步的必要条件，传统农业经济的发达既是交换和分工的结果，也是交换更加广泛、分工更加深化的基础。传统经济能不能走向自我否定，进入更高发展层次，依赖于这一经济结构是否具有创新与变迁机制，具体说就是能否持续地对经济主体的行为形成刺激、激励。要做到这一点，必须有明确、稳定的财产所有权关系和法律意义上的公平交换原则，中国传统经济结构缺乏这一前提条件，也就难以达到更高层次的交换和分工，新的经济增长源也就不能形成，即社会经济的主导部门不能以工商业取代农业，社会经济发展看不到出路。

众多学者的研究成果表明，1840 年鸦片战争以前，中国的传统经济呈现明显的循环式延续特点，虽然有发展变化，但极其缓慢。需要说明的是，传统经济结构和制度并非完全排斥商品经济的发展，相反它的延续需要商品经济作为补充，这主要是因为：(1)小农经济在苛重的封建租税剥削下，为维持生存和简单再生产，需要挖掘一切劳动潜力，耕作之外，从事纺织等副业，通过市场交换，获取一定收益。(2)封建地主及各级官府需要把谷物形态的地租和赋税转换成非农产品，也需要通过市场交换以满足其多方面的消费需求。(3)地理条件差异造成的产品种类与数量的差异，也需要商品经济予以平衡。总之，传统经济结构及制度隐含着商品经济一定程度的发展，只不过这种体制内的商品经济不可能取得独立发展的形态，其原因在上述几节已有论述。

只要商品经济尤其是手工业的发展受到各种制度因素的制约，同时又不能取得体制外的发展，那么这种传统结构及制度所能容纳的生产力水平就有一个限度。事实上，其潜力到宋代前期已开发至极限，此后的元明清 700 年间只是在数量上膨胀，使全国经济成为一个庞大的扁平体。虽然商品经济有了进一步发展，甚至出现了数量不算太少的资本主义生产方式的萌芽，但居主导地位的传统经济结构既没有被冲垮，它本身对于提高整个社会生产和分配效率以及提高一般人民的福利水平等也没有什么实质性改进。

作为社会第一生产力的科学技术的进步情况也令人遗憾地证明了这一点。我国古代的许多重要发明和重大科技进步到宋代已完成大部分。如火药、指南针、拱桥技术、建筑物所用的托架、隔水舱、脚踏水轮、三弓床弩、占仪、水钟、深钻技术和极可能存在的炼钢炉和水力纺织机都在宋代出现。这时中国的科技水平及经济发展水平都远远凌驾于西方之上，但是自此以后，中国再没有如此杰出的表现。

一般认为，15～16 世纪，中国和西欧的经济发展基本处于同一水平线上，其后走了不同道路，差距才拉大的。这是很片面的。因为具备这一差不多的水平的条件不同，中国基本上是原地踏步的水平，而西欧却是从相差很远逐步追上来达到这一水平。明清中国仍未有大的发展，而西欧却是以加速度的方式发展。实际上，在传统经济结构和制度下，中国在唐宋时代已达到封建经济的高度开发阶段，之后这种经济结构及制度变得日渐僵化，不能孕育出新的资源配置方式，社会经济包括科学技术的发展缺乏新的制度因素的驱动，只有日渐衰退。西欧却是在不断的制度演进中，逐步获得新的资源配置方式(详见本节第二部分)，也就有了蓬勃向上的发展。两者的差距实际上宋代以后就已显出端倪，而不是明代以后。简言之，以后中国的落后，主要的并不在于西方世界的日渐发达，而在于中国自身的停滞，这种落后表现在经济上，根子却在制度上。

人们之所以产生错觉，原因在于，中国实质上的停滞被表面上的繁荣遮盖了，明清两代耕地面积扩大了，粮食总产量增加了，民间手工业普遍建立，商品交换的数量品种明显增加，商路的扩展与市镇的崛起又使市场容量倍增。但与此同时，生产工具无重大改进，人均劳动生产率没有明显提高，相反，人口大量增加，租税负担加重，人民生活更加困难。

总之，这是一种没有实质性发展的增长，是一种没有效率的数量上的膨胀，资本主义萌芽虽属效率较高的新生力量，但太过零星和分散，犹如汪洋大海中的片片孤帆，其贡献也是微弱的，即使到了近代，在资本主义关系下的产出也始终未达到国民经济总产出的10%，当然无力改变整个社会经济的面貌。

对中国传统经济结构及制度的局限性，抑或中国社会经济长期停滞落后原因的研究，近年已取得一些可喜的成果，比较有代表性的有：黄宗智强调"过密型增长与过密型商品化"，即人口压力倾注在小农头上，在没有新的生产力和新的生产方式予以大量吸收的前提下，其释放的途径是增加单位耕地的劳动力投入和从事商品生产。[①] 但这样一来，边际劳动生产率下降，小商品生产内生于小农经济，难于以独立的形态存在和发展。黄仁宇认为，历朝中央政府因税收来源于全民，便刻意保护小农经济，同时又无明确稳定的保护私人财产权的法律政策机制，这样农业上虽有盈余却无从系统的积累，工商业的发展失去根本，资本主义体制无法出现。[②] 张杰认为，中国在制度演进过程中，一方是具有暴力潜能的国家及其规模庞大的官僚体制，另一方是分散的民众阶层构成的二重结构先天不足，因缺乏市场规则和法律制度这个中间层，使社会失去了缓冲与制衡机制，国家的暴力无从受到约束，其提供公共物品的效率难以提高，而分散于下层的资源也得不到充分动员和有效配置。[③] 侯家驹认为，在专制体制下，经济是一种统制经济，或称"权力经济"，权力经济与资本主义是不相容的。[④] 这些研究成果已触及到中国何以长期停滞不发展的要害，只是尚未形成一个理论体系，犹缺乏具体的实证分析，有些重要问题也还需要深入思考。例如，一般来说，人口增长对经济发展有双重作用：在劳动力相对于土地等资源表现为稀缺的时候，人口增长及劳动力要素的日渐丰裕会提高劳动生产率，促进社会经济发展；当人口增长速度快于经济产出速度的时候，就会造成人口压力，进而陷于马尔萨斯危机。明清以来，人口过快增长发生在制度陷于僵化、社会经济有效增长停滞之后，而不是之前，因此，把人口压力解释成社会无效率增长的后果似乎更为合理。其原因是，对于个体农户来讲，抵御收益递减和增加收益总量的唯一有效办法就是增加劳动人手。

---

① 参见[美]黄宗智《中国经济史中的悖论现象与当前的规范认识危机》，载《史学理论研究》1993年第1期。

② 参见[美]黄仁宇《资本主义与二十一世纪》，三联书店1997年版，第453～478页。

③ 参见张杰《二重结构与制度演进》，载《社会科学战线》1998年第6期。

④ 参见侯家驹《中国经济史》(上、下)，新星出版社2008年版，第163、776页。

中国传统经济结构及制度虽然有很大的历史局限性，并成为中国经济进一步发展的桎梏，但它本身具有的对商品经济的兼容性，决定了它不会走向自我否定，如果没有外来力量的强大冲击，还会随朝代的更替循环延续下去。只是由新制度和产业革命推动发展起来的西方世界不再满足于既得利益，而要向全球扩张，要把一切有人类居住的地方都纳入资本主义生产体系，掠夺更多的原料，占领更大的市场，中国处在这一不可抗拒的历史进程中，既然不能主动融入其中，西方资本主义便借助战争的威力强行纳入其中。

二、中国传统经济的终结

历史经验表明，人类文明是不断进步的，而且人类各文明体系间是不断相互影响和渗透的，各文明体系的发展又是不均衡的。一个地区或文明体系的先进成就必迟早普及于落后的文明体系或地区，对于后者来讲，这可能是一个主动接受（模仿、吸收、改造）的过程，也可能是一个被动接受的过程（先进的文明通过和平的或暴力手段强行进入）。中国曾是一个先进的文明体系，影响遍于亚洲，远达欧洲和非洲，但自北宋以后，由于经济结构和制度安排日趋僵化，中国文明发展的脚步渐渐停顿下来；相反，西方社会从这时起开始发生变化，通过制度创新，到 15 世纪走上一条快速发展之路。世界文明格局在此消彼长中改变，中国文化衰落了，西方近代文明成长壮大起来，这一文明体系的核心是巨大的经济成就，而取得这一成就的保证条件就是市场经济制度。可以讲，市场经济制度是迄今人类所能找到的最有效率的制度。市场经济制度强调通过市场实现社会资源配置，进入市场的主体具有平等的地位，其交换活动是在由供求两股力量互相作用下形成的价格导引下实现的，市场经济制度的核心是建立在分工基础上的公平交换，交换的前提是明确的所有权关系，如果所有权关系不明确，就很难有买卖双方利益的对立，也就不可能有价格的形成，资源配置缺少了价格信号的导引，必然是低效的。如果所有权不明确、不稳定，平等的交换很容易被强取豪夺所代替。市场经济制度的方向是降低交易费用，从而使效益最大化。降低交易费用不但需要明晰产权关系，而且需要建立合理的经济组织（比如从手工工场到现代企业都旨在降低交易成本的经济组织）、保证经济活动正常进行的各种规则（如法律、行政措施）和各种软约束系统（如意识形态、伦理、道德、习惯等）。由于西欧在从古代经济转向近现代经济的过程中率先掌握了这一高效率的经济制度，才取得了如此高的经济发展成就。

市场经济制度是制度演进的结果。它虽发展成熟于资本主义时代，但其胚胎却萌生于西欧封建母体内，其构成要素至迟在 15 世纪以后在荷兰和英国逐渐出现。从 1463 年开始，作为属地的荷兰以向西班牙统治者交税为条件获得对私有产权的保护。16世纪荷兰建立共和国后，继承并发展了保护贸易和商业的法律结构和产权，从而刺激一般民众扩大经济活动，并导致产生一些有助于降低交易费用的有效率的经济组织及经济运行手段，如拍卖行（减少成交的中间环节）、咨询机构（提供市场信息及标准契约）、民事审判庭（专事经济纠纷）、股票和汇票（促进资本流动）等。这一切成为荷兰16～17世纪经济持续发展繁荣的根本保证条件。

英国国王政府从15世纪晚期开始，为取得更多的财政收入和支持而把征税权让于代表商人及地主利益的议会。议会通过斗争，限制了国王的权力，取消了各种限制经济活动的措施，并通过立法保护私有产权和经济竞争，从而使市场制度能以较完整的形态运转，经济得以被刺激并繁荣起来。值得注意的是，荷兰是共和国，英国由于议会的存在也始终没有建立起强大的王权，这两个国家的市场制度是在权力相对分散且相互制衡关系下逐步确立起来的。

这一点非常重要，因为与其相类似的日本尽管远处东亚，却能够与西欧的经济制度一拍即合，其奥妙或许就在于此。在整个封建时代，日本天皇毫无实权，中央政府实际上是将军幕府，其对全国的统治远不及中国的中央集权有效，即使威权较大的德川幕府，真正直接控制的“天领”也只占全国领土的1/5。其余地区，划分为“藩”，分封给世袭制的诸侯（大名），幕府对于大名的有效控制只及于中枢之藩，其余形同飞地。近似于人质制度的“参觐交代”制，正说明中央政府缺乏有效的统治地方的手段，因为这远不能制止地方大名的坐大，以后幕府终于被大名推翻就是证明。

大名之获得封权，是以向幕府缴纳“献金”以及去江户轮值为代价的。除此之外，本藩可以独立行使经济、财政等内政权。大名为获得更多的财政收入以壮大自身实力而向下级让渡产权并提供一定保护，例如被称为“株仲间”的工商业者的同业公会，便以缴纳营业税和特许费为代价，换取大名政府的产权保护、对某些重要商品的专卖权以及包税权。幕藩末期，富商及高利贷者因有稳定的收益预期，经济活动异常活跃，逐步积累起巨额资本，反过来又向政府要求更多的权力。19世纪初已有“大阪商人一怒，天下诸侯惊惧”的说法。这些富甲天下的商人高利贷者的资本日后转化为工业资本，成为日本近代资本主义经济的主体。

在这样一种背景下，日本工商业者不但扩张了经营规模，还为降低交易费用，逐步创设出一系列合理的经济组织及运行方法。如商业经理制（藏元）、同业公会（株仲间）、银行存贷款及汇兑业务、运输保险等等。这些都是日后日本走上资本主义道路的重要基础。尽管日本明治维新之前，并不具备保护私人产权的法律，市场主体地位不平等，也谈不上自由而公平的交换，但是社会发展现实已包含着这样一些因素，这从根本上保证了明治维新能够成功。

中、日两国有许多表面上的相似，都处在儒家文化的笼罩之下，都有封建官僚政治制度，人们的观念都崇尚节俭、重农贱商，甚至都实行闭关锁国政策，都遭遇西方列强侵略威胁，但进入近代社会的道路却不一样，其结果更是有天壤之别，其根本原因在于两者的传统经济结构及制度框架存在很大差异。如果拿中日封建社会晚期作一比较，两者的不同可以概括如下：(1)日本没有强大的中央集权，但却有效率更高的地方政府，正是地方政府(诸藩)为保有和争夺封建统治权力，较为积极地扶植私人企业的发展，在某种程度上提供产权保护，从而使私营工商业经济不断壮大，尤其是代表工商业者利益的富商大贾实力巨大，已可在某种程度上左右政府的政策方向。而中央集权制下的中国，不允许有地方独立利益的存在，工商业经济发展的制度空间异常狭小，始终也没有形成一支独立的变革的力量。(2)日本已建立了工商业者的同业公会及各种工商业经济运行法则，并由此引导出大体统一的国内市场，这与有效率的市场制度只有一步之差。中国且不说同业公会出现较晚，各种有效率的经济组织及经济运行机制很欠缺，中国的国内市场也是远非统一的，市场的进入存在许多障碍和垄断因素。(3)日本政府的政策从重农向重商逐步转移，最后导致夺农兴商，农民之被剥夺，促进了资本主义的原始积累。中国的农商观念虽然有所变化，但重农抑商政策却始终如一，农民虽然也遭残酷剥夺，但并未出现资本主义的原始积累，农业剩余在地租、商业利润和利息之间相互转化，而不能转向产业资本。

从理论上讲，无论西欧、日本和中国都有一个社会发展到一定阶段向近代化转化的问题，但是西欧诸国有足够的内生变量促使完成自身转化，日本社会内部实际上也有这个变量，外来影响及压力只起到催化剂的作用，而中国传统制度已成凝固态，完全缺乏这样的内生变量，从而对西方资本主义的抵御功能也要强得多。1840年鸦片战争以后，虽然传统经济结构及制度遭到猛烈冲击，但并未就此退出历史舞台，外来的新的生产力因素及制度因素与传统经济在某种程度上形成一种均势。可以设想在西方资本主义侵入后，中国的体制经过一段即使是痛苦的接触后能够与之融合，如日本的成功，则中国的长期革命就没必要，但事实上从1840年到1910年在70年漫长而宝贵的时间里不但没有使中西体制融为一体，反而使整个社会结构变得畸形，中国的封建的上层建筑以承认西方资本主义的侵略利益换取政治上的支持，二者奇怪地结合在一起，使中国社会变得更加复杂和落后。

在这个过程中，许多先进的中国人曾清醒地意识到中国的落后，并主张通过变革旧制度学习西方先进的技术和制度达到富强。例如，康有为说："今地球既辟，轮路四通，外侮交侵，闭关未得，则万国所学，皆宜讲求。"[①]孙中山认为，人能

① 康有为：《上清帝第二书》。

尽其才，地能尽其利，物能尽其用，货能畅其流，是欧洲富强的根本原因，中国要富强就要引进外国的资金、人才及经营管理经验。冯桂芬甚至怀着一种急迫的心情说："今者诸夷互市聚于中土，适有此和好无事之间隙，殆天与我自强之时也。不于此时急乘之，只迓天休命，后悔晚矣。"[①]日本明治维新的成功更鼓舞了当时相当一部分中国人的信心，认为只要像日本那样，效法西方"重教育，立宪法，兴实学，士农工商皆有专门之学，人才日出，技艺日精"[②]，中华就会重新崛起。这些见解难能可贵，但无一例外，都没能变成救亡图存的实际措施。封建政权的性质决定了它不会自愿更换自己存在的基础，在外来压力下，可能做些局部的改良，也不会产生实质有效的结果。

中国社会在畸变为半殖民地半封建社会的过程中，前期外国资本主要是对中国进行商品输出和战争掠夺，后期主要是进行资本输出，尽管规模越来越大，例如 1864 年中国进口值为 4621 万海关两，1894 年达 16 210 万海关两[③]，从 1864 年到 1927 年的 64 年中，中国进口净值共 2 018 900 万海关两[④]，外资总额 1894 年为 5 433 万元，1936 年达到 643 400 万元[⑤]，但并未从根本上动摇中国传统的经济结构，即使对中国传统手工业的破坏也是有限的。据吴承明等人考察，中国 32 个传统的手工行业，鸦片战争后衰落的只有 7 个。至于对中国传统农业的冲击就更为有限。鉴于侵入和瓦解这个经济结构极其困难，外国资本转而利用中国这一传统经济结构进行寄生性剥削。勾结中国的封建官僚，培植买办，利用原有的商业高利贷网盘剥中国的农民和手工业者。中国的民间资本虽然受到外来刺激有所发展，但它一方面与封建经济有天然的纽带关系，为了生存和发展又不得不依附于外国资本和官僚资本，因此始终没能形成一支独立的力量，无力去冲击和变革传统经济结构及制度。鸦片战争后逐步发展起来的国家垄断资本与其说是封建经济的对立物，毋宁说是维护封建统治的物质基础，因为国家垄断资本大部分来源于以前的官营工商业，从一开始就被纳入旧的封建体制，尤其它未能促进民间资本主义关系的发展。

鸦片战争阻断了中国传统经济的自然延续过程，按理说也应成为中国制度变革的重要转折点，但是由于以上原因，中国制度变革的进程变得异常曲折艰难，传统经济的命运并未因外国资本的冲击和有识之士的改革呼声而完结，中国甚至变得更加落后了。洋务运动不伦不类，戊戌变法以失败告终，辛亥革命虽推

① 冯桂芬：《校邠庐抗议》下卷。

② 郑观应：《盛世危言》初编卷三。

③ 参见凌耀伦等《中国近代经济史》，重庆出版社 1982 年版，第 85 页。

④ 参见于素云等《中国近代经济史》，辽宁人民出版社 1983 年版，第 79 页。

⑤ 参见吴承明《中国资本主义的发展述略》，载《中华学术论文集》，中华书局 1981 年版。

翻了帝制，却不能解决发展的问题，直到新民主主义革命才真正弄清了中国社会问题的实质，通过剥夺旧所有者，建立并保护新的产权关系，来激发无产权或只有少量不稳定产权的一般民众的革命热情，从而赢得一场彻底的政治上的革命的成功。这是一次革命性的重大转折，一切旧有的硬制度约束，包括传统官僚体制、传统法律体系、各种维持传统体制的政策措施甚至各种强加于中国的外国的治外法权基本被扫除；旧有的软制度约束，如规范化的儒家伦理、道德及风俗习惯也受到猛烈冲击，比之把法国导入近代社会的法国大革命不知道要强烈和彻底多少倍。有了这样一个前提条件，终于在70年代末成功地开始了以市场经济制度为政策取向的变革，从而完成了中国传统经济的终结。

三版后记

这部《中国古代经济史》初版于1999年，当时，关于中国经济史的研究正处在一个高潮期，涌现出了若干鸿篇巨制。其中以傅筑夫先生主编的《中国封建社会史》和田昌五先生、漆侠先生主编的《中国封建社会经济史》最有代表性。但一直缺少一部简明的、适于历史专业与经济类专业本科教学的中国古代经济史教材。因此，我组织了曾从我攻读经济史专业的几位研究生李浩、孔庆锋、陈昌珠、傅晓静、马林涛和曲阜师范大学教授李绍强博士共同编写了这部小型的中国古代经济史教材。在编写中，考虑到教学的需要，也为了更好地体现中国古代不同部类经济史发展的纵向线索，没有按常规的断代式的写法，而是按照经济发展本身的内容，分专题作纵向式叙述。全书由绪论开题，阐明中国古代经济发展中的若干重大问题；再自经济发展的自然环境入手，进而讨论社会大分工与传统经济结构的形成；然后，将农业发展、赋役制度、手工商业发展、工商政策依次展开，在此基础上，勾画了中国经济区划的变迁；最后，以对资本主义萌芽与传统经济归宿的叙述作为全书的终结。令人高兴的是，这部教材出版后，得到了学界的充分认可，已在50多所高校的历史或经济类院系使用，并被一些大学指定为研究生教材，其先后10次修订重印，并在2011年进行了改版。

为了更好地服务于教学一线，不辜负师生们的信任，我们自去年下半年以来，对其进行了第三版的修订工作。修订中，立足于吸收近年来的最新研究成果，提升教材的整体水平。为保证修订质量，在前两版的基础上，我重点改写了绪论，对一些重点章节进行了修订；又邀请了在中国古代经济史领域颇有造诣的马新教授对全书进行完善与修订。修订中，山东大学历史文化学院博士研究生马德青同学提供了有关的学术动态资料，巩宝平、李学娟、王玉喜、姜华、董莉、谭玉等对书中所引史料进行了校核。在此，一并致谢。由于水平及时间所限，书中一定还会有许多不足之处，请广大师生继续指正。

齐　涛
2016年2月18日
于山大新校高阁书斋